本书获得岳麓书院国学研究与传播中心著作出版资助
本书获得教育部人文社会科学青年基金项目资助
本书获得教育部博士研究生学术新人奖资助

岳麓書院 国学文库
主编 ◎ 朱汉民

蕺山学派与明清学术转型

Jishan Xuepai Yu Mingqing Xueshu Zhuanxing

张天杰 ◎ 著

中国社会科学出版社

图书在版编目(CIP)数据

蕺山学派与明清学术转型 / 张天杰著 . —北京：中国社会科学出版社，2014.12

（岳麓书院国学文库／朱汉民主编）

ISBN 978 – 7 – 5161 – 4508 – 1

Ⅰ.①蕺… Ⅱ.①张… Ⅲ.①哲学学派—研究—中国—明清时代 Ⅳ.①B248.99

中国版本图书馆 CIP 数据核字 (2014) 第 147442 号

出 版 人	赵剑英
责任编辑	罗　莉
特邀编辑	孙少华
责任校对	陈　晨
责任印制	戴　宽

出　版	中国社会科学出版社
社　址	北京鼓楼西大街甲 158 号（邮编 100720）
网　址	http://www.csspw.cn
	中文域名：中国社科网　010 – 64070619
发 行 部	010 – 84083685
门 市 部	010 – 84029450
经　销	新华书店及其他书店
印　刷	北京市大兴区新魏印刷厂
装　订	廊坊市广阳区广增装订厂
版　次	2014 年 12 月第 1 版
印　次	2014 年 12 月第 1 次印刷
开　本	710×1000　1/16
印　张	34.75
插　页	2
字　数	569 千字
定　价	88.00 元

凡购买中国社会科学出版社图书，如有质量问题请与本社联系调换
电话：010 – 84083683
版权所有　侵权必究

岳麓书院国学研究与传播中心工作指导委员会

主　　　任　许又声
副　主　任　李友志
成　　　员　李湘舟　王柯敏　吕焕斌
　　　　　　周发源　刘克利
办公室主任　邓清柯

岳麓书院国学文库编委会

学术顾问（按姓氏笔画排名）
汤一介　张岂之　李学勤
杜维明　饶宗颐　袁行霈

主　　　编　朱汉民

编委会委员（按姓氏笔画排名）
卜宪群　王子今　王继平　张怀承
吕锡琛　刘海峰　朱汉民　李　零
李存山　肖永明　陈　来　陈　致
姜广辉　洪修平　莫砺锋　郭齐勇
黄俊杰　黄朴民　葛兆光　廖可斌

办公室主任　李　兵

总　序

朱汉民

"岳麓书院国学文库"即将陆续出版。借为这个文库作"总序"的机会，我想讨论一下这样几个问题：现代世界已经发生了惊人的变化，传统国学还有什么意义呢？"国学"是一门独立的学科吗？国学与岳麓书院有什么密切的联系？

（一）国学的意义

我认为，对现代中国和世界而言，国学至少有四个层面的重要意义。

第一，国学能够为现代人的个体精神需求提供思想营养。中国正面临社会的急剧变革，每个人的命运正在发生很大的变化，每个人的行动也有更多的选择自由，但是，能够给我们驾驭命运的精神方向、作出行动选择的人生智慧却严重不足。现代中国人往往会感到是非的迷惘、得失的困扰，同时引发对生命意义的追问。社会底层民众是这样，那些成功人士也是如此。儒家、道家、佛家的经典，诸子百家的思想，对人生意义的选择，包括是非的迷惘、毁誉的困扰、得失的彷徨，以及对人生终极价值的选择，都能够提供很多很好的思想营养。今天很多人思考的问题，其实古代先贤都思考过，而且有非常好的解决办法。我们回头去看经典，原来我们的老祖宗已经有很好的思考了。

第二，国学能够满足当代社会建立和谐社会的需求，并提供重要的文化资源。在中国的现代化转型过程中，我们正面临着种种社会问题和思想危机。我们常常感到人与人之间越来越缺乏信任，我们不相信超市里买来的食品是否安全，我们怀疑来自陌生人的帮助是否藏着恶意，我们甚至还在讨论见到老人摔倒该不该扶起，还有许多人的损人利己的做法，已经到了完全不能容忍的地步。诚信危机、道德危机成为我们建立和谐社会的大敌。大家都在想，怎么来制止相关恶劣事件的发生，怎么来建立一个有诚信、有道德的和谐社会。中国传统国学，对于如何建立有诚信、有道德的和谐社会，提出了一系列重要的思想，中国传统的仁爱思想、忠恕之道，仍然可以成为建构现代和谐社会的价值理念，"己所不欲，勿施于人"，仍然是我们建立有诚信、有道德的和谐社会的金科玉律。

第三，国学能够为当代中华文明的崛起提供重要的支撑力量。当前的"国学热"其实和中华文明的崛起有着密切关系。中国崛起与中华文明崛起不是一个概念。中国崛起是指一个独立的中国在政治上、经济上的强大，而中华文明崛起则是强调一种延续了五千年的文明体系在经历了近代化、全球化的"浴火"之后，重新成为一个有着强大生命力的文明体系。在世界文明史上，中华文明是唯一历经五千年而没有中断的原生形态的古文明，并且一直保持其强大的生命力，位居世界文明的前列。但是，中国近代史是一部中国被瓜分、侵略的历史，在这个历史过程中，中国人开始失去文明的自信。其实，近代中国学习、吸收西方先进文明是非常正确的，但是我们必须坚持中华文明的主体性，采取对自我文化的虚无态度是非常不应该的。我们必须有一种文明的自我意识，我们要认识到，现代化中国的崛起，离不开中华民族文化精神的崛起。我们活下来并且能够昂首挺胸的不仅仅是我们的身体，首先应该是我们高贵的精神和灵魂！那么，我们高贵的精神和我们的灵魂是如何形成的呢，其实，就是国学熔铸了我们的精神和灵魂。正是从这个意义上说，国学能够为当代中华文明的崛起提供重要的支撑力量。

第四，国学能够为21世纪新的人类文明建构做出重要的贡献。我一直认为，中国国学里面所包含的许多价值观念，比方说仁爱、中和、大同，不仅仅对中华民族具有重要的意义，同时，它们一定能够成为具有全球性的、普遍意义的价值观念，能够弥补某种单一文明主导的价值观念的缺失。西方文明一直在坚持他们倡导的许多核心价值。其实，中华文化近代化的过程，就是一个接受这种西方价值的过程。但是，许多中国人在此过程中，却忽略或者忘记了中华文明中的价值理念。特别是在整个20世纪的文明史上，以西方为主导的现代文明已经暴露出越来越多的弊端。21世纪建构的人类文明，一定是一种多元一体的文明，而延续五千年没有中断的中华文明，一定会对21世纪的人类文明建构做出自己的贡献。

（二）国学是一门独立的学科

尽管国学如此重要，但对国学是否可以成为一个独立学科，学界内部还存在着不少疑虑与分歧。人们首先会问，国学的确切定义是什么？其实，"国学"有非常明确的内涵和外延。首先，"国学"的"国"应该是指中国，这个很明确。其次，这个"学"就是指传统学术，即中国传统的知识体系与价值体系，这种知识体系与价值体系总是要通过文字、典籍的形式固定和保存下来。中国古代文献典籍有经、史、子、集，所以今天人们所说的国学往往也分为经、史、子、集。

人们又会进一步追问：国学的知识构架和学理依据是什么？当然，国学之所以可以成为一个独立学科，必须要有两个重要条件：其一是国学学科体系的内在条件，即国学体系的知识构架和学理依据；其二是国学的外在条件，即国学能否具有现代学术视野而能得到普遍承认并开展广泛的或全球化的学术交流。

国学这门学科，之所以在学界还有不少疑虑与分歧，与它在当代中国学术体制内的处境有关。现在大学院系的分科，基本上是近代引进西学而建立起来，分为理学、工学、文学、历史、哲学、艺术、宗教、政治学、教育学，等等。尽管近些年各个大学纷纷创建了国学院，但是国学在当代中国的学术体制内并无合法性的身份。这样，我们延续几千年的中国传统国学，在这种学科体制下只能变成其他学科的材料。比如国学中最重要的经学，在现代大学的学科中就没有合法的独立地位，我们不能独立地研究、学习经学，只能够将其分别切割到文学、历史学、哲学、政治学、法学、宗教学、教育学的不同学科。这样，国学中的经、史、子、集的不同门类知识，全部被分解到了文学、历史、哲学、艺术、宗教、政治学、教育学的不同学科视野里面，变成其他不同学科的材料。

近代引进的文学、历史、哲学、艺术、宗教、政治学、教育学的不同学科，对于拓展我们对中国传统学术的研究视野，确实有其长处，但也有其短处。中国传统学术是一个有着密切联系的有机整体，其知识体系和价值体系有着内在联系。当我们用各门现代学科把传统国学分割之后，就有可能失去原来知识体系的联系和特点。每一种知识体系或学科框架，实际上是我们人类把握世界的一种具有主观性因素的图式。不同文明有不同的把握世界的图式，西方知识学有它自己的长处，中国传统知识体系也有自己的长处，譬如中国的知识传统具有整体性、实践性、辨证性的特点，以此成就了中华文明的世界性贡献。正因为如此，研究中国传统学术，应该保持对其原文化生态的、有机整体的学问特点的思考。国学作为这样一种原文化生态的、有机整体的学问特点，有它存在的必要性和合理性。

其实，在讲到中国"国学"合法性的时候，我们还可以暂且借用西方大学的"古典学"的概念。在西方世界许多大学都设立了古典学系。这个古典学研究什么呢？它最初是以古希腊、罗马的文献为依据，研究那个时期的历史、哲学、文学，等等。古典学的特点是注重将古希腊、罗马文明作为一个整体来研究，而不是分别研究古希腊、罗马时期的历史、哲学、文学。在西方，古典学一直是一门单独的学科。我们认为，"国学"其实也可以说是"中国古典学"。如果我们用"中国古典学"来说明中国"国学"，可以提供"国学"作为一门独立学科的上述两个条件。一方面，在几千年的漫长历史中，中国形成了建立自己特有的具有典范意义的文明体系。建立"中国古典学"，也就是以中国古人留下的历史文献为依据，将中华文明作为一个整体来研究。由于"中国古典学"是以中国传统学术体系为学科基础，这是一门从学术范式到知识构架、学理依据均不同于现有的文学、历史、哲学学科的独立学科，这是"中国古典学"得以确立的内在条件。另一方面，由于"国学"概念仅仅能够为中国人自己使用，西方人则只能使用汉学，以"中国古典学"来定义原来的国学，"国学"具有了知识共享、学术交流的现代学科的要求，并能兼容国学、汉学，为中外学者所通用，这是国学能够具有现代学术视野并能开展国际学术交流的外在条件。

（三）国学与岳麓书院

书院是一种由古代儒家士大夫创办并主持的学术教育机构，它形成了一套独具特色的组织制度、基本规制、讲学形式，对中国传统学术文化的发展做出了不可磨灭的历史贡献。书院继承、发扬了中国优秀的教育传统，表现出儒家士大夫那种追求独立的学术思考、人格自由的精神。书院将中国传统教育和传统学术发展到一个高级阶段，从而促进了中国文化的蓬勃发展，宋元明清学术文化思潮迭起，无不与书院这种独特学术教育机构有着密不可分的内在联系。

岳麓书院是中国书院的杰出代表，在中国教育史、中国学术史上居有十分重要的地位，因其有着悠久的办学历史、卓著的学术成就，受到古今人们的普遍敬仰。继先秦诸子等学术思潮之后，两宋时期兴起了理学思潮。理学以复兴先秦儒学为旗帜，要求重新解释儒家经典，力图使儒家文化在新的历史时期得以振兴；同时，它又吸收、综合了佛、道两家的学说，将儒学发展为一种具有高深哲理的思想体系。岳麓书院创建于宋代，很快成为新兴理学思潮的大本营，学术界一大批有影响的著名理学家纷纷讲学于此。南宋乾道年间，被称为"东南三贤"的张栻主持岳麓书院讲席，在此聚集了一大批理学之士，并且形成了当时学界很有影响的湖湘学派。同时，后来被称"致广大，尽精微，综罗百代"的著名理学家朱熹两次在岳麓书院讲学传道，更是形成了学术鼎盛的历史局面。岳麓书院成为宋代学术文化史最著名的四大理学基地之一。以后，许多著名理学家纷纷来此讲学。南宋后期，著名理学家真德秀、魏了翁讲学岳麓书院；明代中叶以后，理学思潮中的心学一派王阳明及其弟子王乔龄、张元忭、季本、邹元标等亦纷纷来岳麓书院讲学，使岳麓书院因新兴的心学思潮再度发挥极其重要的学术大本营的作用。明清以来，中国学术文化又发生重大变革，先后出现清代理学、乾嘉汉学、今文经学等不同的学术思潮，而岳麓书院一直是不同时期内学术思潮的重镇，从而推动着中国传统学术的创新发展，继续在中国学术领域发挥重要的作用。可见，岳麓书院在一千多年的办学过程中，一直是中国传统国学的重镇。宋以后的各种学术思潮、学术流派均以它为学术基地，如宋代理学派、事功学派，明代心学派、东林学派、乾嘉学派、今文学派，等等，许多学术大师如朱熹、张栻、陈傅良、王阳明、王文清、王先谦、皮锡瑞等在这里传道授业，又培养了一代代国学领域的著名学者。

光绪二十七年（1901），清政府下诏全国各地改书院为学堂，岳麓书院也于1903年改为湖南高等学堂，后来又改为湖南高等师范学堂、湖南大学。但岳麓书院遗址在战乱年代，一度受到严重损害。从20世纪80年代开始，湖南大学全面修复岳麓书院，经过二十年的努力，岳麓书院古建全面修复，基本上恢复了历史上办学最盛时期的建筑规制。与此同时，我们启动了岳麓书院国学研究、教育的复兴工程。近二十多年来，岳麓书院培养、引进了一批国学研究的学者，逐步获得学士、硕士、博士学位点及博士后流动站。岳麓书院学术、教育功能的恢复，是建立在现代高等教育体制及学科建设基础之上的。今天的岳麓书院已经成为国学复兴的重镇。岳麓书院的明伦堂仍是讲授国学的讲堂；朱熹、张栻"会讲"的讲堂仍在举办国学论坛，斋舍也仍然是学者从事国学研究的场所。古代学术传统内核的经学、理学、诸子学、史学及其相关的知识学问，均成为岳麓书院的主要学习内容和重要研究方向。国学是在中国传统文化生态中逐渐形成的一种学术文化类型，作为一种具有民族主体性的学术文化，国学确实不同于西学，因为它有不同于西学的文化土壤与生态环境。从这个意义上说，国学与书院有着共生的独特文化背景。

我们有一种传承中华学脉的强烈愿望，希望推动岳麓书院学术的现代复兴。岳麓书院的现代复兴，是在中华民族伟大复兴的背景下发生的一个重要文化教育现象。我们相信，在中华民族伟大复兴之际，我们完全可以做好书院文化传统的转换、创新工作。所以，我们编辑、出版"岳麓书院国学文库"，也是与传统国学的当代复兴有着密切关联的。我们希望有更多的书院、学者加入到这个行列来，盼望国学界的研究者能够不断赐稿，共同推动当代国学的繁荣！

甲午年于岳麓书院文昌阁

目 录

序一 ……………………………………………… 何　俊(1)
序二 ……………………………………………… 肖永明(4)

绪论 …………………………………………………… (1)

第一章　明清鼎革之际的刘门师弟子 ……………………… (26)
　第一节　刘宗周出处与生死的抉择 ……………………… (27)
　第二节　生死：刘门弟子的殉明与抗清 ………………… (49)
　第三节　出处：刘门弟子入清之后的人生抉择 ………… (71)
　附　论　刘门弟子的逃禅 ………………………………… (107)

第二章　蕺山学与蕺山学派的形成 ………………………… (112)
　第一节　蕺山学的建构（上）：学术谱系 ……………… (113)
　第二节　蕺山学的建构（下）：交游以及学术异同 …… (144)
　附　论　刘宗周与东林学派以及东林党 ………………… (165)
　第三节　蕺山学的统合性 ………………………………… (167)
　第四节　《人谱》与证人改过之学 ……………………… (194)
　第五节　刘宗周的讲学与蕺山学派的形成 ……………… (221)

第三章　蕺山学派的分化（上）：张履祥与尊朱辟王思潮的兴起 … (240)
　第一节　张履祥所受刘宗周学术影响及其师门"补救"之功 … (241)
　附　论　张履祥与其他转向朱学的同门 ………………… (258)
　第二节　张履祥"敬义夹持"的工夫论与清初理学的转向 … (261)

第三节　张履祥对王学的批判与尊朱辟王思潮的兴起 ………(284)

第四章　蕺山学派的分化(中)：陈确与形上玄远之学的没落 ………(300)
第一节　陈确所受刘宗周学术影响及其所承继的
"千秋大业" ………(300)
附　论　陈确、张履祥与浙西学人的集社 ………(309)
第二节　陈确的素位之学与形上玄远之学的没落 ………(316)
第三节　陈确《性解》及其对宋儒人性论的批判 ………(327)
第四节　《大学辨》之辩：以陈确与张履祥的论辩来看
蕺山学派分化 ………(353)

第五章　蕺山学派的分化(下)：黄宗羲与蕺山学的继往开来 ………(380)
第一节　黄宗羲所受刘宗周学术影响及其对师门的护持 ………(381)
第二节　黄宗羲《明儒学案》与刘宗周的承继关系 ………(398)
第三节　黄宗羲与清初的证人书院以及讲会宗旨的转向 ………(407)
附　论　从刘宗周到黄宗羲：越中与甬上两代证人
书院之比较 ………(420)
第四节　黄宗羲对陈确的学术论评及其"一本万殊"论 ………(422)

第六章　全祖望对蕺山学的承继与对蕺山学派的表彰 ………(449)
第一节　全祖望与"黄氏遗书"以及对黄宗羲的表彰 ………(449)
第二节　全祖望补修《宋元学案》及其对刘宗周、
黄宗羲的承继 ………(469)
第三节　全祖望讲学蕺山书院以及对刘门的追慕与表彰 ………(487)
附　论　门户之见：关于《子刘子祠堂配享碑》的质疑 ………(507)

结语 ………(511)

参考文献 ………(520)

后记 ………(532)

序 一

何 俊

　　关于明清学术转型，这是中国哲学与思想史上的大课题。从梁启超标举新史学起，包括梁在内，现代中国学术一直将它作为研究重点。

　　由于明清学术转型具有非常清楚的特征，从宋明理学转向清代考证学，同时这个转型伴随着巨大的政治变迁，明朝的汉人政权被清朝的满人政权取代，因此，对明清学术转型的研究自始就聚焦于两个问题，一是明清学术转型的性质，二是明清学术转型的原因。

　　梁启超的研究影响至今。他在《清代学术概论》中将明清学术转型概之为中国的文艺复兴，认为清代学术的性质是具有科学精神并辅以专业组织，以实事求是为目标的学术活动，一洗宋明理学的玄远思辩特性，而造成的原因即在明清易代所引发的各种社会因素。后来学界无论是以启蒙，还是以实学来标示明清学术转型，都只不过是沿着梁的旧辙前行而已。梁的影响不限于国内学术界，即在国外，同样深具影响。

　　对梁启超的持论给予挑战的是钱穆。梁的立论重在明清学术的断裂，而钱的看法更主张明清学术的延异，清代的考证学既非无源之水，也非空穴来风。宋明理学固然以明理知心尽性为重，但其学术之中也自有考证的工夫，这在朱熹尤然；宋明理学关于心性理气的辩难又必然将导引出考证学的兴起。钱的论说在余英时那里获得进一步彰显，以"内在理路"的提出为国内外学界瞩目。

　　不能以为，钱、余师徒是要以自己的论说推翻或取代梁的观点。梁的论述不仅描述和符合显著的历史现象，而且在逻辑上也无疑是具有合理性的。真正的问题是在于，也许是理学转型为考证学与明清易代是再清楚不过的史实，也许是梁的巨大影响力，加之首倡之功，梁关于明清学术转型的论述成为非常重要,几近唯一的见解,它范导并左右着后来的研究,后来学者虽有推进,却难辟新径。而钱、余师徒的研究揭开了梁说的遮蔽,从新的视角展示出明清学术转型的另一面相。因此,在明清学术转型的认识上,钱、余师徒的研究不应简单理解为是对梁说的推翻与取代,而宜作补充与丰富看待。

当然,除了具体的论说以外,钱、余的研究与梁的研究根本的区别,在方法论上讲,还在于前者摆脱了后者那种以欧洲为中心,将中国比附于西方的认识进路。也因为这种进路的取舍,前者的研究揭示出了历史显相背后的更为具体的过程,从而使该课题的研究获得长足的推进。

颇有意思的是,就方法而言,如果说余英时的内在理路是对梁的外缘进路的全然相反的补充的话,艾尔曼的研究则可以说是梁的外缘进路的进一步重要推进。以明清易代的历史显相来解释明清学术转型,即便是正确的,也是粗浅的。宋明理学延异为清代考证学,朝代更替,哪怕是发生在异族之间,政治具有巨大的影响,但与学术共同体的具体运作仍然有着一定的间距。艾尔曼非常有意义地在明清学术转型的研究中引入了知识社会学的方法,不仅深化了学界对于这个课题的认识,而且也引发了学界在研究方法上的自觉与拓展。

关于明清学术转型研究的这一粗略梳理,旨在说明,要真正推进这一领域的研究,须在研究内容与视角上进行深化与调整。从已有研究来看,如何从明清之际的某个具体而重要的学派来透视明清学术转型,似乎仍付阙如。比如,刘宗周是宋明理学的殿军,并形成了重要的蕺山学派,明亡之际,刘与门下许多弟子虽殉节,但他另外一些弟子门生,包括张履祥、陈确、黄宗羲三位重要弟子,都在清初继续着学术活动。学界关于刘宗周及其蕺山学派的研究固然很多,但从明清学术转型的视角来进行分析,仍是少见。事实上,刘宗周及其蕺山学派,恰恰是明清学术转型的重要参与者,刘宗周终结了理学,他的弟子们开辟出新的学术世界。

现在,张天杰博士的《蕺山学派与明清学术转型》弥补了这个空缺。在这本书里,天杰从令人荡气回肠的明清鼎革之际刘门师弟子的生死抉择讲起,使我们一下体认到明清易代对于儒家学者平生所学揪人心肺的考验,还有什么比生死更严峻的测试吗?继而分析刘宗周的思想与蕺山学派的形成,然后细论张履祥、陈确、黄宗羲在明清之际的学术探索与新辟,最后讨论全祖望的工作，以此结束，很让人感到欣喜。天杰毕业于湖南大学岳麓书院，由湘返浙，与我同事，他让我就这一即将刊行的新著写些话，我因早年研究过晚明思想，也整理过刘宗周的文集，特别研究过他的《人谱》，尤其我也曾尝试过从全祖望来理解清初的学术思想，读天杰此书给了我很大的亲切感，故非常乐意地略赘上述。

2014 年 6 月 8 日于杭州三墩

序 二

肖永明

明清之际，是中国学术史上的一个重要历史时期，所谓从理学到考据之学的转型发生于这一时期，决不是偶然。其中，既有学术自身的内因，又有明清鼎革之变的外缘，政治与社会的巨大变革深刻地影响了学术的发展。然而学界关于明清学术转型的研究，却较少将内因与外缘结合起来加以考察。同时，一些个案研究虽然细致入微，在许多具体的学术问题上多有创见，却缺乏对明清之际学术演变的整体观照；而更多的研究则往往过于宏观，失之粗略，令人不无遗憾。

张天杰君《蕺山学派与明清学术转型》一书，通过对蕺山学派的深入分析来研究明清之际的学术转型，既重视学术发展的内在理路，又关注明清鼎革的社会政治变革对学术转型的外在影响，以微观考察为主的同时能够回应宏观问题，是一部很有价值、颇见功力的佳作。

本书有自己独特的研究视角。试图将蕺山学派作为一个有机整体，将刘宗周、张履祥、陈确、黄宗羲与全祖望等学者的思想学术，置于蕺山学派的形成与分化、明清之际的社会与学术转型等背景之中，进行全面而细致地研究。既呈现了他们各自的学术特质，又呈现了他们之间的相互关联。这样一种学术取径，可以从一个较长的时段来对一个学派进行研究，突破了以往只关注单个思想家的研究路径，也突破了以往只有简单举证便得出一个时代学术特征的研究思路。书中系统考察了自刘宗周到全祖望这一较长时段蕺山学派的学术传承与思想演化的历程，从而获得了全面展示学派风貌与深入分析明清学术转型的双重收获。特别是张履祥与"尊朱辟王"思潮的兴起、陈确与玄远之学的没落、黄宗羲从义理之学转向考据之学，刘门三大弟子的学术与刘宗周蕺山学的关联，与明清学术转型的关联，这两大关联的梳理，以及其中的有机联系的揭示，当是本书的重要创获，发前人所未发。

时世、人生、学术这三者在研究之中加以有机结合，这是本书研究蕺山学派的另外一个创新。明清之际社会政治的变迁，影响了蕺山学派学者的人生经历与学术路径；而这些学者的学术又反过来对该时代的发展产生了影响。每个学者都不能脱离自己的人生而从事学术研究，人生的经历与感悟时常通过学术反映出来，有时甚至呈现出较为对应的关系。因此，探究思想家的人生，势必对理解思想家的学说有所帮助。书中研究刘宗周及其弟子的生死观、出处观以及学术路径的选择等问题之时，总能结合他们的人生历程加以说明。历史时代、学人行迹、生平交游等方面的探讨，对于梳理学派、学者的学术渊源、思想脉络有着多方面的意义。这样做了之后，既凸显了时代感，又表现了对诸多学派骨干人物思想的精准把握。书中讨论刘宗周蕺山学的建构，充分关注其时代与经历、政治与学术等多方面的影响。在梳理其内在学术谱系之后，又梳理其交游与讲学，从而有了许多新的发现。比如刘宗周与朱子学的关系，刘宗周、高攀龙、陶奭龄的学术异同等，都是学界少有论及的重要问题。时世、人生与学术结合的研究，使得蕺山学派发展的脉络清晰，同一学派在不同时世下的变化机理也由此被揭示了出来。

此外，本书还有两个特点值得关注。一是理学与经学之间的关系。联系明清之际的经学发展史来对蕺山学派加以研究，就会发现蕺山学派的学者们对《四书》《易》《三礼》等经典文本都比以往的理学家更为重视；对他们的经学研究成果加以解读、梳理，深化了蕺山学派学术谱系的研究。蕺山学派的学者根据不同立场、方法对经典加以阐发，影响了后来学派的分化。特别是围绕《大学》一书的相关论辩，可以说是解开蕺山学派分化的一把钥匙，本书对此问题的研究很有价值。二是对晚明与清初两个时间段里的书院、讲会的梳理。明清之际的书院与讲会，在内容与形式上也发生了变革。蕺山学派的学者几乎都曾参与过讲会活动，张履祥与陈确曾在浙西组织过类似讲会的理学同道的集社；至于刘宗周、黄宗羲、全祖望三人则都曾是书院的主持者，越中与甬上两地的证人书院也都影响深远。比较他们书院讲学的异同，以及其中的承继关系，从这一角度来看明清之际的学术如何转型，非常有意义。

2006年秋，天杰君进入岳麓书院，先后攻读硕士、博士学位。他在书院的六年时间里，研经读史，博学慎思，学业上取得了很大进步；同时又与几位志同道合的好友，在书院办刊物、兴讲会，组织各种读书活动，为古老的书院平添了几分生机与活力。2012年，他的博士论文完成之后，获得了校外双盲评审专家的好评；论文答辩时，获得了五位答辩委员的一致称誉。2014年春，天杰君不负众望，获得了湖南省优秀博士学位论文奖，为自己在岳麓书院的六年求学生涯，画上了圆满的句号。本书就是在其博士学位论文的基础之上，修订而成的。记得三年前，天杰君的《张履祥与清初学术》一书出版时，我在序言中希望他不断为学界奉献精湛之作。现在看来，他在这里奉献的，的确又是一部精湛之作。

天杰君毕业后离开了长沙。衡云湘水没能留住他匆匆归去的脚步，在我的生活中也就少了一位朝夕相处的朋友。六年的时间里，我们由师生而朋友，结下了深厚的情谊，也融入了彼此的生活。曾经有很多次，我们一道流连于岳麓书院的曲折回廊与深深庭院，一道徜徉岳麓幽径，漫步湘江堤岸。而今，这些情景只能珍藏在记忆之中了，天杰君已经在杭州开始了新的生活。"青山一道同云雨，明月何曾是两乡"，但愿远在钱塘江畔的天杰君，总能感受到岳麓峰头的朗月与清风。

2014年6月16日于岳麓书院

绪　　论

蕺山是绍兴城内的三座小山之一，也是一座历史文化名山。①刘宗周（1578—1645），字起东，号念台，明代绍兴府山阴县人，曾讲学于蕺山之下，故学者称之蕺山先生，他所创立的学说被称为蕺山学，所创立的学派被称为蕺山学派。

明清之际，所谓"天崩地坼"，在中国历史上，这是一个社会文化变迁的重要时期，也是一个思想学术转型的重要时期。对于蕺山学派的学者们来说，这又是一段变幻莫测、艰苦困穷的年代，他们经历着非同寻常的人生境遇，盘桓于生死、出处、道德、学术之间，因此也磨砺出了伟大的道德精神与卓绝的思想学术。

一　问题：研究背景与现状

关于明清学术转型，梁启超等学者认为是对王学的革命，第一步由王学转向朱学，第二步由朱学转向考证之学。② 这一时期的学风在整体上趋于笃实，学者大多重道德践履与经世致用，不喜形上玄远之学。在这一转型的过程之中，蕺山学派扮演了重要的角色。

黄宗羲（1610—1695）所编撰的《明儒学案》，"以有所授受者，分

---

① 蕺山因多产蕺草而得名。蕺草又称岑草、菹菜，俗称鱼腥草。《吴越春秋》记载："越王从尝粪恶之后，遂病口臭，范蠡乃令左右皆食岑草，以乱其气。"赵晔：《句践入臣外传》，《吴越春秋》，江苏古籍出版社1986年版，第100页。蕺山又名王家山，相传王羲之宅在此山麓。山上现存摩崖题刻《董昌生祠题记》、文笔塔、蕺山书院、冷然池等遗迹。

② 梁启超：《中国近三百年学术史》，天津古籍出版社2003年版，第18页。

为各案"①，其中所分"各案"大致相当于后来所说的"学派"。他将《蕺山学案》放在最后，这就有以刘宗周及其蕺山学派来总结有明一代学术的意味。"逮及先师蕺山，学术流弊，救正殆尽。"② 在黄宗羲看来，王阳明（1472—1529）的心学虽是明代学术的巅峰，但其后学却产生了诸多流弊，为此东林学派即以朱子（1130—1200）之学加以救正，然还有流于禅学之嫌，到了蕺山学派才将流弊"救正殆尽"，并且承上启下，又在清初开出了新的学术。因此，梁启超说："明清嬗代之际，王门下唯蕺山一派独盛，学风已渐趋健实。"③

生活在"后王阳明时代"的刘宗周，其为学必然深受王阳明的影响，"于阳明之学凡三变，始疑之，中信之，终而辨难不遗余力"④。刘宗周说："今天下争言良知矣，及其弊也，猖狂者参之以情识，而一是皆良；超洁者荡之以玄虚，而夷良于贼，亦用知者之过也。"⑤ 在他看来，阳明后学的弊病主要有两点：在实践上说，或是忽视道德践履，或是虽有践履但其方式近于异端；在理论上，义理阐发当中往往存在矛盾歧义，故而容易掺杂异端邪说。因此，为了"救正"阳明后学的流弊，刘宗周的思想学术表现出三个特点：其一，提出诚意慎独之学，这是蕺山学的核心思想，其中的重点在于解决朱子、阳明理论上的矛盾；其二，倡导证人改过之说，《人谱》提出了一整套严谨、细密、可操作的践履工夫，这是蕺山学自晚明清初以来影响最大的一个方面；其三，梳理宋明理学、回归经学文本，前者体现在《圣学宗要》《皇明道统录》等书，后者体现在《四书》学、《礼》学、《易》学的相关论著，这两者都是为了进一步夯实蕺山学的理论基础，其中已经部分引入了考据学的方法。

蕺山学的形成还与三个因素相关：一是许孚远（1535—1604）的教导以及周敦颐（1017—1073）、朱子等先儒对刘宗周的影响，刘宗周统合朱学与王学，他对学术史梳理的过程与其学术成熟的过程是一致的；二是

---

① 黄宗羲：《明儒学案发凡》，《明儒学案》卷首，中华书局2008年版，第15页。
② 黄宗羲：《移史馆论不宜立理学传书》，《黄宗羲全集》第10册，浙江古籍出版社2005年版，第221页。
③ 梁启超：《中国近三百年学术史》，第44页。
④ 刘汋：《蕺山刘子年谱》66岁条，载《刘宗周全集》第6册，浙江古籍出版社2007年版，第147页。
⑤ 刘宗周：《证学杂解·解二十五》，《刘宗周全集》第2册，第278页。

刘宗周与周应中（1540—1630）、刘永澄（1576—1613）、高攀龙（1562—1626）等东林友人的交游，他前期的学术受到高攀龙等东林友人的影响较多；三是刘宗周在证人书院的讲学，在这期间曾与陶奭龄（1571—1640）以及姚江书院派的学者们发生分歧并有多次学术论辩，特别是关于"意"的论辩是他后期学术发展的重要契机。

刘宗周殉节之后，蕺山学派开始分化。他的三大弟子张履祥（1611—1674）、陈确（1604—1677）、黄宗羲对明亡清兴各自有着不同的反思，因而对老师刘宗周的思想学术各自有着不同的取舍。① 其中，张履祥与陈确都继承了刘宗周重践履的学术特点。张履祥选择程朱理学作为道德践履的思想资源，由王学转向朱学之后开始"尊朱辟王"，这其实是刘宗周以朱学救正王学的理路的进一步发展，其用意也在于解决王学所导致的弊病。与张履祥相比，陈确在学术上更为大胆，已经部分越出理学的矩矱，开始对宋明理学进行批判，怀疑宋儒崇信的《大学》非"圣经"，他的学术正好反映了清初形上玄远之学的没落，另外他又致力于弘扬刘宗周的证人改过之学，并结合《中庸·素位章》而提出"素位之学"作为道德践履的思想资源。黄宗羲对道德践履与思想学术的关系的看法集中于"一本万殊"学说，认为"各人自用得着者为真"，反对王学、朱学的门户之见。与张履祥、陈确相比，黄宗羲对刘宗周的承继更为全面，一方面继续梳理宋明理学，以"师说"为指导编撰《明儒学案》与《宋元学案》，另一方面在甬上证人书院的讲会中倡导考据之学，开创了清代浙东经史学派。

除了刘宗周及其三大弟子，还有必要提及全祖望（1705—1755）。作为蕺山学派再传、私淑的代表人物，他与万斯大（1633—1683）、万斯同（1638—1702）等人的不同之处，主要在于对蕺山学的承继与对蕺山学派的表彰。补修《宋元学案》，将刘宗周、黄宗羲梳理宋明理学的事业最终完成；撰写《梨洲先生神道碑文》《子刘子祠堂配享碑》等总结、表彰文章，对于后世认识蕺山学派起到了关键性的指引作用。承继于黄宗羲与刘

---

① 本书讨论刘宗周的三大弟子，并不以他们出生的先后为序，主要是为了方便结合蕺山学派分化的三个方向来讨论明清学术转型。同时也考虑到了他们思想学术成熟的先后顺序，笔者认为张履祥思想学术成熟最早，其次陈确，最后黄宗羲，而这一顺序也正好与他们逝世的先后顺序相同。

宗周的谢山之学,更为彻底转向经史考据之学,恰好可以说是在一个学派系统之中从理学到朴学转型的最后完成。所以,为了更加纵深地讨论蕺山学派与明清之际的学术转型,很有必要将全祖望这位被公认为刘、黄系统的最后一个学者结合在一起进行讨论。

关于蕺山学派的研究,还有必要关注那些学人自身。在关注他们学术的同时,也需要关注他们的人生境遇,探讨"学"与"行"之间的关系。明亡清兴,鼎革之际剧烈的社会文化变迁,对士大夫阶层的冲击最大。如果以"时世·人生·学术"的互动来考量刘门师弟子,就会发现正是因为这种特殊的时世,使得他们经历着特殊的人生,才能磨砺出伟大的人格精神,才能从不同的角度探索学术发展之路,最后形成多姿多彩的思想学术。

学界关于明清学术转型、蕺山学派以及刘宗周、张履祥、陈确、黄宗羲、全祖望等人的研究,都已经取得了较为丰硕的成果。下面分成四个方面将研究现状进行一个简要的综述。

第一,关于明清学术转型研究。

关于明清学术转型的研究影响较大的有两派,一是梁启超与萧一山,一是钱穆与余英时。梁启超最早提出了"文艺复兴"说与"反动"说,在他看来清代学术是对明代王学的"反动",以复古为旗帜,与欧洲的文艺复兴类似,第一步由王学转向程朱之学,第二步由朱学转向考证学,在梁启超看来,明代学术的标志是王学,清代学术的标志是考证学。① 萧一山《清代通史》基本沿用其观点,他在比较明末与清初学风差异后,提出有明末之空疏才有清初之敦实、有明末之蔑视读书才有清初之提倡经术、有明末之轻忽践履才有清初之注重躬行,这些都是明学反动之结果。② 钱穆对于明清之际学术流变的看法在其与梁启超同名的名著《中国近三百年学术史》中并没有清晰表达,不过其中也说到了东林学派思想中已经蕴含考证因素等观点,比较清晰地展开他的思想是在《清儒学案序目》之中,钱穆认为学术是有其连续性的,后来的学术都包孕在先前

---

① 梁启超:《中国近三百年学术史》,第18页。关于此问题,梁启超在《论中国学术思想变迁之大势》与《清代学术概论》中也有论及,看法基本一致。
② 萧一山:《清代通史》,中华书局1985年版,第753页。

的学术之中，而且后来的学术也并不彻底蔑弃先前的学术，所以清代的经学考据之学，只是延续宋元以来的学术，理学之中本来就包孕经学，考据之学是理学的自然发展，"抑学术之事，每转而益进，途穷而必变"①。钱穆的"包孕"与"每转益进"说在余英时那里发展成"内在理路"说，他在《清代思想史的一个新解释》等文章中指出考证是理学发展的内在要求，程朱、陆王的义理之争无可避免地要逼出考证之学来。②

另外还有艾尔曼和葛兆光的研究值得特别重视。艾尔曼在《从理学到朴学》一书中提出一种主流学术话语要为另一种所取代，取决于众多社会和学术因素的相互作用，该书以清代社会经济为背景考察了以考据学谋生的江南学术共同体的形成与发展，对学界思考明清学术转型提供了一个新的角度。③ 葛兆光的《中国思想史》指出真正造成清代学术思想失语状态的除了政治对异端的钳制外，还在于皇权对真理的垄断，治统对道统的彻底兼并，最后使得士人对真理诠释权力和社会指导权力丧失，在公共领域里失去了自己的立场就只能在私的方面表达自己的思考。④

还有一些学者对明清之际的学术思潮从另外的角度加以描述，如经世致用思潮、个性解放或人文主义思潮、早期启蒙思潮、批判总结思潮、实学思潮，等等。侯外庐《中国早期启蒙思想史》也将中国16世纪末以来的学术思想与欧洲相比，他认为与欧洲的启蒙运动有相似规律，明清学术转型具有启蒙运动的因素。⑤ 葛荣晋《中国实学导论》等著作提出，中国明朝中期至1840年鸦片战争之前的三百年间，实学作为一个独立的学派和主导社会的思潮。⑥

关于为什么清代考据学兴盛，特别是乾嘉汉学的繁荣，除了上述观点之外，还有更多的说法散见于各种论著，在此简单列举如下：一是晚明有

---

① 钱穆：《清儒学案序目》，《中国学术思想史论丛》第8卷，九州出版社2011年版，第545页。
② 余英时：《论戴震与章学诚：清代中期学术思想史研究》，生活·读书·新知三联书店2000年版，第332—335页。
③ 艾尔曼：《从理学到朴学：中华帝国晚期思想与社会变化面面观》，江苏人民出版社2012年版。
④ 葛兆光：《中国思想史》第2卷，复旦大学出版社2000年版，第522页。
⑤ 侯外庐：《中国早期启蒙思想史》，人民出版社1956年版，第26页。
⑥ 葛荣晋：《中国实学文化导论》，中共中央党校出版社2003年版。

杨慎、胡应麟、焦竑、陈第，清初的顾炎武、阎若璩、胡渭等前辈大儒的示范，在成就与方法上的影响；二是政治上稳定统一、经济上繁荣发展使得学者有余暇从事考据之学；三是江浙等地藏刻书风气大盛，康熙、乾隆年间大型类书的编纂；四是西方科学方法的传入，如历算学的发达，使得考据工作更加精密。①

明清思想学术的转型是由内外多方面的原因造成的，任何将此问题简单化的研究都是没有太多意义的，所以必须结合具体的学术流派、思潮的发生、发展来看问题，才能使得明清思想学术转型的过程、原因等方面梳理得更加清晰。

第二，关于蕺山学派的研究。

目前学界关于蕺山学派研究的论著还比较少，以此为题的只有两部。衷尔钜《蕺山学派哲学思想》是目前唯一一部较为完整研究蕺山学派的著作。该书可以分为五个部分：其一，蕺山学派的思想渊源与社会背景；其二，以刘宗周的思想为主，对蕺山学派的哲学思想体系从"以慎独为宗""盈天地间一气""知为化物，即物求知""义理之性即气质之性"四个方面进行阐述；其三，讨论蕺山学派的无神论、从君本制到民本制的社会政治思想、"学贵讲，尤贵行"的治学思想；其四，以蕺山学派的分化和发展为视角来看刘宗周的主要弟子张履祥、黄宗羲、陈确的哲学思想；其五，比较刘宗周与高攀龙、黄道周、邹元标等人的思想异同，并指出蕺山学派的历史地位，简要介绍蕺山学派的主要著作与其他传人。② 何俊、尹晓宁《刘宗周与蕺山学派》对刘宗周哲学的研究从内在逻辑分析入手，提出刘宗周的心性哲学是将理学注入心学，使客体之理变为主体之心，客观之理成为主观之意，由此统一心学和理学；通过刘宗周人格结构的内部机制来解说其心性哲学，以期能够更真切地体认他的思想；最后一章较完整论述蕺山学派的形成、发展与分裂、衰落，在简要梳理张履祥、

---

① 还有一些期刊论文对这个问题有所丰富、细化，但并未有太多新见。其中值得注意的有：王建龙：《试论经世之学向考据学演变的内在原因》，《山西大学学报》2000 年第 1 期；李海生：《清初学术的两次转变及其思想史意义》，《学术月刊》2003 年第 4 期；孔定芳：《清初的经世致用思潮与明遗民的诉求》，《人文杂志》2004 年第 5 期；魏长宝：《明清之际的学术话语转型与儒学的转折》，《江汉论坛》2005 年第 10 期。

② 衷尔钜：《蕺山学派哲学思想》，山东教育出版社 1993 年版。

陈确和黄宗羲学术异同之后指出他们三人的学术冲突是蕺山学派走向分裂乃至没落的内部原因；还指出黄宗羲到了清初成为心学殿军，虽对蕺山学大行于世抱有很高期望但事与愿违，不期而然促成了达情遂欲、力行实学、文献考据的转向。①

《蕺山学派哲学思想》在史料的搜罗与评析等方面都非常出色，填补了学术空白。但是该书著于20世纪80年代，其中某些观念略显陈旧，史料考证方面也有差错；该书主体部分将学派主要人物一一单列研究，缺少对学派的整体把握，也缺少对学派中人相互之间关系的梳理；该书以社会变迁与学术转型为背景，却没有将学派形成、发展、分化与社会变迁、学术转型有机结合起来。《刘宗周与蕺山学派》对刘宗周本人思想的研究有一定的创见，关于刘门弟子的研究主要集中在黄宗羲个人身上，不能全面展示整个蕺山学派学术特点及其在学术史上的意义。

以浙江或浙东学术为研究对象的几部学术史，以及关于宋明理学、明清哲学的通史，都会或多或少涉及蕺山学派。其中研究较为全面的是王凤贤、丁国顺《浙东学派研究》，其中单列章节对刘宗周、黄宗羲、陈确、黄宗会、万斯同、全祖望等人从生平、著述、思想特色等方面进行了研究。②方祖猷《清初浙东学派论丛》涉及蕺山学派黄宗羲、万斯同、全祖望的学术思想与交游考证，其中较为重要的是《黄宗羲与甬上弟子的学术分歧——兼论蕺山之学的传播与没落》一篇，论及蕺山学与程朱理学、王学、潘平格求仁之学等的矛盾，认为黄宗羲虽然传播了蕺山学，但蕺山学在黄门弟子之间却产生怀疑并逐渐没落。③郑宗义《明清儒学转型探析——从刘蕺山到戴东原》较为深入地考察明清之际儒家思想在心性义理之学方面的变局，其中将刘宗周与黄宗羲作为心学系统内救正的两个阶段，张履祥作为心学系统外朱子学的理论型，分析了陈确《大学》真伪、

---

① 何俊、尹晓宁：《刘宗周与蕺山学派》，中国人民大学出版社2009年版，第214—259页。
② 王凤贤、丁国顺：《浙东学派研究》，浙江人民出版社1993年版。与此书相似的还有：管敏义主编《浙东学术史》，论及刘宗周、黄宗羲、万氏兄弟、全祖望，华东师范大学出版社1993年版；方同义、陈新来、李包庚：《浙东学术精神研究》，论及黄宗羲、万斯同、全祖望，宁波出版社2006年版。
③ 方祖猷：《清初浙东学派论丛》，万卷楼图书有限公司1996年版。

性善、天理人欲三辨。① 董平《浙江思想学术史：从王充到王国维》以浙江思想学术的发展为背景，对刘宗周、张履祥、陈确、黄宗羲、万斯同、全祖望等都有较为深入的研究。② 此外，侯外庐、邱汉生、张岂之主编《宋明理学史》③、张学智所著《明代哲学史》④ 以及梁启超与钱穆同名的《中国近三百年学术史》对刘宗周、黄宗羲、陈确、张履祥也都有所论及⑤，其他哲学史、思想史、学术思潮史涉及蕺山学派学者，在此不再赘述。总的来说，这些通史性质的专著对蕺山学派代表性人物较为重视，也涉及了一些重要问题，但是并没有将之视为整体加以研究，也很少涉及其中相互关系等问题。

此外还有一些单篇论文涉及蕺山学派。张岂之《论蕺山学派思想的若干问题》是最早、较为全面地探讨蕺山学派的论文，认为从刘宗周开始，到黄宗羲和陈确，逐步建立比较完整的与理学对峙的思想体系，指出这三人思想各有其侧重点又有独立思考的特色。⑥ 洪波《论蕺山学派对王学的师承与嬗变》以刘宗周、黄宗羲、陈确的思想为代表，结合《明儒学案》分析蕺山学派对王学的师承，认为明宗标目倡导慎独学说、折中程朱陆王主张本体与工夫统一、学派独盛一时学风渐趋健实三点都是对王学的嬗变。⑦ 李纪祥《清初浙东刘门的分化及刘学的解释权之争》讨论了蕺山学派分化的问题，认为至少可以分为恽日初（字仲昇，1601—1678）、黄宗羲、陈确及稍后康熙时的邵廷采四派。⑧ 王汎森《清初思想趋向与〈刘子节要〉——兼论清初蕺山学派的分裂》谈了恽仲昇与黄宗羲由《刘子节要》而引发的争论，张履祥和恽仲昇以及刘宗周长子刘汋代表蕺山学派中同情或支持朱子学的一派，他们共同构成诠释刘宗周思想

---

① 郑宗义：《明清儒学转型探析——从刘蕺山到戴东原》，香港中文大学出版社2000年版。
② 董平：《浙江思想学术史：从王充到王国维》，中国社会科学出版社2005年版。
③ 侯外庐、邱汉生、张岂之主编：《宋明理学史》，人民出版社1984年版。
④ 张学智：《明代哲学史》，北京大学出版社2000年版。
⑤ 梁启超：《中国近三百年学术史》，天津古籍出版社2003年版；钱穆：《中国近三百年学术史》，商务印书馆1997年版。
⑥ 张岂之：《蕺山学派思想的若干问题》，《西北大学学报》1980年第4期，第13—19页。
⑦ 洪波：《论蕺山学派对王学的师承与嬗变》，《浙江学刊》1995年第4期，第98—101页。
⑧ 李纪祥：《清初浙东刘门的分化及刘学的解释权之争》，《第二届华学研究会论文集》，台湾中国文化大学1992年版，第703—728页。

的一个核心,而诠释的另外两派是陈确和黄宗羲;又提出蕺山学派分为五派:自认忠实于蕺山学的黄宗羲一派、走入狂禅一派、恽刘所代表的修正派、张履祥所代表的由王返朱派、陈确为独立一派。① 赵园《刘门师弟子——关于明清之际的一组人物》讨论刘门作为一个"师门"的社会文化功能,重点考察刘门的形成过程以及刘门之中的论争,认为这一组人物有着各不相同的学术取向、人生选择、性情气象,较为完整地展现刘门师弟子之间的诸种差异。② 陈永革《开物成务与经史统观:论蕺山学派的经世特质及其效应》结合晚明思潮分析了刘宗周、黄宗羲经史一体的统观方式、具有经世特质的哲学思想在学术史上的地位。③ 这些论文从不同角度对蕺山学派的学术特点及其分化过程、在学术史上的地位等问题进行了较为深入的研究,但是对于蕺山学派学者之间的学术异同、相互关系,以及蕺山学派在明清学术史上的整体意义等重要问题却关注不够。

第三,关于刘宗周的研究。

关于刘宗周的研究成果较为丰富,有姚名达《刘宗周年谱》、东方朔《刘宗周评传》与《刘蕺山哲学研究》、李振纲《证人之境——刘宗周哲学的宗旨》、黄敏浩《刘宗周及其慎独哲学》、陈永革《儒学名臣——刘宗周传》等专著,博士论文九篇,硕士论文三十多篇,其他还有两岸学者汇编论文集《刘蕺山学术思想论集》④ 以及几十篇期刊论文、多种论及刘宗周相关著述。⑤

---

① 王汎森:《清初思想趋向与〈刘子节要〉——兼论清初蕺山学派的分裂》,载氏著《晚明清初思想十论》,复旦大学出版社 2004 年版,第 249—289 页。该书将"吴蕃昌"误作"吴蕃"。
② 赵园:《刘门师弟子——关于明清之际的一组人物》,载汕头大学新国学研究中心编《新国学研究》第 1 辑,人民文学出版社 2005 年版,第 163—245 页。
③ 陈永革:《开物成务与经史统观:论蕺山学派的经世特质及其效应》,载吴光、钱明主编《继往开来论儒学:浙江省儒学学会成立大会纪念特集》,浙江古籍出版社 2008 年版,第 252—267 页。
④ 钟彩钧主编:《刘蕺山学术思想论集》,台湾中研院中国文哲研究所筹备处 1998 年版。
⑤ 关于刘宗周研究现状,参见钟彩钧主编《刘蕺山学术思想论集》附录有杨祖汉《唐君毅、牟宗三先生对刘蕺山哲学的研究》、钟彩钧《台湾学者对刘蕺山学术思想的研究——哲学理论及其他》、古清美《台湾学者对刘蕺山学术思想的研究——工夫论及学术史》、詹海云《大陆学者对刘蕺山学术思想的研究》与詹海云、李明辉、蒋秋华《刘蕺山研究论著目录》共五篇文章。另见陈永革《清末以来刘宗周研究资料索引》,参见吴光主编《刘宗周全集》第 6 册,浙江古籍出版社 2007 年版,第 787—807 页。

东方朔《刘蕺山哲学研究》首先分析刘宗周的生平、思想背景、为学方向及学术性格、思想的发展，然后从理气论、心性论、诚意论、慎独论四个层面对刘宗周的思想进行梳理和阐发，最后论及其哲学的定位，此书对于刘宗周的哲学思想的研究较为全面。① 李振纲《证人之境》较为细致地分析刘宗周学术的论学背景与总体特征，然后重点阐明刘宗周道德理性本体的重建与证人工夫论，在刘宗周哲学的定位与定性上也提出了新的看法，此书在道德本体与证人工夫两方面的创见较为值得关注。② 东方朔与杜维明《杜维明学术专题访谈录——宗周哲学之精神与儒家文化之未来》围绕杜维明对刘宗周的哲学及其问题性的认识来展开访谈，其中特别指出了两个文本的重要性，即《人谱》体现的道德精神世界与《圣学宗要》展示的哲学谱系学。③ 黄敏浩《刘宗周及其慎独哲学》重在讨论刘宗周以慎独为宗旨的义理所在、慎独哲学的内容及其定位，将诚意说的确立看作慎独哲学的完成，将《人谱》看作慎独哲学的实践。④ 陈永革《儒学名臣——刘宗周传》结合刘宗周生平的陈述，从宋明儒学之论衡、慎独立极之学、诚意知本之学、证人成圣之学等方面对其思想学术加以梳理，认为刘宗周的学术贯通理气、心性、意知、存发、本体工夫，是"开物成务之学"、贯通天地人的儒家贤圣成德之学。⑤

牟宗三《中国哲学十九讲》《心体与性体》《宋明儒学的问题与发展》等专著中都涉及刘宗周，较为完整的论述则见于《从陆象山到刘蕺山》的《刘蕺山的慎独哲学》一章，回归到宋明理学的体系脉络重新给刘宗周的哲学加以定位而提出三系论，认为刘宗周归显于密、以心著性，区别于程朱、陆王两系而直接胡宏，胡刘一系可以和陆王一系又合为一大系，承继北宋初三家由中庸易传回归于论孟而来，胡刘一系才是宋明理学的嫡系。⑥

---

① 东方朔：《刘蕺山哲学研究》，上海人民出版社1997年版。东方朔另有《刘宗周评传》，南京大学出版社1998年版。二书的主要内容基本相似。
② 李振纲：《证人之境——刘宗周哲学的宗旨》，人民出版社2000年版。
③ 杜维明、东方朔：《杜维明学术专题访谈录——宗周哲学之精神与儒家文化之未来》，复旦大学出版社2001年版。
④ 黄敏浩：《刘宗周及其慎独哲学》，台湾学生书局2001年版。
⑤ 陈永革：《儒学名臣——刘宗周传》，浙江人民出版社2005年版。
⑥ 牟宗三：《从陆象山到刘蕺山》，上海古籍出版社2001年版，第314—378页。

关于刘宗周的学位论文很多，其中较有创见的是以下几种。吴幸姬《刘蕺山的气论思想——从本体宇宙论之进路谈起》，以心本论、宇宙论的进路来诠释刘宗周气论思想，探索气与道体、性体、心、知之间的关系，认为刘宗周的气论是一元观、循环论。① 廖俊裕《道德实践与历史性——关于蕺山学的讨论》对前人的研究有所批判，提出用契机说、阶段论、辩证观来终结蕺山学中的矛盾与冲突，认为刘宗周的思想是"一本而万殊，会众以合一"的辩证综合，又以海德格尔历史性概念与道德实践结合起来建构蕺山学的道德实践学体系，探讨了蕺山学道德实践的历程论与存有论以及经世治绩。② 陈立骧《刘蕺山哲学思想研究》以牟宗三三系说为主厘清刘宗周思想的脉络，进一步建构其理论体系，涵盖理器论、道器论、心性论、工夫论，最后又提出对刘宗周思想的二十点总结。③ 陈美玲《刘蕺山道德抉择论研究》以道德困境和道德抉择为核心论题，从道德抉择的意义脉络、道德困境的根源性问题、立本达末的道德抉择之道等方面，探究刘宗周如何面对道德实践的过程中发生的种种困境以及如何作道德判断与抉择。④ 杜保瑞《刘蕺山的功夫理论与形上思想》提出刘宗周工夫论的三个核心内涵：主静立人极、慎独、诚意，分别可追溯到《太极图说》《中庸》《大学》，并与朱熹、王阳明有关。⑤ 孙中曾《刘宗周的道德世界——从经世、道德命题到道德内省的实践历程》试图以历史学的研究方式观照刘宗周的生命历程，并从功名与经世、礼与道德实践等命题以刘宗周在人世所面对的道德问题来建构其道德世界。⑥

---

① 吴幸姬：《刘蕺山的气论思想——从本体宇宙论之进路谈起》，台湾中正大学中国文学研究所博士学位论文，2001年。
② 廖俊裕：《道德实践与历史性——关于蕺山学的讨论》，台湾中正大学中国文学研究所博士学位论文，2003年。该论文后收录于林庆彰主编《中国学术思想研究辑刊》2编第20册，花木兰文化出版社2008年版。
③ 陈立骧：《刘蕺山哲学思想研究》，台湾"中央"大学中国文学研究所博士学位论文，2003年。
④ 陈美玲：《刘蕺山道德抉择论研究》，台湾辅仁大学哲学研究所博士学位论文，2004年。
⑤ 杜保瑞：《刘蕺山的功夫理论与形上思想》，台湾大学哲学研究所硕士学位论文，1989年。
⑥ 孙中曾：《刘宗周的道德世界》，台湾"清华大学"历史研究所硕士学位论文，1990年。

目前关于刘宗周的研究大多集中在哲学思想的阐发上,已经取得了丰硕的成果,刘宗周的学术渊源、交游情况、学术的统合性、书院讲学的影响等问题的研究都还存在不足。

第四,关于张履祥、陈确、黄宗羲、全祖望的研究。

关于张履祥的研究成果主要有何明颖《晚明张杨园先生学术思想研究》、陈海红《乱世君子:理学大家张履祥评传》、程宝华《理学真儒——张履祥学术思想研究》以及笔者的《张履祥与清初学术》等专著,①硕士论文四篇,其他还有十多篇期刊论文与几种论及张履祥的相关著述。②

何明颖《晚明张杨园先生学术思想研究》较为详细地探讨了张履祥的思想渊源、治学历程,然后从本体论与工夫论两方面研究其理学思想,认为其本体论大抵承袭程朱又于各家学说穷源溯本兼有所取,工夫论则集宋儒之大成。③陈海红《乱世君子:理学大家张履祥评传》对张履祥的一生作了较完整的梳理,认为张履祥是笃信程朱严守道统的理学人物、力行实践教化乡土的平民学人、俯仰泰然不愧不怍的乱世君子,又从格物择善切用为功、五经为本史为枝叶、辨王析朱立旧面新等方面评价其学术思想。④程宝华《理学真儒——张履祥学术思想研究》首先梳理了张履祥学术思想的来源及演变,然后指出张履祥的思想主旨为择善之学,并从本体论、功夫论、经世论三方面阐述择善之学的理论依据、为学之方、学问格局⑤。笔者的《张履祥与清初学术》上篇四章对张履祥的人生与学术加以阐述,重点分析张履祥遗民与儒者的双重身份及其人生抉择与张履祥的实践理学;下篇六章则阐明了张履祥与清代学术的关系,重点梳理从张履

---

① 其中的三部专著是由学位论文修订而成。何明颖:《晚明张杨园先生学术思想研究》,台湾中国文化大学博士学位论文,1990 年;程宝华:《择善之学——张履祥儒学思想研究》,南开大学博士学位论文,2009 年。这两种博士学位论文都已出版;张天杰:《张履祥与清初理学的转向》,湖南大学硕士学位论文,2009 年。

② 关于张履祥研究的现状,笔者编有《张履祥研究资料索引》,载拙著《张履祥与清初学术》,第 372—392 页;《张履祥研究述评》,载桐乡市吕留良研究会编《吕留良研究》第 3 辑,2008 年。关于张履祥的期刊论文,大多收录于相关专著或硕博论文,故在此不多加评述。

③ 何明颖:《晚明张杨园先生学术思想研究》,林庆彰主编《中国学术思想研究辑刊》3 编第 22 册,花木兰文化出版社 2009 年版。

④ 陈海红:《乱世君子:理学大家张履祥评传》,中国民主法制出版社 2012 年版。

⑤ 程宝华:《理学真儒——张履祥学术思想研究》,中国市场出版社 2013 年版。

祥、吕留良（1629—1683）到陆陇其（1630—1692）清初"尊朱辟王"思潮的主线，考辨张履祥与陈确的《大学辨》之辩、"杨园学派"、"杨园学社"等问题。① 李锋的硕士论文《先圣之果有可为——杨园"圣学"思想的研究》总结其理学为"圣学"以展示其历史继承和时代特色，从"博文"与"约礼"两方面总结其主要思想并对理欲、仁义等命题进行了分析。② 秦天的硕士论文《张履祥哲学与文学研究》也涉及其理学，认为张履祥将朱熹的"居敬穷理"外化为"博文约礼"的实践，在路径上提倡"致知在力行"并体现为"耕读相长"的模式。③ 言杰的硕士论文《张履祥哲学思想研究》讨论了张履祥的为学之道与修身之法，及其主张"耕读"而非"学而优则仕"的经世治生思想。④

林国标《清初朱子学研究》有《张履祥的"实践"之学》一节，认为他是清初朱子学"遗民期"代表；"博文"与"约礼"是其核心思想，是知识论和道德论互为一体的两个方面；包括生产等实践活动的"致知在力行"与"明理在适用"把程朱理学的"格物致知"推进了一步。⑤ 董平《浙江思想学术史》也有专节研究，对其理学与朱学之异同的分析较有深度，指出以朱学为宗而强调"居敬穷理"，他的理学消解"格物致知"的知识论内涵而转化为"择善""明善"的道德实践性命题、取消"理"的本体意义而转为"理即礼也"的践履笃实，这两点与朱子相异；读史不为"博学宏词"而为"道德涵养"也与朱子不相和谐；所以他的学术在宗朱的同时整合了浙东经史之学。⑥ 史革新《清代理学史》（上册）将其放在清初程朱理学复兴的背景下进行研究，认为他是清代民间理学的代表，其理学学理主要是恪守与重申程朱的"居敬穷理""求存心"，鲜有新的发挥，具有一定的保守性质；他的"读圣贤书"与"务农

---

① 张天杰：《张履祥与清初学术》，浙江古籍出版社2011年版。
② 李锋：《先圣之果有可为——杨园"圣学"思想的研究》，浙江大学硕士学位论文，2006年。
③ 秦天：《张履祥哲学与文学研究》，南京师范大学硕士学位论文，2007年。
④ 言杰：《张履祥哲学思想研究》，复旦大学硕士学位论文，2009年。
⑤ 林国标：《清初朱子学研究》，湖南人民出版社2004年版，第153—171页。
⑥ 董平：《浙江思想学术史：从王充到王国维》，中国社会科学出版社2005年版，第303—311页。

桑"相结合的"治生"思想很有新意，为实学思潮的发展作出了一定贡献。①

关于张履祥的研究较少涉及他与刘宗周的关系，对其理学思想的特点以及在明清学术转型之中的意义等方面还缺少研究，因此将他放在蕺山学派的系统中进行横向与纵向的比较研究很有必要。

学界关于陈确的研究成果虽比张履祥的略为丰富，但也是蕺山学派研究之中较为薄弱的环节。已有詹海云《陈乾初大学辨研究》、邓立光《陈乾初研究》、王瑞昌《陈确评传》、汤建荣《陈乾初哲学研究：以工夫实践为视阈》、申淑华《素位之学：陈乾初哲学思想研究》等五专著，② 十篇硕士论文，③ 以及几十篇期刊论文与多种论及陈确的相关论著。这里主要就涉及陈确学术思想及其影响等问题作一简单总结④。

詹海云《陈乾初大学辨研究》是关于《大学辨》研究的重要专著，对相关研究资料的搜罗较为详尽，书后还附有《与〈大学辨〉有关之陈乾初事迹著述年表》；该书对于《大学辨》学术史意义有较多分析，认为陈确并不是宋明理学的反叛者，而是理学特别是王学的琢磨者、修正者，此外他的思想中还有复古与经世的意图⑤。邓立光《陈乾初研究》简述陈确的生平之后，分别从文学思想、宗教与习俗、理学与哲学思想、辨《大学》等方面作了较为详尽的探讨，并且分析了陈确与刘宗周、黄宗羲、张履祥的学术关系特别指出陈确与明清之际的其他大学者一样能够针

---

① 史革新：《清代理学史》上册，广东教育出版社 2007 年版，第 215—229 页。

② 其中的两部专著是由博士学位论文修订而成。汤建荣：《陈乾初哲学研究：以工夫实践为视阈》，复旦大学博士学位论文，2009 年；申淑华：《素位之学：陈乾初哲学思想研究》，南开大学博士学位论文，2008 年。

③ 周丽桢：《陈乾初思想之研究》，台湾高雄师范大学硕士学位论文，1989 年；陈熙远：《时代思潮与转折点上的异数：陈确思想试析》，台湾大学硕士学位论文，1991 年；刘清泉：《陈确批判传统理学的思想探究》，台湾"清华大学"硕士学位论文，1997 年；王琇瑜：《陈乾初处世思想探析：以素位、葬论思想为中心的讨论》，台湾师范大学硕士学位论文，2003 年；蔡恒海：《陈确思想研究》，台湾彰化师范大学硕士学位论文，2003 年；陈畅：《性善：指引抑或实体？——陈确思想研究》，中山大学硕士学位论文，2003 年；阳征：《陈确思想研究：以〈大学辨〉为中心》，武汉大学硕士学位论文，2003 年；吕巧英：《陈确的学术思想和学术风格》，河北大学硕士学位论文，2004 年；薛台光：《陈确生死思想研究》，台湾中国文化大学硕士学位论文，2005 年；杨于萱：《陈确人性论研究》，台湾"中央"大学硕士学位论文，2008 年。

④ 关于陈确研究的现状，参见阳征《陈确研究综述》，《船山学刊》2003 年第 4 期，第 55—57 页；汤建荣《陈乾初哲学研究：以工夫实践为视阈》一书的《导论》，第 4—14 页。

⑤ 詹海云：《陈乾初大学辨研究》，台湾明文书局 1986 年版。

对时弊而发展出其学术性格,但其学在有清一代却几乎完全被埋没,黄宗羲是唯一真正了解陈确且在其晚年有吸纳陈确之学的因素,蕺山学的开新功在陈确而不在黄宗羲。① 王瑞昌《陈确评传》是目前对陈确生平、思想最为全面的专门论著,论述陈确的家世与家况之后详细记叙其一生的经历,然后从素位而行、葬论、性论、《大学》之辨等方面阐述其学术思想,最后认为陈确的思想仍属心学一系,但较为注重当下工夫、崇实尚质,是一种"偏霸"形态的心学。② 汤建荣《陈乾初哲学研究:以工夫实践为视阈》以工夫实践为视阈,从"以气见性""理在欲中""力行实践"、《大学》非圣经、社会关怀等方面重新梳理了陈确的哲学思想,另外在附论中讨论了黄宗羲与陈确的思想交涉,认为陈确并没有脱离宋明理学的传统,只是对理学的重要补充。③ 申淑华《素位之学:陈乾初哲学思想研究》认为陈确论学主旨为素位之学,从人性论、《大学》学、礼论等方面对其学术加以讨论,认为他的哲学仍属于心学的范围但对王学有所修正且体现了考据学的倾向、实学的精神。④

詹海云《陈确人性论发微》是较早也较为全面地研究陈确人性论的论文,讨论了陈确的论学宗旨与人性论之关系、人性论的思想渊源与要义、在儒学发展史上的地位与评价等问题,认为陈确人性论对宋儒的批评有过当之处,但其要旨有正面积极意义,在清代有先行者地位。⑤ 萧萐父、许苏民《明清启蒙学术流变》用"清初新理欲观""清初新义利观"来界定陈确的"气质之性"一元论对人欲的肯定和对"私""治生"活动的肯定。⑥ 姜广辉《走出理学》分析了陈确对宋儒性论和理学圣经《大学》两个方面批判的意义,指出陈确不同于宋明理学而在学术思想上已破除理学樊篱,称之为"反理学"更为合适。⑦ 徐令彦《试析陈确对"人性善"理论的修正和补充》指出陈确的人性论是明清之际反对程朱理

---

① 邓立光:《陈乾初研究》,台湾文津出版社1992年版。
② 王瑞昌:《陈确评传》,南京大学出版社2002年版。
③ 汤建荣:《陈乾初哲学研究:以工夫实践为视阈》,云南大学出版社2010年版。
④ 申淑华:《素位之学:陈乾初哲学思想研究》,中国社会科学出版社2012年版。
⑤ 詹海云《陈确人性论发微》,载氏著《清初学术论文集》,台湾文津出版社1992年版,第199—280页。
⑥ 萧萐父、许苏民:《明清启蒙学术流变》,辽宁教育出版社1995年版,第354—360页。
⑦ 姜广辉:《走出理学》,辽宁教育出版社1997年版,第142—162页。

学脱离现实、空谈心性、倡导所谓"实学"的需要,其"人性善"即人的"气""情""才"善,人性之善是建立在人知善行善的道德实践基础上,这就赋予"人性善"以实践的品格和特性。① 郑宗义《明清儒学转型探析——从刘蕺山到戴东原》论及黄宗羲与陈确的论学因缘,考证出黄宗羲《明儒学案》成书稍前于《陈乾初先生墓志铭》二稿而与《孟子师说》的改订时间相近,因此黄宗羲改写陈确墓志铭之时思想早已转向,并非受到了陈确的影响;还讨论了陈确的《大学》之辨、性善之辨和天理人欲之辨,认为陈确的思想不同于宋明理学的道德形上学,已经进入了"达情遂欲"的新典范。② 陈立胜《儒学经传的怀疑与否定中的论说方式——以王阳明、陈确的〈大学〉辨正为例》将研究的旨趣限定于"论说方式"分析,指出二人具有的相似性,他们的论说均围绕尊古、尊圣、尊经几个向度进行,而儒学就是在经典的诠释、怀疑之中不断展开其丰富的思想形态,此等解经可能导向陈确与王阳明分别征兆的交互主体性的理性解经共同体或神秘主义、反智识主义。③

目前关于陈确的研究可以说太过集中于人性论与《大学辨》,偶有涉及陈确与黄宗羲的关系,陈确与刘宗周、张履祥的关系及其与明清学术转型的关系等问题都有必要深入研究。

关于黄宗羲的研究,可以说是蕺山学派研究之中成果最为丰富的,相关研究的现状已经有较多学者进行了总结。④ 下面将涉及黄宗羲哲学、经史之学等方面的重要论著作一评述。

李明友《一本万殊——黄宗羲的哲学与哲学史观》是较早对黄宗羲的哲学思想进行研究的专著,该书用"一本万殊"概括黄宗羲的哲学思

---

① 徐令彦:《试析陈确对"人性善"理论的修正和补充》,《河南社会科学》1999年第5期,第23—27页。

② 郑宗义:《明清儒学转型探析——从刘蕺山到戴东原》,第189—224页。郑宗义另有《黄宗羲与陈确的思想因缘之分析——以〈陈乾初先生墓志铭〉为中心》,《汉学研究》第14卷第2期,1996年12月,第59—74页。相关研究还有蔡家和:《黄宗羲与陈确的论辩之研究》,《"国立"台湾大学哲学论评》第35期,2008年3月,第1—35页。

③ 陈立胜:《儒学经传的怀疑与否定中的论说方式——以王阳明、陈确的〈大学〉辨正为例》,《中国哲学史》2002年第2期,第55—62页。

④ 关于黄宗羲研究现状,参见季学原、章亦平主编《黄宗羲研究资料索引》,浙江古籍出版社1993年版;吴光《黄宗羲著作汇考》,台湾学生书局1990年版;张宏敏《近二十年黄宗羲研究论著索引》,载《黄宗羲与明清思想》,上海古籍出版社2006年版,第329—368页。

想，从宇宙观、心性论、认识论、方法论等方面全面论述黄宗羲的哲学体系与哲学史观，着重揭示其主体性学说及其破除理学教条的意义。① 程志华《困境与转折——黄宗羲哲学文本的一种解读》运用"内在诠释方法"发现了黄宗羲作为哲学家的学术品格，把黄宗羲定位为儒学形态转换过程中的哲学家，提出黄宗羲的学术具有在生成论说由支离到圆融合一、在本体论上由实体形上本体回归道德形上本体、在人性论上由率性任情到无欲而天理纯、在功夫论上由致良知到功夫所至即是本体、在圣王论上由内圣到内圣外王并举这五个方面学术转型。② 刘述先《黄宗羲心学的定位》，对黄宗羲的哲学思想进行了专门研究，运用倒溯的方法，由黄宗羲、刘宗周到王阳明，进而上溯到朱熹、二程、张载、周敦颐，由比较性研究来确定黄宗羲哲学思想的定位。③ 林于盛的博士学位论文《黄梨洲思想旨归研究》在讨论了黄宗羲的理学与博综之学即政治、史学、文学、科学之后，认为其学术性格是关怀人文大群现世全幅生活的文化性思维，并不沿袭旧有的理学思路，在理气心性诸观念的特殊界定的基础之上完成了一个"道德价值性之宏富文明的世代建构"理论，是文化哲学的高级形态而非空泛宣扬经世致用。④

古清美《黄梨洲之生平及其学术思想》是较早研究黄宗羲史学思想的力作，该书重点分析了黄宗羲对王阳明、刘宗周学术的取舍及与浙东学派的关系，结合学术史来看黄宗羲在明代心学与清代史学之中的沟通作用，认为正好处在两者的转换处，其晚年的心学不同于明代，同样其所治的史学也不同于后来乾嘉考据之史学⑤。张高评《黄梨洲及其史学》详细分析了黄宗羲史学思想的渊源及其时代特性，重点讨论了黄宗羲治史的方法与史学思想的特色，以及黄宗羲史学思想的影响。⑥ 吴光《黄宗羲与清代浙东学派》叙述黄宗羲生平事迹、著作成就之后，重点分析其在政治、哲学、史学、文学与科学思想方面的理论创新，论证了黄宗羲在从阳明良

---

① 李明友：《一本万殊——黄宗羲的哲学与哲学史观》，人民出版社1994年版。
② 程志华：《困境与转折——黄宗羲哲学文本的一种解读》，人民出版社2005年版。
③ 刘述先：《黄宗羲心学的定位》，浙江古籍出版社2006年版。
④ 林于盛：《黄梨洲思想旨归研究》，台湾中山大学博士学位论文，2006年。
⑤ 古清美：《黄梨洲之生平及其学术思想》，"国立"台湾大学文学院，1978年。
⑥ 张高评：《黄梨洲及其史学》，台湾文津出版社1989年版。

知之学向清代力行实学转型中的地位与作用,确立了以黄宗羲为领袖的"清代浙东经史学派"的学术定位,纠正了以往所谓"浙东史学派"的定位偏颇,突出强调新民本思想与传统儒家民本思想的本质区别。① 吴海兰《经学与黄宗羲史学》较为全面地研究了黄宗羲的经史之学,认为是明末清初"天崩地解"时代的产物,是当时学术思潮中的重要组成部分,其经史之学与浙东尊经重史的传统有着渊源关系,易学、春秋学与孟子学等经学的研究深刻地影响了其史学,其经史之学具有"学必原本于经术"、"经术所以经世"与"言性命者必究于史"等特征,其全面性、深刻性、时代性而成为时代的最强音之一。②

目前关于黄宗羲的哲学与经史之学已经有了较为充分的研究,不过黄宗羲对刘宗周学术的承继,其学术与张履祥、陈确等人的异同及其对明清学术转型的影响等问题还需要进一步的研究。③

关于全祖望的研究成果也较为丰富,其中较为重要的专著有蒋天枢的《全谢山先生年谱》与王永健的《全祖望评传》。2005年宁波市举办了全祖望学术研讨会,出版了《越魂史笔》《史心文韵》两种论文集,④ 此外还有多篇学位论文与几十篇期刊论文。⑤

王永健《全祖望评传》从时代背景、家世和生平、学术渊源和治学特点、史学、全祖望与《宋元学案》、三笺《困学纪闻》和七校《水经注》、文论和人物传记、诗论和诗作八个方面论述了全祖望的生活和思想。⑥ 詹海云的博士论文《全祖望学术思想研究》,详考全祖望家世、游历与师友、浙东浙西学术对他的影响的基础上,重点结合其著作分析

---

① 吴光:《黄宗羲与清代浙东学派》,中国人民大学出版社2009年版。
② 吴海兰:《经学与黄宗羲史学》,北京师范大学博士学位论文,2004年。该论文修订后出版,厦门大学出版社2010年版。
③ 还有三篇硕士论文都涉及黄宗羲的学术史观,刘敏:《黄宗羲在〈明儒学案〉中的哲学思想》,北京大学硕士学位论文,1988年;黄敦兵:《〈王畿学案〉与黄宗羲的哲学史观》,武汉大学硕士学位论文,2005年;王俊杰:《黄宗羲的学术思想史诠释学思想》,西北大学硕士学位论文,2005年。
④ 张嘉俊主编:《越魂史笔——全祖望诞辰三百周年纪念文集》,宁波出版社2005年版;张嘉俊主编:《史心文韵——全祖望诞辰三百周年纪念文集续编》,宁波出版社2007年版。
⑤ 关于全祖望研究的现状,参见俞樟华、潘德宝《百年全祖望研究综述》,《古籍整理研究学刊》2008年第5期,第89—94页。
⑥ 王永健:《全祖望评传》,南京大学出版社2009年版。

其学术思想要旨。① 陈其泰《全祖望与清代学术》认为全祖望的学术贡献有四点：留下表彰民族气节的珍贵文献；揭示清初学术之精髓；完善了《宋元学案》；为清代浙东学派继往开来。② 张丽珠：《全祖望之史学研究及其影响》指出全祖望的史学是道德教化下的史学，他是以史教忠、崇尚气节、以文明道，所以汲汲从事于表彰忠义的史学工作，也使得他的史学特色表现为富于史识、谨于史法、长于史论、善于史裁。③ 黄爱平：《略论全祖望对黄宗羲学行的表彰与传承》认为全祖望在清代学术史上有承上启下之功，他私淑黄宗羲，搜罗其事迹、表彰其学术、阐发其思想等，对黄宗羲学术的弘扬和浙东学派的传承起到了重要的作用④。

学界对于全祖望的研究往往集中在其史学文献的价值等方面，⑤ 就其学术与黄宗羲、刘宗周的学术承继关系以及他在明清学术转型中的地位等问题的研究还较为缺乏。

综上所述，目前学界将蕺山学派作为一个整体进行研究的比较少，以此为题的专著只有两部，相关论文也只有十篇左右。这些论著讨论的核心还是刘宗周、黄宗羲等蕺山学派的重要学者的思想学术，或是讨论蕺山学派的分化问题。再看蕺山学派主要人物的研究，刘宗周与黄宗羲已经有了较为丰富的研究成果；而陈确、张履祥的研究则相对较少。因此，本书试图在充分利用已有研究成果的基础之上，选择蕺山学派为切入点，从一个学派的形成、分化，这样一个全新的视角来看明清学术的转型。

---

① 詹海云：《全祖望学术思想研究》，台湾师范大学博士学位论文，2000年。
② 陈其泰：《全祖望与清代学术》，《中国社会科学院研究生院学报》1992年第2期，第64—71页。
③ 张丽珠：《全祖望之史学研究及其影响》，载张嘉俊主编《越魂史笔——全祖望诞辰三百周年纪念文集》，第170—247页。
④ 黄爱平：《略论全祖望对黄宗羲学行的表彰与传承》，载张嘉俊主编《史心文韵——全祖望诞辰三百周年纪念文集续集》，第84—110页。
⑤ 关于全祖望补修《宋元学案》的研究还有多篇论文，其中较为重要的有：卢钟锋：《论〈宋元学案〉的编纂、体例特点和历史地位》，《史学史研究》1986年第2期；陈祖武：《〈宋元学案〉纂修拾遗》，《中国史研究》1994年第4期；吴光：《〈宋元学案〉成书经过、编纂人员与版本存佚考》，《杭州师范学院学报》2008年第1期。

二　方法：研究取径与创新

蕺山学派与明清学术转型之互动关系的研究，这是中国学术史上的一个重要个案。但是，想要将这一个案考察明晰，进行较为全面、细致、深入的研究，也就必然要涉及许多更深更广的哲学史、思想史研究领域的问题，还有一些问题则已经是文化史、社会史的范围了。因此，在研究过程中需要广泛吸收哲学史、思想史、学术史与文化史、社会史的相关研究方法。就具体的取径而言，下面四点则尤为关键。

第一，对学派发展历史的考察需要有整体视角。雅斯贝斯说："把历史当作一个整体来探究的使命，实在是一种严肃的责任感。"① 一个学派的历史是一个整体，想要展现一个明清学术史上特别重要的学派，就需要将这个"有宗有翼"的组织发展演变的具体状况解释清楚。研究蕺山学派，并不能将刘宗周、黄宗羲、张履祥、陈确、全祖望等人分别罗列，进行分章分节却又互不相关的研究，应该将这些学人及其学术作为一个整体来加以研究。虽然说黄宗羲、张履祥、陈确的学术"异大于同"，但是学界历来都将他们看作是一个学派的分支，那么他们与共同的老师刘宗周之间必然有一定的学术承继关系，而且相互之间也会有一些共同的特点，所以在关注学术之"异"的同时，也需要关注学术之"同"，关注他们之间的互动与冲突并揭示其意义。

第二，对学派发展中主导人物的把握。试图较为完整地展现蕺山学派的整体风貌，然而刘宗周门下弟子众多，师事的深浅、远近等情况也各不相同。所以必须把握其中的几位主导人物，以求"树木"与"森林"的互见。文德尔班说："在哲学史发展中的这种个人因素之所以值得如此重视，是因为那些在发展中起着主导作用的人物表现出他们是些显著的、独立的人物，他们的特性起着决定性的作用，不仅对于问题的选择和综合起着决定性的作用，而且既在他们自己的学说中，也在他们的继承人的学说

---

① ［德］雅斯贝斯：《论历史的意义》，载张文杰等编译《现代西方历史哲学译文集》，上海译文出版社 1984 年版，第 40 页。

中，对于创制概念以提供问题的解答，也起着决定性的作用。"① 选择黄宗羲作为刘门中偏向于王学，并且将学术重心从义理之学转向考据之学的代表，是因为他是蕺山学继往开来的关键人物，刘宗周开启的许多学术事业在他那里得以发展壮大；他在蕺山学派乃至整个浙东学术的发展之中起到了承上启下的作用，蕺山学派与明清学术转型相关的许多问题都需要在对黄宗羲的研究之中揭示出来。选择张履祥作为刘门中转向程朱一系的代表，是因为他对入清之后的蕺山学派也有着非常重要的影响，刘汋（1613—1664）、吴蕃昌（1622—1656）、沈昀（1617—1679）等人在学术上都与张履祥较为接近，他们组成刘宗周思想诠释的主要群体。选择陈确作为刘门中批判宋明理学的代表，主要是因为他有着难能可贵的独立精神，他发展了刘宗周对先儒学术敢于怀疑的精神，刘、陈的这种学术趋向正好体现了清初形上玄远之学的没落。选择全祖望作为蕺山学派再传、私淑弟子中的代表，主要在于他对蕺山学的承继与对蕺山学派的总结表彰。

第三，时世、人生与学术相互结合来进行"在场"的研究。研究学术史，不能就学术论学术，不能只关注学术相关的几条干巴巴的材料，而不顾及时代的背景与人物的经历。海德格尔说："通过认识，此在对在它自身中一向已经被揭示了的世界取得了一种新的存在之地位。"② 同样，在历史之中的学者，存在于其所存在的世界，从而有了自己特殊时世之中的特殊人生；同时又通过其思想学术去影响社会文化的发展，从而确立了在其所存在的世界之中的一种新的存在地位。要诠释思想学术，就必须结合其时代的社会文化，必须结合学者的人生，并且注意其中的互动关系，需要有一种"在场感"。这也就是陈寅恪所说的"了解之同情"，"对于古人之学说，应具了解之同情，方可下笔。盖古人著书立说，皆有所为而发。故其所处之环境，所受之背景，非完全明了，则其学说不易评论……所谓真了解者，必神游冥想，与立说之古人，处于同一境界，而对于其持论所以不得不如是之苦心孤诣，表一种之同情，始能批评其学说之是非得

---

① ［德］文德尔班：《哲学史教程》，商务印书馆1987年版，第24页。
② ［德］海德格尔：《存在与时间》，陈嘉映、王庆节译，生活·读书·新知三联书店2006年版，第73页。

失,而无隔阂肤廓之论"。① 我们研究蕺山学派这个活跃于明清之际的学术群体,必须结合明清鼎革这一特殊时代的历史背景,特殊的社会文化环境和特殊的学术环境。因此,提出"时世·人生·学术"的研究取径。需要展现的不只是蕺山学派本身,还有这个学派与明清学术转型之间的关系。其中学术上总的一个趋势则是"由虚浮转为笃实",但是具体看,不同的学者有不同的学术取径,如张履祥选择了从王学返回朱学,而黄宗羲就选择了从义理之学转向考据之学,等等。只有站在大的时代背景之下,才能将一个个小的问题解释清楚,同样解释清楚了小的问题,才能把握学术转型的大问题。而且,学者们之所以会有不同的学术取径,也与他们在特殊的时世之下,分别有着同中有异的特殊人生与学术的历程有关,所以在讨论具体的学术问题的时候,也有必要回顾学者各自的时世、人生的背景及其相关的思考。

　　第四,把握文本诠释的原则来看学术传统的演变。伽达默尔说:"每一时代都必须按照它自己的方式来理解历史流传下来的文本,因为这文本是属于整个传统的一部分,而每一时代则是对这整个传统有一种实际的兴趣,并试图在这传统中理解自身。"② 我们研究刘宗周、陈确等人如何理解与诠释宋明先儒的文本与《大学》等传统的经典文本,必须注意把握诠释学的方法。杜维明先生说:"宗周对先儒的文本的通透非常恰当地体现了诠释学的基本原则,使得历史文本与宗周本人的解释视域之间达到了一种'视界圆融'的状况。宗周把濂溪、横渠、明道、伊川、朱子、阳明全部摆在一起,有肯定有批评,而所有的肯定和批评又都在宗周自己的问题性或取径中得到了合理的安排和确切的说明。"③ 事实上,刘宗周在诠释宋明先儒语录与《大学》《中庸》文本的时候,始终注意其诠释者本身的优先性,始终很好地把握了文本自身的开放性,最后这些文本都为刘宗周自己蕺山学的建构所服务,同时也将文本与时代有机结合了起来。刘宗周之后的陈确、张履祥、黄宗羲等刘门弟子,他们分别以自己的学术取

---

① 陈寅恪:《冯友兰中国哲学史上册审查报告》,载氏著《金明馆丛稿二编》,生活·读书·新知三联书店 2001 年版,第 279 页。
② [德] 伽达默尔:《真理与方法》,洪汉鼎译,上海译文出版社 1999 年版,第 380 页。
③ 杜维明、东方朔:《杜维明学术专题访谈录——宗周哲学之精神与儒家文化之未来》,第 230 页。

径来重新诠释"刘氏遗书"的文本,他们之间发生的争议也必须把握诠释学的原则来进行理解。陈确与张履祥还为《大学》文本诠释有一系列的争辩,这一事件也可以作为在转型时代如何进行文本诠释的一个有意味的个案来进行研究。

本书研究相关的问题,前人或多或少有所涉及,所以必须在充分借鉴前人已有成果的基础上,寻找新的切入点去对相关的学术问题进行更为全面、深入、细致的研究。更为重要的则是因为以社会文化变迁为背景,结合明清学术转型来研究蕺山学派的发展演变,在这个角度上作整体的把握,必然关注到了一些之前的研究不太重视且很重要的问题。书中的创新之处,从以下几点加以说明。

第一,以蕺山学派为切入点来研究明清学术的转型。目前学界对于明清学术转型的研究,大多还是从宏观上看从理学到朴学的原因,或者就是某一人物来看相关问题,以一个相互关联的群体、一个学派的视角来进行研究的似乎还没有过。反过来说,要将蕺山学派在明清之际的发展演变以及刘门师弟子多姿多彩的思想学术等问题解说清楚,也必须结合明清学术转型。所以说结合蕺山学派的形成与分化来看明清学术的转型,这一选题本身就有一定的创新性。通过研究就会发现,张履祥与"尊朱辟王"思潮的兴起、陈确与"形上玄远之学"的没落、黄宗羲与清初浙东学术从义理之学到考据之学的转型,这三者看似毫无关联却有着共同的出发点,其实都肇端于他们的老师刘宗周。

第二,蕺山学派的思想学术与明清之际的政治、社会、文化之间互动关系的研究。思想学术与政治、社会、文化之间存在着的互动关系,特别是在经历明清鼎革的蕺山学派诸学者们的人生与学术之中表现得更为明显。因此,在研究刘宗周及其弟子的生死、出处等问题时,就需要充分结合刘门师弟子在明清鼎革之变当中的人生经历,结合这一时代的社会文化背景。深入探讨蕺山学派的分化问题,想要较好地解释张履祥、陈确、黄宗羲这三位刘门高弟为什么会采取不同的学术取径,就需要将相关问题纳入到思想学术与政治、社会、文化互动的视野之中来加以讨论,关注他们各自的多层重叠的学术背景,也只有如此才能更好地揭示明清学术转型的丰富性。

第三,学派与学者的比较研究。蕺山学派与东林学派、姚江书院派,三大学派之间有着错综复杂的关系；与此相关，刘宗周与高攀龙、陶奭龄这三位学者之间的关系也需要梳理。在讨论刘宗周的东林友人时重点分析了高、刘两大儒的交游并比较了他们的学术异同，刘、陶二人是"证人社"的主讲，所以需要结合讲学来讨论他们的交游与学术异同，通过这些学者关系的梳理，从而说明三大学派之间的关系。蕺山学派的分化是一个较为复杂的问题，黄宗羲、陈确、张履祥这三大弟子入清之后分别有不同的学术取径，特别是黄宗羲开创了著名的清代浙东经史学派，那么他们与共同的老师刘宗周之间有着什么样的学术承继关系？还有张履祥与陈确、陈确与黄宗羲，他们之间的交游与学术异同；祝渊（字开美，1611—1645）、张应鳌（字奠夫，1591—约1681）、董玚（号无休，约1615—1692）、恽日初、吴蕃昌、刘汋等刘门弟子与三大弟子之间的关系；全祖望与黄宗羲、刘宗周的学术承继关系以及他对蕺山学派的表彰，等等，这些都是被学界忽视的重要问题，通过比较研究，并用了较大的篇幅作了较为细致的梳理。

第四，结合理学与经学的发展史来梳理相关的学术流变。蕺山学派大体还是一个理学学派，但与其他宋明理学家相比，他们都很重视理学与经学关系，这是理学发展到晚明重新关注经学的一个表现。对于刘宗周蕺山学的建构影响最大莫过于王阳明，他一生都在探索如何"救正"阳明学的流弊；但他的师承却是湛若水的再传许孚远，而晚年的许孚远已转向了朱子学。本书特别注意梳理刘宗周与朱、王两系的关系，还有张履祥对王学的批判、陈确对宋明理学的批判。刘宗周对宋明各家各派的理学都进行过细致的梳理，编撰了《五子连珠》《圣学宗要》《皇明道统录》，这些与两大学案密切相关。少数学者注意到《明儒学案》肇端于刘宗周的《皇明道统录》，却没注意到《皇明道统录》取法于朱子的《名臣言行录》；刘宗周对《宋元学案》的深刻影响，学界也几乎无人论及。所以对两大学案的学术渊源作了较为完整的梳理，一是黄宗羲编纂《明儒学案》与刘宗周多方面的承继关系；一是全祖望补修《宋元学案》与黄宗羲、刘宗周二人的承继关系。刘宗周对《四书》学、《礼》学、《易》学都有较为深入的研究。撰有《论语学案》等书，特别是对《大学》的信与疑，更是困扰终身；他对《礼经》进行了重新编次，著有《礼经考次》等书，其中既有义理诠释也有考据学的某些因素。对刘宗周与黄宗羲回归于经学文本的过程也进行了总结，对刘、黄在经学上的承继关系也有所说明。又以刘门弟子陈确、张履祥、黄宗羲等人围绕《大学》的论辩以及他们与刘宗周《大学》学的继承关系等作了梳理,既可以明晰他们的思想学术的异同,又可以补充明清经学史的《大学》学的研究。

第五,结合书院与讲会的发展史来研究明清之际思想学术的变迁。蕺山学派的重要人物刘宗周、黄宗羲、全祖望等人都曾主持过书院,张履祥与陈确等刘门弟子也在浙西一带举行过多次集社、讲会。以往的研究学术史研究往往对书院讲会与思想学术的互动关系有所忽视,所以将相关书院与讲会的发展历史与明清思想史、学术史结合起来进行研究,也有了一些新的发现。比如,比较越中与甬上两个证人书院讲会,特别是比较了讲会制度、宗旨的异同、变迁,可以看到明清学术是如何进行传承与创新,义理之学如何转换为考据之学。

此外,对于学界很少涉及的刘宗周的学术谱系、交游活动,其实这两者都是关系蕺山学如何建构的重要问题,故对此作了较为全面的梳理。刘宗周蕺山学的统合性、《人谱》"证人改过之学"与"慎独之旨"的关系也作了较为深入的阐述。对于张履祥与陈确这两位受到关注不够的刘门弟子,在本书中相对讨论较多,张履祥理学思想"敬义夹持"的特点、"由王返朱"的心路历程及其对王学的批判等问题都是清初理学研究的重要问题,但学界研究较少;陈确的"素位之学"以及《性解》论性的特色、对宋儒人性论的批判等问题在本书中也作了较为细致的分析。

"横看成岭侧成峰,远近高低各不同。"将蕺山学派与明清学术转型二者结合起来进行研究,这一角度所看到的面,以及构成面的点必然与其他角度有所不同。因此本书在取得了一定创获的同时必然也存在诸多盲点,有着很多不足之处。而且"蕺山学派与明清学术转型"这个选题本身牵涉到的相关人物与问题较多、较难,加之本人研究能力与投入时间的不足等因素,导致从整体上看还是显得比较拉杂、散乱;或是材料准备的不足,或是理论深度的不够,也导致了少数章节的论证还不够充分。还有许多应该展开讨论的问题,到目前为止还付之如缺,原本计划将蕺山学派的祝渊、吴蕃昌等重要弟子,与万氏兄弟、邵廷采(1648—1711)等重要再传弟子与蕺山学的关系加以讨论,还计划就潘平格(1610—1677)对蕺山后学的冲击等问题进行说明,目前只在相关之处点到为止,更进一步的研究还有待于将来。

第一章　明清鼎革之际的刘门师弟子

甲申一变，明清鼎革，对于明清之际的士人来说，必然是人生的重大事件。所谓的"天崩地坼"，带给他们更多的还是精神上的困惑与伤痛。而且，"天崩地坼"并不是一阵疾风骤雨，坚持一下也就过去了。甲申、乙酉两年只是这"天崩地坼"的开始，接着"时移事违"，针对士人的考验一个接着一个，一直到他们离世。那么在这样特殊"时世"之下的一组重要人物，后来被称为"蕺山学派"的刘门师弟子，会有怎样的人生抉择？又会有怎样的学术思想？其中的变与不变，紧张冲突，当是非常耐人寻味。

因此，有必要较为集中地展现出这么一组人物在风起云涌、变幻莫测的明清之际的整体风采。① 刘宗周本人在明亡清兴之际出处与生死的抉择堪称一代士大夫之楷模，他在一次又一次的抉择之中的再三思量，呈现出独特的出处观与生死观。"甲乙之际"的刘门弟子，在老师的感召之下，或殉节，或反抗，考察其中较有代表性的几位的生死抉择及其背后的思量，也可大致展现这些士人的人格精神。随着入清时间的推移，"不得已"而艰难苟活下来的刘门弟子，又要面临更为艰难的人生抉择，特别是隐居于乡野的处士，如何出处、如何治生，如何兼顾遗民与儒者的双重身份，也都有必要一一梳理。此外，刘门也有少数选择逃禅的弟子，他们的逃禅也各有各的"不得已"。

---

① 关于刘宗周及其弟子的研究，参见赵园《刘门师弟子——关于明清之际的一组人物》，载汕头大学新国学研究中心编《新国学研究》第 1 辑，第 163—245 页。衷尔钜《蕺山学派哲学思想》第 19 章《蕺山学派其他传人》，第 379—404 页。

第一节　刘宗周出处与生死的抉择

　　明代的政治环境，一般认为不如宋代远甚。明人早就指出："古之为士者，以登仕为荣，以罢职为辱。今之为士者，以溷迹无闻为福，以受玷不录为幸，以屯田工役为必获之罪，以鞭笞捶楚为寻常之辱。"① 但是，这一状况到了晚明却渐渐有了改观，特别是自东林党人之后，敢于一试"刀锯鼎镬"的士大夫越来越多。顾宪成（1550—1612）就说："官辇毂，念头不在君父上；官封疆，念头不在百姓上。至于水间林下，三三两两，相与讲求性命，切磨德义，念头不在世道上，即有他美，君子不齿也。"② 刘宗周的学术宗旨与顾宪成有所不同，但在政治派系上却同属东林。无论出处与生死，刘宗周在明亡清兴之际的种种表现，都堪称一代士大夫的楷模。事实上在刘宗周出处与生死的选择背后，有着太多的艰难，所以有必要结合人生选择，探究其出处观与生死观。

一　刘宗周一生的出与处

　　在刘宗周的一生中，关于出与处的选择，似乎是一个十分纠结的问题。他自己也说："'出处'二字极难言，做到老，学到老。"③

　　出仕为官，以图谋一番大作为，也是刘宗周一生的梦想。他曾说："臣束发受学，窃从遗经，慨慕古先哲王之化，辄欲见之行事。"④ 刘宗周"通籍四十五年，立朝仅四年"⑤，二十四岁考中进士，一直到明亡殉节，前后共四十五年，在万历、天启、崇祯以及弘光朝都曾出仕，然而真正在朝为官的日子却极少。究其原因主要有两方面：一是其政治主张与当时的皇帝、宰辅不合，还曾因顶撞皇帝而三次被革职为民；一是因为自身的体弱多病，也曾特意辞官休养。

---

① 《叶伯巨传》，《明史》卷139，中华书局1986年版，第3991页。
② 《东林学案一》，黄宗羲：《明儒学案》卷58，第1377页。
③ 刘宗周：《与子汋八》，《刘宗周全集》第3册，第433页。
④ 刘宗周：《敬循使职咨陈王政之要恳祈圣明端本教家推恩起化以神宗藩以保万世治安疏》，《刘宗周全集》第3册，第17页。
⑤ 黄宗羲：《子刘子行状》卷下，《黄宗羲全集》第1册，第258页。

下面结合刘宗周在万历、天启、崇祯以及弘光四朝的具体出处抉择的情况，来考察一下刘宗周是如何进行出处抉择的。

其一，万历年间的出处抉择。刘宗周万历年间的材料，曾遭遗失故保存下来的很少。在万历四十二年（1614）《与周生》中说：

> 不佞少而读书，即耻为凡夫。既通籍，每抱耿耿，思一报君父，毕致身之义，偶会时艰，不恤以其身试之风波荆棘之场，卒以取困，愚则愚矣，其志可哀也。然且苦心熟虑，不讳调停，外不知群小，内不见有诸君子，抑又愚矣，其志尤可哀也。嗟呼！时事日非，斯道阻丧。亟争之而败，缓调之而亦败，虽有子房，无从借今日之箸，直眼见铜驼荆棘而已。……若夫一身之升沉宠辱，则已度外置久矣。惟是学不进、德不修，快取容足之有地，而亡其所为天地立心、生民立命之血脉，于世道人心又何当焉？此不佞之所惓惓而不容自已也。①

万历四十七年在与友人周绵贞的书信中也说：

> 今天下事日大坏，莫论在中在外，皆急需匡救，以缓须臾之决裂。……二三兄弟相次去国，一网而尽，遂遗君父以空虚之患。狐鼠成群，倒番世界，举祖宗二百五十年金瓯之天下，一旦付之铜驼荆棘中，吾党与有罪焉。……至于吾辈出处、语默之间，亦多可议，往往从身名起见，不能真心为国家。其所以异于小人者，只此阿堵中操守一事，然且不免有破绽可乘，安得不授以柄哉？所云吾党之罪，在宋人之上，不为虚也。②

刘宗周一方面希望"一报君父"而"不恤以其身试之风波荆棘之场"，另一方面又忍不住感叹"时事日非"，"亟争之而败，缓调之而亦败"，国家的败亡只是迟早的差别而已，即使有张良这般的贤才，也无从下手，"直眼见铜驼荆棘而已"！这还是在万历年间，不得不佩服他的眼光之深刻、

---

① 刘宗周：《与周生》，《刘宗周全集》第 3 册，第 394 页。
② 刘宗周《与周绵贞年友》，《刘宗周全集》第 3 册，第 400—401 页。

独到。更何况当时的士大夫阶层也极其腐朽,"出处、语默之间,亦多可议,往往从身名起见,不能真心为国家"。但是,即便眼见得政事不可为,一旦败亡则"吾党之罪",所以还当"以缓须臾之决裂"。刘宗周对自己的要求是将"一身之升沉重辱""度外置之","内圣"则进修自身的"学"与"德","外王"则"为天地立心、生民立命"寻求"于世道人心"有所救治的机会。

可惜在万历朝刘宗周并没有得到这样的机会,再加之还有"老亲"在堂,刘宗周只得选择辞官还乡。刘宗周二十七岁时曾有奏疏关于弹劾权相沈一贯等人的,后来友人见之而问:"君亦曾为老亲计乎?"家中尚有祖父在堂,"身非我有",因此这封奏疏并没有上报,报上去的是第二封关于"告终归养兼峰公"的奏疏,最后获准回乡事亲。①

其二,天启年间的出处抉择。到了三十五岁,刘宗周有机会再度出仕之时,外祖父南洲公章颖(1514—1605)和祖父兼峰公刘燨(1525—1605)相继去世,在他看来,此时没有什么后顾之忧,可以做一番作为了,可惜当时的政治风气却并未有所好转,刘宗周还是空走了一遭。

天启元年(1621)三月,朝廷起用刘宗周,任礼部仪制司添注主事,十月到京赴任。上任才九天,他就上疏弹劾魏忠贤(魏进忠,1568—1627)与客氏(?—1627),成为第一个弹劾的官员,他敏锐地察觉了魏、客二人对于国家的危害。当时疏入而不报,被罚俸禄半年。其后,关于师道、吏治等方面,他又有多次上疏,树立起了清正刚直的形象。② 天启二年六月升任光禄寺丞;天启三年五月升尚宝司少卿。之前刘宗周曾回乡省亲,还在路上就接到任命便以"未任连擢,义不自安"为由而拟疏请辞,天津巡抚李邦华(?—1644)告以"小臣无辞官礼"而作罢。③ 八月到任,九月又升太仆寺添注少卿。"一岁三迁",这在他人看来是无比的荣光,但在刘宗周看来却是"义难拜命",拜疏固辞。当时同僚争相挽留,又以无辞官礼相劝,他说:"廉耻之在人,不因小臣而夺也。"同僚说:"众君子在位,国事犹可为,何若是其恝乎?"他又说:"进退之义不

---

① 姚名达:《刘宗周年谱》27岁条,载《刘宗周全集》第6册,第234页。
② 刘汋:《蕺山刘子年谱》44岁条,载《刘宗周全集》第6册,第74页。
③ 刘汋:《蕺山刘子年谱》46岁条,载《刘宗周全集》第6册,第78页。

明,而欲正君匡俗,未之有闻,异日藉口君父而托身权门,将自吾侪开之耶?"① 最后,以病固辞,接着又连上三疏:《臣节日坏臣罪滋深乞圣明收回成命亟赐罢斥疏》《患病不能供职恳乞天恩容臣以原官回籍调理少全分义疏》《臣病万非假托三恳天恩俯容回籍调理以保余生疏》。于是吏部尚书赵南星(1550—1627),提议让刘宗周"以新衔回籍,病痊即与起用",终于得到了天启帝的许可。②

赵南星因此而对刘宗周十分推崇,曾说:"千秋闲气,一代完人。世曰麒麟凤凰,学者泰山北斗。"③ 后来又在请刘宗周再度出仕的信中说:"署中多刚方之士,乃敢请翁台来。来则真君子之气胜,天下事尚可为。愿勿遂忘世而辜天所以生我之意。"④ 他希望刘宗周以其"真君子气"来改造朝政风气。

天启四年十月,再度起用刘宗周,任通政司右通政。但是当时魏、客气焰嚣张,群贤必逐,所以他坚决请辞。再一次上疏,明确表述了自己的进退观念:

> 进必以礼,故进而足与有为;退必以义,故退而足与有守。两者相反而实相成,乃称臣节也。……世道之衰也,士大夫不知礼义为何物,往往知进而不知退。及其变也,或以退为进。至于以退为进,而下之藏身愈巧,上之持世愈无权,举天下贸贸焉奔走于声利之场。于斯时也,庙堂无真才,山林无矜节,陆沉之祸,何所底止。臣方惧以前日之进,故惴惴焉辞太仆之命,犹以为晚,何意今日之退转成今日之进?将败坏世道,实臣一人为戎首,率天下而趋之,臣滋惧矣。⑤

刘宗周的"固辞"很少有人理解,甚至反被认为是"以退为进"的一种要挟。最后,惹得天启帝大怒,降旨:"刘宗周藐视朝廷,矫性厌世,好

---

① 姚名达:《刘宗周年谱》46岁条,载《刘宗周全集》第6册,第288页。
② 刘汋:《蕺山刘子年谱》46岁条,载《刘宗周全集》第6册,第79页。
③ 刘汋:《蕺山刘子年谱》附卷《刘子年谱录遗》,载《刘宗周全集》第6册,第181页。
④ 同上。
⑤ 刘宗周:《天恩愈重疏》,《刘宗周全集》第3册,第45—46页。

生恣放。着革了职为民当差,仍追夺诰命。"① 这是刘宗周第一次被革职为民。其实当时他还有另外二疏,一为"申理诸君子发明忠邪之界",一为"参魏忠贤误国之罪",通政司中人说"此何时?进此疏乎,大祸立至矣",此二疏未得上报,然仅辞职一疏,就已经使他被革职为民了。

早在天启二年,刘宗周就与友人的信中说:

> 弟入都门,已知时事不可为,奸珰既为腹心之疾,而贼臣又误封疆,以速祸败。乃党内珰者,多以经略为话柄,借以倾阁铨,媒孽诸君子。诸君子既与北司为水火,则势不得不附阁铨,因不得不宽经略矣,此时事之最为难言者也。封疆连丧,而朝士犹争经争抚、言是言非,尚无定案,迄于弥月不用一人、行一事,束手待毙,国事至此,真可痛也!今日公论,似反出于小人。弟谓外患即不来,小人亦当翻局,助内珰以杀正人君子,激成亡国败家之祸,而况外忧内难且汹汹交作于旦夕乎!……弟每与高景逸蹙额,恨阁部大老中无有见及此者,恐大祸只在目前,吾党劫运义无可逃,山林廊庙,同是君臣之义,不知吾党他日之不负相许者几人耳。②

天启年间,妇寺弄权,气焰日愈嚣张;而士大夫们又急于竞进,却不知"大祸只在目前",根本没有任何机会有所作为。刘宗周对于当时形势可以说看得十分透彻,进退之间也都依于道义,不为高官所动而轻易冒进,宁可退居乡野修德、修学。

其三,崇祯年间的出处抉择。在崇祯朝,刘宗周曾三次为官:第一次,崇祯元年(1628)十一月至崇祯三年九月。崇祯元年十一月发布,任命为顺天府尹,二年元月、三月各有上疏因病欲辞,不准,二年九月就任,三年九月辞职。在顺天府尹任上,一心为国家排忧解难,很好地处理了"己巳之变"清军围困时期京城保卫战相关的事务,为京城的安定作出了巨大贡献,此事可以看出刘宗周有极高的政治才干。但是因为身体的原因,也因为对于政局的"无可作为",他还是辞职还乡了。

---

① 刘宗周:《天恩愈重疏》附录,《刘宗周全集》第3册,第46页。
② 刘宗周:《与长孺二》,《刘宗周全集》第3册,第413—414页。

第二次，崇祯八年七月至崇祯九年六月。崇祯八年七月，吏部推在籍官员堪任阁员者，刘宗周被征，十月二十日入京；九年元月二十四日发布，任命为工部左侍郎，元月二十四日、二月五日、二月六日各上疏因病欲辞，不准。二月十一日就任，六月辞职；九月，因上疏弹劾温体仁，被革职为民。刘宗周一度有机会进入内阁，终究因为他的政治主张与崇祯帝有着较大出入而作罢，最后被任命为工部左侍郎。不过也因为崇祯帝的召对，对于刘宗周来说也算是一种君臣知遇之恩，所以他有了"以老病之身许之君父"的决心，即使面临"真如牵羊入屠肆"的危险。在与其子刘汋的家书中说："余之心亦有不自安者，勉强拜命，真如牵羊入屠肆耳。及既拜命，则不便再容易抽身，只得以老病之身许之君父，意欲得当以报君恩，以了生平耿耿之怀。"① 刘宗周又一次汲汲于"致君尧舜"，多次上疏指出崇祯帝的种种弊政。可惜崇祯帝非但不听，还一味为自己辩护。刘宗周再次感到"无可作为"，再加之身体等原因，不久便请辞回乡。在返乡路上，听说国家危难，他便停留下来关注时局。七月十七日，刘宗周行至天津，听闻清兵自宣镇入侵，已经破了昌平，皇陵告急。"国难崩摧，非臣子接浙时，乃入津城佐抚军贺世寿筹兵食。"② 十九日，刘宗周有《与贺中泠津抚书》③，劝天津的巡抚死战。京城的士民想起当年刘宗周做京兆尹的故事，也就扬言："'己巳之变'定国绥民，系刘公是赖。今在津门，何不以尺一召之？朝廷独不为都城根本计耶？"④ 于是兵部主事宋学显上疏请求召还刘宗周，侍郎王业浩也上疏。崇祯帝下诏部议，吏部尚书谢复因为温体仁的指示而极力阻拦，最后作罢。又过了一月，清兵退却，刘宗周才继续南行。

第三次，崇祯十四年十一月至崇祯十五年十一月。崇祯十四年十一月发布，任命为吏部左侍郎，十五年五月、七月各以病疏辞，未就任；七月十六日发布，升都察院左都御史（总宪），七月二十六日、十月初三各疏辞，不准，十月十二日报到，十一月二十九日免职，因为中间有个闰十一月，故共掌宪六十八日。先时崇祯帝曾言及"大臣如刘宗周清正敢言，

---

① 刘宗周：《与子汋八》，《刘宗周全集》第 3 册，第 433—434 页。
② 刘汋：《蕺山刘子年谱》59 岁条，载《刘宗周全集》第 6 册，第 114 页。
③ 刘宗周：《与贺中泠津抚书》，《刘宗周全集》第 3 册，第 443 页。
④ 刘汋：《蕺山刘子年谱》59 岁条，载《刘宗周全集》第 6 册，第 114 页。

廷臣莫能及","慨叹久之",于是就再度起用刘宗周。① 当时刘宗周患了癃闭之症,只能继续请辞,再上《微臣再荷恩纶力疾终难赴任恳祈圣慈俯容在籍调理疏》,之后接到圣旨:"佐铨亟需真品,刘宗周着作速赴任,不得固辞。"② 由此看来,崇祯帝真心欣赏刘宗周的"清正敢言""真品",用人之心非常急迫。

当时刘宗周早就已经"幅巾野服"以示不再存留仕途之意,但是这次考虑到了崇祯帝三次下旨的诚心,也考虑到了国家有难,所以不得不再度违心北上,以图报效朝廷,实现自己的外王心愿。后又听说清兵已经破松山、宁远、锦州,而西北的流寇,即李自成的义军也已经破了归德,进围开封,刘宗周感到惶恐无地,于是奋起而言:"际此时艰,岂臣子言病日乎?一日未死,一日为君父之身。"五月九日,遂襆被上道。其子刘汋随行,晚上就渡过钱塘江,等到省城杭州的官吏前来迎接,他早就已经出杭州的北关而北上了。③ 此次出仕,刘宗周在左都御史任上做出了非常不错的成绩,最后却在"申救姜埰、熊开元"的问题上,再三顶撞崇祯帝。崇祯帝说:"愎拗偏迂,朕屡次优容,念其新任,望其更改。今乃藐抗徇私,大负委任,本当重处。辅臣奏其年老,姑着革了职。"④ 这是刘宗周第三次被革职为民。

其四,甲申之后的出处选择。明崇祯十七年五月初,门人董玚奔告北变。⑤ 得知京城陷落、崇祯帝自尽之后,刘宗周大哭不已,由此可知他对崇祯帝有着深厚的感情。接着,刘宗周就大会绅士于绍兴的城隍庙,倡义勤王,还积极为义军勤王募款。"闻北变,如会城,大会抚按、藩臬诸司,申讨贼之义",他还说:"身虽老,敢为众先驱。"⑥ 随后他又到了杭州,要求黄鸣俊(福建莆田人,万历四十七年进士),一面发丧,一面提

---

① 刘汋:《蕺山刘子年谱》64岁条,载《刘宗周全集》第6册,第132页。
② 刘宗周:《微臣再荷恩纶力疾终难赴任恳祈圣慈俯容在籍调理疏》附录,《刘宗周全集》第3册,第152页。
③ 刘汋:《蕺山刘子年谱》65岁条,载《刘宗周全集》第6册,第132—133页。
④ 《召对纪事》,载《恭承圣谕感激时艰敬矢责难之谊以图报称疏》附录,《刘宗周全集》第3册,第241页。
⑤ 董玚提及刘谱的不足时说:"甲申五月己丑,门人苍黄告变者,瑞生也。宜载名。"《刘子全书抄述》,载《刘宗周全集》第6册,第678页。
⑥ 刘汋:《蕺山刘子年谱》67岁条,载《刘宗周全集》第6册,第149—150页。

师北进，出兵勤王，以为天下倡，但没有得到黄鸣俊的响应。

当时浙中的士大夫，多有希望刘宗周能够出来做义军之主。当时义军的首领金声（1589—1645）在与刘宗周的书信中说："不能不日夜喁喁，惟贵乡是望。……而老先生系海内苍生之望……老先生亦忍遂漠然置天下事于不问乎？"① 绍兴知府于颖（号九瀛，崇祯四年进士）也从南京来到杭州，与章正宸（号格庵，？—1646）等人公推刘宗周为盟主，又约了总兵左良玉、刘泽清、郑芝龙等，打算会师讨贼。几天之后，南京的福王政权建立，起复刘宗周原官的诏书到来，于是参加义军之事作罢。

刘宗周参与福王政权之时，总处于一种进退维谷的心态。当时关于福王的种种劣迹传闻很多，所以他在去往南京的路上迁延近三个月之久，仅仅在丹阳就待了差不多二十天。在这几天里，各种消息传来："一日传闻皇太子、二王凶问，不胜号涕，曰：'雏耻若此，北伐无期，将何以见先帝于地下乎！'疾绕室中，移时遂决意趋阙。"② 最后为了报效国家，他还是决定再试一试，到南京任职了。这期间，刘宗周也给福王上了几封奏疏，其中有一些还是借病请辞的，另一些则探讨了明亡之因与中兴之政，甚至还曾准备承上他与弟子张应鳌等人编撰的《中兴金鉴录》③。可惜，最后还是极度失望而退。不过，即使刘宗周早就知道这样的下场，他也是会去的，因为在"循道义而为"之前还有原则就是"知其不可而为"。也就是说，无论成败与否，只要家国有难作为臣子都要去尽其全力。在刘宗周接到福王诏书之前，他的弟子祁彪佳（1602—1645）先接到了起复的诏书，当时祁彪佳有所犹豫，刘宗周就说："时事至此，吾辈决无袖手旁观之理。"④ 祁彪佳出处与生死的抉择，在很大程度上也是受到老师的精神感召。

由南京回来后，祝渊前去看望，刘宗周在与祝渊的书信中也说起此番出处："大是愤愤，时命之穷，只合待死，无第二义可言。"⑤ 给张履祥的信中说："出处之际，抚今追昔，转有不自得于心者。……立身万不敢望

---

① 金声：《金忠节公文集》卷五，光绪戊子黟邑李氏重刊本。
② 刘汋：《蕺山刘子年谱》67岁条，载《刘宗周全集》第6册，第157页。
③ 刘汋：《蕺山刘子年谱》68岁条，载《刘宗周全集》第6册，第163页。
④ 刘宗周：《与世培五》，《刘宗周全集》第3册，第513页。
⑤ 刘宗周：《答开美四》，《刘宗周全集》第3册，第492页。

古人，不过守其硁硁之见云尔。"① 刘宗周感觉自己此番出处，确实有一些失策，但也是无可奈何。即便如此，顺治二年（1645），南京陷落之后，传闻福王出奔并偕马士英赴浙，刘宗周"日在席藁。骤闻王临幸，又不遑宁处，欲趋会城趣抚按迎驾"②，不管是什么状况，他都希望能够尽到一份做臣子的责任。

关于出处，还应补充刘宗周对于清廷的态度。在给清军将领字罗征书的回复之中，他说："国破君亡，为人臣子，惟有一死。七十余生，业已绝食经旬，正在弥留之际。其敢尚事迁延，遗玷名教，取讥将来？"③ 刘宗周自称"遗民"，清军攻占绍兴之后，就抱有殉节的念头了，清廷的征其为官，则坚定了他必死的决心。而且，他还有遗言给其子刘汋："此后但不应举，不做官，则此身庶免罪戾，可无覆宗灭祀之祸矣。"④ 可见对于在入清之后的出处选择，还是非常明确的。

二 出处观：知其不可而为之

刘宗周一生的出处，都特别注意名、利二者。

刘宗周为官不求利，往来都是两袖清风，人称"刘豆腐""刘一担"。对"风纪"有着一贯的严谨，特别痛恨贿赂之事。崇祯十五年十一月二十四日，中书王育民拜谒刘宗周，贽之以书仪，为了给绛州知州孙顺的考察疏通。刘宗周断然将其赶走，次日即上疏弹劾，并且自劾说："以臣忝列风纪一席，而此曹不难为非义之干，视国宪如弁髦然，岂臣之平生固不足取信于人与？……仰祈皇上先将臣亟赐罢斥，以为秉宪无能者之戒。"崇祯帝回旨："孙顺、王育民俱着革了职，法司提问具奏。卿秉正发奸，有裨风纪，着安意澄肃，以副倚任，不必剖陈。"⑤ 士大夫听闻此事，肃然起敬。

关于名位，刘宗周三十六岁任行人司行人之时，"夜梦升卫经历，心

---

① 刘宗周：《答张生考甫二》，《刘宗周全集》第 3 册，第 494—496 页。
② 刘汋：《蕺山刘子年谱》68 岁条，载《刘宗周全集》第 6 册，第 164 页。
③ 同上书，第 169 页。
④ 刘宗周：《示汋儿》，《刘宗周全集》第 4 册，第 449—450 页。
⑤ 刘宗周：《特纠官邪行贿有据谨自劾不职以肃风纪疏》，《刘宗周全集》第 3 册，第 198—199 页。

甚不快"，醒来之后作了甚为严苛的自责，并书之于案头："予雅欲谢病去官，不知此梦从何来，终是不忘荣进念头在。乃知平日满腔子皆是声色货利，不经发觉，人自不察耳。猛省！"① 当时刘宗周还将此事在与友人的信中说起："弟昨夜梦升卫经历，心甚不快。弟雅欲谢病去官，不知此梦从何处来？看来终不忘荣进念头。在夜之所梦，未有不根于昼者。……今那得一副义理心去胜他，看来只争昏觉之间，才觉则无妄非真矣。"② 另外一个较为极端的例子，就是当黄道周到绍兴，"请见再三"，刘宗周竟然因为黄道周的出处进退有点问题，便坚决不见。弘光朝建立，刘宗周劝其不要出仕。黄道周还是选择了出仕，也因为无所作为而到绍兴祭告大禹陵。刘宗周故意出城躲避，又写诗于折扇讽喻，黄道周无奈而离去。此事刘宗周也曾有后悔，感觉自己"拒绝太深"。③

刘宗周的出处抉择，几乎不为名利，在其背后起到支撑作用的就是"知其不可而为之"的精神。早他在进入仕途之初，就感到在当时政治环境之中自己几乎不可作为，但是每次家国危难之际他都挺身而出，排除千难万险，力挽狂澜。刘宗周曾说："一旦受事，百冗交集，仆亦捐七尺以报君父已耳。"④ "此身一出门，便属之君父，死生利害与君父共之而已。"⑤ 在进入仕途之初，便已经抱有为国捐躯的决心，即使早就知道"受事"就会"百冗交集"，往往很难有所作为，却又无法顾及"死生利害"。

崇祯十二年，刘宗周曾对李邦华（字懋明，1574—1644）说："天下事虽万万不可为，在臣子岂有不下手之理！"⑥ 在他看来，即便强为之而去"下手"，也必须严守正道，他说："与其雷同附和，侥幸一切之功名，无宁守正违时，少留国命人心于万古。"⑦ 功名诚是可贵，而道义更是根本，这可以说是他的基本出处原则。

---

① 刘汋：《蕺山刘子年谱》附卷《刘子年谱录遗》，载《刘宗周全集》第 6 册，第 178 页。
② 刘宗周：《与以建五》，《刘宗周全集》第 3 册，第 302 页。
③ 刘汋：《蕺山刘子年谱》附卷《刘子年谱录遗》，载《刘宗周全集》第 6 册，第 190—191 页。
④ 刘宗周：《与族侄二》，《刘宗周全集》第 3 册，第 481 页。
⑤ 刘宗周：《与子汋七》，《刘宗周全集》第 3 册，第 432 页。
⑥ 刘宗周：《与懋明二》，《刘宗周全集》第 3 册，第 458 页。
⑦ 刘宗周：《与徐亮生大参》，《刘宗周全集》第 3 册，第 455 页。

当然，刘宗周并非毫无隐居之心，也曾希望全力从事学术，在与祝渊的信中说："云门佳出水是我辈避世缘也。道驾惠然，当为久聚计，商疑发覆，了此余生，见得宇宙间尚有未了公案，不无待于我辈，则后死者所以不负前人也。"① 崇祯十二年，刘宗周在与周镳（仲驭，？—1645）的信中说："当此主忧臣辱、主辱臣死之日，独我辈林间人无死地耳。"② 虽然在刘宗周的心中，还有许多学术公案需要解决，只是在这样的时代，作为一个有担当的士大夫，实在无法安心优游于林间做学术。从以上讨论也可知，刘宗周每次出仕，都希望有所作为，即便是在他所认为的无可为的政局之下。特别是在崇祯朝的三次出仕，"思有建树，以报明主"，见到励精图治的崇祯帝，也不免有"致君尧舜"之意。只是他又从不委曲求全，多次弹劾权臣，甚至多次顶撞、指责皇帝。因此导致三次被革职为民的结局，可见他与那些醉心于职权官位，阿谀奉承、寡廉鲜耻的士大夫迥然有异。

　　由于时局的变换，刘宗周既不能一心出仕为官，在朝廷有一番作为，又不能一心处于乡野讲学，在学术上做出更大的成就。但是就其出处原则而言，还是非常坚定的，其实就是有两点：一是出于"道义"，无论在何职位，凡是有必要的都要据理力争，直到被革职为民；一是出于"礼制"，即便是"一岁三迁"这样的荣耀，只要不合于礼制，也要再三请辞，即使被误认为"以退为进"。

　　尽管如此，当时的士大夫都认为就出处而言，刘宗周的言行也可谓典范，曾听过他讲学的陈龙正（号几亭，1585—1646）就说："先生一生学力，验于进退之间，可以无憾，足为后世模楷。"又说："先生三揖而进，一辞而退，使天下见儒者真有铢视轩冕之致。宁谔谔而为氓，毋默默而为臣，于以维士气感人心，有益于世道不浅也。"③ 刘宗周一生的出处进退与其学术思想有着密切相关，与其生死抉择一样，他的出处抉择成为晚明士大夫的楷模，对于世道、人心也有深远的影响。

---

① 刘宗周：《与开美六》，《刘宗周全集》第3册，第497页。
② 刘宗周：《与周仲驭工曹》，《刘宗周全集》第3册，第456页。
③ 刘汋：《蕺山刘子年谱》附卷《刘子年谱录遗》，载《刘宗周全集》第6册，第194—195页。

三 刘宗周之死

顺治二年（1645）六月，清军攻陷南京，福王政权灭亡。刘宗周对陈龙正说："国破君亡，吾辈不能死，又有一番出处，罪且浮于不死矣。"① 到了后来，他在给熊汝霖（字雨殷，1597—1648）的书信中说："吾辈今日断无生路，等死耳。与其墨墨而死，毋宁烈烈而死。"②

刘宗周的殉节，"前后绝食者两旬，勺水不入口者十有三日"③，可以分为两个阶段。

第一阶段，因为明军抗清失利的相关消息不够确切，而且对于恢复明朝也多有期待，所以刘宗周虽已绝食，但也曾有些反复。刘汋的《年谱》说：

> 六月十三日，杭城失守，诸大帅尽散，潞王具款降。十五日午刻，先生闻变，时方进膳，推案恸哭曰："此予正命时也。"遂不食，僵卧榻间。汋流涕奉糜以请，先生挥之曰："食人之食者，死人之事，分义然也。"④

上文已经提及，刘宗周早就抱定殉节的决心，然而"死尚有待"。他还在等着潞王监国担负起中兴的重任，没有想到等来的消息却是杭州失守、潞王请降，于是他就开始绝食。他的绝食，一般被认为是"殉明"，但从根本上说则当是"殉节"，殉的是"道义"，"食人之食者，死人之事"，为国而死当是臣子的"分"内之事，这种道义感也是儒家的传统。

关于绝食殉节与图谋恢复之间的选择，刘宗周与张应烨曾有一番讨论：

> 顷之，姚江张生应烨，吕生滋请见言事，先生延之入卧内，凭几

---

① 陈揆：《陈祠部公家传》，载陈龙正《几亭全书》附录卷一，康熙三年云书阁藏版本，第7页上。
② 刘宗周：《与熊雨殷给谏》，《刘宗周全集》第3册，第516页。
③ 刘汋：《蕺山刘子年谱》68岁条，载《刘宗周全集》第6册，第172页。
④ 同上书，第166—169页。下文同此出处则不再注明。

而见之。应烨进曰:"今日系天下望者,先生也。潞藩虽降,浙东犹有鲁、惠二王,宗室有楚将军,先生何遽言死?闻黄石斋越在近郊,曷不择诸王贤者,与黄公间道走闽,檄郑帅以海师直捣南都?吾浙之兵,不攻自去,此千载一时也。"先生曰:"向者累请于公城守,公褎如充耳。今欲为于国亡势去之余,亦已知其难矣。至于予之自处,惟有一死。先帝之变,宜死;南京失守,宜死;今监国纳降,又宜死。不死尚俟何日?世岂有偷生御史大夫乎?"应烨曰:"不然,今日所论者,宗社为重。先生需一死以存宗社,高皇帝以下之灵实式凭之。夫死非先生所难,处死为难。死而有益于天下,死之可也。死而无益于天下,奈何以有用之身轻弃之?"先生曰:"吾固知图事贤于捐生,顾予老矣,力不能胜,徒欲以垂尽之躯扶天崩地坼之业,多见其不知量耳。子之所言,异日不可知之功也。予之所守者,人臣之正也。身为大臣,敢舍今日之正而冀异日不可知之功乎?吾死矣!夫匡复之事,付之后人已矣!"应烨反复数四,先生心韪之,命往见于颖为后事图。

张应烨等人劝说,因为浙东还有鲁王、惠王以及绍兴太守于颖与黄道周(石斋)、章正宸(格庵)、熊汝霖(雨殷)等人,所以恢复还有一线希望。刘宗周对此也有一点相信。但是,"先帝之变,宜死;南京失守,宜死;今监国纳降,又宜死",在他看来这已经是第三次该当殉节,也就没有再可犹豫的理由了。至于恢复有望,他也承认"图事贤于捐生",如果有能力去为恢复做点事,确实比殉节更有意义。"顾予老矣,力不能胜,徒欲以垂尽之躯扶天崩地坼之业,多见其不知量耳",刘宗周认为自己已经年老多病,难以胜任恢复的大业。思量再三,他决定再观望一下,一边命人四处联络抗清事宜,一边吃了一点肉糜:

十六日,吾越争锯金犗师,应烨复驰见先生,曰:"事急矣,奈何?宜出城更图计画。"先生曰:"国存与存,国亡与亡,古之制也,吾将安之乎?"应烨知不可夺,即以死激先生曰:"古人云:'择一块干净土死。'今城降矣,即欲死,岂先生死所?"先生为色动,曰:"姑从子出城观变,迟数日授命耳。"晚始粒,遣人访石斋,复趣格庵、雨殿急趋郡。十七日辰刻，先生盥栉辞家祠，出居郭外之水心庵。……先生连日食少糜，忍死以俟。

接下来，则是令人丧气的消息再度传来："十九日，通判张愫斋赍图籍，诸生耆老驰牛酒，渡江输降。先生闻之，复不食。"刘宗周再次决心绝食，还是因为恢复无望。后来使他更加坚持则还有另一原因，那就是弟子王毓蓍（？—1645）的殉节：

> 二十二日，门人王毓蓍痛子衿迎降，自沉柳桥死，留书上先生曰："毓蓍已得死所，幸先生早自决，毋为王炎午所吊！"汋不敢以书呈。……先生闻毓蓍死，曰："王生死，我尚何濡滞哉！"

在此之前，刘宗周还曾听从女婿秦祖轼的劝告"进糜一盂"，至此，则不复进食。在答复秦祖轼的书信中，他进一步阐明了什么样的"君臣之义"应该殉节：

> 先是，婿秦祖轼知先生不食，作书解之。谓江万里身为宰相，义难苟免，先生非万里比。因援文文山、谢叠山、袁闳事言死尚有待。先生览书，为进糜一盂。至是，答书谢祖轼，曰："北都之变，可以死可以无死，以身在削籍也，而事尚有望于中兴。南都之变，主上自弃其社稷而逃，仆在悬车，尚曰可以死可以无死，以俟继起者有君也。迨杭州失守，监国降矣。今吾越又降矣。区区老臣，尚何之乎？若曰'身不在位，不当与城为存亡'，独不当与土为存亡乎？故相江万里所以死也，世无逃死之宰相，亦岂有逃死之御史大夫乎？若少需时日焉，必待有叠山之征聘而后死，于义未尝不可；然叠山封疆之吏，非大臣也，且安仁之败而不死，终为遗憾。宋亡矣，犹然不死，则有九十三岁老母在堂，恋恋难一决耳。我又何恋乎？语曰：'君臣之义无所逃于天地之间。'夷、齐之所以犹得采薇于首阳者，以其尚有地可逃也。今逃何地乎？君臣义，本以情决，舍情而言义，非义也。父子之亲，故不可解于心。君臣之义，亦不可解于心。故曰'求仁而得仁，又何怨？'今谓'可以不死而死，可以有待而死，而

早死颇伤于近名'，则随地出脱，终成一贪生畏死之徒而已。不见王玄趾赴水而死乎？所谓士死义也。玄趾真可以不死，我又非玄趾比也。以玄趾之死，决我之死，万万无逃矣。好名好利，徇义徇情，皆可弗问矣。"系之辞曰："信国不可为，偷生岂能久？止水与叠山，只争死先后。若云袁夏甫，时地皆非偶。得正而毙焉，庶几全所受。"又属示汋……又系以辞曰："子职未伸，君恩未报，当死而死，死有余悼。"

古人每逢生死与出处的抉择，便会想到前人，于是明末的士大夫找到了宋末的江万里（字子远，1198—1275）、文天祥（号文山，1236—1283）与谢枋得（号叠山，1226—1289）等人作为参照。江万里在南宋德祐元年（1275）元军攻破饶州之时投水殉节，文天祥等人继续抗元，谢枋得则因为家有九十三岁的老母，所以没有殉节。刘宗周虽也认同"身不在位，不当与城为存亡"，但身为臣子，就应该"与土为存亡"，不论在位与否。当"北都之变"与"南都之变"之时，"可以死可以无死"，因为还有恢复的希望，到了"杭州失守监国降""吾越又降"，那么就没有太大的恢复希望了。再说刘宗周也没有"老母在堂"，忠孝不能两全之类的困惑，"君臣之义无所逃于天地之间"，"义"字才是最为关键的，"无逃死之宰相"，就应该"无逃死之御史大夫"。无处可逃则"求仁而得仁，又何怨"，殉节便是最好的选择。

第二阶段，感觉恢复无望，加之清廷的逼迫，刘宗周绝食的意志更加坚定，"勺水不入"十三日。在这期间，刘宗周虽然也还关心时局，但是考虑更多的却是自己的生死问题。而且，关于生死，不再考虑是否当死，而是死了是否对得起君亲，是否合于道义。刘汋的《年谱》说：

> 二十五日，昧爽，乘小舸，驾言进凤林，辞先墓，过西洋港，舟中再拜叩头曰："老臣力不能报国，聊以一死明臣谊。"遂投洋中。舟行十数丈，舟子急挽棹救，而先生尚浮水面，辄以手推舟子曰："吾将死于此矣，毋误我。"顾良久不得溺，舟子固掖而起，幅巾犹未湿也。随进凤林辞墓，困顿弥甚，暂息灵峰寺。是日孛罗征书至，同先生征者八人……汋入灵峰言状，先生曰："吾所以隐忍至今者，

> 以熊雨殷诸君不忘明室故。今已矣，吾止尽今日之事。"遂口授答书曰："遗民刘某顿首启：国破君亡，为人臣子，惟有一死。七十余生，业已绝食经旬，正在弥留之际。其敢尚事迁延，遗玷名教，取讥将来？某虽不肖，窃尝奉教于君子矣。若遂与之死，某之幸也。或加之以鈇钺焉而死，尤某之所甘心也。谨守正以俟。口授荒迷，终言不再。"自此勺水不入口。
>
> 二十六日，汋录书付使者，并来书不启封归之。二十七日，汋自灵峰迎先生至杨枋，舍于秦祖轼之屋旁。①

刘宗周在十七日就已经"辞家祠"出城，二十五日又"辞先墓"。然后就打算投水殉节，不过没有成功。接着清廷的"征书"就到了，这对他来说是一种逼迫，更坚定了决心。口授的回书再次表明了他的殉节决心："国破君亡，为人臣子，惟有一死"，"其敢尚事迁延，遗玷名教，取议将来"，所以说"当死"早已没有疑问。接下来几天的"弥留之际"，选择绝食，也就可以比较从容了。当然，还会有人再来劝刘宗周求生，特别是面对"女子态"的悲戚：

> 二十八日，友人来候，复劝先生请进少饮。先生曰："勿入吾耳，士可杀不可辱。书来复何为乎？"婿王毓芝入门，先生望见，呼其字曰："嗟！紫眉！当以道义相成，勿作儿女子态。"毓芝曰："然。"因语及弟毓蓍事，先生为泪下，曰："吾讲学十五年，仅得此人。"徐曰："吾始不食数日，时燥渴甚，因饮少茶，觉味如甘露。始知饮茶亦能续命也。今后勺水不入口矣。"有顷，毓芝进曰："先生心境何如？"先生曰："他人生不可以对父母妻子，吾死可以对天地祖宗；他人求生不得生，吾求死得死；他人终日忧疑惊惧，而吾心中泰然。如是而已。"

意志坚决之后，如果有人再劝其求生则被看作是侮辱了，即使是饮水也被

---

① 刘汋：《蕺山刘子年谱》68岁条，载《刘宗周全集》第6册，第169—172页。下文同此出处则不再注明。

刘宗周断然拒绝,因为"饮茶也能续命"。他一再强调,"当以道义相成,勿作儿女子态",希望身边的人能够成全他的殉节。关于自己的殉节,刘宗周认为有三点与他人不同:其一,可以对得起天地祖宗;其二,可以从容求死;其三,可以心中泰然。所以说刘宗周之死真正做到了"道义"二字。接着,他还有许多感慨:

> 二十九日,祖轼入侍,先生口吟绝命辞曰:"留此旬日死,少存匡济意。决此一朝死,了我平生事。慷慨与从容,何难亦何易。"祖轼欲笔之,先生曰:"无庸,偶然耳。"既而曰:"吾感熊雨殷而赋此。"……又曰:"吾日来静坐小庵,胸中浑无一事,浩然与天地同流。盖本来原无一事,凡有事,皆人欲也。若能行其所无事,则人而天矣。"又曰:"饿死事小,失节事大。吾今而后,知孟子所言'无以饥渴之害为心害',能明乎此者,其于道也庶几乎!"

刘宗周的《绝命辞》,比较了熊汝霖(雨殷)等友人的抗清与自己的殉节,二者之间的"慷慨"与"从容",其中的难易确实不好评说什么。心中无欲,就能够"胸中浑然无一事,浩然与天地同流",刘宗周再次以力行来体证了学术。其子刘汋请示,他也就交代了一些后事:

> 汋进请示训,先生曰:"常将此心放在宽荡荡地,则天理自存,人欲自去矣。"汋再请,先生曰:"做人之方尽于《人谱》。汝作家训守之可也。"又命汋曰:"下蒋竖碑于墓道之南,颜其额曰:'有明秦台先生藏衣冠处,子某、妇某合葬之墓。'"言讫,泫然泪下曰:"吾平生从未言及二亲,以伤心之甚,不忍出诸口故也。"已而曰:"胸中有万斛泪,半洒之二亲,半洒之君上。"祖轼曰:"先生此苦奈何?"先生指其心曰:"孤忠耿耿。"

对于自己的子孙,刘宗周的遗言也只是强调了"做人之方",告知要重视修德,训守《人谱》,等等。说到双亲,才是他一生的伤心之处,他说"胸中有万斛泪,半撒之二亲,半撒之君上",可见"君亲之念"即便不说也时刻在心中。更为感叹的还是自己的"孤忠耿耿",一辈子努力却无

从实现的外王理想。面对弟子询问,刘宗周最后一次谈到自己殉节的意义,同时也交代了传承学术之事:

> 闰六月初一日,毓芝复来候,先生谓曰:"吾今日自处,合义否?"毓芝曰:"甚正,虽圣贤处此,不过如是。"先生曰:"吾岂敢望先贤哉!求不为乱臣贼子而已矣。"时有门人谓"国统断不中绝",复劝先生进少饮。先生曰:"古人一饭之德必酬。我一穷秀才,官至御史大夫,焉得不死?语曰:'正其谊不谋其利,明其道不计其功。'功利之说昌,此国事所以不竞也。死则死耳,何劝为?"门人固劝不已,先生曰:"吾学问千辛万苦,做得一字,汝辈又要我做两字。"张应鳌在侧,先生携其手曰:"学问未成,全赖诸子。"应鳌曰:"敬受教!"先生点头,复厉声曰:"尔曹勉之!"应鳌复进曰:"今日先生与高先生丙寅事相类。高先生曰:'心如太虚,本无生死。'先生印合何如?"先生曰:"微不同。非本无生死,君亲之念重耳。"

刘宗周跟弟子们讨论了自己的殉节是否"合义"的问题,弟子认为圣贤也不过如是,他自己则还是感觉有愧,所以才说"岂敢望先贤哉!求不为乱臣贼子而已矣"。进一步,他说明功利之说的祸害,作为臣子的殉节是为了"道",做学问也就是为了"道"。并且,交代弟子,学问之事要弟子们继续勉力从事了。他还说到"君亲之念",确实在最后阶段,他的心中还是常存"君亲之念",则是儒家与佛道在生死观念上的大不同。接下来的几天,刘宗周已经不能说话了,但还是对时局继续关注,同时即从容赴死:

> 初五日,先生早觉,抚胸谓祖轼曰:"此中甚凉快。"祖轼因问:"先生不以他端立决,必欲绝食而死,非但从容就义,或欲为全归之孝乎?"先生微笑肯之。
>
> 初六日申刻,先生命家人扶披起,幅巾葛袍,肃容端坐。有顷,迁北首卧,以示北面对君之义。神定息微,若将逝者。家人环哭,先生摇手戒之。
>
> 初七日,毓芝以祁世培殉节状告先生,先生已不能言,但张目举

手者再,复指几上笔砚,毓芝携至前,先生捉笔书"鲁"字,毓芝曰:"先生问鲁王监国事乎?"先生颔之。

初八日,友人来自郡中,传乡绅某某皆薙发应聘,先生咭咭击床太息者再。戌刻,气绝。双眸炯炯,至阖棺,视尤未瞑。

刘宗周死前,没有什么痛苦之状,而是"此中甚凉快""神定息微,若将逝者"。秦祖轼解释了为什么选择绝食:"非但从容就义,或欲为全归之孝",明清之际殉节的士大夫也多有选择绝食的,大多当是出于"孝"的考虑,虽然这个过程比较漫长,只是适合意志坚定的人。刘宗周之死,颇为从容,"幅巾葛袍","肃容端坐"之后"迁北首卧,以示北面对君之义"。他在弥留之际,还关心时局,弟子、友人告知相关事件,也只有叹息而已。气绝后"双眸炯炯",对于将来还是有一点放不下。就这样,明代最后一位大儒去世,享年六十八岁。

四 生死观:人以天地万物为一体

当儒学发展到宋明之时,已经有了非常完善的、与佛道两家有着明显区别的终极关怀。这种思想在王阳明一系的心学之中表现得尤其明显,而刘宗周的生死之学,其主体就是承继了阳明心学的万物一体论的生死观,并且又吸收了周敦颐、张载、程颢等的某些思想,发展出一些新的特色,可以说是宋明理学生死之学的集大成者。所以,我们以刘宗周生死观为个案,讨论一下宋明理学如何来解决终极关怀的问题①。

生与死?难与易?这一问题,在真正体悟了道的刘宗周面前,还是很容易解决的。刘宗周在《绝命辞》中说:"留此旬日死,少存匡济意。决此一朝死,了我平生事。慷慨与从容,何难亦何易?"②他的绝食旬日,只是匡济天下之心,一时之间难以去除,"君亲之念"重耳。一朝道义所在当死,则从容赴死,最终玉成其为"一代完人"。刘宗周在五十四岁时

---

① 对于刘宗周的生死观,学界少有涉及,相关研究较为重要的有:杨儒宾:《死生与义理——刘宗周与高攀龙的承诺》,载钟彩钧主编《刘蕺山学术思想论集》,第535页;廖俊裕:《道德实践与历史性——关于蕺山学的讨论》有一节《死亡意识——不必理会,但要知道》,第235—253页。
② 刘宗周:《绝命辞》,《刘宗周全集》第4册,第590页。

撰有《生死说》,其中说:

> 自圣学不明,学者每从形器起见,看得一身生死事极大,将天地万物都置之膜外,此心生生之机,早已断灭种子了。故其工夫颛究到无生一路,只留个觉性不坏,再做后来人,依旧只是个贪生怕死而已。吾儒之学,直从天地万物一体处看出大身子。天地万物之始,即吾之始;天地万物之终,即吾之终。终终始始,无有穷尽,只此是生死之说,原来生死只是寻常事。程伯子曰:"人将此身放在天地间,大小一例看,是甚快活。"予谓生死之说正当放在天地间,大小一例看也。于此有知,方是穷理尽性至命之学。藉令区区执百年以内之生死而知之,则知生之尽,只是知个贪生之生;知死之尽,只是知个怕死之死而已。"然则,百年生死不必知乎?"曰:"奚而不知也。子曰:'朝闻道,夕死可矣。'是也。如何是闻道?其要在破除生死心,此正不必远求百年。即一念之间,一起一灭,无非生死心造孽。既无起灭,自无生死。"又曰:"尽语默之道,则可以尽去就之道;尽去就之道,则可以尽生死之道;生死非大,语默去就非小,学者时时有生死关头难过,从此理会,天地万物便是这里,方是闻道。"①

在这里,刘宗周首先还是批判了禅门过于看重一身之生死而将天地万物置之于外的毛病,并且详细说明了其中的关键问题,即是否去体认了天地万物自然而然的"原始反终"与"生生之机"。宋明理学是"穷理尽性至命之学","知生死"但不汲汲于"了生死","知生死"就不会"贪生怕死"。

对于"万物一体"说,先略作补充。从程颢到王阳明都讲"万物一体",刘宗周说:"仁者以天地万物为一体,乃人以天地万物为一体,非仁者以天地万物为一体也。"② 经过刘宗周的解释之后,人与天地万物之间的关系就更为明确,不是"仁者"而是所有"人"都"以天地

---

① 刘宗周:《生死说》,《刘宗周全集》第2册,第323—324页。此文与《证人社语录》第九会附说中刘宗周的《生死说》文字有所不同,此处的文字略有删减。
② 刘宗周:《答履思五》,《刘宗周全集》第3册,第312页。

万物一体",对此问题的进一步分析参见下章。刘宗周的生死说,就是建立在"人以天地万物为一体"学说之上。所以才说"直从天地万物一体处看出大身子",将天地万物之始终与人之生死等同起来,体悟了"大身子",也就能体悟"大生死"。天地万物"终终始始,无有穷尽",人之生死也是"终终始始,无有穷尽",明白了这一点,生死也就是寻常事了。

《周易·系辞》也说"原始反终,故知死生之说",所以刘宗周的生死学说,还是对于原始儒学的回归。过于执着于"百年以内之生死",就是未曾闻道,自己将自己于天地万物隔膜起来了。在他看来,破除生死心很简单,不必远至百年,单是"一念之间,一起一灭",就如同生与死,如果能够在念起念灭之间体悟其中的道,心中毫无杂念也就破除了生死心。再者,将语默、去就等也都当作生死关头来认真对待,在动静语默之中体悟其中的道也就能尽生死之道了。也就说,"一念之间","语默""去就"乃至人之"生死"、天地万物之"始终",都只有大小之别而无本质之别,如能"大小一例"看待就能尽道了。人伦日用中的道德实践,就是生死关头;而生死关头,也就是道德实践的最后勘验。这其实还是对于人生道义的追求,如果能够将"心与道一"贯彻于生,能够真正体悟"人以天地万物为一体",也就能视死如归了。刘宗周曾对祝渊说:

> 人生末后一着最为要紧。尽有平日高谈性命,极是精妙,临期往往失之。此其受病有二:一是伪学,饰名欺世,原无必为圣贤之志,利害当前,全体尽露。又一种是禅学,禅家以无善无恶为宗旨,凡纲常名教、忠孝节义都属善一边,禅家指为事障、理障,一切扫除,而归之空。故惑世害道,莫甚于禅。昔人云:"能尽饮食之道,能尽生死之道。"验之日用之间,违顺之来,梦寐之际,此心屹然不动,自然不为利所动、不为害所慑矣。惟其平日无终食之间违仁,故能造次必于是,颠沛必于是,工夫全在平日,学者不可不兢兢也。①

如果平日里的道德实践功夫做得踏实,就不会被任何利害所影响,就能够

---

① 《会录》,《刘宗周全集》第2册,第542页。

在人生最后的生死关头十分坦然。平日将性命说得再精妙，临终也难逃真正的道德勘验，是"伪学"还是"禅学"，也只有在生死关头，才会一清二楚。将穿衣吃饭的"饮食之道"看作"生死之道"的禅学或王学末流，都是刘宗周最为反对的，他认为只有平日里不去讲求生死，认真做好道德践履，才能过好生死关头。刘宗周自己临终之际，弟子王毓芝曾问曰："先生心境如何？"他回答："吾甚乐。……他人生不可以对父母妻子，吾死可以对天地祖宗……他人终日忧疑惊惧，而吾心中泰然。"① 被称为"一代完人"的刘宗周，确实就是平日的道德践履与生死关头的道德勘验，都做得非常之好的儒者之表率。在他死时，虽然还有"君亲之念"，还有"匡济之心"，但道义所在当死则死，最后就得以"心中泰然"，死亦"甚乐"，这些都源自平日的道德实践。

对于世人往往将生死看得过重，刘宗周在与弟子的书信之中说：

> 今所谓生死，是吾身最关切事，亦终落于形骸之见，故人以为极大事，而仆以为寻常事也。闻道在闻其所自来，正是闻此始终之理。这始终之理，即是生死之说，亦即是幽明之故，亦即是鬼神之形状。于此有闻，岂是等闲？破除生死心，亦为学者所讳言之，非佛氏意也。形骸之障，莫甚于生死，于此破除，便于彼是性命非有二也。吾辈学问，须实落讨受用，且体贴夫子知生之说。若只就泛泛说个生死，总说得明白，尽为无益。②

过于关切生死，是落于小我、自私自利的形骸之见。跳出小我，从万物一体的观念来看大我、大公、大义，体悟了个体之形、性与天地万物之间的关系，也就能够体悟到天地万物始终之理，其实就是生死之理，也是幽明、鬼神等，这就将一切都打通了。破除追求小我的永生，来追求大我的永生，顺应于道义，顺应于原始反终、生生不息的天地万物之理，才能得到人生的终极意义。这就将宋明理学重视性体、重视精神的特点发挥到了极致，在生死之说中将人性与天命也加以打通了。在刘宗周看来，性体的

---

① 《会录》，《刘宗周全集》第 2 册，第 545 页。
② 刘宗周：《与章晋侯问答》，《刘宗周全集》第 2 册，第 328 页。

修养，即人伦日用的道德实践，与生死之说、天地万物始终之理，其实就是一回事。所以就没有必要刻意去谈什么生死，即使将死后世界说得再明白，也都是"弄精魂伎俩"，对于人生来说没有任何益处。

总之，刘宗周提出"人与天地万物为一体"，人的生死放在天地万物之间，大小一例理解，都只是一个原始反终的过程，也就很是寻常、不存忧惧了。他的生死观，可以说是集宋明理学生死学说之大成，同时也充分体现了孔子"未知生焉知死"的思想，发展了传为孔子所撰的《周易·系辞》"原始反终，故知死生之说"的思想。而且，他将儒学的生死学说明确与佛学区别开来，改变了阳明后学混同儒释道三教的局面。就实践层面而言，刘宗周的生死观可归纳为两点：其一，将生死这一极大事，看作寻常事；其二，将生死关头，看作人生道德实践的最后勘验。这两点还统合为一句话：日常的道德实践都要当作生死关头，生死关头也要当作道德实践。

第二节 生死：刘门弟子的殉明与抗清

崇祯十七年甲申（1644），李自成攻占北京，明朝灭亡；顺治二年乙酉（1645），清军攻占南京，南明弘光小朝廷瓦解，随后有鲁王、唐王、桂王政权先后起起落落。在这段历史时期中的士人，必然面临着复杂多变的人生抉择，或者殉明，或者抗清，或者隐遁。选择抗清则在失败之后，又要再次选择殉明或隐遁。刘门弟子在人生抉择之中的出色表现，使得他们成了当时士人当中值得浓墨重彩刻画的一组人物。其中，殉明与抗清二者最为引人注目，因此我们选取较有代表性的几位刘门弟子，展现他们殉明与抗清的艰难抉择及其背后的复杂思想。

刘门弟子乃至越中的大多士人，在当时选择殉明与抗清，或多或少受到刘宗周人格与学术的影响，当时的学者章凤梧曾说：

> 神庙以来，吾越冠进贤者，趋富贵如鹜。言及国家安危，人品邪正，则掉臂而去之，能免于贤哲之诟厉足矣，敢进而语古人之名行乎？自先生以贞介之操，倡明圣学，士大夫后起者翕然宗之，争以救时匡主为务，直言敢谏为忠。一时显名朝右者若而人，下至委巷鄙

儒，亦斤斤寡过好修，尚行谊、绌耻辱焉。……向非先生诚笃之教，渐磨以数十年之久，乌能使有位无位，咸知幸生为耻，殉国为正，视一死如饴蜜哉？且不见逆珰之祸，称功颂德者，通郡至十余人，而死诏狱者，止一姚江之黄忠端也耶？则今日安得不归功于先生哉？甚矣！先生明道觉人之泽，在百世之远也。①

章凤梧提到了倪元璐（1593—1644）、施邦曜（1585—1644）、周凤翔（？—1644）、祁彪佳、王毓蓍、潘集（1626—1645）、傅日炯（？—1645）、熊汝霖、孙嘉绩（1604—1646）、章正宸、何弘仁（字仲渊，崇祯十年进士）等越中士人或殉明或抗清或隐遁，无一人出仕清廷，都是人品高洁的一时人杰。他还感叹："其他故国旧臣，无一人入仕版。经生杜门诵读，不应制科者，又比比而是也。虽其间存亡、微著不一，要之，均不愧君臣大谊。呜呼！盛矣！"越中士人能够做到"不愧君臣大谊"，与刘宗周的精神感召大有关系。

一 殉明

刘门弟子多为殉节之士，与刘宗周所倡导的士大夫道德精神有一定的关系。虽然金铉（字伯玉，1610—1644）、吴麟征（号磊斋，1593—1644）、祁彪佳、王毓蓍、祝渊等人的殉明，都比刘宗周更早，但是就精神而言，老师与弟子应该都是一贯的，他们都是"以身殉道"，而道义则来自学术的教化。张履祥就说："至于中原陆沈，邦国殄丧，以身徇道者，所在而有。考其人，则亦无非先生教化之所及已。足以征学术之向端，而人心不至于终溺也。"② 下面重点讨论比较有代表性的祁彪佳与王毓蓍、祝渊的殉节过程，从而来看他们在生命的去留问题之中的"道义"担当。

祁彪佳（1602—0645），字虎子，一字幼文，又字宏吉，号世培，浙江山阴人。十七岁中举，二十一岁成进士，历任福建兴化府推官、御史，

---

① 刘汋：《蕺山刘子年谱》附卷《刘子年谱录遗》，载《刘宗周全集》第6册，第195—196页。
② 张履祥：《告先师文》，《杨园先生全集》卷22，第636页。

苏松巡按等，明亡之前曾冒死参奏吴昌时。李自成攻占北京之时，他正好在南方，于是参与了南京弘光政权的建立，但很快就辞官回乡。清军攻占南京，他与刘宗周等人共同图谋恢复大计。① 清军攻占杭州之后，征聘刘宗周、祁彪佳等人。祁彪佳在观望了几日之后，自沉于寓山花园的池水之中。《明史》中说：

> 明年五月，南都失守。六月，杭州继失，彪佳即绝粒。至闰月四日，给家人先寝，端坐池中而死，年四十有四。唐王赠少保、兵部尚书，谥忠敏。②

从接到聘书到自沉，期间情形他自己在日记之中有所记载。其中说：

> 六月……二十四日，令二儿入居傅墺。奕远侄遣急足来，云陈东溟已升正巡抚，张坤庵为副巡抚。陈之差官语张蓬元，北师已征聘刘念台、高砫斋、钱御冷、方书田、徐虞求及予矣。因商何以待之之法。适游戎项允师令一人来，亦云果有其事，聘书付署总捕方君携来，其人亲见内院所付；予欲阳应之，而潜图引诀。季超兄力阻，谓且婉辞；辞之不得，就死未晚。……二十五日，草拒辞之启。……少顷，奕远来；过城中，则已赍贝勒之书，内称"大清国贝勒致书祁先生"，词多四六语也。……二十六日，另作一揭辞陈东溟，以"再遣聘则必死"为辞；陈已用事北师为总镇也。……二十八日，遣吴思行同项使者至武林，致辞启。……陈长耀自城中来，得奕远侄书，言北师有投营回北之意；止祥兄、文载弟书，则劝予宜远避，而予则惟以病足实辞也。……闰六月初一日……家奴送省报，知司理陈公祖已升守道。闷极无聊，阅《通鉴纪事》，深有慨于唐末五代之乱。又

---

① 赵园先生认为祁彪佳"原本就属于宦情淡薄的一类……甲申、乙酉之交，祁彪佳渐有隐遁之意。……是清当局成了其人的'忠臣'之名"。见《再说祁彪佳其人》，载氏著《想象与叙述》，人民文学出版社 2009 年版，第 85—87 页。赵园先生另外还有《明清之际士大夫研究》一书，北京大学出版社 1999 年版。该书多处论及刘宗周、黄宗羲、陈确、张履祥等人，对笔者本章的写作多有启发。

② 《祁彪佳传》，《明史》卷 275，第 7054 页。

> 偶阅晚唐诗,然终不解此中也。……初三日……家奴自武林归,言吴思行投揭于内院,有张姓者频频语之,欲予出见之意甚切;而姜箴老命其令郎谒贝勒,亦必欲一见。……初四日,叔父及文载弟、奕远侄皆有书来,力劝予出武林一见;云一见则舒亲族之祸,而不受官仍可以保臣节。①

接到聘书之际,祁彪佳就想殉节,即"潜图引诀",但是家人则说"且婉辞;辞之不得,就死未晚",或"劝予宜远避",或"劝予出武林一见;云一见则舒亲族之祸,而不受官仍可以保臣节",甚至还有劝其接受聘书出仕清廷。家人的压力,加之当时金华一带还有义军在活动,使他难免有所顾虑。不过考虑到恢复无望,祁彪佳还是断然选择了殉节。

关于祁彪佳殉节的过程,《祁忠敏公年谱》说:

> 闰六月初四日,闻有渡江迎谒者,先生密谓季兄曰:"此其时矣!"即遣人将榇至化山。既而曰:"暑甚,不若决于寓山,可速殁!"给夫人、公子曰:"举国趋降,吾不能安卧;不若面辞以疾,当得归。"乃携公子出山。先,已绝粒三日。居常忧国,每奋激涕零;至是,神色怡然,众咸疑之。
>
> 至寓山,登四负堂,顾谓公子曰:"尔翁无大失德,惟耽泉石,多营土木耳。昔文信国临终贻书其弟,嘱以所居文山为寺;吾欲效之,汝当成吾志!"晚,乃命酒,偕幼弟翁艾、犹子奕远、山人祝季远饮数卮。有顷,给公子及童仆曰:"若辈今日来山,倦宜早休;明日且早起,理舟楫。吾尚少俟也。"诸人既先寝,遂携两人至厅事曰"瓶隐"者。谈次,悉数古今慷慨死节及从容就义者,谓:"当时半赖朋友助成;阻之者,非人类也。"季远漫应之。忽诘奕远曰:"倘吾遂死,汝将如何?"答曰:"殓忠骨、妥忠魂,诸弟、幼侄之责也。"先生颔之,曰:"夜深,且归;晨来,有事嘱汝。"随解箧中金,赠季远,曰:"用资爇香、煮茶费。"坐槛上,再啜茶;问漏下

---

① 祁彪佳:《乙酉日历》,《祁忠敏公日记》,《北京图书馆古籍珍本丛刊》第20册,影印明末祁氏远山堂抄本,书目文献出版社2000年版,第1804—1805页。

几刻？曰："二鼓。"先生徐步廊下，星光微明；望南山，笑曰："山川、人物，皆属幻影；山川无改，而人生已倏忽一世矣！"入室，指点琴书，曰："此皆故迹也！"笑谓季远曰："吾所交，惟君差朴愿。日后殉节，子能为我一助乎？"因手作投缳状示之。季远谢不敢。先生笑曰："固知子不能耳！"遂趺坐一榻，闭目良久。曰："死果难如此耶！"乃促季远卧，仍至瓶隐，其南为太翁行祠，一门去水近。

季远梦中闻启户声，起视，祠门已开，一烛置门后，像前炷香三，尚爇。案留一纸，则告别先祖文也。急入瓶隐，门亦洞开；案上亦置大函一、小函三。季远遽号曰："不意先生今夕即殉节时！"公子睡未熟，闻声惊起，一恸闷绝。奕远闻，亦起；急呼渔舟求之深水，不可得。迨晓，见梅花阁前石梯水际，露角巾数寸。趋视，先生正襟垂手敛足坐，水才及额，有笑容。于是公子渐苏，开读遗书。大函藏遗嘱三、诗一，三小函则别兄季超及妻、及叔梅源，皆是夕手书也。遗命："遭大变，死有余愧！勿悬旌、勿求志传、勿受吊唁、勿用冠裳！"殓时方酷暑，颜色如平时。①

祁彪佳事先已经绝食三日，到了最后一日神色从"奋激"转为"怡然"，对于家国已经没有什么期望了，反思自己的一生"惟耽泉石，多营土木耳"之外没有什么失德，不过还是感觉惭愧，所以遗嘱说将寓山园林捐为寺院。殉节之前陪伴的有祁彪佳的儿子、侄子与友人，于是"悉数古今慷慨死节及从容就义者"，希望他们理解并料理后事。亲友能够理解，但当祁彪佳请友人协助投缳，友人就不敢从命了。于是他只得自己从容行事，在祠堂焚香祭祖，写上了告祖先文与遗书。遗书中说自己"死有余愧"，"勿悬旌、勿求志传、勿受吊唁、勿用冠裳"。至于遗书的具体情况，《浙东纪略》记载最为详细：

闰六月初五日，原任苏松巡抚山阴祁彪佳养病里居。北兵至浙，以书来聘。公处分家政，作《绝命词》别宗亲曰："时事至此，论臣

---

① 王思任等：《祁忠敏公年谱》，《北京图书馆藏珍本年谱丛刊》第63册，影印民国26年铅印本，北京图书馆出版社1999年版，第428—429页。

子大义,自应一死。凡较量于缓急轻重者,犹是后念,未免杂于私意耳。若提起本心,试观今日是谁家天下,尚可浪贪余生!况生死旦暮耳,贪旦暮之生,致名节扫地,何见之不广也。虽然,一死于十五年之前,一死于十五年之后,皆不失为赵氏忠臣。予硁硁小儒,惟知守节而已。前此却聘一书,自愧多此委曲。然虽不敢比踪信国,亦庶几叠山之后尘矣。临终有暇,再书此数语,且系以一诗,质之有道:'运会厄阳九,君迁国破碎。鼙鼓杂江涛,干戈遍海内。我生何不辰,聘书乃迫至。委赘为人臣,之死谊无二。予家世簪缨,臣节皆罔赘。幸不辱祖宗,岂为儿女计。含笑入九原,浩然留天地。'"欢然饮宴,无异平时。肃衣冠,投于寓园放生池柳树之阴,夫人子弟不知也。笑容可掬,颜色如生。①

此处初五日应是初四。祁彪佳之死的相关记载,可以与刘宗周之死参看。二人都是赴死之立场十分坚定,赴死之经过从容安详。祁彪佳的遗书即《绝命词》也写得入情入理,感人至深。其一,作为明朝的大臣,从道义上说"自应一死",如果多去较量所谓的"缓急轻重"之类的"后念",那么就是必然夹杂了"私意"。其二,面对新朝不忍"浪贪余生",何况"生死旦暮"而已,必然有一死,何必踟蹰而导致名节扫地呢!其三,当然他也承认死节与遗民都不失为忠臣,文天祥(信国公)与谢枋得(叠山)同样可敬,但他自己还是选择了殉节,以免如清廷"聘书"这般多一耻辱罢了。

祁彪佳死后,其妻商景兰(1605—1676)作有《悼亡》诗二首,其一:

> 公自垂千古,吾犹恋一生。君臣原大节,儿女亦人情。折槛生前事,遗碑死后名。存亡虽异路,贞白本相成。②

---

① 徐芳烈:《浙东纪略》,《台湾文献史料丛刊》第6辑,台湾大通书局1987年版,第4页。查继佐《罪惟录》列传卷十二下《祁彪佳传》所引祁彪佳"遗书"说:"臣子大义,自应一死。十五年前后,皆不失为赵氏忠臣。深心达识者,或不在沟壑自经。若余硁硁小儒,惟知守节而已。"浙江古籍出版社1986年版,第1947页。

② 商景兰:《悼亡》,载沈德潜选编《明诗别裁集》,河北人民出版社1997年版,第176页。

其中既有对祁彪佳选择恪守"君臣大节"的赞扬,又有"儿女人情"的哀叹,商景兰独自留下来安顿后事,确实就是"存亡虽异路,贞白本相成",不失为"女丈夫"。祁彪佳的友人张岱(1597—1679)曾有《和祁世培〈绝命词〉》:

> 臣志欲补天,到手石自碎。麦秀在故宫,见之裂五内。岂无松柏心,岁寒奄忽至。烈女与忠臣,事一不事二。掩袭知不久,而有破竹势。余曾细细思,一死诚不易。太上不辱身,其次不降志。十五年后死,迟早应不异。愿为田子春,臣节亦罔替。但得留发肤,家园总勿计。牵犊入徐无,别自有天地。①

张岱对于祁彪佳选择死节,还是十分赞颂的,毕竟"一死诚不易"。虽说即为遗民而"十五年后死",与死节并无太大差异,但是要做到不辱身、不降志,还有留得发肤,则死节还是最好的选择。

当然,对于死节,也有不同的看法。后来参加抗清义军的山阴人王茂远,还作有《为义兴军祭殉难祁中丞公彪佳文》,其中说:

> 呜呼,当天地迍邅之日,属宗枋板荡之秋。沥血无戈,盟心有剑。留千秋之高碣,轻一死于清流。名岂不成,人其可惜。故自先生致命从容之日,即为吾党呼天莫助之时。夫信国未亡,呼声南剑;绛侯尚在,左袒北军。
>
> 假公逊志深山,留身今日;投戈奋袂,必不逾时。此逆虏之所魂消,而同盟借其袖领者也。乃夫天祐将来,叠山告毙,身归日月之傍,气有河山之壮。遂使缙绅之所未为,布衣于焉独任。呜呼,祖鞭未着,中流之楫影何追;宗泪频挥,渡河之呼声未远。②

---

① 张岱:《琅嬛文集》稿本,转引自黄裳《山阴祁氏家难始末》,载《黄裳文集》第 4 册,上海书店出版社 1998 年版,第 509 页。
② 王茂远:《为义兴军祭殉难祁中丞公彪佳文》,转引自黄裳《山阴祁氏家难始末》,同上书,第 510 页。

与刘宗周一样，祁彪佳当时还没有生命威胁，所以是"致命从容"，当时也是抗清的义军正在组织之际，王茂远假设当此"呼天莫助之时"文天祥在世，一定会"呼声南剑"，起来致力于抗清事业。因此，他认为祁彪佳应该选择隐居深山保留此身，等待有机会则投入抗清义军。也正是因为刘宗周、祁彪佳之类缙绅都已死节，才导致了义军多半"布衣于焉独任"。故而他在此呼唤祖逖、宗泽这般的人物，在他看来祁彪佳就是这般人物，可惜已经不在了。

王毓蓍（？—1645），字元趾，浙江会稽人。《明史》刘宗周传的附传仅仅收录王毓蓍与祝渊二位刘门弟子，当与他们的殉节有关。关于王毓蓍，其中也有较为详细的记载：

> 杭州不守，宗周绝粒未死，毓蓍上书曰："愿先生早自裁，毋为王炎午所吊。"俄一友来视，毓蓍曰："子若何？"曰："有陶渊明故事在。"毓蓍曰："不然。吾辈声色中人，虑久则难持也。"一日，遍召故交欢饮，伶人奏乐。酒罢，携灯出门，投柳桥下，先宗周一月死。乡人私谥正义先生。①

王毓蓍在死前竟然先去劝其师刘宗周"早自裁"，这是为了保全老师的名节起见，出于对老师的爱护。关于人生抉择，王毓蓍的友人认为应该效仿陶渊明选择做遗民，他并不认同。他其实主要是考虑到了遗民之难，从后来选择做遗民刘门弟子的生存境遇来看，确实求生不易。作为"声色中人"，名节很是"难持"，所以不如选择速死，更为容易。这种想法，应该说有道理，但也特别。更加特别的就是他在死前，又遍召故交，宴乐、酒食一番，才投河自尽。另外，王毓蓍并非明朝大臣，而只是诸生而已，作为一个布衣之士，却因为明亡而殉节，这就更不容易了。后来王夫之对他颇有赞扬：

> 宋亡而韦布之士如郑所南、龚圣予、王炎午、汪水云、谢皋羽、方千里，悲吟泽畔者，不一而足，今则空谷之音渺然。虽或文

---

① 《王毓蓍传》，《明史》卷255，第6591页。

采表见不逮数子，亦世日趋下，无与乐道之也，推山阴文学王毓蓍显著。①

宋亡之际布衣之士有郑思肖（号所南，1241—1318）、王炎午（1252—1324）等人坚持气节悲吟泽畔，但是到了明亡，这样的布衣之士却非常之少，而王毓蓍则是特别"显著"的一位。

王毓蓍死后，张履祥作有《吊王玄趾文》，其中说："昔予尚交于兄，愧不能知兄，没而慕兄之所为，然犹可慰，以为相得夫深也。今兄之大节，既日星并炳矣，而予困于流俗，颓如无兴起之志。在我不能不曰生不如死，使人不能不曰死贤于生。是则所为深悲，而凡未死之日，不敢不惧，不敢不勉者也。"②张履祥在明末的身份与王毓蓍一样，都是诸生，他没有选择殉节，但是对王毓蓍的殉节表示仰慕，与上面提及的张岱等人一样，都认为"死贤于生"。

祝渊（1611—1645），字开美，浙江海宁人。关于其殉节，《明史》中说："杭州失守，渊方葬母，趣竣工。既葬，还家设祭，即投缳而卒，年三十五也。逾二日，宗周饿死。"③陈确所撰《祝子开美传》关于祝渊之死，有较为详细的记载：

> 三月，李贼犯京师……十九日，京师破，天子死社稷。开美号恸欲绝。吴忠节公磊斋先生，劝开美"义可以无死，而吾固当死"，稍属以后事。于是开美竟留视忠节含殓，持其丧归。归而留京已立福藩，尚有江东片地可延视息。无何，北师日南，朝廷无北伐之志，开美益恚，呕血之疾复剧。
>
> 乙酉五月十二，留京溃，北师长驱至浙，所至愚民翕然劫守令降附。开美闻而谓余曰："事如此，安归乎！此某毕命之日也。"时开美方谋改葬其生母有日矣。余谓曰："子言是也。然尔母尚暴露，盍少忍之，则忠孝两尽矣。"开美颔余言。……六月念二，招余对榻

---

① 王夫之：《搔首问》，《船山全书》第12册，岳麓书社1996年版，第623—624页。
② 张履祥：《吊王玄趾文》，《杨园先生全集》卷22，第638页。
③ 《祝渊传》，张廷玉等：《明史》卷255，第6590页。

前,出一匣见属曰:"此皆刘先生所示手书,与某居平侍先生时所记录也。吾死,无长物,惟此不能忘,惧失之,敬以遗兄。"余收泪受藏之。……闰六月初二,母得改葬,开美病,不能往葬所。初五,葬役竣,诸弟及执事者归报竣,开美强起稽颡谢,遂手帨自缢。诸弟惊解之,气不绝如线,至初六子时死。①

明亡之时,祝渊在北京,吴麟征劝他说"义可以无死,而吾固当死",当时吴麟征是守土之臣,所以他认为自己当殉节;而家国兴亡尚未有定局,所以祝渊可以不死。南京福王政权建立之后,国家中兴无望,祝渊"呕血之疾复剧"。到了南京被清军攻占之后,祝渊就毅然选择殉节。不过尚有母亲改葬一事未完成,陈确劝他先葬母,"则忠孝两尽矣",他听从了劝告。之后,将先师刘宗周的手书、自己的听讲记录都交付陈确。闰六月初六,自缢殉节。

殉节之前,祝渊作有《绝笔》,其中谈到了他对于生死的选择:

> 中心安焉谓之仁,事得其宜谓之义。渊家累叶,洪武以来,沐朝廷教养二百八十年,成化以来,受朝廷荣宠一百七十年。一旦天崩地坼,宗社为墟,雍雍文物,沦为异类。渊不能吞炭漆身,报明恩于万一。顾渘忍悾怯,向异类乞活,心所安乎不安乎?事之宜乎不宜乎?呜呼!学道有年,粗识义礼,吾何求焉!吾得正而毙焉,斯已矣!弘光元年闰六月初五日亥刻,草莽小臣祝渊绝笔。②

祝渊之所以殉节,更多的还是为了报答明朝对其家族的"教养"与"荣宠",不忍眼看"宗社为墟,雍雍文物,沦为异类",也不忍"向异类乞活"。心有不安,事有不宜,所以才选择了殉节。祝渊还有《口示诸弟》一诗:"死忠死孝寻常事,吃饭穿衣人共由。莫向编年问知否,心安理得更何求。"《绝笔》一诗则说:"夜既央兮灯火微,魂摇摇兮魄将离。去兄

---

① 陈确:《祝子开美传》,《陈确集》文集卷13,第277—278页。
② 祝渊:《祝月隐先生遗集》卷四,适园丛书本,第8页上。

弟兮父母依，乐逍遥兮长不归。"① 可见殉节之时，祝渊的内心是十分坦然的，确实也做到了忠孝两全，虽不指望留名青史，但心安理得则是最为难得的。

其实，祝渊殉节的决心早就已经下定了，据张履祥记载：

> 乙酉春，祝开美往山阴见刘先生，临别，先生问曰："今归将如何？"对曰："得正而毙，斯已矣。"先生称善。是后，遂不复相见。及南京不守，吴越俱没，先生殉国，开美死之。斯言可谓信矣。（乙未四月，闻之开美之弟二陶云。）②

祝渊从北京回浙之后，曾去拜会刘宗周。当时刘宗周已经决心殉节，问祝渊归去之后将如何，祝渊的回答则是"得正而毙"，得到了老师的认可。另据《绝笔示诸弟》，当祝渊听说其师正在绝食时曾说："我师将死，渊何敢生。"③ 祝渊之死确实是受到了刘宗周的精神感召。

祝渊死后，同门张履祥、陈确都撰有诗与祭文。祝渊之死，张履祥不无惋惜，因为祝渊"担荷勇，气魄亦大，若久在世间，亦不无补济"④，张履祥还作有《会祝孝廉葬阻雪二首》与《吊祝开美文》等。陈确则后来作有《哭祝子开美》诗四首与《祭祝开美文》《送祝开美葬管山祭文》《辑祝子遗书序》《书祝开美师门问答后》等文。

二 抗清

在刘宗周以及多位刘门弟子殉节之后，还有一些刘门弟子则加入南明的鲁王、福王、桂王政权，从事抗清斗争。其中影响较大的有黄宗羲兄弟的"世忠营"与华夏（？—1648）、王家勤（？—1648）等人的"五君

---

① 祝渊：《祝月隐先生遗集》卷四，第4页上。《口示诸弟》一诗，陈敬璋有按语说："据鲲涛先生跋语则此乃昔贤所作。"从陈确的相关记载来看，《口示诸弟》无论是否祝渊所作，祝渊临终必定曾有吟诵。参见陈确《哭祝子开美》诗第一首注："开美临殁，哦诗云：'莫向编年问知否，心安理得更何求！'"《陈确集》诗集卷7，第745页；陈确《祭祝开美文》中说："曰心所安，不可以苟。莫向编年，问知与否。"《陈确集》文集卷13，第303页。
② 张履祥：《言行见闻录二》，《杨园先生全集》卷32，第901页。
③ 祝渊：《祝月隐先生遗集》卷四，第4页上。
④ 张履祥：《备忘一》，《杨园先生全集》卷39，第1066页。

子翻城"之役。此外章正宸、何弘仁、叶廷秀、恽日初等人也曾参与抗清斗争。不殉明则抗清,抗清也是刘门弟子鼎革之际的一个重要选择。

甲申之变以后,黄宗羲希望在明朝的中兴大业中有所建树,于是毁家纾难,参加了南明的鲁王政权,被授予职方主事、监察御史等职。黄宗羲的抗清斗争,可以分为三个阶段,一是"画江战役"时期;一是漂泊海外时期;三是乞求日本与挟书婺州时期。

顺治二年乙酉(1645)六月,黄宗羲回家时浙东一带各郡纷纷起兵抗清。孙嘉绩、熊汝霖率先起兵于余姚,接着章正宸、郑遵谦(?—1646)、于颖起兵于绍兴,钱肃乐(1606—1648)起兵宁波,沈宸荃(1615—1652)起兵慈溪,陈函辉(1590—1646)起兵台州,朱大典(1581—1646)起兵金华,等等,奉鲁王监国,驻兵绍兴。在钱塘江上与清军夹江对峙,史称"画江之役"。

黄宗羲与其弟黄宗炎(1616—1684)、黄宗会(1618—1663)等人也参加了这一战役。闰六月,"纠合黄竹浦子弟数百人,步迎监国鲁王于蒿壩,驻军江上"①。这支军队,因为是由黄尊素的几位儿子所率领,故人称"世忠营",后隶属于孙嘉绩部。当时黄宗羲率大部督军于江上,而黄宗炎则留在黾山,守护辎重。

黄宗羲参加"画江战役"之初,就向总兵王之仁(?—1646)提出了他的抗清战略:

  遗书王之仁:"诸公何不沉舟决战,由赭山直趋浙西,而日于江上放船鸣锣,攻其有备,盖意在自守也。蕞尔三府,以供十万之众,敌兵即不发一矢,一年之后,恐不能支,何守之为?"又曰:"崇明江海门户,曷以兵扰之,亦足以分江上之势。"之仁不能用。②

黄宗羲的战略,已经考虑到了两方面的问题。一方面,就当时战况而言,清军在浙江立脚未稳,浙西一带义兵蜂起,其中有不少都是黄宗羲的故友,如一同列名于《南都防乱公揭》之中的陈子龙(1608—1647)、夏允

---

① 黄炳垕:《黄梨洲先生年谱》,载《黄宗羲全集》第12册,第31页。
② 李聿求:《鲁之春秋》卷10《黄宗羲》,浙江古籍出版社1984年版,第100页。

彝（1596—1645）、徐孚远（1599—1665）、文乘（1609—1669）、吴易（？—1646）等。另一方面，王之仁等"意在自守"的后果，仅仅以三个府的十万民众，恐怕坚持一年都非常困难，最后的结局只能是坐以待毙。因此，黄宗羲提出了两条建议。其一，尽量牵制清军在钱塘江沿线的军事力量，同时奋力出兵，打通与浙西义军的通道，形成呼应之势；其二，从长江口出兵，以偏军佯攻崇明，以分散清军的兵力。可惜他的建议没有被王之仁采纳。

第二年，先后进行三次战役。第一次，由熊汝霖督师五百，与浙西的查继坤、查继佐（1601—1676）部会合，从小盏渡海至浙西的侨司直捣海宁，浙西一带义军纷纷响应，虽有小捷，但终因清军的增兵而退回。第二次，四月，孙嘉绩令王正中渡海，进攻浙西海盐西南的澉浦，终因寡不敌众而败退，孙嘉绩的裨将韩万象战死。第三次，五月，王正中败退之后，黄宗羲向孙嘉绩请缨。准备联合浙西义军，出兵海宁一带。关于第三次战役，《鲁之春秋》中说：

> 黄宗羲请于嘉绩曰："愿得此军再出，必得当以报公。"嘉绩喜，命钦臣汰其不中步伐者，熊汝霖亦简军中精锐，合之得三千，以正中副之。定议由海道西渡取海宁、海盐一带，而扬声由盛岭出军，请给监军等官敕印。……宗羲西征，太仆卿陈潜夫、职方主事查继佐皆同行，浙西震动，嘉绩蒿目望之，俟捷音至，欲令义兴伯郑遵谦等夹攻杭城。而国安七条沙之军已溃，劫监国以行。①

还有黄宗羲自己的记载说：

> 五月，加孙嘉绩、熊汝霖东阁大学士。两督师所将皆奇零残卒，不能成军。嘉绩以其兵尽付某，某与王正中合师三千人。西浙来受约者：尚宝司朱大定、太仆寺卿陈潜夫、兵部主事吴乃武、查继佐，又数百人附之。渡江扎谭山，将取海宁，以江上兵溃而返。②

---

① 李聿求：《鲁之春秋》卷4《孙嘉绩》，40页。
② 黄宗羲：《行朝录》卷3《鲁王监国上》，《黄宗羲全集》第2册，第130页。

当时，孙嘉绩与熊汝霖双双败兵，于是黄宗羲主动请缨，孙嘉绩便将其残部，包括章钦臣的"火攻营"等共三千人，都交付黄宗羲率领。同时又联合浙西过来的朱大定、陈潜夫、吴乃武、查继佐等数百人，渡江扎营于谭山。另外，还通过浙西崇德义士孙爽与太湖义军联络，"议由海宁取海盐，以入太湖，至容甚整。宗羲约崇德义士孙爽等为内应"①。这是黄宗羲唯一的一次统帅军队，并且成功的希望也很大，孙嘉绩对这次战役也很重视，"俟捷音至"。可惜的是，正当他们积极备战，打算进一步行动之时，情况突变，清军突破了方国安所守的七条沙江防，方国安所部溃退，带着鲁王监国败走海上。为了避免全军覆没，黄宗羲只好急速退兵。黄宗羲说：

> 丙戌六月，浙东师溃，某时率师渡海规取海盐、海宁二城，报至而还。十日，遣散余众，愿从者归安茅瀚、梅溪汪涵二帅，以五百人入四明，屯于杖锡。某意结寨固守，徐为航海之计，因戒二帅联络山民，方可从事。二帅违某节制，取粮近地。二十日，某令二帅守寨，出行旁舍。山民相约数千，乘二帅不备，夜半焚杖锡寺。士卒睡中逃出，尽为击死，二帅被焚。②

《鲁之春秋》的记载稍有不同：

> 闻江上师溃，监国航海，宗羲乃撤谭山之师，踉跄而还，沿途为大兵所梗，宗羲谕军士，不愿从者任所至。尚得亲兵五百人，部将汪涵为前导，茅瀚为后劲，重跰间行，入四明山中，驻伏锡寺，结寨自固。宗羲再三申戒，以山民皆贫，不可就之求粮。一日宗羲微服潜出，访监国消息为扈从计。部下粮绝，不得已取之山民。于是山民畏祸，以语逻卒，导之焚寨。夜半火起，汪涵、茅瀚出战死之。③

---

① 李聿求：《鲁之春秋》卷10《黄宗羲》，第101页。
② 黄宗羲：《行朝录》卷9《四明山寨》，《黄宗羲全集》第2册，第185页。
③ 李聿求：《鲁之春秋》卷10《黄宗羲》，第101页。

黄宗羲率领五百人推入四明山结寨之后，自己下山寻求鲁王监国的消息，以便扈从。临走前一再告诫茅瀚（字飞卿）、汪涵（字叔度）两将，山民很穷，不能在山中求粮，甚至还应与他们联络，以便固守。可惜黄宗羲离开山寨之后，两将还是就近取粮，结果惹怒了山民，被山民火攻而全军覆没。关于此事，全祖望《明晦溪汪参军墓碣》中的记载更为详细：

> 丙戌之夏，浙东之势不支。姚江督师孙公嘉绩、熊公汝霖皆不复能军，以其残卒付之侍御黄公宗羲。黄公因与同官王公正中合军，料简士伍，尚及三千，欲渡海取盐官，驻兵潭山，浙西烽火响应。其时总统列将者，吾乡奉化汪涵叔度也。……叔度为前导，重跰间行，得达四明山中，驻仗锡寺。侍御再三申戒，以山民皆贫，不可就之求粮。一日，侍御偶出，部下粮绝，不得已取之山民。于是山民以语逻卒，导之焚寨。夜半火起，寨中仓皇出斗，皆徒手，死者十九。叔度从烈焰中杀数人，已得出，叹曰："所图不遂，命也。不死，且自取辱。"还斗而死。飞卿亦殁于围中。是役也，论者皆咎军律之疏，至崎岖百死之义士，尽为国殇。虽然，当日之抢攘，人力莫施。豪杰之士，不过存一穴胸断脰之念，以求不愧于君臣之大义而已。不然，远扬而去，又何不可，而必以身殉之乎？①

汪涵曾受业于黄宗羲，最后的遗言"所图不遂，命也"，当时也许大都认为抗清的失败也是天命不可违了。不过黄宗羲则还是不甘心，退入山中，然后继续寻访鲁王监国的消息。

再看黄宗羲抗清的第二阶段。顺治五年，他到福建朝见鲁王，被任命为左佥都御史，后任左副都御史。当时"闽地尽陷"，鲁王在张名振（？—1654）护送下，北上驻于闽浙之间的沙埕。六月，张名振收复宁海三门的建跳所。七月，鲁王至建跳所。黄宗羲也跟随到了建跳。关于这一期间的情况，《鲁之春秋》中记载：

---

① 全祖望：《明晦溪汪参军墓碣》，《鲒埼亭集》外编卷6，《全祖望集汇校集注》，第843—844页。

时方发使拜山寨诸营官爵。宗羲言："诸营之强，莫如王翊，其乃心王室，亦莫加翊。诸营文臣辄自称都御史、侍郎，武臣自称都督，其不自张大，亦莫如翊。宜优其爵，使之总临诸营，以捍海上。"朝臣皆以为然，惟定西侯张名振不可。七月闽地尽失，监国次健跳，大兵围之，城中危甚，宗羲置靴刀以待命。荡湖伯阮进救之，大兵解围去，得免。时凡胜国遗臣不顺命者，录其家口。宗羲有母在越，闻而叹曰："主上以忠臣之后仗我，我所以栖栖不忍去也。今方寸乱矣，吾不能为姜伯约矣。"乃陈情监国，得请，间道而归。①

当时鲁王政权都被张名振操控，黄宗羲提出对王翊"优其爵"的建议，朝臣都认可，但张名振却不同意。不过黄宗羲对鲁王政权还是非常尽力，在清军围攻建跳之时，曾"置靴刀以待命"，也有一旦城破则殉节的决心。但是，就忠孝二者的选择上，他还是选择了孝，这里有两个原因：一是当时他可以尽量做到忠孝两全，在照顾老母之时也继续关注抗清义军的动态；另一是因为即便一直留在鲁王身边，也难有什么作为。对于跟随鲁王，在海上的这段经历，黄宗羲曾有一个总的评价：

上自浙河失守以后，虽复郡邑，而以海水为金汤，舟楫为官殿，陆处者惟舟山二年耳。海泊中最苦于水，侵晨洗沐，不过一盏。舱大周身，穴而下，两人侧卧，仍盖所下之穴，无异处于棺中也。御舟稍大，名河船，其顶即为朝房，诸臣议事在焉。落日狂涛，君臣相对，乱礁穷岛，衣冠聚谈。是故金鳌橘火，零丁飘絮，未罄其形容也。有天下者，以兹亡国之惨，图之殿壁，可以得师矣！②

当时的从亡者仅大学士沈宸荃（1615—1652）、刘沂春（崇祯七年进士）、礼部尚书吴钟峦（1577—1651）、兵部尚书李向中（崇祯十三年进士）等八九个人。君臣们的生活也极艰苦，更为重要的是，因为一切实权都掌握在张名振之手，所以鲁王政权下的大臣们大多无所事事。于是相互诗歌唱

---

① 李聿求：《鲁之春秋》卷10《黄宗羲》，第101页。
② 黄宗羲：《行朝录》卷4，《鲁王监国下》，《黄宗羲全集》第2册，第141页。

和，抒发愁苦之情。黄宗羲说：

> 在海上，与诸臣无所事事，则相征逐而为诗。……诸臣即才不及甫，而愁苦过之，适相当也。语曰："求仁得仁又何怨！"诸臣之愁苦而见为愁苦，无乃怨乎！曰：诸臣宁惟是寄命舟楫波涛之愁苦乎！宗庙亡矣，亡日尚矣，归于何党矣。当此之时，诸臣默默无所用力，俯首而听武人之恣睢排熯，单字只句，刻琢风骚，若物外幽人之所为者，其愁苦不更甚乎！①

当时唱和者有吴钟峦、沈宸荃、李向中、刘沂春、张肯堂（？—1651）、朱养时、林瑛等，鲁王有时也有参与。黄宗羲感觉诸臣即便才华不及杜甫，但是愁苦却过之，感叹"宗庙亡矣，亡日尚矣"，面临国破家亡，却"无所用力"，所以他最后还是决定离开鲁王。

当然，黄宗羲主要是为了照顾家中的老母稚子。当时清军主力回到浙江，下令凡是不归顺清廷的明臣，都要录其家中人口。因此他才不得不向鲁王陈情，返乡之后带着家人过了一段迁波流离的日子。离开建跳时，也曾听过刘宗周讲学的吴钟峦亲自相送，"行三十里，先生复棹三板相送，其语绝痛"②，二人还是在为恢复无望而感叹。

黄宗羲抗清的第三阶段，主要是秘密参与抗清斗争，不时与鲁王政权互通信息，并且参与了乞师日本与挟书婺州等活动。《鲁之春秋》中记载：

> 是年监国由健跳至舟山，复召宗羲与兵部侍郎冯京第乞师日本。抵长崎，不得请。宗羲为式微之章，以感将士，乃还。名列捕檄，迁徙无定。又有上变于大吏者，以宗羲为首。而宗羲犹挟帛书，招婺中镇将南援，以应监国。辛卯秋，遣使入海告警，令为之备。甲午，张名振间使至，被执，而连捕宗羲下狱。丙申，慈溪沈尔绪祸作，又以

---

① 黄宗羲：《海外恸哭记》，《黄宗羲全集》第2册，第209页。
② 《东林学案四·宗伯吴霞舟先生钟峦》，黄宗羲：《明儒学案》卷61，第1496页。

宗羲为首，下狱，皆得释。其后海上兵靖，宗羲无复望，力事章著述。①

顺治六年（1649）十月，鲁王派阮进的从子澄波将军阮美为使，再以冯京第为副，后来又增加了黄宗羲等人。间道至舟山，是年冬至日本长崎，可惜乞师未成。关于此事，他自己在《行朝录》卷八《日本乞师记》中没有提及自己去日本，但是在《避地赋》中曾回忆出使之事：

> 当夫百妖露、天水同，群鱼飞雾，海市当空。帆俄顷而千里兮，浪百仞而万重，纵一泻之所如兮，何天地之不通？越长岐与萨师玛兮，乃□□天□□。方销兵而忘战兮，粉饰乎隆平；招商人以书舶兮，《七录》辇于东京。②

另外，全祖望在《梨洲先生神道碑文》中说："是年监国由健跳至翁洲，复召公副冯公京第乞师日本，抵长崎，不得请，公为赋《式微》之章，以感将士。"③

顺治七年初春，黄宗羲从日本乞师回，年初救黄宗炎于宁波死狱，三月突然至常熟拂水山庄会晤钱谦益。崇祯九年（1636），黄宗羲因迁葬父墓，曾到常熟访钱谦益，求为父作墓志铭。关于这次会晤，黄宗羲《思旧录》在论及钱谦益时说："一夜，余将睡，公提灯至榻前，袖七金赠余曰：'此内人意也。'盖恐余之不来耳。"④此处黄宗羲自注"即柳夫人"，钱、柳二人之中，柳如是则对于抗清更加积极，所以赠金一事，很有可能柳如是主动出资并邀黄宗羲去婺州游说。全祖望则说"又有上变于大帅者，以公为首，而公犹挟帛书，欲招婺中镇将以南援"⑤。这件事，金鹤

---

① 李聿求：《鲁之春秋》卷10《黄宗羲》，第101—102页。
② 黄宗羲：《避地赋》，《黄宗羲全集》第10册，第629页。
③ 全祖望：《梨洲先生神道碑文》，《鲒埼亭集》卷第11，《全祖望集汇校集注》，第218页。
④ 黄宗羲：《思旧录·钱谦益》，《黄宗羲全集》第1册，第378页。
⑤ 全祖望：《梨洲先生神道碑文》，《鲒埼亭集》卷第11，《全祖望集汇校集注》，第219页。

冲的《钱牧斋先生年谱》中说:"黄太冲欲招婺中镇将南援。前年十月,太冲副冯京第乞师日本未得。是年三月来见先生,欲因先生以招婺中镇将,有事则遣使入海告警,令为之备。"① 钱黄二人的这次会晤,主要内容应该就是讨论恢复大计,其核心则是策反镇守婺州,下辖金华、衢州、严州、处州四府的清军总兵马进宝。柳如是所赠的七金,应该是给黄宗羲作活动的经费用的。三月,黄宗羲离开常熟,五月,到婺州。七月,钱谦益又亲至婺州拜访马进宝。

钱谦益"揪秤三局"之中就有招降马蛟麟与马进宝等计划。黄宗羲说:"牧斋意欲有所为,故往访伏波,及观其所为,而废然返櫂。"② 黄宗羲与钱谦益策反马进宝的活动,最后还是没有成功。

后来,钱谦益还曾与黄宗羲、黄宗炎在杭州会晤,共同营救张苍水的妻董氏和子张祺。这次会晤也极可能涉及是年七月郑成功与张苍水联军试图再入长江一事。

不过,总的来说,乞师日本之后,黄宗羲大部分时间都是隐居于山中,全祖望在《梨洲先生神道碑文》中说:

> 公既自桑海中来,杜门匿景,东迁西徙,靡有宁居。而是时大帅治浙东,凡得名籍与海上有连者,即行剪除。公于海上,位在列卿,江湖侠客多来投止,而冯侍郎京第等结寨杜岙,即公旧部,风波震撼,崎岖日至。当事以冯、王二侍郎与公名,并悬象魏。③

因为清廷一直没有放松对黄宗羲的追捕,所以当时他"东迁西徙,靡有定居",或在黄竹浦故居,或在化安山的龙虎草堂,或在余姚城中,甚至还到宁波、杭州、崇德等地,一直到顺治十六年,舟山、四明山等处的抗清活动结束,他的秘密抗清活动也随之结束。之后的三十多年,黄宗羲

---

① 金鹤冲:《钱牧斋先生年谱》顺治七年条,民国 30 年铅印本。
② 范楷:《华笑顾杂笔一》,"黄梨洲先生批钱诗残本"条"东归漫兴"批注,转自陈寅恪《柳如是别传》第五章,第 1048 页。
③ 全祖望:《梨洲先生神道碑文》,《鲒埼亭集》卷第 11,《全祖望集汇校集注》,第 218—219 页。

"厕身于儒林",以遗民学者终老。①

关于华夏(？—1648)与王家勤(？—1648)所参与的"五君子翻城之役",全祖望的《子刘子祠堂配享碑》说:

> 鄞华先生夏,字吉甫;王先生家勤,字卤一。皆由敬伯来讲堂,归而筑鹤山讲舍,以昌明子刘子之教。吉甫通乐律,卤一精于礼,卓然不与先儒苟同。乙酉,起兵参江上事;戊子,二先生谋再举,不克,同死之。②

之前华夏与王家勤,曾参与顺治二年的江上抗清斗争。顺治四年冬,又参与了浙江宁波(鄞县)的"五君子翻城"之役,密谋在宁波反清起义,最后失败被杀。所谓"五君子"并不十分确定,主要是指华夏、王家勤、屠献宸、杨文琦、杨文瓒、董德钦、董志宁等人。全祖望专门撰有《华氏忠烈合状》一文论记述华夏的抗清之忠义事迹。当时华夏因为军机外泄而被俘,清军讯问同党,全祖望对此细节有生动的描述:

> 检讨乃慷慨独承,曰:"心腹肾肠肝胆吾同谋也。"及问帛书所载杨、王、屠、董诸人,皆言其不预。知府三拷之,检讨大呼:"太祖高皇帝造谋,烈皇帝主兵,安皇帝司饷,其余甲申、乙酉殉节诸忠,范公景文、史公可法而下,皆同谋也。"知府三拷之,终不屈。③

《合状》还记述在华夏死后,其妻陆氏"亲诣市,纫其首于尸,负以归",并且从容安排华母及子女之事,然后自缢身亡。对于华氏忠烈,全祖望感叹:"欲存君臣之义于天地之间,则小腆虽顽,终贤于筐篚壶浆之辈,至

---

① 关于黄宗羲的遗民气节,因为学界相关讨论较多,故不多展开。参见陈永明《论黄宗羲的"君臣之义"观念——兼评所谓黄氏"晚节可讥"说》、谭世保《略论黄宗羲与"臣节"问题》,二文载吴光等主编《黄梨洲三百年祭》,当代中国出版社1997年版,第135—150、151—161页。

② 全祖望:《子刘子祠堂配享碑》,《鲒埼亭集》卷第24,《全祖望集汇校集注》,第446页。

③ 全祖望:《华氏忠烈合状》,《鲒埼亭集》外编卷10,《全祖望集汇校集注》,第928—930页。

于身经百炼,终不为绕指之柔,皇朝杀其身,未尝不谅其心矣。若乃夫人之凛然大节,故国故家,均为有光。"华夏的所作所为,"存君臣之义于天地之间",即便是清廷也"未尝不谅其心",他本人及其夫人的"凛然大节"于国于家"均为有光"。

此外,刘门弟子参加过抗清斗争的还有恽日初、叶廷秀、张成义等人。恽日初在清军南下之后,也曾参与抗清斗争:

> 是时唐王被执死,鲁王亦败走海外,湖广何腾蛟、江西杨廷麟等皆前后覆灭,而明遗臣尚拥残旅,遥奉永历。金坛人王祈聚众入建宁,属县多响应。日初曰:"建宁,入闽门户,能守,则诸郡安,然不扼仙霞关,建宁终不守也。欲取仙霞,宜先取蒲城。"乃遣长子桢随副将谢南云先趋蒲城,失利,皆死。而御史徐云兵连入数州县,锐甚,日初说令夜入蒲城,自督兵继进。会大雷雨,人马冲泥淖,行不能速,军遂溃。建宁被围,王使兵部尚书揭重熙赴援。日初上书,请迳取蒲城,断仙霞岭饷道,徐与围中诸将夹击之。重熙巡至邵武,不能进,建宁遂破,王祈力战死。日初收残卒走广信,寻入封禁山中,数日粮尽,喟然曰:"天下事坏散已数十年,不可救正。然庄烈帝殉社稷,薄海茹痛,小臣愚妄,谓即此可延天命。今乃至此,徒毒百姓,何益?"遂散众,独行归常州。①

恽日初先后走福州、广州,最后参与了建宁的抗清活动,从上述记载来看他确实略懂兵法,提出的建议也很有见地。兵败之后,他回到常州,以僧服讲学,终年七十八。叶廷秀则参加了南明唐王的抗清队伍,任左佥都御史,进兵部右侍郎。兵败之后,一说"为僧以终"②。另一说,恽日初曾参加山东榆园军的抗清斗争,事败后,顺治七年就义于东昌。清人张相文编《阎尔梅年谱》载,叶廷秀"于己丑(1649)以前早归山东榆园军矣",傅山(1607—1684)有《风闻叶润苍先生举义》一诗:"铁脊铜肝杖不糜,山东留得好男儿。橐装倡散天启俸,鼓角高呼日月悲。咳唾千夫

---

① 《恽日初传》,《清史稿》卷500,中华书局1977年版,第13835页。
② 《叶廷秀传》,《明史》卷255,第6602页。

来虎豹，风云万时泣熊罴。山中不诵无衣赋，遥伏黄冠拜义旗。"阎古古有诗吊之："翟义呼东郡，刘琨守晋阳，厥功虽未就，固好自行藏。"① 至于张成义的抗清，全祖望说他"有异材，丙戌后起兵，不克，行遁。毕生不返，莫知所终"②。

祁彪佳殉节之后，不到一月，浙东一带就四处兴起了抗清的义军，祁彪佳的侄儿与两个儿子等人也都参与了抗清斗争。全祖望《祁六公子墓碣铭》中说：

> 忠敏死未二旬，东江兵起，恩恤诸忠，而忠敏赠兵部尚书，理孙赐任。祁氏群从之长曰鸿孙者，故尝与忠敏同讲学于蕺山，至是将兵江上，思以申忠敏之志。而公子兄弟罄家饷之。事去，公子之妇翁戒之曰："勿更从事于焦原矣。"不听。……慈溪布衣魏耕者，狂走四方，思得一当，以为亳社之桑榆。公子兄弟则与之誓天称莫逆。魏耕之谈兵也，有奇癖，非酒不甘，非妓不饮，礼法之士莫许也。公子兄弟，独以忠义故，曲奉之。时其至，则盛陈越酒，呼若耶溪娃以荐之，又发澹生堂壬遁剑术之书以示之，又遍约同里诸遗民如朱士稚、张宗道辈以疏附之。③

祁彪佳的侄儿祁鸿孙（字奕远），是祁彪佳临终之时陪同的重要亲人之一，祁彪佳死后不久，就与商周祚、郑遵谦等共迎鲁王监国于绍兴，后被授职兵部职方司、清吏司员外郎，由于各路义军指挥不一，最后江上溃败，祁鸿孙逃亡山中。《浙东纪略》中说是年九月十三日："监国归郡，而与者诸公，乃于十月朔日竟开唐诏于府堂，乡绅家祁鸿孙等复以兵卫，江上诸营亦多奉表归命惟谨。"④ 祁彪佳之子祁理孙（字奕庆）、祁班孙（字奕喜），不听家族长辈的劝告，坚持抗清，毁家纾难，参与策动起义，

---

① 关于叶廷秀抗清的文献，参见衷尔钜《蕺山学派哲学思想》第19章《蕺山学派其他传人》，第382页。
② 全祖望：《子刘子祠堂配享碑》，《鲒埼亭集》卷第24，《全祖望集汇校集注》，第447页。
③ 全祖望：《祁六公子墓碣铭》，《鲒埼亭集》卷第13，《全祖望集汇校集注》，第256页。
④ 徐芳烈：《浙东纪略》，《台湾文献史料丛刊》第6辑，第13页。

而且与海外义师也多有联络，当时的山阴梅墅祁家，成了志在恢复的抗清士人逃避清廷追捕的避难之所。祁彪佳生前极为赏识的慈溪人魏耕，则成了祁班孙的好友。

康熙元年壬寅（1662），祁氏兄弟的抗清活动被告发，清廷追捕魏耕，又到祁家将祁理孙与祁班孙兄弟逮捕。全祖望的记载说：

> 壬寅，或告变于浙之幕府，刊章四道捕魏耕。有首者曰："苕上乃其妇家，而山阴之梅墅乃其死友所啸聚。"大帅亟发兵，果得之，缚公子兄弟去。既谳，兄弟争承。祁氏之客谋曰："二人并命，不更惨欤！"乃纳赂而宥其兄。公子遣戍辽左。其后理孙竟以痛弟郁郁而死，而祁氏为之衰破。然君子则曰："是固忠敏之子也。"
>
> 当是时，禁网尚疏，宁古塔将军，得赂则弛约束。丁巳，公子脱身遁归，已而里社中渐物色之，乃祝发于吴之尧峰。寻主毗陵马鞍山寺，所称咒林明大师者也。荐绅先生皆相传曰：是何浮屠，但喜议论古今，不谈佛法。每及先朝，则掩面哭。然终莫有知之者。①

祁班孙被"遣戍辽左"之后，祁理孙被纳贿放免，但他因为思念弟弟，不久便郁郁寡欢而逝。康熙丁未年间，祁班孙逃回江南，不敢在家里久居，于是出家为僧。但喜欢"议论古今，不谈佛法"，所谓逃禅只是为了逃避清廷的追捕而已。他去世之后，旁人"发其箧，所著有《东竹风俗记》《紫芝轩集》，且得其遗教欲归柑，乃知为山阴祁公子，自关外来者"，因而得以归葬祁氏祖坟。

第三节　出处：刘门弟子入清之后的人生抉择

明清鼎革，不是历史上的一天两天，而是一个几十年的漫长时间段。不幸生活在那个时代的士人、儒生，在那个风起云涌、变幻莫测的时代，不断面临生与死、出与处的抉择。经历了种种考验、折磨，艰难生存下来

---

① 全祖望：《祁六公子墓碣铭》，《鲒埼亭集》卷第13，《全祖望集汇校集注》，第257—258页。

的那些刘门弟子，他们作为隐遁于乡野的处士，如何生存，如何实现传统儒家的经邦济世的抱负，都是非常困难的问题。而且，随着入清时间的推移，要回答这些问题将会越来越难。究其原因，则是在他们的身上，有着遗民与儒者的双重身份。比如张履祥，正是因为他的双重身份，所以在身后的三百多年间，或者遗世的一面突出而被塑造为明之遗民；或者济世的一面突出而被塑造为清之大儒。事实上这些人物具有遗世独立的遗民色彩，又有经邦济世的儒者色彩，因为两种身份而有着内在的紧张，但是其中的遗世是外在之表层，而济世则是内在之深层，济世主导遗世，儒者才是遗民之底色。①

下面的讨论，以张履祥与陈确为中心，附带涉及黄宗羲、吴蕃昌、张应鳌等刘门弟子，重点讨论他们的出处选择与思考，看看他们在一个变化无端的时代，如何去选择自己的人生，如何去安顿自己的身与心。虽然同为隐遁于乡野的处士，但是陈确与张履祥的出处观以及治生、为学的抉择却是同中有异，他们的看法在刘门弟子当中有一定的代表性，将他们相关的理念加以比较，可以更好地理解成为明遗民的刘门弟子的人生与学术。

一 出处观及其比较：以张履祥、陈确为中心

关于出处问题，刘门弟子之中的陈确与张履祥相关的讨论最为丰富。他们二人同处浙西地区，也是很好的同道之友，在鼎革之际都没有选择殉明，也没有选择抗清或降清，随着入清时间的推移，又当如何进行"出与处"的抉择呢？下面从四个方面来加以论述。

第一，从"生死"到"出处"的抉择。

顺治二年乙酉（1645），清军攻占浙江之后，陈确与张履祥共同的老师刘宗周、友人祝渊都选择了为明朝殉节，然而他们二人既不殉明，又不抗清或降清，最终选择作为遗民而终老于乡野，期间必然经历了种种内心的挣扎，有着各自的"不得已者"。

陈确苟且偷生的主要原因为"母老"，以及家族之累，"家自老母而

---

① 详见笔者《张履祥遗民与儒者的双重身份及其人生抉择》一文，《湖南大学学报》2009年第6期，第37—42页；或《张履祥与清初学术》第2章，第33—69页。

下,四世亲丁共三十一口"①。因为家庭的关系,他身处乱世,不能迁徙他处,也不能参与抗清义兵,最后就只能做一个顺民了。然而面对师友之节烈,陈确还是感觉愧疚,"独确懦不能死",他在祭文中说:"丁口田庐,伪官所辖,输租纳税,不异顺民。愧师友而忝所生甚矣,师其以确为非人而麾之门墙外耶?岂怜确母老苟活,情亦有不得已者,姑未深绝之也!"②陈确再三说明其"不得已者",希望师友地下有知,可以谅解。

早在明朝之时,陈确就无意于出仕,"淡功名,薄荣利"③,不过因为家族的影响,还是多次出试,三十七岁时取得庠生的资格。进入清朝以后,陈确就不再应试,并为此事撰有《告先府君文》,其中说:

> 家自司训梅冈公而下,于今六世,为国名儒,一旦地坼天崩,逡巡向异类乞活。犬马犹恋旧主,而况人乎!革命以来,即思告退,以不忍写弘光后年号,因循未举,谓岁试不到,将自除名。今年春,学廪又已开支,而岁试未有期日,益复迁延,为疚滋深。将卜日告于先圣之庙,随呈本学,求削儒籍,终为农夫以没世。悲夫!男之不肖,截发毁冠,久窃儒生之号,知神之为恫久矣。是以敢告。④

可见陈确在清朝出处的选择,也因为陈氏家族在明朝六世"为国名儒","犹恋旧主"故而不忍"向异类乞活"。关于出试,本来希望因为不参加"岁试"而被除名,结果却是只发"学廪"而不举"岁试",为此"为疚滋深",只得"随呈本学,求削儒籍,终为农夫以没世"。进入清朝,陈确不忍写"弘光后"即清朝的年号,还因为"截发毁冠"而感到羞愧。

鼎革之变前后,陈确的转变非常之大,他自己曾说:"变乱以来,山水之好亦复渐淡。惟良朋萃止,发明古学,则久听忘疲。"⑤进入清朝之后就摒弃了"山水之好"与"一切陶写性情之技,视为害道而屏绝

---

① 陈确:《祭山阴刘先生文》,《陈确集》文集卷13,第307页。
② 同上。
③ 陈翼:《乾初府君行略》,载《陈确集》首卷,第12—13页。
④ 陈确:《告先府君文》,《陈确集》文集卷13,第311页。
⑤ 陈确:《与吴仲木书》,《陈确集》文集卷4,第141页。

之"①，一心向道，发明古学，希望自己能够完成师友生前未竟的事业，后来他撰写了《大学辨》与《性解》等著述，可以说是沿着刘宗周学说的某些因素，作出了自己的发展。

张履祥与陈确一样，在明清鼎革之后没有选择殉节。关于此事，他少有提及，只在其晚年论及科举之学时与门人姚瑚说："余于己卯、壬午间，若论文艺亦可侥幸，但当时一为中式，则亦为祝开美矣。"② 祝渊也是张履祥的重要友人，祝渊在明末中举，举人已经具备了进入仕途的资格，按理当与国家同存亡，选择殉节应该出于这一原因。张履祥在明末只是诸生，所以说如果当时侥幸中举则应该与祝渊一样选择殉节。与陈确一样，张履祥在面对师友之时，仍存羞愧之心："今先生死国，开美死师，予犹偷生，师友道绝，其何以自免于不肖？悲夫！"③ 面对老师刘宗周与友人祝渊的死节，忍辱偷生的张履祥，心底总有不安。

在清军入浙之际，张履祥曾有反抗之心，也有人劝他参加义军。在这期间经历了一番抉择，他自己曾说：

> 乙酉夏五，旧京不守，溃兵四下，人皇皇罔所适。乡里父兄就予问者日数辈，予惟地险人豪无足藉者，策此以应。稍闻来益众，不胜语也，书以告之。有劝予集事，决以筮，得遁之姤，遂辞坟墓，避于归安。④

当时张履祥首先考虑到"地险人豪，无足藉者"，所以倡议"保聚"，撰有《保聚事宜》《保聚附论》等乡村治安方案。⑤ 有人劝张履祥"集事"，举义军抗清。他心存犹豫，便卜了一卦，"得遁之姤"，卦象提示应当隐遁。于是张履祥没有参与抗清斗争，带着全家隐遁于归安一带的水泽之间。

说到鼎革之际的师友或殉明或抗清而自己却不能，陈确有一个"懦"

---

① 许三礼：《海宁县志理学传》，载《陈确集》首卷，第 1 页。
② 张履祥：《训门人语二》，《杨园先生全集》卷 53，第 1469 页。
③ 张履祥：《言行见闻录一》，《杨园先生全集》卷 31，第 878 页。
④ 张履祥：《保聚附论》附记，《杨园先生全集》卷 19，第 585 页。
⑤ 张履祥：《保聚事宜》，《杨园先生全集》卷 19，第 577 页。

字,张履祥则有一个"怯"字。张履祥评价自己的一生抉择:"行己欲清,恒入于浊。谋道欲勇,恒病于怯。"① "病于怯",故无力自绝亦无力反抗;"入于浊",故只能做一个顺民,唯一的反抗就是不事新朝,以隐遁乡野之遗民终老一生。其实隐逸,也并不比前面殉节或抗清之类的选择来得容易,因为作为遗民的苦隐,需要更高的德行。后人对张履祥的评价之所以如此之高,还是因为其德行。光绪《桐乡县志》的编者严辰(1822—1893)说:"至隐逸必潜德之士……以其不求人知而后之也。杨园本以遗老自居,而旧志归之隐逸,实获其心。"② 张履祥为后人所景仰,最为关键的还是其节操。何况因为家中田产之类很少,张履祥以处馆治生,一家人始终处在贫困之中,但他依旧对功名利禄一概不屑,放弃诸生,韬晦终生。每每遇到有友人或弟子称誉,张履祥就说:"弟未尝学问,行己无似,幸兄于乡党朋友之前,切勿举弟之名,方为爱弟。"③ "鄙人姓名,尤望绝口,勿污齿牙,始为相爱之笃耳。"④ 最终,因为他的息交绝游,匿声逃影,清廷的各种征召不及于身,得以保全自己的名节。

在鼎革之际,陈确与张履祥面临"生死"抉择,他们都选择了"生";进入清朝之后,他们又面临"出处"抉择,他们都选择了"处",成了隐逸于乡野的明遗民。他们对于自己的选择都有着清醒的认识,认为自己有"懦"或"怯",愧对失去的师友,于是乎他们坚持隐逸之风,放弃诸生,不事新朝。而且他们以韬晦自处,唯一坚持的只有道学而已。

第二,"出处一理"说与"修身俟命"说。

关于"出处",在刘门弟子之中,陈确的论析尤多,而且见解深刻。陈确并非一味肯定"处"而否定"出",在他看来"出处"之同异不在于选择,而在于选择背后的"志"与"道",因此他提出"出处一理"说。他的《出处同异议》以问答体阐发其观点。全文不长,摘录如下:

> 今之出者固多矣,人出则吾亦出焉耳,未尝确然有所以必出之志也。今之不出者亦不乏矣,人不出则吾亦不出焉耳,未尝确然有所以

---

① 张履祥:《自题画像》,《杨园先生全集》卷20,第589页。
② 严辰:《桐乡县志》卷15《人物志下》,光绪十三年刻本。
③ 张履祥:《答吴仲木十三》,《杨园先生全集》卷3,第61页。
④ 张履祥:《答张佩葱三》,《杨园先生全集》卷11,第308页。

必不出之志也。苟有其志,夫何敢轻出而何敢轻不出!

或问:"所以出与所以不出之志奚若?"曰:"所以出之志,即所以不出之志,一而已矣。"曰:"异乎所闻。出与不出,曾水火之不相入,而吾子一之,岂有说乎?"曰:"出者止多此一出,而吾之为吾自若也;不出者止少此一出,而吾之为吾亦自若也。夫何异!出者必以其道,继之以死;不出者必以其道,继之以死。"

曰:"若是乎?出与不出者之皆不免于死乎?"曰:"咨嗟乎!人未有不死者,而子何视死若斯之深也!且子以为不继之以死,遂必不死乎?继之以死者,遂必死乎?夫不继之以死,而何能必以其道!出者成进士,尽忠为廉以事主,而无所阿焉,而势或不可行也。东西南北,惟君之所使,而疆场之变又何日焉无之也!如是者,欲不继之以死得乎?不然,则大负此出矣。不出者,或未一旦即至于困辱穷饿而死也,而或不能不至于困辱穷饿而死,而不能困辱穷饿而死,则大负此不出矣。若夫以道范身,终食勿失,穷通一揆焉耳,又何出与不出之异之有!"①

关于"出处",陈确强调两点。一是"志","出与处"的选择,不能受他人影响,不能轻易作出决定,这是事关人生志向的大事情。因此,他人"出"则"出",他人"处"则"处",这种完全受到时风影响而自己毫无主见的行为必须批评。一是"道","出与处",形同"水火之不相入",但当有共同之处,那就是"必以其道,继之以死"。选择了"出"或"处",就当坚持"出"或"处"的道义,甚至不惜为之而死。选择"出",就要做到"尽忠为廉以事主";选择"处",就要做到"至于困辱穷饿而死"也在所不惜。所以说,"出与处",都应该"以道范身",无论穷通,其中道义还是一样的。陈确还说:

出处一理,而士或相非,不其陋与!……间作《出处论》以一之,而士或未之察也。嗟乎!"吾非斯人之徒与而谁与!"当吾世而有以斯世斯民为己事者,吾拜而祷之,况当有异同之见乎哉!……吾

---

① 陈确:《出处同异议》,《陈确集》文集卷6,第173—174页。

> 闻古之君子，有所谓志不在温饱者，有自为秀才即以天下为己任者，有以一夫不被泽为耻者，有人饥已饥，人溺已溺者。古今人不大相远。今之人志于荣贵而荣贵至，古之人志于圣贤而圣贤至。非今人之与圣贤者远，而古人之与圣贤者近也，由志与不志耳。要之，所谓圣贤，岂必求之功名富贵之外哉！故有志者居一乡则仁一乡，治一国则仁一国，相天下则仁天下。无之而非仁，故曰：无终食之间违仁。①

陈确的"出处一理"说提出之后，当时的士人多有"相非"者，这里说的《出处论》应该就是指《出处异同论》。陈确在此进一步强调，无论出处都应该"以斯世斯民为己事"，就这点而言出与处并没有异同之分。古之人至于"圣贤"，今人却至于"荣贵"，古代的君子，其志不在温饱，而在"以天下为己任"、"以一夫不被泽为耻"。如果立志于成圣成贤，那么"居一乡则仁一乡"、"治一国则仁一国"、"相天下则仁天下"，至于圣贤就能做到"仁"，就不会汲汲于功名富贵了。

陈确强调"出处"之间的道义，反对"出处"中的功利之心。所以他又进一步以"出处一理"说，对当时常见的"以处为道而出为俗"观念进行了批判。在《道俗论》一文中说：

> 道之与俗，相反也。道则不俗，俗则非道。今士往往言道而行俗，则亦真俗而已矣，又何道之言乎！……故曰：出处不同，同乎道。故虽今之出者，未可遽谓之俗也。而士恒傃然自以处为道而出为俗，乌知处之未离乎俗也！若出而以嘱进，以贿升，斯俗而已矣。背故而即新，诞上而虐下者，斯俗而已矣。处士之未离乎俗，奈何？曰：道岂能择处士，处士自择道耳。非择道而言，择道而行耳。今夫黠者浮伪，愚者朴鄙，竞者营扰，恬者颓废，敝俗纷纷，近我者日引之而去，出此入彼，曾莫能以自拔也。且非徒此而已也。②

在陈确看来，当时大多士人往往"言道而行俗"，这才是真正的俗。他们

---

① 陈确：《送谢浮弟北上序》，《陈确集》文集卷10，第242页。
② 陈确：《道俗论上》，《陈确集》文集卷5，第169页。

不明白"出处不同，同乎道"，其实"出"未必流俗，"出而以嘱进，以贿升"或"诞上而虐下者"，才是流俗。"处"未必近道，"择道而言，择道而行"，才是近道。"黠者浮伪，愚者朴鄙，竞者营扰，恬者颓废"，都是"敝俗"，为时风所影响，"莫能以自拔"。陈确再三强调无论"出"或"处"，都必须以"志""道"为准则去进行选择。他还特别反对世俗之人那种一旦"出"而参考科考就要考中之类的功利观念。他说："士生乎今之世，或不得已而出试于有司，吾无恶焉耳。惟试而求必售，斯有不忍言者矣。"① 因为实在贫困而不得已"出试"，也不应同于流俗，一味希望成功，而应该以道义为原则，无论为学为官，都不可生功利之心。

张履祥对于"出处"十分重视，但是他的看法却与陈确有很大的不同。张履祥特别强调"出处"对于士人、君子的重要意义，他经常说："出处之际，士君子居身之大目也。语云：'立身一败，万事瓦裂。'"② 然而，在他看来，因为身处乱世，所以也就只有一种选择，也就是说应当选择"处"而不能选择"出"，"处"而"修身俟命"。他在与友人的书信中说：

> 国变卒作，天地崩坠，中兴事业，佐理无闻，将来之乱，恐未有已。制科之事，朝廷一遵旧章，间有言及孝弟、力田、奇材、异等者，亦未必举行，即行亦不过开一倖门。当世贤士，终不能由是以进也。吾党所事，舍制艺亦无他务。但处今之世，自非实学、实才不足有济。今日为诸生，则思进士做，若果登进士，执何具以往？岂能如昔日，坐享太平，优游贵乐乎？徒有身败名陨，为人笑辱而已。弟欲于海滨僻壤，挈妻子而居，为苟全性命之计。因此修身力学，以俟天命人事之可为，则虽一命之膺，庶几得如古人所云："上不负天子，下不负所学。"不然，躬耕负薪，亦足以没齿而无愧。③

当时的时局复杂多变，当张履祥等人感到"中兴事业，佐理无闻"、明王

---

① 陈确：《试讼说》，《陈确集》文集卷11，第251页。
② 张履祥：《许鲁斋论一》，《杨园先生全集》卷19，第563—564页。
③ 张履祥：《答吴文生》，《杨园先生全集》卷9，第263—264页。

朝早已恢复无望之时，清廷恢复了科举选士。但在张履祥看来，"当世贤士"还是不能"由是以进"，因为即便考中进士也无法有所作为，甚至"身败名陨，为人笑辱"。虽然说作为一名儒者"舍制艺亦无他务"，但是当时却无法进取，少有"实学实才"而能经世济民者。所以，张履祥自己的选择就是暂且隐居于"海滨僻壤"，"修身力学，以俟天命、人事之可为"，为将来做好准备；如果将来还是没有经世济民的机会，那就只能"躬耕负薪"隐居一生。张履祥认为乱世之中"出"则不能有所作为，所以应当"处"而"修身力学"，增益"实学实才"以待将来，只要坚持道义，也就"足以没齿而无愧"了。张履祥自己确实也是这么做的，在处馆谋生之余，于理学、农学以及敦厚风俗等方面讲求实学，虽然没有什么机会施展，但相关著述也足为后人所借鉴。

对于如何"处"的问题，张履祥另外还有许多讨论，主要就是强调了作为遗民的隐居，而非逸民的隐居。他反对沉溺于"渔樵之乐"，他说：

> 弟间观易象，方此神州离析，宗社播惊，在坤之上六："龙战于野，其血玄黄。"窃以为吾人草茅，大概在坤之六四："天地闭，贤人隐。"无咎无誉，可以免患。或者声名不可太高，交游不可太广，进取不可太锐，亦藏器待时，俭德避难之义也。①

在他看来，乱世之时，"神州离析"，最后成败如何也难说。那么身为"草茅"的士人，也应该如《周易》坤卦的六四爻辞所说"天地闭，贤人隐"，暂时隐居乡野，"藏器待时"，等待他日有机会再做一番事业。而且，乱世之中遗民的隐居，需要注意三点：其一，声名不可太高；其二，交游不可太广；其三，进取不可太锐。也就是说时时处处都要小心谨慎，努力于"俭德避难"。

张履祥对于许衡（号鲁斋，1209—1281），特别推崇，但是就出仕元朝一事，则多有批评。他说：

---

① 张履祥：《答徐文匠》，《杨园先生全集》卷9，第261—262页。

> 或问许鲁斋何人也？曰：贤人也。其仕元是与？曰：非也。非则恶贤诸？曰：原之也。……观其不陈伐宋之谋，至身没之日，命无以官爵题墓，曰：吾生平为名所累，竟不能辞官。噫！其志亦可见矣！盖以为始之未尝学问，不能无求闻达，以自全于乱世。及乎身之既失，后虽悔之，已不可复追，是为不幸也已。后之论者，欲为之文，则以元之用汉法，为鲁斋之仕之功。贤者又从而推尊之，以为进退出处，合于孔子。夫元之政、狄道也。鲁斋之所陈，元能行其一二否耶？孔子见南子、见阳货，而卒不仕于鲁、卫，公山佛肸之召，而卒不往，何也？不可以仕而不仕也。以观鲁斋，合乎？不合乎？夫仕元之非，鲁斋不以自文，而奚俟后人之文之也。①

在张履祥看来，许衡还是失节之人。许衡"为名所累"而出仕于元朝，同时又因为顾及名节而"不陈伐宋之谋"，到了临终之时还强调不可用元朝给予的官爵来题写墓碑。不能辞官而有所后悔，却悔之晚矣。后人认为元朝使用儒家制度是许衡等人的功劳，因此许衡的进退符合儒家原则。张履祥则认为事实上元朝并没有实行多少儒家制度，许衡"不可仕而仕"故并不符合儒家的出处原则。

陈确与张履祥二人的出处观，可以说都非常之简明。陈确的"出处一理"说，看重"志"与"道"，认为"出"与"处"应当根据自己的情形而定，要有自己的"志"而不能人云亦云，"志"则由"道"来判断，无论"出处"，都当符合道义。张履祥的出处观，也即"修身俟命"说，因为身处乱世就必须选择"处"以待将来，而且还应当既讲求实学又隐匿其身。比较而言，他们二人都注重实际，陈确注重每个士人生存的实际需求，张履祥注重时世背景的实际状况，而这两种实际的背后都是在讲求道义，只有符合儒家道义的选择才算正确。

第三，论友人之"出处"。

出处的选择，除了身为明遗民的自身应当如何选择之外，还有如何来看待友人与子弟的出处的问题。陈确在同志之友面前，也以"出处一理"说来评判。他在《柬同志》一文中说：

---

① 张履祥：《许鲁斋论一》，《杨园先生全集》卷19，第563—564页。

> 吾党于儒释之辨、出处之界,每津津言之不置,自今思之,悉是罪过。吾劝诸君慎莫攻释,且反求其所以异乎释者;慎莫呵出,且反求其所以异于出者。倘名虽为儒,而于人伦事物往往脱略,是与于禅者也;名虽为处,而于浮情客气未尽湔除,是与于出者也。能无惧乎!①

陈确指出,对于出处的分辨,与对于儒释的分辨一样,都不应该言说太过随便。不可轻易攻击"释",也可轻易呵斥"出",最为关键的还是看其自身如何去做,其言行是否合一。如果心中都是"浮情客气",不合于"道"却充满功利心,那么即使选择"处",其实还是与其所反对的那些"出"者无异。特别有代表性的例子,就是"同志之友"对于孙幼安的出处选择的议论,陈确在《哭孙幼安文》中以"出处一理"说加以详细的辨析。其中说:

> 今之议者,必以幼安之客死而未有子也,而追咎其出,曰:"惜乎其多此耳!"确独以为不然。夫以幼安之死无子而惜其死。则幼安一出而驯致贵官,积财钜万,多男而寿考,便以为幼安不虚此出矣。此真至愚极陋之见,乌足以定贤人君子之品量哉!向使幼安于道无闻,虽抗志不出,箪瓢屡空以终其身,而吾曾不以幼安重也。即一出而驯致贵官,积财钜万,多男而寿考,而于幼安又何如也?知富贵显荣之无加于幼安,则知虽客死无子,而亦无损于幼安也,又何尤乎!
> 向者变革之初,幼安尝削发归空门,有终焉之志;既而以家贫母老,强颜一出,意大不怡。故幼安之削发归空门,非正义也;而终至于不得已而出,尤非所愿也。知幼安有所以为幼安者,而不在乎区区之间也。幼安终非富贵之人。使幼安而在,吾知其席未暖而赋归来,不待言也。而幼安遽死,徒使吾言之不信于人。呜呼!可痛也夫!
> 幼安之天性孝友,孜孜好学,有过人者。其抑心下志,忠事侪辈,切切偲偲,奖率群材,如将不及焉。幼安文章气谊,吾党莫之或逮,而畏义隐约,终始一贯。其不变节于当官,可知也;其将终无遇

---

① 陈确:《柬同志》,《陈确集》文集卷16,第375页。

而返,可知也。则幼安虽出,而其所不出者固在也;则幼安虽死,而其所不死者固在也。幼安何恨!

吾悲世士之论,不知本末,而徒相切切然以幼安之出为耻,且以幼安之出而遽死为耻。嗟乎!此夫不自知其可耻,而漫焉以耻人之不必耻。吾所以致痛于幼安,而不能不遗憾于俗议之悖也。①

孙幼安原本不想出仕,入清之初曾削发为僧,无奈"以家贫母老,强颜一出",没有想到最后客死他乡且无子嗣。于是同志之间责怪其出仕,叹惜其客死,似乎问题就在选择"出"上,这是陈确所反对的。假设孙幼安"驯致贵官,积财钜万,多男而寿考",那些人"便以为幼安不虚此出矣",这种对出处的判断乃是"至愚极陋之见"。陈确认为"富贵显荣"或"客死无子"都是"末",孙幼安的"文章气谊"背后有"畏义隐约,终始一贯",这种道义才是"本"。所以说孙幼安的"出"而"不变节于当官",最后"终无所遇而返",虽"出"而"所不出者固在也",因为并不违背道义。陈确不为孙幼安的"出"与"死"而感到遗憾,遗憾的只是同志之友"不知本末"以孙幼安"出而遽死为耻"的那些"俗议"。

正因为"出处一理",陈确对他的堂弟陈论(字谢浮)北上出试也较为支持。陈论后来考中了顺治丁酉举人、辛丑进士,历任内弘文院庶吉士、刑部右侍郎,崇祀乡贤。②陈确在《送谢浮弟北上序》中说:"谢浮不出而图吾民,谢浮诚出而图吾民,则吾嚣嚣畎亩之志,不益有余适哉!"③无论"出"或"不出",都应当"图吾民"而合于道义。"出处一理",陈确对友人许欲尔"奋然告退"而选择"处",也并不高兴,他说:

而今年春,欲尔忽奋然告退,从好而不从令。作俑之罪,弟复何辞。但士各有志,正不必相强。此极是士之小节,不足轻重。孟夫子不云乎?是舍箪食豆羹之义也,要观其进步若何耳。④

---

① 陈确:《哭孙幼安文》,《陈确集》文集卷13,第320页。
② 《家传》,见《赠论弟髫年采芹》题注,《陈确集》诗集卷4,第690页。
③ 陈确:《送谢浮弟北上序》,《陈确集》文集卷10,第243页。
④ 陈确:《与韩子有书》,《陈确集》文集卷1,第65页。

陈确担心自己的言行影响了许欲尔的选择，所以强调"士各有志""不必相强"，甚至"出处"本是"小节"，真正重要的还是"箪食豆羹之义"，"要观进步若何"。同样的意思，陈确在《文学陈彬予子季雍合传》中也有提及，他说："士各有志，顾实行何如耳。出未必尽非，而处未必尽是也。"①

可惜的是，陈确自己非常看重的"出处一理"说，在同志、友人之中并没有得到多少认可，甚至多有"相非"者："出处一理，而士或相非，不其陋与！"② 最后陈确只能说"不可以口舌争"，"出处之事，人行其志"。在与友人陆圻（字丽京，1613—1667）的书信中说：

> 出处之事，人行其志，不可以口舌争，有来问弟者，辄不应。再问，曰"子自筹之"，此外不更置一语。闻顷过宁城，遇友人之出试者，每相非诋。意者仁有余而知未足乎！弟近痛戒同志，谓一衿之弃，何关名节，力须勉之大道，以无愧古贤。③

当时士人还在是否应该"出试"于新朝的问题上纠结，陈确就告诉他们"一衿之弃，何关名节"，是否"出试"不是最为关键的，关键的只是无论出处都应该"勉之大道"，使得自己"无愧古贤"，其中贯穿始终的还是"出处一理"说。陈确也强调了"人行其志"，也就是说各人根据自己的情况而定，所以有人来问如何选择出处，他就回答"子自筹之"，让他们自己去决定。

关于友人的出处，张履祥与陈确有相似之处，就是认为每个人应当自己去选择，不必过多去劝告什么。还有不同的就是张履祥对于时世的复杂性，比陈确看得更为清楚，并作出了细致的分析。他在与友人的书信中说：

> 名节之闲，出处之际，圣贤遗训，昭如日星，开卷可知其义。诚

---

① 陈确：《文学陈彬予子季雍合传》，《陈确集》文集卷12，第290页。
② 陈确：《送谢浮弟北上序》，《陈确集》文集卷10，第242页。
③ 陈确：《寄陆丽京书》，《陈确集》文集卷1，第68页。

> 使内度诸身，外度之世，有不俟多言而判者。但人溺于利欲，不能自决，又时方混浊，多为曲说所夺耳。若夫利欲沈锢之人，父母师保提耳申命，尚不足稍回其轸，何有旁人之阔论哉！①

张履祥也依旧强调，如何选择出处，关键还是道义。至于道义，圣贤"遗训"早就说明，也就并不需要后人再多说什么。明清之际的士人之所以感觉难以抉择，还是因为"时方混浊"，因此有了太多的"曲说"，这些"曲说"其实也是在为"利欲"做掩护而已。沉溺于"利欲"的人，"父母师保"的话听不进去，自然作为"旁人"的友人的话也听不进去，所以多说亦无益。

第四，论子弟之"出处"。

刘门弟子除了讨论自身的出处问题，也经常讨论子弟的出处。也就是说作为遗民的子弟，是否应该在新朝"出"？遗民自己不参加科举、不去为官容易理解，但是进入新朝之后成长起来的子孙们，又该如何？这是一个难题，刘门子弟的看法存在着很大的差异。这个问题张履祥没有什么论说，从与后辈友人的书信来看，还是依旧反对"出"的。相关的讨论比较多的还是陈确，他认为如果父兄等有遗命则不当违抗，没有遗命即使选择了出，也应该"出处一理"，以道义为准则，不可贪求功名利禄。与陈确共同讨论的还有吴蕃昌、张应鳌、刘汋等人，他们的讨论主要围绕祝渊、吴麟征这两位已经去世的刘门弟子的子弟如何出处问题，此外张应鳌子弟的出处也是一个问题。

陈确也以"出处一理"说来要求遗民的子弟，对于遗民子弟是否应该在新朝参加科举考试，他也有过一番讨论，撰有《使子弟出试议》一文，全文如下：

> 甲申之后，吾友之出试者绝少，而子弟则稍稍出试矣。确疑而问之曰："子之不使己出而使子弟也，岂有说乎？"吾友曰："吾必不可复出，子弟则必不可不出。道如是也，又何问乎！"确曰："何道哉？可则皆可，不可则皆不可。而不惟然也。若可，则莫可如父兄，谓父

---

① 张履祥：《答丁子式》，《杨园先生全集》卷4，第97页。

兄之壮而子弟之幼也,父兄之学优行立而子弟之学行未成也。若不可,则子父一体,奈何以可者自洁,而以所不可污我子弟?且不忍以处朋友,况父子间哉!盖士君子居今日,以我之心待世俗而谤其出试,必不可;以世俗之心待我子弟而趣其出试,亦不可。"

吾友曰:"子之言可不可,谅矣。虽然亦有不得已焉者。子弟不试,必废学,废学即不成子弟,姑以试励之也云耳。"确曰:"固矣夫,吾子之为子弟谋也!其舍曰欲之而为之辞乎,抑真忧子弟之废学而姑出此也?夫子弟之废学也有故,必先自父兄之废学始也。乌有父兄学于前而子弟逸于后者?父兄之倦于学也,而优游焉托于不试以明其高,此心既无以对我子弟矣。而又不已之责,独鳃鳃以子弟之废学为忧,而欲以试励之。夫励之以父兄之躬行,则近而专,顺而正。励之以主司之进退,则劳而艰,实费而名污。不此之谋,而顾惟彼之望,亦见其愚而暗于计矣。"

或曰:"子弟之不肖者固然矣。其贤者才高而欲出,亦乌能禁之!"确曰:"嗟乎!所谓不肖者真不肖,而所谓贤者未必贤也。夫贤者之为学也,更无急于出试者乎?而勿能忍乎?诚若子言,子弟才高而欲试,则勿可禁之;不肖者畏学而不欲试,则必可禁之:则是有百出而无一不出也已矣。吾惟吾正义之断,而奚听子弟?若不惟子弟之才不才,而姑以中立为学术,以安世目,以固身谋,若将以子弟之出成吾之不出也者,则亦世俗之为见已矣。吾向者固曰必不可以我之心待世俗而谤其出试者也,而尚敢议其后乎?"①

此文讨论了三个小问题。第一,有人认为遗民不应该出试,而子弟则必须出试。对此陈确认为"出处一理","可则皆可,不可则皆不可",更何况如果要出试,则父兄更应该出试,理由有二:一是父兄真当壮年;一是父兄"学优行立"。如果说不出试是为了自己的品行高洁,那么就不应该以出试来玷污子弟的品行了,所以将遗民自身的出处与遗民子弟的出处二分,确实没什么道理。第二,有人担心子弟如不出试,就会废弃学业。在陈确看来这也没有什么道理,父兄废学则子弟也会废学,某些人厌倦了学

---

① 陈确:《使子弟出试议》,《陈确集》文集卷6,第172页。

业就"托于不试以明其高",却以出试来激励子弟,这些都是有问题的。如果父兄都是躬行君子,也不必让子弟出试而玷污名节。学业与出试之间并没有必然的联系。第三,有人说子弟中的"贤者才高而欲出",故而不能禁之。陈确就说,如果才高的贤者不能禁其出试,那么不肖则更应该促使其出试,结果就是人人都应该出试了。

已经殉节的祝渊之子的出处问题,也是后来身为处士的刘门弟子讨论的一件大事。祝渊有子四:乾明,今名翼乾,字凤师;恒明,今名翼恒,字豹臣,号学存;升明、晋明,俱早殇。祝渊的遗言说:"凡我子孙,冠婚丧祭,悉遵大明所定庶人之礼行之。不得读应举书,渔陶耕稼,听其所业,违者即以逆论。"① 后来,祝恒明在顺治十年,参加了清廷的科举考试。因为祝渊是陈确的好友,所以对未能劝阻其子祝恒明的出试,陈确感觉十分难过,在与友人吴蕃昌的信中说:"凤师兄弟竟两分出处:一尊父命,一尊母命。局已定矣,弟犹争之不已,又转而攻涛兄。"② 在与张应鳌、刘汋二人的书信中说:

> 祝凤师已从父命不试,其弟豹臣则从母命出试,谓之调停,弟未敢云尽善也。唯鲲涛兄下帷发愤,潜心举业,诵其近文,可为工妙;徒以欲禁两侄出试,躬先告退,真是克己之学。告退,弟所能也;揣摩成而告退,则非弟所能也。③

祝乾明算作尊父命不出试,而祝恒明则算作尊母命,故而出试,陈确为此事"争之不已",还转而批评祝渊之弟祝沆(字仲彝,号鲲涛)没有坚持劝阻。祝沆与祝乾明,本来也都有出试的打算,后来在包括陈确的调停等压力之下放弃了。所以陈确十分称赞祝沆,能够"躬先告退",在两个侄子面前作出了表率,何况还是在"揣摩成而告退",更为难能可贵。

不过,陈确还是为自己未能劝阻而感觉有罪,在《送祝开美葬管山祭文》中说:

---

① 祝渊:《临难归属》,《祝月隐先生遗集》卷4,第9页上。参见陈确《哭祝子开美》诗后注中引祝子临难《归嘱》《祝氏家谱》,《陈确集》诗集卷7,第745页。
② 陈确:《与吴仲木书》,《陈确集》文集卷4,第139页。
③ 陈确:《寄张奠夫刘伯绳两兄书》,《陈确集》文集卷1,第75页。

> 遗言勿令诸子得习举业，养吾、二陶尝问弟云何，弟谓习举业似亦无害，但不可出就有司试耳。竟用弟言，兼习举业，而兄之仲子恒明遂欲出试，虽将来必且革心，而弟不能防于未然，使曾有褰裳之失，罪二也。①

一开始蔡养吾与祝渊另一弟弟祝潇（字子霖，号二陶）与陈确讨论是否可以研习举业，陈确说学习举业"似亦无害"但不可出试，后来他们都开始研习举业，后来才导致了祝恒明的出试，陈确因为"不能防于未然"，故而感觉自己有负于死去的友人。他在与祝乾明的书信中也说：

> 不幸令先子早世，冥冥之中，负此良友，则仆所欲效其未尽于凤师兄弟者，岂有涯哉！而遗言煌煌，惟祔葬、止试二事，屡争未得，遂使仆之迹日疏，仆之口日缄，虽闻有违，不敢喋喋以贻失言之诮者有日矣。②

幸而后来祝恒明两次考试都未中，他才松了一口气，在与刘汋的书信中说："然即此葬事与其仲子之试事，弟皆不能力争，便已大负开美，何论其他。言念及此，真惭悚无地。幸杭、禾两试皆不获隽，当是天佑贤者之后。"③ 陈确甚至认为祝恒明的"两试皆不获隽"，是祝渊在冥冥之中的佑护，可见他对此事的重视之深。后来祝恒明考中康熙戊午举人，因此祝乾明在刊刻《祝月隐先生遗集》之时，在《临难归属》中特别注明："乾明不孝，未能恪遵严命，属弟恒明勉应门户，罪不在恒明矣！乾明泣血识。"④

关于祝渊之子的出试，刘门弟子之中的张应鳌也认为不可。陈确曾说："向者曾闻奠兄责凤师兄弟不可出试矣。"⑤ 作为同门，多数刘门弟子都希望祝渊之子不再出试，这主要还是因为祝渊临终曾有遗言。

---

① 陈确：《送祝开美葬管山祭文》，《陈确集》文集卷14，第330页。
② 陈确：《遗祝凤师兄弟书》，《陈确集》文集卷2，第99页。
③ 陈确：《寄刘伯绳世兄》，《陈确集》文集卷1，第88页。
④ 祝渊：《临难归属》，《祝月隐先生遗集》卷4，第9页上。
⑤ 陈确：《寄张奠夫刘伯绳两兄书》，《陈确集》文集卷1，第76页。

吴麟征在明末为太常寺少卿，北京城破的第二日就投缳殉节。吴麟瑞（秋浦先生，1588—1645）则在弟弟死难之后的第二年也以忧死。吴麟征则有家训，不准子弟在新朝参加科举。起初吴氏子弟都能够坚持不出试，但是随着时间的推移，吴麟征之子、吴蕃昌之弟季容（又作季融）与吴麟瑞之孙汝讷便想要参加清廷的科举考试了。作为兄长的吴蕃昌于是极力劝阻其弟季容出试，并且邀请陈确撰写《固穷论》赠季容以劝阻。

顺治十年左右，陈确在与吴蕃昌的书信中说：

> 令侄试事，须谋之季融。恐是与楼缓议讲秦，曷决之虞卿耶？一笑。群从之试，能劝之绝干求之路否？即不能，岂得更为之转托？讼事，视理之曲直、势之缓急大小而权衡之。若理必须引手，则缨冠之义，当不待令叔之命。若在可已，亦得善辞。审量自在吾兄，又非弟之局外所得而悬断也。承下问之及，不敢不报，惟尊裁之。①

因为季容与汝讷都想出试，作为兄长故吴蕃昌可以直接劝解季容，至于其侄子汝讷则不好多说，所以陈确建议请季容去劝说，关键还是把出与处之中的道理讲解明白，适当的引导。吴蕃昌去世之后，顺治十三年，陈确又与吴谦牧（字裒仲、吴麟瑞之子），讨论季容、汝讷出试之事。陈确说：

> 推此意于家庭间，则季容、汝讷试事虽不可以口舌争，亦未应度外置之。所惧伤手足之情者，仍是意气用事，不能以至诚相感，故有此患耳。季融之出试，较之白方之粤游，亲疏缓急，必微有别。考兄既不舍白方，而反谓裒仲当姑舍季融，疑亦非理之所甚安也。兄固以事事不轻放过为功，故敢就事言之，则其余可类推矣。②

陈确认为吴谦牧不能"度外置之"轻易放弃，不能"意气用事"而害怕伤害了手足之情。应该"敢就事言之"，继续加以劝说，希望能够"以至

---

① 陈确：《与吴仲木书》，《陈确集》文集卷4，第139—140页。
② 陈确：《寄吴裒仲书》，《陈确集》文集卷2，第102页。

诚相感"。后来,还有一信与吴谦牧,专门讨论此事。信中说:

> 向者邮寄中每盛称我衷仲之义,偕两兄子抗节不试,锐意古人之学,而季容已自有不试消息,以为美谭。今汝讷未免褰裳,而季容意复未果。若伯绳见问诸吴子行藏,使确何辞以对乎?然前者果而不果,以伤陈子之信;后者不果而果,以证陈子之欺:是在季容。则陈子且欣然谢妄言之罪于伯绳,而季容又复奚憾哉!①

吴氏叔侄在出试一事上,有过多次反复,一开始在吴蕃昌与吴谦牧等人的劝说之下,季容打算不试,后来在汝讷等人的影响之下却又想出试了。这一结果不免让陈确、刘汋等刘门弟子感到遗憾。陈确在此信中还说:

> 不试未即是义。而出试则殊害义,弟尝有是言。此泛论学者则然,至季容与凤师兄弟,更自有不同者。开美遗命戒习举业,有如违逆论之语;而忠节先生家训云"后生读书,只明义理,晓世务,且莫就科举",并遗言煌煌,炳如星日。此无待格致之功明矣。
>
> 即仲木病中,拳拳属弟作《固穷论》遗季容,以相劝勉;既而悔之,谓兄弟之间不能以至诚感动,而外假友生之言,于义未安,引咎不已。弟亦深是之,然其设心,则已苦矣。今忠节先生死忠,仲木死孝,即无成言,为贤子弟者宜何以承之?而词旨谆笃,又复如彼,则意所为炯炯寸心,藉以瞑目者,或其又有待于此乎!
>
> 弟于季容,本不当有言,浚恒之凶,《大易》所戒。故前晤时虽辱尊命,咨且未敢。归而思之,弟与季容交虽未深,而仲木之弟即吾弟也。考夫兄犹不舍白方,而况仆之与季容乎!又将有山阴之行,思维前言,不胜悃悃,故复渎此,以所不能得之豹臣者,欲转得之季容;且又欲以季容之力,将终得之豹臣也。敢先布之左右。如确言有当,即烦转致;如其无当,即就火焉。却他日山阴归,衷仲其有以复我矣。

之所以强调"出试则殊害义",一是因为吴麟征有家训说"后生读书,只

---

① 陈确:《与吴衷仲书》,《陈确集》文集卷2,第104—105页。

明义理，晓世务，且莫就科举"，另一是因为吴蕃昌生前请陈确撰写《固穷论》加以劝说，希望季容不出试。因此，现在季容还要出试就对不起死去的父兄了。当然作为局外人，陈确不好多说什么，也不忍心放弃，这才写信给吴谦牧。

张应鳌（奠夫），是刘宗周的重要弟子，他一开始也是坚持自己与子弟都不参加清廷的科举考试的，但是后来却有了变化，其子也"随俗出试"。陈确听说之后也十分关心，曾在书信中说：

> 闻之友人，谓奠兄之子亦随俗出试；又谓奠兄曾拜一某和尚。此二事，弟必不信。然既闻之矣，又不敢以不信而不一以告也。向者曾闻奠兄责凤师兄弟不可出试矣，以其为开美之子故也。吾不知奠夫之子何以独不得如开美之子也？此未能无疑，一也。……苟无其事，则是弟妄言，置之已耳。若其有之，何以自解？虽然，倘能同鲲涛、仲木之改过不吝，则是二者曾何足为奠兄累乎？益以类推之，或有在二者之外而非弟所得闻者，又何惮于悉改也？①

陈确一开始并不相信张应鳌之子也出试，因为之前论及祝渊之子的出试时，张应鳌也是反对的。所以陈确也就希望张应鳌能够阻止，能够像祝渊之弟祝沇那样改过自新，不再参与科举。后来，陈确去山阴时见到了张应鳌，自然也说起此事，"夜，与奠兄同榻卧，因微诘拜某和尚及遣子出试二事。奠兄不讳，盖若有大不得已者"②。张应鳌对此也不讳言，只是其中有诸多不得已，才让其子出试。

总之，关于遗民及其遗民子弟的"出处"是一个复杂的问题，而且随着时间的推移遗民们的态度也在逐渐变化。然而陈确与张履祥二人却有着一贯态度，他们身为隐遁乡野的明遗民，认为出处都当以儒家的"道义"来衡量，而不是简单地认为必当去"处"，即便在心底里还是认同"处"更多一些。而且，他们也认为"出处"，只能自己去要求自己，不可强求他人，他人问起则都强调不便多说。有所不同的就是陈确以"出

---

① 陈确：《寄张奠夫刘伯绳两兄书》，《陈确集》文集卷1，第76页。
② 陈确：《春游记》，《陈确集》文集卷8，第206页。

处一理"说来看问题,注重人的生存实际,而选择"出处"还要看背后的"志"与"道"如何;而张履祥则有"修身俟命"说,注重时世背景的实际,认为正逢乱世,唯一正确的就是"处",或是隐遁一生,或是有待将来,这才符合"道义"。

二 处士的治生、为学与经世

身为处士隐遁乡野的明遗民,不能像治世中的士人那样谋求仕途,也就只能另寻出路以求谋生。这是乱世与治世的不同,乱世中的士人,往往更多地讨论了"治生"的问题。比如元代的许衡,与进入清朝之后的刘门弟子。解决治生问题之后,他们还要继续"为学",还要实现"经世"的理想,处士的身份之下如何来"为学"与"经世",也是一个问题。对于这些,刘门弟子之中的陈确与张履祥相关的讨论也比较多。

第一,处士的治生。

作为一个遗民,如何"治生"是一个非常突出的问题,陈确与张履祥对此都有自己独到的见解。钱穆提到明末遗民的生活,认为大体有"出家、行医、务农、处馆、苦隐、游幕、经商"① 等几种。其中出家、行医、游幕、经商陈确与张履祥都有所反对,但是理由却不尽相同。

关于治生,陈确特别撰有《学者以治生为本论》,讨论了三个问题:其一,勤俭治生洵是学人本事;其二,治生尤切于读书;其三,治生以学为本。

陈确提出素位之学,将学问之道,看作各自做好本分中事,并以此提出"勤俭治生洵是学人本事",他说:

> 学问之道,无他奇异,有国者守其国,有家者守其家,士守其身,如是而已。所谓身,非一身也。凡父母兄弟妻子之事,皆身以内事,仰事俯育,决不可责之他人,则勤俭治生洵是学人本事。而或者疑其言之有弊,不知学者治生绝非世俗营营苟苟之谓,即莘野一介不取予学术,无非道义也。
>
> 今士鲜不谓明道义,而学未切实,则所为非道之道,非义之义,

---

① 钱穆:《国史大纲》,商务印书馆 1996 年版,第 850—851 页。

亦往往由之而不自知。要之，辨此亦自不难。《周官》既定为量出入之法，极明白易守，自天子至庶人，孰能违之！《中庸》又拈"行素"二字，即同《周官》之指，而语尤近道。能之即居易之君子，不能即行险之小人。《大学》之生众食寡，为疾用舒，《孟子》之易田畴，薄税敛，食时用礼，并极详至。有国者违之，必失其国；有家者违之，必失其家；有身者违之，必失其身。虽所失大小不同，其为得罪于祖宗，得罪于圣贤，则一也。①

作为一名儒者，身、家、国、天下四者之中，首先做好的就是"身"，而治生就属于身内事之一，因此治生也是学人的本分。学者从事治生，也并非从事世俗的"营营苟苟"之事，而是合乎道义之事。在陈确看来，儒家经典《周官》《中庸》《大学》《孟子》其中所说的"素位而行""易其田畴，薄其税敛"等也都是在说明治生是学者的本分之事。而且，治生也必须要合乎道义，如果违背了根本的治生之道，那么就会失身、失家、失国，还会得罪于祖宗、圣贤。接着，陈确阐明了治生与读书二者之间的关系，他说：

> 确尝以读书、治生为对，谓二者真学人之本事，而治生尤切于读书。然第如世俗之读书治生而已，则读书非读书也，务博而已矣，口耳而已矣，苟求荣利而已矣；治生非治生也，知有己，不知有人而已矣，知有妻子，不知有父母兄弟而已矣；而又何学之云乎？故不能读书、不能治生者，必不可谓之学；而但能读书、但能治生者，亦必不可谓之学。唯真志于学者，则必能读书，必能治生。天下岂有白丁圣贤、败子圣贤哉！岂有学为圣贤之人而父母妻子之弗能养，而待养于人者哉！鲁斋此言，专为学者而发，故知其言之无弊，而体其言者或不能无弊耳。

治生是学人的本事，而读书则同样是学人的本事，二者缺一不可，而且

---

① 陈确：《学者以治生为本论》，《陈确集》文集卷5，第158—159页。下列引文同此出处则不再注明。

"治生尤切于读书"。更进一步，还要说明什么样的读书与治生才是真正的读书与治生。陈确说，读书不是世俗所说的"务博"、"口耳"或"求荣利"之类；治生也不能只知道自己而不知道他人，或者只知道有妻与子而不知道有父母兄弟等。要做好读书与治生，就必须二者结合在一起，这就必须是真正"志于学"的学者才行，所以陈确又提出"治生以学为本"。他接着说："然则当何以救之？曰：治生以学为本。嗟乎！士苟志学，则岂唯能读书治生而已哉！修、齐、治、平，悉于斯焉取之。而有未能者，亦必不可谓之学。故曰：士惟志学而已矣。"士人如果能够"志学"，那么必定能够将治生与读书二者结合起来并且能够做好，进而修齐治平也能够做好，其中最为根本的还是"志学"，治生也应该以圣学为其指归。陈确还曾说：

> 谋生之事，亦全放下不得，此即是素位而行，所谓学也。学者先身家而后及国与天下，恶有一身不能自谋而须人代之谋者，而可谓之学乎？但吾所谓谋生，全与世人一种莹莹逐逐、自私自利之学相反。①

此处也是强调了治生也就是"素位而行"，也就是圣学，学者不可放弃治生之事，并且治生也不当是自私自利之学。

另外，陈确还对治生应该选择什么样的职业，作了探讨。他说：

> 弟谓吾辈自读书谈道而外，仅可宣力农亩。必不得已，医卜星相，犹不失为下策，而医固未可轻言。何者？卜与星相虽非正业，而与臣言依忠，与子言依孝，庶于人事可随施补救；即有虚诬，亦皆托之空言，无预事实。医则生杀在手，事系顷刻。圣医差能不杀人，次则不能不杀人，庸医则杀人无算。今之医者，率出次下，故未可为也。若夫葬师之圣者，仅足比医师之庸者，但有不及，无或过焉。何以知之？医之道险矣，然十人为医，得裕后者犹得一二；至于葬师，虽百千万亿中，未有能善其后者。此百千万亿中，岂无一人明通诚

---

① 陈确：《井田》，《陈确集》别集卷3《瞽言二》，第438页。

悉、洞阴阳而尽忠计者,而天胡罚之若此之必也?盖居心虽净,而操术已乖,信妖人之伪书,废族葬之良法,以无为有,以是为非,隔绝天伦,广废耕地,下乱人纪,上干天刑,理之必然,何足深怪?①

与张履祥一样,陈确也认为最为适合于士人的治生还是农耕,实在不得已则医、卜、星、相也可以选择。其中"卜与星、相虽非正业",但是可以在其中宣讲儒家的忠孝之道,所以说即使有虚诬,也还不是空言。行医却是特别需要小心的,因为医生掌握了生杀,"庸医杀人无算",所以行医是万不得已的选择。最后,陈确还指出葬师这个职业更要不得,往往不得"善其后",因为其术乖违,听信妖书而废弃"族葬良法",导致了"隔绝天伦,广废耕地"等不良后果。

在对子弟的教育之中,陈确也有意贯彻劳动教育,他在与友人书信中说:"鄙意以行素子侄皆渐长成,正当知苦习劳之时,欲兄与季鸿时课督其农桑,以卒先志,毋使其有仰食于人之心。此小子辈他日成人张本,所以报行素于地下者也。"② 他认为必须在子侄"知苦习劳"的阶段要抓紧进行劳动教育,带领他们一起从事农桑,让子侄知道不可有"仰食于人之心",只有这样,他日成人才能有好的道德品质。

关于治生,张履祥讨论也很多。张履祥认为读书人也必须重视"治生",因为"能治生则能无求于人,无求于人则廉耻可立,礼义可行"③。只有善于谋生,自力更生,才能无求于他人;无求于他人,才能真正有廉耻、行礼义。这是张履祥反复论及的道理。他有三个重要观点:学者不可讳言治生,治生是本分之事,治生有利于修身。

"治生为先",不可讳言"治生"。张履祥说:

> 季心亟称许鲁斋"学者以治生为急"之语,谓后世学者不可不知此义,或者乃以谋道不谋食为疑。季心使其子市鹿角为胶,以少佐衣食之资,或者亦以谋利太急为嫌。噫!贫士无田,不仕无禄,复欲

---

① 陈确:《与同社书》,《陈确集》别集卷6《葬书上》,第483页。
② 陈确:《与吴裒仲书》,《陈确集》文集卷3,第122页。
③ 张履祥:《备忘一》,《杨园先生全集》卷39,第1043页。

讳言治生，以为谋道是必蚓而后充其操者也。否则必以和尚之托钵为义，坐关为修道也。亦可谓踵末俗之敝风，习而不察者矣。①

张履祥与他的友人邱云（字季心，1612—？）等都十分强调"治生"的重要性，赞同元代大儒许衡"学者以治生为急"的说法。"诚以学者处乱世，绝仕禄，苟衣食之需不能无资于外，虽抱高志亦将无以自全耳。"② 特别是身处乱世，无田无产，作为遗民不出仕而无俸禄，还想继续因为君子"谋道不谋食"，"劳心"与"劳力"相分离，因而讳言"治生"，那就只能像和尚那样"托钵为义，坐关求道"，衣食都要"资于外"。这样下去就会落入"末俗敝风"，即使有高尚的节操，恐怕也不能保全，甚至有可能做出败坏家声的事情来了。张履祥说："一家俯仰之需及吉凶诸费不能无所赖藉，若竟不为料理，此身终亦站不定，何处可言人品学问乎！"③ 不能"治生"，连自己的一家人的需求都不能满足，立身不成，人品、学问也同样不能成就。所以，他就破除"谋道不谋食"的偏见，积极倡导"治生为先"的观念。张履祥一生努力通过农耕稼穑和处馆教书来实现治生，并且撰写《补农书》，总结农业生产的经验，撰写《论水利书》，提出嘉兴地区的治水总纲，等等。可以说张履祥是清初极少的全身心去身体力行"治生"实践的大儒。

"治生"是"本分内事"，"治生"才能无求于人。虽然说作为一个读书人，一个儒者，应该立志于学习圣贤之道，但是"治生"还是个人的本分。张履祥说："君子忧道不忧贫，'治生'二字，何可使其胶扰心胸？但本分内事不可不尽耳。修其在己者，何怨于天？何尤于人？"④ 不可太汲汲于"治生"而忽视了"谋道"，但也不可连本分之中的事情都没有尽到，修身就要"不怨天，不尤人"，这也就是说，只有自己去解决了"治生"，尽了做人的本分，才能不必因穷阻扰，才能安心去探求圣贤之

---

① 张履祥：《备忘一》，《杨园先生全集》卷39，第1042—1043页。
② 张履祥：《与许大辛一》，《杨园先生全集》卷6，第172页。
③ 张履祥：《与吴如典》，《张杨园先生未刻文稿》卷14，转引自衷尔钜《蕺山学派哲学思想》，第239页。
④ 张履祥：《备忘二》，《杨园先生全集》卷40，第1117—1118页。

道。张履祥还说:"正己而不求于人,方能无入而不自得。"① "正己",尽自己本分去解决"治生",就可以不求人,就能够处处"自得"。正因为如此,张履祥特别反对鄙视农耕的儒家传统,他说:

> 吾人志于圣贤,下学之功须从"不怨天,不尤人"起。然欲上不怨天,下不尤人,须自"正己而不求于人"起。欲正己而不求于人,须从"素位而行,不愿乎外"起。试思心之不正,身之不修,病根却在何处?岂非自天子以至庶人,壹是皆以妄求愿外为心?心安得而正?身又何自而修乎?吾与人言,所以亟亟以农桑稼穑为主,盖惟衣食可以无求于人,然后人心可正,教化可行。世人不察,反以小人之事见讥。可叹也!②

"不怨天,不尤人"出自《论语·宪问》,《中庸》则前面加上了"正己而不求于人,则无怨",发展了孔子的思想。《中庸》同章还说:"君子素其位而行,不愿乎外。"也就是儒者应该在其所居之位,为其所当为,"思不出其位"尽其本分。所以,张履祥才主张读书人要积极"治生",这样就能够衣食不求于人,正人心、行教化,这就不能如孔子以来某些儒者那样,将农耕视为"小人之事"了。

"治生"与"修身"的结合。孟子说"无恒产者无恒心",实现"治生",也是"恒产"与"恒心"结合的重要途径,这还是整个国家安定,人伦与风俗的教化得以实现的一个关键。他说:"无恒产而有恒心,其终必至于有恒产。有恒产而无恒心,其终必至于无恒产。"③ "恒产"与"恒心"合则两存,分则两亡,其中"恒心"则更是关键。善于"修身"者,有"恒心";有"恒心"者,能够实现"治生",就会有"恒产"。张履祥认为:"人伦明于上,小民亲于下,有恒产,有恒心,不至于放僻邪侈,陷于刑罪而已。"④ 有了"恒产"与"恒心"就不会使人放荡、犯罪。而且,这还需要在上的明君作为保证,"明君制民之产,使民乐岁,

---

① 张履祥:《备忘一》,《杨园先生全集》卷39,第1052页。
② 张履祥:《备忘四》,《杨园先生全集》卷42,第1197页。
③ 同上书,第1184页。
④ 同上书,第1195页。

终身饱，凶年免于死亡。谨庠序之教，不使饱食煖衣，逸居无教，以近于禽兽。盖恒产恒心，皆欲上之经理，使之保有弗失也"①。要有明君的治理，保证人民的产业；也要有充足的教育资源，保证人民的教育，然后才能"恒产""恒心"，使道德教化得以实现。所以，作为个人要努力实现"治生"，作为国家要保证人民能够去实现"治生"，只有这样才能使得人人都有"恒产"与"恒心"，才能端正人伦与风俗。

张履祥还指出，读书人的"治生"最好就是做到"耕读相兼"，一边务农，一边读书。张履祥以他的"耕读相兼"的思想，以及《补农书》的撰写与农耕实践，很好地传承了中国文化之中的"耕读"传统。"耕田读书"可以作为传家之宝，世代相守。张履祥在给他女婿的书信中说："笔耕、耒耕一而已，砚田、土田亦一而已。"② 对他儿子也说："父所守者，'耕田读书，承先启后'八字。"③ 张履祥还指出：

> 史上不仁之事，代多一代；世间不仁之器，亦代多一代；生人不仁之心，亦日炽一日。"富不如贫，贵不如贱"非虚语也。惟有"耕田读书"四字，子孙可以世守。仕宦真非幸事也。④

代代相传的仕宦之家，在他看来并非好事。因为从历史来看，"不仁"的事、器、心都是一代多过一代，所以富贵对于人的德性成长来说并不是什么好事。张履祥就推崇上古的"孝弟力田，躬耕养志"，真正能够让子孙代代继承的只有"耕读"之家风。他还提出学者的治生只为解决生存，衣食足之后就应该抓紧时间读书。张履祥在与弟子的书信中说："贫士学问更无别法，只衣食之外，不别作经营以废时日。食蔬衣补，终不放闲一刻，自然学业过人。若必待如何，然后攻苦，则终身不得之数矣。"⑤ 读书人只要能够"食蔬衣补"，基本满足生存需求，就不应该再做别的经营，因为做别的事情都会荒废时日，影响了学业；如果想要等到治生达到

---

① 张履祥：《备忘三》，《杨园先生全集》卷41，第1155页。
② 张履祥：《答陆幼坚三》，《杨园先生全集》卷14，第438页。
③ 张履祥：《示儿一》，《杨园先生全集》卷14，第439页。
④ 张履祥：《备忘录遗》，《杨园先生全集》卷42，第1202页。
⑤ 张履祥：《与姚大也八》，《杨园先生全集》卷13，第378页。

如何如何的规模再来读书,那其实终身都不可能实现。

更进一步,张履祥认为士人治生除农耕之外,别的都不适合,这就比陈确更加严苛了。他说:

> 古之士,出则事君,处则躬耕,故能守难进易退之节,立光明俊伟之勋。……许鲁斋有言"学者以治生为急"。愚谓治生以稼穑为先,舍稼穑无可为治生者。①

在明清鼎革的乱世,农耕又有着特殊的意义。张履祥认为:"以今之时,赋敛日繁,民生穷蹙,稼穑维宝之意,固不可忘。"② 生逢乱世,赋税繁多,只有坚持稼穑,自己通过农耕来治生才是根本。他反对从商、行医等治生手段,甚至在读书人之中常见的卖文为生也不怎么赞同,他说:

> 白沙言:"昔罗先生劝仆卖文以自活,当时甚卑其说。据今事势,如此亦且不免食言。"愚谓卖文亦不可,惟康斋先生躬耕为无害于义。③

对于他从事了一生的处馆也并不完全赞同:"与其出门课士,何如在家课农之可自得乎?"④ 他还说:"择术不可不慎,除耕读二事,无一可为者。商贾近利,易坏心术;工技役于人,近贱;医卜之类,又下工商一等;下此益贱,更无可言矣。"⑤ 关于行医,张履祥还引述程长年的话:"行医即近利,渐熟世法,人品心术遂坏。"⑥ 张履祥经常劝说友人不要从事卖文、行医等治生之术,特别是在他与吕留良的交往之时,就曾劝他放弃行医。⑦

---

① 张履祥:《初学备忘上》,《杨园先生全集》卷36,第994页。
② 张履祥:《与严颖生二》,《杨园先生全集》卷4,第94页。
③ 张履祥:《备忘录遗》,《杨园先生全集》卷42,第1212页。
④ 张履祥:《与孙商声二》,《杨园先生全集》卷8,第244页。
⑤ 张履祥:《训子语上》,《杨园先生全集》卷47,第1352页。
⑥ 张履祥:《言行见闻录二》,《杨园先生全集》卷32,第910页。
⑦ 张履祥:《与吕用晦二》,《杨园先生全集》卷7,第195页,相关分析参见拙著《张履祥与清初学术》,第223—224页。

宋明以来士人大多轻视治生、不知农事，而张履祥却是当时少数经常参与农耕的士人之一。在这点上，他与其师刘宗周，或是陈确、黄宗羲等刘门弟子也都不太相同。在与友人、弟子的书信之中，他也常常言及农事、田功以至告贷、供赋，等等，并且撰有总结浙西一带农事经验的名著《补农书》。

第二，处士的为学。

陈确与张履祥，都认为即使作为处士，失去了"学而优则仕"的机会，但还是应该将读书作为"第一事"，因为读书本不是为了功名利禄，而是为了道义。读书、讲学以求志，以待将来，一旦有机会即可施展儒者的抱负。

陈确说："乱极必治，吾辈正求志之时。"① "某非忘情世道者，然窃观今日事势，自闭户读书而外，他无可为者。"② 在乱世之中，除去闭门读书，没有什么可以作为，但是身处"明夷"之际，还就应当以待将来，所以仍须安心去为学。

其一，陈确指出在乱世为学，必须分辨学问的真假。他说：

> 学问之事，先论真假，次论是非。其真之至者，虽偏不失为圣，夷、惠是也。假之至者，虽中不失为奸，乡愿是也。古来王伯之辨，圣学曲学之分，悉于斯判之，可不察乎！……今世所谓假道学有三种：一则外窃仁义之声，内鲜忠信之实者，谓之外假；一则内有好善之心，外无力善之事者，谓之内假；又有一种似是而非之学，内外虽符，名义亦正，而于道日隔，虽真亦假。破此三假，然后可以语学矣。非仁兄好学笃至，其谁任之乎？真假之辨，只在日用常行间验之，最易分晓。③

从事学术，首先就是要确认其真假。真学问，即使有一些偏颇也问题不大；假学问则即使看似中正，也是乡愿之学、曲学阿世，危害很大。陈确

---

① 陈确：《与吴仲木书》，《陈确集》文集卷1，第75页。
② 陈确：《与陆冰修书》，《陈确集》文集卷1，第63页。
③ 陈确：《寄刘伯绳书》，《陈确集》文集卷2，第111页。

指出假道学有三种：一是外假，也就是说貌似仁义而内不忠信，那其外在表现也是假的；二是内假，也就是说内心好善而没有外在力行，那其内心的好善也是假的；三是伪学，内外虽然一致，但其学术本身是伪的，与真道学有隔。为学，先要破除这"三假"，才能真正从事学术。陈确的一生，似乎都是在为学术的真假作考辨，所以这一点很值得重视。

关于什么才是真正的学，陈确特别撰有《学解》一文，其中说：

> 学未始废读书，而不止读书；读书未始非学，而未可谓学。读书而不知学，与博弈何异？而今之士者，但知以读书为学，深可痛也。举子之学，则攻时艺；博士之学，则穷经史，搜百家言；君子之学，则穷仁义。仁义修，虽聋瞽不失为君子；不修，虽破万卷不失为小人。士果志学，则必疑，疑必问，会乌菟之勿遗，而况煌煌古训乎！何当以不能读书为虑哉！非然者，不读书，懵，多读书犹懵，恶可以言学？①

为学，不可荒废了读书，但是为学却并非只读书一事，特别是当时世俗之人所认为的为学，只是读书，读举业相关的书而已。陈确指出，为学有三种：举子之学，专攻时文；博士之学，专攻经史；君子之学，则以仁义为本。他自己看重的还是最后一种，如果不讲仁义，即使读书破万卷，也会是一个小人，所以志于学，就不能只是读书，而要注重道德的践行。

其二，陈确十分重视道学精神的培养。他说：

> 语云"须留读书种子"，弟亦云："须留道学种子。"……但古来圣贤豪杰，俱从逆境中炼出。于此觉身心有安顿处，便好。大约带一分世俗心，则身心便苦，便不得安顿。一以道心处之，便泰然无事矣。询来使，知道体清健，甚慰悬心。养身养心，最是入道第一要义。②

---

① 陈确：《学解》，《陈确集》别集卷5《瞽言四》，第461页。
② 陈确：《与吴仲木书》，《陈确集》文集卷4，第138—139页。

在艰难的时世之中,必须保留"道学种子",寻找身心的安顿之处,才能在逆境中磨炼自己。道学精神,也就是要排除世俗心,不盲从于世俗,有了道心主宰,就能够泰然无事。养身与养心,是进入圣学的第一要义。

保留道学种子,不能不期望于后人,所以必须重视子弟的教育问题。子弟之学,陈确最重视的不是言而是行。他在与刘汋的书信中说:

> 吾辈迟暮之年,精力日衰,不能无望于后人,子弟之学,不得不汲汲求之。夫学,非第以读书作文为也。……子弟之患,不在无文而在无行,行立则文从之矣。古来但有无行文人,必无白丁圣贤。弟尝谓士人修身立行,使尽如今日子弟家之学文,专心致志,则渐靡之久,必有可观。①

作为遗民的子弟,为学也没有必要过于讲求读书作文,特别是作时文,在那个时代之中,需要为子弟担心的不是无文而是无行,如果在"修身立行"上花费与"学文"同样多的时间,那么成就必然可观。陈确在信中指出:

> 教子读书,只教以明义理、习孝敬为本,尤须常困以苦劳卑役之事,以资动忍。一友云:"吾辈学问,须实从刀山剑门过,方有用。"此至言也。读时文,做时文,废时失业,荒误后生,不甚无谓乎?②

在他看来,"明义理、习孝敬"是最为根本的,所以有必要让子弟"困以苦劳卑役",参加体力劳动。陈确与张履祥都对时文十分反对,认为做时文荒废时光、贻误终身,这种看法都与乱世有关,也与他们切身的体会有关。

其三,虽然是乱世,除去自己的读书之外,还需要与同志之友一起讲学,陈确也组织或参与过浙西一带学者的多种集会,他在与友人的书信中说:

---

① 陈确:《寄刘伯绳书》,《陈确集》文集卷2,第113页。
② 同上书,第112页。

> 夫道非求于吾辈，吾辈者求之。果其自反而道足于己矣，无他求矣，则吾不敢请。如其不然，吾未见其可以优游安坐而不惑也。疑若一岁之中，除处馆之友自有常业外，其余或久则数月，少则兼旬，往来山中，禅续不绝，相与砥砺切磨，共究千秋之业，此必吾先师先友所祷祠地下者。如是，庶不失当日相约本旨。若但择花晨月夕，乘兴往游，饮酒赋诗，自夸胜概而已，此则吾先师先友之罪人，而岂不肖弟之所敢出哉！①

除去像张履祥这样处馆为生的学者之外，大多学者较多闲暇。"久则数月，少则兼旬"，"相与砥砺切磨"，可以效仿刘宗周的"证人之会"，也只有这样才对得起先师刘宗周的教诲。如果只是讲求自己的优游，或者饮酒赋诗、自夸胜概，那就是死去师友的罪人了。

张履祥，对于读书也有一系列的见解。其一，张履祥认为"读书是士人恒业"。他说：

> 故家子弟，承先世之基业，不苦饥寒，读书自是第一事。读书可以养德，可以养身，可以御外侮，可以长子孙。目前所见种种败亡之辙，只坐不读书之故。②

没有先人留下的基业则自己治生，在农耕之余抓紧时间读书；有先人基业则更可以将读书作为第一事。读书穷理之后，才能在人伦日用之中应事接物都合乎理，才能避免家族的败亡。张履祥说："读书是士人恒业，故特言之，其实无所往而不然。世之务博览者，知读书而不知从事于此。为异学者，好言未发之体而不读书，是以非无美质，而衣冠之子，求一言一行之几于天理而不可得也。"③ 读书是士人的恒业，但是士人不当讲求"博览"，也不当好言"未发"之类玄虚的学问。

---

① 陈确：《与蔡养吾书》，《陈确集》文集卷1，第91页。
② 张履祥：《与钱叔建》，《杨园先生全集》卷12，第361页。
③ 张履祥：《答董载臣一》，《杨园先生全集》卷14，第419页。

其二，张履祥认为读书可以"养德""养身"。读书则更是养德所必须，"德"又可以"润身"。张履祥就说："质美之人世未尝少，所谓'十室之邑，必有忠信也'。由于不知学问，为学又不能下吃紧工夫，所以成德者希。若溺没于流俗，沦入于异端者，又无论已。"① 不能在学问上下"吃紧工夫"的人，即使"质美"也是"成德者希"，甚至是陷溺于流俗、沉沦于异端。因此，张履祥说：

> 人不读书，真是无所不至。不敢疾怨，反身安命而已。日用之间，每念所居之室，夷之所筑与夫跖之所筑，所食之粟，夷之所树与夫跖之所树，则种种怵惕靡宁也。②

不读书就会"无所不至"，不能区分"伯夷"与"盗跖"，所以儒者必须反身安命，致力于学问。在张履祥看来，读书是生活的一部分，不可分离。读书就好比吃饭、喝水："人不饮食，则饥渴随之；不亲书册，则义理日远。人若不能进饮食，则病已深而死期将至矣；若不喜亲书册，则本心锢蔽而违禽兽不远矣。"③ 人不吃不喝就会饥渴，就会生病死亡；人不读书就会远离义理，人心就离禽兽不远了。

其三，读书增加对天理的体认。宋儒所说的"穷理"，言行合乎天理，与读书有密切的关系，通过读书将圣贤所说之理在事事物物之间推广，并融会贯通于内心。张履祥说：

> 无事则读书，读书者，所以维持此心，而不使其或怠也，非以务博也。默坐则思索，思索者，所以检点其身，而不使其有阙也，非以耽寂也。事至则泛应，泛应者，所以推行天理于事事物物，而不使其有过有不及也，非以外驰也。④

读书并不是为了知识广博，读书之余的思考也不是为了沉溺于空寂。修

---

① 张履祥：《备忘三》，《杨园先生全集》卷41，第1140页。
② 张履祥：《与何商隐六十一》，《杨园先生全集》卷5，第141页。
③ 张履祥：《备忘三》，《杨园先生全集》卷41，第1155页。
④ 张履祥：《与何商隐一》，《杨园先生全集》卷5，第112页。

身、修心都是为人伦日用之中"应事"作准备,最终实现在事事物物都合乎天理。

当然,上述三点是密切联系的一个整体,作为士人即使是在乱世,也必须读书,因为读书是修养德性的需要,而不是为了谋求仕途、追求"利欲"。张履祥对于当时有些遗民子弟不读书,多有批评:"近见子弟废弃学业,多以凶乱二字藉口,此不过为父兄者志卑识暗,不欲淑其子弟,亦不思子弟之淑,在乎贤师友耳。"①

第三,处士的经世。

处士"为学","进德修业"也是在为将来有所为而作准备。张履祥十分重视自己作为一个儒者的责任:"古人进德修业,多于明夷蒙难之日,艰难守正,以续坠绪之茫茫,非吾人之责而谁责耶?"② 陈确的为学,也有等待将来有机会重新参与到经邦济世的大业之中去。至于黄宗羲撰《明夷待访录》也是同样的意思,待异日之明主来访,实现儒家最大的理想。

陈确指出:"故有志者居一乡则仁一乡,治一国,则仁一国,相天下则仁天下。无之而非仁,故曰:无终食之间违仁。"③ 在当时的情况下,一名儒生,也只能在乡间实现其经世的理想,这也就是下层的经世。入清之后,陈确被迫做过几任在乡村催粮的"粮长"之外,偶然处馆,另外的时光大多在农耕与讲学论道中度过,到了生命中最后的二十多年则已经患病在床了。因此,关于治乡,他主要的努力也是在劝说乡人移风易俗等方面有所努力。

张履祥也重视在乡村治理、下层的经世之中实现儒家的"外王"理想。这也就是张履祥最终能够在去世二百多年后被列为圣贤、入祀孔庙,成为清廷所认可的"理学大儒"之缘由。张履祥下层经世的活动,主要在于乡村的移风易俗,组织过葬亲社的活动。当然更多的还是关于乡村治理的理论建设,他著有《补农书》和《论水利书》,还有关于"保聚"等治安方略。

---

① 张履祥:《与凌渝安五》,《杨园先生全集》卷6,第177页。
② 张履祥:《答凌渝安一》,《杨园先生全集》卷6,第175页。
③ 陈确:《送谢浮弟北上序》,《陈确集》文集卷10,第242页。

张履祥就说:"天下虽乱,君子身独治,于家治家,于乡治乡,其适逢世,治及天下,何惑已?"① 生逢乱世,作为君子,必须从修身开始做起,然后治家、治乡,等到有机会治天下,才能不迷惑,因此乱世也是可以有所作为的。他在《保众附论》首条中说的也是这个意思:

> 时当危乱,奋身不旋踵,托坟墓于宗族,托妻子于朋友,起义旅勤王室,上也。其次则死职业,守封疆,此在一命以上,凡在官者,惟力所能则为之。若布衣贱士,与官而废退者,则可行保聚之法。聚人民,无非朝廷赤子;保土田,无非朝廷财赋。其与出而有为者,其义一也。②

乱世之中的儒生,可以选择"勤王",也可以选择殉节,但是更多的普通儒生,还是应该立足于自己的本位,选择治乡,即"聚人民""保土田"。

组织葬亲社,这是张履祥移风易俗的济世实践之中,非常重要的一个方面。在明清之际,士人特别关注"生死",伴随而来的还有关于葬制的讨论,也较一般时代更多。蕺山学派之中陈确著有《丧实议》与《葬书》,而黄宗羲则有《读葬书问对》,既有著述又有实践的则是张履祥。张履祥系统谈论葬制的著作有《丧葬杂说》,从丧弊、祭弊两个大方面,指出了当时社会中"违礼伤教"的种种俗弊,以免"习俗锢人,贤者不免,固有终身安之,不知其非者"③。后来为了葬亲社的活动,他又专门编辑了《丧葬杂录》。

当时嘉兴地区"惑于风水之说,又有阻葬浇风,多停柩数十年"④。更严重的是"有积数世,至于朽败而不葬者"⑤,停柩不葬虽也有因为家庭贫贱,但主要还是因为迷信风水。张履祥等人组织葬亲社,在举行岁会时为葬亲者提供由社员汇集而来的吊仪,以供资助和劝勉。在葬亲社第二次活动时,还悬挂孟子像并行礼,讲解《吕氏乡约》与宣读《禁作佛事

---

① 张履祥:《治平三书序》,《杨园先生全集》卷15,第461页。
② 张履祥:《保众附论》,《杨园先生全集》卷19,第580—581页。
③ 张履祥:《丧葬杂说》,《杨园先生全集》卷18,第525—535页。
④ 苏惇元:《张杨园先生年谱》,《杨园先生全集》附录,第1500—1501页。
⑤ 陈世傅:《丧葬杂录小引》,载《杨园先生全集》卷51,第1433页。

律》《禁火葬示》。通过多年的葬亲社活动，因"惑于风水、阴阳拘忌，而怠缓其事者"有几十家先后举葬，"于是仁人孝子闻风激劝者，不可枚举，薄俗为之一变焉"①。可见张履祥恢复葬制的实践取得了一定成效。张履祥本人对葬亲社的实践也较为满意，希望进一步进行移风易俗的教化实践。在与友人的信中说：

> 敝里葬社举后，人情觉有起色，益知天下无不可为善之人。今欲乘此机括，约里中一、二十人，专行《吕氏乡约》，庶几有所遵守，后来不至大段决裂也。②
>
> 尝思数十百里之内，交游亲戚，凡为父兄之欲训淑其子弟者，率以同志散处其间，应自有移风易俗之渐，而吾辈渐摩切磋于中，亦何忧己之学问不增，而道德不成也。③

在理想状况中，儒者可以从修身、齐家到治国、平天下，那么在宗族、乡党之中进行移风易俗的实践是其中很重要的一环，这是将学问、道德与经邦济世结合的重要途径。张履祥通过葬亲社做了初步的尝试，而进一步实践却是更难。此外，张履祥还编撰了《言行见闻录》《经正录》《近古录》《近鉴》等著述，作为"匹士庶人"的借鉴，这些著述在当时就有刊刻流布，对整风俗、正礼教起到了一定的作用。

张履祥对嘉兴地区农事、水利等方面的发展提出了可行的措施。他撰写了总结杭嘉湖一带农业生产经验与农业管理思想的著作——《补农书》，还有在《赁耕末议》《授田额》等相关论著中讨论田制、租赁，这些都对当时的"治乡"很有现实意义。张履祥校订涟川沈氏《农书》，然后增添大量内容而撰成《补农书》，提出以桑蚕生产代替稻谷生产等农业经营方向上的改变，还提出要重视计算生产成本和提高生产效能，等等，这些经验与思想的总结对于当地农业发展起到了一定的推动作用。在张履祥所生活的明清之际，浙北一带水旱频繁，这在他的《桐乡灾异记》中

---

① 苏惇元：《张杨园先生年谱》，《杨园先生全集》附录，第1501页。
② 张履祥：《答吴仲木三》，《杨园先生全集》卷3，第45页。
③ 张履祥：《与吴裒仲六》，《杨园先生全集》卷10，第290页。

有详细记载。① 另外他也写过《祷雨疏》与《祷雨文》,更为重要的还有《与曹射侯论水利书》这一水利专论。他进行了实地考察,提出嘉兴地区地势西南高而东北低,治水的关键是根据地势进行疏浚;而且应当要有远虑,在"未灾之时,戮力而营本",按"先后之始"分区分期进行。② 张履祥的这个水利方案,后来得到清朝官员柯耸的采纳,得到实施并初见成效。③

张履祥对乡村治安有较多的讨论,他重视兵制也与清初浙北一带盗贼蜂起有关,《上本县兵事书》中说:"近岁盗贼多起,妖言流闻,以致上下忧疑,远迩惊震,则所宜预计以为之备者,人人知兵为急矣。"④ 他特别重视训练乡兵,在《上陈时事略》中又提出"罢乡兵之虚名,行训练之实事"。他指出必须淘汰旧兵、招募新兵并进行严格的训练,从而全面提高军队士气、增强战斗力;并在学校恢复射圃并教习行军用师之道,培养"入则儒臣,出则大将,上以为国家之用,下亦可以守州里"的文武全才,这才是"天下长治而不乱,即乱而不至于不可救者"的长久之计。张履祥还著有《保聚事宜》《保聚附论》,提出"保聚":严保甲、备器械、谨约法、审地利、养壮佼等多条具体措施,"家与家相保,人与人相聚也"。⑤

附论 刘门弟子的逃禅

黄宗羲、陈确、张履祥等刘门弟子都辟佛,黄宗羲曾撰写《七怪》一文,其中对逃禅也多有批评。⑥ 除去是否算作刘门弟子有争议的王朝式(字金如,1612—1640)、史孝咸(字子虚,1582—1659)、史孝复(字子复,？—1644)之外,在学术上颇近于禅宗的刘门弟子之中还有很多。比如金铉(伯玉),全祖望说:"伯玉之学颇近禅宗,虽累论学,于子刘子不甚合也,而子刘子以其人雅重之。"⑦ 再如周茂兰(字子佩),"颇留心

---

① 张履祥:《桐乡灾异记》,《杨园先生全集》卷17,第516—518页。
② 张履祥:《与曹射侯》,《杨园先生全集》卷6,第167—171页。
③ 苏惇元:《张杨园先生年谱》,《杨园先生全集》附录,第1499页。
④ 张履祥:《上本县兵事书》,《杨园先生全集》卷15,第445—448页。
⑤ 张履祥:《保聚事宜》,《杨园先生全集》卷19,第577页。
⑥ 黄宗羲:《七怪》,《黄宗羲全集》第10册,第649页。
⑦ 全祖望:《子刘子祠堂配享碑》,《鲒埼亭集》卷第24,《全祖望集汇校集注》,第444页。

二氏,好与其徒往来"①。真正逃禅的刘门高弟则是章正宸、何弘仁、叶廷秀,还有恽日初、张应鳌、赵甸、黄宗会则也有逃禅的嫌疑。

章正宸(格庵),是刘宗周的内侄,抗清失败之后,隐迹于僧,全祖望说:"六遗臣之聘,格庵豫焉,逃去,起兵事败行遁为僧。"② 明史中说:"鲁王监国,署旧官。事败,弃家为僧。"③ 陈确听说其逃禅之后,在书信中说:

> 腐儒形腐,名士神腐,神腐之腐,更甚形腐,足下殆未之察耶?盖兵不可谈,谈兵者即不知兵;诗不可矜,矜诗者即不知诗;禅不可逃,逃禅者即不知禅。要之,皆具腐儒之一体。后生罔识,转相慕效,于是腐师日多,腐徒日繁,而吾先师之门庭始阒其无人矣。呜呼!可痛也!格庵、徽之、木弟诸子,皆有卓然之行,吾所深敬者,彼非徒名士而已也。使其不谈兵,不矜诗,不逃禅,则三君子必更有进于是者,惜乎其多此也!④

此处批评的刘门弟子有徐芳声(一作芳馨,字徽之)的好谈兵法,张梯(字木弟)的好作诗与章正宸的逃禅。陈确认为逃禅者其实"不知禅",如果章正宸能够不逃禅,那么其学术必然"更有进于是者",可惜多此一举。

何弘仁(一作宏仁,字书台),抗清失败之后,也曾逃禅,全祖望说"丙戌以后,行遁如格庵"⑤,另外还有记载说:

> 丙戌五月,江上师溃,公弃官至剡之白峰;自恨不及从亡,作诗投崖而绝。久之复苏,土人守之,得不死。随披剃,从方外游。入陶介山,事山主云藏禅师。随众樵汲,昼夜作苦。同事者为先生难之,

---

① 黄宗羲:《周子佩先生墓志铭》,《黄宗羲全集》第10册,第451页。
② 全祖望:《子刘子祠堂配享碑》,《鲒埼亭集》卷第24,《全祖望集汇校集注》,第444页。
③ 《章正宸传》,《明史》卷258,第6660页。
④ 陈确:《复来成夫书》,《陈确集》文集卷1,第90页。
⑤ 全祖望:《子刘子祠堂配享碑》,《鲒埼亭集》卷第24,《全祖望集汇校集注》,第444页。

先生曰："吾视出没风涛间，眴息生死者何如，而敢言劳苦哉！"然先生犹谓去人境不远，复飘笠往来缙云、义乌诸山，与樵翁、衲子侣，行歌独哭。从此游益远，入山益深，崎岖崖堑，醯盐并绝，所过皆留诗纪岁月。遇高僧郭莲峰、李征君秘霞，结尘外之友。馆留崇圣寺，藜床风雨，三人者相对，嘿语终日，人不测其所以。

居数月而疾作。先是，己丑四月，先生谓李征君曰："居此久，幸稍安。顾此中常有戚戚者，行别子飞锡白云之乡耳。今留一函与家人诀，迟其来则示之。"至是病困，令出所缄书读之曰："吾茹荼赍志，忝厥所生，毁伤莫赎；于国为不忠、于家为不孝。死后勿棺敛我，当暴棺三日，以彰不忠之罪。三日后，火化入塔，勿袝葬先陇，以彰不孝之罪！"读竟而绝。推先生之心，盖无日不以为悲而得死之足乐也。然其家仍返葬会稽玉几之祖阡，以先生本非出世者，从初志也。①

应该说何弘仁在思想上也受到了禅宗的影响，"吾视出没风涛间，眴息生死者何如"，将生死看得极为平常，还是有禅宗的意味。但是，在遗书中说自己"于国为不忠，于家为不孝"等却还是传统的儒家思想，并未真正超脱于方外。所以作传者说"先生本非出世者"，其死后家人也没用佛家的葬礼。

与章正宸、何弘仁等人相似的还有叶廷秀（润山），《明史》就说"事败，为僧以终"②。全祖望说："事败为僧，以忧死。"③董玚说："晚披缁，然有托而逃，稍与恽逊庵不同。"应该说这些人大多是为了逃避清廷的剃发令与征召之类，借为僧而隐居，并不真的信佛。

恽日初晚年的逃禅，应该说程度比较深了。《清史稿》中说："大兵下浙，避走福州；福州破，走广州；广州复破，乃祝发为浮图，复至建阳。"④魏禧说："世乱，挈其子隐天台山中，揣摩当世之务。适闻，亲在

---

① 李元度：《国朝先正事略》卷45，岳麓书社2008年版，第1267—1268页。
② 《叶廷秀传》，《明史》卷255，第6602页。
③ 全祖望：《子刘子祠堂配享碑》，《鲒埼亭集》卷第24，《全祖望集汇校集注》，第444页。
④ 《恽日初传》，《清史稿》卷500，第13835页。

行间,历艰危患难,濒于九死。先生世变逃乎禅,或者非之,余以为合义。盖僧服而蔬食,不交当世者垂三十年。"① 陈确听说恽日初逃禅一事之后,曾去信劝说:"吾兄立身,于儒释去取之间,要亦以《人谱》律之,可立决矣。"② 当时陈确并不很了解恽日初的处境,但是就儒释之辨的问题他本来就很重视,所以去信劝说一番。对于恽日初的"逃禅"全祖望说:"晚披缁,颇以嗣法灵隐,为世所讥,然其人终属志士也。"③ 又说:"尝为僧,然有托而逃,不累正学。"④ 应该说恽日初的所谓"逃禅",也只是借此隐逸而并非真正放弃蕺山所传承的儒学而改信佛学。

张应鳌也有"曾拜一某和尚"之事,严于儒释之辨的陈确,陈确听说此事之后,在信中说:

不知所谓拜某和尚者,彼来而答拜之耶?即不来而往拜之,亦随常相揖之为拜耶?抑若门弟子拜而受教之拜耶?如前二者之拜,吾无责焉耳;万一如后者之拜,则为某和尚之弟子,即非吾师之弟子矣。此未能无疑,二也。⑤

陈确就此事,一定要问个清楚,到底是相互揖让而拜,还是如同拜师受教而拜,如果是后者那就问题大了,拜了和尚就不是刘门弟子了。

此外,赵甸(禹功)也曾隐于僧,全祖望《子刘子祠堂配享碑》说:"丙戌后有高节,隐于缁,时卖画以自给,世所称壁林高士画者也。"⑥ 与赵甸一样,隐为僧而以诗画为生的还有王豐等刘门弟子。另有黄宗会(泽望)"折而入于佛"。黄宗羲说:"泽望忽折而入于佛。其初,遇学佛者,慨而信之,凡吃菜合眼躲闪篱落之徒,便降心而与之交。及穿剥三

---

① 魏禧:《恽逊庵先生文集序》,《魏叔子文集》卷8,道光二十五年刊本。
② 陈确:《与恽日初仲升》,《陈确集》文集卷3,第126页。
③ 全祖望:《子刘子祠堂配享碑》,《鲒埼亭集》卷第24,《全祖望集汇校集注》,第446页。
④ 全祖望:《题恽氏刘忠正公行实后》,《鲒埼亭集》外编卷30,《全祖望集汇校集注》,第1352页。
⑤ 陈确:《寄张奠夫刘伯绳两兄书》,《陈确集》文集卷1,第76页。
⑥ 全祖望:《子刘子祠堂配享碑》,《鲒埼亭集》卷第24,《全祖望集汇校集注》,第447页。

藏,穷岁累月,稍稍出而观今之所谓宗师者,发露其败阙,亦遂牛毛茧然,为其教之书数十万言。"①在黄宗羲看来,他弟弟黄宗会的学佛能入亦能出,则与其他刘门弟子有所不同。

---

① 黄宗羲:《前乡进士泽望黄君圹志》,《黄宗羲全集》第10册,第302页。

第二章 蕺山学与蕺山学派的形成

对于刘宗周蕺山学的建构，影响最大的莫过于王阳明，甚至可以说他一生的学术探索都是为了"救正"阳明后学的流弊。但是他的直接师承却并不是身处其中的浙中王门，而是湛若水的再传许孚远，已入晚年的许孚远则又转向了朱子学。刘宗周一生都勤于读书与思考，上至孔子、孟子，再至周敦颐、朱子等宋儒，下至明儒，各家各派他都进行过细致的梳理，最后完成了《孔孟合璧》《五子连珠》《圣学宗要》等"语录"选本。刘宗周还回归于经学，对《四书》学、《礼》学、《易》学也都有精深的研究，撰有《论语学案》《周易古文钞》等多种经学著述。可以说刘宗周对理学与经学研究的过程与其学术成熟的过程是一致的，而他的人生也正好是他平生所学的最好印证。蕺山学的建构，还与他跟东林友人的交游有关，特别是周应中、刘永澄、高攀龙三人对他来说更为重要。其中东林学派的领袖高攀龙则对刘宗周的人生与学术都产生了深远影响，梳理高、刘二人的关系以及比较他们的学术，可以看出东林与蕺山这两大晚明最为重要的学派之间的关联与异同。

刘宗周统合朱、王，最后提出"慎独之旨"，并将"慎独"作为统合一切工夫的工夫，"敬""静""诚意"都作为他的"慎独"学的一个组成部分，有机地融汇为一体。"慎独之旨"在实践层面展开于《人谱》之中而转换成为证人改过之学，也正因为其可操作性，不但对广大刘门弟子有着特别的影响，而且从清初一直到现代《人谱》都是刘宗周影响最大的著述。在刘宗周那里与著述同样重要的则是讲学，越中的"证人社"讲会及其分歧形成了两大学派：刘宗周及其弟子形成了蕺山学派；陶奭龄及其友人、弟子形成了姚江书院派。早在"证人社"之前刘宗周就已经有了众多的追随者，但是蕺山学之所以在两浙一带能够有着深远的影响则还是因为他在越中证人书院近十年的讲学,由此蕺山学派才真正成为明清之际"独盛"的学派,从而推动了明清学术的转型。

第一节 蕺山学的建构(上):学术谱系

刘宗周曾在评论吴与弼时说:"先生之学,刻苦奋励,多从五更枕上、汗流泪下得来。"① 其实,这也是刘宗周自己学术历程的最好说明。他的学术成就来自于他的勤奋与刻苦,从少年时代一直到人生晚年对于道学坚持不懈的追求。

关于刘宗周的学术渊源,他的儿子刘汋说:"上承濂、洛,下贯朱、王。"② 确实,周敦颐、二程、朱熹、王阳明,都对刘宗周学术思想的形成,起到了至关重要的作用。当然,分析刘宗周的学术渊源,我们也不能忽视孔子与孟子,刘宗周临终之前反思学术,曾有一段较为系统的论述:

> 嗟乎!人心之晦也,我思先觉。其人者曰孔氏。孔氏之言道也,约其旨曰"中庸"。……则吾道之一大觉也。历春秋而战国,杨、墨横议,孟子起而言孔子之道以胜之,约其旨曰"性善"。……则吾道之一大觉也。……又千余载,濂溪乃倡"无极"之说……则吾道之一觉也。嗣后辨说日繁,支离转甚,浸流而为词章训诂,于是阳明子起而救之以"良知"。一时唤醒沈迷,如长夜之旦,则吾道之又一觉也。今天下争言良知矣,及其弊也,猖狂者参之以情识,而一是皆良;超洁者荡之以玄虚,而夷良于贼,亦用知者之过也。夫阳明之"良知",本以救晚近之支离,姑借《大学》以明之,未必尽《大学》之旨也。而后人专以言《大学》,使《大学》之旨晦;又借以通佛氏之玄觉,使阳明之旨复晦。又何怪其说愈详而言愈厖,卒无以救词章训诂之锢习,而反之正乎?司世教者又起而言诚意之学,直以《大学》还《大学》耳。……予盖有志焉,而未之逮也。③

---

① 《师说》,《明儒学案》卷首,第3页。
② 刘汋:《蕺山刘子年谱》序,载《刘宗周全集》第6册,第51页。
③ 刘宗周:《证学杂解·解二十五》,《刘宗周全集》第2册,第277页。

从这里，可以看出刘宗周是站在道学发展的历史上，得出自己的责任所在。除去孔子的"中庸"、孟子的"性善"，宋儒之中特别欣赏周敦颐的"无极"，明儒之中特别欣赏王阳明的"良知"，刘宗周认为这些都是道学史上的"一觉"，即在理论上的突破性成就。但是王门后学说"良知"却流于"情识"或"玄虚"，所以刘宗周决心重新来讲"诚意"之学，恢复《大学》的本来面目。

刘宗周的学术主要渊源于明儒，特别是终身师从的许孚远，以及批判继承的王阳明，但是他又努力超越于明代，对于宋儒周敦颐、朱熹的学术的承继也同样重要。杜维明先生说："他的明代氛围很强，但同时他又有跳出明代、继承整个宋明儒学乃至整个儒学大传统的气魄。……宗周有他自己的深刻的体验，而且他的体验又非常丰富和多源多样。他要从他自己的问题意识出发，与每一位他心仪的大师大德进行对话，并通过这种对话将他们的合理的东西加以吸收，因此宗周所表现的同情的理解和批判的认识是非常清楚的。"① 刘宗周对于前人从不盲从，对历代学术资源的吸收与利用，从蕺山学建构的需要出发，围绕具体问题与先儒进行有着一定深度与高度的巅峰对话。②

与宋明时期大多数理学家不同的是，刘宗周还特别重视理学与经学的关系，他既重视宋明儒的"语录"等著述，又重视传统的经学文本。刘宗周对《四书》学、《礼》学、《易》学相关文本的义理与考据并重研究，也是蕺山学能得以成功建构的另一个重要原因。关于刘宗周与经学的关系，目前学界几无涉及，特别是他的《礼》学，很有必要作一较为完整的梳理。

一 师事许孚远以及朱子学之影响

许孚远（号敬庵，1535—1604）是唐枢（号一庵，1497—1574）的

---

① 杜维明、东方朔：《杜维明学术专题访谈录——宗周哲学之精神与儒家文化之未来》，第40—41页。
② 相关研究主要有陈永革《从宋明儒学之论衡看蕺山之学的思想建构》，赵敦华编《哲学门》总第17期，北京大学出版社2008年版，第183—230页。本节对此有所参考，但是该文重视的是刘宗周在心性理论方面对于前人的继承，而本节则重在梳理刘宗周对许孚远、王阳明、周敦颐、朱子等人思想的认识以及所受到的影响。此外，本节还梳理了刘宗周的经学，这是学界几无涉及的一个重要问题。

弟子，由唐枢则可再上溯湛若水（号甘泉，1466—1560）以及陈献章（号白沙，1428—1500）①。对于这一系的师承关系，刘门弟子黄宗羲非常重视，他说："蕺山子刘子以清苦严毅，疏通千圣之旨，其传出于德清许司马敬庵，敬庵师吴兴唐比部一庵，一庵师事南海湛太宰甘泉，甘泉则白沙陈文恭之弟子也。"②刘宗周对陈献章的学术较为倾心，对湛若水也是评价甚高。通过许孚远，刘宗周间接受到了湛若水的影响，湛若水的学术虽然也属于心学的范围，但是比王阳明更强调天理，其主旨为"随处体认天理"，曾说："儒者在察天理……圣人以天地万物为体，即以身在天地万物内，何等廓然大公，焉得一毫私意，凡私皆从一身上起念。"③刘宗周还与许孚远另外的两个弟子冯从吾（1556—1627）、丁元荐（1563—1628）也有所交往。刘宗周与冯从吾的交往主要是在首善书院讲学时期，冯从吾《关学编》等论著也倾向于朱子学，当对刘宗周有一定的影响。

许孚远的学术，越到晚年越倾向于朱子学，对于王学良知现成的观点很不赞同，在任建昌县令时，与郡人罗汝芳（1515—1588）讲学不合。在与罗的书信中说："公为后生标准，令二三轻浮之徒，恣为荒唐无忌惮之说，以惑乱人听闻，使守正好修之士，摇首闭目，拒此学而不知信，可不思其故耶？"④后来在南京任南都大理寺少卿，和周汝登（字继元，别号海门，1547—1629）有过一次有名的辩论。在南都之会中，周汝登发明"天泉证道"之旨，许孚远作《九谛》相辩难，指出"窃恐《天泉会语》画蛇添足，非以尊文成，反以病文成"，对"无善无恶"大加批驳；周汝登作《九解》以回应。⑤

许孚远与周汝登二人都是浙江人，嵊县人周汝登在浙东一带友人、弟子颇多，最著名者就是陶望龄、陶奭龄兄弟，但是对于刘宗周的影响却并不大；反而是远在浙西德清的许孚远对刘宗周的学术道路产生了至关重要的影响。刘宗周专心于学术之时，已经深受许孚远的教诲，所以对周汝登

---

① 刘宗周与许孚远的关系，陈永革《儒学名臣——刘宗周传》，有"拜师问道"一节，第17—23页；孙中曾《刘宗周的道德世界》也有一些讨论，第63—92页。本节的研究在全面梳理了相关材料的同时，增加了许孚远对于刘宗周影响的考察，就此问题的讨论可谓基本完备。
② 黄宗羲：《蕺山同志考序》，《黄宗羲全集》第11册，第58页。
③ 《甘泉学案一》，黄宗羲：《明儒学案》卷37，第892页。
④ 《甘泉学案五》，黄宗羲：《明儒学案》卷41，第973页。
⑤ 《泰州学案五》，黄宗羲：《明儒学案》卷36，第861—868页。

之学自动有所疏离,当然更深层次的原因在于对越中一带所流传的王学不太认同。刘宗周自己也曾说:"仆平生服膺许师者也,于周师之言,望门而不敢入焉。"① 对于这一师承关系,刘宗周之孙刘士林说:"生平以学业推服者,许恭简公一人而已。"②

刘宗周问学于许孚远共有两次。万历三十一年(1603),刘宗周二十六岁时,通过了浙江杭州人陈植槐的引见,到浙江德清师从许孚远。陈植槐为刘宗周撰有《刘母贞节歌》,他在"序"中详细记述了此事:

> 余不佞,获于越太守刘公所接,起东君时乞恩旌节,一字一泪,凄凄然哀动四筵也。已而辱与交,且为介绍,谒德清左司马许敬庵先生。先生为作传,备载笔之。夫以君高才纯德,卓然当世鼎吕,天为节母克昌厥后有自矣。③

还可以对比一下刘宗周之子刘汋的记述:

> 先生秉性方严,自少至长,淡嗜好,寡言笑,盖生而近道者。又加以太夫人之庭训,南洲公之师范,故器识日底坚凝。居忧,伤禄不逮养,益持节操,衰麻饘粥,动以古人自期。一日旌表母节,陈乞于郡守,哀动左右。武林陈植槐见之,感其谊,为介绍而见之于许敬庵先生。④

陈植槐等人为刘宗周的人品、才望所感动,更为其事母之孝行所感动,所以才为之介绍当时名儒许孚远,从刘汋的记述来看,刘宗周由其母及南洲公的庭训而来的秉性、节操与许孚远"谨身节欲"之旨也颇为契合。刘宗周问学于许孚远共有两次,关于第一次问学的情况,刘汋有详细的记述:

---

① 刘宗周:《与履思十》,《刘宗周全集》第3册,第320页。
② 刘士林:《蕺山先生行实》,载《刘宗周全集》第6册,第607页。
③ 陈植槐:《刘母贞节歌序》,载《刘宗周全集》第6册,第625页。
④ 刘汋:《蕺山刘子年谱》26岁条,载《刘宗周全集》第6册,第61页。

先生问为学之要，许先生告以"存天理，遏人欲"，遂执贽北面师事之。请为太夫人传。许先生载笔而书，终以敬身之孝勖先生曰："使念念不忘母氏艰苦，谨身节欲，一切世味不入于心，即胸次洒落光明，古人德业不难成。传所谓求忠臣于孝子之门，乃刘子所以报母氏于无穷也。"先生终身守之不敢失。自此励志圣贤之学，谓入道莫如敬，从整齐严肃入，自貌言之细，以至事为之著，念虑之微，随处谨凛，以致存理遏欲之教。每有私意起，必痛加省克，直勘前所由来为如何，又勘后所决裂更当如何。终日端坐读书，曰："吾心于理欲之介非不恍然，古人复从而指之曰'此若何而理，彼若何而欲'，则其存之遏之也，不亦恢恢有余地乎？"①

这一次刘宗周在德清许孚远家呆了一月有余，之后对于师说，终身守之而不敢失。那么，这师说的宗旨是什么呢？其实就是"存天理，遏人欲"，这话虽然简单，也是先圣前贤再三强调的，为什么许孚远一说，刘宗周"遂执贽北面师事之"？应该就是因为许孚远对于天理人欲之辨的讲解，能够深入人心，让人一旦听闻就终身佩服。进一步，刘宗周请许孚远为其母作传，在传文之中，许孚远发挥的也是天理人欲之辨的思想，不能忘却母亲的艰苦，所以要"谨身节欲，一切世味不入于心"，最终实现的就是内圣，修身功夫达到"胸次洒落光明"的境界；而且内圣是外王的根本，即"求忠臣于孝子之门"。德业之成，圣贤之学，其进路即是"敬"，整齐严肃，从念虑之微、私意之起处入手，刘宗周后来以《人谱》为主的学术，也是沿着许孚远晚年的道路在前进，所以说一月问学、终身守之，是符合事实的。

万历三十二年春三月，刘宗周第二次问学许孚远。这一年刘宗周赴京谒选，特意再过德清，拜别许孚远。二人相与论学："许先生论为学不在虚知，要归实践，因追溯平生酒色财气分数消长，以自考功力之进退。先生得之猛省。"② 经过这次论学让刘宗周猛省的是什么？应该就是内圣之学，更深刻地体悟到内圣之学即道德实践之学，重要的不是空谈心性，或

---

① 刘汋：《蕺山刘子年谱》26岁条，载《刘宗周全集》第6册，第61—62页。
② 刘汋：《蕺山刘子年谱》27岁条，载《刘宗周全集》第6册，第62—63页。

者效验玄虚的境界,而是回归于日常的道德实践。也就是说进一步做好"天理人欲之辨",看自己在酒色财气诸方面的分数消长、功力进退,这样就不会沦为阳明后学留恋光景、流于玄虚而荡的地步。刘宗周两次拜谒许孚远,都有重大收获,可惜这年七月许孚远就逝世了。

师事许孚远,对于刘宗周一生有重大的影响。许孚远晚年转向朱学,在刘宗周师事许孚远之时,其学术已经转向,所以刘汋在《年谱》中说许孚远"学宗紫阳,敦笃真儒也"①。许孚远的朱学倾向重视主要体现在三个方面,即"天理人欲之辨"、"主敬"以及《大学》学,这些都对蕺山学的形成有至关重要的作用。

拜师许孚远之后,刘宗周对于圣学,即宋明理学产生了真正的信仰,决心从事于心性之学。如何出离于阳明后学泛滥的浙东,找到自己的治学路径。全祖望曾说:"念台之学,本于许敬庵,敬庵出于甘泉,甘泉出于白沙,白沙出于康斋,其门户盖与阳明殊。世之混而为一者,非也。"②还有上面提及的黄宗羲,都强调刘宗周通过许孚远,在师承关系上就与王门有了区别。还有一点特别值得注意,许孚远对于"天理人欲之辨"的讲论,激发了刘宗周对于理气心性之类的义理思辨兴趣。孙中曾先生认为:"事实上从刘宗周的一生看来,刘宗周师事许孚远,致使他产生重大的转变,使之进入一个以哲学思维为思考主轴的思维模式,甚至在这个思维模式的范畴中,踏上高峰,并成就其一生的学问与事功。"③这一评价也基本符合事实。

许孚远对刘宗周影响最大的就是上面已经提及的回归于朱子学,特别重视"天理人欲之辨",这直接促成了刘宗周晚年"证人改过"之学的形成。《明儒学案》的《师说》,也即刘宗周所编的《皇明道统录》的断语部分。④《师说》刘宗周将许孚远放在最后,与《明儒学案》黄宗羲将刘

---

① 刘汋:《蕺山刘子年谱》26岁条,载《刘宗周全集》第6册,第61页。对于刘汋此断语,有许多学者不认同,甚至认为刘汋完全不知许孚远的学术传承而闹了笑话。其实,要从刘汋当时的看法与用意来理解,这话是从许孚远晚年,即刘宗周师从之时的学术特征来评价,刘汋不可能不知道许孚远曾师从唐枢,再传湛若水之学这一学术经历。
② 全祖望:《蕺山讲堂策问》,《鲒埼亭集》外编卷50,《全祖望集汇校集注》,第1851页。
③ 孙中曾:《刘宗周的道德世界》,第68页。
④ 关于《师说》与《皇明道统录》,参见陈祖武《明儒学案杂识》,载氏著《清儒学术拾零》,湖南人民出版社2002年版,第30页。

宗周放在最后一样，都是表示对于老师的特别尊重。其中说：

> 余尝亲受业许师，见师端凝敦大，言动兢兢，俨然儒矩。其密缮身心，纤悉不肯放过，于天理人欲之辨，三致意焉。尝深夜与门人弟辈窅然静坐，辄追数平生酒色财气、分数消长以自证，其所学笃实如此。①

他认为许孚远的气象为"端凝敦大，言动兢兢，俨然儒矩"，这种气象在之后的刘宗周本人身上也有所体现。许孚远学术的宗旨为"天理人欲之辨"，如果从其晚期学术面貌来看则基本符合。而且，刘宗周自己从老师的论学中感觉得力的也是关于酒、色、财、气的警戒，后来发展出"证人改过"的学术路径与许孚远之教有重大关系。万历四十四年，刘宗周三十九岁时教授于石家池，撰有《学戒四箴》，发挥许孚远的学说。刘宗周在序中说：

> 人生大戒，酒、色、财、气四者。予问学有年，日尝从事于斯而未之得，将终身扰扰已乎？爰不惮与诸生发愤读书，共究大业，交儆日长，遂勒成箴言，深切观省，并附戒条于后，以勖诸生，庶几为迁善改过之地云耳。②

写《四箴》之时，离第二次问学许孚远也已经十多年了，所以他说"问学有年"，但他还认为自己"从事于斯而未之得"，可见其对于"天理人欲之辨"的严苛。撰写《四箴》是为了与弟子们一起"发愤读书，共究大业"。除去一般的学规，刘宗周特意强调酒色财气四者，可见对许孚远所传之学的重视。后来刘宗周在《人谱》之中，也将对于酒、色、财、气四者列入"丛过"，作为改过之中的重要环节。他说："百过所举，先之以谨独一关，而纲纪之以色、食、财、气，终之以学。"③ 将慎独之功夫，在酒、色、财、气四者为主的日常实践之中进一步勘验，最终才能成

---

① 《师说》，《明儒学案》卷首，第13页。
② 刘宗周：《学戒四箴》，《刘宗周全集》第4册，第341页。
③ 刘宗周：《人谱续编二·纪过格》，《刘宗周全集》第2册，第14页。标点有所不同。

就圣人之学。

许孚远号"敬庵",特别重视朱子学的"主敬"之说,他的主旨为"存天理,遏人欲",而入门的工夫却是"主敬"。受学许孚远之后刘宗周提出:"入道莫如敬,从整齐严肃入,自貌言之细,以至事为之著,念虑之微,随处谨凛,以致存理遏欲之教。"① 成就圣学,必须从"敬"入,整齐严肃,也就是注意念虑之微、私意之起处。由许孚远上溯到宋儒,刘宗周认为"敬"是圣学自始至终的要旨,而且"主敬"之学传承的关键人物则是朱子。他说:

> 一向放失在外,一旦反求,欲从腔子内觅归根,又是将心觅心,惟有一敬焉为操存之法。随处流行,随处静定,无有动静、显微、前后、巨细之岐,是千圣相传心法也。在尧、舜谓之兢兢,在禹谓之祇台……在孔门谓之敬修,在孟子谓之勿忘勿助,在程门谓之居敬穷理,朱子得统于二程,惓惓以主敬授学者,至明儒相传,往往多得之敬。康斋传之敬斋,皆一以敬字做成……②

> 敬之一字,自是千圣相传心法,至圣门只是个慎独而已。其后伊洛遂以为单提口诀,朱子承之,发挥更无余蕴。儒门榜样,于斯为至。③

"千圣相传","敬"是从尧、舜到孔、孟再到二程与朱子乃至明儒都特别重视的心法。所以他所编撰的《圣学吃紧三关》第一关即"敬肆关",所选的语录都是围绕朱子"主敬"的工夫而展开的论述。《人谱》的《证人要旨》"凛闲居以体独"一条,就强调"敬肆之分"是"证人第一义","闲居""独处"之中如何以"敬"而证悟此心,是"证人之学"的关键。刘宗周临终之际也曾说:"为学之要,一诚尽之矣。而主敬其功也,敬则诚,诚则天。"④ 黄宗羲也说:"慎则敬,敬则诚。"⑤ 由此可见,

---

① 刘汋:《蕺山刘子年谱》26 岁条,载《刘宗周全集》第 6 册,第 62 页。
② 刘宗周:《学言上》,《刘宗周全集》第 2 册,第 376 页。
③ 刘宗周:《圣学吃紧三关·敬肆关》,《刘宗周全集》第 2 册,第 213 页。
④ 刘汋:《蕺山刘子年谱》68 岁条,载《刘宗周全集》第 6 册,第 170 页。
⑤ 黄宗羲:《子刘子行状》卷下,《黄宗羲全集》第 1 册,第 250 页。

"敬"是及善学的一个入门的根本工夫。关于"主敬"在蕺山学中的位置,刘汋的说法也值得参考。刘汋说:"先君子学圣人之诚者也。始致力于主敬,中操功于慎独,而晚归本于诚意。诚由敬入,诚之者人之道也。"① 应该说,"主敬"对于刘宗周一生的治学来说,具有十分重要的意义。

晚年的许孚远,对刘宗周的影响还有一个重要方面,那是《大学》学。许孚远的朱学转向,特别突出的问题就是《大学》之中的"亲民"与"新民"之争。许孚远自己有总结说:

> 亲民之亲,先儒以为当作新,学者诵习久矣!自王文成生谓"亲"字义兼教养于大人一体之学为切,余三十年信之而不疑。一夕诵"古之欲明明德于天下"一语,恍然有悟,夫与天下共明其明德。正可谓之新民,不可谓之亲民也,且《传》中"自新"、"新民"、"新命"之云,明有证据,而兴仁、兴让、教家、教国,与上老老而民兴孝等语,皆在明明德一边,盖修己治人本无二致,因因如此做,仍从朱注作新民云。②

许孚远信阳明之学三十年,反复思考"明德"与"新民"关系之后,恍然大悟,从而发生了实质性的转变。其实在此之前,他就已经对于朱学与王学的差异有所思考。在《大学述》的序中说:

> 乙未,移官留枢,与诸公论学,至格物说,每如聚讼,复为参酌,迁就其间。至己亥归山,惭旧学之罔显,敛精神于一路,即平生嗜好有所倚着之处,悉从屏却,丝毫不挂,乃得此体光明……爰取旧编复加订正。③

从万历二十三年到二十七年,这四年之间是许孚远学术转变的重要时

---

① 刘汋:《蕺山刘子年谱》68岁条,载《刘宗周全集》第6册,第173页。
② 许孚远:《大学述》一卷,万历二十一年刊本。
③ 同上。

期，与诸如周汝登等学者的辩论，应当也是引发其反省的重要因素，此后许孚远的《大学述》等论著，大量引用朱子《四书章句集注》，这就与他的《大学述答问》即《大学述》第一次诠释的版本，已经有了极大的差距。刘宗周与许孚远等明代理学家一样，对《大学》特别重视，而且在《大学》上花费的功夫远比许孚远更多。他既信《大学》又疑《大学》，作有《大学古文参疑》《大学古记约义》《大学杂言》等著作。其晚年撰写的《大学古文参疑》试图解决心中的疑虑，在《序》中说："然则戴氏之传《大学》，早已成一疑案矣，后之人因而致疑也，故程子有更本矣，朱子又有更本矣，皆疑案也。然自朱本出，而《格致补传》之疑，更垂之千载而不决。……宗周读书至晚年，终不能释然于《大学》也。"① 从宋代到明代，《大学》之疑案层出不穷，最终他还是"不能释然"。

许孚远晚年转向了朱学，特别重视朱学的"主敬"与"天理人欲之辨"，并且将之结合于道德践履之中，这直接促成了刘宗周晚年"证人改过"之学的形成。许孚远还特别重视《大学》，其最后诠释《大学》的定本也多采纳朱子的观点，这对于晚年的刘宗周也有较大的影响。在许孚远那里，已经开始的道德践履与经典诠释二者并重的治学路径，最后在刘宗周及其弟子黄宗羲等人那里得到了发扬光大，而这一学风的转换应该也与朱子学有一定的关联。

二 "于阳明之学凡三变"

刘宗周一生的为学，与阳明学有着密切而又复杂的关系。身处浙中必然受到阳明学的熏习，在师事许孚远之后，他又梳理了整个宋明理学的发展历史，对于阳明学的利弊得失也就看得更加清楚了，最后在对阳明学加以"辨难"的过程之中，一步步建构他的蕺山学。② 刘宗周之子

---

① 刘宗周：《大学古文参疑》，《刘宗周全集》第 1 册，第 608 页。
② 学界关于蕺山学与阳明学关系的研究，主要有杨祖汉先生《从刘蕺山对王阳明的批评看蕺山学的特色》与杨先生指导的陈佳铭的硕士论文《刘蕺山的诚意慎独之学与阳明致良知教之比论》，前者从刘宗周对"以悟本体为工夫""无善无恶心之体"的批评以及刘宗周对良知说等的分析来说明蕺山学的诚意、知藏于意等思想特色；后者以刘蕺山的思想为中心，来探讨蕺山思想是否对阳明学有所补充，通过列举认为刘氏的诚意论与慎独论都可以对治阳明思想。

刘汋曾说：

> 先生于阳明之学凡三变，始疑之，中信之，终而辨难不遗余力。始疑之，疑其近禅也。中信之，信其为圣学也。终而辨难不遗余力，谓其言良知，以《孟子》合《大学》，专在念起念灭用工夫，而于知止一关全未勘入，失之粗且浅也。夫惟有所疑，然后有所信，夫惟信之笃，故其辨之切。而世之竞以玄渺称阳明者，乌足以知阳明也与！①

刘宗周对于阳明之学，从"疑"到"信"，再到"辨难"，其实是一个螺旋上升的过程。"辨难"是因为对阳明学有了深入认识，才能指出其中的得与失。因此，刘宗周是晚明少数真正懂得王阳明的学者。

刘宗周"早年不喜象山、阳明之学"②，相关的文献有所遗失故具体情形不可考，现在保存下来的是刘宗周三十六岁之时的看法。万历四十一年（1613），他在与友人陆以建的书信中说：

> 象山、阳明之学皆直信本心以证圣，不喜谈克己功夫，则更不用学、问、思、辨之事矣。……象山、阳明授受终是有上截无下截，其旨险痛绝人，与龙溪四无之说相似，苟即其说而一再传，终必弊矣。观于慈湖、龙溪可见，何况后之人乎？③

刘宗周将象山、阳明一起评价，指出他们"直信本心""不喜克己功夫"等，这样的学问的毛病是"有上截无下截"，所以在教示后人上容易产生弊病。并且认为陆、王的再传弟子杨简（号慈湖，1141—1225）、王畿（号龙溪，1498—1583）二人那里就弊病环生，这就说明了陆、王之学本来就有问题。他的这些看法，虽说也有道理但还显得笼统，可见当时对阳明学并没有深入钻研，还停留在表面。

---

① 刘汋：《蕺山刘子年谱》66岁条，载《刘宗周全集》第6册，第147页。
② 刘汋：《蕺山刘子年谱》26岁条，载《刘宗周全集》第6册，第62页。
③ 刘宗周：《与陆以建二》，《刘宗周全集》第3册，第301页。

一直到了天启六年（1626）刘宗周五十岁时，他在韩山草堂"半日静坐，半日读书"，进入到了对阳明学"始信不疑"的第二个阶段。这一时期他正在编撰《皇明道统录》，系统研读《阳明文集》并为之重编次第收录《皇明道统录》之中。① 当时他对王阳明的评价：

> 先生承绝学于词章训诂之后，一反求诸心，而得其所性之觉，曰"良知"。因示人以求端用力之要，曰"致良知"。良知为知，见知不囿于闻见；致良知为行，见行不滞于方隅。即知即行，即心即物，即动即静，即体即用，即工夫即本体，即上即下，无之不一。以求学者支离眩骛、务华而绝根之病……特其急于明道，往往将向上一机轻于指点，启后学躐等之弊有之。天假之年，尽融其高明卓绝之见而底于实地，安知不更有晚年定论出于其间？而先生且遂以优入圣域，则范围朱、陆而进退之，又不待言矣。②

这里对"良知""致良知"都做了深刻的分析，并且认为良知之学"即知即行，即心即物，即静即动，即体即用，即工夫即本体，即上即下，无之不一"，这也就是刘宗周以自己统合性的学说来理解王阳明了。他对阳明学评价很高，认为"震霆启寐，烈耀破迷"，这是"自孔、孟以来"最为"深切著明"的学术。不过，刘宗周在对王阳明肯定的同时已经有所批评，认为王阳明因为"急于明道"，"往往将向上一机轻于指点"，最后就导致了后学的种种弊病。这其实也就是后来说的阳明学"法"本无病而"教"则有病，所以刘宗周才在《皇明道统录》中批评王艮与王畿，对王畿说得特别不客气：

> 四句教法，考之阳明集中，并不经见。其说乃出于龙溪。则阳明未定之见，平日间尝有是言，而未敢笔之于书，以滋学者之惑。至龙溪先生始云四有之说，猥犯支离。势必进之四无而后快。……先生孜孜学道八十年，犹未讨归宿，不免沿门持钵。习心习境，密制其命，

---

① 刘汋：《蕺山刘子年谱》50岁条，载《刘宗周全集》第6册，第85页。
② 《师说》，《明儒学案》卷首，第6—7页。

此时是善是恶？只口中劳劳，行脚仍不脱在家窠臼，孤负一生，无处根基，惜哉！王门有心斋、龙溪，学皆尊悟，世称二王。心斋言悟虽超旷，不离师门宗旨。至龙溪，直把良知作佛性看，悬空期个悟，终成玩弄光景，虽谓之操戈入室可也。①

刘宗周有些怀疑天泉证道，认为是"未定之见"，王畿提出的"四无说"与"致良知"之说也有矛盾之处。"直把良知作佛性看"等，则是说王畿之学已经流于禅学了。

崇祯十一年（1638）刘宗周六十一岁时编撰《阳明传信录》，在其中的"王畿记"之后，对王畿的"四无说"提出了批评：

> 先生每言："至善是心之本体。"又曰："至善只是尽乎天理之极，而无一毫人欲之私。"又曰："良知即天理。"《录》中言天理二字，不一而足。有时说"无善无恶者理之静"，亦未曾径说"无善无恶是心体"。若心体果是无善无恶，则有善有恶之意又从何处来？知善知恶之知又从何处来？为善去恶之功又从何处来？无乃语语绝流断港？……先生解《大学》，于"意"字原看不清楚，所以于"四条目"处未免架屋叠床至此。及门之士一再辇之，益失本色矣。先生他日有言曰："心意知物只是一事。"此是定论，既是一事，决不是一事皆无。蒙因为龙溪易一字，曰"心是有善无恶之心，则意亦是有善无恶之意，知亦是有善无恶之知，物亦是有善无恶之物"，不知先生首肯否？或曰："如何定要说个有善无恶？"曰："《大学》只说'致知'，如何先生定要说个'致良知'，多这'良'字？"其人默然。②

刘宗周认为，王阳明既说"至善"也说"天理"，特别是"天理"二字在《传习录》中"不一而足"，王阳明本人并没有明确说过"无善无恶是心体"之类的话。如果心体"无善无恶"，那么"有善有恶"的"意"、

---

① 《师说》，《明儒学案》卷首，第8—9页。
② 刘宗周：《阳明传信录三》，《刘宗周全集》第5册，第91—92页。

"知善知恶"的"知"、"为善去恶"的"功",都是"从何处来"?所以说"四无"说"语语绝流断港"。刘宗周认为王阳明解《大学》,就是在"意"字上"看不清楚",从而导致了对"四条目"解释的床上架床、屋中叠屋,繁复而无当。① 不过,刘宗周把这一弊端的责任推到了王畿身上,他说:"盖阳明先生偶一言之,而实未尝笔之于书为教人定本,龙溪辄欲以己说笼罩前人,遂有天泉一段话柄。甚矣!阳明之不幸也。"② 在刘宗周看来,完全是因为王畿要传布他的"四无"说而故意编造了"天泉证道"一说,以至于后人误解了王阳明。所以,刘宗周要将"四无"说改一个字,将"无善无恶"都改为"有善无恶"。他的证据是《大学》本来说的是"致知",王阳明却要说"致良知",这个"良"字正好说明了心、意、知、物都应该是"有善无恶"的。同年,刘宗周在给王朝式的信中说:"然学阳明之学者,意不止于阳明也。读龙溪、近溪之书,时时不满其师说,而益启瞿昙之秘,举而归之师,渐跻阳明而禅矣。则生于二溪之后者,又可知矣。"③ 晚明学阳明的学者往往不满于王阳明本人的学说,转而去学罗汝芳与王畿的学说,刘宗周认为正是"二溪"将阳明学引向了禅学化的道路。

崇祯十二年,刘宗周六十二岁时在《重刻王阳明先生传习录序》一文中,依旧高度评价阳明学:"良知之教如日中天。昔人谓'天不生仲尼,万古如长夜',然使三千年而后,不复生先生,又谁与取日虞渊、洗光咸池乎!"另外,还进一步说明了阳明学在学术史上的意义:

> 盖人皆有是心也,天之所以与我者本如是。其虚灵不昧,以具众理而应万事,而不能不蔽于物欲之私。学则所以去蔽而已矣,故大学

---

① 刘宗周指出王阳明将"意"解错,更为完整的分析是《学言中》的一条,其中说:"看《大学》不明,只为意字解错,非干格致事。汉疏八目先诚意,故文成本之曰:'《大学》之道,诚意而已矣。'极是。乃他日解格致,则有'意在乎事亲'等语,是亦以念为意也。至未起念以前一段工夫,坐之正心位下,故曰:'无善无恶心之体,有善有恶意之动。'夫正心而既先诚意矣,今欲求无善无恶之体,而必先之于有善有恶之意而诚之,是即用以求体也。即用求体,将必欲诚其意者先修其身,欲修其身者先齐其家,又先之治国平天下,种种都该倒说也。"《刘宗周全集》第2册,第422页。
② 刘宗周:《学言下》,《刘宗周全集》第2册,第450页。
③ 刘宗周:《答王金如三》,《刘宗周全集》第3册,第345—346页。

首揭"明明德"为复性之本,而其功要之知止。又曰"致知在格物",致知之知不离本明,格物之至只是知止,即本体、即工夫,故孟子遂言良知云。孔、孟既殁,心学不传,浸淫而为佛、老、荀、杨之说,虽经程、朱诸大儒讲明救正,不遗余力,而其后复束于训诂,转入支离,往往析心与理而二之。求道愈难而去道愈远,圣学遂为绝德。于是先生特本程、朱之说而求之,以直接孔、孟之传,曰"致良知",可谓良工苦心。自此人皆知吾之心即圣人之心、吾心之知即圣人之无不知,而作圣之功,初非有加于此心、此知之毫末也。则先生恢复本心之功,岂在孟子道性善后与?①

刘宗周认为人心虚灵不昧,然而"不能不蔽于物欲之私",所以必须要重视"恢复本心"的"心学"。《大学》讲的"明明德""致知在格物",在他看来都是在讲如何恢复本心,所以也是在讲"心学"。孟子讲"良知"也是发明"心学",孔子、孟子之后"心学不传",一直到程、朱"讲明救正"。其后又"束于训诂,转入支离","析心与理而二之",这里刘宗周主要是在批评朱陆之争以后宋明理学的发展情况。至于阳明学则是"特本程、朱之说而求之,以直接孔、孟之传",王阳明传承圣学,接续程、朱从而接续孔、孟,这里把陆九渊给排除了。刘宗周对王阳明在学术史上意义的阐发,已经是他个人对宋明理学发展的重新诠释,建立在他自己的统合性的学术理论之上。

在接下来的几年里,刘宗周进入对阳明学"辨难不遗余力"的新阶段,一方面是进一步指出王阳明本人学说上的漏洞,另一方面是继续批评王畿的"四无"说,后者则是更为重要的。崇祯十三年,刘宗周在与弟子的信中说:

> 然则阳明之学,谓其失之粗且浅、不见道则有之,未可病其为禅也。阳明而禅,何以处豫章、延平乎?只为后人将"无善无恶"四字,播弄得天花乱坠,一顿扯入禅乘,于其平日所谓"良知即天理","良知即至善"等处全然抹杀,安得不起后世之惑乎?阳明不

---

① 刘宗周:《重刻王阳明先生传习录序》,《刘宗周全集》第4册,第29—30页。

> 幸而有龙溪，犹之象山不幸而有慈湖，皆斯文之厄也。①

他指出王阳明本人还不算是禅，只是因为王畿的"无善无恶"之说才将阳明学"扯入禅乘"，以至于将王阳明说"天理""至善"等处"全然抹杀"，导致了晚明学术的种种弊病。后来，刘宗周六十六岁前后还说：

> 王门倡无善无恶之说，终于至善二字有碍。解者曰："无善无恶，斯为至善。"无乃多此一重之绕乎？善一也，而有"有善之善"，有"无善之善"，古人未之及也。及阳明先生亦偶一言之，而后人奉以为圣书，无乃过与？②

这就更指明了"无善无恶"之说，即使还往"至善"的道路上去解释，也是有问题的，王畿的思想即使出自王阳明，过错也在王畿本身，因为王畿的解释最容易导致弊病的发生。刘宗周临终前说："为学之要，一诚尽之矣，而主敬其功也。敬则诚，诚则天。若良知之说，鲜有不流于禅者。"③ 对阳明学容易导致禅学的问题还耿耿于怀，希望弟子们能够避免重蹈王门后学的覆辙。

刘宗周在批评王阳明学说的漏洞以及王门后学的弊病的同时，也经常引述王阳明的观点来为他自己作证明。这主要表现在两点上：一为肯定《大学》之道"诚意"的重要性；另一为"独知"与"慎独"的关系。刘宗周说：

> 阳明虽说致良知，而吃紧在"《大学》之道，诚意而已矣"一语。故曰："明善是诚身工夫，惟精是惟一工夫，道问学是尊德性工夫，博文是约礼工夫，格物是诚意工夫。"此可窥其主脑所在处。后人便以良知为主脑，终是顾奴失主。④

---

① 刘宗周：《答韩参夫》，《刘宗周全集》第3册，第359—360页。
② 刘宗周：《学言下》，《刘宗周全集》第2册，第439页。
③ 刘汋：《蕺山刘子年谱》68岁条，载《刘宗周全集》第6册，第170页。
④ 刘宗周：《学言中》，《刘宗周全集》第2册，第428页。

王阳明的"大学之道,诚意而已矣"与"格物是诚意工夫"这二句,刘宗周特别推崇,认为这是王阳明看重"诚意"工夫的表现。刘宗周认为"诚意"才是阳明学的"主脑",后人认为"良知"是阳明学"主脑"则是看错了。

刘宗周更为看重的还是王阳明关于"独知"的说法,从那里可以生发与"慎独"相关的思想。早在天启七年的《皇明道统录》之中,刘宗周就说:"先生之言曰'良知即是独知时'本非玄妙,后人强作玄妙观,故近禅,殊非先生本旨。"① 到了崇祯四年(1630),他又在证人社的讲会中指出:

> 孔门约其旨曰"慎独",而阳明先生曰"良知只是独知时",可谓先后一揆。慎独一着,即是致良知,是故可与知人,可与知天,即人即天,即本体即工夫。②

这里就更明确将王阳明讲"独知"拉入了他自己的"慎独"学。这一年刘宗周还在《中庸首章说》中提及王阳明的这句诗,并说"可谓心学独窥一源"③。崇祯五年(1631),他又说:

> 迩来深信得阳明先生"良知只是独知时"一语亲切,从此用功,保无走作。……学者只为离"独"一步说良知,所以面目不见透露,转费寻求,凡所说良知都不是良知也。……良知吃紧处,便只用在改过上,正是慎独工夫。……须知良知无圣凡、无大小、无偏全、无明昧。若不向"独"上讨下落,便是凡夫的良知,其失也,为小明、为偏弊、为迷复。虽未尝不知善,而有时认贼以作子;虽未尝不知恶,而有时认子以作贼,此仆所以云"知善知恶"四字,亦总无处用也。孔门说个慎独,于学人下手处已是千了百当,只为头面未见分明,故阳明又指个良知,见得仁义不假外求,圣贤可学而至,要人吃

---

① 《师说》,《明儒学案》卷首,第7页。
② 刘宗周:《会约书后》,《刘宗周全集》第2册,第498页。
③ 刘宗周:《中庸首章说》,《刘宗周全集》第2册,第301页。

紧上路去,非与古人有差别,故曰:"良知只是独知时。"吾党今日所宜服膺而弗失也。①

刘宗周在给秦弘祐(字履思)的这一书信之中将王阳明的"良知"之学更向"慎独"之学拉近了一步,似乎只有"慎独"才是真正的"致良知"的工夫所在。而且"慎独"本来就是孔门的"下手处",王阳明讲"良知"也是为了将学者指向更加具体明了的"下手处",而这个"下手处"其实就是"慎独",就是"改过"。

在晚年的刘宗周那里,通过对王阳明所说的"独"作进一步阐发,已经将阳明学重新诠释,变成走向蕺山学的一个途径,而这个途径本来是不需要的,只是面对秦弘祐这样的本来喜好阳明学的学者需要接引一下。值得注意的是,刘宗周引王阳明的诗有一字之差。王阳明《答人问良知二首》一诗原文是"良知即是独知时"②,刘宗周天启年间的文本中没有错,到了崇祯年间的文本里,却都变成了"良知只是独知时",其中的原因到底是出于笔误还是有意为之?"即是"与"只是"所传达的对于"独"的重视程度,则有很大的差别。

总之,刘宗周对阳明学的看法在五十岁前后就已经基本定型了,后面的十多年里虽然对王阳明与王畿的思想进行了"辨难",但是对王阳明"致良知"说的"信",即对王阳明在学术史上传承"心学"的关键作用一直都是充分肯定的,只是在肯定的同时指出王阳明在解释《大学》的"意"上有问题,而更大的问题则是在王门后学王畿的"四无"说。刘宗周对阳明学的批评主要就是容易流于禅学,后来刘汋以及张履祥、吴蕃昌等转向朱学的弟子,受到了他对阳明学弊病过于担忧的影响。另外,刘宗周十分欣赏王阳明肯定《大学》之道"诚意"的重要性以及"良知即是独知时"的提法,则因为这两点可以纳入他自己的诚意慎独之学。

三 巅峰对话:《孔孟合璧》《五子连珠》《圣学宗要》的编撰

刘宗周蕺山学的建构,除了受到老师许孚远的影响,以及浙中的阳明

---

① 刘宗周:《答履思六》,《刘宗周全集》第 3 册,第 313—315 页。
② 王阳明:《答人问良知二首》,《王阳明全集》卷 20,上海古籍出版社 1992 年版,第 791 页。

学传统的影响之外，还有一个最为重要的方面，就是他有着对整个儒学加以梳理的意识。当然这种梳理的动因则来自其治学与讲学的困惑，困惑之后他就希望在先儒的著述之中寻找答案，与孔孟以及宋明大儒进行"巅峰对话"。这种对话的主要成果为《孔孟合璧》《五子连珠》《圣学宗要》，此外还有《明儒学案》的"前身"——《皇明道统录》。《皇明道统录》是刘宗周在四十九岁前后研读明儒文集之后编撰的书，刘汋的《年谱》说："每日晨取有明诸儒文集、传记考订之。盖意于《道统录》也。"① 其性质当与《圣学宗要》类似且更为完备，可惜此书已经大部遗失，故在此不作展开，相关问题则在第五章中再作补充。

早在天启六年（1626），刘宗周就开始编撰《孔孟合璧》与《五子连珠》。② 这二书都围绕"求仁之说"展开，辑录的就是"孔孟"与"五子"谈论"仁"的语录，共一百三十一条。其中有《论语大旨》三十八章、《孟子大旨》十八章与周敦颐十则、程颢十三则、程颐十七则、张载十五则、朱熹二十则。此书体量较小，刘宗周的按语也较少。

《孔孟合璧》论及孟子的按语有对陆王的批评，值得注意：

> 昔象山之学，自谓得之孟子。人有诮之者，曰："除了先立乎其大者一句，更是无伎俩。"象山闻之曰："然。"近世王文成深契象山，而曰："良知二字，是千圣相传嫡骨血。"后人亦称文成为孟子之学。夫二子皆学孟子，而所得于孟子者仅如此。今不知"大"与"良"在何处，学者思之。③

---

① 刘汋：《蕺山刘子年谱》49岁条，载《刘宗周全集》第6册，第82页。
② 东方朔先生根据刘宗周思想发展的特点及此篇的实际内容，认为此书作于天启六年。参见杜维明、东方朔《宗周之哲学精神》附录东方朔《刘宗周对宋明儒的判读——以〈圣学宗要〉之诠释为中心》。而刘宗周之子刘汋《蕺山刘子年谱》与近人姚名达《刘宗周年谱》，都认为《五子连珠》作于崇祯八年。笔者也认为刘汋与姚名达之系年，值得商榷。《孔孟合璧》与《五子连珠》有共用之《小序》，其书中明作于"崇祯乙亥三月"即崇祯八年（1635），此书最后成书当为此时；但其编撰过程则早在天启六年（1626）寓居韩山草堂之时就已经开始，《小序》中说："先是，岁丙寅，寓韩山庄。客有问孔、孟大旨者，予不敏，以求仁之说告之。因一一书之成帙，题曰《孔孟合璧》，又附以《吃紧三关》言求仁者所必有事也。已而病其割裂，掷之笥中久矣。……乃复裒五子之言仁者以益之，曰《五子连珠》……"由此可知，《五子连珠》的编撰当晚于天启六年许多，但又早于崇祯七年。
③ 刘宗周：《孔孟合璧》，《刘宗周全集》第2册，第173页。

刘宗周认为孟子之学的关键在于讲明了求仁的下学之端，即"性善"。他接着又说："孔子之道大矣，然其要旨不外乎求仁。求仁之功，只是下学而上达，其所以告门弟子都是此理。至孟子又推明下学之所自始，要在识其端而推广之，故谆谆道性善，言必称尧、舜，可谓善发圣人之蕴。"刘宗周显然不认同陆、王二人所学之孟子，在他看来陆、王二人都不得孟子之要领，未尝重视"下学"与"性善"，空悬"大"与"良"则容易走入歧途。此处他对于王阳明的批评，也即是"今天下争言良知矣，及其弊也，猖狂者参之以情识，而一是皆良；超洁者荡之以玄虚，而夷良于贼，亦用之者之过也"之意，都是批评王门后学不重下学践履，对于阳明学的弊病他有着一贯的看法。因此，有学者认为《五子连珠》中未列入王阳明是因为当时的刘宗周"尚未认真阅读阳明著作"，这种说法恐怕欠妥。

再看《五子连珠》之中刘宗周对于"五子"的看法，他说：

> 昔人谓周子至精，程子至正，而予谓纯公尤至醇云。若张子可谓敦笃矣，朱子几于大矣。论地位，濂溪尽高；论学术，晦翁卓立天下之矩；然以言乎学以求仁，则五子如一辙。①

很明显，他最为推崇的是周敦颐与朱熹，而"五子"在继承孔子"求仁"之学上，则如出一辙，也就是说宋明理学是孔门正宗嫡传。关于周敦颐，刘宗周说："周子之学，尽于《太极图说》。其《通书》一篇，大抵发明主静立极之意，而宗旨不外乎求仁。仁也极也。"②认为"求仁"与"主静立极"思想是一贯的。周敦颐是理学的开创者，在整个宋明理学发展史上地位最高，但就学术成就而言，则是朱子最大。关于朱子，刘宗周说："紫阳之学，切近精实，亦复展开充拓去。循累而进，居然孔子下学上达法门。"③认为朱熹之学切近、循累，展开了孔子"下学上达"的具体功夫，所以才是"卓立天下之矩"。有必要提及的还有刘宗周对于二程

---

① 刘宗周：《孔孟合璧》，《刘宗周全集》第 2 册，第 190 页。
② 同上书，第 176 页。
③ 同上书，第 190 页。

的看法，他对程颐有一个评说："叔子笃信谨守，其规模自与伯子差别，然见到处更较稳实。其云'性即理也'自是身亲经历语。"① 程颐之学较为稳实，但规模不及程颢，创见也不及程颢。他对程颢一直都评价很高："伯子诸语，字字向自己血脉流出，可谓妙悟天启，却无一字印过前辈来。"② 在《圣学宗要》之中则更为推崇："向微程伯子发明至此，几令千古长夜矣。"③ 所以说《圣学宗要》只收了程颢而不收程颐，也是有特别考虑的。

《圣学宗要》编撰于崇祯七年（1634）刘宗周五十七岁之时。此书的编撰主旨与《五子连珠》不同，已经有了明显的统合朱、王的意思。《圣学宗要》的编撰，有一个机缘，引言说：

> 宗周非能读五子书者也，偶友人刘去非示我以《太极图说》、《西铭》、《定性书》、《已发未发说》，题之曰《宋学宗源》，辄洒然有当于心，爰益以《识仁》、《东铭》及《已发未发全说》，又合于阳明子之与程、朱相发明者二则，改题曰《圣学宗要》。盖亦窃取去非之意云耳。由今读其言，如草蛇灰线，一脉相引，不可得而乱，敢谓千古宗传在是。即数子之书不尽于是，而数子之学已尽于是矣。④

刘宗周编撰《圣学宗要》受到了友人刘去非的启发，但其编撰之主旨则大不相同。《圣学宗要》，收录了周敦颐的《太极图》与《图说》、张载的《西铭》与《东铭》、程颢的《识仁说》与《定性说》、朱熹的《中和》四说，以及王阳明的《良知答问》与《拔本塞源论》，也就是"阳明子之与程、朱相发明者二则"。除王阳明外，所选每一个人的文本字数都不多，但是在这些文本的后面，都附录了刘宗周所作的诠释性的按语，许多按语文本的字数超出了原来文本。这些对宋儒文本的诠释，后来大多被黄宗羲等人收入《宋元学案》，成为其中的重要组成部分。刘宗周编撰此书，希望在空谈心性不读书的时代，提纲钩要地将宋明儒学呈现出来，

---

① 刘宗周：《孔孟合璧》，《刘宗周全集》第 2 册，第 183 页。
② 同上书，第 181 页。
③ 刘宗周：《圣学宗要》，《刘宗周全集》第 2 册，第 239 页。
④ 刘宗周：《圣学宗要引》，《刘宗周全集》第 2 册，第 228—229 页。

从而通过彰显宋明之儒学，再来彰显孔孟之儒学。他说：

> 孔孟既没千余年，有宋诸大儒起而承之，使孔孟之道焕然复明于世，厥功伟焉。又三百余年而得阳明子，其杰然者也。夫周子，其再生之仲尼乎！明道不让颜子，横渠、紫阳亦曾、思之亚，而阳明见力直追孟子。自有天地以来，前有五子，后有五子，斯道可为不孤。顾后五子书浩繁，学者多不能尽读。即读之，而于分合异同之故，亦往往囿于所见，几如泛溟渤之舟，茫然四惊，莫得其归，终亦沦胥以溺而已。呜呼！后世无知读五子书者，而五子之道晦，五子之道晦，而孔孟之道亦晦，则其所关于斯文之废兴，岂浅鲜乎？①

上文提及刘宗周特别推崇周敦颐与王阳明，认为"无极"与"良知"二理论的提出，都是道学史上的重要突破。但是，他将周敦颐比作孔子，恐怕会引发许多争议，而将王阳明比作孟子，则恐怕大多学者都会认同，如牟宗三先生就说："不管其悟良知之主观机缘为如何，其学之义理系统客观地说乃属于孟子学者亦无疑。"② 另外，将程颢比作颜回、将张载比作曾子，争议不会太大，而将朱熹比作子思则争议会比较大。事实上刘宗周也对朱熹特别推崇，这里前后五子的比附，确实也有点牵强。至于为什么在《圣学宗要》中没有收录程颐的语录，杜维明先生说："故宗周在《圣学宗要》中特拈出'诚敬'二字，提领程明道'识仁'之旨，亦将二程之学在工夫一路上完全打合，可谓良工苦心。依宗周，就求仁一脉上，以敬以诚乃吾儒顶门，固不特二程兄弟为然，则凡圣贤血路，皆就此劈榛，断无捷径。如是，宗周去伊川而取明道，除去别的原因，则其重工夫以证圣以在心学一脉中补偏救弊、醒目学人之用心便了然纸上。"③ 其实，还有一个原因就是程颐的语录大多比较零散，而《圣学宗要》一书收录的都是较为系统、完整的篇章。

综合《皇明道统录》（《师说》）、《五子连珠》、《圣学宗要》等，我

---

① 刘宗周：《圣学宗要引》，《刘宗周全集》第 2 册，第 228 页。
② 牟宗三：《从陆象山到刘蕺山》，第 152 页。
③ 杜维明、东方朔：《杜维明学术专题访谈录——宗周哲学之精神与儒家文化之未来》，第 323 页。

们可以看出刘宗周对明儒最为重视许孚远与王阳明，对于宋儒则特别重视周敦颐与朱熹，这二人有着异于其他诸位的特殊态度。

其一，对周敦颐的特别推崇。刘宗周为什么特别推崇周敦颐，称之为"再生之仲尼"？黄宗羲所总结的蕺山学"发先儒之所未发者"四点之中的"静存之外无动察""太极为万物之总名"都与周敦颐相关。更重要的是，蕺山学的核心问题"人与万物一体"与周敦颐"主静立极"之说密切相关，这些在刘宗周《圣学宗要》里的按语里体现得十分明显。杜维明先生说："《圣学宗要》的另一个显著特点即是宗周诠释其余诸子之思想大抵皆以周濂溪的理论为归旨，此则与宗周将濂溪比作'再生之仲尼'的看法有关。……假如撇开宗周推尊周濂溪的个人观点，我们发现，宗周如此诠释宋明五子之文本却有一个非常突出的特点，那便是宗周乃是从吾儒成圣成贤、继天立极之终极关怀中，将严密工夫认作'千古宗传'，万世道揆的。"①

刘宗周在诠释朱子的时候，也十分关注周敦颐与朱子的关系。周敦颐的《太极图说》《通书》朱子都作了重新诠释，周敦颐在理学史上的地位也是朱子确立起来的，刘宗周显然也看到了这一点。在上面提及的《五子连珠》的第一条关于"心之所为"之后，刘宗周的按语是"此是朱子得统于濂溪处"。

其二，对朱子的推崇。刘宗周以朱子学为规范，对于朱子重工夫、重践履等方面则非常肯定。在《五子连珠》中，选《朱子语类》二十则，主要集中于工夫论方面。《圣学宗要》收录朱子的《中和》四说，在每一说之后刘宗周都有一条按语，这些按语后来被黄宗羲收在《宋元学案》的《晦翁学案》之中。② 其中第一说后刘宗周就说"说得大意已是"，第二、三说"端的""最为谛当"等，非常认可。第四说后有大段的按语，其中说："合而观之，第一书言道体也，第二书言性体也，第三书合性于心言工夫也，第四书言工夫之究竟处也。见解一层进一层，工夫一节换一

---

① 杜维明、东方朔：《杜维明学术专题访谈录——宗周哲学之精神与儒家文化之未来》，第320—322页。关于刘宗周对周敦颐学术的继承与发展，除去杜维明先生的讨论之外，杜宝瑞《刘蕺山的功夫理论与形上思想》有更为详细的分析，故此处不多作展开。

② 《晦翁学案上》，黄宗羲原著、全祖望补修：《宋元学案》卷四十八，中华书局1986年版，第1506—1507页。

节。孔、孟而后,几曾见小心穷理如朱子者!""愚按朱子之学本之李延平,由罗豫章而杨龟山,而程子,而周子。……朱子不轻信师传,而必远寻伊洛以折衷之,而后有以要其至,乃所为善学濂溪者。"① 刘宗周对朱子《中和》四说作了自己的处理并重新诠释。② 认为朱子通过二程等人而寻绎其源头至周敦颐那里,这才很好地处理了"静"与"敬"的关系,所以说朱子才是真正善学周敦颐。

朱子与刘宗周,都是一生向道的大儒,在学术上竭力于疑难之辨析,"自始至终都在'自信'与'自疑'的紧张心理状态下进行"③。而且,二人都特别重视疑难众多的《大学》一书,朱子临终还在修改《大学·诚意章》,刘宗周也是如此,"宗周读书至晚年,终不能释然于《大学》也"④。

刘宗周对于朱子,不只是一般的推崇,而是比晚明的大多理学家更多、更深地回归于朱子之学,甚至还有以朱子自比的可能。这有一个事例,刘宗周六十八岁之时,曾梦见朱子,并将此梦与弟子张应鳌讲起:

> 先生早觉,谓张应鳌曰:"比夜梦朱文公来此。"应鳌曰:"先生固文公后身,窃谓先生学问精切入微处当轶文公而上之。至文公晚年焚谏草,自号遁翁,先生今日遭此,微不同耳。"先生曰:"还让先贤。"应鳌曰:"鳌非阿所好。先生之学,几于圣矣。"先生勃然曰:"恶!何狂悖乃尔!"⑤

这里张应鳌的回答不免有点"阿其所好",刘宗周自然不会真的以朱子自比,但一定认为此事可以作为自己学力精进的象征。在刘宗周晚年编撰的《人谱杂记》中,就有类似的记载:"吴康斋先生尝夜梦孔子、文王来访,

---

① 刘宗周:《圣学宗要》,《刘宗周全集》第 2 册,第 240—244 页。
② 钱穆先生指出刘宗周此处"随处皆可商榷",概括钱先生所论则主要问题有四:混合《中和说》与《旧说》为一、颠倒次第、漫加删节、妄肆曲解。《朱子新学案》第 2 册,九州出版社 2011 年版,第 251—252 页。
③ 余英时:《朱熹的思维世界》增订版序,氏著《史学研究经验谈》,上海文艺出版社 2010 年版,第 182 页。
④ 刘宗周:《大学古文参疑》,《刘宗周全集》第 1 册,第 624 页。
⑤ 刘汋:《蕺山刘子年谱》附卷《刘谱录遗》,载《刘宗周全集》第 6 册,第 192 页。

如是者数四，人以为此先生真积力久之验。"① 另外，也说明他用功于朱子学的精深与长久。刘宗周颇具朱子之气象，还有另外一例：

> 先生当党祸杜门，倪鸿宝以翰编归里，三谒先生，不见。复致书曰："先生至清绝尘，大刚制物，动以孔、孟之至贵，而为贡、诸、荆、卞之所难。璐心服之，诚如七十子之于夫子也。"每于士大夫推尊不啻口，言及必曰："刘先生云何。"先是，越之衿士无不信先生为真儒，而缙绅未尝不讪笑之。独鸿宝号于众曰："刘念台，今之朱元晦也。"于是始有信之而愿学者。自此，祁公彪佳、施公邦曜、章公正宸、熊公汝霖、何公弘仁，争以著蔡奉先生。②

倪元璐（字鸿宝，1593—1644），虽然在学术上更接近于黄道周，但对刘宗周的学术也推崇备至，也是最早推崇刘宗周的绍兴士绅之一。他就认为刘宗周的学术接近于朱子，称刘宗周为"今之朱元晦"，应该是感觉到了刘宗周身上的朱子气象了。这种圣贤气象，也感染了施邦曜、祁彪佳、章正宸、熊汝霖、何弘仁等人，其中祁彪佳、章正宸、何弘仁一般被认为是刘门弟子，其实包括倪元璐在内与刘宗周都是亦师亦友的关系。

关于刘宗周是否回归朱子，其弟子陈之问说："余摄斋蕺山、漳浦两夫子之堂，两夫子之学，莫不原本考亭，追溯濂溪、二程以达于孔、孟。"③ 当代学者杜维明先生对此问题则有更为深入的分析："宗周的理论向度基本上是要回到朱熹，在宗周的整个论据中不是顺着阳明的路子发展下来。然而宗周受朱子的影响又批评朱子，就像当年阳明写'朱子晚年定论'时一样，整个朱学里所体现的博大精深的精神，宗周都能够加以范围、吸收和转进，从这个意义上看，宗周在很多地方是继承朱学的。""宗周回到《人谱》，把整个朱学所开拓的领域完全带进来，把朱学的基

---

① 刘宗周：《人谱杂记二·考旋篇》，《刘宗周全集》第2册，第53页。
② 刘汋：《蕺山刘子年谱》附卷《刘子年谱录遗》，载《刘宗周全集》第6册，第181—182页。此事全祖望也有记述，其中还说倪氏每见学者辄语之曰"勿坐失此大儒"，推原证人之学得倪氏始光，倪氏还遣其弟倪元瓒（号朗斋）从事证人之社等，《明太保倪文正公祠堂碑铭》，《鲒埼亭集》卷第24，《全祖望集汇校集注》，第441页。
③ 黄宗羲：《陈令升先生传》，《黄宗羲全集》第10册，第600页。

本精神完全带到他那个系统里面。"① 应该说，无论理论与实践，刘宗周都有从王阳明向朱子回归的意味，越到人生的晚年，越向朱子靠拢。当然，在刘宗周那里并没有实现对朱子学的回归，他还是在反复调整以求更好地统合程朱与陆王。他说："若朱子不能用陆子，陆子不能用朱子，便是不及古人处。"② 刘宗周在汲取朱子学优长的同时，从来都没有放弃阳明学的优长，所以说蕺山学在回归朱子学的同时大量保留阳明学的元素，甚至可以说，其基本的规模还是在阳明学系统之内。但是，到了刘宗周去世之后，其子刘汋以及其弟子张履祥、吴蕃昌、恽日初等人却都转向了朱子学，蕺山学中的朱子学元素无疑就是导致转向的重大诱因。

一生都勤于读书与思考的刘宗周，中年以后开始对整个宋明理学史加以梳理，其学术成熟的过程与其学术史梳理的过程也基本一致，他的学术史梳理的工作后来由其弟子黄宗羲等人接续才得以完成，最终体现在《明儒学案》与《宋元学案》之中。从刘宗周对宋明理学史的认识来看，他虽然推崇周敦颐并称其为"再生之仲尼"，但是真正看重的还是具有完善的"下学上达法门"的朱子学，而在刘宗周与朱子学之间起到了桥梁作用的则是他的老师许孚远。

四　回归经学：以《四书》学、《礼》学为中心

与宋明时期的其他理学家相比，刘宗周是其中特别重视理学与经学关系的一位，他对经学有所回归，特别是对《四书》学、《礼》学、《易》学都进行了深入的研究。宋明时期大多理学家都特别重语录而轻经学，刘宗周却既重视宋明儒的"语录"等著述，又重视传统的经学文本。在讲学之初，就著有《论语学案》，后来又撰有《中庸首章说》《大学古文参疑》等书，对《四书》进行了重新诠释。刘宗周特别重视《礼》学，曾着手编纂《礼经考次》，还有《曾子章句》也当属于《礼》学类。此外还有《易学》，有《周易古文钞》一书以及其他相关论述。刘宗周对于经典文本的研究虽然还是以义理为主，但是在《大学古文参疑》《礼经考

---

① 杜维明、东方朔：《杜维明学术专题访谈录——宗周哲学之精神与儒家文化之未来》，第95、98页。
② 刘宗周：《与王右仲问答》，《刘宗周全集》第2册，第333页。

次》等书的编纂过程中，考据方法也得到了充分的重视，开启了浙东考据之学的先河。

虽然说刘宗周主要是以慎独学来对经典加以诠释，但是他的诠释与宋明以来大多的理学家已经有所不同。从其学术历程来看，越到晚年越重视经典文本本身，努力使得自己想要弘扬的义理符合于文本，对文本采取了考据与义理结合的研究方法，这一点集中体现在他对于《大学》的研究之中。

《大学》是唯一的经典文献，在"内圣"与"外王"之间提供了一往一来的双轨通道。① 刘宗周曾引汉儒贾逵云："子思穷居于宋，惧圣道之不明，乃作《大学》以经之，《中庸》以纬之。"认为《大学》《中庸》作者同为子思。②

刘宗周与明代的王阳明、高攀龙等人一样，对《大学》特别重视，虽然他十分尊信《大学》，但是因为《大学》而产生的困惑一点也不比王阳明、高攀龙等人少。刘宗周既信《大学》又疑《大学》，作有《大学古文参疑》《大学古记》《大学古记约义》《大学杂言》等著作。更重要的就是，在其晚年，对于《大学》怀疑的一面增加了。他撰写《大学古文参疑》就试图解决心中的疑虑，在《序》中说："然则戴氏之传《大学》，早已成一疑案矣，后之人因而致疑也，故程子有更本矣，朱子又有更本矣，皆疑案也。然自朱本出，而《格致补传》之疑，更垂之千载而不决。"刘宗周还说：

> 古本、石本皆疑案也，程本、朱本、高本皆疑案也，而其为'格致'之完与缺、疏'格致'之纷然异同，种种皆疑案也。呜呼！斯道何由而明乎！宗周读书至晚年，终不能释然于《大学》也。③

从宋代到了明代，《大学》之疑案更是层出不穷。王阳明恢复的古本、丰

---

① 余英时：《朱熹的历史世界》，第 419 页。
② 刘宗周：《大学古记约义》，《刘宗周全集》第 1 册，第 643 页；姜广辉在《中国经学思想史》中指出："因刘宗周不擅长文献考证，不知所称贾逵之语乃明人伪造，故有此误。"《中国经学思想史》第 3 卷，第 47 章《锐意革新的宋明经学》，第 35—36 页。
③ 刘宗周：《大学古文参疑》，《刘宗周全集》第 1 册，第 608 页。

坊伪造的石经本、高攀龙的改本都企图解决《大学》的疑案，实际上只是使疑案倍增而已。刘宗周的"参疑"也是如此，所以他说"终不能释然"。又在此书之末加上说明："《古本大学》辞虽错出而大旨本是跃然，只为翻改纷纷，转乖大义，故不得已而存此疑案，以俟后之君子，非敢任乱经之罪也。"①《大学》"大旨本是跃然"，但是在这里"存此疑案"，希望后人能够解决这个问题。而且，刘宗周在绝食后的弥留之际，还特意强调《大学古文参疑》一书"过于割裂"故命门人削之，②对于《大学》疑案，他只能存而不论。

刘宗周从重视《四书》开始，接着进一步关注《礼》学，曾致力于《礼经考次》一书的编纂。他自己在《礼经考次序》中说：

> 秦火之余，《六经》半出灰烬，而《三礼》之残缺尤甚。《周礼》、《仪礼》古今异宜，并置不讲。至二戴所传诸《记》，本不出自一人，真赝混杂，种种错简，尤难位置。后人以《小戴》文颇近古，独立学官，传之至今。然欲遂废《大戴》而不录，亦非通论也。……幸而有《家语》一书，颇存源委，以参戴氏之说，真如珠玉之混泥沙而文绣之错以麻枲败絮也。宗周因稍稍取而诠次之，合大、小《戴》，录为一十四卷，卷若干篇，每篇表章孔氏之言，录为正经。而其后乃附以记者之说，各从其类，先后次第，颇存条贯。又于其间错者正之，讹者衍之。间有缺者，以《家语》补之。昔也戴氏一家言，今尽取而还之孔子，进而与《易》、《诗》、《书》、《春秋》并垂不朽，其在斯乎！因尊之曰《礼经》，而僭附其义曰《考次》云。③

从此序可知，刘宗周参考《孔子家语》一书，将《大戴礼记》与《小戴礼记》二书合并，然后首列孔子之言，作为"正经"；"附以记者之说"作为"传"。并将其中的"错者正之""讹者衍之"，进行了一番详细的考证。如有缺失，则选择《孔子家语》中的相关段落补之。应该说刘宗

---

① 刘宗周：《大学古文参疑》，《刘宗周全集》第 1 册，第 624 页。
② 刘汋：《蕺山刘子年谱》，载《刘宗周全集》第 6 册，第 164 页。
③ 刘宗周：《礼经考次序》，《刘宗周全集》第 4 册，第 32—33 页。

周的这番"考次",与后来的考据之学在方法论上基本相近,这部书如果完成也当有很高的学术价值。

与此同时,刘宗周对历代流传下来的经籍也都有所考订,曾编纂《经籍考》,可惜编成之后没有流传下来。该书也涉及他对《礼经》的考证问题,对此刘汋有详细的介绍:

> 冬十二月,定《经籍考》。先生初年疑《礼记》厖杂,即有删定之志,而不得其说。是时,取《二戴》诠次之。始知《记》中夫子之言皆《家语》文,又有夫子对当时君臣语,戴氏去其问答,私为己有,悉改正如旧。合大、小《戴》为一十四卷,每篇表孔子之言为正记,附以记者之说,各从其类,错者正之,讹者衍之,间有缺者,以《家语》补之。另立《乐记》,补《六经》之缺。又节《曲礼》,入《少仪》,同《文王世子》合之《大学》,为《古学记》,取《曾子》十篇,配《四书》。别录《丹书》、《投壶》、《奔丧》为《尚书》、《仪礼》逸经,削者数篇,各编辑成书。已而以朱子《仪礼》经传之说为是,罢去前编,复举古人经籍订定目录。①

此处部分介绍可为上文作一补充,刘宗周主张将《礼记》重新打散,将《乐记》另立以补《乐经》;取《曾子》十篇以配《四书》;又将《丹书》等录入《尚书》或《仪礼》逸经,这些看法都有一定的道理,可见他在经学上的见识。不过就究竟如何取舍才更好,后来他又有所犹豫,或认为朱子的看法也对,可依照古人定的目录处理。关于刘宗周重新考订其他经籍的具体目录,刘汋也有详细介绍,此处不表。另外,刘宗周在《小学集记》的《书学》之中说:

> 朱子《仪礼》为经、《礼记》为传之说,古人原是此意。《礼记》一书,大抵如《周易》之十翼、《春秋》之三传,各自为书,不必比而合之。必欲比而合之,则有余不足之数睹,不得不取他书以益之,仍非古人之完书矣。元儒吴草庐著《三礼考注》,备言此意。但

---

① 刘汋:《蕺山刘子年谱》,《刘宗周全集》第6册,第127页。

草庐于《戴记》亦择焉不精,不无遗憾耳。余向有所更定,未及成书,姑以俟后之君子。①

对朱子"《仪礼》为经、《礼记》为传"的观点,刘宗周基本认同,但指出经、传不必"比而合之"。对吴澄(号草庐,1249—1333)所著《三礼考注》之中经、传不合一起等看法,刘宗周有所认同,但感觉吴澄对二戴《礼记》的考证则"择焉不精"。因此他才打算自己"有所更定",开始编纂《礼经考次》一书。《礼经考次》一书最后没有编纂完成,后来黄宗羲在甬上讲经史之学,特别重视《礼》学,万斯大专治《礼》学,这些应该与刘宗周晚年重视《礼》学也不无关系。

与《经籍考》相关的,刘宗周还编纂有《古学经》,也就是重新厘正"学书"。《古学经》一书后来也未有流传,流传下来的只有《大学》部分的研究著述。刘汋说:

> 先生既定《经籍考》,乃先取学书厘正之:《小学》则以《曲礼》为第一,《少仪》第二,《内则》第三,《玉藻》第四,《王制》第五;《大学》则从高先生古本次第而章句之;《学记上》则以《文王世子》合之《大戴·保傅》;《学记下》即原《学记》,总名《古学经》,序《十三经》首。②

刘宗周编纂的《古学经》,其实就是对于《小学》《大学》《学记》等"学书"进行重新考证,以他自己对于《礼》学的研究来重新加以编次。

另外需要说明的则是,刘宗周对《礼》学的研究,可以说是以考据为主,对于《大学》的研究则是考据与义理并重的。至于《论语学案》《曾子章句》等书以及《中庸首章讲义》等篇,则研究方法相似,都以"义理"的阐发为主。再说《曾子章句》一书,共十篇,取自《大戴礼记》中的第四十九篇至五十八篇,刘宗周以章句体加以重新诠释,用以

---

① 刘宗周:《小学集记》,此书未见流传,故参见刘汋《蕺山刘子年谱》的小注,载《刘宗周全集》第6册,第128页。
② 刘汋:《蕺山刘子年谱》62岁条,载《刘宗周全集》第6册,第128页。

配合《四书》之学。如在《立事第一》之中，刘宗周着重讲的就是修身之学，并且指出该篇应该与《大学》相互发明。在后面几篇之中，则指出应该与《孝经》《周易》等经书一起研习，以求相互发明。①

如果再看黄宗羲与董玚等人在刘宗周去世之后的学术活动，那么就更可以明白刘宗周本人对于经学的重视其实由来已久且颇有体系，未竟的事业则由黄宗羲、董玚等弟子来完成了。黄宗羲《孟子师说》的《题辞》中说：

> 先师子刘子于《大学》有《统义》，于《中庸》有《慎独义》，于《论语》有《学案》，皆其微言所寄，独《孟子》无成书。羲读《刘子遗书》，潜心有年，粗识先师宗旨所在，窃取其意，因成《孟子师说》七卷，以补所未备，或不能无所出入，以俟知先生之学者纠其谬云。刘门弟子姚江黄宗羲识。②

无论黄宗羲的《孟子师说》是否与其师之学说有出入，承继先师未竟之事业的意思还是在的。参与编辑《刘子全书遗编》的杜春生说：

> 《全书》有《经术》一类，子所纂述《论语》、《大学》、《易钞》、《曾子》，董氏悉汇入全书。惟《中庸》、《孟子》尚未著有成编，故黄梨洲先生有《孟子师说》之作，董无休先生有《中庸学案》、《孟子学案》之作，皆以阐明师学，裨补阙遗，诚刘门之素臣也。③

董玚（字无休）等人在编辑《刘子全书》时，已经将刘宗周的《周易古

---

① 刘宗周：《曾子章句》，《刘宗周全集》第1册，第557—606页。
② 黄宗羲：《孟子师说·题辞》，《黄宗羲全集》第1册，第48页。关于《孟子师说》，锺彩钧先生将刘宗周关于孟子的论说与《孟子师说》进行了仔细的比勘，认为刘、黄二人对孟子的理解有相当大的差异，他说："其实《孟子师说》已经采取了与蕺山不同的研究方向……对孟子年代的考证、对故籍的考证、对历史的考证与博物之学等等，都不是蕺山学说所能范围的，而可嗅到新时代的气息。"锺彩钧：《刘蕺山与黄梨洲的孟子学》，《刘蕺山学术思想论集》，第408页。
③ 杜春生：《刘子全书遗编钞述》，载《刘宗周全集》第6册，第701页。

文钞述》《论语学案》《曾子章句》《大学古文参疑》《大学古记约义》等编入《经术》一类之中。上面黄宗羲所说《大学》有《统义》当指刘宗周《大学古记约义》；《中庸》有《慎独义》当指刘宗周的《中庸首章说》，被收入《语录》一类。因为刘宗周关于《中庸》《孟子》的解说尚未成书，所以后来黄宗羲才会撰写《孟子师说》，董玚则撰有《中庸学案》《孟子学案》，"以阐明师学，裨补阙遗"①。另外，另一刘门弟子沈昀也曾撰有《四书宗法》《七经评论》等书，可惜已经亡佚。

第二节　蕺山学的建构（下）：交游以及学术异同

刘宗周的学术发展，除了受到宋明先儒以及经学文本的深刻影响之外，还和与一群亦师亦友的东林士人的交游、切磋有重大关联。其中影响特别大的就是周应中、刘永澄、高攀龙，特别是高攀龙对刘宗周的人生与学术的影响特别深远。当然，刘宗周与这些友人还是有许多思想差异，比如对王学的态度，即使同样有所批判、修正，其中的角度也会有细微的差别。关于刘宗周的这些友人，以及友人们对于他的学术发展的影响具体如何，思想异同情况如何，等等，目前学界只是偶有涉及，所以有必要对这个问题进行一次较为完整的梳理。此外，刘宗周与东林党、东林学派，其中存在着较为复杂的关系，有必要作一澄清。

一　交游概述

刘宗周慎于交游，自幼就与他人保持距离，"弱不好弄，饭毕即就学舍，往来肃躬而行，不他顾，不急趋，见者异之"②。万历二十九年（1601），他考中进士后，于友道更加严谨："誓不妄交，与非同志士，虽邂逅遇之，必趋而避。"③"先生平日不赴人饮，亦不招人饮。越中缙绅有蓬莱会，月一治具燕集。先生登第后，有邀与会者。先生曰：'不谈道，

---

① 赵园先生指出董玚编撰《中庸学案》《孟子学案》，董玚与姜希辙还参与编撰《明儒学案》，他们所做的相关工作都是同一个工程，也即"刘子遗书"工程。赵园：《刘门师弟子——关于明清之际的一组人物》，载汕头大学新国学研究中心编《新国学研究》第1辑，第187页。
② 刘汋：《蕺山刘子年谱》9岁条，载《刘宗周全集》第6册，第54页。
③ 刘汋：《蕺山刘子年谱》24岁条，载《刘宗周全集》第6册，第60页。

不讲艺。为此无益之举,无论虚费资材,即光阴讵不可惜乎?'固辞不往,前辈窥先生雅操云。"① 为官之后,也是如此:"时内阁进宫衔,九卿往贺,先生独不往。考选台省,各官初谒,执门生刺,先生辞不受。"②

还有两件在当时人看来颇为极端的事情,不免让人感到刘宗周过于严苛。其一是与刘宗周有同年之谊的韩浚义多次造访,甚至已经到了面前刘宗周都断然回避:

> 先生官大行,给假归,江西巡按韩浚上疏参先生,比之少正卯,谓"行伪言坚,足以乱天下而有余,乞赐尚方加诛以为惑世诬民之戒。"……先是,浚以巡蹉按浙,行部至越中,修年谊,谒先生者再。先生正患病,谢之,浚疑其为伪也。一日屏驺从,单车造门,苍头报按君至,而浚已入卧室,先生亟从帷后避之,浚恨绝之甚,遂有此狂诋。③

其二,他后来连黄道周也回避,则让人更是感到奇怪:

> 先生乙酉四月假馆上灶陈氏别业,避黄公道周也。初,黄公负重名,建言下诏狱,后天下益仰为岱斗。然气节有余而学问不足,先生尝移书勉之。金陵建立,晋宗伯,赴召过武林。先生已悬车,复遗书沮其出,公不听,入朝,寻以祭告禹陵使越。先生曰:"际此乱朝,义不当出。既出,不能少有建明,而复借使职以优游,非大臣事君之道也。"闻其将至,出居陈婿别业避之。公至,请见再三,不遇,逡巡月余。一日,先生走诗箴讽之行,公遂去。及浙溃,先生欲访公言事不可得,乃悔之曰:"未免当日拒绝太深耳。"④

刘宗周与黄道周都是晚明大儒,从他们的通信来看,彼此也相互敬重与推许,但是在动荡的时局之下,二人的关系也有些微妙。这里不多展开,只

---

① 刘汋:《蕺山刘子年谱》附卷《刘子年谱录遗》,《刘宗周全集》第6册,第177页。
② 同上书,第189页。
③ 同上书,第179—180页。
④ 同上书,第190页。

是说明刘宗周严苛于操守,对黄道周当时的出处并不认同而避之再三。另据黄宗羲记述:"黄漳浦祭告禹陵,及门者三。先生不见,曰:'际此乱朝,岂大臣徜徉山水之日?'漳浦闻之,即行。"① 因为拒绝太深,二人失去了商讨时局的机会。

刘宗周一生的友人,最为重要的有周应中(字正甫,别号宁宇,1540—1630)、高攀龙(号景逸,谥号忠宪,1562—1626)、丁元荐(字长孺,别号慎所,1563—1628)、刘永澄(字静之,1576—1613)、魏大中(号廓园,1575—1625)、黄尊素(号白安,谥号忠端,1584—1626)六人,六人之中又与高攀龙、刘永澄更为密切。刘汋说:"先生生平为道交者,惟周宁宇、高景逸、丁长孺、刘静之、魏廓园五人而已,而景逸洎静之,尤以德业资丽泽,称最挚云。"② 在黄宗羲的记载中则又补上了其父黄尊素:"砥砺性命之友则刘静之、丁长孺、周宁宇、魏忠节、先忠端公、高忠宪。"③

丁元荐,师事于许孚远,与刘宗周同为许氏门人,又曾从顾宪成讲学于东林书院。刘宗周所撰《丁长孺先生六秩寿序》说:"余后进长孺二十年,发燥得读其文,想见其丰采,已一交臂,许为忘年。"④ 在《祭丁慎所先生》一文中有更详尽的记述:

> 弟之初与兄遇也,盖在许敬庵先师之门,而癸卯之岁也。时弟初向学,见兄神气骯脏,几不敢仰视,因知为前辈丁长孺而学于师门者也。方弟卑卑自好者,亦辄有当于兄心,相视莫逆。既别去,将十年,弟已置兄不问,而兄私于士大夫间推毂我、游扬我无虚日。一日缄书郑重,不胜其缁衣之好,而弟乃辱与兄友,其知我有如此者。⑤

由上可知,二人初次见面是在万历三十一年(1603)刘宗周问学许孚远

---

① 黄宗羲:《子刘子行状》卷下,《黄宗羲全集》第 1 册,259 页。
② 刘汋:《蕺山刘子年谱》35 岁条,载《刘宗周全集》第 6 册,第 67 页。
③ 黄宗羲:《蕺山学案》,《明儒学案》卷 62,1514 页。
④ 刘宗周:《丁长孺先生六秩寿序》,《刘宗周全集》第 4 册,第 77 页。
⑤ 刘宗周:《祭丁慎所先生》,《刘宗周全集》第 4 册,306—307 页。

之时，就在德清许孚远家。万历三十九年，刘宗周又致书与丁元荐定交。① 二人相识之后，丁元荐对于刘宗周多有推举。天启五年三月，听说丁元荐去世之后，刘宗周还曾前往长兴凭吊。又为丁元荐撰有墓表，其中说：

> 初，余于许师庄简公座中，见先生抵掌谈天下事，神采迸露，辄惊起，退而叹服非当世士，遂相与定交。然闲与师语及先生之为人，必曰："意气意气。"先生闻之懅然。晚年目眚，喜静坐。夫子不得中行而思其次，必也狂简。狂简亦何病于世？神庙季年清议名臣，先生第一。②

刘宗周为丁元荐纵谈天下事的风采所吸引，二人订交。后来许孚远说丁元荐"意气"，丁元荐"懅然"醒悟。丁元荐好静坐，还说"狂简"无病于世，也有点阳明学的因素。丁元荐的道学家风度，应该说也会对刘宗周有一定的影响。

魏大中，从学于高攀龙，多次弹劾魏忠贤一党，后被陷害，死于狱中。刘宗周对他评价很高："早游梁溪，与闻正学。守学之贞，信道之卓。以此事亲，以此事君，以此事师，以及友人。勠力同心，以补衮职。以此忤权，以中谗贼。以进以退，以荣以辱。以生以死，惟此学鹄。"③ 魏大中对刘宗周影响最大的，也当是在为学的"守贞"以及进退、生死等方面。

黄尊素，即黄宗羲之父。黄宗羲说其父亲"少即博览经史，不专为科举之学"④。在《明儒学案》中黄宗羲说：

> 先生未尝临讲席，首善之会，谓南皋曰："贤奸杂沓，未必有益于治道。"其风期相许者，则蕺山、忠宪、忠节。万里投狱，蕺山恸哭而送之，先生犹以不能济时为恨。先生以开物成务为学，视天下之

---

① 刘汋：《蕺山刘子年谱》34岁条，载《刘宗周全集》第6册，第66页。
② 刘宗周：《正学名臣丁长孺先生墓表》，《刘宗周全集》第4册，第221页。
③ 刘宗周：《祭魏廓园给谏》，《刘宗周全集》第4册，第310页。
④ 黄宗羲：《黄氏家录·忠端公黄尊素》，《黄宗羲全集》第1册，第413页。

安危为安危,苟其人志不在弘济艰难,沾沾自顾,拣择题目以卖声名,则直鄙为硁硁之小人耳。其时朝士空疏,以通记为粉本,不复留心于经学。章奏中有引绕朝之策者,一名公指以为问,先生曰:"此晋归随会事也。"凡《五经》中随举一言,先生即口诵传疏,澜倒水决,类如此。①

黄尊素精通经史之学,而不像一般士人仅仅钻营于举业之道,更重要的还是他对于经世济民的倡导,"视天下之安危为安危",嫉恶如仇,多次弹劾魏忠贤,最后在天启六年的"七君子之狱"中被捕,最后死在狱中。刘宗周与高攀龙、魏大中同为黄尊素之好友,黄尊素被捕,刘宗周"饯之萧寺,促膝谈国是,唏嘘流涕而别"②,此即"恸哭而送之"。

崇祯元年(1628),刘宗周遍吊死难诸友。是年冬,就到余姚吊黄尊素,"褰帷以袖拂棺尘,痛哭而去"③。在《吊黄白安侍御》一诗中说:"青嶂出江汀,江流去不平。千秋知己哭,一夕送君行。骨与冰霜悴,魂随雨露清。空遗明主恨,破柱有平稜。"④黄尊素的东林精神,对当年的刘宗周也会有一定的影响。

二 周应中、刘永澄

对于刘宗周的学术发展,影响较大的则是高攀龙、刘永澄、周应中三人,此处简要叙述刘宗周与周应中、刘永澄之间的交游及学术影响。

周应中,浙江会稽人,是刘宗周的外祖父南洲公章颖的学生。万历年间进士,曾主纂《万历戊寅志》,官至光禄寺少卿。为人不喜炫耀,故居乡之时,闾里不知有乡宦,官府不识有名卿。周应中长刘宗周三十多岁,因为章颖的关系,二人相交较早,交往也较多,刘宗周五十岁时有诗呈周应中,其中说:"开岁少人事,喜回长者车。"⑤刘汋行冠礼之时,"迎周

---

① 黄宗羲:《东林学案四·忠端黄白安先生尊素》,《明儒学案》卷61,第1492页。
② 刘汋:《蕺山刘子年谱》49岁条,载《刘宗周全集》第6册,第82页。
③ 黄炳垕:《黄梨洲先生年谱》19岁条,载《黄宗羲全集》第12册,第22页。
④ 刘宗周:《吊黄白安侍御》,《刘宗周全集》第4册,第526页。
⑤ 刘宗周:《元旦呈周宁宇先生》,《刘宗周全集》第4册,第524页。

宁宇先生为宾"①。

天启五年（1625）四十八岁的刘宗周因为上疏弹劾魏忠贤而被革职为民，追夺诰命。于是回乡讲学，会讲于蕺山之下的解吟轩，并且提出了"慎独"之说。九月，与周应中、朱锦知、吴薇垣以及女婿陈刚游于禹穴，在归舟之中，刘宗周与周应中论学，"惊叹其学直窥前圣所不到处"，当时刘宗周作有《游禹穴记事》，其中说：

> 登舟返棹，间请周先生近日作何理会，先生曰："迩来于古人意思并无窒碍，时时融会作一处，千言万语只是一句，一句只是一字。"余起，请一字是何字，先生嘿然久之，借箸书"炁"字。余又问。先生曰："此炁是天地人生生之本，圣贤豪杰皆种于此，得之者是先天学问，不落人为。"曰："曷不指言心性？"先生曰："心全是人分上，性虽天所付，而亦以受于人者而言，且无是炁，则心性又安从生？"曰："一句做怎么会？"先生曰："是'神也者妙万物而为言者也'一句。此一句又摄入炁字内，故炁为独尊。有炁而后有神，然后有理，理合于心为性，率之为道。"曰："同是人，则同禀是炁，何下愚与圣知悬隔？"先生曰："彼所为囿于血气者，故累于妄耳。若孟子浩然之气，便是此炁真消息。"……余因进曰："今日更少不得先生也。"于是座中皆惊叹先生之学，直是窥前圣所不到处。余谓座友曰："先生平日不讲学，不聚徒，起居食息，只是寻常一等人，而超然见道乃尔，只为胸中无一点欲气，所以养得一点元阳光洁洁地，直以一字包千古，吾今乃知学问之要矣。"因起舟而别。②

周应中平日不讲学，不聚徒，但是"超然见道"，刘宗周认为关键就是"胸中无一点欲气"，能够"养得一点元阳光洁洁地"。周应中所认为的学问之要，只有一字"炁"。"炁"即"气"的古字，③周应中用此字则是

---

① 姚名达：《刘宗周年谱》52岁条，载《刘宗周全集》第6册，第313页。
② 刘宗周：《游禹穴记事》，《刘宗周全集》第4册，第142—144页。
③ 一般认为古人以"炁"表示先天之气，"气"表示后天之气，也有学者认为"炁"只是"气"的异体字，并没有明确的区别。参见褚洪深《"炁"字杂议》，《中国道教》2001年第3期，第47—48页。

为了表示其终极性的意义。在周应中看来,气既是"生生之本",是终极的本体,有气然后有理,理合于心然后有性。后来刘宗周一再强调"盈天地间一气",以"气"统合本体之学,在思维路径上与周应中有许多相似之处,所以与周应中的这次谈话至关重要。

周应中去世后,刘宗周还撰有长篇行状,其中也提及了谈到周应中对自己的影响:

> 宗周束发侍先生以迄于兹,每见先生进道之力,岁异而月不同,晚年德盛礼恭,渊乎莫测涯涘。窥其所得,殆尧夫、茂叔之流,近世儒者不足道也。近复得其遗稿,读之,益为之敛衽。顾予犹自愧管窥,不足模先生万一,尚俟立言大君子详核其所未尽而志之、而传之,以垂不朽,则世道幸甚。①

刘宗周对周应中的学术评价颇高,言其"终不依附当世,独完大道于浑朴之天,可谓盖代典型"②,还认为周应中之道学可以直追宋儒,远远超过了一般的明儒。刘、周二人交游颇多,又对其著述也曾反复读过,所以周应中对于刘宗周学术思想的影响值得重视。

刘永澄,扬州宝应人,故学者称淮南夫子。八岁读《正气歌》《衣带赞》,立文公朱熹牌位,朝夕拜之。万历辛丑进士,历任顺天学教授、国子学正,后起职方主事,未上而卒,终年三十七岁。黄宗羲在《明儒学案》中说:

> 先生与东林诸君子为性命之交,高忠宪曰:"静之官不过七品,其志以为天下事莫非吾事。若何而圣贤吾君,若何而圣贤吾相,若何而圣贤吾百司庶职。年不及强而仕,其志以为千古事莫非吾事。生前吾者,若何扬揭之,生当吾者,若何左右之,生后吾者,若何矜式之。"先师刘忠端曰:"静之尚论千古得失,尝曰:'古人往矣,岂知千载而下,被静之检点破绽出来?安知千载后,又无检点静之者?'

---

① 刘宗周:《光禄寺少卿周宁宇先生行状》,《刘宗周全集》第4册,第263—264页。
② 同上书,第258页。

其刻厉自任如此。"大概先生天性过于学问，其疾恶之严，真如以利刃齿腐朽也。①

此处，主要引用了高攀龙与刘宗周对刘永澄的评价，确实这二人也是最知其学问、人格的，特别是刘宗周与刘永澄可谓真正的生死之交。刘宗周曾回忆二人之定交之初：

> 岁甲辰，予始以家艰起补，与兄定交，一见而心莫逆也。维时庙堂多故，予二人每以亲老在堂，难于一掷，且前且却，卒先后谢病以去。乙巳春，予先发，兄慷慨而歌曰："时事只今难着眼，扁舟容尔独南征。"又歌曰："暇日有怀西北望，浮云一片帝乡深。"一时孤臣去国之意，宛然可掬。予二人每结遁世之盟，而不忘忧世之志。②

甲辰即万历三十二年（1604），刘宗周与刘永澄定交，当时他担任行人司行人："行人，冷曹也，司故多书，先生谢一切造请，鼓箧遍读。复旁搜国朝典故，名臣言行与治乱否泰之几、邪正消长之介，而讨论之。同籍刘静之永澄，官国学正，洁己好修。先生一见语合，遂定交。日以学行相切劘。"③沈一贯当国，与钱梦皋等人结为朋党，"楚狱妖书"等事相继而起：

> 先生在大行，将上书纠沈一贯，通草以示友人。友人曰："公有老亲，万一加以不测之祸，奈何？"先生默然，明日遂请终养。友人复来，讶之曰："公昨日且拟疏，今胡尔耶？"先生曰："既以老亲故不得行其志，不告归，更何待乎？"④

结合上面引文，可知当时劝阻刘宗周上疏的友人即为刘永澄，此后二人相继辞官回乡。

---

① 黄宗羲：《东林学案三》，《明儒学案》卷61，第1478页。
② 刘宗周：《祭年兄刘静之文》，《刘宗周全集》第4册，第302页。
③ 刘汋：《蕺山刘子年谱》27岁条，载《刘宗周全集》第6册，第63页。
④ 刘汋：《蕺山刘子年谱》附卷《刘子年谱录遗》，《刘宗周全集》第6册，第178页。

万历三十九年六月，刘宗周与刘永澄会于杭州西湖，相与论学以证学力深浅：

> 静之访道至武林，贻书先生，邀会于西湖。先生即命棹西渡，慰劳甚欢。各出证数年学力浅深。时党论初起，静之语及当世之故，辄刺刺不休，先生曰："此进而有位之事也，吾辈身在山林，请退言其藏者。"因相与究求仁之旨，析主静之说，辨修悟异同，缁缁三日不倦。静之爽然自失曰："予学犹未乎？"已而曰："子所论说第险耳，如蹑悬崖，几难试一武。"先生得知瞿然。时方习静，以存养之功与静之言之也。①

二人分别六年后再次论学，刘永澄仍旧表现出"天下事莫非吾事"的心态，而刘宗周则以"不在其位不谋其政"的态度，不愿多谈政事。这次他们主要谈论的就是如何"习静"，刘宗周听闻刘永澄的体悟之后"瞿然"，对如何"习静"有所反省。

万历四十年二月，刘宗周路过淮南，特地去拜访了刘永澄，当时二人继续论学。因为刘永澄的疾病，故而主要讨论如何"养心"："静之病，相与究养心之旨而别。"② 当然二人在讨论"养心"之外，必然也涉及"当世之务"："忠端公应召此上，将咨公以当世之务，闻公病甚，出片纸相问，越宿相见，公喘息不能出声，嗛嗛齿吻间皆君父之念。"③ 刘宗周去世后，鲁王谥为忠端，故此处的忠端公当指刘宗周。此次见面之后，刘永澄就去世了，"别三月，静之卒。比先生出使，闻变，登堂哭之恸"④。此事刘宗周在《祭年兄刘静之文》中也有记述："惟我亡友职方征士刘静之年兄卒于里居时，刘宗周以行人使事过淮南，闻变入，甫踰一旬，拊棺而哭，哭且恸，越宿再哭之，又三哭之。酹酒几筵乃去。"⑤ 也就是说是

---

① 刘汋：《蕺山刘子年谱》34岁条，载《刘宗周全集》第6册，第65—66页。
② 刘汋：《蕺山刘子年谱》36岁条，载《刘宗周全集》第6册，第67页。
③ 刘颖：《刘职方公年谱》，《北京图书馆藏珍本年谱丛刊》第57册，北京图书馆出版社1999年版，第530页。
④ 刘汋：《蕺山刘子年谱》36岁条，载《刘宗周全集》第6册，第67页。
⑤ 刘宗周：《祭年兄刘静之文》，《刘宗周全集》第4册，第300页。

年二月刘宗周与刘永澄会晤,五月初七日刘永澄去世,五月十七日左右刘宗周前往吊唁。万历四十一年二月,刘宗周又到淮南,访其故里,凭吊刘永澄,"至是再上淮南,重访其里而哭之,操文以祭,复作《淮南赋》以哀之"①。刘宗周为刘永澄作有《祭年兄刘静之文》《淮南赋》等诗文。刘宗周四十五岁时,又撰《请兵部职方司主事刘永澄谥典揭》为刘永澄请谥于朝廷,不果,于是私谥"贞修"。②刘永澄去世,刘宗周极为悲痛,在《淮南赋》中说:

> 昔也肝肠涕泪合并一人兮,今徒使我托魂梦以悠悠。将双飞以双翩兮,忽离群以分投。望天末而相思兮,怅往来之绸缪。听广陵之杳渺兮,和山阴之凄愀。肠一日而九回兮,泪汪洋以交流。③

还在祭文之中,详细回顾了二人的交游以及刘永澄的学术影响:

> 予每以兄一身之进退,卜世道之消长;而以一念之忧喜,卜君子小人之进退。二三兄弟每奉兄为蓍蔡,罔敢失坠。即海内流品,识不识,无不望兄为祥麟瑞凤,欲一玷青蝇,无由得焉。身虽厄而道弥尊,后有作者,必曰静之云何,正不必身试之而日见其大行于天下后世,其有不行者,天也。此兄之所以悲也,兄不悲其身之死,而悲其道之不行于天下后世。予亦不悲兄之死,而悲天下后世无以副兄之望。④

在刘宗周看来,刘永澄可谓"祥麟瑞凤",从其进退、忧喜之中,可以看出世道之消长、君子小人之进退,刘永澄确实是一个纵论天下事于古今得失的高人。可惜其道不得行,其身死后无人能副其望,这是刘宗周深以为憾的。刘宗周还说:

---

① 刘汋:《蕺山刘子年谱》36岁条,载《刘宗周全集》第6册,第67页。
② 刘颖:《刘职方公年谱》,《北京图书馆藏珍本年谱丛刊》第57册,第531—532页。
③ 刘宗周:《淮南赋》,《刘宗周全集》第4册,第479页。
④ 刘宗周:《祭年兄刘静之文》,《刘宗周全集》第4册,第302页。

兄学宗朱子，由践履而证操存，其要归于持敬。识定力沉，真性昭著，一洗异端乡愿之习。常与兄究求仁之旨，析主静之说，辨修悟之异同，予闲尝以寸梃自效，而虚见无当，兄每谢予曰："如子言，吾学犹非乎？"由是精进独苦，去而悟道于大江之金山，至忘寝食。久之，归谓介弟曰："静坐甚有益。"兄至是已闻道矣。第之圣门，抑亦有诸己之信矣，而遽撄病以死。死之日，令介弟扶掖端坐曰："吾得正而死已矣。"又曰："生死之际，可以观人。"遂没。呜呼！予但知前日之静之，而不知今日之静之。九原可作，予将起而问兄曰："静中益在何处乎？"又将问之曰："死生亦大矣。其际可得而言乎？"而惜乎今莫予告也。予则习静之前日矣。予尝漫说"静"、漫说"生死"，兄辄自引以为他山之石，而还以攻予曰："第险耳，如蹑悬崖，几难试一武。"予通身得汗，一字而中膏肓，不觉其身之再造也。由今思之，静之自是从战兢危厉中来，由实以致虚，而予自愧其倒行逆施，永堕于望洋之见也，而终莫予告也。予能无终恸也耶？呜呼，已矣，金石可磨，此情不朽。古人有书"士为知己死"。死而已矣，徒以兄有不死者，虽死之日，犹生之年，其尚邀兄之灵以牖予衷乎？令而后，予也才惟兄之赐，不才亦惟兄之弃，徒死何益？①

刘宗周认为刘永澄的学术与顾宪成、高攀龙一路，学宗朱子，通过道德践履而体证操存舍亡的心性，为学之宗要则是"持敬"。刘永澄所说的"静坐甚有益""生死之际，可以观人"，后来对刘宗周学术的发展影响很大。当年二人在西湖边论学，刘永澄的一句话，就说得刘宗周"通身是汗"，"一字而中膏肓，不觉其身之再造"，可以说启发非常之大。可惜的就是这么一个难得的"知己"却过早去世，刘宗周失去了一位学术上颇有见地的友人、一位论学的好对手。

刘永澄对刘宗周的影响，除了论学之外还有一大影响，即是引见刘宗周结识高攀龙，使得东林学派与蕺山学派有了交流的机会，"梁溪、山阴学派，静之实为联合焉"②。早在二刘定交之初，刘永澄写给刘宗周的书

---

① 刘宗周：《祭年兄刘静之文》，《刘宗周全集》第4册，第303—304页。
② 刘颖：《刘职方公年谱》，《北京图书馆藏珍本年谱丛刊》第57册，第258页。

信，就要其拜谒顾宪成。刘宗周说："兄尝邀予谒顾泾阳子，予以病不果。后托兄介绍，将有日矣，而兄亦病，病且死，泾阳亦死。"① 还说：

> 丈一片先忧后乐之心，尧舜君民之学，必当济世救时。非若弟之坚瓠无用者，不必以林壑为高也。世病经术不足经世，愿丈以身雪之。时事种种，楮墨不宣，伫望紫氛，有怀如渴，丈过无锡，定须晤顾泾阳、高景逸两先生。②

刘永澄曾师从顾宪成，三十一岁夏，"过梁溪，访顾文端公于东林，以师事之"。三十六岁，"四月，晤顾文端于东林"。"辛亥四月，顾公方抱恙，闻刘永澄至，欣然倒屣。刘为宝应人，与吴门文文起、山阴刘起东，皆公所谓世道寄之者也。"③ 在当时，刘永澄、文孟震、刘宗周等人，在顾宪成看来，都是正人君子，世道所托，还有高攀龙等人，无论是否师友，都已经形成了一个群体。刘永澄三十六岁那年拜访顾宪成之后，又与文孟震一起拜访过高攀龙，"五月，同文文肃公之锡山，过高忠宪，书公水居，复托信宿"④，刘永澄题诗而别。所以，刘永澄与东林学者交游颇深，特别是受到顾宪成的影响较多，但是这种影响主要不是出于学术而是道义，出于忧国忧民之心，这是君子同气相求的行为，介绍刘宗周与东林学者认识，也是出于个中缘由。

三 高攀龙

黄宗羲说："今日知学者，大概以高、刘二先生，并称为大儒，可以无疑矣。"⑤ 刘宗周与高攀龙的交游从万历四十年（1612）至天启六年（1626），十多年之中一直保持交往，二人惺惺相惜。高攀龙是刘宗周一生之中最为重要的友人，在"德"与"业"，人格与学术两方面都对刘宗

---

① 刘宗周：《祭年兄刘静之文》，《刘宗周全集》第4册，第302—303页。
② 刘永澄：《与刘念台》，《刘练江先生集》卷4，乾隆兴让堂刊本。
③ 刘颖：《刘职方公年谱》，《北京图书馆藏珍本年谱丛刊》第57册，第255—256、258页。
④ 同上书，第529页。
⑤ 黄宗羲：《蕺山学案序》，《明儒学案》卷62，第1509页。

周有着深远的影响。尽管如此，他们的思想却不尽相同，其中牵涉到宋明理学之中的朱王之辨与儒释之辨这两个重要问题。探究高攀龙与刘宗周二人之间的交游经历与思想异同的具体情况，可以更好地明晰东林学派与蕺山学派两者之间的学术关联，从而可以深化晚明乃至清初的学术史研究。

万历四十年，三十五岁的刘宗周起程北上复职，特意过梁溪拜谒高攀龙，自此二人之间通书往来，论道不止。① 因为刘宗周的早期文稿基本遗失，所以无法考证二人之间通信的具体情况，但在高攀龙的集子中还保存有多通书信，其中有三通，高攀龙的年谱系于二人交游之初的万历四十年，讨论的问题则有"所以居方寸者"、"格物"与"穷理"、"佛儒之辨"②。由此可知，高攀龙对于刘宗周在学术上也有较大的影响。

高攀龙对刘宗周的人品特别推崇，曾在《答刘石闾中丞》中说："浙之贤者，湖州朱平涵、长兴丁慎所、山阴刘念台。平涵，旷怀穆穆；慎所，正气浩浩；念台，清风凛凛。又嘉善吴迩斋，今之黄叔度也。四君一时首出，千古名流。"③ 高攀龙认为刘宗周与朱国桢（字文宁，号平涵，1558—1632）、丁元荐（字长孺，别号慎所，1563—1628）等四人是当时浙江士人的表率。对于刘宗周的学术，高攀龙也多有肯定，还曾约请刘宗周至东林讲学，在与刘宗周的书信中说："当今师道不立，故人才不成，道丈则真人师矣！能过东林，使锡士一沾化雨否？"④

天启五年，东林人士杨涟、左光斗，刘宗周友人魏大中等被阉党所杀。刘宗周极为悲痛，作《吊六子赋》，其中流露出一同赴死以殉道义之意。这时高攀龙去信说：

> 向得丈所寄王侍御书，当此时，侍御有此心，是于漫天杀局欲一转生机，真仁人也。……杜门谢客，正是此时道理。彼欲杀时，岂杜门所能逃？然即死是尽道而死，非立岩墙而死也。况吾辈一室之中，

---

① 刘汛：《蕺山刘子年谱》35岁条，载《刘宗周全集》第6册，第66页。
② 高攀龙：《高子文集》卷5上，《高忠宪公诗集等》，凤凰出版社2012年版，第250—251页。
③ 高攀龙：《答刘石闾中丞》，《高子遗书》卷8下，《高子遗书 高子遗书未刻稿》，凤凰出版社2011年版，第189页。
④ 高攀龙：《与刘念台》，《高子遗书未刻稿》，《高子遗书 高子遗书未刻稿》，第439页。

自有千秋之业，天假良缘，安得当面蹉过？大抵现前道理极平常，不可着一分怕死意思，以害世教；不可着一分不怕死意思，以害世事。想丈于极痛愤时，未之思也。①

这也就是刘宗周后来所概括"吾辈有一毫逃死之心，故害道；有一毫求死之心，亦害道"。贪生怕死固然违反道义，一味"不怕死"亦然违反道义。道义所在，真正到了当死之时，也不能横竖只求一死而不负责任，高攀龙的见识就比一般的儒者更深一层。

天启六年，高攀龙自沉而死。高攀龙的殉节及其学术与政治活动，都对于刘宗周的影响很大。之后，四十九岁的刘宗周携子刘汋隐居于韩山草堂，考订明代理学家的文集，试图探究学术之新路。刘汋在《年谱》中说刘宗周"半日静坐、半日读书，久之勿忘勿助，渐见浩然天地气象，平生严毅之意一旦销融，每日晨取有明诸儒文集、传记考订之。盖意于《道统录》也"②。

高攀龙与刘宗周，在思想上的相同之处主要表现在两个方面：其一，"出处"与"名节"的观念；其二，学术上的回归朱子学。不过，就第二点而言，二人同中有异，然而他们更大的异处不在于朱王之辨，而在于儒释之辨。

关于"出处"问题，在面对晚明乱世之时，高攀龙说：

世事虽甚乱，吾辈正可乘此绝无滋味之时，作绝有滋味之事。何者？身无世道之责矣。可谢一切纷扰之累矣。萧然一身，取资何几。两间甚廓，可以自容。千古甚长，何以不愧。滋味宁有穷乎？③

食无求饱，居无求安，不作居食想。彼以富，吾以仁；彼以爵，吾以义；不作富贵想。不怨天，不尤人，不作怨尤想。用则行，舍则藏，不作用舍想。行一不义，杀一不辜，得天下不为，有甚动得我。

---

① 高攀龙：《答刘念台》，《高子遗书》卷8下，《高子遗书高子遗书未刻稿》，第219—220页。
② 刘汋：《蕺山刘子年谱》49岁条，载《刘宗周全集》第6册，第82页。
③ 高攀龙：《与李次见侍御》，《高子遗书》卷8下，《高子遗书高子遗书未刻稿》，第220页。

知之嚣嚣，不知亦嚣嚣，有甚苦得我。非仁无为，非礼无行，有甚恐得我。江汉濯之，秋阳暴之，有甚染得我？鸢则于天，鱼则于渊，有甚局得我。既唤做个人，须是两手顶天，两脚拄地，巍巍皓皓，还他本来面目，一洗世界万里无尘，此之谓洗心。①

高攀龙认为，世道虽乱，但这乱世正好就是对儒者的磨炼，而且乱世则无法行儒家外王之道，"用则行，舍则藏"，"谢一切纷扰之累"，正好可以用来做内圣之功。刘宗周在《与徐亮生大参》之中说："与其雷同附和，侥幸一切之功名，无宁守正违时，少留国命人心于万古。"② 功名诚是可贵，而道义更是根本，乱世而无可作为则隐居，做好自己的修身，同时也可以全力从事于学术。他在与弟子祝渊的信中就说："云门佳出水是我辈避世缘也。道驾惠然，当为久聚计。商疑发覆，了此余生，见得宇宙间尚有未了公案，不无待于我辈，则后死者所以不负前人也。"③ 这种对于世道的看法，以及感觉无力于外王之道以后，就专心于内圣之功，致力于学术，这种取舍态度高、刘可谓一途。

更有甚者，高攀龙与刘宗周都特别看重"名节"，后来都选择了殉节。高攀龙说："古人何故最重名节？只为自家本色，原来冰清玉洁，着不得些子污秽。才着些子污秽，自家便不安。此不安之心，正是原来本色，所谓道也。"④ 他还曾说："与其得罪千古，无宁得罪一时。"⑤ 高攀龙对名节的看法，其实与对出处的态度一样，认为真正的儒者就应该保持操守上的"冰清玉洁"，容不得半点污秽。刘宗周一生在名节上的践行也与此相似，所以他才会被推为"千秋闲气，一代完人。世曰麒麟凤凰，学者泰山北斗"⑥。至于刘宗周最后为保持名节而选择殉节，其中应该也有高攀龙的影响。

再看学术上，东林与蕺山两大学派，都致力于从王学转向朱学。作为

---

① 高攀龙：《洗心说》，《高子遗书》卷3，《高子遗书高子遗书未刻稿》，第47—48页。
② 刘宗周：《与徐亮生大参》，《刘宗周全集》第3册，第455页。
③ 刘宗周：《与开美六》，《刘宗周全集》第3册，第497页。
④ 高攀龙：《示学者》，《高子遗书》卷3，《高子遗书高子遗书未刻稿》，第44页。
⑤ 高攀龙：《答王无咎》，《高子遗书》卷8下，《高子遗书高子遗书未刻稿》，第221页。
⑥ 刘汋：《蕺山刘子年谱》附卷《刘子年谱录遗》，载《刘宗周全集》第6册，第181页。

东林学派核心人物的高攀龙,与王学末流的空谈心性不同,他的治学已经开始特别重视经典文本的研究了,而且他也像朱子那样,关注的焦点正是《大学》。这一学术取径,后来在蕺山学派的刘宗周与陈确等人那里有了新的发展,但是他们对于《大学》的篇章次序以及释义却不尽相同。

高攀龙提出自己的"格物"说,认为知止的工夫应基于格物。除去义理上的讨论,与顾宪成、许孚远等道友论辩"格物"之外,还在积极寻找文本上的证据,即适合的《大学》版本。随后他找了崔铣(号洹野,1478—1541)①所著《洹词》之中所论及《大学》篇章的次序,恰好符合高攀龙所持的观点。高攀龙在他的书中附录了《洹词》的部分文本,并在按语中说:

> 崔氏所云挈古本引"淇澳"以下置之《诚意》章之前,格物致知之义涣然矣,此不易之说也。其它释义,似未自然。越一年,又见高氏中玄《问辨录》所正大学古本与崔氏同,其释义,更直截明快,千古人心同然于是乎在。②

崔铣《洹词》之中所论及《大学》篇章的次序,恰好符合高攀龙所持的观点。除了崔铣,还有高拱的观点也与之相近。高拱(号中玄,1513—1578)的《问辨录》卷一,专论《大学》之古本与改本。随后,高攀龙完成了他的《大学》改本,这个改本刘宗周也曾认真研究过,但并未赞同高攀龙的观点。高攀龙又以其"格物"说重新诠释《大学》的义理架构,先后写了《古本大学题辞》《大学首章约义》《大学首章广义》等文章,并加上了两篇附录③,为他自己重新诠释《大学》之义理的新说提供支持。

---

① 崔铣对王学多有批评。黄宗羲说:"先生之学,以程、朱为的,然于程子之言心学者,则又删之,以为涉于高虚,是门人之附会,无乃固欤!至其言理气无缝合处,先生自有真得,不随朱子脚下转是也。其诋阳明不遗余力,称之为霸儒。"黄宗羲:《诸儒学案中二·文敏崔后渠先生铣》,《明儒学案》卷48,第1154页。
② 崔铣:《洹词》,载《高子遗书》卷3,《高子遗书高子遗书未刻稿》,第40页。
③ 高攀龙:《高子遗书》卷3,《高子遗书高子遗书未刻稿》,第38—38页。附录之一为《附录先儒复大学古本及论格致未尝缺传》,摘录了方希古(方孝孺)、蔡虚斋(蔡清)、王阳明、湛甘泉(湛若水)、蒋道林(蒋信)、罗念庵(罗洪先)、罗近溪(罗汝芳)、李见罗(李材),对于研究晚明的《大学》学很有价值。

高攀龙的《大学》改本，刘宗周也曾认真研究过，但并未赞同其观点。刘宗周在《大学古文参疑》的《序》中说："古本、石本皆疑案也，程本、朱本、高本皆疑案也。"① 可见高攀龙的改本并未能帮助刘宗周解决心中的疑虑，反而使《大学》的疑案倍增。或许出于对死去的友人的尊重，刘宗周本人并无直接对高攀龙的批评文字。但是从他的其他论著来看，对高攀龙的"格物"说也不认同。刘门高弟黄宗羲对此作了比较详细、到位的批评，这也可以看作是刘宗周的观点。黄宗羲说：

> 先生之学，一本程朱，故以格物为要。但程朱之格物，以心主乎一身，理散在万物，存心穷理，相须并进。先生谓："才知反求诸身，是真能格物者也。"颇与杨中立所说"反身而诚，则天下之物无不在我"为相近，是与程朱之旨异矣。先生又曰："人心明即是天理"、"穷至无妄处方是理"。深有助乎阳明致良知之说。……若如先生言"人心明即是天理"，则阳明之致知即是格物明矣。先生之格物本无可议，特欲自别于阳明，反觉多所扞格耳。②

确实，高攀龙的《大学》之学"一本程朱"，不重"诚意"而重"格物"，但是他又强调了"反求诸身"，还说"人心明即是天理"，等等，很容易与王阳明"良知"之学混淆起来，所以黄宗羲说"反觉多所扞格"了。台湾学者古清美先生也说："景逸之学于朱、王之间，绝难断定必属一家，而朱学与王学的调和折衷在景逸身上最可见其痕迹，故景逸实可谓是沟通和折衷朱、王二家最典型的代表。"③

关于高、刘学术之异同，黄宗羲还说：

> 当《高子遗书》初出之时，羲侍先师于舟中，自禾水至省下，尽日翻阅。先师时摘其阑入释氏者以示羲。后读先师《论学书》，有

---

① 刘宗周：《大学古文参疑》，《刘宗周全集》第 1 册，第 608 页。
② 黄宗羲：《东林学案一·忠宪高景逸先生攀龙》，《明儒学案》卷 61，第 1402 页。
③ 古清美：《慧庵存稿二——顾泾阳、高景逸思想之比较研究》，台湾大安出版社 2004 年版，第 318 页。

答韩位云:"古之有朱子,今之有忠宪先生,皆半杂禅门。"又读忠宪《三时记》,谓:"释典与圣人所争毫发,其精微处,吾儒具有之,总不出无极二字;弊病处,先儒具言之,总不出无理二字。其意似主于无,此释氏之所以为释氏也。"即如忠宪正命之语,本无生死,亦是佛语。故先师救正之,曰:"先生心与道一,尽其道而生,尽其道而死,是谓无生死。非佛氏所谓无生死也。"忠宪固非佛学,然不能不出入其间,所谓大醇而小疵者。若吾先师,则醇乎其醇矣。后世必有能辨之者。①

可见高、刘二人的学术,更大的差异还是儒释之辨。刘宗周其实是认为高攀龙还是有"阑入释氏""半杂禅门"之嫌疑的。而且儒释之辨还涉及生死观的问题,黄宗羲说高攀龙遗书"本无生死"是"佛语",而刘宗周为之"救正",曲为之解释为儒家之说。可见高、刘二人"生死观"上的异同有些复杂,下文就对此问题作重点讨论。

刘宗周与高攀龙在生死观上当有"微不同"。在刘宗周绝食而死的最后阶段,其弟子张应鳌请问:"今日先生与高先生丙寅事相类,高先生曰:'心如太虚,本无生死,何幻质之足恋乎?'先生印合何如?"刘宗周回答:"微不同,非本无生死,君亲之念重耳。"②那么这个"微不同",不同在哪里?

天启六年,高攀龙在自沉之前,写有两篇文章,一是上呈崇祯帝的《遗表》,一是写与友人的《别友人书》。是年五十一岁的刘宗周读到了这两篇文章,并且写下了他的看法:

> 阅先生《遗表》及《别友人书》,见先生到头学力,庶几朝闻夕

---

① 黄宗羲:《蕺山学案序》,《明儒学案》卷62,第1509页。此处,黄宗羲引述刘宗周"答韩位"说:"古之有朱子,今之有忠宪先生,皆半杂禅门。"但在《刘宗周全集》之中的《答韩参夫》的原文却说:"古之有慈湖,今之有忠宪先生,皆半杂禅门,故其说往往支离或深奥,又向何处开攻禅之口乎?"参见《答韩参夫》,《刘宗周全集》第3册,第360页。刘氏本来是说杨简与高攀龙"半杂禅门",未提及朱子。这个差错当是黄宗羲编撰《明儒学案》所误,因为上文以及论及刘宗周对朱子还是比较崇信的,没有看到有攻击朱子"半杂禅门"之类的话语。《答韩参夫》,《刘宗周全集》第3册,第359—360页。
② 刘汋:《蕺山刘子年谱》68岁条,载《刘宗周全集》第6册,第171页。

死者。顾其各有攸当，弗得草草看过。先生告君曰："愿效屈平遗则。"不忘君也。其告友人曰："得从李、范游。"不负友也。先生盖以数子之义自审其所处则然，而非以数子自况也。至云："心如太虚，本无生死。"亦为后人贪生者解惑云。然先生心与道一，尽其道而生，尽其道而死，是谓无生死。非佛氏所谓无生死。忆先生往岁尝遗余书曰："吾辈有一毫逃死之心，固害道；有一毫求死之心，亦害道。"此金针见血语也。求先生于死生之际者，当以此为正。又先生处化时，端立水中，北向倚池畔，左手捧心，右手垂下带，口不濡勺水。人多异之者。先生平日学力坚定，故临化时做得主张，如此摄气归心，摄心归虚，形化而神不化，亦吾儒常事。若以佛氏临终显幻之法求之，则失矣。呜呼！先生往矣。余惧后之学先生者，浅求之东汉人物，又或过求二氏者，辜负先生临岐苦心，因特为表而出之。①

在这里，刘宗周"特为表出"，对于高攀龙的《遗表》与《别友人书》特意作出他自己的诠释，是因为有所"惧"。他担心后学之人将高攀龙之死简单比附于东汉党人李膺（字元礼，110—169）、范滂（字孟博，137—169）之死，或者比附于佛道的生死之说，尤其是后者更为刘宗周所"惧"。高攀龙在《遗表》中说："臣虽削夺，旧系大臣，大臣受辱则辱国，故北向叩头，从屈平之遗则，君恩未报，愿结来生。臣攀龙垂绝书乞使执此报皇上。"②"从屈平遗则"，效仿屈原而自沉也是刘宗周所赞许的，认为这是不忘君恩的表现，这就与无父无君的佛道迥然有异。高攀龙在《临终与华凤超》中说："仆得从李元礼、范孟博游矣。一生学力，到此亦得少力。心如太虚，本无生死，何幻质之恋乎？诸相知统此道意，不能一一也。"③ 这也就是张应鳌后来所问刘宗周的话。"心如太虚"，还是接近于张载，更接近于王阳明的"良知"。高攀龙曾说："胸中何曾有一物来？人心一片太虚，是广运处。此体一显即显，无渐次可待，彻此则为

---

① 刘宗周：《书高景逸先生帖后》，《刘宗周全集》第4册，第122—123页。
② 见叶茂才《行状》，《东林书院志》卷7，《中国历代书院志》第7册，影印清雍正刻本，第270页。
③ 高攀龙：《临终与华凤超》，《高子遗书》卷8下，《高子遗书高子遗书未刻稿》，第221页。

明心。一点至善，是真宰处。此体愈穷愈微，有层级可言，彻此方为知性。"① 但是，"本无生死"与"何幻质之恋"就接近于佛学思想了。"人之将死，其言也真"，所以刘宗周有担心，要以之前高攀龙另一较为符合儒家传统的主张，来对其的遗言作出重新的解释。因此，对高攀龙的遗言，刘宗周解释为"不忘君""不负友"，他还强调"心与道一，尽其道而生，尽其道而死，是谓无生死"。而不是将如佛家所说的，将人生视为幻质，追求"本无生死"超脱于尘世。

刘宗周似乎基本认同高攀龙的生死观，那么所谓"微不同"又指什么？关键在于，高攀龙遗书之中表达的生死之说，还是有着接近于佛学的一面。所以刘宗周对其遗书所进行的重新诠释，其实就是为了掩盖其佛学一面而作出的过度诠释，所以说刘宗周的诠释所表达的只是他自己的生死观，而不是高攀龙的生死观。因为高攀龙的生死观之中的佛学意味，非常明确。在此不作过多的展开，只列举几条：

> 人生如幻，何足扰扰懂懂。惟日行善事，乃不负余年。②
>
> 人想到死去，一物无有，万念自然撒脱。然不如悟到性上，一物无有，万念自无系累也。③
>
> 一夕，梦有儒衣冠者，以为元公也，前而叩焉。公曰："夫一动一静者，天地之生死也，一死一生者，群生之动静也，此所谓易也。"恍然而寤。于时明月在室，万籁咸寂，予乃整襟端居。一灵炯然，如月斯净；众缘脱落，如籁斯寂。久之也而笑曰："此物何动、何静、何生、何死耶？噫噫！我知之矣。"死生道也，譬之于沤。起灭一水也，寂然不动者也，吾欲复其寂然者，岂遗弃世事一念不起之谓哉？君君、臣臣、父父、子子、万象森罗，常理不易。吾与之时寂而寂，时感而感，万感万寂而一也，故万死万生而一也。④
>
> 手持二程书，偶见明道先生曰："百官万务，兵革百万之重，饮

---

① 高攀龙：《复钱渐庵》，《高子遗书》卷 8 上，《高子遗书高子遗书未刻稿》，第 173 页。
② 高攀龙：《与徐玄仗二》，《高子遗书》卷 8 下，《高子遗书高子遗书未刻稿》，第 204 页。
③ 高攀龙：《语录》，《高子遗书》卷 1，《高子遗书高子遗书未刻稿》，第 28 页。
④ 高攀龙：《夕可说》，《高子遗书》卷 3，《高子遗书高子遗书未刻稿》，第 55 页。

水曲肱,乐在其中,万变俱在人,其实无一事。"猛省曰:"原来如此,实无一事也。"一念缠绵,斩然遂绝。忽如百斤担子,顿尔落地;又如电光一闪,透体通明;遂与大化融合无际,更无天人内外之隔。至此见六合皆心,腔子是其区宇,方寸亦是本位,神而明之,总无方所可言也。平日深鄙学者张皇说悟,此时只看做平常,自知从此方好下工夫耳。①

高攀龙吸收了佛学的思想,故将人生比作幻质,并且认为行善积德才是人真正需要去做的。那么如何超越于生死呢?就是要体悟到"性",将"性""锻炼精纯",即"心如太虚""一物无有""众缘脱落",超越于此,也就无所谓生死了。这样子的超脱,也就连"君亲"都可以"时寂而寂,时感而感",不必刻意了。而且,高攀龙所说的体悟,"恍然而寤""一灵炯然","一念缠绵,斩然遂绝""电光一闪,透体通明"等,都是接近于佛学的神秘体验,接近于顿悟。这些都是刘宗周所不认同的地方,所以在刘宗周将死之时,必须指出高、刘之间的"微不同"。

当然,高、刘二人的生死观,还有许多层面颇为相近。高攀龙的投水自沉,与刘宗周的绝食而死,颇为类似,都是为了道义,为了不使此身、此学、此道受到侮辱,其中也体现了东林精神。他们对于生死都有一种豁达的态度,更重视的并不是如何超越生死,而是重视如何生,如何在人伦日用之中做工夫,在心性修养之中做工夫。高攀龙说:

> 丈夫生世即甚寿考,不过百年。百年中,除老稚之日,见于世者不过三十年,此三十年,可使其人重于泰山,可使其人轻于鸿毛,是以君子慎之。②
>
> 人身内外皆天也,一呼一吸,与天相灌输。其死也,特脱其阖辟之枢纽而已,天未尝动也。③
>
> 现前于穆之真,绝无声臭,安得有富贵贫贱夷狄患难?是刀锯鼎

---

① 高攀龙:《困学记》,《高子遗书》卷3,《高子遗书高子遗书未刻稿》,第41页。
② 高攀龙:《与王具茨》,《高子遗书》卷8上,《高子遗书高子遗书未刻稿》,第182页。
③ 高攀龙:《高子遗书》卷1,《高子遗书高子遗书未刻稿》,第22页。

镬之所不能及，安得有死生？但在日用炼习，纯是此件，即真无死生耳。①

吾辈闲话且休说，人生几何，悠悠荡荡。今年是这般人。明年是这般人。心性不曾透得一步，经书不曾透得一部，好事不曾做得几件，好人不曾成就得几个。如何如何，不可不大家警省也。②

刘宗周也说："呜呼！七尺昂昂，岂徒块然形质；百年冉冉，何止半宿蘧庐！"③ 人之躯体，当是与万物圆融为一体的。所以，生死，也只是在于"日用炼习"，生死并不是最重要的，重要的是"心与道一"，即"锻炼"自己的性体，使其"精纯"而与天理合一。只要做到了君臣父子、万象森罗"时寂""时感"合于常理，做好自己的"心性"修养，那么动静、生死都可以合而为一，人与天地也能合而为一了。对于人之生之道义的追求，则是高、刘之间最重要的共同点，也是传统儒家对于人生的终极关怀的主要特色。

总之，在高攀龙与刘宗周二人十多年的交游之中，高攀龙对于刘宗周在人格与学术两方面都有着深远的影响。但是，他们的思想却是同中有异，其中关涉宋明理学之中的朱王之辨与儒释之辨这两大问题。前者可以从他们对于《大学》的篇章次序以及释义的不同观点之中看出来，后者则主要表现在对生死观的不同理解上。这其中的异同，也正好说明了东林学派与蕺山学派之间的承继与发展，无论刘宗周还是其弟子黄宗羲，都在努力试图摆脱王学与佛学的羁绊，走出一条新的学术之路。

附论　刘宗周与东林学派以及东林党

此处结合上述相关的讨论，总结一下刘宗周与"东林"之关系。这里先要说明东林党与东林学派之关系，黄宗羲说：

东林讲学者，不过数人耳，其为讲院，亦不过一郡之内耳。……乃言国本者谓之东林，争科场者谓之东林，攻逆阉者谓之东林，以至

---

① 高攀龙：《与孙淇澳宗伯》，《高子遗书》卷8下，《高子遗书高子遗书未刻稿》，第219页。
② 高攀龙：《会语》，《高子遗书》卷5，《高子遗书高子遗书未刻稿》，第95页。
③ 刘宗周：《证人会约·学檄》，《刘宗周全集》第2册，第484页。

言夺情奸相讨贼，凡一议之正，一人之不随流俗者，无不谓之东林。若似乎东林标榜遍于域中，延于数世。……熹宗之时，龟鼎将移，其以血肉撑拒，没虞渊而取坠日者，东林也。毅宗之变，攀龙髯而蓐蝼蚁者，属之东林乎？属之攻东林者乎？数十年来，勇者燔妻子，弱者埋土室，忠义之盛，度越前代，犹是东林之流风余韵也。一堂师友，冷风热血，洗涤乾坤，无智之徒，窃窃然从而议之，可悲也夫！①

很清楚，黄宗羲明确区分了东林学派与东林党，东林学派是以顾宪成、高攀龙为代表在东林书院讲学的学者；东林党则范围广得多，无论延续的时代与地域都要广阔许多。黄宗羲已经说明，东林党"遍于域中，延于数世"，东林党的形成并不是因为同乡关系或座主、门生的关系，而是因为"一议之正，一人之不随流俗"即被视为"东林党"，是言"天下之公""天下之理"的君子组成的"公党"。所谓"一堂师友"，其中少部分是一同讲学的师弟子，即东林学派；更多的还是正人君子声气相求的友人，即东林党。关于东林学派，黄宗羲《东林学案》收录十七人，其中与刘宗周相关的有顾宪成、高攀龙、刘永澄、黄尊素、吴锺峦、陈龙正等人，其中顾宪成是刘宗周特别推崇的前辈学者；高攀龙、刘永澄、黄尊素占了他的重要友人六个中的一半；吴锺峦、陈龙正二人因为曾在刘宗周讲学之时听讲而被人视为刘门弟子。关于东林党人的著录则有多种，例如：《东林党人榜》，凡三百有九人；《东林点将录》，凡一百有八人；《东林同志录》，凡三百十九人。刘宗周被收入《东林党人榜》、《东林点将录》、《盗柄东林夥》、崔呈秀《朋党录》、陈鼎《东林列传》以及许献、高廷珍《东林书院志》，所以我们认为刘宗周可以算是东林党的代表人物之一②。

再看东林书院的讲学，东林讲学一般认为既是王门讲学在晚明的一种回响，也是对张居正拒斥讲学的一种反弹，所以其中有了学术与政治的两种因素。钱穆先生认为："东林讲学大体，厥有两端：一在矫挽王学之末

---

① 黄宗羲：《东林学案一》，《明儒学案》卷61，第1375页。
② 参见小野和子《明季党社考》，上海古籍出版社2006年版，第401页。

流。一在抨弹政治之现状。"① 但是,东林之学脉却出自王学,顾宪成师从南中王门的薛应旂(号方山,1500—1575),东林也是自王学而返朱学。刘宗周的讲学与为政,与东林大体接近,但是宗旨不同。因此,从学派来看,东林学派与蕺山学派还是有明显的不同,从政见来看,东林学者与蕺山学者,大体都可以归之为东林党,当然明亡之后的再传弟子则要除外。

经过丁元荐、刘永澄等人的推举,顾宪成与高攀龙早就将刘宗周视为同志之友,刘宗周过访高攀龙之后,就完全卷入东林运动之中。刘宗周与东林学者,对于外王经世所持有的理念,都是"论学与世为体",学术与人心与世道之间的逻辑一贯关系,也就是说都认同理学思想之中内圣与外王之间的逻辑一贯关系。刘宗周与他的友人,都属于东林一系,他们自己精神契合的原因,也就是在于道义,出于道义上的认同,学术上才有一定的呼应,而不是一种朋党关系。孙中曾先生指出:"从前东林到东林诸子间的契合根源,乃是基于道,而不是朋党之情,是基于同志间的互相认同与道德人品的品鉴为准则,虽素未谋面,也无碍于彼此的相契提携。"②

总之,蕺山学派与东林学派,虽然有一定的关联,但还是学术思想有着很大差异的两大学派。刘宗周虽受到高攀龙等东林友人的影响,但就其学术渊源、学术性格、学术影响等诸多方面来看,与顾宪成、高攀龙等东林学者同少而异多。所以说刘宗周属于东林党人而非东林学派中人。

第三节 蕺山学的统合性

关于本体与工夫,刘宗周曾说:"学者只有工夫可说,其本体处直是着不得一语,才着一语,便是工夫边事。然言工夫,而本体在其中矣。"③刘宗周本体与工夫统合一体的观念,在王阳明的基础上又向前进了一步。在他看来本体与工夫是打通的,而本体无法讨论,要讨论的只是工夫,工

---

① 钱穆:《中国近三百年学术史》第1章《引论》,第10页。
② 孙中曾:《刘宗周的道德世界》,第118页。
③ 刘宗周:《答履思二》,《刘宗周全集》第3册,第309页。

夫着实之后本体就在其中。类似的思路，还有关于"形上"与"形下"，刘宗周说："《大易》形上、形下之说，截得理气最分明，而解者往往失之。后儒专喜言'形而上者'作推高一层之见，而于其所谓'形而下者'忽即忽离，两无依据，转为释氏所藉口，真所谓开门而揖盗也。"① 刘宗周认为《周易》中已经将"形上"与"形下"说得很明白，二者也是统合一体的关系。然而后儒却往往将其分说，特别喜欢谈"形上"，又推得很高；而"形下"则无法落实，"忽即忽离"；最后"形上"与"形下""两无依据"，这就被禅学钻了空子。此外，刘宗周讨论"体用"也是统合的，他说："须知此理流行心目之前，无用非体，无体非用。盖自其可见者而言，则谓之用；自其不可见者而言，则谓之体，非截然有两事也。"②

刘宗周讨论宋明理学中的诸多问题都从统合性的角度出发，认为是一个整体的两个方面，不可截然分开。比如下文要重点讨论的"人以天地万物为一体"与"盈天地间一气"这两个命题，更加典型一些。而且他更重视的是诸如"工夫""形下""用"等可操作性的、践履层面的探讨。"慎独"是刘宗周蕺山学的主旨，关于刘宗周的"慎独"学界研究较为丰富，但是从刘宗周学术的"统合性"的角度来看则阐述还不够清晰。刘宗周是如何将"慎独"作为统合一切工夫的工夫，"慎独"与"敬""静""诚意"之间的关系如何等问题有待进一步的梳理，从而将刘宗周的慎独学，作更有深度的研究。

一 "人以天地万物为一体"

"人以天地万物为一体"，这一观念可以说是解开蕺山之学奥秘的一把钥匙。早在刘宗周三十七岁时所撰写的《心论》之中，他就提出"只此一心，散为万化，万化复归一心"的统合性主张。这一思想的提出，也有实际的社会政治背景：

先生以群小在位，给假归，阖门读书。曰："昔伊川先生读

---

① 刘宗周：《答刘乾所学宪》，《刘宗周全集》第3册，第367页。
② 刘宗周：《答叶润山》，《刘宗周全集》第3册，第370页。

《易》，多得之于涪州。朱子落职奉祠，其道益光。吾侪可无自厉乎。"久之，悟天下无心外之理，无心外之学。①

这是刘宗周第一次因为外王之道不可行而回归乡野读书，希望从圣贤之书中寻找拯救学术、人心，乃至江山社稷的道路。

刘宗周的《心论》已经提出了"一心"与"万化"的统合与转化的关系，这一思想一直都在发展之中，他五十九岁时提出"体认亲切法"，进一步发展"万物一体"思想：

> 身在天地万物之中，非有我之得私；
> 心包天地万物之外，非一膜之能囿。
> 通天地万物为一心，更无中外可言；
> 体天地万物为一本，更无本之可觅。②

刘宗周很好地解释了"天地万物"——"身"——"心"三者之间的关系。就形器而言，"万物"统于"一身"，即统于"人"，人之身为天地万物之化育；就义理而言，"万物"统于"一心"，人心可以体认天地万物原为一本。

刘宗周"体认亲切法"之中的"一本万殊"思想，后来他又进一步地解释：

> 问万物皆备之义。曰："万物统于我矣，万形统于身矣，万化统于心矣，万心统于一矣。"问："一何统乎？"曰："统于万。一统于万，一故无一。万统于一，万故无万。无一之一是谓一本，无万之万是谓万殊，致一者体仁之功，汇万者强恕之说。二乎？一乎？安乎？勉乎？"
>
> 万统于一，其理易见；一统于万，旨奥难明。知万者一所散见，而一者万所同然。月落万川，处处皆圆，正以处处此月，故尔处处皆

---

① 刘汋：《蕺山刘子年谱》37岁条，载《刘宗周全集》第6册，第69页。
② 刘宗周：《学言上》，《刘宗周全集》第2册，第393—394页。

圆。今以万月之圆，仰印孤悬之月，曾无有二。既无二圆，是无二月。既无二月，万川之月摄归一体。吾举一川之月，摄尽各川之月，以一统万，旨正如此。①

在刘宗周看来，"万物一体"包含了"万物"与"一我"、"万形"与"人身"、"万化"与"人心"、"万心"与"一心"四层关系。"一统于万，万统于一"，一包含了万，万包含了一，"无一之一是谓一本，无万之万是谓万殊"。刘宗周"一本万殊"的思想，其实是为了进一步阐明"理一分殊"之旨。并且强调了"一统于万"如何理解，"万"散为"一"，故"一"为"万"之同，所以还是在解释"理一分殊"。

这里最为关键的问题就是要去体悟"心"的妙用，对此刘宗周说：

> 所谓"信得及"者，只于此心中便觉一下耳；才觉一下，便千变万化用之不穷；虽千变万化用之不穷，却非于此心之外又加毫末也。此心原来具足，反求即是。反求即是觉地，觉路即是圣路。不隔身心，不岐凡圣、不囿根气、不须等待，方是真洁净。学者但时保任而已，别无他谬巧也。②

以"心"体悟"天地万物"，以及在"人"与"天地万物"之间"一而万、万而一""千变万化"的关系，这只有"人心"才能实现，"天地万物"本与"人心"一体，所以"原来具足"，要去体悟这种一体的关系，就要去"反求"，即"觉"。换一种表达，这也就是以身去体证的学问。刘宗周说：

> 圣贤只就眼前道理，即身证学问，而万物一体之意，随大小广狭，即以自见。如人一身，或得一体，或具体而微，而斟酌于元气之周施，上天下地，往古来今，尽在此间，此是洙、泗家风。③

---

① 刘宗周：《学言中》，《刘宗周全集》第2册，第430页。
② 刘宗周：《论罗近溪先生语录二则示秦履思》，《刘宗周全集》第3册，357—358页。
③ 刘宗周：《论语学案》，颜渊季路侍章，《刘宗周全集》第1册，第335页。

"万物一体之意"随"人心"的修养不同而有"大小广狭"不同境界,关键在于"人心"如何去结合眼前道理体证"上天下地,往古来今"、天地元气周匝施行。人心为什么能够有此"觉",能够体证"万物一体"?刘宗周说:"凡以善承天心之仁爱,而生死两无所憾焉,斯已矣!此之谓立命之学。至此而君子真能通天地万物以为一体矣。此求仁之极则也。"①他认为"人心"本为"天地万物"之所化育,"承天心之仁爱"故"求仁"就能"通天地万物为一体"。"求仁"而体证"天地万物一体",最终超越生死,这就是刘宗周所追求的圣贤之道、君子修身立命之学。所以,刘宗周所提出的"人以天地万物为一体"学说,在程颢、王阳明的基础上有了自己的发展,将"求仁"与超越生死结合起来,并且具有了很强的统合性。

刘宗周的"万物一体"说表述为"人以天地万物为一体",他说:

> 仁者以天地万物为一体,乃人以天地万物为一体,非仁者以天地万物为一体也。若人与天地万物本是二体,必借仁者以合之,早已成隔膜见矣。人合天地万物以为人,犹之心合耳、目、口、鼻、四肢以为心。今人以七尺言人,而遗其天地万物皆备之人者,不知人者也;以一膜言心,而遗其耳、目、口、鼻、四肢皆备之心者,不知心者也。学者于此信得及、见得破,我与天地万物本无间隔,即欲容其自私自利之见以自绝于天而不可得。不须推致,不烦比拟,自然亲亲而仁民,仁民而爱物,义、礼、智、信一齐俱到,此所以为性学也。②

虽然说"求仁"才能有"觉",才能体悟"人心"与"天地万物"之间的关系,但是刘宗周更为强调的是"人"与"天地万物"本来就是统合一体的。人其实就是天地万物的组合,就像"心"其实就是耳、目、口、鼻、四肢等感官的组合一样。明白这个观念,也就能明白"我"与天地万物原本无所间隔,也就不会将自我隔绝于天地万物,而产生那么多自私自利之偏见了。如此,自然就会亲亲、仁民、爱物,就会将仁义礼智信一

---

① 刘宗周:《圣学宗要》,横渠张子,《刘宗周全集》第2册,第233—234页。
② 刘宗周:《答履思五》,《刘宗周全集》第3册,第312页。

起实现，这也就是进一步论证了"内圣"与"外王"之间的逻辑。此外，关于"人以天地万物为一体"说与超越生死的关系，本书第一章已经详述，不再赘言。

刘宗周的"万物一体"说，除去以往儒者强调的空间观念，还增加了时间观念，即"万古一息"说，他说：

> 夫子其天乎？通天下为一体，联万古为一息。①
>
> 凡事皆有始终，由一言一动、一呼一吸推之，乃知天地有大始终。然始无所始，当其始，有终之用；终无所终，当其终，有始之用。终终始始，相禅无穷，间不容发，总一呼一吸之积。②
>
> 以易知，故即以易而知物；以简能，故即顺乾之易以为简而成物。易知，故物物皆于乾资始而有亲；易从，故物物皆于坤作成而有功。有亲，故始始不穷而通万古于一息；有功，故生生不匮而会寰宇为一身。③

"万古一息"，也就是天地万物的生生不息。正因为生生不息，所以才能天地万物化为人身，人身又化为天地万物，有一个循环往复的过程。而且，刘宗周将言动、呼吸与天地之始终都统合起来看待，又指出"始无所始""终无所终"，"终终始始，相禅无穷"，都是因为有一个生生不息的"万物一体"存在。这也就是上面提及"斟酌于元气之周施，上天下地，往古来今，尽在此间"所要表达的意思所在。也只有体会时、空都具有超越性的"万物一体"，才能真正超越生死。

再进一步看刘宗周"万物一体"说的统合性，还落实于《大学》之中，他说：

> "形色，天性也。"故《大学》之教，归于修身，内之摄心意知物，外之摄家国天下，此践形之尽也。④

---

① 刘宗周：《论语学案》，子畏于匡章，《刘宗周全集》第1册，第399页。
② 刘宗周：《学言中》，《刘宗周全集》第2册，第409页。
③ 刘宗周：《周易古文钞下》，《刘宗周全集》第1册，第215页。
④ 刘宗周：《学言中》，《刘宗周全集》第2册，第423页。

> 心中有意，意中有知，知中有物，物有身与家国天下，是心之无尽藏处。性中有命，命中有天，天合道，道合教，教合天地万物，是性之无尽藏处。①
>
> 心无体，以意为体；意无体，以知为体；知无体，以物为体；物无用，以知为用；知无用，以意为用；意无用，以心为用。此之谓体用一源、此之谓显微无间。②

刘宗周将"万物一体"说与《大学》学结合，《大学》之教以"修身"为本，"身"向内融摄"心意知物"，向外融摄"家国天下"，"心意知物"的"物"又反过来融摄"身家国天下"，"修身"不管向内、向外都应与家国天下一体，关键是把握"修身之旨"，所以"体认亲切法"说"身在天地万物之中，非有我之得私"。"身与家国天下"即"心之无尽藏处"，所以说"心包天地万物之外，非一膜之能囿"。修身的关键就是"成性"，性、命、天、道、教之间也有统合关系，"教"融摄"天地万物"即"性之无尽藏"，"万殊"而"一本"。物，是最为根本的"体"，即"人以天地万物为一体"之"体"，所以说"体天地万物为一本，更无本之可觅"。心，是最为根本的"用"，即"万化统于心矣，万心统于一矣"之"心"，所以说"通天地万物为一心，更无中外可言"。这就是刘宗周说的"体用一源，显微无间"。

刘宗周的"体认亲切法"以"一本万殊"的理念，发展了宋儒"理一分殊"之说，并且提出了"人以天地万物为一体"这一更具统合性的"万物一体"说。其特点有三：其一，强化"人"与"天地万物"本来一体，自我与天地万物原无间隔，因而自然就会仁爱而不会自私自利。其二，凸显了"天地万物一体"空间与时间的关系，"通天下为一体，联万古为一息"是一个生生不息的"一体"，所以可以超越生死。其三，"万物一体"说与《大学》之教"修身"为本结合，由"修身"而向内、向外，都应与家国天下"一体"。总之，刘宗周"人以天地万物为一体"为核心理念的"万物一体"说，旨在进一步论证"内圣"与"外王"之间

---

① 刘宗周：《学言中》，《刘宗周全集》第 2 册，第 417 页。
② 刘宗周：《学言下》，《刘宗周全集》第 2 册，第 450 页。

的逻辑关系，还在生死、出处等观念上进一步强化儒家特色。

二 "盈天地间一气也"

刘宗周"人以天地万物为一体"的"万物一体"说，与他的"盈天地间一气"的"气论"也是密切相关的，二者都体现出统合性的思想，"气"与"天地"本是统合一体的关系，而"气"的概念又有着更为统合的重要含义。① 他的"气论"的统合性主要意义，"气论"既是关于宇宙生成的理论，也是关于道德生成的理论。首先来看对"太极"、"阴阳"与"气"的看法。刘宗周说：

> 《太极图说》言：太极生阴阳，阴阳生五行，五行生成万物，物钟灵有人，人立极有圣，圣合德天地。似一事事有层节，岂知此理一齐俱到！在天为阴阳，在地为刚柔，在人为仁义。人与物亦复同得此理，蠢不为偏，灵不为全，圣不加丰，凡不加啬。直是浑然一致，万碎万圆，不烦比拟，不假作合，方见此理之妙。②
>
> 阴阳之气一也，而其精者则曰神与灵，其粗者则物而已。精气者，纯粹以精之气，道之形而上者是也。神者气之吐也，灵者气之含也，一精含吐而神灵分，灵亦神也。人物之生，莫不本乎阴阳之气，则莫非神之所为，故以为品物之本。而人物之中，惟人也得其气之精者为最全，故生为万物之灵，而礼乐仁义从此出焉。立人之道，仁义是也。礼乐者，仁义之具也。③

刘宗周认为周敦颐的《太极图说》，讲了"太极—阴阳—五行—万物"这前面一节的宇宙生成关系，也讲了"万物—人—圣—天地"这后面一节的道德生成关系。而且其中的"理"是相同的，"在天为阴阳，在地为刚

---

① 学界从气论角度研究刘宗周思想的比较多，比较重要的论文有：吴幸姬《刘蕺山的气论思想——从本体宇宙论之进路谈起》，台湾中正大学中国文学研究所博士论文，2001年；柯正诚《刘蕺山"盈天地间一气"思想研究》，台湾中国文化大学中研所硕士学位论文，2003年。本节对此问题的讨论，重在将"盈天地间一气"与别的说法进行比较，并且结合刘宗周思想的统合性，希望对此问题作一个澄清。
② 刘宗周：《学言中》，《刘宗周全集》第2册，第409页。标点有改动。
③ 刘宗周：《曾子章句》，天圆第十，《刘宗周全集》第1册，第595页。

柔，在人为仁义"，"人"与"物"同得此理，但是禀赋之中还有偏、全与丰、啬之别，至于"人""物"之间为什么差别这么大，则是因为人得天地之精气最全，得了天地之间的"神与灵"，所以为"万物之灵"。这"灵"的表现却是体现在道德生成方面，"礼乐仁义"为人所本具，即"立人之道"。这些都是"万物一体"之"理"的妙用。正是基于这样的"万物一体"论，刘宗周提出"盈天地间一气"的理论。他说：

> 盈天地间只是一点太和元气流行，而未发之中实为之枢纽其间，是为无极而太极。①

> 盈天地间，一气而已矣，而阴阳分。非谓分一气以为阴，分一气以为阳也。一气也，而来而伸者，阳也；往而屈者，阴也。来则必往，伸者必屈，总一阳之变化也。故盈天地间，阳常为主，而阴以辅之，阴不得与阳拟也明矣。②

"无极而太极"或"太极生阴阳"，其实都是"一气"之"流行"，这也就是"未发之中"，其中"阳"是主导，"阴"是辅助，但是"阴""阳"本不可分。

进一步，关于"理"与"气"之关系的问题，刘宗周说：

> 盈天地间一气也，气即理也。天得之以为天，地得之以为地，人物得之以为人物，一也。人未尝假贷于天，犹之物未尝假贷于人，此物未尝假贷于彼物，故曰："万物统体一太极，物物各具一太极。"自太极之统体而言，苍苍之天亦物也。自太极之各具而言，林林之人，芸芸之物，各有一天也。③

> 天地之间，一气而已，非有理而后有气，乃气立而理因之寓也。④

---

① 刘宗周：《遗编学言》，《刘宗周全集》第2册，第481页。
② 刘宗周：《读易图说》，《刘宗周全集》第2册，第128页。
③ 刘宗周：《学言中》，《刘宗周全集》第2册，第408页。此段文字另见《遗编学言》，夹在朱子"天以阴阳五行化生万物"相关的讨论之中，第479页。
④ 刘宗周：《圣学宗要》，《刘宗周全集》第2册，第230页。

刘宗周以"盈天地间一气也"的理论,对"气即理也"进行了更加完善的解释。气与理相辅相成,气是理之气,理是气之理,所以才能"天得之以为天,地得之以为地,人物得之以为人物"。天即理,即太极。理或太极,形成了天、地、人、物,并且此物与彼物、此人与彼人都各自有一完整的太极,未尝彼此"假贷"。理,只是一个理,"理一分殊",在天地、人物各有不同的表现,这也是太极(理)的妙用。刘宗周还说:"天地之间,一气而已,非有理而后有气,乃气立而理因之寓也。"虽然说"气"与"理"不可分,但其中更为根本的还是"气",所以他经常提"盈天地间一气也"。他还说:

> 盈天地间只是此理,无我无物,此理只是一个,我立而物备,物立而我备,任天地间一物为主,我与天地万物皆备其中。①
> 盈天地间,凡道理皆从形器而立,绝不是理生气也,于人身何独不然?②

这两条说到"盈天地间"的"理",都是以"形器"、"物"而能"立"的,"理"只是一个"理","理"不能离"形器"、"物"或"气",但"绝不是理生气"。

关于"盈天地间一气也",刘宗周还有对"气"与"道"等概念关系的补充,他说:

> 盈天地间,一气而已矣。有气斯有数,有数斯有象,有象斯有名,有名斯有物,有物斯有性,有性斯有道,故道其后起也。而求道者,辄求之未始有气之先,以为道生气,则道亦何物也,而能遂生气乎?③

在他看来,"气"是天地之间最为根本的,而"道"则是后起的,反对

---

① 刘宗周:《答右仲二》,《刘宗周全集》第3册,第332页。
② 刘宗周:《答刘乾所学宪》,《刘宗周全集》第3册,第367页。
③ 刘宗周:《学言中》,《刘宗周全集》第2册,第407页。

"道生气"的看法。"气—数—象—名—物—性—道",这其间是一个"有"的关系,而不是一个相互资生的关系。所以与上文所述理气关系并不矛盾,即"道"与"气"也是相辅相成的,"气"是"道"之"气","道"是"气"之"道"。而"气—数—象—名—物—性—道"这七者之间的关系也是如此,这一思想正好体现了刘宗周思想的统合性。

刘宗周还有"盈天地间皆心也"这一说法,后来为黄宗羲所继承而更为引人注目,其实在刘宗周这里早就已经再三强调了。① 相关则还有"盈天地间皆性""盈天地间皆道"等看似五花八门有矛盾的说法。其实,在刘宗周看来,"心"本来就是"气"的变化,所以"盈天地间皆心也"与"盈天地间一气也"二者并没有什么冲突。刘宗周说:

> 人心一气而已矣,而枢纽至微,才入粗一二,则枢纽之地霍然散矣。②

> 一气之变,杂然流行。类万物而观,人亦物也,而灵者不得不灵。灵无以异于蠢也,故灵含蠢,蠢亦含灵。类万物而观,心亦体也,而大者不得不大。大无以分于小也。故大统小,小亦统大。③

由"一气之变"而生成"万物","人心"则是其中最为精微、灵敏的一物,因为统合性的原理,至小的"心"也可以统"天地",所以才又有"盈天地间皆心也"的提法,这只是为了说明"人心"的特点而已。与此相关的,还有"盈天地间皆性"的说法:

> 盈天地间一性也,而在人则专以心言,性者,心之性也。心之所同然者,理也。生而有此理之谓性,非性为心之理也。如谓心但一物而已,得性之理以贮之而后灵,则心之与性,断然不能为一物矣。吾不知径寸中,从何处贮得如许性理,如客子之投怀,而不终从吐弃乎?盈天地间,一气而已矣,气聚而有形,形载而有质,质具而有

---

① "盈天地间,皆心也"或"盈天地间皆心",见刘宗周《读易图说自序》与《五子连珠》,《刘宗周全集》第 2 册,第 122、189 页。
② 刘宗周:《学言下》,《刘宗周全集》第 2 册,第 435 页。
③ 刘宗周:《学言中》,《刘宗周全集》第 2 册,第 408 页。

体,体列而有官。官呈而性着焉,于是有仁义礼智之名。仁非他也,即恻隐之心是;义非他也,即羞恶之心是;礼非他也,即辞让之心是;智非他也,即是非之心是也。是孟子明以心言性也。而后之人必曰心自心,性自性,一之不可,二之不得,又展转和会之不得,无乃遁已乎!①

盈天地间皆性。性一命也,命一天也,天即心、即理、即事、即物,而浑然一致,无有乎精粗上下之歧,此所以为中庸之道也。故学以尽性为极则。尽性者,道中庸者也。②

"盈天地间一性也"与"盈天地间一气",也在同一段话里出现。那么如何来理解"性"?"性",就是"天地间一气"之"流行",人心所体现的理于人身上的表现而已,因此才可以都统合起来看待。这种统合的"浑然",只是说明"性",也即"天地间一气"流行之中的理,也即是道。刘宗周将"性"与心、理,乃至命、天、事、物等都"浑然一致"统合了起来。相关的论述还有许多,此处不多展开。理解了"盈天地间一气"与"盈天地间""皆心""皆性"的关系,那么很容易理解"盈天地间皆道"这一说法。刘宗周曾说:

盈天地间皆道也,而统之不外乎人心。人之所以为心者,性而已矣,以其出于固有而无假于外铄也,故表之为天命,云"维天之命,于穆不已",天之所以为天也。天即理之别名,此理生生不已处,即是命。以为别有苍苍之天,谆谆之命者,非也。率此性而道在是,道即性也。修此性而教立焉,性至此而有全能也。③

盈天地间皆道也,而归管于人心为最真……太极、阴阳、四象、八卦而六十四卦,皆人心之撰也。圣人近取诸身如此,既而远取诸物如此,大取诸天地亦如此,方见得此理平分,物我无间,无大无小,直是活泼泼地,令人不可思议。④

---

① 刘宗周:《原性》,《刘宗周全集》第2册,第280页。
② 刘宗周:《张蓬玄玄麈序》,《刘宗周全集》第4册,第49页。
③ 刘宗周:《中庸首章说》,《刘宗周全集》第2册,第299页。
④ 刘宗周:《学言中》,《刘宗周全集》第2册,第407页。

盈天地间皆道也，学者须是择乎中庸。①

这里说的"道"，也就是"理"，在人心为"性"或"命"。但是天地间的"理"在"人心"为"最真"，"统之不外乎人心"，这是从"修道"的角度来说的，"修此性而道立焉，性至此而又全能也"，圣人作《易》也是为了"修道"，"人心"的精微与灵敏就在于能够体悟"无极而太极"的"理"，体悟"万物一体"之"理"的妙用。另外，在刘宗周的著述之中"盈天地间"这样的说法还有很多，如：

盈天地间一道也，盈天地间一学也，自其小者而观之，无用非体也；自其大者而观之，无体非用也。②
不知盈天地间一数也，天地之大也，而可以数尽，况其他乎？③
盈天地间，皆仁也。④
盈天地间皆物也。⑤

这些说法，也应该看作"盈天地间皆气"的补充。

总的来看，在刘宗周那里对于"人"与"万物一体"关系的进一步解释，主要就是以"盈天地间皆气"来加以表述，这个说法在他的思想之中是统合其他的"盈天地间"的一个较为根本的提法，"盈天地间"皆心、道、性、理、仁、物、学、数，都只是在讨论其他相关问题的时候的一种变通的说法而已。"天地"与"气"是统合的，而"气"与"心""道""性"等概念之间又有某种程度上的统合关系。

三 "慎独之旨"

关于刘宗周的为学宗旨，他自己并未总结，弟子却有不同的总结。其

---

① 刘宗周：《学言上》，《刘宗周全集》第 2 册，第 365 页。
② 刘宗周：《古小学通记序》，《刘宗周全集》第 4 册，第 46 页。
③ 刘宗周：《古小学记小序》，《刘宗周全集》第 4 册，第 44 页。
④ 刘宗周：《与王右仲问答》，《刘宗周全集》第 2 册，第 332 页。
⑤ 刘宗周：《原心》，《刘宗周全集》第 2 册，第 279 页；《大学古记约义》，《刘宗周全集》第 1 册，第 647 页。

中，刘汋认为"诚意"其一生学术之"归本"：

> 先君子学圣人之诚者也。始致力于主敬，中操功于慎独，而晚归本于诚意。诚由敬入，诚之者人之道也。意也者，至善栖真之地，物在此，知亦在此。意诚则止于至善，物格而知至矣。意诚而后心完其心焉，而后人完其人焉。是故可以扶皇纲，植人纪，参天地而为三才也。①

黄宗羲则说：

> 先生宗旨为"慎独"。始从主敬入门，中年专用慎独工夫。慎则敬，敬则诚。晚年愈精微、愈平实，本体只是些子，工夫只是些子。仍不分此为本体，彼为工夫。②

一般认为黄宗羲是真正懂得蕺山之学的，他认为刘宗周的为学宗旨为"慎独"，而且"慎独"也是"敬"与"诚"的工夫所在。"慎独"统合本体与工夫，最后又落实于工夫之中，"慎独"才是刘门统合、一贯的工夫，黄宗羲的说法应该符合蕺山学的本然。

刘宗周正式提出"慎独"之旨是在四十八岁时，到了五十七岁才将慎独工夫疏通为千圣学脉。

天启五年（1625），刘宗周四十八岁讲学于解吟轩，"于是有慎独之说"。慎独之学的重要性，其实从提出此宗旨的背景就可以看出来。刘汋说："先生痛言世道之祸，酿于人心，而人心之恶，以不学而进。今日理会此事，正欲明人心本然之善，他日不至凶于尔国，害于尔家。"③ "慎独"可以看作是刘宗周为救世拯人所提出的学问主张。

再看刘宗周的"慎独"之学，也经历了一个漫长的发展过程。④ 因为

---

① 刘汋：《蕺山刘子年谱》68岁条，载《刘宗周全集》第6册，第173页。
② 黄宗羲：《子刘子行状》卷下，《黄宗羲全集》第1册，第250页。
③ 刘汋：《蕺山刘子年谱》48岁条，载《刘宗周全集》第6册，第80—81页。
④ 关于"慎独"的发展过程的讨论，参见廖俊裕《道德实践与历史性——关于蕺山学的讨论》，第59页。本节对此有所参考。

刘宗周早期著述大多遗失,① 故现存史料中,论及"慎独"最早即在刘宗周三十六岁时:

> 圣学要旨摄入在克己,即《大》、《中》之旨摄入在慎独,更不说知、说行。周子"学圣有要"一段,亦最简截。与克己慎独之说相印证,此千古相传心法也。②

从此条可知,他很早就认为《大学》《中庸》的主旨在于"慎独",而这两种也是蕺山学体系建构最为关键的文本。再看他四十岁左右的《论语学案》:

> 君子学以慎独,直从声臭外立根基。
> 道只是本来人,即"率性"之谓。真闻道者,尽性焉而止矣。……然其要只是一念慎独来,此一念圆满,决之一朝不为易,须之千古万世不为难。
> 学者只从"慎独"入,斯得。
> 为仁者不讳言克复也,惟慎独而早图之,其庶几矣。
> 学者深察乎此而致力焉,于以存天理之本然,遏人欲于将萌,则学问之功思过半矣。故君子必慎其独也。
> 洒扫、应对、进退,须是诚心中流出方是道,慎独工夫便做在此处。③

《论语》也是刘宗周特别重视的一个文本,所以专门对弟子讲解并编撰《论语学案》。从上引诸条可知,四十岁时刘宗周十分重视"慎独"对于道德生成的重要性,作为入门工夫,比"克己复礼"更为重要,最后一

---

① 刘汋有按语说:"是时,祸在不测,蕺山悉以平生著述寄其友人。其后党禁解,先生不之索,友人亦不来归。故丙寅以前,笔札无一存者。其间行事之始末,学力之浅深,不可尽考。"《蕺山刘子年谱》49岁条,载《刘宗周全集》第6册,第83页。
② 刘宗周:《与陆以建年友一》,《刘宗周全集》第3册,第298页。
③ 刘宗周:《论语学案》,《刘宗周全集》第1册,《为政以德章》,第277页;《朝闻道章》,第310—311页;《子绝四章》,第398页;《克伐怨欲章》,第460页;《益者三乐章》,第507页;《子夏之门人小子章》,第543页。

条已经强调"慎独"与"诚"的关系。与此观点相似的还有四十二岁："绝恶必务尽，拔本塞源之谓也。此惟慎独之君子能之。"① 到了四十三岁，刘宗周已经确立了"慎独"作为"圣学"最根本的宗旨：

> 圣学之要，只在慎独。独者，静之神、动之机也。动而无妄，曰静，慎之至也。是谓主静立极。
> 圣人原不曾动些子，学圣者宜如何？曰："慎独。"②

四十七岁时提出"慎独"乃先圣传心的宗旨：

> 圣人之道即圣人之心是已。……是心也，仲尼传之子思子，以作《中庸》，则曰："君子戒慎乎其所不睹，恐惧乎其所不闻。"而约之曰"慎独"，遂为后世传心的旨。③

到了五十二岁，刘宗周著《大学古记约义》，将"慎独"与"知止""格物"等结合起来加以论说，并且提出："《大学》之道，一言以蔽之曰：慎独而已矣。"④ 之后，刘宗周五十四岁时在所作的《独箴》中说："圣学本心，惟心本天。维玄维默，体乎太虚。因所不见，是名曰'独'。"⑤ 这已经说明了"独"的本体意义。是年还著有《中庸首章说》，其中指出："独之外，别无本体；慎独之外，别无工夫，此所以为《中庸》之道也。"并且以"慎独"将"人心与道心""义理之性与气质之性""静存与动察""工夫与本体"等"一之"。⑥ 到此时慎独之学已经趋于成熟，在刘宗周论心性本体之中已经实现了一以贯之。

刘宗周五十七岁讲学于"证人社"，已经"专揭慎独之旨教学者"⑦。他到此时才对自己的"慎独之旨"感到满意，将"慎独"作为"立教"

---

① 刘宗周：《曾子章句》，立事第一，君子之于不善也章，《刘宗周全集》第1册，第567页。
② 刘宗周：《学言上》，《刘宗周全集》第2册，第361、364页。
③ 刘宗周：《重刻尹和靖先生文集序》，《刘宗周全集》第4册，第6页。
④ 刘宗周：《大学古记约义》，《刘宗周全集》第1册，第650页。
⑤ 刘宗周：《独箴》，《刘宗周全集》第4册，第345页。
⑥ 刘宗周：《中庸首章说》，《刘宗周全集》第2册，第300—302页。
⑦ 刘汋：《蕺山刘子年谱》54岁条，载《刘宗周全集》第6册，第101页。

之根本，而且认为并无太多后遗症。

所以说，五十二岁至五十七岁，则是刘宗周的蕺山学体系进一步完善的重要时期。杜维明先生说："宗周于崇祯二年有《大学古记约义》；崇祯四年有《中庸首章说》、《独箴》；崇祯五年有《第一义》等说九篇；至崇祯七年辑撰《圣学宗要》、《人谱》，其间复有许多与门人、同道的论学书等，而慎独却如一根红线贯穿其中。"① 总括刘宗周晚年的重要著述，其思想体系的核心，还是"慎独"。

刘宗周标出"慎独之旨"，其一是结合经典文本来加以论证，这是最关键的方面，具体见下面的讨论。其二则是结合宋明先儒语录来加以论证，这主要体现在《五子连珠》与《圣学宗要》等著述的编撰理念之中。一句话："'慎独'二字最为居要，即《太极图说》之张本也。乃知圣贤千言万语，说本体说功夫，总不离'慎独'二字。"② 还有，在刘宗周五十岁时编著的《皇明道统录》，此书后来成为《明儒学案》卷首的《师说》，其中就有以"慎独"融摄朱子与阳明之处："其于工夫，似有分合之不同，然详二先生所最吃紧处，皆不越慎独一关。"③ 还有上文也已说到，他在论及王阳明时，也强调了关涉"独体"问题的"良知即是独知时"一句的重要性。

再看刘宗周将他的"慎独之旨"统合于经典文本的诠释，这主要集中于《大学》与《中庸》，这两个文本也纠结其一生。即在刘宗周看来，慎独是学问第一义，《大学》《中庸》都是以慎独为其一贯之学。他说：

> 《大学》言心到极至处，便是尽性之功，故其要归之慎独。《中庸》言性到极至处，只是尽心之功，故其要亦归之慎独。独，一也。形而上者谓之性，形而下者谓之心。④

> 慎独是学问第一义。言慎独而身、心、意、知、家、国、天下一齐俱到。故在《大学》为格物下手处；在《中庸》为上达天德统宗，

---

① 杜维明、东方朔：《杜维明学术专题访谈录——宗周哲学之精神与儒家文化之未来》，第312页。该书对慎独说提出的过程，也有讨论。
② 刘宗周：《圣学宗要·阳明王子》，《刘宗周全集》第2册，第258页。
③ 《师说》，《明儒学案》卷首，第7页。
④ 刘宗周：《学言上》，《刘宗周全集》第2册，第389—390页。

彻上彻下之道也。①

《大学》言慎独,《中庸》亦言慎独,慎独之外别无学也。在虞廷为"允执厥中";在禹为"克艰";在汤为"圣敬日跻";在文王为"小心翼翼";至孔门始单提直指以为学的,其见于《论》、《孟》,则曰"非礼弗视、听、言、动",曰"见宾承祭",曰"求放心",皆此意也。②

《大学》之道,慎独而已矣;《中庸》之道,慎独而已矣;《论》、《孟》、《六经》之道,慎独而已矣。慎独,而天下之能事毕矣。③

刘宗周以"慎独之旨"统合《大学》全书,他说:

隐微之地,是名曰独,其为何物乎?本无一物之中而物物具焉,此至善之所统会也。致知在格物,格此而已。独者物之本,而慎独者格之始事也。……自闻自见者,自知者也。吾求之自焉,使此心常知、常定、常静、常安、常虑而常得,慎之至也。慎则无所不慎矣,始求之好恶之机,得吾诚焉,所以慎之于意也;因求之喜、怒、哀、乐之发,得吾正焉,所以慎之于心也;又求之亲爱、贱恶、畏敬、哀矜、敖惰之所之,得吾修焉,所以慎之于身也;又求之孝、弟、慈,得吾齐焉,所以慎之于家也;又求之事君、事长、使众,得吾治焉,所以慎之于国也;又求之民好、民恶,明明德于天下焉,所以慎之于天下也。而实天下而本于国,本于家,本于身,本于心,本于意,本于知,合于物,乃所以为慎独也。慎独也者,人以为诚意之功,而不知即格致之功也,人以为格致之功,而不知即明明德于天下递先之功也。《大学》之道,一言以蔽之,曰慎独而已矣。④

刘宗周后来还说:"《大学》是一贯底血脉,不是循序底工夫。今人以循

---

① 刘宗周:《学言上》,《刘宗周全集》第2册,第396—397页。
② 刘宗周:《大学古记约义》,《刘宗周全集》第1册,第650页。
③ 刘宗周:《读大学》,《刘宗周全集》第4册,第418页。
④ 刘宗周:《大学古记约义》,《刘宗周全集》第1册,第649—650页。

序求《大学》，故谓格致之后，另有诚意工夫；诚意之后，另有正心工夫。岂正心之后，又有修齐治平工夫邪？"① "格物"的开始即"慎独"，然后，"致知""诚意""正心""修身""齐家""治国""平天下"，这些都是"慎独"工夫的推衍，甚至"知、定、静、安、虑、得""明明德于天下"都要从慎独的工夫开始。"格物"之物即"独"，"独"又解释为"本无一物之中而物物具焉""至善之所统会"，也就是上文所说的"万物一体"。总之，"慎独"为《大学》之教一以贯之的工夫。

刘宗周又以"慎独之旨"统合《中庸》，他说：

《中庸》言喜怒哀乐，专指四德言，非以七情言也。喜，仁之德也；怒，义之德也；乐，礼之德也；哀，智之德也。而其所谓中，即信之德也。一心耳，而气机流行之际，自其盎然而起也谓之喜，于所性为仁，于心为恻隐之心，于天道则元者善之长也，而于时为春。自其油然而畅也谓之乐，于所性为礼，于心为辞让之心，于天道则亨者嘉之会也，而于时为夏。自其肃然而敛也谓之怒，于所性为义，于心为羞恶之心，于天道则利者义之合也，而于时为秋。自其寂然而止也谓之哀，于所性为智，于心为是非之心，于天道则贞者事之干也，而于时为冬。乃四时之气所以循环而不穷者，独赖有中气存乎其间，而发之即谓之太和元气，是以谓之中，谓之和，于所性为信。于心为真实无妄之心，于天道为乾元亨利贞，而于时为四季。故自喜怒哀乐之存诸中而言，谓之中，不必其未发之前别有气象也。即天道之元亨利贞，运于于穆者是也。自喜怒哀乐之发于外而言，谓之和，不必其已发之时又有气象也。即天道之元亨利贞，呈于化育者是也。惟存发总是一机，故中和浑是一性。如内有阳舒之心，为喜为乐，外即有阳舒之色，动作态度，无不阳舒者。内有阴惨之心，为怒为哀，外即有阴惨之色，动作态度，无不阴惨者。推之一动一静，一语一默，莫不皆然。此独体之妙，所以即隐即见，即微即显，而慎独之学，即中和即位育，此千圣学脉也。自喜怒哀乐之说不明于后世，而性学晦矣。千

---

① 刘宗周：《学言下》，《刘宗周全集》第2册，第452页。

载以下，特为拈出。①

在此，刘宗周指出了"独体之妙"，即"气"在春夏秋冬四时之中的生成发展，因为"人以天地万物为一体""盈天地间一气"，所以"气机"之流行，会有：喜、乐、怒、哀四德；仁、礼、义、智四性；恻隐、辞让、羞恶、是非四心；以及元亨利贞天道随春、夏、秋、冬四时之流行；等等。四时之"气"循环不已，因为还有"中气"，即"太和元气"，表现为性即"信"，表现为心即"真实无妄"等。在其间要把握的就是"独体之妙"，如何来把握呢？就是要用"慎独之学"。

本体的"独体"不可多说，当与工夫的"慎独"统合理解，只有"慎独"的工夫，才是心性修养的一以贯之的核心，不可"劈成两下"。所以刘宗周说：

> 从来学问只有一个工夫，凡分内分外，分动分静，说有说无，劈成两下，总属支离。
>
> 夫道，一而已矣。知、行分言，自子思子始；诚、明分言，亦自子思子始；已、未发分言，亦自子思子始；仁、义分言，自孟子始；心、性分言，亦自孟子始；动静、有无分言，自周子始。气质、义理分言，自程子始。存心、致知分言，自朱子始。闻见、德性分言，自阳明子始；顿渐分言，亦自阳明子始。凡此皆吾夫子所不道也。呜呼，吾舍仲尼奚适乎？②

这两条语录，刘汋的《年谱》特别摘录，并加按语说：

> 先儒言道分析者，至先生悉统而一之。先儒心与性对，先生曰"性者心之性"；性与情对，先生曰"情者性之情"；心统性情，先生曰"心之性情"。分人欲为人心，天理为道心，先生曰"心只有人心，道心者，人心之所以为心"。分性为气质、义理，先生曰"性只

---

① 刘宗周：《学言中》，《刘宗周全集》第2册，第414—416页。
② 刘汋：《蕺山刘子年谱》66岁条，载《刘宗周全集》第6册，第147—148页。

有气质，义理者气质之所以为性"；未发为静，已发为动，先生曰"存发只是一机，动静只是一理"。推之存心、致知、闻见、德性之知，莫不归之于一。①

刘汋还指出："先生平日所见，一一与先儒抵牾。晚年信笔直书，姑存疑案。"因此将刘宗周晚年的语录编为《存疑杂著》，收录《学言下》。刘宗周认为"从来学问只有一个工夫"，工夫不能二分为内外、动静、有无，等等，这个工夫应该就是指"慎独"。他也反对性情、人心道心、气质义理、未发已发等的两分，认为从心性修养来说，这些都应该"归之于一"，即"慎独之旨"。

四 "慎独"与"敬"、"静"及"诚意"

"慎独"与"敬"。关于"主敬"在蕺山学中的位置，刘汋的说法值得参考。刘汋说：

> 先君子学圣人之诚者也。始致力于主敬，中操功于慎独，而晚归本于诚意。诚由敬入，诚之者人之道也。②

应该说，"主敬"对于刘宗周的治学生涯来说，确实是一个入门的工夫，上文关于许孚远传授刘宗周的学术思想时也已提及。许孚远号"敬庵"，他的主旨为"存天理，遏人欲"，而入门的工夫却是"主敬"："入道莫如敬，从整齐严肃入，自貌言之细，以至事为之著，念虑之微，随处谨凛，以致存理遏欲之教。"③ 成就圣学，必须从"敬"入，整齐严肃，也就是注意念虑之微、私意之起处。另外，万历四十年，刘宗周三十五岁时，曾拜谒高攀龙，当时向其问学的三通书信之一即为"论儒释异同与主敬之功"，可知当时刘宗周对于"主敬"的关注。从治学之路来看，"主敬"对于蕺山学的建构具有十分重要的地位。

---

① 刘汋：《蕺山刘子年谱》66岁条，载《刘宗周全集》第6册，第148页。
② 刘汋：《蕺山刘子年谱》68岁条，载《刘宗周全集》第6册，第173页。
③ 刘汋：《蕺山刘子年谱》26岁条，载《刘宗周全集》第6册，第62页。

由许孚远上溯到宋儒，刘宗周认为"敬"是圣学自始至终的要旨，是"千圣相传"，"敬"是从尧、舜到孔、孟再到二程与朱子乃至明儒都特别重视的心法。他说：

> 敬者，圣学终始之要，修己之心法也。……古来无偷惰放逸的学问，故下一"敬"字，摄入诸义。就中大题目，只是克己复礼、忠恕、一贯、择善固执、慎独、求放心便是。后儒将敬死看，转入脚注去，便是矜持把捉，反为道病。①
>
> 一向放失在外，一旦反求，欲从腔子内觅归根，又是将心觅心，唯有一敬焉为操存之法。随处流行，随处静定，无有动静、显微、前后、巨细之岐，是千圣相传心法也。在尧、舜谓之兢兢，在禹谓之祗台……在孔门谓之敬修，在孟子谓之勿忘勿助，在程门谓之居敬穷理，朱子得统于二程，惓惓以主敬授学者，至明儒相传，往往多得之敬。康斋传之敬斋，皆一以敬字做成……②
>
> 学以学为人，则必证其所以为人。证其所以为人，证其所以为心而已。自昔孔门相传心法，一则曰慎独，再则曰慎独。夫人心有独体焉，即天命之性，而率性之道所从出也。慎独而中和位育，天下之能事毕矣。然独体至微，安所容慎？惟有一独处之时可为下手法。……夫一闲居耳，小人得之为万恶渊薮，而君子善反之，即是证性之路。盖敬肆之分也。敬肆之分，人禽之辨也。此证人第一义也。③
>
> 敬之一字，自是千圣相传心法，至圣门只是个慎独而已。其后伊洛遂以为单提口诀，朱子承之，发挥更无余蕴。儒门榜样，于斯为至。④

刘宗周《人谱》的《证人要旨》"凛闲居以体独"一条，就强调"敬肆之分"是"证人第一义"，也就是说证人工夫就在于"敬"。他所编撰的《圣学吃紧三关》第一关即"敬肆关"，所选的语录都是围绕朱子"主

---

① 刘宗周：《论语学案》，《子路问君子章》，《刘宗周全集》第1册，第480—481页。
② 刘宗周：《学言上》，《刘宗周全集》第2册，第376页。
③ 刘宗周：《人谱续编二·证人要旨》，《刘宗周全集》第2册，第5页。
④ 刘宗周：《圣学吃紧三关·敬肆关》，《刘宗周全集》第2册，第213页。

敬"的工夫而展开的论述。到了《人谱》还是以"敬肆之分"作为证人的第一义,"闲居""独处"之中如何以"敬"而证悟此心,是证悟"慎独之旨"的关键。刘宗周临终之际也曾说:"为学之要,一诚尽之矣。而主敬其功也,敬则诚,诚则天。"① 黄宗羲也说:"慎则敬,敬则诚。"② 由此可见,"敬"是刘宗周慎独学一个入门的根本工夫。

"慎独"与"静"。先来看"敬"与"静"之关系。刘宗周说:

> 夫诸儒说极,说仁,说静,说敬,本是一条血脉,而学者溺于所闻,犹未免滞于一指而不能相通,或转趋其弊者有之。③

以刘宗周统合性的学术眼光来看,太极、仁、静、敬,都是一条血脉贯通,即本体即工夫,致力于圣学的学者就不能拘泥,要体悟其中相通之处。他还说:"主静,敬也。若言主敬,便赘此主字。"④ 这就明言"主静"即是"敬"。当然,上文已经说明,"敬"虽然可以包含"静",但是单言"敬"也会有弊端,所以刘宗周说:"吾儒专言'敬'字亦有弊"⑤,这在《吃紧三关》一书的第三关《迷悟关》中就已经说明。刘宗周还说:

> 伊洛拈出敬字,本《中庸》戒慎恐惧来。然敬字只是死工夫,不若《中庸》说得有着落。以戒慎属不睹,以恐惧属不闻,总只为这些子讨消息,胸中实无个敬字。故主静立极之说,最为无弊。⑥

这条语录,看似与上面所说观点矛盾,但是结合起来就可以知道刘宗周对于"敬"的看法,求放心,无论动静,最为稳妥的方法就是"敬","敬"为"操存之法","敬"从"戒慎恐惧"中来,但是一味讲"敬"

---

① 刘汋:《蕺山刘子年谱》68岁条,载《刘宗周全集》第6册,第170页。
② 黄宗羲:《子刘子行状》卷下,《黄宗羲全集》第1册,第250页。
③ 刘宗周:《圣学宗要·阳明王子》,《刘宗周全集》第2册,第253页。
④ 刘宗周:《学言下》,《刘宗周全集》第2册,第434页。
⑤ 刘宗周:《圣学吃紧三关·迷悟关》,《刘宗周全集》第2册,第218页。
⑥ 刘宗周:《学言上》,《刘宗周全集》第2册,第397页。

也容易变成了"死工夫",比如将工夫落在了"戒慎恐惧"之中而胸中并不存有"敬",所以才说周敦颐的"主静立极"最为无弊。

"敬"与"静"的关系,还涉及如何看待"静坐"这个关键的问题。刘宗周撰有《静坐》诗四首与《静坐说》,在其治学之中"静坐"也是常用的方法之一。刘宗周早在三十四岁就开始使用"静坐"的方法,四十九岁在韩山草堂之时"半日静坐、半日读书","久之勿忘勿助,渐见浩然天地气象,平生严毅之意,一旦销融"①。系统地讨论"静坐"则是刘宗周五十二岁时,写了四首《静坐》诗,从中我们可以知道刘宗周那一时期的态度,也可以知道他静坐所达到的境界。诗曰:

> 学圣工夫静里真,只教打坐苦难亲。知他心放如豚子,合与家还作主人。隐隐得来方有事,轻轻递入转无身。若于此际窥消息,宇宙全收一体春。
>
> 万法论心总未真,精神一点个中亲。不求离坎还丹诀,且问乾坤成位人。亘古生生为此息,只今惺惺亦非身。请观声臭俱无处,毕竟谁尸造化春?
>
> 有物希夷气象真,多从血肉认非亲。闲来拂拭尘中镜,觉后方呈梦里人。呼吸一元通帝座,往来三复得吾身。憧憧思虑成何用?月过中秋花又春。
>
> 圣学相传自有真,春陵一派洛中亲。惟将敬字包终始,恰与几先辨鬼神。黑浪岂随初乘佛?嵩山应悟再来身。凭君决取希贤志,口诀虽然不度春。②

从这四首诗来看,刘宗周的"静坐"有三点与禅门不同。其一,"静坐"是为了成圣成贤,是圣学工夫,不是一味耽于主静而荡灭人伦,而是为了有助于日用伦常之中更好地"应事接物"。其二,"静坐"是为了体悟独体,"若于此际窥消息""请观声臭俱无处"等都是在说以"静坐"来"体独"。其三,"静坐"与"主敬"始终是结合的,"只今惺惺亦非身"

---

① 刘汋:《蕺山刘子年谱》49岁条,载《刘宗周全集》第6册,第82页。
② 刘宗周:《静坐》(四首),《刘宗周全集》第4册,第528页。

"惟将敬字包终始",一直有一种常惺惺的状态,关注于"何思何虑"。

刘宗周五十五岁时,又作《静坐说》,在方法上不再拘泥于"随息",已经有了自己的独特主张,他说:

> 人生终日扰扰也,一着归根复命处,乃在向晦时,即天地万物不外此理,于此可悟学问宗旨只是主静也。此处工夫最难下手,姑为学者设方便法,且教之静坐。日用之间,除应事接物外,苟有余刻,且静坐。坐间本无一切事,即以无事付之。既无一切事,亦无一切心,无心之心,正是本心。瞥起则放下,沾滞则扫除,只与之常惺惺可也。此时伎俩,不合眼、不掩耳、不趺跏、不数息、不参话头。只在寻常日用中,有时倦则起,有时感则应,行住坐卧,都作坐观,食息起居,都作静会。昔人所为"勿忘勿助间,未尝致纤毫之力",此其真消息也。故程子每见人静坐,便叹其善学。善学云者,只是求放心亲切工夫。从此入门,即从此究竟,非徒小小方便而已。会得时,立地圣域;不会得时,终身只是狂驰子,更无别法可入。不会静坐,且学坐而已,学坐不成,更论甚学?坐如尸,坐时习。学者且从整齐严肃入,渐进于自然。①

在《静坐说》之中,刘宗周将自己独特的静坐主张进一步表述明晰了。其一,"静坐"只是人伦日用"主敬"的辅助工夫,所以说"日用之间,除应事接物外,苟有余刻,且静坐","瞥起则放下,沾滞则扫除,只与之常惺惺可也","从整齐严肃入,渐进于自然"。其二,"静坐"是为了体悟"独体","既无一切事,亦无一切心,无心之心,正是本心",体悟本心之后,实现"常惺惺",实现"勿忘勿助"。其三,名为"静坐",却完全不拘泥于"静坐"这一姿态本身,"不合眼、不掩耳、不趺跏、不数息、不参话头","有时倦则起,有时感则应,行住坐卧,都作坐观,食息起居,都作静会",刘宗周这种方便法子的"静坐",只是为了达到"勿忘勿助间,未尝致纤毫之力"的效果,这也就避免了一味主静而产生的弊病。

---

① 刘宗周:《静坐说》,《刘宗周全集》第 2 册,第 304—305 页。

刘宗周关于"静坐"的看法在《静坐说》已经成熟，五十七岁时作《人谱》，从语气上看对"静坐"有助于"省过""改过"，有助于"应事接物"等都更为肯定，虽然在"静坐"的方法上有一些规定，但基本的主张并未变化。还有，至五十八岁作有《静坐述意》一诗："不事安排万法陈，青天一气湛无垠。恁教些子名言绝，只在当前识认真。"① 表述的还是以"静坐"悟"独体"，而后更好地"应事接物"。从"体独"这一点，可知"静"与"慎独之学的关系"，刘宗周曾明确地说："圣学之要，只在慎独。独者，静之神，动之机也。动而无妄曰静，慎之至也，是谓主静立极。"② 所以，"静""静坐"在其学术之中有重要的意义。

但是，刘宗周很早就注意到"静坐"的教法容易出问题，所以他后来在《人谱》之中，将《静坐法》更名为《讼过法》，将《证人要旨》中的"主静坐以体独"更名为"凛闲居以体独"，尽量避免直接用"静坐"或"主静"字样。③ 据刘汋《年谱》记载，刘宗周五十岁时，"自春徂夏，无事率终日静坐，有事则随感而应。每事过，自审此中不作将迎否？不作将迎而独体渊然自如否？盖自是专归涵养一路矣"④。静坐容易发生的问题有二，一是"喜静厌动，流入枯槁"，另一是"玄解妙觉"。所以，刘宗周并非一味静坐，而是无事的时候静坐，有事的时候"随感而应"，而且在事过之后的静坐之中，对于自己的"应事接物"进行一番反省，省察自己是否起念于私心而有了将迎，是否保持独体之"溥博如天；渊泉如渊"的状态。对于"静坐"法之中的儒释之辨，也是刘宗周一直注意的。他说"吾儒学问在事物上磨练，不向事物上做工夫，总然面壁九年，终无些子得力。此儒、释之分也。"⑤ 儒释之辨，就是看"静坐"是否为了"应事接物"，他还说："人心只有个觉醒，才堕昏黑，便不是。学者须从觉处理会入，方是向上一机，若一向求静，少闲应事接物，依旧不得力，静也只是昏黑，动也只是昏黑。"⑥ "静中工夫，须在应

---

① 刘宗周：《静坐述意》，《刘宗周全集》第4册，544页。
② 刘宗周：《学言上》，《刘宗周全集》第3册，第361页。
③ 刘宗周关于静坐与主静的区分，廖俊裕先生也有考证，参见《道德实践与历史性——关于蕺山学的讨论》，第64—65页。
④ 刘汋：《蕺山刘子年谱》50岁条，载《刘宗周全集》第6册，第85页。
⑤ 《会录》，《刘宗周全集》第2册，第535页。
⑥ 同上书，第503页。

事接物处不差,方是真得力。"① 这两句话其实差不多,反对一味"求静",讲求"主静"之后更好地"应事接物"。

总之,刘宗周对于"静坐"的系列看法,其实是对朱子所说的"涵养须主敬"等思想的发展,所以"静坐"只是"敬"的辅助,"静坐"因此才能在成为《人谱》"改过"的一个步骤。刘宗周的"主静",明显更接近于程朱一系的"主敬"理念之下的"主静"观,而与陆王一系的"主静"观拉开了差距。"静坐"的主要目的是为了"体独",所以"静"对于刘宗周的慎独之学来说,是"慎独"的一个重要方法。

"慎独"与"诚意"。上文已经说明,我们认为刘宗周学术的主旨为"慎独",但是刘汋却提出刘宗周五十九岁之后"始以《大学》诚意、《中庸》已未发之说示学者。……自此专举立诚之旨,即慎独姑置第二义矣"②。这一说法,上文已经说明黄宗羲并不认同,近代以来的许多研究刘宗周思想的学者并不赞同。③ 应该说,"诚意"说只是刘宗周慎独之学的一个发展阶段,作为其学术体系之中的一个重要组成部分,而"慎独"才是他统合性学术体系的唯一宗旨。

关于"诚意"与"慎独"之关系,刘宗周也有多次说明:

> 《大学》之道,诚意而已矣。诚意之功,慎独而已矣。意也者,至善归宿之地,其为物不二,故曰"独",其为物不二,而生物也不测,所谓物有本末也。格此之谓"格物",致此之谓"知本"。知此之谓"知至",故格物致知总为诚意而设,非诚意之先又有所谓格致之功也。必言诚意先致知,正示人以知止之法,欲其止于至善也。"意"外无善,"独"外无善也。故诚意者,《大学》之专义也。前此不必在致知,后此不必在于正心也;亦《大学》之完义也,后此

---

① 《会录》,《刘宗周全集》第 2 册,第 518 页。
② 刘汋:《蕺山刘子年谱》59 岁条,载《刘宗周全集》第 6 册,第 117—118 页。
③ 廖俊裕先生指出,刘汋此说没有完全正确,前半段是对的,后句"专举立诚之旨,即慎独姑置第二义矣",可能只是为了突显蕺山晚期立"诚意"之说的不同。见《道德实践与历史性——关于蕺山学的讨论》,第 67 页。东方朔先生指出刘汋的说法,将慎独与诚意两者分得太开,盖蕺山诚意说时未尝离开慎独而言,而慎独在蕺山总是总摄一切工夫之工夫,至蕺山六十五岁答叶润山问"诚意"实,仍标明"慎独之功必于斯为至",诚意即慎独,两者一而二,二而一。见东方朔《刘蕺山哲学研究》,第 260 页。

无正心之功，并无修齐治平之功也。①

在刘宗周看来，"意"即"意根"，也即"独"或"独体"，"为物不二而生物不测"，这也就是上文所述的"万物一体"之物。因此，《大学》之中的"格物致知"是为"诚意"而设的，"格致"与"诚意"或"慎独"其实都是一种工夫，甚至"格致"与"诚意""正心"都可以统合为一种工夫，即"诚意"或"慎独"。所以他说"非诚意之先又有所谓格致之功也""故诚意者，《大学》之专义也，前此不必在致知，后此不必在于正心也""后此无正心之功，并无修齐治平之功也"。在《读大学》一文最后，刘宗周又说："《大学》之道，'慎独'而已矣；《中庸》之道，'慎独'而已矣；……'慎独'而天下之能事毕矣。"可见，蕺山学唯一宗旨还是"慎独"，"诚意"其实是与"慎独"统合的一种工夫，只在诠释《大学》时为了方便才会较多使用"诚意"，此外一般都使用"慎独"。

第四节 《人谱》与证人改过之学

《人谱》是刘宗周晚年最为重要的学术著述，也是他在当时及后世最有影响的学术著述。蕺山学中以《人谱》为中心的证人改过之学，证人与改过互为表里，使得刘宗周慎独学在实践层面更为完善。关于《人谱》的研究，学界大多是从道德哲学的角度，选择其中的部分语录进行以义理为主的探讨，对《人谱》的编撰过程往往语焉不详，对《人谱》与刘宗周慎独之学关系的说明也不够清晰，《人谱》对刘门弟子的影响也少有论及。因此，关于《人谱》重点研究三个方面：其一，较为全面地梳理了《人谱》的编撰过程、证人改过之学的形成过程，以及对《功过格》的批判；其二，分析了《人谱》的主要内容，旨在说明《人谱》与慎独学说的关系，证人改过之学也即慎独学在实践层面的展开；其三，《人谱》是少数刘门弟子普遍推崇的"刘氏遗书"，《人谱》对祝渊、陈确、张履祥、黄宗羲、恽日初等刘门弟子都有深远影响，《人谱》还在刘宗周死后三百

---

① 刘宗周：《读大学》，《刘宗周全集》第4册，第417页。

多年保持着持续的影响，然而对其评价却也有高有低。

一 《人谱》编撰过程以及对《功过格》的批判

关于《人谱》的编撰过程，黄宗羲曾说："袁了凡《功过册》盛行，因而有仿为《迁改格》者，善与过对举。先生曰：'此意最害道。有过，非过也，过而不改，是谓过矣；有善，非善也，有意为善，亦过也。此处路头不清，未有不入于邪者。'作《人谱》。"① 在黄宗羲看来，刘宗周作《人谱》是对《功过格》"有意为善"的反正，是以儒家思想重新诠释的改过之学。

崇祯七年（1634）秦弘祐（字履思）著《迁改格》，陶奭龄为其作序，刊行之后将一册呈与刘宗周。刘宗周却说"此害道之书也"。② 该年八月，刘宗周在与秦弘祐的书信中说：

> 《迁改格》"广利济"一款宜除，此意甚害道。百善、五十善，书之无消煞处，不如已之。记过则无善可称，无过即是善，若双行便有不通处。愚意但欲以改过为善，今善恶并书，但准多少以为销折，则过终无改时。而善之所列亦与过同归而已。有过，非过也；过而不改，是谓过矣。有善，非善也；有意为善，亦过也。此处路头不清，未有不入于邪者。至于过之分数，亦属穿凿，理无大小多寡故也。……平日所讲专要无善，至此又说为善，终落在功利一路。仆以为：论本体，决其有善无恶；论工夫，则先事后得，无善有恶可也。凡此皆道之所在，不可不谨。③

秦弘祐仿照袁黄（号了凡，1533—1606）《功过格》而编成《迁改格》。刘宗周对于其中的"广利济"一款提出了批评，此款教人将"记善"与"记过"相互"销折"，这就容易导致"有意为善"，滋长功利之心。因此，刘宗周特别编撰《人谱》，倡导改过之说。在《人谱·自序》中，刘

---

① 黄宗羲：《子刘子行状》卷下，《黄宗羲全集》第1册，第255页。
② 刘汋：《蕺山刘子年谱》57岁条，载《刘宗周全集》第6册，第106页。
③ 刘宗周：《与履思九》，《刘宗周全集》第3册，第319页。

宗周说：

> 友人示予以袁了凡《功过格》者，予读而疑之。了凡自言尝授旨云谷老人，及其一生转移果报，皆取之功过，凿凿不爽，信有之乎？予窃以为病于道也。子曰："道不远人，人之为道而远人，不可以为道。"今之言道者，高之或沦于虚无，以为语性而非性也；卑之或出于功利，以为语命而非命也。非性非命，非人也，则皆远人以为道者也。然二者同出异名，而功利之惑人为甚。……了凡学儒者也，而笃信因果，辄以身示法，亦不必实有是事。传染至今，遂为度世津梁，则所关于道术晦明之故，有非浅鲜者。予因之有感，特本证人之意著《人极图说》以示学者，继之以六事功课，而《纪过格》终焉。言过不言功，以远利也。总题之曰《人谱》，以为谱人者，莫近于是。学者诚知人之所以为人，而于道亦思过半矣，将驯是而至于圣人之域，功崇业广，又何疑乎！①

刘宗周站在儒家正学的立场上对于袁黄《功过格》提出批评。他认为袁黄的《功过格》导人于因果之说，将善折过，必然使人滋长功利之心，这与禅学一路将学道说得"高之或沦于虚无"一样，都是"为道而远人"，离开了人伦日用本身的道德践履，所以都不是正学。《人谱》倡导改过之学，使学者"知人之所以为人"，"改过"之学也就是"证人"之学。

刘汋在《人谱》最后加了按语："《人谱》作于甲戌，重订于丁丑，而是谱则乙酉五月之绝笔也。一字一句，皆经再三参订而成。向吴峦稺初刻于湖，鲍长孺再刻，至'百拜谨识'。"② 从刘汋的按语可知，《人谱》始作于崇祯七年，也就是举证人社讲会的三年之后；然后崇祯十年重订，最后改订于顺治二年（1645），一直到刘宗周去世之前都在修订此书。③ 在此期间，刘宗周断续进行讲学活动，其"慎独"学说也更加完善，证人改过之说则是其"慎独"学说的一个重要组成部分。刘宗周对于《人

---

① 刘宗周：《人谱·自序》，《刘宗周全集》第2册，第1页。
② 刘汋按语见《人谱》，《刘宗周全集》第2册，第21—22页。
③ 关于《人谱》的改定过程，还有《初本证人小谱序》可以说明，《刘宗周全集》第4册，第23—24页。

谱》，可谓字斟句酌，他的著作轻易不加刊刻，但是《人谱》却在生前就刊刻了两次，可见他希望此书广为传布。

刘宗周在绝食弥留之际，还告诉刘汋："做人之方，尽于《人谱》，汝作家训守之可也。"① 他将《人谱》作为"家训"看待的。刘汋临死之时也为此而有特意嘱咐："若等第遵《人谱》，记忆大父绝粒，无应举，无就吏，安贫读书，养教子孙。"② 由此可见《人谱》在蕺山学之中的地位。

其实，在《人谱》编撰之前，刘宗周的证人改过之学就已经基本形成。刘宗周特别重视改过渊源于老师许孚远，许孚远"尝深夜与门人子弟辈窅然静坐，辄追诉平生酒色财气、分数消长以自证"③。刘宗周讲学的初期有《学戒四箴》，分为酒、色、财、气四则，其中也说"善则相长，过则相规。值月轮掌，美恶必书于册"④，当时刘宗周要求弟子们既记录善又记录过，这与《人谱》的要求有相近之处。从《学戒四箴》，再到《证人会约》，最后才到《人谱》，这是证人改过之学形成的三个阶段。

二 《人谱》"证人改过之学"与"慎独之旨"

刘宗周的《人谱》一书包含《人谱正篇》、《人谱续篇二》与《人谱续篇三》。《人谱正篇》分为《人极图》与《人极图说》两部分；《人谱续篇》之一即《证人要旨》；《人谱续篇》之二分为《纪过格》、《讼过法》以及三篇《改过说》。

首先来看《人极图》与《人极图说》。对比周敦颐的《太极图》与刘宗周的《人极图》：

第一图"无极太极"不变；《太极图》第二图，则分为左右两部分，即《人极图》的第二图"静而无静"与第三图"动而无静"；《太极图》第三图金、木、水、火、土五行，改为《人极图》第四图"五行攸叙"，"乾道成男"与"坤道成女"被略去；《太极图》中的"万物化生"改为《人极图》第五图"物物太极"与《人极图》第六图"其要无咎"。比较

---

① 刘汋：《蕺山刘子年谱》68岁条，载《刘宗周全集》第6册，第170页。
② 邵廷采：《贞孝先生传》，《思复堂文集》，第138页。
③ 《师说》，《明儒学案》卷首，第13页。
④ 刘宗周：《学戒四箴》，《刘宗周全集》第4册，第344页。

两图，一重变化一重过程，且《人极图》更为简略。

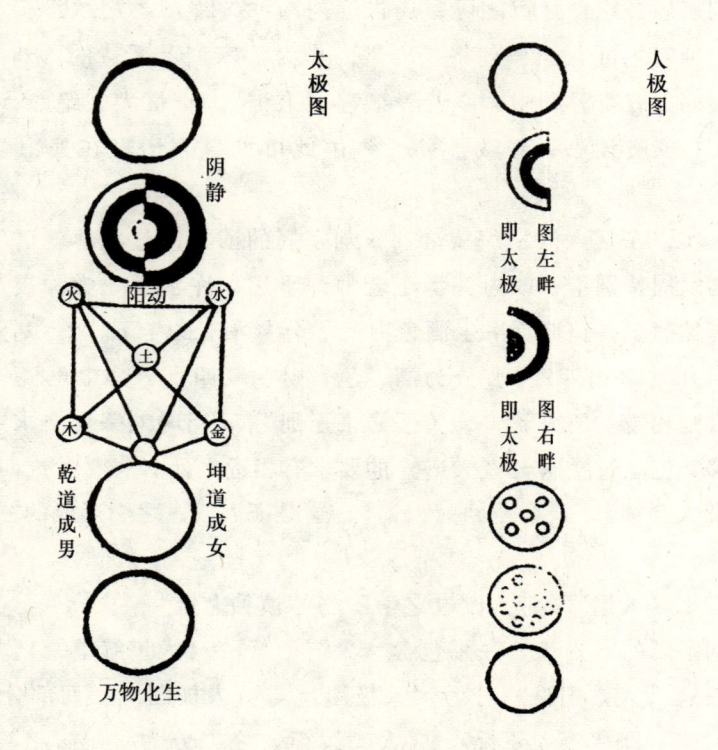

（太极图 / 人极图）

刘宗周在《人极图说》中说：

> 无善而至善，心之体也。继之者善也，成之者性也。由是而之焉，达于天下者，道也。放勋曰："父子有亲，君臣有义，夫妇有别，长幼有序，朋友有信。"此五者，五性之所以着也。五性既着，万化出焉。万化既行，万性正矣。万性，一性也。性，一至善也。至善本无善也。无善之真，分为二五，散为万善。……积善积不善，人禽之路也。知其不善，以改于善。始于有善，终于无不善。其道至善，其要无咎。所以尽人之学也。[①]

---

① 刘宗周：《人谱正篇·人极图说》，《刘宗周全集》第2册，第3—4页。

刘宗周将周敦颐《太极图》推演成为《人极图》，又参考了周敦颐的《太极图说》而推演成为《人极图说》，以人性之善的发展历程来解释《人极图》，其中的核心思想就是刘宗周的证人改过之学。"无善而至善"发展自"无极而太极"，心之体就是至善的；"继之者善也，成之者性也"，由至善之性生发成为"五性"，也即"五伦"的根本也是至善的；"五性既着，万化出焉"，万化之中的"万性"也应当是"正"的，所以"万性"与"一性"是统一的，都是至善的。这也就是说"至善本无善"，"无善之真，分为二五，散为万善"。善与不善之分，也就是人禽之分，证人之道，也就是"知其不善，以改于善。始于有善，终于无不善"，学者也就是要明了"无善而至善"的证人之道，"尽人之学"就是要学于此，所以说"其道至善，其要无咎"。

关于《人极图说》中的"无善而至善"，黄宗羲有一个解说：

> 《人谱》谓"无善而至善心之体也"与阳明先生"无善无恶心之体"之语不同。……人本无善，正言至善之不落迹象，无声无臭也。先生从至善看到无善，善为主也；周海门言"无善无恶，斯为至善"，从无强名之善，无为主也。儒释分途于此。①

刘宗周不赞同王阳明"无善无恶心之体"，而提出"至善无恶心之体"，但在《人极图说》中却说"无善而至善"，所以黄宗羲需要进行解说。黄宗羲认为刘宗周所说的"无善"是为了说明至善的特点为"无声无臭"，"从至善看到无善"，其实还是"至善"。

《证人要旨》也是进一步解释《人极图》，将其展开成为证人成圣历程的六个阶段，分别为：凛闲居以体独、卜动念以知几、谨威仪以定命、敦大伦以凝道、备百行以考旋、迁善改过以作圣。

第一，"凛闲居以体独"，对应《人极图》第一图"无极太极"，刘宗周说：

> 学以学为人，则必证其所以为人。证其所以为人，证其所以为心

---

① 黄宗羲：《蕺山学案》，《明儒学案》卷62，第1544页。

而已。自昔孔门相传心法,一则曰慎独,再则曰慎独。夫人心有独体焉,即天命之性,而率性之道所从出也。慎独而中和位育,天下之能事毕矣。然独体甚微,安所容慎?惟有一独处之时可为下手法。而在小人,仍谓之"闲居,为不善,无所不至",至念及掩着无益之时,而已不觉其爽然自失矣。君子曰:"闲居之地可惧也,而转可图也。"吾姑即闲居以证此心。此时一念未起,无善可着,更何不善可为?止有一真无妄在不睹不闻之地,无所容吾自欺也,吾亦与之"毋自欺"而已。则虽一善不立之中,而已具有浑然至善之极。君子所为必慎其独也。夫一闲居耳,小人得之为万恶渊薮,而君子善反之,即是证性之路。盖敬肆之分也。敬肆之分,人禽之辨也。此证人第一义也。静坐是闲中吃紧一事,其次则读书。朱子曰:"每日取半日静坐,半日读书。如是行之一二年,不患无长进。"①

"无极太极",也即《人极图说》中的"无善而至善,心之体也"。"体独",是"学为人"的第一步,"证其所有为人",从"证其所以为心"开始。在刘宗周看来,修养心性唯一的工夫就是"慎独"。"慎独"也就是以人心之中的"独体"来体悟至善的"天命之性"状态。"独体"的体证,在"闲居""独处"之时最可下手,"一念未起"之时也就无所谓善、不善,"一真无妄",也就是"无善而至善"。这样的状态君子应该"慎独"而"毋自欺",将其作为"证性之路",也就是"体独",而小人往往在闲居之时为"万恶渊薮",人禽之辨就在于此。他还指出"闲居体独"的修养工夫主要有二,一为静坐,一为读书。从此第一步开始,接下来的步骤也都是结合了对"独体"的体证,所以说《人谱》全面贯彻了刘宗周的"慎独之旨"。

第二,"卜动念以知几",对应《人极图》第二图"动而无动",刘宗周说:

独体本无动静,而动念其端倪也。动而生阳,七情著焉。念如其

---

① 刘宗周:《人谱续篇一·证人要旨》,《刘宗周全集》第2册,第5—9页。下文同此出处则不再注明。

初,则情返乎性。动无不善,动亦静也。转一念而不善随之,动而动矣。① 是以君子有"慎动"之学。七情之动不胜穷,而约之为累心之物,则嗜欲忿懥居其大者。《损》之象曰:"君子以惩忿窒欲。"惩窒之功,正在动念时一加提醒,不使复流于过而为不善。才有不善,未尝不知之而止之,止之而复其初矣。过此以往,便有蔓不及图者。昔人云:"惩忿如推山,窒欲如填壑。"直如此难,亦为图之于其蔓故耳。学不本之慎独,则心无所主,滋为物化。虽终日惩忿,只是以忿惩忿;终日窒欲,只是以欲窒欲。以忿惩忿,忿愈增;以欲窒欲,欲愈溃。宜其有取于推山填壑之象。岂知人心本自无忿,忽焉有忿,吾知之;本自无欲,忽焉有欲,吾知之。只此知之之时,即是惩之窒之之时,当下廓清,可不费丝毫气力,后来徐加保任而已。《易》曰:"知几其神乎?"此之谓也。谓非独体之至神,不足以与于此也。

由"体独"之后,将对天命之性的体察进一步向外推之,就是在动念之初做慎独工夫。动念之初,如果能够"慎动",使得"情返乎性",那么就"动无不善",这就是"动而无动"的状态。"慎动",需要"惩忿窒欲",也就是在动念之初一一加以提醒,使得念念都不会流于"过"而成为不善。然而要做到"慎动",实现自我提醒,就必须本于"慎独",通过"体独"使得内心有所主。反之,心无所主,所谓的"惩忿窒欲"也只是"以忿惩忿""以欲窒欲",忿欲只会增加不会减少。所以关键还是在于"体独",而后才可"卜动念"即"知几",从而能在忿欲来临之初加以惩窒,"当下廓清",就可以"不费丝毫气力",随后只要"保任"之功即可。

第三,"谨威仪以定命",对应《人极图》第三图"静而无静",刘宗周说:

> 慎独之学,既于动念上卜贞邪,已足端本澄源。而诚于中者形于外,容貌辞气之间有为之符者矣。所谓"静而生阴"也。于焉,官

---

① "转一念"下,新本作:"偶着一念,因而过矣,卒流于恶者有之。"《刘宗周全集》第2册,第6页。

虽止而神自行，仍一一以独体闲之，静而妙合于动矣。如足容当重，无以轻佻心失之；手容当恭，无以弛慢心失之；目容当端，无以淫僻心失之；口容当止，无以烦易心失之；声容当静，无以暴厉心失之；头容当直，无以邪曲心失之；气容当肃，无以浮荡心失之；立容当德，无以徙倚心失之；色容当庄，无以表暴心失之。此《记》所谓"九容"也。天命之性不可见，而见于容貌辞气之间，莫不各有当然之则。是即所谓性也。故曰："谨威仪以定命。"昔横渠教人，专以"知礼成性、变化气质"为先，殆谓是与？

上一步，动念之初的慎独工夫如果做好，已经足够"端本澄源"；那么再进一步向外推之，就要去考量"容貌辞气"，在这上头去做慎独工夫了。五官、手足即使静止之时，也应以"独体"、以"至善之性"去考量，这也就是说虽静而"妙合于动"，所以说"静而无静"。刘宗周具体规范了足容、手容、目容、口容、声容、头容、气容、立容、色容，也就是《礼记》所说"九容"分别应当如何去做工夫，其中都有"当然之则"，也就是合乎"至善之性"，这已是将道德理性具体去运用于道德实践的阶段。他还指出："九容便有九思，若只言九容，便是伪也。"[①]"九思"也就是内在慎独工夫，"九容"更强调了以外在的"礼"来配合内在的"性"的修养。

第四，"敦大伦以凝道"，对应《人极图》第四图"五行攸叙"，刘宗周说：

> 人生七尺堕地后，便为五伦关切之身。而所性之理，与之一齐俱到。分寄五行，天然定位。父子有亲，属少阳之木，喜之性也；君臣有义，属少阴之金，怒之性也；长幼有序，属太阳之火，乐之性也；夫妇有别，属太阴之水，哀之性也；朋友有信，属阴阳会合之土，中之性也。此五者，天下之达道也，"率性之谓道"是也。然必待其人而后行。故学者工夫，自慎独以来，根心生色，畅于四肢，自当发于事业，而其大者先授之五伦。于此尤加致力，外之何以极其规模之

---

① 刘宗周：《人谱杂记一》定名篇按语，《刘宗周全集》第2册，第34页。

大，内之何以究其节目之详。总期践履敦笃。慊慊君子以无忝此率性之道而已。昔人之言曰："五伦间有多少不尽分处。"夫惟尝怀不尽之心，而黾黾以从事焉，庶几其道于责乎！

这里"五伦间有多少不尽分处"是程颢的话。"五行"象征"五伦"，"五行攸叙"，就是将"性之理"，落实到五伦关系之中的践履。刘宗周将"五伦"分别配之"五行"，分别是人性不同的表现：父子有亲，少阳，木，性喜；君臣有义，少阴，金，性怒；长幼有序，太阳，火，性乐；夫妇有别，太阴，水，性哀；朋友有信，阴阳会合，性中。这可以说是刘宗周将"喜怒哀乐"配"春夏秋冬"四时的进一步发展，只是为了强调五伦关系就是"天然定位"的。① 通过前面三步的慎独工夫的修炼，到了这一步就要由心到身，再到五伦之中的应事接物，这一步已经将道德的理性更加具体地运用于道德的实践，并且提出只有践履做到了敦厚、笃实，才能实现证人、体道。

第五，"备百行以考旋"，对应《人极图》第五图"物物太极"，刘宗周说：

> 孟子曰："万物皆备于我矣。"此非意言之也。只由五大伦推之，盈天地间皆吾父子、兄弟、夫妇、君臣、朋友也。其间知之明、处之当，无不一一责备于君子之身，大是一体关切痛痒。然而其间有一处缺陷，便如一体中伤残了一肢一节，不成其为我。又曰："细行不矜，终累大德。"安见肢节受伤非即腹心之痛？故君子言仁则无所不爱，言义则无所不宜，言别则无所不辨，言序则无所不让，言信则无所不实。至此乃见尽性之学，尽伦尽物，一以贯之。《易》称"视履考祥，其旋元吉。"吉祥之地，正是不废查考耳。今学者动言万物备我，恐只是镜中花，略见得光景如此。若是真见得，便须一一与之践履过。② 故曰："反身而诚，乐莫大焉。"又曰："强恕而行，求仁莫

---

① 刘宗周：《学言中》，《刘宗周全集》第2册，第414—416页。
② "今学者"下，新本作："然非逐事简点，只为圆满此独体。如是学以慎独，方真见得万物皆备于我体段，一反身而自得知，不假外求。"《刘宗周全集》第2册，第8—9页。

近焉。""反身而诚",统体一极也;"强恕而行",物物付极也。

"考旋",出自《周易》履卦"视履考祥,其旋元吉"。由上一步的"五伦"而推之于"百行",刘宗周重新解释了"万物皆备于我"的含义,在他看来"万物"与"我"的关系可以从"五伦"推之,也都与自我是一体的,是痛痒相关的。所以君子谈"仁"就要"无所不爱",谈"义"就要"无所不宜"等,"尽性之学",修身养性应该不放过万事万物,也即在"百行"之中一以贯之。刘宗周还批评了王门后学中人谈"万物备我"如同"镜中花"一般"玩弄光景",将之说得十分玄虚的弊病,他认为必须要将道德理性一一贯穿于广泛、普遍的道德实践之中,才算是"真见得"。他还指出:"反身而诚",体会内在的心性修养则是"统体一太极";"强恕而行",修养落实在日用践履则是"物物一太极"。

第六,"迁善改过以作圣",对应《人极图》第六图"其要无咎",刘宗周说:

> 自古无现成的圣人,即尧、舜不废兢业。其次只一味迁善改过,便做成圣人,如孔子自道可见。学者未历过上五条公案,通身都是罪过。即已历过上五条公案,通身仍是罪过。才举一公案,如此是善,不如此便是过。即如此是善,而善无穷。以善进善,亦无穷。不如此是过,而过无穷,因过改过,亦无穷。一迁一改,时迁时改,忽不觉其入于圣人之域,此证人之极则也。然所谓是善是不善,本心原自历落分明。学者但就本心明处一决,决定如此不如彼,便时时有迁改工夫可作。更须小心穷理,使本心愈明,则查简愈细,全靠不得今日已是见得如此如此,而即以为了手地也。故曰:"君子无所不用其极。"

这一步强调两点:其一,"只一味迁善改过,便做成圣人",作为一名儒者最为根本的目的就是学做圣人,然而"成圣"没有捷径可循,唯一的路径就是"迁善改过";其二,"未历过上五条公案,通身都是罪过。即已历过上五条公案,通身仍是罪过",也就是说看来简单可行的"迁善改过",真正去做也并不那么容易。因为每日间都要应事接物,一言一行"如此是善,不如此便是过",其中的分寸自有无穷无尽的细枝末节需要去明了，所以说"君子无所不用其极"。刘宗周所说的"通身是过"，就是指"过无穷"因而"改过亦无穷"，"一迁一改，时迁时改，忽不觉其入于圣人之域"，成圣的过程就是一个不断迁善、改过的过程，也是一个穷天理、明本心的过程，因此说"其道至善，其要无咎"。

《证人要旨》所强调的就是以道德理性指导日用之中的道德实践，从"闲居体独"到"动念知几"，再到"威仪"中的"九容"，以及"五伦"与"百行"，都通过"体独"来实现道德理性"独体"的监督，使得行为都能够合于"理"，实践背后的理论还是"慎独"学说。而且在这一过程之中，也难免"过"的发生，所以必须时时"迁善改过"，成人、成圣，也就必须配合于《纪过格》来一步步实践改过。

《人谱续编》之二，最为重要的就是《纪过格》，其中分为六个阶段，分为六种"过"：微过、隐过、显过、大过、丛过、成过。《人谱续编》之二还包括了《讼过法》一篇与《改过说》三篇。

首先来看《纪过格》的具体内容。第一，"微过，独知主之"[①]。就《人极图》而言，"无极太极"在此变成了"物先兆"，因为不能"凛闲居以体独"，于是便生了"妄"。对于"妄"，刘宗周的解释为"独而离其天者是"。关于"微过"阶段，刘宗周说：

> 以上一过实函后来种种诸过，而藏在未起念之前，仿佛不可名状，故曰"微"，原从无过中看出过者。"妄"字最难解，直是无病痛可指。如人元气偶虚耳，然百邪从此易入。人犯此者，便一生受亏，无药可疗，最可畏也。程子曰："无妄之谓诚。"诚尚在无妄之后。诚与伪对，妄乃生伪也。妄无面目，只一点浮气所中，如履霜之象，微乎微乎！妄根所中曰惑：为利，为名，为生死；其粗者为酒色财气。

"微过"阶段，之后的种种诸过都还未曾发生，尚未"起念"，所以"仿佛不可名状"，但是其中已经包含了后来的种种诸过的先兆。刘宗周提出

[①] 刘宗周：《人谱续篇二·纪过格》，《刘宗周全集》第2册，第10—15页。下文同此出处则不再注明。

"微过","原从无过中看出过者",在"无病痛可指"之时就要加以提醒,似乎比孔子所说的"见不贤而内自省",更为深邃、透彻。所以,体会"微过"之中的"妄"才是《人谱》最为重要的工夫,正如《证人要旨》之中的"体独"是最为重要的工夫。那么"妄"是什么?刘宗周解释说是"元气偶虚"因而"百邪从此易入"。"盈天地间一气",但生成人物之时元气也会有虚时、虚处,"妄无面目,只一点浮气所中"。"关于"浮气"刘宗周在别处曾说:

> 人心一气而已矣,而枢纽至微,才入粗一二,则枢纽之地霍然散矣。散则浮,有浮气,因有浮质;有浮质,因有浮性;有浮性,因有浮想。为此四浮,合成妄根;为此一妄,种成万恶。嗟乎!其所由来者渐矣。①

人心也是一气组成,但是其细微之处,容易入粗,则其散而虚浮,于是有"四浮",有"浮气"而有"浮质"与"浮性",然后生出"浮想",也就是"动念"皆浮,"七情"不得"中",这些都是因为有"妄根"在。妄"的根源在于元气之虚浮,因为有"妄",或者是名、利,或者是酒、色、财、气等,"惑"就会产生,所以便要在闲居之中"体独",从最根源处、无过之处改过。

第二,"隐过,七情主之"。就《人极图》而言,"动而无动"变成了"动而有动",因为不能"卜动念以知几",所以在喜、怒、哀、惧、爱、恶、欲这"七情"之中出现了"隐过"。具体而言则为:溢喜、迁怒、伤哀、多惧、溺爱、作恶、纵欲。对这七种"隐过"刘宗周在《纪过格》中也都有具体的解说。"隐过"是从"微过"而来,"微过"还不可见,但是感之于"七情"就会明显起来,不过"隐过"的表现也还不很明显,可能只是在内心而未表露在外面。

第三,"显过,九容主之"。就《人极图》而言,"静而无静"变成了"静而有静",因为不能"谨威仪以定命",所以在"九容"之中出现了种种"显过"。足容、手容、目容、口容、声容、头容、气容、立容、

---

① 刘宗周:《学言下》,《刘宗周全集》第 2 册,第 435 页。

色容,这九容的每一条目,刘宗周在《纪过格》中分别又指出具体"过"的内容。比如足容之过有"箕踞,交股(大交小交),趋,蹶",声容之过有"高声,谑笑,詈骂",等等。"显过"是从前面的"微过""隐过"积集而来,九容中的每一容的过,由于七情之中每一情的原因不同也会有不同的外在表现。

第四,"大过,五伦主之"。就《人极图》而言,"五行攸叙"变成了"五行不叙",因为不能"敦大伦以凝道",所以在"五伦"之中出现了非道事亲、非道事君、交警不时、非道事兄、势交利交五方面的"大过",五伦的"大过",也是从"微过"、"隐过"与"显过"发展而来,特别是"九容"之过在"五伦"之中继续发展,就将"显过"变成了"大过"。在《纪过格》中每一伦的"过",也都有具体记录。

第五,"丛过,百行主之"。就《人极图》而言,"物物太极"已经变成了"物物不极",因为不能"备百行以考旋",所以在"百行"之中有"丛过",在《纪过格》中详细列举了一百种过的具体名目,此处不再列举。即便是"丛过"之中的种种过,其实也从上面的四种过而来,特别是"九容"与"五伦"之过的进一步发展。

第六,"成过为众恶门,以克念终焉"。就《人极图》而言,"其要无咎"已经变成了"迷复","迁善改过以作圣",还是继续于迷途而不复,最为关键的就是到了"成过"的阶段如何修养。"成过"又分为五门:祟门:微过成过曰微恶;妖门:隐过成过曰隐恶;戾门:显过成过曰显恶;兽门:大过成过曰大恶;贼门:丛过成过曰丛恶。最后,"诸过成过还以成过得改地。——进以讼法,立登圣域"。也就是说"过而不纵",终得以入之圣域;"过而不改",才是过,如果能够提起此心,还可以证人成圣。

刘宗周在《人谱》续编二,接着《纪过格》就是《讼过法》,其中提出了一整套的具体操作方法:

> 一炷香,一盂水,置之净几,布一蒲团座子于下,方会平旦以后,一躬就坐,交趺齐手,屏息正容。正俨威间,鉴临有赫,呈我宿疾,炳如也。乃进而敕之曰:尔固俨然人耳,一朝跌足,乃兽乃禽,种种堕落,嗟何及矣。应曰:唯唯。复出十目十手,共指共视,皆作如是言。应曰:唯唯。于是方寸兀兀,痛汗微星,赤光发

颅,若身亲三木者。已乃跃然而奋,曰:是予之罪也夫。则又敕之
曰:莫得姑且供认。又应曰:否否。顷之,一线清明之气徐徐来,
若向太虚然,此心便与太虚同体。乃知从前都是妄缘,妄则非真。
一真自若,湛湛澄澄,迎之无来,随之无去,却是本来真面目也。
此时正好与之葆任,忽有一尘起,辄吹落。又葆任一回,忽有一尘
起,辄吹落。如此数番,勿忘勿助,勿问效验如何。一霍间,整身
而起,闭合终日。①

在《讼过法》之中,刘宗周以静坐的状态来进行讼过的道德实践,在自讼的过程中进行自我反省,分辨人与禽兽、真与妄。在"俨威"的状态中自问自答,自我忏悔,然后独体渐渐朗现,"清明之气徐来","葆任"此"本来面目","浮气"与"尘"若有起则一一"吹落"。

《讼过法》也即《静坐法》,刘宗周在《讼过法》之后有注:"或咎予此说近禅者,予已废之矣。既而思之曰:此静坐法也。静坐非学乎?程子每见人静坐,即叹其善学。后人又曰:不是教人坐禅入定,盖借以补小学一段求放心工夫。旨哉言乎!然则静坐岂一无事事。近高忠宪有静坐说二通,其一是撒手悬崖伎俩,其一是小心着地伎俩,而公终以后说为正。"刘汋也说:"《人谱》六事工课,一曰'凛闲居',原文为'主静坐',先生以为落偏,乃改今文。"② 刘宗周担心静坐之法容易走偏而流于禅学,所以有所顾忌。但是宋明理学家大多重视静坐,比如刘宗周的友人高攀龙就专门写有《静坐说》两篇,在刘宗周看来其一几近禅学,教人"撒手悬崖";另一则是教人"小心着地",也就是"求放心"。高攀龙最终还是选择了属于儒门的说法。刘宗周在其他多处也一再论及"静坐",如陈确等弟子问学之时也常常提及刘宗周教人静坐之类,具体见下文论述。关于《讼过法》,牟宗三先生说:"此大类天台家之行法华忏仪。如此讼过亦是内圣之学之道德实践所应有者。……禅自是禅,儒自是儒。行法华忏仪者,旨在彻悟实相般若,行此讼过法

---

① 刘宗周:《人谱续篇二·讼过格》,《刘宗周全集》第 2 册,第 15—17 页。
② 刘汋:《蕺山刘子年谱》附卷《刘子年谱录遗》,《刘宗周全集》第 6 册,第 182 页。

则旨在使自律道德为具体地呈现者。"① 应该说刘宗周的"讼过法"确实也与佛学有关,但是不必因为是佛学的方法就摒弃不用,关键还在于用此方法的目的是什么,很明显刘宗周是为了使得人性的真面目呈现出来,也即"独体"的朗现,使得道德理性更好地指引道德实践,最终成为纯真的儒家学说。

讼过之后,需要进行具体的改过。刘宗周的《人谱》有三篇《改过说》,第一篇中说:

> 天命流行,物与无妄。人得之以为心,是谓本心,何过之有?唯是气机乘除之际,有不能无过不及之差者。有过而后有不及。虽不及,亦过也。过也,而妄乘之,为厥心病矣。乃其造端甚微,去无过之地所争不能毫厘,而其究甚大。……防微,则时时知过,时时改过。俄而授之隐过矣,当念过,便从当念改。又授之显过矣,当身过,便从当身改。又授之大过矣,当境过,当境改。又授之丛过矣,随事过,随事改。改之,则复于无过,可喜也。过而不改,是谓过矣。虽然,且得无改乎?凡此,皆却妄还真之路,而工夫吃紧总在微处得力云。②

"过"的产生,是因为"浮气",也就是"气机乘除之际,有不能无过不及之差者",应事接物难免有过或不及,这就是"过"。刘宗周在此强调"防微杜渐",提倡"时时知过,时时改过"。"隐过"则当念过当念改,从起念处入手;"显过"则当身过当身改;"大过"则当境过当境改;"丛过"则随事过随事改。有过而改之,就可以回复到无过的状态,如果有过而不改,才是真正的过,也就是到了"成过"的阶段,要改也变得困难了。最为关键的还是在于"微处"得力,"微处"时候就注意,也就是前面所说的从无过中要看出过,并且就已经着手改过。

《改过说》的第二篇中说:

> 盖本心常明,而不能不受暗于过。明处是心,暗处是过。明中有

---

① 牟宗三:《从陆象山到刘蕺山》第6章,第372页。
② 刘宗周:《人谱续篇二·改过格》,《刘宗周全集》第2册,第17—18页。

> 暗，暗中有明。明中之暗即是过，暗中之明即是改。手势如此亲切。
> 但常人之心虽明亦暗，故知过而归之文过，病不在暗中，反在明中。
> 君子之心虽暗亦明，故就明中用个提醒法，立地与之扩充去，得力仍
> 在明中也。

刘宗周对于"过"与"文过"的认识十分深刻。人的本心虽然常明，但是不能不因为"过"而生暗，而且"明中有暗，暗中有明"纠缠不清，明中的暗处即是有过之处，暗中的明处即是过而已改之处。更为困难的则是"虽明亦暗"，似明而实暗是因为内心已经知过，但又自我文饰。"文过"才是改过过程中最为困难的地方。"过"即是"暗"一看便知，"文过"则"虽明亦暗"很难看得真切，所以刘宗周说"病不在暗中，反在明中"。这就需要发挥内心之中的"明"的力量来提醒，使得"明"加以扩充，需要道德理性本身的强大。这里的关键工夫还是"体独"，所以说刘宗周的证人改过之学，背后一直都有慎独之学在起着支撑作用，证人改过之学是慎独学的一部分，是慎独学在实践层面的展开。

三 《人谱》对刘门弟子以及后世的影响

祝渊、张履祥、张应鳌、董玚、黄宗羲、恽日初、陈确等刘门弟子都十分重视《人谱》。在刘宗周去世之后，刘门弟子对"师说"就开始议论纷纷，即所谓的"宗旨复裂"。但是对《人谱》一书却一直都没有什么分歧，都在广泛传播此书，也都在默默实践《人谱》的证人改过之学。

在刘门弟子之中，受到《人谱》影响最深的弟子，应该就是祝渊。祝渊所作的《自警》一篇，应该就是对《人谱》的仿效。《自警》，也即《自课十六则》："不得妄语、不得忿戾、不得躁急、不得谈人过恶、不得表里背违作伪欺世、不得终始易辙亡恒自欺、不得纵耳目口腹肢体之欲、不得观书无序博涉不专、不得临财苟且、不得与人竞胜、不得遇小顺辄喜遇小拂意辄愠怒沮丧、不得言浮于行、不得随俗波靡、不得求备苛责、不得虐使童婢、不得多忧过计。"在十六则之后还有一段中说：

> 自朝至于暮，战战兢兢，无须臾之不谨，无毫发之自欺。操存，
> 省察，刻刻是过，刻刻知非，当下痛改。其或过而形焉，初犯者，跪

第二章　蕺山学与蕺山学派的形成　211

香一尺；再犯者，跪香二尺；三犯者，跪香三尺。如或渝此志者，天地祖宗速殄灭余渊。呜呼！闲邪存诚，修已以敬，诚敬之要慎独而已。一息尚存，不容稍懈。呜呼！慎之哉！有犯，必书：某月某日以某过跪香一次。①

祝渊的《自警》与《人谱》相比，虽然条目并不多，但是更为"刻厉"，可以说是刘宗周的改过之学的进一步发展。关于此事，张履祥记载说："祝开美笃志于学，尝于病中痛气质之偏，克治不力，因列目自警。……有犯辄长跪自责，书于室，曰'某月某日以某过跪一次'，自讼之严如此。"②还有吴蕃昌也说："祝子奉身甚严，其所作《自警》语中诸戒，偶有一犯，即入私室闭户长跪，竟日不起，至流涕自挞，家人传以为怪。"③可见祝渊当时对于《自警》的谨守，在友人之间是很著名的。

张履祥虽然转向了程朱一系，但是他一直都特别信奉《人谱》。从山阴受学回到桐乡之时，张履祥就携带《人谱》《证人社约》等书出示于门人。是年夏四月，张履祥又开始记录《言行见闻录》，记述师友之言行可资"见善思齐"之处，这其实也是对《人谱》的一种仿效，与《人谱类记》近似④。此后，张履祥一直在友人与弟子之间传布《人谱》一书。四十三岁时，他在与吴蕃昌的书信中说："先师《人谱》及《证人社约》，幸各寄一二十册，远近士友闻兄改刻此书，属弟求取者甚众。然此书流播人间，不特先师教泽益以深广，亦今日人心之幸也。"⑤到了顺治十七年，张履祥五十岁时，在与好友何汝霖（字商隐，1618—1689）的书信中还在提及《人谱》："郡中诸兄，如易修、敬可、子修、晋臣、元龙俱未得《人谱》看，乞以六、七册附往赠之。……赠之即以规之也。""袁黄《功过格》竟为近世士人之圣书，故欲假《人谱》之论以药石之，可省几许唇舌。"⑥张履祥认为《人谱》比《功过格》更具有"药石"之功，可以

---

① 祝渊：《祝月隐先生遗集》卷4，第7页上。
② 张履祥：《言行见闻录二》，《杨园先生全集》卷32，第900页。
③ 祝渊：《祝月隐先生遗集》外编，卷下。
④ 苏惇元：《张杨园先生年谱》，《杨园先生全集》附录，第1496页。
⑤ 张履祥：《与吴仲木二》，《杨园先生全集》卷24，第670页。
⑥ 张履祥：《与何商隐七》《与何商隐九》，《杨园先生全集》卷5，第116、117页。

端正人心，所以听说吴蕃昌刊刻此书就多要一些来广为传播。张履祥还说："人各有至暗之处不与人见者，所谓隐微也。此处可使人见，方为光明。"①《人谱》所倡导的省过、改过方法，对于张履祥的道德践履影响十分深刻。

与张履祥一样转向程朱一系的吴蕃昌，曾经刊刻过《人谱》，还曾说："今有顾而问我蓬藋之中，则以先人遗集、先师《人谱》赠之，顾未尝他及一言也。"②吴蕃昌并不汲汲于讲学论道，而是以赠书来传播老师刘宗周的思想，《人谱》则是其中最为关键的一种。《人谱》在清初得到广泛的传播，与刘门弟子的刊刻、传布有相当大的关系。

还有张应鳌与董玚，也十分重视《人谱》。张应鳌说："《人谱》一书为先师绝笔，易箦时谆嘱传习兢兢者。此乃精义熟仁之正学，天德王道之全功也。"③刘宗周临终之际，嘱咐弟子们以《人谱》为修身的参照，张应鳌也特别看重《人谱》对修身的意义，并认为是"正学"，特别看重此书与佛、道劝善思想的区别。董玚说："先师之学备在《全书》，而其规程形于《人谱》。"④他认为《人谱》是蕺山学的关键，还提出要将《人谱》置于《刘子全书》的首卷。曾师从于董玚的邵廷采说董玚"作《记日书》念过，与《人谱》一编表里"⑤。通过董玚，邵廷采也十分重视《人谱》，他说："初读《传习录》无所得，既读刘宗周《人谱》，曰：'吾知王氏学所始事矣。'"⑥

并不十分重视修身的黄宗羲，对《人谱》也特别看重。在与恽日初的书信中就对其所编的《刘子节要》不收录《人谱》提出批评："《人谱》一书，专为改过而作，其下手功夫，皆有途辙可循；今《节要》《改过》门无一语及之，视之与寻常语录泛言不异，则亦未见所节之要也。"⑦黄宗羲还曾说："自袁了凡功过格行，有志之士，或仿而行之，然不胜其计功之念，

---

① 张履祥：《备忘一》，《杨园先生全集》卷39，第1055页。
② 吴蕃昌：《祗欠庵集》卷1，适园丛书本。
③ 张应鳌：《人谱跋》，载《刘宗周全集》第6册，附录五，第712页。按，此处张应鳌写作张应鳌。
④ 董玚：《刘子全书抄述》，载《刘宗周全集》第6册，第691页。
⑤ 邵廷采：《东池董无休先生传》，《思复堂文集》卷3，第172页。
⑥ 《邵廷采传》，《清史稿》卷480，第13111页。
⑦ 黄宗羲：《答恽仲昇论子刘子节要书》，《黄宗羲全集》第10册，第224页。

行一好事，便欲与鬼神交手为市，此富贵福泽之所盘结，与吾心有何干涉！其甚者，呫呫于禽虫膜拜之习，流转极恶，恃其功过相折，放手无忌者有之矣。使其心量之无穷，黾勉一生，事事不敢放过，而亦何功之有？"① 黄宗羲受了刘宗周的影响，所以对袁黄的《功过格》也多有批评。

其实恽日初对《人谱》也是较为重视的。陈确曾引恽日初语："吾辈检身之功，惟当奉刘先生《人谱》。其讲改过之学，可谓极详。舍此，又何学之讲乎？"② 在另一书信中也提到恽日初"临别又教以从事先生《人谱》"，并说："先生《人谱》所戒，本未尝繁，由学者观之，觉得太繁耳。若又从简，势将何所不至。此子桑氏之'居简行简'，不可之甚者也。即吾兄立身，于儒释去取之间，要亦以《人谱》律之，可立决也。"③ 可见恽日初在看重《人谱》的同时感觉《人谱》太过烦琐，这也就是为什么他编辑《刘子节要》没有收录《人谱》的原因。

在黄宗羲等人将《刘子全书》刊刻出来之前，当时影响最大的刘宗周著述，也只有《人谱》。恽日初曾说："先师为明季二大儒之一，顾自《人谱》外，海内竟不知先生有何著述。"④ 其实，当时浙西一带刘宗周的证人改过之学有着广泛的影响，"或旧在门墙，或转相私淑"，以《人谱》与《证人社约》为指导的道德践履之士非常之多。陈确曾总结说：

> 生固已至愚极驽，不在驱策，而聪明强力之士，尚不乏于吾党。或旧在门墙，或转相私淑，无不兢兢于《证人社约》，罔敢失坠。桐乡张履祥素履朴实，澉水吴蕃昌克承二父之志，皆夙所奉教。自余好修之士，所在多有。远者不能悉数，武林则有西泠诸子为之鼓吹，而鸳湖之秀，亦络绎不绝，斯文领袖，必有其人。又闻娄江以东，学古慕道，发扬夫子之明教者，且项背相望。近则更有龙山诸子，与确兄子十数人，为省过之会，莫不服膺道训，斐然可观。庶几风流未泯，振兴有日，而或名心潜伏，或客气用事，自非大力，莫克划除。⑤

---

① 黄宗羲：《高古处府君墓表》，《黄宗羲全集》第 10 册，第 273—274 页。
② 陈确：《会永安湖楼序》，《陈确集》文集卷 10，第 233 页。
③ 陈确：《与恽仲昇书》，《陈确集》文集卷 3，第 125—126 页。
④ 见董玚所引恽日初书信，《刘子全书抄述》，载《刘宗周全集》第 6 册，第 689 页。
⑤ 陈确：《祭山阴先生文》，《陈确集》文集卷 13，第 309 页。

浙西的刘门弟子如张履祥、吴蕃昌以及以沈昀为首的"西泠诸子",还有对刘宗周十分仰慕却错失了师事机会的"娄江以东"的陆世仪等人,都以《证人社约》为践履准则,发扬蕺山学。至于在海昌的"龙山诸子",还有陈确自己的子侄等十多人,则有"省过之会",也就是"省过社"。

陈确不但自己践履改过之学,而且还积极将其发扬光大。当时他的子侄与学生,在海宁组织有"省过社"。其中有据可考的有,侄子四人:陈枚,字爱立;陈锡世,字潮生;陈楫世,字彭涛,号梦弼;陈煌世,字槎光。学生二人:许全可,字欲尔;许裔,字大辛。此外还有查嗣琪,字肇五,号石丈;① 查乐继,字二雅,属陈确的晚辈。

顺治六年八月十八日,观潮日,省过社成员举会于海宁黄山,陈确疾走二十里来黄山与会,予以指导。

此会有继承刘宗周"证人之会"的意思,但也有一定的差异。后来与会诸子将个人过错记录,汇编成为《省过录》,并定期责罚。陈确为之作《诸子省过录序》:

> 嗟乎!此吾向者山阴先生之教也。予小子不克举行,而诸子能力行之,吾深自愧。顾余纵不肖,不能推行先生之志,而二三子能行吾之所不能行,先生其为未死乎!吾与有荣施焉,又深自喜。②

陈确认为,此会有薪传刘宗周"证人之会"之意,陈确感叹自己不能力行先师之遗志,现在看到许大辛等人能够组织"省过会"的活动,非常高兴,非常愿意参与指导。接着他结合刘宗周《人谱》与慎独之教,谈了自己对于"省过"的理解:

> 夫学者气质之偏,要各不同。有余不足,将皆必有对治之方焉。

---

① 查嗣琪也是刘门弟子,但未见相关著录。《海宁州志稿》中说:"查嗣琪,字肇五,号石丈。博学教行,中岁师事刘蕺山,受微过、隐过、显过之格。退与同志为省过会,事事期归实践。葛巾草屦,绝迹城市,擅诗文,兼工行草书。"许傅霈等:《海宁州志稿》卷32《人物志隐逸》,《中国方志丛书》华中地方第562号,影印民国11年排印本,台湾成文出版社1983年版,第3686页。

② 陈确:《诸子省过录序》,《陈确集》文集卷10,第228—230页。下文同此出处则不再注明。

> 譬医者之发药，必察其脉之虚热，实证之寒热，及诸经受病之不同，与所治标本、缓急、先后之宜，而后定方药焉。故其病之浅者，一匕而遂起；其深者，亦数剂数十剂而苏。若药而不能已病，则是药不对证也。不然，则证虽真，方虽良，而药非道地，不得力者也。不然，则调理之失节者也。诸子苟未施对证之药，而泛泛焉惟过之省，省过而过滋多。犹病者能自言其病，曰"吾之病脾"、"吾之病肺"。彼非不知病之审也，然而不愈，则未尝有治之之药也。故药而不对证，与不药同。知病矣，而不能求良医以治之，与不知病同。知治之法矣，而不能节饮食、慎起居以养之，与治非法同。

陈确指出两点：省过好比治病，要注意"对治之方"与"对证之药"。人一旦有病，首先要求良医诊治，明察其病根，寻找对治之方。诸子举办省过社，即为察识各自修德之中的病根，只有察识得真，才能真正治标又治本。但是，更为重要的还是要有对症之药，药方要良，药更要道地，用之得力，然后加以调理，才能恢复元气。诸子举办了省过社，省过之后却并未重视改过，也未寻求改过之法，这就与知道自己病了之后却并未有治病之药一样，还是没有用的。因此，陈确更重视的还是日用之中的践履，就如同防病的"节饮食、慎起居"一样，只有平时注意才能真正治好病。接着陈确指出了与会诸子的各自过错病症以及"对治之方"：

> 吾习于诸子最深，诸子之善不胜书，请言其不善而诸子自治之。石丈之失柔；大辛之失浮；欲尔之惰有瘳矣，未严密；二雅不能达；梦弼未离乎庸；爰立好善而自是；潮生不弘；槎光不谅。诸子所日省之过，偶感之疾也，凡吾所言者，养成之病也。偶感之疾，勿药而自愈；养成之病，不治将日深。盖偶感者，一时若有大苦，而终不能为人之患；养成者，久若与之相安，而其后有不可拯救之忧，可弗亟治与！柔者治之以勇，浮者治之以静；未严密者治之以严密，不达者治之以达；以卓然之行治庸，以坎然之心治自是；以弘治不弘，以谅治不谅。所谓对治者非耶！

与会诸子所记录的过错，大多是所谓"偶感之疾"，可以自行平复的。因为一时的疏忽而犯下的差错、过失，这些都还停留在表面，未能鞭辟入里。陈确认为只是认识这些还远远不够，必须要深入内心，纠正气质禀性之中的偏差，即"养成之病"，以免"不治将日深"，以至于"不可拯救之忧"。接着，陈确结合自己对刘宗周"慎独之教"体悟，给予诸子道地的"对症之药"：

> 其或吾知之未尽，与吾言之未当者，诸子自察之而自攻之。盖吾之有过，吾即不自举，同志能交举之；同志即不及举，天下之人皆能举之。顾即使同志一不知，天下后世之人终莫我知，而吾心不死，遂可晏然以未善为已善，有过为无过乎？故古之君子，不畏众而畏独，有以也。
>
> 以诸子之孜孜好善，而又能勇于克己，以各去其所偏，进于道也不难矣。但诸子能省过，而或未审过之所从生。犹病者能知病，而或未察病之所从起。盖人之元气固则百邪无由入也，学者之天理全，则百过无从生也。故百病皆乘乎虚，而百过皆丛乎私。吾故尝曰：君子之慎独，去私而已矣。所谓未发之中者，无私而已矣。去私即是格致工夫，无私便是诚正气象。去私之尽，至于无私，天下之能事毕矣。治平以是，位育以是矣。如诸子岂有意乎！倘诸子真能绝尘而行，予虽至驽，亦愿追骐骥之足，而勉施鞭策焉。

首先，陈确指出了"体独"的重要性，"不畏众而畏独"，所以必须"勇于克己"；其次，省过之后，还要知过从何而生，如果能够"天理全"则"百过无从生"，所以过之生，皆是因为私欲丛生；最后，陈确指出改过必须要以"慎独"之教"去私"，从而恢复"天理"之全。在陈确看来，"慎独去私"也就是《大学》所说的"格致诚正"，之后就能平治天下，"天地位万物育"都从此处开始。陈确将刘宗周的"慎独"宗旨进行了自己的发挥，并落实在日用践履且更为平实。他所说的"去私之尽，至于无私"，也就是宋明理学家经常说的"尽乎天理之极而无一毫人欲之私"[①]，所以说他的学术，还是在宋明理学的范围之内。

---

① 朱熹：《四书章句集注》，第3页。

陈确改过之学的理学特色，还可以从《驳潘逸民省过解》一文得以验证："己丑八月，乾初道人既为龙山诸子序《省过录》。辛卯腊月，武林潘逸民过访，偶出示之，逸民答以《省过解》。其言汪洋，如浩海之波，漂激万状，使苏、张遇之，犹失其辨，何陈子之足云乎！"① 陈确序《省过录》的两年多之后，其理论遭到了偶访的潘逸民恣肆汪洋的驳斥。其驳斥主要针对"对治之非"，"可以过治不及，不及治过乎"。也就是说，"矫枉过正"是否能够得当？陈确说：

> 汝不读《论语》乎："求也退，故进之；由也兼人，故退之。"虽以过治不及，以不及治过，亦奚为不可！《洪范》曰："高明柔克，沉潜刚克。"《丹书》曰"不强则枉"，朱子解之曰："强者，以力自矫之谓。若徇其所偏，不自矫揉，则终于枉而已。"古人韦弦之佩，皆此意也。②

陈确所主张"气质各矫偏处"，有人质疑也不多加论辩，只是举出诸多古训以求自明。他认为"矫治"之法，不只符合先师刘宗周之学术，也符合孔子、朱子等先儒精神，所以无须质疑。

刘宗周的《人谱》传布颇广，在清初的北方也有一定影响。李塨《讼过则例》："塨少受家学，及长，益以先生长者之训，颇不敢自暴弃，然每愧日省不勤，愆过滋多。一日翻王五公先生秘囊中，见刘念台纪过格，条分缕析，刺血惊心，似专为愚聩而发者。"③ 王五公即王馀佑，曾经编撰《通俗劝善书跋》遗书，建议："刘念台先生《人谱》一编弁之于首，使读书有识人习诵，兴起理学，令人心风俗粹然一出于正。"④ 可见当时大多数人还是将《人谱》与一般的劝善书同样看待的，至于刘宗周特别强调的对功利之心的防止这一点也许还是认识不够，并没有严格加以区分。

---

① 陈确：《驳潘逸民省过解》，《陈确集》文集卷10，第230页。
② 同上书，第231页。
③ 李塨：《讼过则例》，《丛书集成三编》第18册，影印四存学会本，台湾新文丰出版公司1996年版，第158页。
④ 王馀佑：《五公山人集》卷16，清康熙乙亥刻本。

受到《人谱》较多影响的还有孙奇逢,他在《理学宗传》中就收录刘宗周,引以为同志,并特标"理学而以节死",以表对刘宗周气节的敬仰。在孙奇逢早年的著述《诸儒评》之中也有《刘念台》,其中就对《人谱》十分推崇。他说:

> 子曰:"已矣乎!吾未见能见其过而内自讼者也。"公谱微过、隐过、显过、大过、丛过、成过,条列分明,随事随念,默默省察。有犯此六科者,凛然上帝临汝,诛锄不贷。久久过自消除,而本心不放。此方是存之之君子,而免为去之之庶民。微乎!危乎!可不慎诸!①

孙奇逢对《人谱》进行了细致研究,认为"条列分明",且又有下手处,"久久过字消除,而本心不放",这样去做就能够成为"君子",他的《日谱》中也有《人谱》的影子。康熙初年,孙奇逢应河南内黄知县张沐的邀请前去讲学,曾经推广过《人谱》。他在《题内黄摘要后》一文中说:"我辈今日谈学,不必极深研几,拨新领异。但求知过面改,便是孔颜真血脉。"② 后来,孙奇逢又通过弟子高镐(字荐馨)以及倪元璐之弟倪元瓒(字献汝)、刘门弟子姜希辙等人,接触到了刘宗周的《学言》《圣学宗要》《古易抄义》等书,并将其摘录于苦心经营三十年的大书《理学宗传》。③

此外,关于《人谱》《人谱类记》,四库馆臣说:"是书乃其主蕺山书院时所述以授生徒者也。……主于启迪初学,故词多平实浅显。兼为下愚劝戒,故或参以福善祸淫之说。然偶一及之,与袁黄《功过格》立命之学终不同也。或以芜杂病之,则不知宗周此书本为中人以下立教,失其著作之本旨矣。"④ 他们也看出了《人谱》在劝善方面的意义,与《功过

---

① 孙奇逢:《夏峰先生集》附录《诸儒评》,《孙奇逢集》,中州古籍出版社 2003 年版,第 1093 页。
② 孙奇逢:《题内黄摘要后》,《夏峰先生集》卷 9,中华书局 2004 年版,第 323 页。
③ 关于刘宗周之学如何传入北方及其对于孙奇逢的影响,参见陈祖武《蕺山南学与夏峰北学》,《清儒学术拾零》,第 1—16 页。
④ 《四库全书总目》卷 93《子部儒家类三》,第 794 页。

格》不同,《人谱》不会导向功利之说,但因为有"为中人以下立教"的意味,所以某些地方显得"芜杂"。

到了清末民初,《人谱》还有一些重要的影响,王汎森先生指出:"在新文化运动前后,清代宋学复兴的领袖如倭仁、唐鉴、吴廷栋、李棠阶等人的文字极少被提到,反倒是明儒刘宗周的《人谱》影响最大。""《人谱》的影响,在各种官方颁定的学程或个人论述中都有反映。官方的学程中,如光绪二十九年十一月二十六日(1904年1月13日)张百熙、荣庆、张之洞《重订学堂章程》中的《奏定初等小学堂章程》,在修身课上规定摘讲朱子小学、刘宗周《人谱》。"可见随着晚清的理学中兴,重视理学的道德实践意义的学者对《人谱》的价值也是颇为看重。王汎森文章还指出,1931年任四川江津中学校长的吴芳吉每周给全体学生讲《人谱》:"《人谱》的锻炼不只是为了成就仁义道德,以防堵新文化运动以来道德散乱的风气,同时也是为了锻炼一批爱国救亡的少年。"① 这一现象,其实可以与新生活运动时期,浙江的桐乡重新表彰张履祥的道德践履相互参看,一旦提及道德践履的问题,诸如《人谱》一书,或者刘宗周、张履祥等严谨的儒者,都可以再次成为学习的参照。② 因为到了晚明清初,道德践履之学已经发展到了中国儒学史的顶峰。

最后,简述一下现代学者对刘宗周证人改过之学的评价。

牟宗三先生十分重视蕺山学,对于《人谱》的评价也是非常之高,主要有两点。其一,儒家内圣之学、成德之教在刘宗周那里真正得以完成。牟先生说:"著《人谱》以明实践之历程,如是,内圣之学、成德之教之全谱至此遂彻底穷源而完备。"③ 儒家的道德实践到了刘宗周那里才真正有了"下手处"。其二,在刘宗周那里还特别彰显了儒家道德意识之中的负面因素。牟先生说:"勿谓儒家偏于乐观,对于人生之负面感受不深。此皆世俗之论,无真正之道德意识者也。……故吾人若不言负面则已,若欲言之,则必套于道德意识中始能彻底而穷源,清楚明确而真切,而且真能实践地化除。以往言之不及,亦只是一时之不及,非其本质不能

---

① 王汎森:《中国近代思想中的传统因素》,河北教育出版社2001年版,第125、131页。
② 参见拙著《张履祥与清初学术》第10章《从"杨园学社"看理学的现代意义》,第339—354页。
③ 牟宗三:《从陆象山到刘蕺山》第6章,第377页。

人也。"①

张灏先生也注意到了《人谱》对道德意识之中负面因素的彰显。他说："《人谱》里面所表现的罪恶感，简直可以和其同时代西方清教徒的罪恶意识相提并论。宋明儒学发展到这一步，对幽暗意识，已不只是间接的映衬和侧面的影射，而已变成正面的彰显和直接的透视了。"② 张灏还就表现幽暗意识的方式与蕴含的强弱，将儒家思想与基督教相比较，他说："基督教是作正面的透视与直接彰显，而儒家的主流，除了晚明一段时期外，大致而言是间接的映衬与侧面的影射。……基督教，因为相信人之罪恶性是根深柢固的，因此不认为人有体现至善之可能；而儒家的幽暗意识，在这一点上终没有淹没它基本的乐观精神。不论成德的过程是多么的艰难，人仍有体现至善，变成完人之可能。"③ 儒家表现幽暗意识之时，还是肯定成人的可能性，这在刘宗周的《人谱》那里也表现得特别明显，"改过"与"证人"是互为表里的两个方面。

现代学者也有对刘宗周及《人谱》的批评。李泽厚先生曾说："刘宗周把心学最终归结于追求所谓至善本体的'诚意'，由'理'到'心'，由'心'到'意'，路便愈走愈窄愈内向，走入准宗教式的禁欲主义，而完全失去任何丰满的客观内容，成为异常枯槁的戒律教条，毫无生意。"④ 甚至还说《人谱》的一百条"记警""腐朽不堪之至"。李先生考察了理学的发展历程，认为到了刘宗周这里发生了"愈走愈窄""禁欲主义"的特点，也就是说在道德实践上的紧缩，反而使得人欲的问题更加突出，其弟子陈确"反而提出接近自然人性论的命题了"。此外值得注意的批评还有姚才刚先生，他说："他虽然使心学变得极为精微、幽深，但却走向极端，使人觉得他的学说有过于紧缩之感，尤其是他的工夫论，让人望而生畏，读后徒增几分抑郁之情，难以有'鸢飞鱼跃'的和乐境界。这种过紧的内圣之学，不利于制度层面的建构。而且，刘蕺山异常严谨的个人气质使得他无法对所处社会的时代精神加以响应，他的过分强烈的道德使命

---

① 牟宗三：《从陆象山到刘蕺山》第 6 章，第 375—376 页。
② 张灏：《幽暗意识与民主传统》，新星出版社 2006 年版，第 39 页。
③ 同上书，第 40 页。
④ 李泽厚：《宋明理学片论》，《中国古代思想史论》，安徽文艺出版社 1994 年版，第 260—261 页。

感也使他无法体认到当时思想解放潮流所应具有的价值。"① 显然，这样的批评对于刘宗周而言，有一点过分了。

其实，关于《人谱》在道德践履上的弊端，牟宗三先生早就已经注意到，所以他说："如若顺着蕺山《人谱》作实践，觉得太紧，太清苦，则可参详致良知以稍活之，又可参详象山之明本心以更活之。反之，如若觉得象山之明本心太疏阔，无下手处，则可参之以致良知。如若觉得致良知仍稍疏，则再详之以《人谱》。"② 事实上，《人谱》最大的特点就是肯定人人皆可成人，详细而系统的条目也只是指出过错的种种可能性，并不直接导致禁欲、抑郁。何况在儒学的范围内还可以参之于蕺山学相近的阳明学、象山学。所以，《人谱》的"紧缩"，也并不会产生多少负面作用。

第五节 刘宗周的讲学与蕺山学派的形成

刘宗周四十八岁时提出"慎独之旨"，标志着蕺山学的成熟。而其讲学生涯则还要早十年，从三十八岁开始正式讲学，一直到五十四岁证人社创立之前，都可以算作其讲学的早期阶段。越中"证人社"的创立，标志着刘宗周后期讲学的开始，此时他的讲学便倡导"慎独"之教了。然而"证人社"原是刘宗周与陶奭龄的合作，因为对"证人"之旨的不同理解不久便产生了分歧，陶奭龄坚持"白马别会"，二人分别讲会，最终形成了明清之际浙东最为重要的两大心学学派：蕺山学派与姚江书院派。在刘宗周早期讲学之时，就已经有了众多的追随者，当时可以说蕺山学派也已经初步形成；"证人社"成立之后，刘宗周的学术进一步成熟，这一时期他的讲学在两浙一带产生了重大影响，此时蕺山学派也可谓"如日中天"。

一 早期讲学与蕺山学派的初步形成

刘宗周与东林诸儒一样，十分重视讲学。他在北京之时，也曾参与首

---

① 姚才刚：《论刘蕺山对王学的修正》，《武汉大学学报》（人文社会科学版）2000 年第 6 期，第 758 页。
② 牟宗三：《从陆象山到刘蕺山》第 6 章，第 377 页。

善书院的讲学活动。关于讲学的意义，他首先强调辟异端邪说，讲明先王之道，"讲学为第一义"。刘宗周说：

> 昔者禹抑洪水而天下平，至于孟子，辟杨、墨，明先王之道以救世，而识者以为功不在禹下。方今天下之祸过于洪水，当事者议安攘，茫无借箸，而先生独以讲学为第一义，盖亦孟子所谓"修孝弟忠信以挞秦、楚坚甲利兵"之意也。当人心崩溃之余，先生仅以绪说渺论激发天下，当十万师，使天下晓然知有君臣、父子之道。三纲之道明，而樽俎之容威于折冲，则先生学之所及者，于是乎远且大矣。①

> 先生曰："天地晦冥，人心灭息，吾辈惟有讲学明伦，庶几留民彝于一线乎？"会诸生相继请，遂于五月朔会讲于解吟轩。先生痛言：世道之祸酿于人心，而人心之恶以不学而进。今日理会此事，正欲明人心本然之善，他日不至凶于尔国，害于尔家。②

冯从吾（号少虚，1556—1627）是首善书院时期讲学的代表人物，刘宗周称道其讲学的同时也说明了在"人心崩溃"的时代讲学的重要性。天启五年（1625）七月诏毁首善书院；八月诏毁天下东林讲学书院。刘宗周却冒着讲学有可能带来的政治危险，再一次讲学蕺山。这时就更加突出了学术与人心的关系，只有讲明了学术才能端正人心，人心端正才能救世。所以士大夫应该居乡讲学，这是安顿社群秩序的关键所在，讲学是刘宗周外王之学的重要内容之一。

刘宗周前期讲学，集中在两次辞官回乡之时，也可以分为两个阶段。第一阶段为万历四十三年至四十五年，第二阶段为天启五年至六年。这两个阶段时间都不长，但是已经有了初步的影响。

此处需要说明的是，早在他三十岁之时，刘宗周就曾授徒，不过当时所教授的乃是举子业而非道学，所以还不能算是真正意义上的讲学。刘汋说："教授于大善寺佥舍。先生居丧之暇，进宗人戚属而讲诵之，授以举

---

① 刘宗周：《冯少虚先生教言序》，《刘宗周全集》第4册，第2页。
② 刘汋：《蕺山刘子年谱》48岁条，载《刘宗周全集》第6册，第80页。

子业。教学者一准规矩,出入进退俱有成度,课督甚勤。旷业则长跪,有不率教者,夏楚之,成童以上勿恕也。末世师道陵迟,见先生严毅,咸惊异焉。"由此可知虽然当时刘宗周尚未致力于道学,但也已有了道学"严毅"的气象。

刘宗周真正开始讲学是在万历四十三年、三十八岁之时,"教授于朱氏之解吟轩"。此时蕺山之侧的讲学盛况,刘汋说:

> 先是,壬子,先生北发,陈尧年率先执贽问道于门下。及给假归,望益隆隆起,国人无不信先生为真儒。于是尧年复率诸生二十余人纳贽北面,讲授予解吟轩。先生谓:"德行,本也;时艺,末也。"教学者先行谊后文章,本经之外,兼举一经,旁阅子、史、性理诸书,有暇则令习礼歌诗。……设教一以严肃为主,盛暑未尝去冠服,有荡简者则搂诸门墙之外,大约规模视丁未更宏阔云。朔望考课毕,或尚论古今人物,或商榷坐下工夫,间一命酒,登蕺山之巅,歌古诗,二三子和之,声振山谷,油然而归。①

这是刘宗周正式讲学,陈尧年等二十多人纳贽拜师,讲学内容也是以道学为主而不讲举业,即德行为本、时艺为末。讲学的规模也与讲授举业之时大不相同,颇为"宏阔"。而且还有"尚论古今人物"的东林讲学气息;至于饮酒、登山、歌诗,等等,可知刘宗周的讲学并非一味俨然,反有"舞雩浴沂"之意,与王阳明之讲学也颇有几分相似之处。

万历四十四年,讲学于陈氏石家池,著"酒、色、财、气"《学戒四箴》以示学者。其中说:"善则相传,过则相规。值月轮掌,美恶必书于册,闻过不举者罚之,轻重与犯者同科,仍责首座生提领,无忽。"② 可见这个讲学团体已经开始重视改过,当是后来的证人改过之学的先导。值得注意的是,此时刘宗周还主张将"美恶"都记录,与《功过格》有点类似,而后来的《人谱》则只讲改过、只记录过错了。

万历四十五年初,仍旧讲学于石家池,三月转移到绍兴城外的韩山草

---

① 刘汋:《蕺山刘子年谱》38岁条,载《刘宗周全集》第6册,第70—71页。
② 刘宗周:《学戒四箴》,《刘宗周全集》第4册,第344页。

堂。此时撰有《座右铭》等。讲学内容则主要是《论语》："先生与诸生讲《论语》，日书其大旨，久而成编，至是乃出示学者。"① 这年完成了《论语学案》，从此书之中可知，刘宗周的学术思想已经初具规模，"慎独"思想也已经呼之欲出。此后几年离乡为官而讲学中断，但是他的学术却还在继续发展之中。

天启五年，刘宗周被革职为民，开始前期讲学的第二阶段。"夏五月戊申，会讲于解吟轩。"这一次讲学，从夏五月开始一直到这年冬季，最终辍讲是因为高攀龙劝其韬晦，此事上文已经提及，不再赘言。关于这段时间刘宗周的讲学刘汋有详细记述：

> 逆阉大兴钩党之狱，缇骑四出，削籍遍天下。……会诸生相继请，遂于五月朔会讲于解吟轩。先生痛言：世道之祸酿于人心，而人心之恶以不学而进。今日理会此事，正欲明人心本然之善，他日不至凶于尔国，害于尔家。座中皆有省。每会，令学者收敛身心，使根柢凝定，为入道之基。尝曰："此心绝无凑泊处，从前是过去，向后是未来，逐外是人分，搜里是鬼窟，四路把截，就其中间不容发处，恰是此心真凑泊处。此处理会得分明，则大本达道皆从此出。"于是有慎独之说焉。（至岁终辍讲。）②

由此可知，天启五年的讲学从夏季到年末，持续时间较长，并且已经揭示"慎独"之说。刘宗周学术的宗旨已经提出，前面已经论及"慎独"是蕺山学统合一贯的宗旨，他毕生为学都是在完善"慎独"之学，此时"慎独"之学尚属初步形成。

天启五年刘宗周讲学或论学，还有两个重要事件。其一，三月，刘宗周前往长兴凭吊丁元荐，时任长兴知县的吴钟峦从刘宗周问学。其二，九月，刘宗周邀周应中、朱昌祚、吴薇垣以及女婿陈刚同游禹穴，在回来的

---

① 刘汋：《蕺山刘子年谱》40岁条，载《刘宗周全集》第6册，第72页。
② 刘汋：《蕺山刘子年谱》48岁条，载《刘宗周全集》第6册，第80页。

船上与周应中论学，惊叹其学直窥前圣所不到处，于是撰有《游禹穴记事》。①

到了天启六年发生了著名的"七君子事件"，魏忠贤大肆逮捕东林党人，高攀龙、黄尊素、周起元（1571—1626）、缪昌期（1562—1626）、周顺昌（1584—1626）、周宗建（1582—1627）、李应昇（1593—1626）七人被逮。其中高攀龙与黄尊素都是刘宗周的重要友人，三月十七日，高攀龙自沉而死；闰六月，黄尊素死于监狱之中。在这种风声鹤唳的气氛之中，无法讲学，所以刘宗周就"携汋课读于韩山草堂，专用慎独之功。……每日晨，取有明诸儒文集、传记考订之。盖有意于《道统录》也"。但是，即便是隐居读书，也有偶一为之的讲学活动："秋日，诸生十余辈挐舟来谒，座中问孔孟大旨。先生告以求仁之说……"② 当时讲学不多，编撰书籍却较多，完成的有《孔孟合璧》《吃紧三关》，开始编撰而未完成的有《五子连珠》《皇明道统录》等。

这一年，前去听讲的诸生有哪些人记载不明。其中的代表人物可能还是陈尧年。当年八月，"相传欲逮文湛持震孟、姚现闻希孟及先生，乃托汋于陈尧年，尧年携之武林"③。该年还有一件重要事情就是黄尊素命黄宗羲等三子师事刘宗周。黄尊素被逮，至郡城绍兴，"刘念台先生饯之于萧寺，忠端公命公从之游"④。当时黄宗羲十七岁，兵荒马乱之际估计听讲机会不多，他正式参与刘门讲会已是刘宗周讲学的后期。关于"三黄"师事刘宗周一事，有学者有疑问：为什么黄宗羲在言及师弟子之时，没有提及黄宗炎与黄宗会？全祖望认为黄氏三兄弟都受业于刘宗周："姚江黄忠端公有子五，其受业蕺山刘忠正公之门者三：伯子即梨洲先生，其仲则所谓鹧鸪先生者也，叔子曰石田先生。梨洲学最巨，先生稍好奇，而石田尤狷，天下以'三黄子'称之。"⑤ "三黄"大概都曾参与刘门讲会，明亡之后可能黄宗炎与黄宗会不再研读蕺山之书，故所受影响较小。

---

① 姚名达：《刘宗周年谱》48岁条，载《刘宗周全集》第6册，第297页。
② 刘汋：《蕺山刘子年谱》49岁条，载《刘宗周全集》第6册，第82—83页。
③ 同上书，第83页。
④ 黄炳垕：《黄梨洲先生年谱》17岁条，载《黄宗羲全集》第12册，第20页。
⑤ 全祖望：《鹧鸪先生神道表》，《鲒埼亭集》卷13，《全祖望集汇校集注》，第246页。

在此，对于"学派"与"师门"，谈一点看法。什么是学派？何兆武先生说："通常意义的所谓学派，亦即有着一致的立场、观点和方法，一致的主题、方向和兴趣的一个有组织的学术团体。"① 黄宗羲曾引陈令升的观点，对于学派作了说明："学在天地，有宗有翼，宗之者一人，翼之者数十人，所谓后先疏附也。"② 所谓"宗"就是"宗主"，学派的开创者、领袖人物；所谓"翼"就是学派的传承者、追随者，领袖人物的弟子或友人，传承"宗主"学术大旨。有"宗"有"翼"相得益彰，构成有宗旨、有影响的学术团体。"学派"的概念，梁启超等人追溯到先秦，但是严格地讲还是应该从北宋的"江西诗派"开始，分别有"诗派""宗派""学派"等称呼，应该说这时学派一词已经确立。而且，学派一般不是当事人自己标榜的，而是后人认定的。

什么是师门？一般认为出于同一老师门下，即为同一师门，其中也有正式行过拜师礼的入室弟子与没有行过拜师之礼的听讲弟子，以及转相传授的再传弟子、无缘得见老师的私淑弟子等区别。"师门"，更多的是强调师承、授受的关系，王充《论衡·量知》："不入师门，无经传之教。"最早出自经师之传经，后来泛指各种师从关系。

在本书之中主要讨论在学术观点上有继承关系、在学术气象上有相似之处的一群人，重点讨论刘宗周、张履祥、陈确、黄宗羲、全祖望等人，将他们作为一个学派来加以讨论。至于其他刘门弟子在讨论相关问题的时候也有所涉及，但不多作展开，③ 还有再传弟子的情况，可以通过刘门的张履祥、陈确、黄宗羲三大弟子相关的研究论著加以了解。④

"蕺山学派"形成于何时？有两种观点。其一，衷尔钜先生《蕺山学派哲学思想》中说："无论从它的学说体系特色看还是从围绕其代表人物

---

① 何兆武：《苇草集》，生活·读书·新知三联书店1999年版，第505页。
② 黄宗羲：《陈令升先生传》，《黄宗羲全集》第10册，第600页。
③ 关于刘宗周的弟子，张瑞涛先生的《蕺山弟子考编》作了较为系统的梳理，载卢敦基主编《浙江历史文化研究》第4卷，浙江大学出版社2012年版，第81—94页。
④ 关于张履祥的弟子，笔者已经作了较为细致的考辨，具体参见拙著《张履祥与清初学术》之中《张履祥友人、弟子考》，第259—338页。陈确从事讲学时间不长，弟子较少，具体请参考王瑞昌《陈确评传》之中的《乾初交游人物表》，第452—465页。黄宗羲的弟子较为复杂，笔者较为认同吴光先生的看法，以黄宗羲以及弟子形成了清代浙东经史学派，这一学派的主体即黄门弟子，具体请参见吴光《黄宗羲与清代浙东学派》，第191—215页。

刘宗周有一批宗信者来看,它在明代末年就已经形成。""从时间上看,蕺山学派自明万历末年酝酿,到天启五年首次提出标宗的慎独学说,标志着这个学派正式形成。"① 其二,何俊、尹晓宁两先生《刘宗周与蕺山学派》一书认为蕺山学派的成立是在崇祯二年到崇祯四年:"刘宗周的学术宗旨和学术特色已经基本形成。……他已经开始独自讲学,并且在他的周围聚集了大量弟子……'蕺山学派'在证人社分裂时实质上已经创立了。"② 从上文所述刘宗周前期讲学的两个阶段以及刘宗周自身学术的发展来看,刘宗周的独自讲学始于万历末年,但是当时他的学术已经初具规模而尚未形成自己的宗旨。到了天启五年,刘宗周对于讲学的意义进一步明确,并且正式提出"慎独"之旨,并且向弟子揭示"慎独"之说,所以天启五年既是蕺山学形成的标志,又是蕺山学派形成的标志。而且天启五年前后,刘门的重要弟子陈尧年、朱昌祚以及黄氏三兄弟等都已经开始师从问学了。

二 越中证人书院的讲学与刘宗周、陶奭龄的宗旨之争

晚明越中证人书院的创立,是浙东学术史上的重大事件。③ 崇祯四年(1631),刘宗周与陶奭龄共举"证人社"于陶文简公(即陶望龄,号石篑,1562—1609)祠,"证人社"的讲会即"证人会"。讲会的地点并不完全固定,除陶文简公祠外还有古小学、阳明祠、泠然阁等处,其中

---

① 衷尔钜:《蕺山学派哲学思想》第3章《蕺山学派的形成与思想渊源》,第64—65页。
② 何俊、尹晓宁:《刘宗周与蕺山学派》,第218页。
③ 目前学界越中与甬上两个证人书院讲会相关的研究成果主要有:吴震《"证人社"与明季江南士绅的思想动向》以"证人社"为视角考察了江南士绅的心学式玄谈与改过的实践,对"证人社"作了重新评价,《中华文史论丛》2008年第1期,第123—200页。王汎森《清初的讲经会》对讲经会的形成与进行方式、治学特色与影响等作了较为详细的考察,载台湾中研院《历史语言研究所集刊》第六十八本第三分,1997年,第503—588页。此外还有孙中曾《证人会、白马别会及刘宗周思想之发展》,载钟彩钧主编《刘蕺山学术思想论集》,台湾中研院中国文哲研究所筹备处,1998年,第457—522页。方祖猷《黄宗羲与甬上证人书院》,《浙江学刊》1985年第2期,第88—95页。金林祥《甬上证人书院与清代浙东学派》,郑吉雄《黄梨洲恢复证人讲会在学术史上的意义》,二文均载方祖猷、滕复主编《论浙东学术》,中国社会科学出版社1995年版,第257—284页。本书此节与第五章第三节,分别对越中与甬上两处的证人书院讲会进行更为全面的梳理,将两地讲会的时间地点、形成背景、内容与宗旨、组织形式等进行比较研究,以求更好地认识证人书院讲会与明清学术转型的关系。

"古小学"是最重要的地点,也即后来的越中证人书院①。据刘宗周之子刘汋说:

> 海内自邹南皋、冯少墟、高景逸三先生卒后,士大夫争以讲学为讳。此道不绝如线,惟先生岿然灵光,久而弥信。家居之暇,门人谋所以寿斯道者。先生于三月三日率同志大会于石篑先生祠,缙绅学士可二百余人,同主事者为石梁先生。石梁,石篑先生之介弟也。初登讲席,先生首谓学者曰:"此学不讲久矣。文成指出良知二字,直为后人拔去自暴自弃病根。今日开口第一义,须信我辈人人是个人,人便是圣人之人,圣人人人可做。于此信得及,方是良知眼孔。"因以"证人"名其社。②

邹元标(号南皋,1551—1624)、冯从吾讲学于首善书院,高攀龙讲学于东林书院。天启五年(1625),七月诏毁首善书院;八月诏毁天下东林讲学书院。此后,刘宗周愤而起讲学于越中,但是迫于恶劣的政治环境,他的前期讲学没过多久也只能从公开转为私下了。到了此次讲学,刘宗周开讲即阐明王阳明的"良知"之学与"证人"之旨的关系,同时也追溯讲学的渊源。关于"证人会"的真正缘起他曾说:

> 吾乡自阳明先生倡道龙山时,则有钱、王诸君子并起为之羽翼,嗣此流风不绝者百年。至海门、石篑两先生,复沿其绪论,为学者师。迨二先生殁,主盟无人,此道不绝如线,而陶先生有弟石梁子,于时称二难,士心属望之久矣。顷者,辞济阳之檄,息机林下,余偶过之,谋所以寿斯道者,石梁子不鄙余,而欣然许诺,因进余于先生之祠,商订旧闻,二三子从焉,于是有上巳之会。③

---

① 古小学,始建于嘉靖九年(1530),祭祀宋儒尹焞(1061—1132)。刘宗周于天启四年(1624)谋划重修,因学禁而工半;崇祯五年(1633)五月享堂落成,之后"证人社"就在此讲学。崇祯十三年(1640)正月全部重修告成,前祠尹子,后额"证人书院"。董玚:《越中学脉记》,《是学堂寓稿》,天一阁清抄本;参见钱茂伟《姚江书院派研究》,中国社会科学出版社2005年版,第34—35页。
② 刘汋:《蕺山刘子年谱》54岁条,载《刘宗周全集》第6册,第101页。
③ 刘宗周:《会约书后》,《刘宗周全集》第2册,第497—498页。

此段文字简要回顾了越中讲学的历史，自从王阳明讲学之后，有钱德洪（号绪山，1496—1574）、王畿（号龙溪，1498—1583）、周汝登、陶望龄相继而起。刘宗周想要救正王学之偏颇，却主动邀请陶奭龄一同主事"证人社"，原因有二：一是因为越中是王学的重地，讲学就不得不顺着"良知之学"加以开展；二是因为陶奭龄传承阳明之学，与其兄陶望龄并称"二难"，在当时士人心目中颇有声望。而且，当时越中也公推陶、刘二人为学者之首。沈国模（号求如，1575—1655）求见周汝登的时候，周汝登就说："吾老矣！郡城陶石梁、刘念台，今之学者也，其相与发明之。"①

第一次讲会之后，刘宗周"稍述所闻，作《证人社约》"，其中包括《学檄》《会仪》《约言》《约诫》，《会仪》又包括会期、会礼、会讲、会费、会录、会戒、会友七条。"会期"说：

> 取每月之三日，辰而集，午而散。是会也，专以讲学明道。故衿绅骈集，不矜势分，虽诸色人不禁焉。然真心好学者固多，而浮游往来者亦不乏人。特置姓氏一籍，其愿入会而卜久要者，随时登载。至日，司会呼庚引坐，毋得混乱。其后至不入籍者，另设虚席待之。遇远方贤者至，则特举一会，以展求教之诚。望后，听诸生自举会课一次。②

越中证人书院每月举行一次讲会，安排在初三日，如有远方学者来访则举行一次特别讲会。讲会过了大概半个月，"望后"即十五日之后听讲的弟子还要自行组织一次会课，以便温故知新。"会讲"说：

> 诸友就坐，司会者进书案。特于诸缙绅下设虚位二席，以待讲友及载笔者。另设一案于堂中，以待质疑者。司赞传云板三声，命童子歌诗。歌毕复传云板三声，请开讲。在坐者静听，其有疑义欲更端

---

① 董玚：《沈聘君传》，《姚江书院志略》卷下，《中国历代书院志》第九辑，影印清乾隆刻本，江苏教育出版社 1995 年版，第 297 页。

② 刘宗周：《证人社约》，《刘宗周全集》第 2 册，第 484—498 页。下列引文同此出处则不再注明。

> 者，俱俟讲毕，出位，共而立，互相印证。不得哗然并举，亦不得接耳私谈。犯者，司约传云板一声纠之。讲毕，命童子复歌诗，乃起。

从此规定来看，证人书院会讲之时秩序井然。"会录"说：

> 每会推掌记者记会中语言问答。但取其足以发明斯道，毋及浮蔓可也。录成，呈之主会者，以订可否，乃登。

每会推选掌记做"会录"，但只记录问答精华，不能完全反映讲会之中的热闹场面，也不能展现掌记者本人的看法。"会戒"说：

> 凡与兹会，毋谑言，毋戏笑，毋交足，毋接耳，毋及朝事迁除，毋及里中鄙衰。犯者，司约纠之。

可见"证人会"是比较严谨的讲会，有着严格的纪律。此外，对于诸生还有《约言》十条：其一，戒讥侮儒先，诋诃名教，不讲学，不读书，及读非圣之书；……其九，戒多言及言市井闺闱事；其十，戒腹诽背侩，乐道人短，匿怨结交。每条之下都有详细说明。《约诫》十二条：戒不孝、戒不友、戒苟取、戒干进、戒闺帏、戒贪色、戒妄言、戒任气、戒过饮、戒奢侈、戒游荡、戒惰容，其下也都有详细的说明。对比《证人会约》与刘宗周后来作的《人谱》，就会发现其思想主旨的一贯，也就是以"慎独"来实现"证人"。

在讲会进行的过程中，陶、刘二人以及他们的弟子之间时有诘难。刘、陶二人虽然都认同"证人"之旨，但在如何"证人"这一问题上，却有很大的差异：一则曰"坐下"，刘宗周修正王学而"专揭慎独之旨"；一则曰"自家"，陶奭龄则坚持王学原旨而"专揭良知为指归"。① "坐下"与"自家"之争，也就是"证人"工夫论的分歧，就是导致后来"别会"的主要原因。

"第二会"之时，祁彪佳举《中庸》"素位"一章并提问："功夫在

---

① 《证人社语录》，《刘宗周全集》第 2 册，第 552 页。

素位处，还在不陵不援处？"刘、陶二人在讨论中说：

> 先生曰："不求之居，而求之行，其心都已走向外去。若所居果易，则行自必不险矣，何不自得？"……诸友复纷纷辨素位之说，或以淡素太素言，或以通天地万物为素位言。陶先生曰："此等总是意见，一起意便是行险。"又曰："吾侪且莫说素位，只说素位前一段功夫。"先生曰："吾侪实践功夫，只当就坐下求之。立如斋，立时是学；坐如尸，坐时是学。舍现在之位，另寻一种先此功夫，恐无是处。"陶先生曰："富贵、贫贱、夷狄、患难，所以位吾身者夥矣，若必逐位措办，便不胜零星凑泊之病，即此便是愿外，何言素位？吾心中定先有个权衡在，而后任他何为，当前举不足以动其心，故曰：'无入而不自得之。'"①

《中庸·第十四章》主要是讨论君子如何自处的问题。陶奭龄强调"且莫说素位，只说素位前一段功夫"，他更为重视的是日用间自处之前，"心中定先有个权衡在"，也即自家的"良知"。刘宗周的看法则与陶奭龄不同，他认为应按《中庸》本身所讲，要重视日用间的实践，"只当就坐下求之"，从现在所处的位置做起，也就是"立如斋""坐如尸"等，离开了人伦日用而去另求"先此功夫"则迷失了儒家的根本。陶奭龄认为刘宗周这样解说就有"不胜零星凑泊之病"，一再强调心中要有个"权衡"；刘宗周依旧不认同，之后还说"心之权衡在审括处"，也就是对自我的审视、约束。这里二人的分歧其实还是"坐下"与"自家"的问题。与此相关还有"本体"与"工夫"关系问题，刘、陶二人也意见相左：

> 陶先生曰："学者须识认本体，识得本体，则工夫在其中。若不识本体，说甚工夫？"先生曰："不识本体，果如何下工夫？但既识本体，即须认定本体用工夫。工夫愈精密，则本体愈昭荧。今谓既识后遂一无事事，可以纵横自如，六通无碍，势必至猖狂纵恣，流为无

---

① 《证人社语录》，《刘宗周全集》第2册，第553页。

忌惮之归而后已。"①

关于本体与工夫，陶奭龄重视的是难以捉摸的本体，认为本体察识之后工夫也就水到渠成，自然而然不消用力。刘宗周虽然也认为有必要去察识本体，但更加重视工夫，为学主要是在工夫上用力，工夫做到几层对于本体的体悟就能做到几层，不可在无法捉摸的本体上花费太多的力气；对于陶奭龄"识得本体，则工夫在其中"一语几乎是完全反对的，因为容易导致"猖狂纵恣""无忌惮"等弊病，这是刘宗周最为担心的，所以每每讲学都特别提醒一番。

讲会进行到第三个月，刘、陶的学术分歧越来越严重。崇祯四年六月，陶奭龄就提议"别会"。对此刘宗周有书信答复：

> 前承示，欲避城嚣而另寻闲寂之地，以求同志。此于坐下甚有益，第恐朋友无相从者，不令此会便成虚名乎？吾辈论坐下工夫，即晤言一室亦足了当，而必切切于求友，非徒借友以自鞭，亦与人同归于善耳。弟愚见，姑再举数会，俟朋友中有兴起者，或可延数十年命脉。此时而随意去留，则无处非行教之地矣。②

从此信来看，陶奭龄提出"别会"，一是因为在郡城过于喧嚣，一是因为同志之友较少。三月三日初次讲会，到会有二百多人，大多是郡城的诸生，而非志于圣学的儒者。刘宗周认为关键在于讲求"坐下工夫""与人同归于善"，不必在意喧嚣，也不必在意友人，建议再举数会以待有继而兴起者。不过刘宗周的劝解并未成功。崇祯五年二月，陶奭龄带着他的学生，另立讲会于"白马岩居"即"白马山房"，这就是"白马别会"；刘宗周则继续讲学于阳明祠与古小学。这是"证人社"分裂的初期，"白马别会"只是作为"证人社"活动的一支，二处的讲学并无大的冲突。刘宗周则表现得更为主动，不时过往于白马岩居参与讲会，虽然刘宗周与陶门师弟子之间关于学术宗旨等问题往来论辩不断。

---

① 《会录》，《刘宗周全集》第 2 册，第 507 页。
② 刘宗周：《与陶石梁》，《刘宗周全集》第 3 册，第 419 页。

崇祯八年，刘宗周北上，陶奭龄前往送之，并说："愿先生安其身而后动，易其心而后语，使天下实受其福。"① 第二年，刘宗周还曾上公揭，推举"当世第一流人物"陶奭龄为官。② 可见刘、陶之间，一直保持着良好的交游关系。

对于刘、陶之间的分歧，刘宗周一直认为救正阳明学之弊病，必须在讲学之中慢慢进行，所以不能将分歧看得太重。当然，他对于陶奭龄的讲学也有不满之处。刘汋记述：

> 先生自解司空职归，遇会讲，多逊谢不赴，盖白马诸友以所见自封，不受先生裁成，而流俗之士又旅进旅退，无洁己请事者，遂听诸生自相会聚矣。③

崇祯九年刘宗周自京回乡之后，就不怎么参与讲会了，原因就是"白马诸友"即陶门师弟子笃信王学并偏向禅学，刘宗周与之有所论辩，没有什么效果。于是，忠实于刘宗周的那些弟子要求将刘门与陶门分别得更加清楚一些。崇祯十一年十二月，刘门弟子就正式提出"及门"，即重新拜师另立门户。

关于此事，各家说法不一，所以在此作一较为详细的辨析。首先，我们先看刘汋的记载与姚名达的考证：

> 时王业洵偕毓蓍十七生及门，先生固辞不受。④
>
> 诸生王业洵（士美）、王毓蓍（玄趾）、张应鳌（奠夫）、朱昌祚（绵之）、胡岳（嵩高）、黄宗羲（太冲）等十七人独不信禅，上书先生，缁缁数千言，请别为讲会，以辟邪说。先生固辞不受。⑤

---

① 邵廷采：《明儒刘子蕺山先生传》，《思复堂文集》卷1，浙江古籍出版社2010年版，第24页。
② 刘宗周：《荐陶奭龄公揭》，《刘宗周全集》第3册，第295页。
③ 刘汋：《蕺山刘子年谱》61岁条，载《刘宗周全集》第6册，第125页。
④ 同上。
⑤ 姚名达：《刘宗周年谱》61岁条，载《刘宗周全集》第6册，第418页。

关于此事，姚名达先生认为主事者为王业洵、王毓蓍、张应鳌、朱昌柞（绵之）、胡岳、黄宗羲，将黄宗羲列在六人之末。但是黄宗羲本人及与其相关的文献，却以黄宗羲为首倡。首先看黄宗羲本人的说法：

> 始虽与陶石梁同讲席，为证人之会，而学不同。石梁之门人皆学佛，后且流于因果。分会于白马山，羲尝听讲。石梁言一名臣转身为马，引其族姑证之，羲甚不然其言。退而与王业洵，王毓蓍推择一辈时名之士四十余人，执贽先生门下。此四十余人者，皆喜辟佛，然而无有根柢。于学问之事，亦浮慕而已。反资学佛者之口实。先生有忧之，两者交讧，故传先生之学者，未易一二也。①
>
> 先生与陶石梁讲学。石梁之弟子，授受皆禅，且流而为因果。先生以意非心之所发，则无不起而争之。余于是邀一时知名之士数十余人，执贽先生门下。而此数十余人者，又皆文章之士，阔远于学，故能知先生之学者鲜矣。②
>
> 当子刘子讲学之时，吾越之承风接响者，以想象为本体，权谋为作用，子刘子之言，格于浸淫之僻说而不相下，先生忧之，曰：'此禅门种草，宁可移植于吾室乎？'于是推择王业洵、王毓蓍及予等十数人者，进之为弟子。诸弟子进而受子刘子之教，有未达者，退而私于先生，未尝不冰释也。③

黄宗羲的第一处记载，也就是最为通行的一种说法，就与刘汋《年谱》的差别有二：一是当时执贽刘门的人数不同，刘汋记载为十七人，黄宗羲此处记载为四十余人；二是为首的弟子，刘汋记载为王业洵、王毓蓍二人，黄宗羲记载则除去二王，还再三提及他本人，并以他本人为主要的发起人。第二处则与第一处大致相同，"四十余人"作"数十余人"，略含糊；对于执贽刘门弟子的批评，指为"文章之士"，则是将学问"无有根柢"说得明晰一些了，应当也符合实际情况。

---

① 黄宗羲：《蕺山学案》，《明儒学案》卷62，第1514页。
② 黄宗羲：《思旧录》，刘宗周，《黄宗羲全集》第1册，第341—342页。
③ 黄宗羲：《刘伯绳先生墓志铭》，《黄宗羲全集》第10册，第313页。

黄宗羲的第三处记载却与前两处有许多矛盾。其一，执贽于刘门的人数记为"十数人者"，表述为"进之为弟子"者，也可以理解为这"十数人者"仅为传刘宗周之学者，那么另外就还有不曾被"推择"而"进之为弟子"者多人。其二，对当时刘、陶共同讲学时有禅门倾向表示担忧的人记述为刘汋而非黄宗羲本人了，推择王业洵、王毓蓍以及黄宗羲的人似乎也是刘汋，问学刘宗周而有未达者，也经常退而私自受教于刘汋。这些突出刘汋在刘门作用的说法，即使有溢美之词的一面，也当有一定的根据。此外，黄宗羲的二处记载，都较为详细地解释了"别为讲会"的根本原因，即陶门都学佛，流于因果之说，"以向下为本体，权谋为作用"等。又说倾向于刘门的四十余人，都喜欢辟佛，但也有人学无根柢，反资陶门于口实。

还有《黄宗羲年谱》有两条记录，也有一些问题：

> 郡中刘念台先生与石梁陶氏奭龄讲学。石梁之弟子授受皆禅，且流入因果。先生独以慎独为宗旨，至是讲学蕺山。公邀吴越知名之士六十余人，共侍讲席，力摧石梁之说，恶言不入于耳。①
>
> 子刘子讲学之时，圆澄、圆悟两家子孙，欲以其说窜入。子刘子每临席而叹。公于是至郡城，邀一时知名士王士美业洵、王元趾毓蓍等十余人，进于函丈。②

上一条中问题之一是时间：一是说刘、陶的"证人社"讲学时间系在崇祯二年，有误；另一是对"别为讲会"的时间也没有说明，看似也系于崇祯二年，则更误了。问题之二，说黄宗羲"邀吴越知名之士六十余人"则是在黄宗羲自己说的"四十余人"之上又增加了二十。问题之三，说刘宗周讲学蕺山，也有一定的问题，万历、天启年间，刘宗周讲学于蕺山解吟轩，崇祯四年开始则基本都在绍兴城里的陶望龄祠、阳明书院、泠然阁、古小学，偶然出席于城外的白马岩居。后一条中的时间也有问题，将"别为讲会"系年在崇祯十二年，有误。"邀一时知名士王士美（业洵）、

---

① 黄炳垕：《黄宗羲年谱》20岁条，载《黄宗羲全集》第12册，第22页。
② 黄炳垕：《黄宗羲年谱》30岁条，载《黄宗羲全集》第12册，第27页。

王元趾（毓蓍）等十余人"则又是回到了黄宗羲《刘伯绳先生墓志铭》的立场。另外将陶奭龄师弟子的近于禅佛更加坐实，指明是"圆澄、圆悟两家子孙"，圆澄、圆悟即黄宗羲《子刘子行状》卷下说的湛然澄、密云悟。

另外，全祖望《梨洲先生神道碑文》也有问题，一是人数写作了"六十余人"，并且更加突出黄宗羲的影响力，"以黄氏倡首"，还说"故蕺山弟子如祁、章诸公，皆以名德重，而四友御侮之助。莫如公者"①。

结合黄宗羲第三条记载及该年刘宗周的书信等史料来看，黄宗羲虽然参与了"及门"，但并非首倡者，起到作用最大的还是王业洵、王毓蓍及胡岳、朱昌祚、张应鳌等人。

"别会"的原因还是学术分歧。为了安抚弟子的情绪，刘宗周写信给这些弟子：

> 今之言佛氏之学者，大都盛言阳明子，止因良知之说于性觉为近，故不得不服膺其说，以广其教门，而祢子之徒亦浸假而良知矣。……今之言佛氏之学者，招之以孔、孟而不得，招之以程、朱而不得，请即以阳明子招之。佛氏言宗也，而吾以阳明之宗宗之；佛氏喜顿也，而吾以阳明之顿顿之；佛氏喜言功德也，而吾以阳明之德德之，亦曰良知而已矣。孟子曰："无是非之心，非人也。"夫学者而不知有良知之说则已，使知有良知之说，而稍稍求之，久之而或有见焉。则虽口不离佛氏之说，足不离佛氏之堂，而心已醒而为吾儒之心，从前种种迷惑一朝而破，又何患其不为吾儒之徒乎？此仆之所以诵言阳明子而不容已也。……愿足下偃旗息鼓，反其分别异同之见，而告自邑焉，于以尊所闻而行所知，日进于高明广大之地，则天下之士必有闻风而兴起者，吾道之明且行，庶有日乎？仆旦暮跂之。②

> 吾乡陶石梁子，雅为吾党推重，特其入门不免借途于释氏，一时从游之士多以禅起家，卒难骤返于正，亦其弊也。仆与石梁持论，每

---

① 全祖望：《梨洲先生神道碑文》，《鲒埼亭集》卷第11，《全祖望集汇校集注》，第215页。
② 刘宗周：《答胡嵩高朱绵之张奠夫诸生》，《刘宗周全集》第3册，第349—351页。

有异同，或至水穷山尽之日，将有废然而返者，未可知也。夫以阳明先生之明睿，而回环出入于二氏者二十年，及已觉其非，而犹恨旧习之缠绕，卒难摆脱，且又若干年，况后之君子乎？吾辈于此姑且从容商订，时取其有益于坐下者，而韦弦配之，且徐用涵育熏陶之法，以听其自化，安知无阳明先生其人出焉。计不出此，而骤主分别之见，至以异端摈同侪，不亦绝人已甚乎？①

刘宗周始终坚持一贯的主张，即首先接受陶奭龄等越中讲学的士人大多喜好王学、难免借途于禅佛这一事实，然后通过讲学论辩将儒释之异同渐次发明，"从容商订"，"徐用涵育熏陶之法"，从而使得人心渐醒而归于正学。并且举了王阳明本人"出入二氏"的例子来说明对于普通士人不能"以异端摈同侪"，不可"绝人"太过。此事之后，陶、刘两派正式"别会"讲学。刘宗周的思路，是基于晚明儒释道三教合一思潮的盛行，想要使得儒释分辨，先要接受儒释混杂，为了接引学者，就不得不立足于这个现实。同样的话，他也对陶奭龄一派的弟子王朝式说过。他说：

> 仆尝私慨，以为居今之世，诚欲学者学圣人之道，而不听其出入于佛、老，是欲其入而闭之门也；譬之溺者，与之以一瓠而济，一瓠亦津梁也。学者患不真读佛氏书耳，苟其真读佛氏书，将必有不安于佛氏之说者，而后乃始喟然于圣人之道，直取一间而达也。审如是，佛亦何病于儒？治病者，清则正治，甚乃从攻；热因热用，寒因寒用，不亦可乎？……然而世眼悠悠，不能无疑矣，曰："诸君子言禅言、行禅行、律禅律、游禅游，何以道学为哉？且子而与其从学佛之士，宁若从吾流俗士？"仆闻之，笑而不答。诸君子自信愈坚，其教亦愈行，而其为世眼之悠悠愈甚。噫嘻！今而后将永拒人于流俗之外，不得一闻圣人之道者，是亦诸君子之过也。②

与其为了严辨儒释而关起门来，不如让某些学者先"真读佛氏书"，等他

---

① 刘宗周：《答王生士美》，《刘宗周全集》第3册，第351页。
② 刘宗周：《答王金如三》，《刘宗周全集》第3册，第346—347页。

们"不安于佛氏之说",再以"圣人之道"相接引,那么中途假借佛氏,也不可为过了。所以刘宗周对王朝式等人都说"自信愈坚,其教亦愈行",关键在于自己的力行。如果过于严辨儒释、"拒人于俗流之外",那么就会使得那些人"不得一闻圣人之道",反而是"过"了。刘宗周还是在强调,救弊必须在讲学之中实现。

崇祯十二年九月,陶奭龄的友人与弟子沈国模、管宗圣(字霞标,1578—1641)、史孝咸(字子虚,1582—1659)、史孝复(字子复,?—1644)"四先生"创"义学"于余姚半霖:"以义学为始基,如古小学意","使姚江一灯,炳然千古"①,"义学"的创立,虽然也说明了与"证人社"即"古小学"的关系,但也标明其宗旨为传承王阳明的姚江之学,而不是刘宗周的慎独之教。"义学"创立之时,刘宗周、陶奭龄等人也有参与;"义学"后来更名"姚江书院",也是史孝咸征求了刘宗周的意见。② 无论"白马岩居"之时,或是"义学"之时,刘宗周其实与陶奭龄及其友人、弟子之间始终保持着亦师亦友的关系,虽然沈国模等人在学术上较为偏向于陶奭龄,也与陶奭龄关系更为密切一些。"姚江书院"的讲学,尊奉王阳明、周汝登、陶奭龄一系的浙中王学传统而无所创新,后来形成了明清之际浙东重要的心学学派——姚江书院派。③

崇祯十三年正月,陶奭龄卒,刘宗周带领弟子前去吊唁,并作有祭文。其中说:

> 先生尤以贞素之风,一洗自来空谈之弊。故服习既久,人人归其陶铸。社学、岩居,递传胜事。……昔人递启宗门,先生益排玄钥。直令学者求诸一尘不驻之地,何物可容其纠缚?横说竖说,不出"良知"遗铎,凡以还人觉性而止,亦何谬于前洙泗、后濂洛?呜呼!已矣。抚流光于十载,聆晤言以非迈。婉玉色金声,亦风光而月洒。④

---

① 董玚:《沈聘君传》,《中国历代书院志》第九辑,第 298 页。
② 同上。
③ 参见钱茂伟《姚江书院派研究》,第 43—45、57—60 页。
④ 刘宗周:《祭陶石梁先生文》,《刘宗周全集》第 4 册,第 320 页。

刘宗周说陶奭龄"风光而月洒",无愧一代斯文。对于陶奭龄的讲学,也较为肯定,不过也指出"直令学者求诸一尘不驻之地",暗示其讲学具有禅学意味。同时又指出陶奭龄讲学"不出良知遗铎""还人觉性而止",这一主旨"何谬于前洙泗、后濂洛",肯定陶奭龄之学合于孔子、孟子或周敦颐、二程等儒家先贤,尚在儒学的范围之内。刘宗周在之后为陶奭龄文集所作序中则说:"或疑先生学近禅,先生固不讳禅也,先生之于禅,正如渊明之于酒,托兴在此而取喻在彼,凡以自得其所为止者耳。"① 可见其在儒释之辨上保持着宽容的态度。陶奭龄去世之后,刘宗周在越中证人书院继续讲学,一直到顺治二年(1645)清军入浙,刘宗周殉节。

总之,由越中的"证人社"的讲会活动,最后形成了两大学派:刘宗周及其弟子形成了蕺山学派;陶奭龄及其友人、弟子形成了姚江书院派。两派之间最大的差别就是对王学、禅学的不同态度,刘宗周一系对王学有所改造并带有朱学的因素,而陶奭龄一系则坚持王畿、周汝登以来浙中王学的特色并带有禅学的因素。刘、陶二人始终保持良好的关系,他们二人门下友人、弟子大多也有交流,究其原因当是因为刘宗周一直反对"以异端摈同侪",主张在讲学的过程中救治弊病。蕺山学派因为弟子众多且大多在名节、学术上都有很大的影响,在明清之际"如日中天"。入清之后期的姚江书院派,最为著名的主事者就是邵廷采,他却向蕺山学派有所靠拢。他曾向董玚、黄宗羲问学,对王阳明、刘宗周以及他们的弟子、姚江书院的"四先生"等都有撰文表彰,可以说邵廷采也是总结蕺山、姚江二派学术的关键人物之一。

---

① 刘宗周:《陶石梁今是堂文集序》,《刘宗周全集》第4册,第61页。

第三章　蕺山学派的分化(上):张履祥与尊朱辟王思潮的兴起

"子刘子既没,宗旨复裂。"① 关于蕺山学派的分化,大多学者认为最为重要的有三派。② 其一,以张履祥为代表的转向程朱之学的一派,还包括刘汋、吴蕃昌、沈昀、叶敦艮、恽日初等人。这一派的人数众多,实际上都是沿着刘宗周以朱学修正王学的方向继续发展,从而更趋近于朱学。他们之间也有所差异,也就是说趋近于朱学的程度不一,张履祥则是一名较为纯粹的朱学学者。其二,以陈确为代表的转而对宋明理学加以批判的一派,陈确的思想实际还是心学一系,对王、刘心学有所修正。其三,以黄宗羲为代表的较为忠实于刘宗周的一派,黄宗羲的心学思想较多继承于刘宗周,其经史之学的发展则超出了蕺山学的规模。

张履祥 (1611—1674),字考夫,学者称杨园先生,浙江桐乡人。关于张履祥与其师刘宗周之间思想学术的承继关系是最有待于说明的问题,他对蕺山学的"慎独""诚意"等主旨作了偏向于朱学的诠释,并以是否符合"正学"来选编《刘子粹言》,后人认为于师门有"补救"之功。张履祥提出"敬义夹持",即"主敬"与"约礼"二者内外交养的工夫

---

① 黄宗羲:《刘伯绳先生墓志铭》,《黄宗羲全集》第 10 册,第 314—315 页。
② 王汎森先生指出张履祥和恽仲昇以及刘宗周的长子刘汋代表了蕺山学派中的同情或支持朱子学的一派;另外两派是陈确和黄宗羲;但是在谈到蕺山学派的分化时,又提出五派之说:自认忠实于蕺山之学的黄宗羲一派、走入狂禅一派、恽刘所代表的修正派、张履祥所代表的由王返朱派和陈确为独立一派。《清初思想趋向与〈刘子节要〉——兼论清初蕺山学派的分裂》,载氏著《晚明清初思想十论》,第 249—289 页。李纪祥先生也有关于此问题的研究有不同的观点,他认为清初的刘门曾发生过对宗周思想的解释和解释权之争,这一争论至少可以分为恽日初、黄宗羲、陈确以及稍后康熙时的邵廷采四派。参见李纪祥《清初浙东刘门的分化及刘学的解释权之争》,《第二届国际华学研究会论文集》,台湾中国文化大学 1992 年版,第 703—728 页。

论,也有着鲜明的时代特色与学术创新,有着许多超越于程朱而适应于时代的地方。清初的学术从阳明心学转向程朱理学,在"由王返朱"的学术转型之中,张履祥的"尊朱辟王"思想起了重要的推动作用,因而被认为"辟王学的第一个人",甚至"朱子后之一人"。毕生从事处馆与农耕的乡野儒者张履祥,也因为其学术与道德而成为刘门弟子之中最早入祀孔庙的圣贤。①

第一节 张履祥所受刘宗周学术影响及其师门"补救"之功

张履祥与刘宗周以及黄宗羲、陈确等偏向于心学一系的学者有所不同,他中年以后转向了程朱理学,后来成为清初尊朱辟王思潮的先驱。那么师事于刘宗周,对张履祥产生了哪些影响?刘、张二人的学术思想都有哪些差异?张履祥后来又是如何传承蕺山之学?这些问题一直都没有得到很好的解答。当代学者赵园就曾说过:"在有清一代朱学中人,张履祥与刘宗周的学术关系,是有待解释的。"②

比张履祥稍晚的陆陇其,在《松阳钞存》中记述吕留良对此的评论:

> 考夫虽师念台,而不尽从其学。考夫之于念台也,犹朱子之于籍溪、屏山、白水乎?非延平之比也。③

这是说朱熹早期的三位老师胡宪(籍溪)、刘子翚(屏山)、刘勉之(白水)对他的影响远远不如后来传授二程之学的李侗(延平),朱熹后来的

---

① 本章第二节的部分内容曾以《清初理学转向与张履祥"敬义夹持"的道德修养工夫》为题发表于《伦理学研究》2011 年第 6 期;第三节的部分内容曾以《张履祥由王返朱的心路历程及其对王学的批判》为题发表于《西北大学学报》(哲学社会科学版)2010 年第 5 期,以《从张履祥、吕留良到陆陇其——清初"尊朱辟王"思潮中一条主线》为题发表于《中国哲学史》2010 年第 2 期。第二、三节的部分内容,也见诸拙著《张履祥与清初学术》一书,浙江古籍出版社 2011 年版。在收录本书之时,相关内容作了不同程度的删减调整。

② 赵园:《刘门师弟子——关于明清之际的一组人物》,载汕头大学新国学研究中心编《新国学研究》第 1 辑,第 199 页。

③ 陆陇其:《松阳钞存》卷下,《陆子全书》,浙江书局同治七年至九年刻本。

治学已经超出了早期三师长的规模。张履祥虽然师从刘宗周,但治学路径却从王学转向朱学,所以吕留良称赞其并不尽从刘宗周之学。张履祥晚年的重要友人凌克贞(1620—1690)则说:

> 先生生于明季,少时向道,闻山阴刘先生为海内学者所宗,往受业于门。先生德器温粹,陶淑于山阴,更觉从容。归而肆力于程、朱之书,学益精密,识益纯正。仰质先圣,其揆一处,洞悉无疑。而同学者,或诋其说之异同,不知信程、朱,即所以信孔、孟。①

凌克贞看到了张履祥之学术与其同学黄宗羲、陈确等人的异同以及同学之中的诋毁,认为张履祥转向程朱一系使得其学术更加"纯正",因为程朱之学为孔孟之正传,"程朱之书,翼经而行,如日月之丽天"②。但是,凌克贞也看重张履祥师事刘宗周一节,这对于张履祥来说有"陶淑"之功。吕留良与凌克贞二人看法略有不同,可见刘宗周对于张履祥的影响究竟如何,当时就难以评说了。

后来的学者,大多更为凸显张履祥感悟"师说之非",认为他转向程朱,正是为了补救"师说之非"。郝懿辰(1810—1861)说:"念台刘公设教山阴,以'慎独'、'主静'为宗。先生闻而往师之。年三十余,屏居教授,益刻勤于学,夜不就枕者十余年。既而悟师说之非,乃力辟王氏,一心于程、朱。"③方东树(1772—1851)说:"先生尝师山阴,故不敢诵言其失,然其为学之明辨审谛,所以补救弥缝之者亦至矣。"④此类说法成为后来讨论刘、张关系的主流。因此,刘宗周与张履祥之间的师生关系,还有必要进行较为细致的梳理。

一 问学蕺山以及所受影响

问学于蕺山,是张履祥一生之中的大事件。虽然他在刘门的时间不到三个月,但是师生之情却很深,对其思想的发展也有很大的触动。

---

① 凌克贞:《杨园先生全集序》,载《杨园先生全集》卷首,第5页。
② 同上。
③ 郝懿辰:《张杨园先生传》,《杨园先生全集》附录,第1532页。
④ 方东树:《重编张杨园先生年谱序》,《杨园先生全集》附录,第1487页。

张履祥对于刘宗周的向往,其实很早就有了。二十二岁时,张履祥的好友颜统(字士凤,1608—1643)去金华,他作有《送颜士凤之金华序》,其中就说:"绍兴刘念台,倡教和靖书院,斯道未坠,或在于兹,予欲问业,贫不泽游,志而未逮,士凤归来。曷迂道秦山之阴,先予请见焉,以益广其所得也。"① 和靖书院即"古小学",刘宗周在此举证人社讲学,在两浙一带影响颇广,所以张履祥心向往之。真正让张履祥决定前往蕺山受学,是在他三十三岁,与祝渊订交之后。苏惇元(1801—1857)《张杨园先生年谱》中说:

> 交祝开美。开美名渊,海昌人。刘念台先生直谏得罪,开美以举人会试在京,抗疏论救。时开美尚未受业刘先生之门。其后,诏革开美举人,镇抚司逮问。是冬,开美被逮赴京,先生偕钱字虎、一士送至吴门。……明年春,遂因开美请事刘先生焉。②

当时祝渊因为抗疏论救刘宗周而获罪,之后即执弟子礼于刘宗周,朝夕请事,为学日进,是年之冬,祝渊被逮入京。张履祥与其在嘉兴相见并送之吴门,二人正式订交,祝渊因此而推荐张履祥问学于刘宗周。

崇祯十六年(1643)刘宗周被革职为民,回到蕺山继续他的讲学活动。第二年,即甲申年的二月,张履祥偕同好友钱寅(1614—1647)正式到山阴之蕺山,问学于刘宗周。问学之余,又选择《愿学记》之中的条目求教,刘宗周给予了评点,归来之后抄录为《问目》一书。这年冬,又以续得之语寄呈,之后抄录为《甲申冬问目》。关于此事,张履祥自己有记录:

> 祥既见刘先生,出《愿学记》求教。先生甚喜,问曰:为此几年矣?对曰:自己卯秋,胸中若有会,因横渠先生有云:胸中有所见,即便札记,不记则思不起。念穷居独学,虽或有见,疑信半之,以是随其所得,辄复书此,以就正师友,今日正欲先生示以得失。先

---

① 张履祥:《送颜士凤之金华序》,《杨园先生全集》卷15,第463页。
② 苏惇元:《张杨园先生年谱》,《杨园先生全集》附录,第1495页。

生手受曰：徐观之。祥因退。次日，先生问曰：所记云学象山而失者，其流为无忌惮，是则然矣。其云学伊川而失者，其流为原人，何居？得非以其规矩绳尺而言乎？对曰：然。先生曰：敬义夹持，便无此失矣！①

张履祥在山阴约逗留两个月，经常陪侍于刘宗周的身边听讲、论辩，涉及的主题有静坐、坐下工夫、功利之习、人心道心、立命之说、禅学、举业，等等。②

从蕺山回来，携带有《人谱》《证人社约》等书出示于门人。是年夏四月，张履祥又开始记录《言行见闻录》。③ 其首条即记载与刘宗周之言论："山阴刘先生曰：'世人以六尺为性命，吾人以性命为六尺。'"④ 在此书之中陆续记录与刘宗周相关的就有三十六条之多，从问学的情况到刘宗周的言行等，都有详细记述，其他刘门弟子的言行也是此书记述的重点。从此书可见，张履祥对于刘宗周真可谓念兹在兹了。

顺治二年（1645）闰六月，清军攻占杭州，张履祥听闻刘宗周绝食二十三日而卒之后，痛哭不已。⑤ 其后，张履祥即与同门友人商议祭祀之事。在顺治九年前后，张履祥在与刘汋的书信之中说：

> 今年春，乾初、仲木两兄陪先师春祀，弟准拟秋闲一行，竟以势不能出而止，愧负实多。一年之别，兄之进德已深，何以教我？仲彝兄慨然欲继其兄之学，开美当为含笑入地。今欲于龙山书室奉祀先师，而配以开美，然必告之仁兄而后行，事敬之道也。⑥

该年春陈确与吴蕃昌去山阴祭祀刘宗周，当时张履祥未能成行。龙山书室当为祝渊之弟仲彝读书之所，张履祥、陈确等人经常在此处讲学，所以他

---

① 张履祥：《言行见闻录一》，《杨园先生全集》卷31，第872页。
② 同上书，第870—966页。
③ 苏惇元：《张杨园先生年谱》，《杨园先生全集》附录，第1496页。
④ 张履祥：《言行见闻录一》，《杨园先生全集》卷31，第870页。
⑤ 苏惇元：《张杨园先生年谱》，《杨园先生全集》附录，第1497页。
⑥ 张履祥：《与刘伯绳》，《杨园先生全集》卷2，第27页。

们打算在龙山书室专门祭祀刘宗周与祝渊。顺治九年冬，张履祥亲自到山阴，祭刘宗周，他在《告先师文》中说："岁维壬辰十月朔，越二十有四日，桐乡门生张履祥，以海宁门生陈确、海盐门生吴蕃昌之约，求遗书遗像，将奉之以归。"① 当时应同门友人陈确与吴蕃昌之约，张履祥向刘汋求得刘宗周的遗书、遗像带回浙西，遗书供友人与弟子抄录研习，遗像则当为龙山书室祭祀之用。顺治十七年，张履祥五十岁时在早年的《问目》之后写下跋语："此甲申仲春，执以求教先师之册也。……今去此十六七年，过失多于前时，学问益负初心，抚此徂光，用深悲叹。哲人既萎，问业无门，徒有惘惘没齿而已。"② 他感叹先师辞世十六七年了，但是过失仍多，学问也有负于先师之处，可惜再也没有机会问学了。

总之，作为刘门高弟的张履祥，对先师刘宗周一直念念不忘。张履祥所作的《上山阴刘念台先生书》《先师年谱书后》《告先师文》，以及在与同门友人叶敦艮、吴蕃昌等的书信之中，都有提及老师刘宗周对于他的影响。在与其他友人或弟子的论学书信之中，也每每提及先师之学术与人格，尊师重道之意溢于言表。即便是到了人生之暮年，提及先师刘宗周，仍旧十分恭敬。康熙四年（1665），刘宗周辞世已二十年，张履祥在给何汝霖的书信中说："辱示先师遗稿。谨俟精力稍王，斋宿而后读之，读毕当奉返也。"③ 康熙十年，张履祥病逝前两年，他在与吕留良的信中说："年来燕居，深念先师遗训：'非其义所出，一箪之食不可受于人。'"④ 可谓一日为师，终身敬之。

问学蕺山，对于张履祥的思想发展来说，影响非常深远。除去前面已经提及的之外，最为重要的还是经过刘宗周的指点，张履祥对于道学的体认得到了升华。他曾说："吾自见刘先生后，自信益笃。"⑤ 在与老师的书信中说：

> 今岁春得见夫子。不以祥之不肖、不足以辱至教，反复启诲，诚

---

① 张履祥：《告先师文》，《杨园先生全集》卷22，第635页。
② 张履祥：《问目》，《杨园先生全集》卷25，第698页。
③ 张履祥：《与何商隐四十》，《杨园先生全集》卷6，第130页。
④ 张履祥：《与吕用晦六》，《杨园先生全集》卷7，第199页。
⑤ 张履祥：《愿学记二》，《杨园先生全集》卷27，第740页。

> 哉天地父母之心,惟恐一物之不得其生成,一子之弗克肯构也。且于
> 祥所出以质之夫子者,多见许可,益勉以弗生退阻。临行谆谆,复以
> 体认"动而无动,静而无静"为言。退而思之,涣若发蒙,于前所
> 谓志帅、致知、立诚、主静种种功夫,一旦会归于一,真有怡然理顺
> 之乐。祥虽至愚,以十有余年孜孜矻矻,稍得尺寸之益,以庶几自列
> 于人,数以见可于君子。忍不及此壮强,益加努力,以期至于君子而
> 不至于小人,乃以自弃哉?是以拜别以来,无日不体此意,必求无负
> 于夫子之教。虽无大益,亦幸无甚损。谨以数月之闲所窃有得,而不
> 敢自以为是者,录如别帙。其所疑而不敢不问,亦录一二如别帙。进
> 之左右,幸夫子详以命之。①

张履祥首先感佩刘宗周的"反复启诲",真是"天地父母之心",刘宗周的教育拳拳在于成人成物,而无一毫功利之心。问学之前,他用力于道学有十多年,见识颇高,故诸多看法都得到了老师的许可。临别之时刘宗周又教导对于动静的体认,这些讲解,使得张履祥对于"志帅、致知、立诚、主静种种功夫"的体认进一步深化,"一旦会归于一,真有怡然理顺之乐"。刘宗周具有统合性的学术,使得张履祥多年的研习得以打通,可以说起到了"陶淑"之功。

之后,张履祥与刘宗周还有不多的几次书信往来,继续问学。刘宗周去世之后,通过对于《人谱》等刘宗周著述的反复研习,进一步领悟蕺山学的精华。可以说刘宗周的人格与学术,影响了张履祥的一生。比如刘宗周认为乱世不适宜讲学,也不轻易接受拜师,这些都为张履祥所接受。顺治二年刘宗周给张履祥的回信中曾说:"今乾坤何等时,犹堪我辈从容拥皋比而讲道论学乎?此所谓不识人间羞耻事者也。仆是以入山惟恐不深,求死惟恐不速矣。"②张履祥非常认同,后来他在与吴蕃昌的信中就提及此条先师之教,对于"紫薇之会""湖州同志有读书约之举"等活动都表示"不以为然"。③张履祥还说:"所为讲学不过一时习尚所重,好名

---

① 张履祥:《上山阴刘念台先生书》,《杨园先生全集》卷2,第21—22页。
② 刘宗周:《答张生考甫》,《刘宗周全集》第3册,第495页。又见《上山阴刘念台先生书》附刘先生复书,《杨园先生全集》卷2,第24页。
③ 张履祥:《答吴仲木十三》,《杨园先师全集》卷3,第61页。

之人因互相声势，以为夸耀里党，媚合当途之诡径，非有向学崇道之心也。"① "盖见近时讲学之风，始于浮滥，终于溃败。"② 张履祥终身不愿受人一拜，宁可处馆授书也不愿像晚明学者那样公开讲学，可以说刘宗周的教导，影响了他一生。刘宗周的著述之中，对张履祥影响最大的则是《人谱》，此问题详见本书第二章的相关讨论。

二 朱学转向之后对"师说"的理解

张履祥虽然在思想学术上受到了刘宗周的影响，但是后来却没有继续沿着心学一系继续发展。随着明朝的灭亡，刘宗周的去世，面对风俗、人心的败坏，究竟应该选择什么样的学术来实现儒者的抱负？张履祥与同门的陈确、黄宗羲都有各自不同的看法。张履祥选择了"由王返朱"，他转向程朱之学后，与其老师之间的差异越来越大，对"诚意""慎独"等"师说"，张履祥后来也有了不同的理解，对蕺山学进行了偏向于朱学的诠释，张、刘学术上的分别，主要在于如何看待王阳明。张履祥曾说：

> 延陵同学语予曰："先师于阳明，虽瑕瑜不掩，然未尝不深敬。而子何疾之深也？得毋同异？"予曰："何伤乎？孔子大管仲之功，而孟子羞称之，彼一时，此一时，道固并行而不悖也。"③

刘宗周仍敬重王阳明，认为王学是瑕不掩瑜；张履祥则几乎全盘否定王学。为何有如此巨大的差别？张履祥将此与孔、孟对管仲的不同评价相比，原因就是"彼一时，此一时"。对于王学的态度，在不同的时期，有不同的表现。这也有一定的道理。到了张履祥的后半生，面对明清鼎革的乱世，世道人心更非刘宗周生活的晚明时期可比，所以也就不得不进行更为彻底的批判。

张履祥问学蕺山之后，逐渐从阳明心学转向了程朱理学。这一阶段张履祥的思想状况，从二十多年后他自己对《问目》的自批中也可以看到，

---

① 张履祥：《书龙溪天心题壁后》，《杨园先生全集》卷20，第593页。
② 苏惇元：《张杨园先生年谱》，《杨园先生全集》附录，第1513页。
③ 张履祥：《备忘四》，《杨园先生全集》卷42，第1163页。

这一自批作于他的晚年，张嘉玲（字佩葱，1640—1674）问学之时。① 在《问目》许多条目的自批中，有"言致知而不及格物，则汨没于'良知'而不觉者也"、"当时于朱子之书未尽读，故所见如此"以及"亦不脱'良知'二字"、"'良知'之言也"、"此惑于邪说，而不自知其失者"②等，可以看出张履祥一意程朱之后，对于师从刘宗周这一阶段仍然不能脱去王学阴影而有所不满。他的"由王学返朱"，越近晚年恪守朱学越严。张履祥治学的最后立足点，就是程朱理学，"一见程朱之书，深信而服膺之，譬如厌糟糠者，遇膏粱而大悦"③。后来，张履祥在与友人的书信中说：

> 去冬所谕"喜怒哀乐未发以前"一段疑义，弟初于先师《语录》闻其说而悦之，已而证之朱夫子《与湖南诸公》一书，深悔前时所见之失。因以为定论，而反而求之日用之间……④

可见学术转型之后的张履祥，不再拘泥于师说，而是崇信于朱子，并落实于日用体察于践履。

再看张履祥对于刘宗周的"慎独"之学的理解前后的看法变化。在《愿学记二》中有几段关于"慎独"的记录：

> 只独之不慎，便是闲居为不善，无所不至。试思一念不慎，长多少过恶来。一阳初动处，万物未生时，此际工夫煞是紧要。
>
> 养气功夫全在慎独，仰不愧、俯不怍，则塞乎天地之间。只此一气，配道义则至大至刚，不慊于心则馁矣。
>
> "庸言之信，庸行之谨"；"造次必于是，颠沛必于是"。此为慎独之学。⑤

---

① 何商隐：《问目小识》，载《杨园先生全集》卷25，第705页。
② 张履祥：《问目》，《杨园先生全集》卷25，第687—697页。
③ 张履祥：《与吴裒仲九》，《杨园先生全集》卷10，第294页。
④ 张履祥：《与沈上襄》，《杨园先生全集》卷4，第81页。
⑤ 张履祥：《愿学记二》，《杨园先生全集》卷27，第745—747页。

第一条下有自注:"本刘夫子之意而推言之。"从这几条来看,其主导思想就是刘宗周"慎独"之学,为学的工夫只有"慎独",体会独体,将"独"说得也有点玄妙。到了张履祥五十四岁时,他说:

> 世人虚伪,正如鬼蜮,先生立教,所以只提"慎独"二字,闻其说者,莫不将"独"字深求,渐渐说入玄微。窃谓"独"字解,即朱子"人所不知而已所独知"之处,一语已尽,不必更着如许矜张。吾人日用功夫,只当实做"慎"之一字。①

由此可知,后期的张履祥更倾向于朱子对于"慎独"的解释,认为可以避免刘宗周"慎独"之教所导致的"玄微",也即避免王门后学的种种弊病。具体而言,张履祥避免谈论有可能走向玄虚的本体之学,着重强调的是落实于人伦日用之中的道德践履的工夫之学,所以他才提出"慎独"的"独"字之解释到"独知之处"即可,需要强调的只是"慎"字,即将"慎"作为一种工夫落实在人伦日用之中。

对于刘宗周晚年倡导的"诚意"之学,在后期的张履祥那里同样有了较大的转换。刘宗周著有答董标的《心意十问》,张履祥应该早就读过,后来他作有《书某友心意十问后》一文。其中说:

> 窃谓"诚意"二字,"意"字不必讲,只当讲"诚"字。在学者分上,还只当讲求所以诚之之方,而实从事焉。如善如何而择之精,如何而执之固,在我何处为择焉而不精,何故却守之而不固,一一请从先生发明,方为有益也。予初至山阴,朋侪中丞称某友于先生之门有《诚意十问》,又有《诚意十疑》。私谓此友必深心学问之士,时以不及见其所问为恨。今日阅此,不觉二十年来耿耿之心,忽焉消解。因思此友平日都是从禅门寻讨消息,于日用功夫全无头绪,执此以往,将终其身而无所得也。噫!弊也久矣!又妄意此友胸中本无所见,亦非实有所疑而后发问,只因先生以"诚意"为教,立此十问题目,强设疑端,以足其数而已。不然,何以十端之中,竟无一语真

---

① 张履祥:《备忘二》,《杨园先生全集》卷40,第1093页。

切著里之言乎？①

此文当作于张履祥晚年，对于董标倾向于心学及其禅学气息等大加批评，认为过于讲求"意"就会在日用功夫之中茫然无绪。张履祥自己对于"诚意"的解释，与"慎独"相似。在他看来，具有本体意义的"意"不必讲，只要讲求与日用功夫相关的"诚"字即可，"诚之之方"即如何去择善，如何去固守。他的这种看法与董标不同，与刘宗周对董标的回答也不同。刘宗周说："意者，心之所以为心也。……着个意字，方见下了定盘针，有子午可指。"② 可见刘宗周还是十分看重"意"本身的。黄宗羲就特别欣赏刘宗周的"意体"之学，认为"意为心之所存非所发"之论是先师的重大创获，而这恰恰是张履祥等倾向于朱学的刘门弟子所特别反对的，这也是刘门弟子思想分歧的关键。与张履祥的看法相近的恽日初在其所编《刘子节要》也即删去了刘宗周谈"意"的条目，这也引起了黄宗羲的强烈反对。③

由上可知，无论是对于王阳明，还是对于先师刘宗周，在选择学术的承继、取舍之时，张履祥都有自己的标准。他说："窃以前人已死，其得其失论之固已无益于彼。在吾人，既欲取以为法，则其得者固当择而取之，其失者亦当择而舍之也。是固不可以不论之详。"④ 从如何有益于当时的世道、人心出发，张履祥的学术才从王学一系转向了朱学一系，他对于刘宗周的蕺山之学的评述，其立场也是朱学的。张履祥曾多次提及友人吴谦牧（字褎仲，1631—1659）的批评：

> 癸巳，韫斯以予《初学备忘》质之褎仲，褎仲曰："山阴不脱姚江习气，吾是以不敬山阴。考夫看来不脱山阴习气。"韫斯述其言告予，予答之曰："吾于先生之学，未能得其万一，况敢言脱乎？"然未尝不服褎仲之知言。少年见理端的，仅见此人。⑤

---

① 张履祥：《书某友心意十问后》，《杨园先生全集》卷20，第596页。
② 刘宗周：《答董生心意十问》，《刘宗周全集》第2册，第337页。
③ 黄宗羲：《答恽仲昇论刘子节要书》，《黄宗羲全集》第10册，第223—225页。
④ 张履祥：《与许欲尔二》，《杨园先生全集》卷7，第201—202页。
⑤ 张履祥：《备忘一》，《杨园先生全集》卷39，第1081页。

从此条可知，张履祥对于自己尚未脱去刘宗周的影响有所警觉，他一直都在努力使其学术成为纯正的朱学。

后期的张履祥对刘宗周学术的看法，较为集中体现在《告先师文》之中。其中说：

> 本朝至隆万以后，阳明之学滋敝而人心陷溺极矣！……先生起而立诚以为教，本之人极，以一其趋，原之慎独，以密其课，操之静存动察，以深其养，辨之暗然的然，以要其归。而复敦之以践履，闲之以名节，使高明之士既得与闻乎至道，而谨厚者亦得循循于绳墨之守。盖世儒之为教也，好言本体而先生独言工夫；多逞辞辨，而先生率以躬行；崇尚玄虚，而先生示以平实；先立同异，而先生一以和平。①

这里所说的"独言工夫"、"敦之以践履"以及"平实"、"和平"等，并不完全符合刘宗周的学术性格，但完全符合张履祥本人的学术性格，或者说完全是张履祥心目中的刘宗周形象。还有，康熙六年（1667）他五十七岁之时写给同门叶敦艮的书信之中的一段话，也可以作为代表。他说：

> 夫先生所示为学之方，居敬穷理之目也。所示用力之切，慎独之旨也。盖世之学者，务外好夸，腾口无实，袭"良知"之诡辨，以文其弃义嗜利之奸，其归至于决名教而鲜廉耻。先生病之，而以生于越乡，浸淫之敝已久，非可旦夕以口舌救，又不欲显为异同，启聚讼之端。故与学者语，但举程、朱之教，使之主敬以闲其邪，穷理以求其是。且谨凛于幽独，辨析于几微，严之义利之界，别之暗然、的然之趋。有志之士，苟能于此有得，自于彼有弃，而不蹈近代邪诐之习，以贻天下来世之忧。此及门之友所共闻也。②

张履祥认为刘宗周的学术还是在发展程朱的"居敬穷理"，刘宗周的立教

---

① 张履祥：《告先师文》，《杨园先生全集》卷22，第635—636页。
② 张履祥：《寄赠叶静远序》，《杨园先生全集》卷16，第484页。

是以程、朱之教的主敬、穷理来矫正王阳明"良知"之学,从而端正名教。这就与黄宗羲所概括的刘宗周学术主旨有很大的差异了。

三 张履祥的师门"补救"之功

虽然张履祥后期转向了程朱之学,但是他一生都对先师一往情深,而且也以传承蕺山之学为己任。早在刘宗周生前,他就在书信中提出自己的疑义。刘宗周死后,他又对蕺山学哪些该传、哪些不该传也有独特的看法,这些也都是出于对师门的"补救"。

在问学蕺山之前,张履祥已经有了较为成熟的学术与政治主张,所以他进入刘门之后,依旧保存其独立思考的精神。面对恩师"有所疑而不敢不问",大胆提出自己的看法。在《上山阴刘念台先生书》之中就附有两通别帙,都是在向刘宗周提出质疑。其一关于刘宗周在甲申之变之中的出处;其二关于刘宗周对于《大学》之改本的态度。别帙一说:

> 五月初,传闻先帝之变,祥窃意夫子当即于此时赴留都,与立君讨贼之议,如唐李泌之至灵武。故友朋之东归者,祥更不致书左右。及闻夫子入朝乃在八月,祥不能无疑。既闻入朝以后,道既不行,事无可为,窃意夫子即当拂衣以归,而夫子去位又在十月,祥又不能无疑。二者或亦孔子"可以速则速"之义,而夫子则俱迟迟。意祥之所见,抑亦小丈夫悻悻之类,而夫子固自有道乎?孔子曰:"无行而不与二三子。"祥敢有请。①

在张履祥看来,刘宗周的行为难免有点进退失据。国变之后作为朝廷重臣的刘宗周,未能奔赴留都南京,及时立朝,迟疑了两个多月才进入弘光小朝廷。入朝之后,感觉道不可行、无可作为,刘宗周却又未能及时去位。这两者在张履祥看来都是有违于儒者风度的,《孟子·万章下》:"可以速而速,可以久而久,可以处而处,可以仕而仕,孔子也。"所以他在致书给刘宗周之时,坦然提出了自己的疑惑。刘宗周对此回复说:"出处之际,抚今追往,转有不自得于心者。奄奄余生,何处是投死之地?何时是

---

① 张履祥:《上出阴刘念台先生书》别帙一,《杨园先生全集》卷1,第22页。

夕死之期？念之不禁于邑耳。""国难初闻，投死无地。进既不足与有为，退亦不足明守，故前后两事迟迟，皆不得已也。"①刘宗周对于出处之际的诸多无奈，也不想多说什么，只是强调其中往往有"不自得于心者"，也肯定了张履祥对此的疑虑是有道理的。别帙二说：

> 自昔相传，惟《古本大学》。程子疑有错简，故为分经、传，而朱子述之。阳明先生欲去《章句》而复《古本》，其意盖以尊经也。《石经大学》不知其源流所自，固已不能无疑，而高氏又有《知本要义》之论。后有作者，恶知不更有所更张乎？是则《大学》一书，将为古今聚讼之端也。祥窃谓《古本》自属旧传，而程、朱《章句》，固自可尊可信。《石经》失其所传，似未可尽信。虽曰秦、汉以后，三代帝王之书率多讹舛，学者信诸其理，不必泥诸其文。然《古本》、《章句》并行，虽无石本，《大学》之理已自昭若日月，非有所阙，无俟《石本》而后备也。与其表而章之，而不免于后人之惑，不如阙疑，亦为不失尊经之意。祥按夹漈郑氏曰：……由二家之说观之，则《石本大学》或亦未是蔡氏之经，而亦不能无讹。若使果为蔡氏本，程、朱时何以不出，况程、朱于古之遗经，博求广论，莫不敬慎精详，又非穷乡末学，浅见寡闻者比也。窃谓《石本》直可阙之不论，夫子以为于义有当否？②

关于《大学》的真伪问题，刘宗周及其弟子争论颇多，特别是张履祥，除了与刘宗周的上书还有与陈确《大学辨》的论辩。关于改本问题，程元敏《大学改本述评》曾有总结说："嘉靖间甬东丰坊突出《大学石经古本》，郑晓得之同邑许仁卿家，极为表章，实乃伪书……心厌烦，思息争久矣，忽闻有魏世古本出自丰氏，遂竞相传告，然其作伪手法太拙，旋即为人识破。惟伪本已取得幸有地位，故海盐吴秋圃著《大学古本通考》发其覆，大儒刘蕺山翻曰：'言而是，虽或出于后人也，何病？况其足为

---

① 刘宗周：《答张生考甫》，《刘宗周全集》第3册，第495—496页。又见《上山阴刘念台先生书》附《刘先生复书》别帙，《杨园先生全集》卷2，第24—25页。
② 张履祥：《上山阴刘念台先生书》别帙二，《杨园先生全集》卷2，第23页。

古文羽翼乎?'蕺山参鲁斋本及石经本,别为改本。"① 文中提及的郑晓(1499—1566)为刘宗周弟子郑弘的先祖,在嘉靖年间官至兵部尚书。吴秋圃,名麟瑞,即刘宗周弟子吴麟征的弟弟,也即张履祥的友人吴谦牧之父。张履祥四十三岁时曾在给吴蕃昌的信中说起此事:"秋圃先生格物之义,亦古人所未发。《石经大学》之为伪本,不必言矣。先儒疑有错简,今据古本读之,其不能无疑,固古今人之所同。然大学之指,在于明德新民,始于致知格物,终于止于至善,而要之以修身为本。后之学者,从事于此而致力焉,以求底于盛德至善之归而已。各持一见,是此非彼,纷如聚讼,即此已为不治其本而求其末矣。"② 张履祥五十岁时又在给刘宗周上书之后加有附帙说:

> 复古本是姚江一种私意,大指只是排黜程朱,以伸己说耳。今试虚心熟玩《大学》之书,谓文无阙,终不可也;谓简无错,终不可也;谓经传辞气无异,终不可也,则知章句之为功不小矣!石本自是近代人所作伪本,先生后来亦病其割裂,不复主张矣。③

从张履祥的三个时期对于《大学》改本的意见来看,他是坚信程朱的章句的,而且越来越倾向于程朱。从一开始他就不信《石经大学》,并且认为执着于改本的聚讼是舍本求末的行为,不如用功于早就明了的"大学之理"而放弃文本。文末张履祥又有自注:"病其割裂,不复主张,闻之世兄伯绳云,亦载年谱。"也就是说,刘宗周后来不再崇信《石经大学》,并放弃《大学古文参疑》一书,都与张履祥的上书有关。

对张履祥提出的问题,刘宗周回答说:

> 石经授受未明,似不当过于主张,阙疑之见良是。但愚意《大学》之教,总归知本,知本归之知止,已经景逸诸公拈出,却不知诚意一关,正是所止之地。静安安虑,总向此中讨消息,初经仆看

---

① 程元敏:《大学改本述评》,载吴康《学庸论文集篇》,台湾黎明文化事业股份有限公司1981年版,第86页。
② 张履祥:《答吴仲木五》,《杨园先生全集》卷3,第48—49页。
③ 张履祥:《上出阴刘念台先生书》别帙,《杨园先生全集》卷2,第25页。

第三章 蕺山学派的分化(上):张履祥与尊朱辟王思潮的兴起

出,因读石经,不觉跃然。颇谓断非蔡中郎所能勘定,况丰南禺先生乎?学者得其意可也。①

由此可见,师生之间对于如何看待《大学》改本与《大学》的主旨这两者都有不同的主张。刘宗周的《大学》之学,受到东林高攀龙的影响,认为《大学》归于"知本",然后又提出《大学》主旨在于"诚意"一关,这在伪本《石经大学》得到了印证。他执着于《大学》的改本问题,也就是为了更加有力地解释其"诚意慎独"之学,所以即便是《石经大学》的出身有疑问,刘宗周在某一阶段仍主张崇信。不过,刘宗周在绝食后的弥留之际,还特意强调《大学古文参疑》一书"过于割裂",故命门人削之,② 对于《大学》疑案,他最终存而不论。在这个过程之中,张履祥上书质疑,触发了刘宗周进一步的思考,特别是张履祥指出了《石经大学》的"授受不明",使得刘宗周"不当过于主张"。张履祥对于师门,确实起到了谏正之功。

同样为了维护师门,对蕺山学应当如何来传承,张履祥与黄宗羲、陈确有着不同的看法,这主要体现在刘宗周"遗书"刊行的问题上。张履祥与另一转向朱子学的同门吴蕃昌之间曾有讨论。张履祥说:

> 先师著述极富,不忍不传,然亦不必尽传。要当择其精要者先行,其余则存乎力与夫事势而已。濂溪、明道著书不多,道理未尝有亏欠处,书之存亡备缺,与身之出处进退,亦只一般。大行不加,穷居不损,君子自有定分,全不系乎区区之间也。若以资后学之阶梯,则守其一言,通其一书,足以上达无难,亦无俟读其全书也。③

张履祥提出老师的"遗书"不必全部刊行,选择有助于后学的精要部分即可。后来他自己得到刘宗周"遗书"之后也不轻易示人,他说:

---

① 刘宗周:《答张生考甫》,《刘宗周全集》第 3 册,第 496 页。又见《上山阴刘念台先生书》附《刘先生复书》别帙,《杨园先生全集》卷 2,第 25 页。
② 刘汋:《蕺山刘子年谱》68 岁条,载《刘宗周全集》第 6 册,第 164 页。
③ 张履祥:《答吴仲木八》,《杨园先生全集》卷 2,第 54 页。

> 《年谱》领到,当谨藏之,以为仪鹄,非一二深交之友,不敢出以同看。祸乱以来,忧患良切,向有先师《奏疏》一部,亦未尝多以示人,其中于时无所忌讳,但道学二字已为举世唾骂之资,可以读此书者几人哉?①

他认为刘宗周的奏疏之中有"无所忌讳"的言论,一般人读此书容易产生不良影响,而刘汋所编的《年谱》也会涉及材料取舍是否合适的问题。同样,关于是否要读刘宗周"语录"的全本,张履祥的看法也与众不同。他说:

> 士友间,多有求刘先生《语录》全本看者。予谓只要实能从事,不必求多。即若《塾规》所示一二语,如:"常思一日之间不负三餐茶饭否?"及"力矫浮薄之习,当以宽厚温恭为载道之器。"且试猛省:做得来做不来,行得尽行不尽。②

张履祥对于刊行、研读刘宗周"遗书"的看法,都是从如何更加有助于后学的践履出发的,所以才提出"不必尽传""不必求多"等,只要在日用之中"实能从事","守其一言,通其一书",就足以下学上达、成圣成贤。张履祥还特别指出,刘宗周的《周易古义钞述》不当"传布于世"。他说:

> 又承论及先师山阴先生古易之书,前以气力不续,不能奉答。于今思之,此书窃疑未论其详,不当为先生传布于世也。盖祥于甲申仲春,见先生于蕺山之宅,闻先生有易义之书,请而读之。先生曰:"此往时作,不足观也,吾欲改而未及。"自此距先生殉道,不过一载有余,未闻有所改正。然又非程子《易传》,尚冀有进,未欲遽传之意。则今日及先生之门者,当体先生之意,本伯绳之志,敬守其书,藏而勿失可也。何必亟亟行世,以为先生重哉,况先生轻重,岂

---

① 张履祥:《答吴仲木九》,《杨园先生全集》卷24,第677页。
② 张履祥:《备忘二》,《杨园先生全集》卷40,第1100页。

在书之传不传哉!①

张履祥以刘宗周曾说此书"不足观"与尚未改正为理由，提出此书只适宜"藏而勿失"，并不宜为只传布。而且，张履祥精于易学，他认为刘宗周于《易》"未论其详"也有一定的道理，所以也是为了避免师门之失。

此外，张履祥对刘宗周的遗著的取舍，还体现在编辑《刘子粹言》。此书与恽日初《刘子节要》、黄宗羲《子刘子学言》等一样，都是从自己的学术立场出发去承继先师学术的一个选本。"于刘先生遗书中采其纯正者，编为《刘子粹言》"②，这里的"纯正"当指符合于程朱。对此书后人雷鈜（1696—1760）说："辑《刘子粹言》，于师门有补救之力。"③ 朱坤（1713—1772）也有"大有功于师门"④的评价。可惜《刘子粹言》现已失传，无法判断张履祥所谓"纯正"的具体情形。

学界一般认为刘宗周是王学的修正派，他的学术仍属于阳明一系的心学，但是刘宗周的"慎独诚意"之学是结合了朱学的某些元素，从而对王学有所批判和修正。⑤ 问学蕺山，深刻地影响了张履祥的一生，使得他能够真正开始致力于圣贤之学的义理与践履。虽然张履祥所事于程朱之学而非王学，但是对于刘宗周学术的承继，同样是推动张履祥学术精进的关键。

张履祥对于刘宗周的学术有自己不同的理解，终其一生，张履祥的学术越来越倾向于程朱之学，对于先师学术的解释也越来越倾向于程朱一系。这并不能说张履祥未能理解先师，而是出于对于不同时世、不同思想背景的考量，需要选择不同的道德践履理论，故而有意为之的结果。正如有学者指出："张履祥的师从刘宗周非但无妨于、甚至有助于其从事程朱之学。这或许应部分地归因于刘宗周思想的复杂性。宗朱、宗王截然二

---

① 张履祥：《与沈子相二》，《杨园先生全集》卷9，第260页。
② 苏惇元：《张杨园先生年谱》，《杨园先生全集》附录，第1496页。
③ 雷鈜：《张先生履祥传》，载钱仪吉纂《碑传集》第10册卷127，中华书局1993年版，第1738页。
④ 朱中黄：《上督学雷公请祀杨园先生于蕺山鸳湖两书院书》，《杨园先生全集》附录，第1530页。
⑤ 李振纲：《证人之境——刘宗周哲学的宗旨》，第150—163页。

分，对于其时的士人，已不尽适用。"①

明清之际，风俗败坏，人心不古，因此才有张履祥这样的儒者出来，尊朱而辟王，企图以"规矩准绳"谨严的朱学，来取代"放龙蛇趋虎豹"的王学。张履祥的学术，也因为回归于朱学的纯粹而受到后人的推崇。方东树说："因论儒者学圣人之道，徒正固不及中，中或不能纯粹以精，而纯粹以精必在于明辨晰。先生可谓深诣而全体之矣，前辈称为朱子后一人，非虚语也。"② 如果从回归于朱学或许在当时更有利于世道、人心来说，那么前文所引雷铉、朱坤等人认为张履祥对于师门有"补救之力"，故而称张履祥为"刘氏功臣"③，也不无道理。

附论 张履祥与其他转向朱学的同门

张履祥与同样转向朱学的刘门弟子吴蕃昌、刘汋、叶敦艮、沈昀等人交游较多，关于这几位刘门弟子的情况，以及张履祥与他们的交游经过，在此作一简要介绍。

吴蕃昌（1622—1656），字仲木，浙江海盐人。吴蕃昌之父吴麟征，也是刘宗周的弟子，明亡时殉节，吴蕃昌到淮上迎丧，在居丧的时候哀痛几死。崇祯十三年（1640），拜刘宗周为师，文集内有《哭山阴先师文》《再告山阴先师文》。④ 曾与张履祥、陈确相与论学，见诸践履，作日月岁三仪为自范、闺职三仪为家范。嗣母查氏丧葬，尽哀尽礼，呕血而多病，还与从弟吴谦牧讲学不辍，著有《祇欠庵集》八卷。曾告诫子孙治丧不可作佛事。去世后，友人私谥孝节先生。⑤ 吴蕃昌的为学宗旨，与张履祥较为相近，二人经常讨论师门意旨，论学极为相得，《杨园先生全集》现存与吴蕃昌书信三十一通，《言行见闻录》有多条相关记述。吴蕃昌与同

---

① 赵园：《刘门师弟子——关于明清之际的一组人物》，载汕头大学新国学研究中心编《新国学研究》第1辑，第199页。

② 方东树：《重编张杨园先生年谱序》，《杨园先生全集》附录，第1487页。

③ 汤修业：在评价恽日初之时说："时念台弟子实繁有徒，而浚恒求深，流弊不少，惟先生践履笃实，出处皎然，与钱塘沈兰先甸华，西安叶静远敦艮，桐乡张考夫履祥并称刘氏功臣云。"《恽先生日初传》，载钱泰吉纂《碑传集》第10册卷127，第3762页。

④ 吴蕃昌：《哭山阴先师文》《再告山阴先师文》，载《祇欠庵集》卷6，适园丛书本。

⑤ 见张履祥：《吴子仲木墓志铭》《吊吴仲木文》，《杨园先生全集》卷21、22，第621、643页。

门的陈确多有不合，故曾将《祗欠庵集》内与陈确交往的书信都删去。吴蕃昌去世后，张履祥经纪其丧事，并作《吴子仲木墓志铭》《吊吴仲木文》。张履祥又对吴蕃昌与其堂弟吴谦牧互让继产、置义田的事，更是称颂不已，有《祠田经始录序》一文记录此事。

刘宗周之子刘汋（1613—1664），黄宗羲也认为刘汋晚年的思想倾向于程朱，与张履祥较为相近。张履祥结识刘汋后曾说，"如得新友"①。刘汋有书信与陈确、张履祥论辩《大学》之真伪，他与张履祥一样不赞成陈确《大学辨》的观点。刘汋编辑刘宗周遗书的时候，也多折衷于张履祥，张履祥在《与刘伯绳》书信一通，论及"刘子遗书"编辑事宜。②顺治九年（1652）冬，张履祥去山阴祭奠老师遗像，此时离刘宗周去世已经七年，刘汋"蔬布如居丧之日"，张履祥劝道："有疾，饮酒食肉，《礼》三年之内，犹得行之。若此，得毋'不胜丧'之虑乎？"刘汋回答说："不敢。吾大痛于心，不忍食也。必不得已，则异日当如教耳。"后来还是布衣蔬食终其一身，又因为哀伤过度得病而早逝。③

叶敦艮，字静远，初名蕳，因读《易》艮卦有得而改名，浙江西安（今衢州）人。④十八岁即有志为圣贤之学，二十八岁拜谒刘宗周。刘宗周十分器重，对及门弟子说："叶生，名教干城也。"明亡后隐居乡里，以刘宗周的学说教授乡里，生徒众多，世称"笃实君子"。他所居住的石塘，离城二十四里，他四十年不入城市。曾说："见天光云影，皆不觉怡然有得。"故睟面盎背，望而知为有道君子也。七十三岁去世。⑤全祖望《子刘子祠堂配享碑》中说："三衢学者徐逸平称杨龟山大弟子，是程学；徐径畈称汤晦静大弟子，是陆学；而静远则子刘子大弟子，堪鼎足。"⑥与北宋江山人徐存为杨时的大弟子、南宋衢州人徐霖为汤中的大弟子一样，叶敦艮为刘宗

---

① 张履祥：《与吴仲木二》，《杨园先生全集》卷3，第42页。
② 张履祥：《与刘伯绳》，《杨园先生全集》卷2，第27页。
③ 张履祥：《言行见闻录二》，《杨园先生全集》卷32，第912页。
④ 浙江省衢州市所辖原衢县，唐朝至清朝县名都为"西安"，民国初改名衢县。然而多种著作中将此西安误作陕西西安，例如：戴逸主编《二十六史大辞典》（人物卷），吉林人民出版社1993年版，第1405页；黄惠贤主编《二十五史人名大辞典》，中州古籍出版社1997年版，第694页。
⑤ 姚宝煃等：《西安县志》卷38《隐逸》，《中国方志丛书》华中地方第66号，影印民国6年重刊本，台湾成文出版社1970年版，第1421页。
⑥ 全祖望：《子刘子祠堂配享碑》，《鲒埼亭集》卷第24，《全祖望集汇校集注》，第446页。

周的大弟子，三人在三衢之地堪称鼎足。叶敦艮曾在康熙三年（1664）春过访陆世仪（号桴亭，谥尊道，1611—1672），讨论学术。《尊道先生年谱》中记载："甲辰春正六日，始过予斋，予为约存斋父子并石隐、寒溪，数人风雨中相对终日。"另外还说："至今念台之门能继师传者，称静远及钱塘沈甸华兰先、桐乡张考夫履祥为最。"陆世仪读叶敦艮论学书后说："证人尚有绪言，吾得慰未见之憾矣。"① 此时张履祥处馆何商隐家，叶敦艮与陈确等人一起来访；三年后叶敦艮从娄东回又与张履祥相遇，并一起寻访何商隐、吕留良。张履祥认为其为学能够遵从师教，因而记述师说相互交流。《杨园先生全集》现存《寄赠叶静远序》以及与叶敦艮书信三通，信中说："三年之别，千里之怀。"《言行见闻录》有记述叶敦艮的话："张受先秀才时，不能自爱。登贤书即不同。举进士后，矫然特异。其平生自言亦如此。"还有记述刘汋对叶敦艮所说的话："学问之要，只是于伦常日用间，事事不轻放过，日积月累，自然造到广大高明田地。"②

沈昀（1617—1679），字朗思，本名兰先，字甸华，浙江仁和（今杭州）人。刘宗周讲学蕺山，沈昀就渡江过去听讲。明亡后就弃诸生，杜门谢客，刻苦自厉，以教授学生自给。沈昀曾经徒步来往于刘宗周墓前。刘宗周身后，弟子对于其为学宗旨颇有诤讼。沈昀说："道在躬行，但腾口说，非师门所望于吾曹也。"沈昀力排二氏，曾说："其精者傍吾儒，其异者不可一日容也。"沈昀病逝前，门人问："夫子今日何如？"答："心中无一物，惟诚敬而已。"③ 全祖望《沈甸华先生墓碣铭》说："其学以诚敬为本，刻苦清厉以自守，推而至于事物之繁，天地古今之变，则以适于世用者为主。"④ 沈昀为学宗旨与张履祥较为接近，他也曾与陈确论辨《大学》，张履祥《与吴仲木十五》中说："西陵沈兄《辨言》一帙，一再读之，为服膺不已，目前朋友见地及此，大不易得也。西山先生云：'天不欲斯道复明，则不使后世复有知者。既使后世复有知者，则斯道终

---

① 凌锡祺：《尊道先生年谱》，《北京图书馆藏珍本年谱丛刊》第69册，影印清光绪刊本，第713、715页。
② 张履祥：《言行见闻录三》，《杨园先生全集》卷33，第928、955页。
③ 《沈昀传》，《清史稿》卷480，第13122页。
④ 全祖望：《沈甸华先生墓碣铭》，《鲒埼亭集》卷第13，《全祖望集汇校集注》，第243页。

有得明之理。'师门有人如此，真吾党之幸矣。"① 二人在翠薄山房之会、龙山之会等有所论学，极为投合，张履祥与沈昀还有论学书信二通。

第二节　张履祥"敬义夹持"的工夫论与清初理学的转向

理学的发展，从宋元到明清经历了一个由重本体到重工夫的过程，宋代学者重本体之辨析，明代学者重工夫之辨析，所谓"牛毛茧丝，无不辨晰"②，主要就是修养工夫的讨论。明清之际理学的内部进一步发生转型，由陆王心学转向程朱理学，由重义理体证转向道德实践。刘宗周的蕺山学已经有了这两方面转型的某些因素，他特别重视对道德实践工夫的讨论，"慎独"学的组成部分之一的"证人改过之学"就是道德实践的工夫论。到了清初，张履祥的"敬义夹持"与陈确的"素位之学"，也都是关于道德实践工夫的学说。

张履祥学术的主旨应为"敬义夹持"，即"主敬"与"约礼"二者内外结合的工夫论。③ 而且，在其中体现了从"主静"到"主敬"、从"穷理"到"约礼"的转向，这是对程朱理学工夫论的一种修正，也是其理学思想的最大特点。在清初思想家之中，张履祥因其学术具有鲜明的实践性而成为清初"践履笃实"的一个典型。

一　从"主静"到"主敬"

在宋明理学工夫论中，一直都有"主敬"与"主静"之争，在许多理学家那里也有两种工夫并重的情形，但在心学一系普遍"主静"。晚明

---

① 张履祥：《与吴仲木十五》，《杨园先生全集》卷3，第65页。
② 黄宗羲：《明儒学案发凡》，《明儒学案》卷首，第14页。
③ 张履祥理学思想的主旨是什么？研究者有着不同的看法。其中较有代表性的有：林国标先生认为"博文"与"约礼"是张履祥的核心思想，这是知识论和道德论互为一体的两个方面，见氏著《清初朱子学研究》，第153—171页。董平先生指出张履祥以朱学为宗强调"居敬穷理"，消解"格物致知"的知识论内涵而转化为"择善""明善"的道德实践性命题，取消"理"的本体意义而转为"理即礼也"的笃实践履，见氏著《浙江思想学术史：从王充到王国维》，第303—311页。笔者认为应该结合明清之际的学术转型来动态看待张履祥的理学，因此其主旨应为"敬义夹持"。

时期心学盛行，"主静"工夫更是流行一时，甚至流于禅学一路。所以，"尊朱辟王"的张履祥就着力强调"主敬"，或者表述为"居敬""持敬"，对"敬"的工夫加以精辟阐释，所体现的是清初理学"从主静到主敬"的工夫论转向。

"主静"与"主敬"的关系，是宋明理学工夫论的重要论题。"主静"工夫首倡于周敦颐《太极图说》："圣人定之以中正仁义而主静，立人极焉。""无欲故静。"① 张载也有"主静"的主张："始学者亦要静以入德，至成德亦只是静。"② 在心学一系之中，从陆九渊开始大多"主静"，特别是明代的陈献章与阳明后学之中的归寂派。陈献章"须从静中坐养出个端倪来"③，聂豹在狱中静坐"忽见此心真体，光明莹彻，万物皆备"④。"主静"工夫，其形式则就是静坐，内容则是在虚静中体验本心，特别是体验未发之中，于虚明之中达到无私欲、无成见的状态。"主静"与禅学有着密切的关系，无论形式与内容都容易流于禅学，所以从程颐开始就转而提倡"主敬"的工夫。在程朱理学一系，主要提倡"主敬"，也不完全排斥"主静"，二程也教人静坐，朱熹也说"半日静坐，半日读书"。不过，程颐与朱熹都认为提"主敬"比"主静"更合适。程颐说："所谓敬者，主一之谓敬。所谓一者，无适之谓一。"⑤ 朱熹则继承并发展了程颐的"主敬"，他十分重视"主敬"，他说："'敬'字工夫，乃圣门第一义。彻头彻尾，不可顷刻间断。"⑥ 按照陈来先生的分析，程朱一系的"主敬"工夫，主要包含了收敛、敬畏、惺惺、主一、整齐严肃五种含义。⑦ 值得注意的是，"主敬"的提法包含了"主静"，而且"敬该动静"，"主敬"贯通了动与静两个方面；无事时不放松，有事时不忙乱，重视人伦日用之中的应事接物，也就避免了"主静"所容易产生的类似于禅坐的弊病。

张履祥对为学工夫的认识，经历了一个从"主静"到"主敬"的过

---

① 周敦颐：《太极图说》，《周敦颐集》，中华书局1990年版，第6页。
② 张载：《经学理窟》，《张载集》，中华书局1978年版，第284页。
③ 陈献章：《与贺克恭黄门二》，《陈献章集》，中华书局1987年版，第133页。
④ 黄宗羲：《江右王门学案二·贞襄聂双江先生豹》，《明儒学案》卷17，第370页。
⑤ 程颐：《入关语录》，《程氏遗书》卷15，《二程集》，第169页。
⑥ 朱熹：《朱子语类》卷第12，中华书局1986年版，第210页。
⑦ 参见陈来《宋明理学》，第138页。

程。他早年"尝为'良知'之学十年"。一直到师从刘宗周时期,都在追求"主静"工夫,他曾经就此事上书刘宗周询问:"壬午,读《濂溪集》,则求所谓'主静'之说,得之白沙之言:'动亦静,静亦静,无将迎,无内外。'心知其然,然亦未能亲切也。"① 对于"主静"工夫的追求,在陈献章那里达到顶点,但是关于如何"主静"还是没能说得清楚,所以学者往往无所得。张履祥在明亡之后,渐渐从王学转向朱学,开始批判陈献章的"主静"之说:"尝思陈白沙阳春楼静坐三年,因而有得,不知三年之中,人伦事物阙失几许。果其有得,当自痛悔往不可追,而复沾沾色喜,持以教人,是诚何心哉?"② 他批评陈献章曾经津津乐道的"阳春楼静坐三年",因为离群索居的静坐,就会忽视了人伦日用,这在张履祥看来就是舍本求末。他还特别指明"主静"工夫的危害:"窃见近日学者多言未发之中,及寂然不动,及洗心退藏等功夫,及考其平日言语行事之际,其当理者甚鲜。"③ "主静"在未发之中用工夫,追求"寂然不动""洗心退藏"等效果,但是日用之中都不能当理,这些都是"主静"工夫的流弊。对于儒者经常说的已发、未发,张履祥有不同于前人的看法:

逝者如斯,不舍昼夜。人心时时未发,时时已发,此固然矣。但学者只当用存养省察之功,不必先求所谓未发之体而见之。如此用功,未有不入于禅者。便使做成得一种静功,发时仍不中节。可知平日所认为中者,未尝中也,岂非错了工夫?孔子自言是"好古敏求",其教人只使"博文、约礼"岂欺我哉?

未发之中,是"溥博渊泉"体段。已发之和,是"动而世为天下道,行而世为天下法,言而世为天下则"功用。且思此是圣人分上事?是学者分上事?文王"不显亦临,无射亦保",方得谓之中;"乐而不淫,哀而不伤",方得谓之和。大舜"惟精惟一",亦是未敢便以为未发之中。孔子"从心所欲,不逾矩",方是发而皆中节。④

---

① 张履祥:《上山阴刘念台先生书》,《杨园先生全集》卷2,第21页。
② 张履祥:《答徐重威八》,《杨园先生全集》卷14,第411页。
③ 张履祥:《答张佩葱二十七》,《杨园先生全集》卷12,第328页。
④ 张履祥:《备忘三》,《杨园先生全集》卷41,第1144页。

人心就像河流，心中的意念时时都在运动变化之中，时时都是未发，也都是已发。对于意念的看法，包含了张履祥对刘宗周诚意思想的吸收。不过他根据程朱之学而提出学者应该"主敬"而用"存养省察"的工夫，而不是盲目地去求"所谓未发之体"，否则就会流于禅学。并且，张履祥认为"未发之中"与"已发之和"分别是"溥博渊泉"与"为天下道"，这样的体用工夫都是"圣人分上事"，即使周文王、大舜也不敢轻易说是做到了，再看圣人孔子则到了七十之后"从心所欲，不逾矩"才得"已发之和"。所以，作为儒学的学者，更不应该急于追求这些，而应该将工夫落实到"博文、约礼"的实践。

正因为对"主敬"工夫的强调，张履祥也就有必要就周敦颐等先儒所说"主静"工夫作出自己的解释。这在他与友人的书信中有详细的解说：

> 先儒所谓"主静"，非收视返听，断绝思虑之谓也。先立乎其大者，而其小者不能夺，则虽酬酢万变，而主宰不乱，所谓一也。故周子谓"主静"，而必先云"定之以中正仁义"。夫中正仁义，非由外铄我也。此心之良，自无不中正仁义者。但此心不能自主，则外物之感便有客胜主人之患。所以涉于纷华，纷华足以悦之；入于习俗，习俗足以溺之。然而此心之良，终无灭息之理，虽甚梏亡，未尝不随感而见，所谓恻隐、羞恶、辞让、是非之端，在在可以识取。方其此心之见，炳然一念如日之方中，种种凡情习态，自无处窃发，无处遁藏，诚有如兄所云"面目俱非"者。但此后功夫不能恒久，是以随得随失，如电之光一过而不复存也。夫恒久功夫非有他也，不过随在体认此心而已。使此心之所存主与所应用，一于理而不杂以欲，正所谓"静，固静也"。《大易》之"行其庭，不见其人"，其妙正在上下敌应，而不相与也。①

张履祥认为周敦颐所说的"主静"，并不是心学一系所谓的"收视返听"摈弃外在的声色，以断绝内在的念想，而是要求学人先去树立此心之中正仁义，从而避免纷华或习俗等外物扰乱内心。中正仁义本来就在我们的内

---

① 张履祥：《答姚林友二》，《杨园先生全集》卷8，第213—214页。

心，即王阳明所说的良知。不过张履祥认为所谓的良知，并不能由内心自主，一方面良知容易受外在影响，即"涉于纷华""入于习俗"就会有变化；另一方面良知"终无灭息之理""在在可以识取"，一直都在内心随时随处可发。并且，"主静"就只是初学阶段的工夫，如电光一过而不能恒久。真正需要做的工夫还是随时随处"体认此心"，让心有主有用，即"一于理而不杂以欲"，能够和谐处理人伦日用的种种事物了。对于程颢之所以赞许学人静坐，张履祥接着解释说：

> 程子见人静坐，辄叹善学。特为初学之士，终日驰逐，而无休息之期，故假是以为收敛身心之资，而非谓静坐之足以尽学也。兄试思之，在家则有父母、兄弟、妻子、仆御之人，与夫仰事俯育之事，推而达之乡党，则有乡党之人与乡党之事，朋友则有朋友之事。其自亲戚宗族，以至朝廷邦国，此身之酬应，有一日可谢去否？不可谢去，可得静坐否？若必以静坐而后得静，方其视听言动时，将终无所谓静乎？此周子所以有"动而无动，静而无静"之言，而复断之曰"无欲故静"也。无欲则一于理，一于理则山林市朝一也，独居群处一也，终日视而未尝视也，终日听而未尝听也，终日言动而未尝言动也。如是则任物之来，而莫不有以顺应之，又何精粗、大小之别乎？《大易》所谓"动静不失其时，其道光明"，盖以此也。不知出此，而欲却动以求静，非至于桎梏，而使其心冥顽不灵，则有危厉熏心之患，所谓非徒无益而又害之也。①

程颢所赞许的静坐，张履祥也认为是针对初学，作为收敛身心的一种工夫。初学者往往兴趣强烈、广泛，终日驱驰、追逐于此，静坐则是让人静下心来反思所学并进行调息的一种工夫。但是作为社会之人，在家里乡党、朝廷邦国，都有各种各样的事情，不可能也不应该一一谢去而去静坐。所以，张履祥说："主于敬则自无欲，无欲则不期静而静，静固静也，动亦静也。"②儒者真正的工夫还是在于人伦日用，"主敬"能够协调

---

① 张履祥：《答姚林友二》，《杨园先生全集》卷8，第213—214页。
② 张履祥：《答吴仲木四》，《杨园先生全集》卷3，第46页。

动静，通过"无欲则一于理"从而实现"动而无动，静而无静"的境界，不提"主静"而静在其中。"无欲则一于理"即"主敬"，主敬"工夫是实现无欲而合于天理的关键。通过张履祥的解释，把"主静"统一到了"主敬"之中，也就化解了"主静"与"主敬"之间的矛盾。

张履祥排斥"主静"工夫，与其严辨儒释、"尊朱辟王"思想相关。他认为"主静"则是释氏或者近于释氏的陆王一系的工夫，而"主敬"是从孔子一直到程朱的儒家工夫。他说："儒者主敬而不主静，故其效至于动而无动，静而无静。释氏主静而不言敬，故其流至于空虚无用。"①他强调"动而无动，静而无静"，讲工夫落实到日用之中，讲求笃实，反对空虚。在明亡之初张履祥与同门朱静因的书信中，总结先儒工夫论思想的时候就说：

> 近读先正之书，所三复不忘于日用功夫，最为切要者，独有数语。其一曰"但得心存斯是敬，莫于存外更加功"……其一曰"独立孔门无一事，只留主敬是功夫"。②

孔门的日用工夫只有"主敬"，对于二程的工夫论，张履祥也这样概括："程门'居敬'，是彻上彻下工夫。"③"居敬"是真正的工夫，也是贯通"下学"与"上达"的关键。张履祥十分关注前人对于"主敬"的论述，"尝欲集《四书》、《五经》言'敬'处作一卷，朝夕诵之"④。在他那里，"主敬"工夫更注重于"动"，主要落实于人伦日用的实践之中。"习最难变，气最难平。用力克治，只克不去，只缘持敬功夫不密。"⑤ 学者要改过错、去恶习、除邪气等，都必须从"主敬"工夫做起。"故敬之道，不可须臾舍也。颜子惟敬之纯熟，故有不善未尝不知，知之未尝复行。"⑥"主敬"是贯穿于"知"与"行"，日用之中一刻都不可离的践履工夫。

---

① 张履祥：《答姚攻玉》，《杨园先生全集》卷12，第353页。
② 张履祥：《与朱静因》，《杨园先生全集》卷2，第25页。
③ 张履祥：《备忘录遗》，《杨园先生全集》卷42，第1213页。
④ 张履祥：《备忘四》，《杨园先生全集》卷42，第1163页。
⑤ 张履祥：《备忘三》，《杨园先生全集》卷41，第1155页。
⑥ 张履祥：《与何商隐一》，《杨园先生全集》卷5，第113页。

"主敬"是为了使得应事接物都能够当于理。张履祥说:"轻当矫之以重,急当矫之以缓,固为克己之方。然不可矫枉过正,过正则其失均矣,须是求当于理。欲求当于理,须是主于敬。"① "主敬"是为了言行当理,从而明道,明道而后就能感应于道。他说:"有感必有应,感应之际,道由此起,所以有感有应者道也。虽未感未应,道无乎不在,故曰:'不可须臾离。'唯主敬可以凝道。"② 道无时无处不在,也就必须时处践履"主敬"工夫。正是因为"主敬"充分体现了道德修养的实践性,张履祥才由"主静"转向"主敬"。

与"主敬"工夫密切相关的就是"存养"和"省察"。在张履祥看来,"敬该动静","主敬"也就包括了"静"中的"存养"与"动"中的"省察"。其中"存养"即存心养性,侧重静态之中内在的直接体验性理;"省察"即反省审察,侧重动态之中外在的随时随事察识性理。这一思想与刘宗周也有关系,刘宗周之子刘汋曾说:"先生从主敬入门,敬无内外,无动静,故自静存以至动察皆有事而不敢忽,即其中觅个主宰曰独,谓于此敬则无所不敬,于此肆则无所不肆,而省察于念虑皆其后者耳。"③ 不过刘宗周以慎独为工夫,而将存养与省察统而为一,张履祥则以主敬贯穿存养与省察始终。张履祥说:"功夫只有'存养省察'四字。敏求是存养中事,克治是省察中事。"④ 工夫不在静坐,而在"主敬",在于贯通"存养""省察",敏于求取就是"存养",克己治心就是"省察"。"存养"和"省察"二者相辅相成,贯彻于理学修养工夫的始终,这就是"主敬"。张履祥说:

> 吾人功夫,只存养、省察二者相为始终,无少壮,无初学,成德自强不息,唯此而已。造次颠沛必于是,夭寿不贰,修身以俟,修者于此,必者于此也。《中庸》首章先存养,末章又先省察,盖二者如车两轮、鸟两翼,废一不可。其克治则固有偏失,而后用之,省察之

---

① 张履祥:《备忘三》,《杨园先生全集》卷41,第1127页。
② 同上书,第1148页。
③ 刘汋:《蕺山刘子年谱》49岁条,载《刘宗周全集》第6册,第83页。
④ 张履祥:《备忘四》,《杨园先生全集》卷42,第1192页。

继事也。①

"存养"与"省察"二者不可偏废,既要在静中"存养"主一于天理,又要在动中"省察"时处克治言行。所以,他说:"日用饮食,当乎义理处即是道。然终日汩汩其身心于此,又实害道。盖太极不离乎阴阳,而亦不杂乎阴阳也。此际全在存养省察。"② 身心的合乎道,必须具体体现在日用的合乎道,"存养"与"省察"密切结合。张履祥在继承程朱的基础上又有了新的发展,将"存养"与"省察"工夫落实在人伦日用的实践之中。

关于"存养"工夫,张履祥说:"圣人斋戒,以神明其德。吾人持敬功夫不能严密,宜其志昏气惰也。须时时存湛然纯一、肃然警惕之心。"③ 做好了"存心养性"的工夫,也就能够"持志""守气",从而达到"湛然纯一、肃然警惕",这也就是"持敬"所需要达到的效果。他还说:"读朱子《答何叔京书》,言其从容和易之意有余,庄整斋肃之功不足。所存不主于敬,不免若存若亡,不自觉其舍而失之。深有警于心,自思学之无成,正坐此患。"④ 这里说的"若存若亡"就是指《孟子·告子上》其中所引孔子的话:"操则存,舍则亡;出入无时,莫知其乡。"孟子认为"若存若亡"的就是人心,即仁义礼智之心,时时都必须注意操存的工夫,也就是张履祥所说"存心养性",让人心专一而合乎天理的"主敬"工夫。张履祥说:"心具众理,故穷理所以存心。性即理也,天即理也,故存心则知性知天。"⑤ 穷理就必须"存心",即在"求放心"上做工夫,"存心"之后才能够"知性知天",即"养性",这里都是继续宋儒而发展孟子的思想。不过,张履祥还认为在具体的实践之中需要进一步融会贯通,"存心"与"养性"二者应当合一。他说:

> 存心养性功夫,是一是二。谓存心之外,更有养性功夫不可;谓

---

① 张履祥:《答董载臣一》,《杨园先生全集》卷14,第419页。
② 张履祥:《备忘四》,《杨园先生全集》卷42,第1175页。
③ 同上书,第1170页。
④ 张履祥:《备忘三》,《杨园先生全集》卷41,第1127页。
⑤ 张履祥:《备忘四》,《杨园先生全集》卷42,第1169页。

存心之外，更无养性功夫亦不可。

不从存心做功夫，则养性功夫何从措手？然若不知养性，则亦何以全尽此心之天理而无所失哉？凡孟子说功夫，如"持其志，无暴其气"；"存其心，养其性"处，必是交养互发，非礼勿视听言动。存心以是，养性亦以是。践形所以尽性至命也。①

"存心"与"养性"，和"持志"与"守气"一样，必须通过"交养互发"来实现心中的天理与外在的天理的合一。不能像心学一系"主静"工夫那样，只是孤立地强调存心，去体验未发之中。只有平时做好"存养"工夫，才能够应事接物合乎天理，"平时无精义之功，遇事能不扞格？故学以致知存养为先"②。同时，张履祥也提出，存养工夫也要落实在日用之间，结合于"非礼勿视听言动"的"省察"工夫。他认为："学者存心，从'吾非斯人之徒与而谁与'；其用心处，从'知其不可而为之'处，看得圣贤此意真切。而日用之间，勉力做人，则庶几近乎仁矣。"③存心与用心，都是在于日用践履之中，在于儒者的济世情怀之中，在于对"仁""天理"的实践之中。这也就是因为"主敬"是贯通动静两方面的工夫。张履祥说："谨言慎行与存心养性，非有二项工夫。故'不动而敬，不言而信'，所以事天也。"④既要注意存心养性这一相对静的工夫，又要有谨言慎行、戒除"戏言、戏动"等"省察"这一相对动的工夫。

关于"省察"工夫，张履祥说：

持敬功夫，只忧不密不熟。"打破敬字"之语，乃苏氏私心欲坏程门之教，故为谑浪之言以乱之，不第当入《东铭》之戒而已。后世往往以为美谈，见人才有严威俨恪之意，便将以是为言。曾不思"如见大宾，如承大祭"，此心何时可忘？直至邦家无怨，方是熟之效也。是以执事之敬，虽之蛮貊亦不可废。学者自宜信此不惑，守此

---

① 张履祥：《备忘一》，《杨园先生全集》卷39，第1066页。
② 张履祥：《备忘二》，《杨园先生全集》卷40，第1101页。
③ 张履祥：《备忘三》，《杨园先生全集》卷41，第1140页。
④ 张履祥：《备忘四》，《杨园先生全集》卷42，第1166页。

不渝。①

《东铭》义理本对《西铭》，不过横渠先生并揭于扉。盖戏言戏动最为害事，进德修业唯诚与敬而已，思为一入于戏而能存诚敬者，未之有也。窃尝以为学者不读《西铭》，则理一分殊之义不明，而恻隐之心不笃；不读《东铭》，则戏言戏动之失不知戒，而长傲饰非之习日深锢而不可拔。初学之士，即不可不精思而力践之也。②

在北宋与理学相对的苏轼蜀学，不讲"持敬"，不讲"严威俨恪"等存心工夫，这是张履祥等理学家所反对的。他还十分推崇张载《东铭》，《东铭》说："戏言出于思也，戏动作于谋也。发乎声，见乎四支，谓非己心，不明也；欲人无己疑，不能也。过言非心也，过动非诚也。失于声，缪迷其四体，谓己当然，自诬也；欲他人己从，诬人也。或者以出于心者，归咎为己戏，失于思者自诬为己诚，不知戒其出汝者，归咎其不出汝者，长傲且遂非，不知孰甚焉！"③张履祥推崇《东铭》，认为进德修业必须"主敬"，"主敬"就应该遵循《东铭》之戒，即戒除"戏言、戏动"。只有时时处处"省察"言行，才能克除"长傲饰非"等习气。从这一点来看，《东铭》与更加著名的《西铭》对于学者来说具有同等的重要性。如何才能避免"戏言、戏动"？张履祥说："人心妄动，固不可求其不动，亦不可时止则止，时行则行。所思不出其位，则能止于其所矣。止于其所，则静矣。世儒好言寂然不动者，释氏之习也。"④"吾人功夫之用，窃以宜从思不出位，庄敬持养，而不使放心邪气得入焉，则能时行时止，而无所往而非天理之流行矣。"⑤张履祥的"主敬"工夫，在实践意义上讲得比先儒更加明白，"主敬"就是要"思不出其位"，戒除"戏言、戏动"，避免"放心""邪气"，时行时止，言行都能够符合天理。

张履祥还对"居敬"与"穷理"之间的关系，进行了细致的阐述。他认为在二者之中以"居敬"工夫为主，使得人心主一于天理以实现

---

① 张履祥：《备忘四》，《杨园先生全集》卷42，第1170页。
② 张履祥：《备忘二》，《杨园先生全集》卷40，第1099—1100页。
③ 张载：《正蒙·乾称篇第十七》，《张载集》，中华书局1987年版，第66页。
④ 张履祥：《备忘录遗》，《杨园先生全集》卷42，1216页。
⑤ 张履祥：《与沈上襄》，《杨园先生全集》卷4，第81页。

"心俱天理"；同时又需要"穷理"工夫，将天理推致于事事物物之中以实现"尽心知性知天"。他一生都推崇程朱"居敬穷理"四字："儒者功夫，居敬穷理而已。"① "儒者功夫，只'居敬穷理'为无弊。穷理所以致其知，知之至，而后行之利，敬则统乎知与行者也。始终只'敬'字为主，故曰'居'。犹谚谓'作家当'也。"② "居敬穷理"是儒学中最为重要、没有弊端的工夫，其中"穷理"只是"致知"的过程，但是"知"还是为了"行"；而"敬"却是统括了"知"与"行"，所以在"居敬"与"穷理"二者之中，必然就以"居敬"为主。"居敬穷理"以"居敬"为主，又辅以"穷理"的工夫。张履祥说："'居敬'所以存心也，'穷理'所以致知也。惟'居敬'故能直其内，惟'穷理'故能方其外。"③ "居敬"是内在的存养省察，"穷理"是外在的推广知识，这两者相辅相成、内外结合。他还说：

> 问学问思辨乃穷理功夫。程子曰："涵养须用敬，进学则在致知。"盖穷理以此心为主，必须以敬自持，使心有主宰，无私意邪念之纷扰，然后有以为穷理之基。本心既有所主宰矣，又须事事物物各穷其理，然后能致尽心之功。欲穷理而不知持敬以养心，则思虑纷纭，精神昏乱，于义理必无所得。知持敬以养心矣，而不知穷理，则此心虽清明虚静，又只是个空荡荡底物事，而无许多义理以为之主，其于应事接物必不能皆当。④

除去关于"行"的"笃行之"，《中庸》所讲还有"博学之、审问之、慎思之、明辨之"四个方面，张履祥也认为这都属于"穷理"本身，即"知"这部分。但是在"穷理"之前，先要以"持敬"工夫来提撕"此心"，使得心中有天理主宰而去除人欲。然后，进一步就是通过"穷理"将天理推致事事物物，实现"尽心知性知天"，即达到了"物格知至"的过程。如果只"穷理"而不"居敬"就会思维混乱，义理无得；

---

① 张履祥：《答施龙友》，《杨园先生全集》卷12，第349页。
② 张履祥：《备忘四》，《杨园先生全集》卷42，第1163页。
③ 张履祥：《与何商隐一》，《杨园先生全集》卷5，第110页。
④ 张履祥：《答施龙友》，《杨园先生全集》卷12，第350页。

如果只"居敬"而不"穷理"就会心底空洞,应事无当。张履祥重视"居敬"与"穷理"的互补关系,但是其重心还是前者。"敬括知行","欲求当于理,须是主于敬"①,为了使应事接物都能够当于理,就必须"主于敬","敬"的践履意义才是他对程朱工夫论有所发明之处。

但是,只提"居敬穷理"就还是以内在的心性修养工夫为主,外在的言行究竟应该如何约束则论述不够。所以,张履祥进一步提出了"博文约礼"之学,将"穷理"的知识推致"约礼"的外向实践工夫。

二 从"穷理"到"约礼"

"以礼代理"是清代中期以凌廷堪、焦循、阮元为代表的学者的重要主张,将儒学的重心由宋明时期的"理"转向"礼"。② 这一转向其实在清初的张履祥等理学家那里已经有了初步的迹象,他强化"约礼"而弱化"穷理",从而表现出从"穷理"到"约礼"的转向。这在清初虽然还不成气候,但除了张履祥还有孙奇逢等人,都表现出重"礼"的工夫论转向,张履祥的"博文约礼"之学则更体现出理学的实践性。

张履祥对"礼"与"理""义"关系都有一个界说,他说:

> 礼者,天理之节文。若人之言语行事合于天理,自然有节有文。若无节无文,则直情径行,便已不是天理矣。"礼仪三百,威仪三千",自有之节文,不待安排也。③

张履祥继承朱熹的思想,而且进一步将礼与理的关系明确起来,朱熹说:"这个礼,是那天理节文,教人有准则处。"④ 张履祥指明,"礼"就是指人的言语、行事都合于天理,如果不讲"礼",就会像阳明后学一样"直情径行",不能合于天理。对于"节文",他还说:"凡人相接之际,有节

---

① 张履祥:《备忘三》,《杨园先生全集》卷41,第1127页。
② "以礼代理"相关研究较为重要的有张寿安的《以礼代理:凌廷堪与清中叶儒学思想之转变》,河北教育出版社2001年版,第22—42页。该书以凌廷堪为中心研究了"以礼代理"的思想与实践,其中也涉及焦循、阮元、戴震、程瑶田等人与"以礼代理"的关系,书中对"礼""理"的辨析对本节有所启发。
③ 张履祥:《备忘四》,《杨园先生全集》卷42,第1180页。
④ 朱熹:《朱子语类》卷第41,第1048页。

有文,此自然之理,故云君臣、父子、长幼之义,皆形见于节文之中。盖礼之用不可忽也。"① 作为"节文"的"礼",是"理"的外在表现。"礼"又是"君臣、父子、长幼之义"的具体化,"义"可以直接表现为"礼"。张履祥指出:"义以为质,必须礼以行,孙以出,信以成,无小大莫不如此。"② "义"是人伦日用之理的内在本质,而"礼"则是人伦日用之理的外在表现。理学家经常将"礼义"并举,如张履祥说:"古之学者礼义为先,今之学者不以为支离琐屑,则以为拘鄙迂阔,相咻相和,而出于蔑礼弃义之一途。"③ 在古之学者如孔孟、程朱都是讲"礼义为先",到了今之学者如阳明后学则认为"礼义"过于"支离琐屑",这才造成了明末"蔑礼弃义"乃至亡家灭国的后果,所以在清初遗民学者如张履祥等人那里,"礼"就受到了格外重视。至于理与义的关系,张履祥经常提二程"在物为理,处物为义"④ 的说法,并且沿着程朱的思路作了进一步的解说:

> 朱子注《论语》:"义者,事之宜也。"注《孟子》:"义者,心之制事之宜也。"加"心之制"三字,为告子有义外之说故也。蔡子注《尚书》:"义者,理之当然,行而宜之之谓。"较韩子"行而宜之之谓义"更完。事固有理当然,而行之未必宜者;亦有行之颇宜,而理或不当然者。惟理既当然,而行之复得其宜,方为义之尽。⑤

朱熹认为"义"是"事之宜",蔡沈认为是"理之当然""行而宜之",意思更加完整。张履祥认为,在万事万物之中的"理",就表现为人伦日用之中处事的"义",既符合于"理"又适宜于"行事"才是真正的"义",而"义"外在形式化、具体化就是"礼"。

"博文约礼"出自《论语·雍也》:"君子博学于文,约之以礼,亦可以弗畔矣夫!"张履祥经常讲的"博文约礼"之学,则结合了他自己理学

---

① 张履祥:《备忘录遗》,《杨园先生全集》卷42,第1216—1217页。
② 张履祥:《备忘四》,《杨园先生全集》卷42,第1163页。
③ 张履祥:《备忘一》,《杨园先生全集》卷39,第1064页。
④ 同上书,第1075页。
⑤ 同上书,第1044页。

实践的诸多心得。他说:"吾人平日为学,大指专守孔门'博文'、'约礼'之训以终身而已。读书穷理,'博文'之事也;切实践履,'约礼'之事也。"① 这一提法除了收录在他自己编就的《备忘录》外,还在他与友人徐重威的书信中谈及。② 张履祥在许多地方都提及"博文约礼":

> 一部《论语》,都从谨言慎行、动作威仪处教人,故曰"博文、约礼",曰"无行不与"。颜子问为仁之目,亦就视听言动示之。圣人岂不欲人做向里工夫者乎?何弗思之甚也!世方惑此,不鄙为粗浅,则以为假窃,可叹已夫!③

他还说:"《论语》一书……颜子所述善诱之功,则曰'博文约礼'而已。他日所请为仁之目,则曰'非礼勿视、听、言、动'而已。窃谓此即所谓'约礼'之实也。'博文约礼'三千之徒莫不从事于此,非独为颜子教也。"④ 在张履祥看来《论语》一书的核心思想就是"博文约礼",孔门之教也是"博文约礼",圣人工夫的"为仁"也是指"博文、约礼",而且"仁"的含义即"非礼勿视、听、言、动"就是指"约礼"。张履祥说:"夫子教人自博文、约礼,至一以贯之,一而已。省身便是克己;非礼勿视听言动,即是慎独;请事斯语,即仁以为己任也。"⑤ 在他看来,"以仁为己任"即通过"博文、约礼"的实践来完成"克己复礼";"三省吾身"就是"克己",张履祥认为"慎独"就是指《论语》中的"非礼勿视听言动",即"复礼"。而且,由此可见"博文约礼"之学的核心就是"礼","博文约礼"就是要使人伦日用之中的言行都能够符合于礼义。"博文约礼"是张履祥一贯的主张,包括交友等人伦日用之事都要讲求"博文约礼"。他说:"君子以文会友,友须从博文、约礼中求。"⑥ "学者工夫,能将圣贤经传准之日用动静,以考其合否,则庶乎不背于义

---

① 张履祥:《备忘四》,《杨园先生全集》卷42,第1163页。
② 张履祥:《徐重威十》,《杨园先生全集》卷14,第413页。
③ 张履祥:《备忘二》,《杨园先生全集》卷40,第1095页。
④ 张履祥:《与何商隐一》,《杨园先生全集》卷5,第109页。
⑤ 张履祥:《备忘一》,《杨园先生全集》卷39,第1057页。
⑥ 张履祥:《备忘二》,《杨园先生全集》卷40,第1084页。

理矣。所谓'博学于文，约之以礼，亦可以弗畔也'。"① 可见这是他一贯坚持的理学工夫之论，主张通过"博文、约礼"将圣贤之道落实在人伦日用的礼义规范之中。张履祥讲"博文约礼"之学凸显其实践性，这与其对"居敬穷理"说的反思有关。

为什么要从朱子的"居敬穷理"返回到孔子的"博文约礼"呢？这与晚明的王学泛滥有关，张履祥在与其友人何商隐的书信中说：

> 夫穷理者博文之谓，居敬者约礼之谓也。《论语》"博学于文，约之于礼，可以弗畔"之言，若豫为今日邪说诐行之徒而言。而姚江乃谓但可谓之弗畔矣，夫而不可谓之有得也。然则颜子之明睿，何以只从事于此，而夫子亦何以无单提直指之教乎？学者发轫举足，不以圣贤为准的，而先以师心自用之说入为之主。向后读书论说，止以长养其矜高好胜之心，日老日深，积重不返，流为小人之无忌惮。②

他在《备忘录》中也说："'博学以文，约之以礼'，人之为学，只此成法而已。姚江一派，启口便说颜之卓立，曾之一唯。至于博文约礼，则又云但可谓之弗畔，而不可谓之知道。亦何不思之甚乎？"③ 张履祥认为晚明学者沉溺于异端之学，就是因为没有从事"博文约礼"之学，他说："但以穷乡末俗，习闻近说，未知从事博文约礼之学。徒信礼义之生于心，而不知气拘物蔽以后之心，所知所觉已非礼义之本然。"④ 张履祥反对以内心良知作为礼义的标准，所以他提出以"博文"取代"穷理"，以"约礼"取代"居敬"，而且在"博文约礼"之学中，重心在于"约礼"。礼义的标准必须是外在的"道"，"博文"与"约礼"结合就可以不离于"道"，孔子教颜子只是"博文约礼"，而不是王学的"直指之教"。张履祥反对王学，因为王学就会"先以师心自用之说入为之主"，然后就造成"矜高好胜"，最终流为"无忌惮"的小人。如果继续提"居敬穷理"，落脚点还在"理"字，就会像王学那样以内在"理"即"良知"为标

---

① 张履祥：《备忘三》，《杨园先生全集》卷41，第1154页。
② 张履祥：《与何商隐二》，《杨园先生全集》卷5，第114页。
③ 张履祥：《备忘一》，《杨园先生全集》卷39，第1060页。
④ 张履祥：《答陈乾初二》，《杨园先生全集》卷2，第33页。

准，造成阳明后学"师心自用"等种种弊病。所以张履祥改提"博文约礼"，落脚点在"礼"这以外在标准，而且这以"礼"又有孔颜等圣贤的言论作为参照，便于"切实践履"。当然，张履祥在某些时候也提"居敬穷理"，但是其重心在"居敬"而不在"穷理"。他认为"穷理"只是读书的"博文"之学，将圣贤之道在事物之间推致，而不是"师心自用"去考量内在良知。"居敬穷理"，只是强调"主敬"的内在工夫，而外在工夫则表达为"博文约礼"之中的"约礼"。张履祥以"博文约礼"来取代"居敬穷理"，也就是从"穷理"转向了"约礼"，他的目的是将比较空泛的"理"转换为比较实在的"礼"。从"穷理"到"约礼"，从根本上凸显了理学的实践意义。

张履祥发展张载、朱熹等宋儒的礼学思想，以"礼"为核心，突出"礼"的实践意义，形成其特殊的"约礼"工夫论。他说："有从事于克己而不能复礼者，未有礼复而己不克者。故关中之学以知礼为先，知礼则成性矣。"① 与"克己"相比，"复礼"显得更加重要和困难，所以张履祥认同张载才有"知礼为先""知礼成性"的说法。

基于"知礼为先"之说，张履祥对"礼"特别重视。在他看来孔孟、程朱的学术主要就是礼学："弟祥于礼未之学，窃谓三代以上折衷于孔、孟，三代以下折衷于程、朱可矣。"② 而"礼"在三代以上和三代以下则大为不同，他说：

> 三代以上，是道德齐礼之治，三代以下，是道政齐刑之治。道齐有其方，亦足以致太平。③
>
> 三代而上，礼至成周而大备；三代而下，法至本朝而大备。以其所备者法，方太平之时，可以把持无事，所谓"卧赤子于衽席之上，可以蒙业而安"。一旦有变，匹夫横行，外敌侵暴，法不足以制之，则天下方伯，亦只可束手坐视，莫之谁何矣。④

---

① 张履祥：《备忘录遗》，《杨园先生全集》卷42，第1200页。
② 张履祥：《与许大辛三》，《杨园先生全集》卷6，第173页。
③ 张履祥：《备忘四》，《杨园先生全集》卷42，第1194页。
④ 张履祥：《备忘录遗》，《杨园先生全集》卷42，第1213页。

三代以上是礼治,三代以下是法治,法治则在太平时期可以维持,一到变乱就无可奈何了。所以,张履祥反思明亡教训,大力倡导礼教。他认为:"礼教明,则民德归厚。"学者用力,就在于"礼",张履祥特别强调"克己复礼",他说:

> 自颜子大贤,夫子教之,犹然博文约礼,则余可知已。夫所谓"约之以礼"者,亦曰身心尽归准绳,有所约束云尔,犹曰"非礼勿视、听、言、动"也。而今之人,辄乃以"少"训"约",而肆其空玄诞漫之说,以为"文"之外似别有所谓"礼"者。夫天高地下,万物散殊,礼仪三百,威仪三千,少也云乎哉!入则孝,出则弟;欲为君尽君道,欲为臣尽臣道,诞也云乎哉!是以学问至于复礼,而物蔽之已尽,气拘之已亦尽矣。世儒重言"克己",轻言"复礼",究其本末皆禅也。夫"克己复礼"固非二事,然而求端用力之际,莫切于礼。苟其无礼,则亦何所取准,求得其所为己者而克之哉?①

张履祥一再反对阳明心学一系训"约"为"少"、重"克己"而轻"复礼",这都会流于禅学而"师心自用"。所以,他认为学者用力,就在于"礼",礼仪既是"复礼"的标准,又是"克己"的标准,是身心共同的准绳。可惜晚明之季,都去讲求浮文、科举,在张履祥看来这是导致明亡的重要原因。不重礼教就会变乱,重视礼教就能止乱,他说:"惟禽兽为无礼,礼废则夷狄至,自古如斯。"②"礼以辨尊卑,等贵贱,别内外,故曰:'唯礼可以已乱。'春秋之世,夷狄乱华,臣弑君,子弑父,下陵上替,妾妇乘其夫,小人加君子,故夫子汲汲然与弟子习礼。"③孔子在春秋之世讲求礼学,就是为了止乱。张履祥对此感叹良多:"人纪一日不修则废坠,废坠则人道几乎熄矣。百年修之而不足,一旦败之而有余。今日废坠已极,肇修者何人?维皇上帝,岂诚无意?"④明亡就是亡于"人纪"不修,王学流行以来的一百多年礼教不张,至于明清之际则"废坠已

---

① 张履祥:《与沈上襄》,《杨园先生全集》卷4,第83页。
② 张履祥:《备忘四》,《杨园先生全集》卷42,第1191页。
③ 同上书,第1194页。
④ 张履祥:《备忘三》,《杨园先生全集》卷41,第1129页。

极"，亟待"肇修"。张履祥认为："礼为立身之干。在今日，为世道人心计，当以关中之教为先。教子弟亦以学礼为急，所谓'六阳从地起'也。"① 为了挽救世道人心，必须倡导"约礼"之学，复兴礼教，张履祥就以此为己任，他组织葬亲会、编撰《经正录》等著述都是"正礼义"的实践，这在第二章中已经论及。

受"知礼成性"观念影响，张履祥将"礼"作为从初学到成德、从克己到复礼，整个德性修养过程之中的共同标准。他说："学道在修德，德盛则性成，而动皆中礼。'礼仪三百，威仪三千'，无之而非道也。濂洛之教，修德为重；关中之教，知礼为先。其归一也。"② 修德与知礼两者相统一，学礼也是为了德性、为了道，这是一以贯之的工夫。他说：

> 礼之根本从仁而生，礼之节文以义而起。《中庸》曰："仁者人也，亲亲为大；义者宜也，尊贤为大。亲亲之杀，尊贤之等，礼所生也。"知礼所以成性，故礼不可以不学也。关中之教以此为先，盖以是与？③

> 盖学礼则功夫有准的，身心有所持守，自初学以至成德，彻上彻下，一以贯之而已。今之学者不乐言礼，所以流而为异，其所谓博，亦杂耳。④

礼的思想，是从仁、义发展而来，即"天理之节文"，要让身心有持守，能够归于仁义、天理，就必须讲求礼学，"知礼"才能"成性"。"天理"与"纲纪""彝伦"之间，也存在着对应关系，张履祥说："非礼勿视、听、言、动，纯熟后，即上达天德，故曰：'礼者，不可不学也。'仕止久速因乎时，动容周旋中乎礼，可以见圣人之于天道也。"⑤ 天与人的对应，就在于"礼"，从秩序上都应合乎天理，所以做好"约礼"工夫，在视、听、言、动等方面努力合乎于礼，就能够成德，进而合乎天道。正因

---

① 张履祥：《备忘四》，《杨园先生全集》卷42，第1190页。
② 张履祥：《备忘二》，《杨园先生全集》卷40，第1110页。
③ 张履祥：《备忘四》，《杨园先生全集》卷42，第1196页。
④ 张履祥：《与何商隐五十》，《杨园先生全集》卷5，第135页。
⑤ 张履祥：《备忘二》，《杨园先生全集》卷40，第1084页。

为如此,张履祥说:"任重道远,至大至刚也;非理勿视听言动,直养无害也;裁成天地之道,辅相天地之宜,凡有血气,莫不尊亲,塞乎天德也。"① 从"尊亲"到"天德"都是一贯,所以为学者就应该在"约礼"上下工夫,张履祥还指出:"'尽性至命'必本于孝弟,'穷神知化'由通于礼乐。"② 成圣成贤,达到"尽性至命""穷神知化"的境界,也必须由孝悌、礼乐做起。他认为:"'知礼成性',即'约之以礼'之谓。'亲亲之杀,尊贤之等',皆天理也,故曰'礼所生也'。三百、三千,皆所从出也,所谓'分殊'也。""约礼"作为德性修养的工夫,也就是将天理之一"分殊"为具体的"礼仪三百,威仪三千",即人伦日用之中的规范。也就是说,"约礼"就是让身心有所约束,有外在的"礼义"作为准绳。礼教使人德性敦厚,张履祥说:"圣贤敦厚以崇礼,吾人才学礼,便见身心敦厚。"③ 从圣贤到百姓,都应该学礼、知礼。他还指出:

> 人怀血气心知之险,最易横溢,不以礼义堤防之,则随感而发。如好色、好斗、好货之类,杀身灭性,靡不由之。所以古人于子弟,自幼导以礼让,授之恒业,驯习既久,习与性成矣。今人自幼教之以浮文,鼓之以进取,安得而不"怀山襄陵"至于昏垫乎?④

血气之人心,必须以礼义作为堤防,并且进一步成就其德性。

张履祥的"博文约礼"之学,重在"约礼",而"博文"工夫,就是指"读书穷理,'博文'之事也",他将抽象的"穷理"具体化,强调通过读书增加对天理的体认,将圣贤所说之理在事事物物之间推广并融会贯通于内心。张履祥说:

> 无事则读书,读书者,所以维持此心,而不使其或急也,非以务博也。默坐则思索,思索者,所以检点其身,而不使其有阙也,非以耽寂也。事至则泛应,泛应者,所以推行天理于事事物物,而不使其

---

① 张履祥:《备忘二》,《杨园先生全集》卷40,第1101页。
② 张履祥:《备忘三》,《杨园先生全集》卷41,第1137页。
③ 张履祥:《备忘二》,《杨园先生全集》卷40,第1111页。
④ 同上书,第1115页。

有过有不及也，非以外驰也。①

读书所谓的"博文"，并不是为了知识广博，读书之余的思考，也不是为了沉溺于空寂。这两者都是在人伦日用之中"应事"的一种准备，最终实现在事事物物都合乎天理。他还说："理明义精，则能知言、知人，知言、知人，则神闲气定，而此心能宰制万物。……所以学莫先于穷理，穷理之益，莫大于读书。"② 必须要用读书来加深对于天理的认识，然后才能"理明义精"。所以，读书如何能够穷理，关键也就是读书要指向德性修养。张履祥说："从德性上做功夫，读书方有益。若读书不归之德性，非徒无益，甚者藉寇兵、资盗粮而已。"③ 读书如果不能以德性为旨归，则天理遮蔽，只能越读书越是败坏得厉害。"博学于文"的意义，就在于格物穷理，明德性之善。"博学于文"，而这在张履祥看来只是为"约之于礼"所做的准备工夫。

张履祥"博文约礼"之学，虽然以"约礼"为主，但是他也十分重视"博文"与"约礼"的关系，"博文"与"约礼"必须相互配合。他说：

> 博文、约礼，不是先博了后去约，随学随约，所学方有用力处，方有得力处。如"诗书执礼"，是博文事；"居处恭，执事敬，与人忠"，便是约礼事。即如教子弟"诵诗，舞勺，学射御"是博文事；学幼仪，洒扫、应对、进退，便是约礼事矣。日用行习无非是物，所以欲罢不能也。④

"博文"与"约礼"二者之间有着相辅相成的关系，"约礼"须"博文"作内在的知识准备，"博文"须"约礼"作外在的运用才能巩固，而且只有"约礼"才能使得"博文"所学有用力、能得力。"博文"是"读书穷理"是理论，"约礼"是"知礼成性"是实践，理论只有在实践之中才

---

① 张履祥：《与何商隐一》，《杨园先生全集》卷5，第112页。
② 张履祥：《备忘四》，《杨园先生全集》卷42，第1184页。
③ 张履祥：《备忘三》，《杨园先生全集》卷41，第1130页。
④ 张履祥：《备忘一》，《杨园先生全集》卷39，第1056页。

能发挥作用。所以，在人伦日用的言行、习气之中进行德性修养，"约礼"之事比"博文"之事更加重要。"礼"是德性的外在体现，张履祥说："威仪为德之符，有诸内者形诸外，不知其然而然，不可强也。"① 因此"约礼"还必须与内在的"主敬"相统一，这也就是张履祥工夫论所强调的"敬义夹持"。

三 敬义夹持："主敬"与"约礼"的内外交养

张履祥的理学工夫论，其理论重心与晚明流行的阳明心学截然不同，发生了两个转向，即从"主静"到"主敬"、从"穷理"到"约礼"。他还认为必须将"主敬"与"约礼"二者一内一外交相互养结合起来，提出"敬义夹持"的工夫论主张。张履祥的为学主旨为"主敬"与"约礼"两个方面，这两个方面的结合就表述为"敬义夹持"，即"敬以直内"与"义以方外"的结合。

在张履祥看来，"敬义夹持"是包括孔子、孟子在内"由太公望至程子其揆一也"的学术准则。② 并且在他那里，"敬义夹持"又有了新的内涵。"敬以直内"与"义以方外"，最早出自《周易》之坤卦"文言"之"六二"："直其正也，方其义也。君子敬以直内，义以方外，敬义立而德不孤。"这八个字，非常简洁地概括了内外的"敬""义"两方面的工夫，所以二程就经常说起。如程颐说："敬义既立，其德盛矣。"③ 程颢说："敬义夹持，直上达天德自此。"④ 他们都指出为学工夫必须将"敬""义"两方面相结合，从而达到德性与天道的合一。张履祥发展二程，并形成一套较为系统的"敬义夹持"修养工夫。经常对友人与弟子提及这一主张，有著名的《示学者》一文，此文除收入他自订的《备忘录》外，还见于《答孙尔大书》等书信，文中说：

> 一曰辨心术，一曰明义理，一曰治性情。已上"敬以直内"事。
> 一曰正容体，一曰谨言语，一曰慎事为。已上"义以方外"事。学

---

① 张履祥：《备忘二》，《杨园先生全集》卷40，第1114页。
② 张履祥：《备忘四》，《杨园先生全集》卷42，第1196页。
③ 程颐：《周易程氏传》卷第1，《二程集》，第712页。
④ 程颢：《程氏遗书》卷第5《二先生语五》，《二程集》，第78页。

者辨心术,是始初第一事。然功夫紧要,全在明义理,治性情。存养以是,省察克治亦以是。二者得,则大本已立,大本立,则动作威仪,应事接物,略加提撕检点可已。①

其中"敬以直内"包括了第一事的"辨心术",即"立志";紧要功夫的"明义理",即"读书穷理";还有"治性情",即"涵养"。后面的两项是紧要而长期的工夫,需要存心养性和省察克治,能做到就可使"大本立";这三者又都属于内向的"主敬"工夫。然后就可以做"义以方外"的工夫,包括"正容体""谨言语""慎事为",也就是在日用言行、应事接物之中不断提撕检点,继续进行道德的实践,这三者又都属于外向的"约礼"工夫。并且,张履祥以"敬义夹持"这一主旨来解读《中庸》等儒学经典,他说:

"平旦之气",即《中庸》喜怒哀乐未发之中也;"持其志,无暴其气",即《中庸》戒慎恐惧,慎独之功也。"持其志",则"敬以直内"矣;"无暴其气",则"义以方外"。圣贤所言本体功夫,先后未有不一揆也。②

在张履祥看来,圣贤说的本体工夫其实都是统一的,持守"平旦之气"也就是把握《中庸》的核心概念之一"未发之中"。通过"主敬"来实现内在的"持其志",通过"约礼"来实现外在的"无暴其气",做到了这两点,也就做到了"戒慎恐惧"的"慎独",从本体到工夫都可以统一在"敬义夹持"之中。

"敬义夹持",张履祥认为关键是"夹持"二字,他说:"看筑墙,深得'夹持'之义。圣贤教人无他用力,只是内外交养而已。夹持得不渗漏,方不走作。"③"夹持"就是"内外交养",只有内外两方面工夫相互结合起来,才能使德性并进直上,张履祥的论学,大多强调内外的"交养互发":

---

① 张履祥:《备忘一》,《杨园先生全集》卷39,第1074—1075页。
② 张履祥:《备忘三》,《杨园先生全集》卷41,第1136页。
③ 同上书,第1140页。

> 愚意"克己复礼"谓截然分作二项,则功夫实是交至,若欲举其一而废其一,则断乎不可。大抵圣贤所论做功夫处,未有不交养互发者。言"直内",必言"方外";言"存心",必言"养性";言"持志",必言"无暴其气";言"精义入神以致用",又必言"利用安身以崇德"。总不外程子"由中应外,制外养中"之意。①

"克己"与"复礼"、"直内"与"方外"、"存心"与"养性"、"持志"与"守气"、"致用"与"崇德"等,在提法上都包含了内外两个方面。而其中的核心即"主敬"与"约礼"二者的内外夹持、交养互发,从而完成德性的修养工夫。以上内涵则以"敬义夹持"一语概括最为简明扼要。通过"敬义夹持"来实现德性修养,就能够使得人伦日用之间都合乎天理,张履祥说:

> 学者苟能于日用事物,莫不求合乎天理,则物欲渣滓又安从而生乎?此正所谓"敬义夹持"也。此颜子请问"克己复礼"之目,而孔子告之以"非礼勿视听言动";仲弓问为仁之功,而孔子告之以"出门如见大宾,使民如承大祭。己所不欲,勿施于人"也。夫此独非"居敬穷理"之功乎?②

这里关键就是将"敬""义"的工夫,结合于具体的实践之中,这里提及《论语》中的言论,也就是具有实践操作性的工夫。很明显,在张履祥这里种种提法都包含着实践性。再看"克己复礼""居敬穷理"也可以说包含了"敬""义"内外两方面的实践工夫,不过这两个提法不够完整、明晰,最好的概括还是"敬义夹持"。他还说:"'敬义夹持',则见善必迁,有过必改。'无有师保,如临父母',纯熟后,则不习无不利也。"③"迁善"与"改过",也就是日用中的实践,"敬义夹持"也就是将"义理"落在实践之中。所以,张履祥所主张"敬义夹持",关键就是实践之中的

---

① 张履祥:《答张佩葱质疑二十五》,《杨园先生全集》卷12,第324页。
② 张履祥:《与吴裒仲四》,《杨园先生全集》卷10,第287页。
③ 张履祥:《备忘一》,《杨园先生全集》卷39,第1075页。

内外合一。

总的来看,张履祥继承朱子"居敬穷理"说,侧重于内在的"敬";继承孔子"博文约礼"说,侧重于外在的"礼"。对于他所说的"居敬穷理"与"博文约礼",以往的研究者往往只提其中一条,以偏概全,忽视了其理学在实践之中各有侧重点,也忽视了其对程朱工夫论的修正与发展。张履祥又继承二程"敬义夹持",进一步强调了"主敬"与"约礼"两种工夫的内外结合。重"主敬",表现为从"主静"到"主敬"的转向;重"约礼",表现为从"穷理"到"约礼"的转向。并且,这两者的转向都是针对晚明王学流行而发,梁启超认为清初学术从王学返于程朱,作为"清儒中批王学的第一个人"的张履祥,他的"敬义夹持"论就是在"尊朱辟王"的背景下反对"师心自用"而提出的。"主敬"则以天理为内在修养之依据,"约礼"则以礼义为日常处事之准绳。"主敬"与"约礼"都落实在人伦日用之中,都是"践履"的工夫,从而凸显了理学的实践意义,张履祥的理学也就有了"践履笃实"的特点。

第三节　张履祥对王学的批判与尊朱辟王思潮的兴起

明清之际理学内部的转型,其主流方向就是"由王返朱",其中如黄宗羲等一部分学者主张"朱王调和",而张履祥等更多的学者则主张"尊朱辟王",即排斥中晚明以来的阳明心学转而尊崇程朱理学,最终在清初形成了声势浩大的"尊朱辟王"的思潮。梁启超对清初学术概括说:"从顺治元年到康熙二十年约三四十年间,完全是前明遗老支配学界。他们所努力者,对于王学实行革命。""王学反动,其第一步则返于程朱。"[①] 在"尊朱辟王"的思潮之中张履祥堪称先驱,被梁启超称为"清儒中辟王学的第一个人"[②],张履祥自己的为学生涯,也经历了一个"由王返朱"的心路历程,因而对王学的批判颇为全面、深刻。不仅如此,他对王学的批判还影响了吕留良、陆陇其等一大批理学家,他们的学术活动进一步推动

---

① 梁启超:《中国近三百年学术史》,第18、110页。
② 同上书,第111页。

了清初"尊朱辟王"思潮的发展。①

一 "由王返朱"的心路历程

张履祥经常向师友提起自己"由王返朱"的治学经历，如《上山阴刘念台先生书》《答丁子式》《答徐重威九》等书信中都有较为详细的论述。对这一转向论述较为完整的还有《与张白方》：

> 弟自二十以后，因读《龙溪集》憬然有动于心，始知举业之外，有所为圣贤之学。进而求之阳明"致良知"之说。已而得白沙、敬轩之书，则亦读之不厌。斯时志高气盛，以为圣贤可以指日而至，然反之于心，廓然荡然，若无所依据之处。既数年，乃得《近思录》而读之，因而渐有事与濂、洛、关、闽诸书。意中窃喜，以为若涉大水之有津涯，与历溪山之有途梁也。然反己自顾，则徒伤流俗之日深，与气质之益锢，回思昔日圣贤可为之志，则又忽然不知其何所去也。②

从这里可以看出，张履祥是在二十岁之后才真正开始从事于学术，在其治学历程之中，包含两个转向：其一，由举业之学转向圣贤之学，即理学；其二，由阳明心学转向程朱理学。其中阳明后学的代表之一王畿的《龙溪集》，与朱熹、吕祖谦（1137—1181）选编的《近思录》二书起到了关键作用，这与明清之际访师、求书之不易有关。

一个乡间儒者来看，由举业之学转向圣贤之学，无疑是人生的重大转折。这一转折对于张履祥来说，是从接触阳明学开始的。他在与友人书信中回忆道：

> 祥幼而孤蹇，又生下邑，既无父兄师友之教，初以举业分其志，家贫，弱冠授蒙，复以课读妨其功。二十四五闻"良知"之说而喜

---

① 张祥浩《王守仁评传》有一节《张杨园对王学的排击》，其中指出张履祥站在程朱的立场对良知说进行批判，主要是不赞同对王守仁遗外重内的心即理、要本体而不要工夫、言格物而不及穷理的观点。《王守仁评传》，南京大学出版社1997年版，第487—491页。

② 张履祥：《与张白方》，《杨园先生全集》卷6，第147页。

之，夙夜从事，时气高志锐，自以圣贤之域举足可至。①

张履祥晚年很后悔从事举业之学，因为父亲早逝，兄长也从事于举业，另外也没有什么师友从事于理学，所以他"自七岁就塾，即授《四书》，旋复授经，师之为教，弟之为学，无非举业文字而已，却不知经书之传是何道理"②。张履祥人生的前二十多年都以举业之学为中心，这其实也很自然，更何况他年仅十五岁就成了县学生员。一直到三十二岁最后一次参加科举考试，在他的前半生中科举始终是一件大事。

虽然张履祥后来仍去参加科举，但是治学重心早就已经转移到了理学之上。王阳明、王畿、陈献章（1428—1500）、薛瑄（1389—1464）等许多理学家的书他都是"读之不厌"，其中影响较大的还是王畿与王阳明。因为读《龙溪集》而"始知举业之外，有所为圣贤之学"③，进一步则求王阳明"致良知"之学，然后沉溺于"圣贤之域"，甚至认为圣贤"指日而至""举足可至"。王阳明的"良知"之学，对于张履祥来说，主要是起到了"激发"的作用，"'良知'之言于初学之士，志卑气恭及沉酗流俗而不能自拔，颇有激发处，未为无益"④。不过，后来他就因为自己沉溺过深而悔恨："由是信其所知以出，日常接物动多过失，甚至得罪名教，犹以心之所安，不知愧耻。"⑤ 从事"良知"之说，往往使得儒者自以为圣贤即至，以至于忽视日常接物与礼教伦常而"不知愧耻"，可见阳明心学对人影响之深。

对于张履祥影响更为深刻的却是由王阳明的心学转向了程朱的理学。对于从事王学这一阶段，张履祥在晚年所作《惜往日》一诗中是这样描述的："此心非果欲为狂，信谓维皇授我良。读罢遗经旋内省，始知厥疾中膏肓。"⑥ 在此诗的小注中说"尝为'良知'之学十年"，在这十年中笃信"良知"而心似狂，但是内省后渐渐发觉"廓然荡然，若无所依据

---

① 张履祥：《答丁子式》，《杨园先生全集》卷4，第96—97页。
② 张履祥：《备忘二》，《杨园先生全集》卷40，第1117页。
③ 张履祥：《与张白方》，《杨园先生全集》卷6，第147页。
④ 张履祥：《答徐重威九》，《杨园先生全集》卷14，第412页。
⑤ 张履祥：《答丁子式》，《杨园先生全集》卷6，第97页。
⑥ 张履祥：《惜往日》，《杨园先生全集》卷1，第9页。

之处"①。对王学的怀疑,是在深入程朱理学之前就已经产生,"天庸厥衷,寻复自疑"②,不过还是没有找到治圣贤之学的"津涯""涂梁"。

真正使张履祥进入"为学之门"的是《近思录》,此书是通向程朱理学的津梁,读完《近思录》等书,"渐觉有所持循。因而进求濂、洛、关、闽诸书,由绎数年,心渐虚,理亦渐显"③。张履祥治学的最后立足点,就是程朱理学,"一见程朱之书,深信而服膺之,譬如厌糟糠者,遇膏粱而大悦"④。这一转向,关键还是在于找到了"格物"这一治学门径。他说:

> 己丑、庚寅之间……季心爱我者也,规予曰:"欲诚其意,先致其知,当努力于格物功夫。"予思之,深中予病,并佩服之。盖前时实从姚江入门,后来虽知程、朱之书为正,毕竟司马温公、刘元城之集着力处重。自此,则一意读程、朱矣。⑤

张履祥听从其友人邱季心的规劝更加致力于程朱正学,在这之前还是于理学之外的司马光(温公,1019—1086)、刘安世(号元城,1048—1125)等人的文集用力太多。然而体会"格物功夫"只能在程朱之学中寻求,之后他就"一意程朱"直到人生的终点。

转向程朱理学之后,张履祥回过头来反思阳明心学:

> 后读《近思录》以及程、朱诸书,渐觉二王之言,矜骄无实而舍之。及前后相见朋友之究心于释氏,与夫二三讲师其所称精微之指,多不能出于二王,可知姚江之教,较之释氏,又所谓"弥近理而大乱真"也。先儒有言:"学者当如淫声美色以远之。"诚哉至教也。⑥

---

① 张履祥:《与张白方》,《杨园先生全集》卷6,第147页。
② 张履祥:《答丁子式》,《杨园先生全集》卷4,第97页。
③ 同上书,第96—97页。
④ 张履祥:《与吴裒仲九》,《杨园先生全集》卷10,第294页。
⑤ 张履祥:《备忘一》,《杨园先生全集》卷39,第1080页。
⑥ 同上书,第1073页。

这里的"先儒有言"出自二程对《论语》"攻乎异端"的解释。① 从如何才能真正从事圣贤之学来看，张履祥认为与佛学相比较，阳明心学"弥近理而乱大真"，更加容易迷惑儒者，所以"学者当如淫声美色以远之"。他完全将王学之害等同于佛学，认为两者都是影响儒者从事圣贤之学的"异端"。

二 对王学的三大批判

张履祥曾应何汝霖、吕留良之邀，评点王阳明《传习录》，他对王学的批判主要就其中在《传习录总评》《备忘录》以及一些与友人的书信之中。陈梓认为他评《传习录》，能够"洞揭阳儒阴释之隐，以为炯鉴。……障姚江之澜，直穷其窟"②。这一说法，为晚清理学家唐鉴（1778—1861）的《清学案小识》所采纳，③应该说张履祥对王学的批评，是击中了要害。桐城派著名学者方东树也说："自朱子而后，学术之差，启于阳明。而先生闲邪之功，其最切者，莫如辨阳明之失。惜所评《传习录》不见，然就其总评及集中所论，皆坚确明著，已足订阳明之岐误矣。"④ 虽然他评点的《传习录》已经大部亡佚，但是从现存材料仍可看出，他对王学的批判还是颇为全面而深刻的。

第一，从为学上批判：骄吝诳人、排黜程朱、阐扬异教。

对王学的批判，张履祥首先抓住了王阳明为学态度的不严谨，认为其学术往往有骄吝、诳人等弊病。在《传习录总评》中就批评其"骄吝"：

> 一部《传习录》，只"骄吝"二字可以蔽之。姚江自以才智过人，又于二氏有得，逞其长以覆其短，故一意排斥儒先。盖思《论语》曰："如有周公之才之美，使骄且吝，其余不足观也已。"世以陆、王并称，实则不同。王较陆尤多欺己诳人之罪，其不能虚己逊

---

① 朱熹：《四书章句集注》，第 57 页。
② 陈梓：《张履祥小传》，载《杨园先生全集》附录《节录诸家评论》，第 1527—1528 页。
③ 唐鉴：《清学案小识》，商务印书馆 1935 年版，第 22 页。
④ 方东树：《重编张杨园先生年谱序》，《杨园先生全集》附录，第 1488 页。

志，则一而已。①

这里张履祥引《论语·泰伯》之中的话来说明骄吝，朱熹对此的解释即矜夸、鄙啬，如果学者的治学态度流于"骄吝"，那么"其余不足观"。为学过分自以为是，以自己意思为圣人意思并且以此欺骗他人，学术也就无所谓学术了。骄吝的源头，就是学者的私心，所以"学者第一是先去己私，己私莫大乎骄吝。姚江著书立说，无一语不是骄吝之私所发。又其言闪烁善遁，使人不可把捉，真释氏之雄杰也"②。在张履祥看来"骄吝之私"不是儒者的传统，而是佛教的特点，这应该只是他个人的看法。他以"骄吝"二字批评王阳明，确实表明了他对于王学的基本看法。正因为"骄吝"，王阳明不能"虚己逊志"，才会"诳人"，才会"排黜程朱""阐扬异教"。

对王阳明的为学，张履祥批判得最为激烈的就是"排黜程朱"，即王阳明以一己之私对程朱之学加以排斥、罢黜。王阳明"排黜程朱"的一个证据，就是所谓的《朱子晚年定论》。对此，张履祥在《传习录总评》中有过评论："年之晚与不晚，论之定与不定，考之年谱自见。即此，姚江欺己诳人之罪，虽有仪、秦之辨，不能为之解矣。"③ 在他看来，王阳明的《朱子晚年定论》是以自己的意思去选择朱子的文章，造成朱子晚年倾向心学的假象，治学态度的不严谨，在这里已经明白无疑了。王阳明"排黜程朱"的另一个证据就是《古本大学》。张履祥认为："复《古本》，是姚江一种私意，大指只是排黜程、朱以伸己说耳。"④ 王阳明试图通过《古本大学》与《朱子晚年定论》对宋明理学的学统进行了改造，其中的治学态度确实也存在着弊病，给反王学的士人留下了把柄。张履祥进而怀疑王阳明的"诚意"之说："姚江谓：'大学之道，诚意而已。'今观其言，无非自欺欺人之语，诚于何有？"⑤ 治学不诚而倡"诚意"，便是

---

① 张履祥：《传习录总评》，载苏惇元《张杨园先生年谱》62岁条，《杨园先生全集》附录，第1514页。
② 张履祥：《备忘四》，《杨园先生全集》卷42，第1173页。
③ 张履祥：《传习录总评》，见苏惇元《张杨园先生年谱》62岁条，《杨园先生全集》附录，第1514页。
④ 张履祥：《上山阴刘念台先生书》，《杨园先生全集》卷2，第25页。
⑤ 张履祥：《备忘四》，《杨园先生全集》卷42，第1173页。

自欺欺人。他的这一批评，相当尖锐。

张履祥批判王学为学态度的另一问题就是"三教一门"与"阐扬异教"，他说：

> 闪烁变幻，总不出"知行合一"之旨。"不排"二字，是三教一门本领。所论往往首是末非，或末是首非，或首尾俱非中间是，或首尾俱是中间非，正所谓假窃近似以文其奸也。岂知本领不是凭他覆盖掩饰，终不得而隐其情也。①

> 姚江大罪，是逞一己之私心，涂生民之耳目，排毁儒先，阐扬异教。而世道人心之害，至深且烈也。②

王阳明有出入二氏的为学经历，自认为"于二氏有得"，对佛教、道教的理论有所吸收，带有三教合一的倾向。在治学过程中，因为吸收了各种思想资源而有"学之三变""教之三变"的变化。所以在张履祥看来，王阳明所论有"首是末非"等问题，王阳明论学在儒学中夹杂二氏，虽尽力"覆盖掩饰"但还是"不得而隐其情"。这里所反映出来的还是王阳明治学不够严谨，其实质是逞一己"私心"，而使得学术越来越不纯正。如果从阳明后学的表现来看，张履祥所指出的这些弊病确实存在，王学对于"世道人心"的危害也在后来渐渐明显起来。

第二，从学理上批判：排斥穷理、直捷径省。

对于阳明之学的学理，张履祥也有精辟的批判，他认为王学之弊关键处在于排斥"格物穷理"，吸收释老而形成了"直捷径省"的工夫论，即好走捷径而提倡直接去体悟良知、天理。在张履祥看来，这是晚明以来"礼教陵夷，邪淫日炽"，学术、风俗败坏的真正根源。

他还进一步分析，王阳明之所以在工夫论上排斥"穷理"，是因为没有弄明白天理与人欲：

---

① 张履祥：《传习录总评》，见苏惇元《张杨园先生年谱》62岁条，《杨园先生全集》附录，第1514页。
② 张履祥：《备忘三》，《杨园先生全集》卷41，第1138页。

> 或疑阳明与朱子同曰存天理、去人欲；同是尧、舜，非桀、纣；同云好善而恶恶，安在良知之言有害人心世道？曰：阳明欲排"穷理"二字，而惟心之所发便为天理；又以性善为无善无恶，未尝指气拘、物蔽以为欲。不知何者为天理，何者为人欲也。①

作为理学，王阳明与朱熹都说"存天理、去人欲"，但是王阳明说的"天理"是指"心之所发"，是心之本体的善，而人欲之恶则是人心"失其本体"。② 至于为什么会有人欲，王阳明只强调意念有是有非，对气拘与物蔽的重要性关注不够，将格物转换成了格心，"去其心之不正"，③ 这在张履祥看来混淆了天理与人欲。将天理等同于良知，就不需要从外界进行格物穷理，由此导致了"为良知之说者，遂以闻见为次而不足事"④ 等后果。在工夫论上"好直捷""乐径省"，这弊病在太平盛世、质厚君子还不严重，到了明末乱世，其祸害就明显起来。张履祥说：

> 近世学者，祖尚其说，以为捷径，稍及格物穷理，则谓之支离烦碎。夫恶支离则好直捷，厌烦碎则乐径省，是以礼教陵夷，邪淫日炽，而天下之祸不可胜言。⑤

他将礼教与风俗的败坏都归之于王学，也许还值得另作探讨，但是王学"直捷径情"的工夫论确实是王学走向末路的关键。

不仅如此，张履祥还指出王学工夫论来自佛道"异教"："非信姚江也，信其言之出入于释老，而直情径行，可以无所顾忌，高自许可，足以目无古人也。"⑥ 具有"直情径行"或"直捷径省"特点的工夫论，与王阳明"排黜程朱""阐扬异教"的为学态度相关，但关键还是王阳明对于本体与工夫的独特看法。王阳明"直捷径省"的依据就是"吾心自有天

---

① 张履祥：《传习录总评》，见苏惇元《张杨园先生年谱》62岁条，《杨园先生全集》附录，第1514页。
② 王守仁：《王阳明全集》，第15页。
③ 同上书，第6页。
④ 张履祥：《备忘一》，《杨园先生全集》卷39，第1060页。
⑤ 张履祥：《与何商隐一》，《杨园先生全集》卷5，第111页。
⑥ 张履祥：《与吴裒仲四》，《杨园先生全集》卷10，第287页。

则",在王阳明这里,天理被纳入内心,"吾心"成为衡量天理的唯一标准。这一理论,弊病很多。张履祥就指出:

> 姚江"良知"之学,其精微之言,只"吾心自有天则"一语而已。夫人性本善,以为天则不具于吾心不可也。然人之生也,有气禀之拘,有习染之迁,有物欲之蔽,此心已非性之本然,故曰:"人心之不同如其面也。"夫子之圣,必至七十,然后从心所欲不逾矩。亦谓天则未能即此心而是,故须好古以敏求耳。今以未尝学问之人,而谓吾心即是天则可乎?①
>
> 今之为致知功夫者,多主"良知自有天则"之说,而求其虚静专一,以俟端倪之自见。虽做到极好,不过如无星之秤,无寸之尺而已。虽间有所见,亦只约略近似,而非至当之则。何况往往失之偏枯浅陋,未必足以通天下之志乎?所以不如穷格事物之理,求规矩权衡于古昔先王也。②

他认为,因为气禀、习染、物欲等影响,人心与天则之间有一定的距离,盲目地说标准就在自己内心,其弊端还是很明显的。所以张履祥就指出:"以义制心则可,以心制义则不可。以心制义,安能事事得其当然?"③ 主张要回归程朱"穷格事物之理",以外在的天理而不是以内在的良知为准绳,因为人心往往不同而多变,作为规则难以确定。他在反思自己从事王学经历之后说:"吾前时亦为良知之学,于今思之,虽无私心,却多不合天理。"④ 人心与天理之间还是不能等同。

人心与天理等同,就会造成"直情而径行":"'良知'之教,使人直情而径行,其敝至于废灭礼教,播弃先典,《记》所谓'戎狄之道'也。今人犹不知惩其敝,方将攘袂怒目,与人争胜,亦可哀已!"⑤ 张履祥不但将王学比作"异教",而且还是"戎狄之道"。所以王学流行就会"废

---

① 张履祥:《答沈德孚二》,《杨园先生全集》卷4,第85—86页。
② 张履祥:《备忘四》,《杨园先生全集》卷42,第1198页。
③ 张履祥:《备忘三》,《杨园先生全集》卷41,第1156页。
④ 张履祥:《备忘录遗》,《杨园先生全集》卷42,第1202页。
⑤ 张履祥:《备忘三》,《杨园先生全集》卷41,第1138页。

灭礼教",甚至"今日邪说暴行之徒,莫非自托于'良知'之学,究其立身,寡廉耻,决名教,流祸已极"①。立身之败、家国之亡都成了王学"流祸"。

第三,结合学术史批判:霸道之学。

张履祥对王学的批判,除了在为学与学理上进行剖析外,也结合了理学学术发展的历史,指出其深层的根源:

> 朱子精微,象山简率,薛、胡谨严,陈、王放旷。今人多好象山,不乐朱子,于近代人物,尊陈、王而诎薛、胡。固因人情便简率而苦精详,乐放旷而畏谨严;亦缘百余年来,承阳明气习,程、朱之书不行于世,而王、陆则家有其书,士人挟册,便已沦浃其耳目,师友之论,复锢其心思,遂以先入之言为主。虽使间读程、朱,亦只本王、陆之意指摘其短长而已。谁复能虚心笃志,求所为穷理以致其知,践履以敏其行者?此种习尚不能丕变,窃忧生心害事之祸,未有艾也。②

张履祥非常细致地梳理了宋明理学的发展历程,认为理学一系是从朱熹的精微到薛瑄、胡居仁(字叔心,号敬斋,1434—1484)的谨严;心学一系则是陆九渊(字子静,号象山,1139—1192)的简率到陈献章、王阳明的放旷。发展到了明代中晚期,因为"人情便简率而苦精详,乐放旷而畏谨严",就造成程、朱之书不行而王、陆之书流行。明代中叶学风的转变,一方面是学术本身,而另一方面是社会风气、人情之变化使然。到了明末清初如果学风不能有新的转向,"生心害事"就没有一个尽头了。

进一步则联系学术史去推究王学的来源,张履祥说:

> 濂溪、明道之书,阳明也理会一过,却只长得他一边见识而已。伊川、考亭,则有意与之为难,故一切以己意排击,而不必当其情实。所以深恶之者何?濂溪、明道之言宽大,尽可从他假借;伊川、

---

① 张履祥:《答沈德孚二》,《杨园先生全集》卷4,第86页。
② 张履祥:《备忘三》,《杨园先生全集》卷41,第1143页。

考亭之言紧严，假借不得，所谓"罪我者，其唯《春秋》也"。①

张履祥指出，王阳明虽然也从事圣人之学，但他对于宋儒有着自己的取舍，对周敦颐（字茂叔，号濂溪，1017—1073）与程颢（字伯淳，学者称明道先生，1032—1085）也下过一番功夫，但是在见识上只取其一边；对程颐（字正叔，学者称伊川先生，1033—1107）、朱熹（原籍江西婺源，晚年曾寓居福建考亭，故有学者称之考亭先生）则只是"为难""排击"，不去深入其"情实"。究其原因，张履祥认为就是因为王阳明的"骄吝"，使他喜欢从周敦颐、程颢的宽大言论中进行假借，从而伸张己意。

张履祥还把陆、王之学定性为霸道之学：

> 治道有王霸，学术亦有王霸。陆象山、王阳明，儒家之桓、文也。霸者，尊周攘夷，名义岂不甚正？一时岂不有功于生民？然于王道，不啻珷玞之于美玉也。②
>
> 百余年来，学术晦暝，邪说暴行塞乎天地，入于膏肓。窃谓姚江之教，如吴、楚称王，蛮夷猾夏，僭食上国。③

他认为在这一百多年之中，陆王之学盛行而"僭食"了程朱之学，这就像春秋时期的齐桓公、晋文公以"尊周攘夷"的纯正名义去蚕食周王的天下，程朱之学就是王道，则陆王之学就是霸道，甚至是如吴楚为蛮夷一样，已经是异类、异教了。到了晚明则"今日之言，不归王则归陆"，天下已经被蚕食殆尽，"学术晦暝"而国家则"入于膏肓"。再就陆学与王学而言，张履祥更多批评的还是王学，"然陆犹贤于王，陆则杀人报仇，王则行劫而已"④。

张履祥的时代，已经产生了总结明代学术的教训的必要，"应必有大

---

① 张履祥：《备忘录遗》，《杨园先生全集》卷四十二，第1204页。
② 同上书，第1199页。
③ 张履祥：《答沈德孚二》，《杨园先生全集》卷4，第87页。
④ 张履祥：《备忘录遗》，《杨园先生全集》卷42，第1216页。

贤之士起而任斯道之责,揭日月于重渊,而使之复旦者"①。或者说张履祥自己也是以这样的人物自期,他也确实为之努力并且取得了一定的成就,他对于王学激烈而深刻的批判,有力地推动了清初"尊朱辟王"之风的兴起。

三 张履祥与尊朱辟王思潮的兴起

程朱、陆王之争贯穿宋、元、明、清四朝。南宋有朱熹、陆九渊鹅湖之会与太极无极之辩。到了明代就有了程敏政(1445—1499)《道一编》、王阳明《朱子晚年定论》与罗钦顺(1465—1547)《困知记》、陈建《学蔀通辨》之间的书面辩驳。到清初则情况更为复杂,因为王学而分为两派:以黄宗羲、孙奇逢、毛奇龄(1623—1716)、汤斌(1627—1687)为代表的"朱王调和"派,与张履祥、吕留良、张烈(1621—1685)、陆陇其(1630—1692)为代表的"尊朱辟王"派,这两派时有论辩。后来"尊朱辟王"一派渐趋主流,最终王学式微而朱学重新成为学术正统。

张履祥除了积极批判王学之外,还对阐扬朱学、批判王学的各种著述,也都十分关注。在当时流传较广、特别重要的反王学著作是陈建(号清澜,1497—1567)的《学蔀通辨》,张履祥在与友人书信里说:"《学蔀通辨》笔舌不得和平,是诚有之。但方此人心胥溺,虽以大声疾呼犹苦聋聩,不直则道不见,彼虽动于意气,在我则视为'十朋之锡'可耳。"②他认为此书是"救时之书也,亦放龙蛇、驱虎豹之意"③。陈建《学蔀通辨》将佛学、陆学、王学作为学之三蔀,以程朱理学的立场进行辩驳,其中特别是针对王学流弊,张履祥以及他的反王学友人如吕留良等都很欣赏此书。张履祥作为"清儒中辟王学的第一个人",他自己却以明之遗民自居,隐居乡里而"声誉不出闾巷"④,其著作也只有《备忘录》等有少量的传抄、刊行。其"尊朱辟王"思想,主要通过其友人吕留良,

---

① 张履祥:《答沈德孚二》,《杨园先生全集》卷4,第87页。
② 张履祥:《答徐敬可二十六》,《杨园先生全集》卷8,第236页。
③ 张履祥:《备忘二》,《杨园先生全集》卷40,第1094页。
④ 左宗棠:《张杨园先生〈寒风仁立图〉跋后》,《左宗棠全集》第13册,岳麓书社1987年版,第290页。

影响了被称为"本朝理学儒臣第一"①的陆陇其,由民间而入官方,从而有力地推动了"尊朱辟王"思潮的发展。

吕留良是张履祥晚年的重要友人,从康熙八年(1669)到康熙十三年,张履祥在吕家处馆,一边教学,一边与吕留良一起从事学术活动。对吕留良的后半生来说,张履祥是影响最为深刻的人物之一。钱穆先生曾指出,吕留良人生的前期:"课儿读书于家园之梅花阁,与鄞县高旦中、余姚黄梨洲、晦木兄弟、同里吴自牧、孟举诸人以诗文相唱和。"后期则是:"归卧南阳村,与桐乡张考夫、盐官何商隐、吴江张佩葱诸人,共力发明宋学,以朱子为归。"②吕留良人生的前后期虽不能说截然不同,但也相去甚远。在与黄宗羲等交游之时,其"尊朱辟王"趋向不很明显,对吕留良与黄宗羲交恶一事,大多学者认为主要就是因为在学术上的分歧,吕留良从偏向黄宗羲所笃信的王学立场,转向了程朱之学。

吕留良与张履祥交往之后,二人共同从事"尊朱辟王"的学术活动。其中最重要的是吕留良敦请张履祥评点《传习录》,可惜此书后来遗失,仅在《杨园先生年谱》中辑录有《总评》和《评晚年定论》二篇。对于张履祥评《传习录》,桐城派学者方东树认为:"自朱子而后,学术之差,启于阳明。而先生闲邪之功,其最切者,莫如辨阳明之失。惜所评《传习录》不见,然就其总评及集中所论,皆坚确明著,已足订阳明之歧误矣。"③可见张履祥评点《传习录》,对于"尊朱辟王"意义重大。因为晚明以来,程朱之书难以寻觅,张履祥就力劝吕留良刊刻程朱遗书:"先生馆语水数年,劝友人门人刻《二程遗书》、《朱子遗书》、《语类》及诸先儒书数十种,且同商略。迄今能得见诸书之全者,先生力也。"④除了刊刻先儒遗书之外,张履祥还提出选编《朱子近思录》一书,即"取《朱子文集》、《语类》两书,选定编辑,录其最切要精粹者"⑤可惜张履祥只编辑出部分选目就去世了,后来吕留良继续进行补辑,其子吕无党刊行了《四书朱子语类摘钞》等书。

---

① 吴光酉、郭麟、周梁:《陆陇其年谱》,中华书局1993年版,第1页。
② 钱穆:《中国近三百年学术史》,第77页。
③ 方东树:《重编张杨园先生年谱序》,载《杨园先生全集》附录,第1488页。
④ 苏惇元:《张杨园先生年谱》,《杨园先生全集》附录,1512页。
⑤ 张履祥:《训门人语三》,《杨园先生全集》卷54,第1484页。

第三章 蕺山学派的分化(上):张履祥与尊朱辟王思潮的兴起

陆陇其通过吕留良而受到了张履祥的间接影响。康熙十一年,陆陇其与吕留良会于嘉兴,据《陆陇其年谱》记载:"先生访吕石门于禾郡,彼此恨相见之晚。一时往复,皆关学术人心。"就在这次会面时,吕留良就向陆陇其介绍张履祥的学术。据陆陇其的记载说:

> 张考夫亦极称《实录》讥阳明警敏机械之言,谓当时士大夫中固多有识者。考夫、东庄之论阳明比予更严。予初未见《实录》耳。所谓天资高者,有中行狂狷,善人实无处可以置阳明。①

并且其中小注:"考夫先生,名履祥,前明诸生,隐居桐乡,深于理学,著有《杨园集》。"接着还引吕留良的话:"考夫虽师念台,而不尽从其学。考夫之于念台也,犹朱子之于籍溪、屏山、白水乎?非延平之比也。"吕留良赞同张履祥所指出的《明实录》中说王阳明"警敏机械"隐含讥讽,并且欣赏张履祥虽然师从刘宗周却未因此沾染了王学。在陆陇其看来,张履祥与吕留良都比他更加严格地批判王阳明之学,从这些地方都可以看出吕留良积极向陆陇其介绍张履祥的理学思想,并且重点突出其"尊朱辟王"的一面。在康熙二十六年四月,陆陇其偶然见到张履祥的《备忘录》一册,认为"其笃实正大,足救俗学之弊"。然后立即写信给吕留良之子吕葆中(字无党,?—1707),其中就说:"惠教行略,喜尊公先生正学不坠,得箕裘而益振……更有望者,张考夫先生遗书,未有刊本。表章之责,非高明而谁哉?"陆陇其比较了解张、吕两家的关系,并且期望吕家能够尽早刊刻张履祥的遗著,从而更加有利于"尊朱辟王"思想的传播。另外,在陆陇其《三鱼堂日记》中,也曾记载他读张履祥《备忘录》的事情。②两年后,康熙二十八年三月,陆陇其与吕葆中见面,吕葆中就说起张履祥还有《家训》一书。③

当然吕留良本人对陆陇其的影响更大,钱穆先生认为:"晚村尝与陆稼书交游,论学甚洽。其后稼书议论,颇有蹈袭晚村。"而且就"蹈袭"

---

① 陆陇其:《松阳钞存》卷下,《陆子全书》本,浙江书局同治七年至九年版。
② 陆陇其:《三鱼堂日记》卷8,《陆子全书》本。
③ 吴光酉、郭麟、周梁:《陆陇其年谱》,第165页。

还有小注:"稼书《松阳讲义》十二卷,其间称引晚村者不下三四十处,迹尤显也。"①《松阳讲义》是陆陇其最重要的著作之一,其中重要观点大多就来自吕留良。吕留良与陆陇其嘉兴之会,对于陆陇其而言关系重大。据吴光酉《陆稼书先生年谱》所载,直到四十岁前后,陆陇其尚在朱王学术间徘徊。此后三四年间,他结识吕留良,受吕氏学术影响,方才成为朱学笃信者。关于这一点,陆陇其本人也不讳言。陆陇其在《祭吕晚村先生文》中说:

> 某不敏,四十以前,亦尝反复程、朱之书,粗知其梗概。继而纵观诸家之语录,糠秕杂陈,碔砆并列,反生淆惑。壬子癸丑,始遇先生,从容指示,我志始坚,不可复变。②

由此可知,陆陇其的"尊朱辟王"思想,就是从结识吕留良而变得坚定起来,吕留良深刻影响了陆陇其的学术趋向。陆陇其对吕留良和他的"尊朱辟王"主张也是推崇备至,并且指出其对于当时学术界的重要意义。他说:

> 先生之学,已见大意,辟除榛莽,扫去云雾,一时学者,获睹天日,如游坦途,功亦巨矣。天假之年,日新月盛;世道人心,庶几有补。而胡竟至于斯耶?自嘉、隆以来,阳儒阴释之学起,中于人心,形于政事,流于风俗。百病杂兴,莫可救药。先生出而破其藩,拔其根,勇于贲、育。③

后来陆陇其在给张烈《王学质疑》作序中说:"近年惟吾浙吕君石门,大声疾呼,毅然以辟阳明为己任。"④还有在《后序》中说:"先生与吕公不讲而合,信乎德之不孤,而道之不可终晦也矣。"⑤ 由此可见,陆陇其的

---

① 钱穆:《中国近三百年学术史》,第84—85页。
② 吴光酉、郭麟、周梁:《陆陇其年谱》,第94—95页。
③ 同上。
④ 陆陇其:《王学质疑序》,见张烈《王学质疑》,福州正谊书局同治五年版。
⑤ 陆陇其:《王学质疑后序》,见《王学质疑》。

辟王学几乎都以吕留良为标准。

与张履祥、吕留良这两位常年隐居乡里的遗民学者相比,跻身于清廷官场的陆陇其在清初"尊朱辟王"思潮中发挥了更大的作用,有了将"尊朱辟王"思想在士林之中进一步扩展的机会。陆陇其不但自己撰有《学术辨》《松阳讲义》等著作专门批判王学,还修订陈建的《学蔀通辨》,与其友人张烈的《王学质疑》一起刊行。康熙二十二年,陆陇其与笃信王学的理学名臣汤斌,就"尊朱辟王"问题开展学术论战,二人之间既有当面的学术争辩又有多次的书信往来。① 这次论战在清初"尊朱辟王"运动中,与张烈、毛奇龄就《明史》是否设置"道学传"、王阳明应归何传等所展开的论战一样影响深远。

从张履祥开始,经过吕留良、陆陇其的进一步发展,"尊朱辟王"思潮的影响越来越大。陆陇其能成为理学名臣、清代第一个从祀孔庙的本朝学者,其"尊朱辟王"的学术影响是最主要的原因。晚清学者唐鉴《国朝学案小识》将陆陇其、张履祥同列传道学案卷一,认为经过他们的力辨"而后知阳明之学,断不能傅会于程朱","蒙是编,自平湖陆先生始,重传道也。有先生之辨之力,而后知阳明之学,断不能傅会于程朱"②。正因为张履祥、陆陇其的传道,以及之后熊赐履、李光地、张伯行等人的努力,"尊朱辟王"思潮在康熙朝得到了进一步扩大,程朱之学成为学术正统。而王学则渐趋式微,乾隆朝编撰的《四库全书》就极少收入清初的王学著作。

---

① 吴光酉、郭麟、周梁:《陆陇其年谱》,第88、97页。
② 唐鉴:《清学案小识叙》,《清学案小识》,第3—4页。

第四章 蕺山学派的分化(中):陈确与形上玄远之学的没落

陈确(1604—1677),初名道永,字非玄;明亡后改名确,字乾初,浙江海宁人。他师事于刘宗周之后,就对老师有了一种特别的孺慕之情,拜师一事也对其后半生的人生与学术有了深远的影响。陈确的著述主要有《性解》《大学辨》《葬书》等,其思想学术近于陆王一系的心学,对刘宗周的慎独之教有所承继而创立了"素位之学"。陈确对于宋儒多有批判,特别是其《性解》与《大学辨》两个系列论著,分别对宋儒论性以及对《大学》的崇信等作了见解独到的批判,这些都与他不喜"理学家言"有关,也正好体现了清初形上玄远之学的没落。陈确与张履祥曾围绕《大学辨》有过多次论辩,其中可以看出二人学术的趋向与观点的异同,以及对于"师说"的不同认识,而这也与清初学术的转型有着一定的关联。

第一节 陈确所受刘宗周学术影响及其所承继的"千秋大业"

与张履祥一样,陈确对于先师刘宗周,一生都十分崇敬。而且,从现有资料来看,陈确对于先师的孺慕之情,比其他的刘门弟子更加深厚,在刘宗周生前他曾三次前往山阴问学;在刘宗周死后他又三次前往山阴祭奠。刘宗周还曾以"千秋大业"期许于陈确,对先师的信仰,是他能够完成对宋儒学术批判的精神动力;对先师学术的体悟,是他创立自成一说的"素位之学"的思想来源。陈确一生致力于蕺山之学的弘扬,曾经与子侄、友人一起在海宁举行省过社推广《人谱》与证人改过之学,还与浙西一带的张履祥等友人举行讲会活动薪传刘宗周"证人之会"。

拜师蕺山，加之随后的明亡，对陈确的人生影响巨大，可以说是最大的转折点。而刘宗周的慎独之教，使得陈确实现了从俗学到道学的转向，从"放浪恣情"到"克己内省"，从"薄视一衿""寄兴潇洒"的名士风度到"胸怀恬旷而践履真笃"的圣贤气象，之前的"陈道永"与之后的"陈确"，早就大不相同了。

一　陈确的三次山阴之行

在刘宗周生前，陈确三次前往山阴之蕺山，亲炙于刘宗周。①

第一次在明崇祯十六年（1643）秋天，八九月间。② 当时陈确已四十岁，刘宗周六十六岁。是年刘宗周被革职为民四月六日，从京城南归，祝渊也同舟而返。这年秋，祝渊打算秋游杭州，再去蕺山问学，约陈确一同前往，而陈确正有拜师刘宗周之意。陈确在《秋游记》一文中说：

> 崇祯癸未秋仲朏甲子，祝子开美扁舟而过余曰："吾自此入云栖，云栖五日而下西湖，又十日而东，渡江，谒念台师于蕺山，假馆而留学焉，逾月而后返。计道里往来，约共费五旬日。子能则同而行，不能则止。"余曰："嘻！是何言哉！斯固余志也。独寒衣未就耳。"必寒衣就而后往，是终不往也，遂偕行。③

"秋仲朏"即八月初三，那日陈确与祝渊二人从海宁出发，过云栖、西湖，八月二十日即到蕺山，因为天色已晚未敢造次，故先去拜访了刘宗周之子刘汋，然后下榻于解吟轩。到了二十一日，陈确正式拜师于刘宗周。刘宗周最初教人每每以"圣人可为"激励其志。当年归途中，刘宗周著成《周易古文抄》一书，故将此书付予陈确研读。其后两天，陈确与祝渊又两番至刘宗周处侍坐，请益学问。

期间，陈确与同门及其他前来蕺山的学者聚会论学，收益颇广。九月

---

① 关于陈确三次蕺山之行的考证，王瑞昌先生《陈确评传》之中有较为详细的记述。参见《陈确评传》，第49—56页。

② 陈确拜师蕺山的时间，吴骞的《年谱》、陈敬璋的《年表》说是该年九月"又与祝开美、吴仲木至山阴"；黄宗羲《墓志铭》说同行者为陈之问，皆有误。参见王瑞昌《陈确评传》的考证，第53页注二。

③ 陈确：《秋游记》，《陈确集》文集卷8，第200页。

二日，陈确与同志会于解吟轩："参夫发论而邢吉先承之，祝子、刘伯绳时往来论难焉……"① 此处提及的刘门弟子韩位（字参夫），与东林人士交往颇多，故学术上与大多刘门弟子有所差异。九月初三，恰逢证人社会讲，陈确的记载说："癸巳，大集阳明先生祠，张惠侯讲书，参夫论道，而陕西俞锯平先生畅其说。锯平喜兵法，善谈论，其言理，亹亹千余言不能止。"当时的证人社已趋萧条，然而讲会气氛依旧热烈。初四，陈确前往天王寺回访了刘门高弟张应鳌（奠夫），然后又聚而论学："甲午，答访三江张奠夫于天王寺，遂复集会讲。锯平先生攻禅学甚力，而是日议论微有未合者，祁季超与余与祝子也。"祁季超，即祁骏佳，颇好禅学，当时陈确虽不好禅学，然对禅学亦持保留态度。

九月初五，陈确与祝渊游云门山，此时刘宗周也入山小憩。七、八两日，"风雨连夕，得侍先生竟日，闻道理之玄言焉。"因为风雨，正好陪伴老师，得以听闻大道。九日重阳，陈确与祝渊登高于秦望山。十一日出山，与刘宗周辞别："抵平水，憩东岳庙，辞先生而归，勉余与祝子千秋大业，期无负于一时相与之意，言谆谆焉。"与老师相处多日，陈确最不敢忘却的就是老师的叮嘱，即儒者的"千秋大业"。陈确还有诗一首记录当时感怀："选杖从师到上方，连朝风雨闭僧房。涧喧流水山增寂，坐对清林语较长。云阁夜寒惊客梦，邪溪秋晚泻归航。千秋大业真吾事，临别丁宁不敢忘。"② 十三日发舟，十四日渡钱塘江，九月十五日抵达家中，此次出行历时四十二天，其中正式向刘宗周问学，也只有数天。

第二次渡江问学在拜师之后的第二年，即崇祯十七年正月。此次问学的情形，在陈确的诗文集中少有记载，具体情形不可考。仅有《和韩子有诗韵》一诗，引言中说"甲申春正，再渡江"，当时陈确应有山阴之行。

第三次前往蕺山，在顺治二年（1645）正月，同行者还是祝渊。陈确《祭祝开美文》说："乙酉春正，再同吾兄，蕺山之麓，问业执经。"③ 作于该年的《哭刘念台师》一诗，其中有自注："今年正月十五日，同祝

---

① 陈确：《秋游记》，《陈确集》文集卷8，第202页。下列引文同此出处则不再说明。
② 陈确：《平水东岳庙谢别先生》，《陈确集》诗集卷7，第741—742页。
③ 陈确：《祭祝开美文》，《陈确集》文集卷13，第303页。

子渡江谒师，二十一日别归，不意遂成永诀。"① 由此可知，陈确此次问学于刘宗周大约是在当年正月的十五日至二十一日。② 陈确作有《乙酉春日侍山阴先生》一诗："春入江园花木芬，山空昼永坐论文。君恩处处游筇适，臣节篇篇谏草焚。南渡功名诸将在，东迁政令列侯分。悠悠谁识闲居意，尽日柴门锁白云。"③ 当时南明弘光小朝廷内忧外患不断，所以师徒相聚之日，难免有家国之慨，很难有前两年那种悠游问学、聚友纵论了。

此后不久，清军大举南下。六月，攻陷南京，福王政权灭亡。陈确的老师刘宗周绝食而死，好友祝渊也绝食而死，他自己则因为顾及"母老"等原因而选择以遗民终老一生。

二 对先师的孺慕之情

陈确在《寿高声野先生七十序》中回忆早年与贤德长者的交往，有高士鹤（高汇旃之父）、许令典（许欲尔之父）、吴麟瑞、吴麟征等人，但是都不足以使陈确折节拜师，一直到遇见刘宗周。陈确曾说：

> 自时厥后，稍稍知学，然后拜刘先生于蕺山，挹诸子于古小学，相与求所谓圣贤之道，而后知言行之不可苟也如此，而后知吾向者口过、身过之满天下也如此。④

> 盖先生之学如洪钟，大叩之大应，小叩之小应。确尝侍坐，窃闻论辨今古精义，洋洋千万言。每昼而坐论，至昏夜不展股，及退息一斋，则终日不闻声，真子所谓"默而识之"，"学而不厌、诲人不倦"者耶！⑤

师事刘宗周之后，刘宗周身上的那种圣贤气象深深感染了陈确。刘宗周的慎独之教，已经趋于笃实的践履，言、行、坐、卧，都不可苟且，而且

---

① 陈确：《哭刘念台师》，《陈确集》诗集卷11，第811页。
② 吴骞：《陈乾初先生年谱》42岁条："正月，复与祝开美至山阴谒蕺山先生"，下注说"二十八日告归"有误，《陈确集》附录，第834页。参见王瑞昌《陈确评传》第55页的考证。
③ 陈确：《乙酉春日侍山阴先生》，《陈确集》诗集卷7，第742—743页。
④ 陈确：《寿高声野先生七十序》，《陈确集》文集卷10，第245—246页。
⑤ 陈确：《书祝开美师门问答后》，《陈确集》文集卷17，第392页。

"诲人不倦",对弟子们的发问,都能够因材施教,将今古精义辨析清楚。这些都使得陈确钦佩不已。

顺治二年五月,陈确在家中设位祭奠先师刘宗周,撰有《祭山阴刘先生文》,且泣且诉,以表孺慕之情。其中说:

> 呜呼!确之登师门最后,得事吾师之日浅,年已逾于强仕,学未及乎童蒙。日用之间,举步滋疚,圣贤之道,窅乎未闻。方期与渊结庐云门、若耶之中,朝夕函丈,订数年之游,究千秋之业。而时移事违,天崩地坼,挚友见背,明师云徂,宇宙茫茫,向谁吐语!
>
> 呜呼!吾师视渊犹子,视确犹渊;渊事吾师如父,而确之事吾师未尽毫末也。蕺山、解吟、五云、广福之间,讲道论经,经旬累日,孜孜不倦,穷奥析微。游必有樽榼之携,居必有廪庾之继;来必洁缲食,去必腆赆遗。虽四壁萧条,吾师多绝粮之困,而百方赡给,至者乐如归之安。盛德有无已之施,窭士靡涓埃之答。又何况于德义之训,百未遵行。仁贤之望,莫慰万一者哉!吾师之圣,无愧孔、姬;弟确之顽,有逾亢、予。①

陈确四十多岁方才拜师蕺山,确实已经很晚了。之前他沉醉于辞章之学等等,尚未致力于圣学,所以才说自己"学未及乎童蒙"。如果时局较为稳定,陈确与祝渊就打算卜居于山阴的云门、若耶一带,以便朝夕与师友相处。对于先师刘宗周,陈确所向往的与其说是"讲道论经"之中的"穷奥兮微",不如说是那种即便"四壁萧条"也能"至者乐如归之安"的圣贤气象。"吾师之圣,无愧孔、姬",将刘宗周比作孔子与周公,可谓推崇之至。可惜甲申、乙酉之间的事变,先师刘宗周与好友祝渊都殉节而去,留下孤零零的陈确,只得面对先师神位独自哀叹了。

之后,陈确还作有长诗《哭刘念台师》等。在刘门众弟子之中,陈确是撰写对先师孺慕之情的诗文最多的一位。而且,在时局平复之后,陈确还有三次亲自去山阴祭奠先师,可见师弟之情深。

---

① 陈确:《祭山阴刘先生文》,《陈确集》文集卷13,第307—308页

第四章　蕺山学派的分化（中）：陈确与形上玄远之学的没落

顺治九年三月，陈确就与吴蕃昌一起渡江，前往山阴祭奠刘宗周。① 第二年，顺治十年正月二十五日，陈确又与吴蕃昌一起渡江，前去参与校对"刘氏遗书"，并且参加了二月三日同门举办的春祭。他在《别刘伯绳序》中说：

> 仲月三日，会同门之士四十余人于古小学，举先生之春祭。祭毕而请教焉，则亦皆能言先生之学。而或言之而不详，或详之而未会其归一，未有若伯绳之洞源流，彻本末者。故曰：吾门人不能传先生之学而其子能传先生之学也故也。自伯绳而上，四世皆单传，而伯绳今有四子。此孰非先生之德之所启！……余与吴子之来古小学也，以正月之二十五日，其辞去也，以二月之五日。②

在此文中，陈确对刘宗周之子刘汋赞誉有加，还为刘氏家族的子孙兴旺而高兴，这些都与陈确对刘宗周的孺慕之情有关。那一日，刘门弟子有四十多人参与了春祭活动。地点就在刘宗周生前讲学的古小学，即越中证人书院。陈确在春祭之时，撰有《祭山阴先生文》。

顺治七年陈确撰有《葬论》，后汇集为《葬书》两卷，对浙西一带流行的种种丧葬陋俗作了批评。顺治十一年，陈确撰成《大学辨》之后遍征同门、友人意见，没有得到任何一个人的赞同。第二年，他在家中设先师刘宗周的神位，将自己的"耿耿孤心"昭告于先师的在天之灵。在当时撰写的《告山阴先生文》中说：

> 明明我师，虽死犹生，我呼我号，在天之灵。《葬书》非古，《大学》非经，确也辟之，不遑敢宁。嗟如之人，否塞晦冥，莫我能信，习解相萦，矧越后世，蛊惑冥胜。确为斯惧，幽愤填膺。……师

---

① 陈确在癸巳年（1653）撰写的《别刘伯绳序》中说："去年之三月，确尝越江而吊先生。"《陈确集》文集卷10，第235页；在丙申年（1656）撰写的《书山阴语抄后》中说："岁壬辰二月，确与澉湖吴蕃同受先生遗集以归。"见于《陈确集》文集卷17，第396页。一说三月，一说二月，两处记载稍有出入，从第一处。

② 陈确：《别刘伯绳序》，《陈确集》文集卷10，第237页。

之厚德,永世其馨。敢陈告词,激切屏营!①

在此文中,陈确将自己撰写《葬书》《大学辨》的目的告知先师,希望先师有灵能够告知得失、是非,可见他对于先师的无比崇信。

顺治十四年正月,陈确五十四岁之时,再次前往山阴。十三日,与张应鳌一同到古小学祭拜先师神主。当时刘宗周之子刘汋已经生病逾年,所以陈确此行也是为了看望刘汋。刘汋于是邀请陈确协助整理"刘氏遗书",此次陈确就在刘汋的小楼里工作了两天。在这次出行的过程之中,陈确会面的同门除去张应鳌,还有沈昀、徐芳声(字徽之,1604—1687)、徐芳烈(字涵之)、来蕃(字成夫)以及黄宗羲之友陆圻、黄宗羲之弟黄宗炎(字晦木)等人。②

康熙二年正月初三,陈确年过花甲,又在家中陈设王阳明、刘宗周两先生的画像,特将新撰的《性解》拜而呈之。当时陈确撰有一诗,其中说:

> 呈我辨学书,遑遑不知罪。世士竟相非,往复一何亟?古学不可诬,焉能泯同异?窃见两先生,好辨亦不置。开怀与诸儒,抵牾岂有意!千圣同一心,逡哉俟冥契。③

与上次在先师刘宗周灵前呈上《大学辨》相似,因为陈确的《性解》与宋儒多有抵牾之处,所以与黄宗羲等同门、友人往复论辩而多有"竟相非"者。无奈,陈确再次请出先师,希望能够与先师有所"冥契"。

由此可知,陈确对其先师刘宗周的孺慕之情,确实非一般的刘门弟子可及。可以说刘宗周是他心中的信仰支柱,是他能够批判宋儒学术的精神动力。

三 所受学术影响以及对"千秋大业"的承继

陈确曾说,他当年与祝渊一同师事于刘宗周之时,"犹未深省"④。后

---

① 陈确:《告山阴先生文》,《陈确集》文集卷13,第309页。
② 陈确:《春游记》,《陈确集》文集卷8,第205—208页。
③ 陈确:《癸卯正月三日设阳明山阴两先生像拜之呈性解两篇感赋一首》,《陈确集》诗集卷3,第659—660页。
④ 陈确:《辑祝子遗书序》,《陈确集》文集卷10,第239页。

第四章 蕺山学派的分化(中):陈确与形上玄远之学的没落

来,陈确通过刘汋得到了《年谱》与部分"刘氏遗书"。顺治十年(1653),刘汋编定《年谱》,陈确"请奉其副以归而卒业"①,之后陈确又抄录了一册先师的语录,名为《山阴语抄》,"择其说之最中吾膏肓者,另写一本,奉为私书"②,这就是陈确选本的刘宗周"语录",与张履祥《刘子粹言》一样都是从自己的学术观点与身心修养需要出发而做的摘录。通过这些著述的阅读,陈确渐渐对蕺山学有了更深的体会,其治学也更加精进了。所以黄宗羲也说陈确"逮先师梦奠,得其遗书而尽阅之,憬然而喻"③。当然,陈确的学术与先师刘宗周,差别还是非常之大的,这一点下面几节再详细讨论。

不管怎么说,拜师蕺山,这是与明清鼎革一样影响陈确一生的重大事件。自此以后,陈确的生命方向发生了重大变化。陈确之子陈翼所撰的《乾初府君行略》中说:

> 二十以后,试屡蹶,遂薄视一衿,放浪山水,恣情声律,韵管谱琴,时共一二知交,吟风弄月,超然远寄,有点游舞雩之致。间以双陆围棋,篆刻临池,得心应手,无不穷极其妙。……同游山阴先生之门,奉先生慎独之教,益从事于暗然之学。而操其功于知善必迁、知过必改;以无歉于所独知,兼动静、合人己,无往而非独,即无往而非慎。已而学益邃,识益卓,则见其胸怀恬旷而践履真笃,议论切实而理致精微。④

还有许三礼(号酉山,1625—1691)所撰的《海宁县志理学传》中说:

> 自幼寄兴潇洒,书法得晋人遗意,抚琴吹箫,时奏于山颠水涯。篆刻博弈诸好无不工。自奉教蕺山,一切陶写性情之技,视为害道而屏绝之,其勇于见义,遇不平而辄发者,亦视为任气而不复蹈。惟皇

---

① 陈确:《别刘伯绳序》,《陈确集》文集卷10,第236页。
② 陈确:《寄刘伯绳书》,《陈确集》别集卷17,第616页。《山阴语抄》又称《蕺山先生语录》,此书现已佚。
③ 黄宗羲:《陈乾初先生墓志铭》(二稿),《黄宗羲全集》第10册,第366—367页。
④ 陈翼:《乾初府君行略》,《陈确集》首卷,第12—13页。

皇克己内省，黜伪存诚，他不暇顾也。①

不难看出，不管是如陈翼所说前后两个阶段是递进发展，还是如许三礼所说是转折发展，陈确在师事刘宗周之后其人生还是渐渐发生了变化。康熙元年陈确曾说："十年前，弟以仲木之书，遂尔辍弈，并与弈类者亦罔勿禁绝。"② 他还说：

> 往来山中，禅续不绝，相与砥砺切磨，共究千秋之业，此必吾先师、先友所祷祠地下者。如是，庶不失当日相约本旨。若但择花晨月夕，乘兴往游，饮酒赋诗，自夸胜概而已，此则吾先师、先友之罪人，而岂不肖弟之所敢出哉？③

鼎革之变之后，也即师事于刘宗周之后，陈确孜孜矻矻的事情都是"千秋大业"，也就是说从事于孔孟之道。正如上文所说，陈确学习了刘宗周的慎独之学，方才感到了自己"向者口过、身过之满天下"，因而开始一心向道，不再沉溺于词章之学与山水之乐。从俗学转向了道学，从"放浪恣情"到"克己内省"，从"薄视一衿""寄兴潇洒"的名士风度，也一变而成了"胸怀恬旷而践履真笃"的圣贤气象。

在乱世之中，陈确感到内心的孤独，而这种孤独却唯有寄托于学术。陈确后期的思想之中有许多承继刘宗周的因素，无论其《大学辨》《性解》还是成一家之说的"素位之学"，都是在刘宗周蕺山学的基础上加以发展的。陈确倡导"素位之学"，与刘宗周的慎独之学，特别是《人谱》的改过之说有着密切的关系，也可以说是蕺山学的证人改过之学的进一步发展。有多种文献提及，陈确受到《人谱》的深刻影响：

> 确弃经生业，与同志静修山中，本蕺山证人之旨，为暗然之学。④

---

① 许三礼：《海宁县志理学传》，《陈确集》首卷，第1页。
② 陈确：《与恽仲昇书》，《陈确集》文集卷3，第125页。
③ 陈确：《与蔡养吾书》，《陈确集》文集卷1，第91页。
④ 许三礼：《海宁县志理学传》，载《陈确集》首卷，第1页。

后受业于蕺山刘念台先生之门,敛华就实,反己力行。值鼎革后,遂弃举子业,闭门事母,躬耕乐道。与同志循蕺山证人之约,发明《中庸》素位之旨,学者翕然宗之。①

素位之学既有对刘宗周的慎独之旨、证人改过之学的发展,又有对《中庸》"素位之旨"的发明,也与清初的乱世有关。陈确作为隐遁乡野的遗民,出处之际往往有太多的"不得已",所以才会特别重视"改过"。

当然陈确坚持从事学术,却主要还是因为其先师刘宗周曾有"千秋大业"之嘱,他也认为自己真正承继了刘宗周的学术。他说:"确幸窃闻山阴之遗教,因申明其未尽者,著于篇,至万于言。"② 陈确受到刘宗周影响的,不仅在其素位之学,其实在他自己看来,所撰写的《大学辨》《性解》等著述,本来就是对老师的学术的进一步发明。关于素位之学以及《性解》与《大学辨》,将在下面的几节之中再作具体讨论。

除了上述陈确本人的修身与著述之外,他对蕺山学的承继,还包括与子侄、友人一起在海宁举行省过社,以推广《人谱》与证人改过之学;还与张履祥、沈昀等同门以及其他友人在浙西的海宁、海盐一带举行过多次集社、讲会,薪传刘宗周"证人之会"。关于省过社,参见第二章第四节的讨论,下面在附论里重点讨论一下浙西学人的集社活动。

附论　陈确、张履祥与浙西学人的集社

在张履祥的同门友人之中,关系最为复杂的就是陈确。张履祥与陈确之间的同学之谊颇为深厚,二人邻县又有许多共同的友人③,他们二人之间交往颇多,不过中间亦有因为《大学辨》的论辩而"不通声问竟五六载"④。

陈确与张履祥交游较多,可以说张履祥是陈确一生之中交游最多的一位同门友人。崇祯十五年(1642),陈确与张履祥在杭州应乡试之时二人

---

① 陈垪孝:《乾初先生诗集小传》,载《陈确集》诗集卷1,第625页。
② 陈确:《哭吴子裒仲文》,《陈确集》文集卷14,第332页。
③ 张履祥与陈确二人有许多共同的友人,与本节相关的在此略作说明,刘门同学:祝渊,字开美;恽日初,字仲昇;吴蕃昌,字仲木;沈昀,字朗思,本名兰先,字甸华;刘宗周之子刘汋,字伯绳等。其他朋友:吴谦牧,字裒仲;何汝霖,字商隐;朱天麒,字韫斯等。
④ 张履祥:《与陈乾初四》,《杨园先生全集》卷2,第35页。

结识，并共同去拜谒了黄道周。张履祥二次举葬亲会，都请陈确为嘉宾。顺治十年（1653）九月，陈确带其子陈翼，一起到桐乡参加葬亲会。将陈确所撰《葬论》收录《葬亲社约》。陈确母亲九十大寿张履祥撰有贺序《陈母叶太君九帙寿序》。二人还因为《大学辨》而论辩多年，论学多有不合之处，但在对于践履的重视等方面也有相合之处。还有对于晚明的集社讲会二人都有反对，"社集讲会，人情之常，乾初谓衎衎醉饱，无益身心，再会之后，亦不复赴"①。

现存的《陈确集》，其中有与张履祥书信十四通。《杨园先生全集》现存与陈确书信六通，《言行见闻录》有多条陈确相关记述，例如："陈乾初居家有法度，天未明，机杼之声达于外。男仆昧爽操事，无游惰之色。子侄力行孝友，雍雍如也。"② 还有关于陈确的仆人愿忠之事等，都有详细记录，对陈确多有称赞，此外还有在与友人的书信中也多有提及陈确之处。陈确对张履祥也多有称颂，曾说："考夫兄造履弥笃，几于显微无间，尤是师门曾、闵。"③ 此外，陈确与张履祥还有许多方面都有相近的看法。比如辟佛、重农以及处奴婢、仆人的平等思想，关于丧葬的看法，等等。④

陈确与张履祥等同人之间的集社，以相互砥砺、讲学明道为宗旨，应当是与证人社性质相近的讲会。与当时文人之间盛行的以诗文或举业为目的的集社完全不同，一般的诗文之社，陈确都已经不再参加。"是时，东南社集盛兴，先生并辞不徼。有滨社者，每会，联舟数百艘，以书招先生，亦谢不赴，但一和其诗而已。"⑤

顺治八年冬，陈确与张履祥等同志之友聚于海盐的南湖之宝纶阁。⑥ 陈确作有《南湖宝纶阁社约》，从此文可知他们的社集，就是在效仿先师刘宗周的证人之社。《社约》说：

---

① 黄宗羲《陈乾初先生墓志铭》（二稿），《黄宗羲全集》第10册，第367页。
② 张履祥：《言行见闻录二》，《杨园先生全集》卷32，第915页。
③ 陈确：《寄张奠夫刘伯绳两兄书》，《陈确集·文集》卷1，第75页。
④ 参见赵园：《刘门师弟子——关于明清之际的一组人物》，载汕头大学新国学研究中心编《新国学研究》第1辑，第202、204页。
⑤ 吴骞：《陈乾初先生年谱》卷下52岁条，《陈确集》附录，第851页。和诗即《滨社见招不赴用韵寄谢》，《陈确集》诗集卷7，第752页。
⑥ 海盐的南北湖，分为南湖与北湖，南北湖古名永安湖，亦名澉湖、高士湖等。

第四章 蕺山学派的分化(中):陈确与形上玄远之学的没落

> 吾闻君子不党……日月如驰,转眼之间,即成衰老,念之使人惊怖。圣人亦人,如其非人,则是禽兽。先师《证人社约》具在,非予小子所能损益也。愿我同人时时省察,本之以无欺,进之以深造。相会晤甚难,幸勿虚此一番聚首。①

就此讲会的制度而言因为有先师《证人社约》在,就以此为指导,所以没有作进一步更为详细的"社约",此文也只是作了简要说明。此次讲会的内容则还是以讲明圣人之学为主,"同人时时省察",以证人改过之学为宗旨。

当时,陈确作《辛卯长至后一日集南湖宝纶阁》诗二首,其一:"故人清兴晚年同,又是霜湖漾晓空。云岫梵音晴海外,盐州官路霭烟中。闲闲鸡犬皆仙种,落落交游尽古风。何计觅君凭细语,千秋大业渺难穷。"②"千秋大业"即指先师刘宗周的嘱咐。

顺治九年仲秋,陈确与同志再度会于南湖宝纶阁。陈确有《八月十五宝纶阁社集和从吾道人诗用原韵》二首。③《题永安湖社集》一首也应是当时之作:"蕺山讲堂春尚在,耶溪美人秋可怜。清风明月尔为主,樽酒琴书我欲眠。鹰岭云开千丈旭,鼍江潮落五更天。新来会得无言意,一笑拖筇出晚烟。"④ 该年三月,陈确等人曾到山阴祭吊先师刘宗周,八月则与同门友人会于南湖,"新来会得无言意,一笑拖筇出晚烟",可见陈确当时对于自己在道学上的体悟颇为满意,诗中洋溢着深造自得之乐。

该年初秋,陈确与同志还曾举会于海宁龙山。陈确另外有《龙山社集》一诗,未注写作时间。诗题下有自注曰:"寻去年南湖之约也。"大概是指辛卯南湖之会。诗中有"潋滟论交又一年,小山黄菊尚霜前"之句,故龙山之会当在壬辰初秋。⑤

---

① 陈确:《南湖宝纶阁社约》,《陈确集》文集卷17,第398—399页。
② 陈确:《辛卯长至后一日集南湖宝纶阁》,《陈确集》诗集卷9,第806页。
③ 陈确:《八月十五宝纶阁社集和从吾道人诗用原韵》,《陈确集》诗集卷8,第770—771页。
④ 陈确:《题永安湖社集》,《陈确集》诗集卷8,第772页。
⑤ 陈确:《龙山社集》,《陈确集》诗集卷8,第773页。

顺治十年，陈确与同志再次举会。关于此会的情况，记载甚少。陈确在《南湖义社约》中说：

> 吾甚畏作银会，尤畏作首会。今而为之，不得已也。既择其人，又申之以约焉，贵慎之于始也。……必终日，究性命之理也。不辞会外，集知己也。必有述焉，以观其所诣也。尤谆谆于《证人社约》者，吾先夫子之指也。①

此会当是以陈确为首，再次举于南湖，这次讲会还是以"究性命之理"为宗旨，欢迎"会外"士人参与，要求"有述"，记录讲会内容以"观其所诣"，讲会依旧以刘宗周《证人社约》为指导。其中还提及请查石丈为会监，当年有《答查石丈书》，其中也说："前者同人之集"，当指癸巳年之会。②

顺治十三年，陈确、张履祥、沈昀有龙山之会，当时张履祥在澉浦吴谦牧家处馆，沈昀先到澉浦访张履祥，然后一起到海昌龙山与陈确相会。因为他们共同的友人张玙（字白方）取消了去广东的远游，陈确等人十分高兴，陈确作有《志喜篇》记载此事，其中说：

> 丙申五月之朔，桐乡张考夫、西泠沈朗思期陈子确于龙山。确先至，未几，二子亦自澉至，确与山中诸子出迎林薄间。二子喜动颜色，遽而曰："白方子不果粤游矣！"于是确亦大喜。山中人亦皆喜，且曰："非考夫子不为功，贤哉！能言人所不言。"确曰："固也。虽然，考夫能言之勇，未若白方能听之更勇也。能言之勇，勇于责人；能听之勇，勇于克己。责人之与克己，二者之难易，固已什百矣。"盖白方家有老母，而其友招之数千里外，白方虽若未能拒之，夫固白方之心之所隐也。考夫能探其隐，而益为之尽其词，白方幡然从之，曾不逾时。发乎情，止乎理义，不亦善乎！学者有过，患无能改，不患无能言者。自此，乐善之士欲效于白方者，且不远千里之外。白方

---

① 陈确：《南湖义社约》，《陈确集》文集卷17，第399页。
② 陈确：《答查石丈书》，《陈确集》文集卷1，第78页。

虽一日而至于圣人不难矣，可喜也。

昔萝石子有云："所谓良知，只是能知过；所谓致良知，只是能改过。"确深韪其语。若白方者，可与言良知之学矣，贤哉！吾党能言，吾不若考夫；能听，我不若白方。确知愧矣。然以二子之贤，确皆能友之，虽二子之善，犹确之善也，而确之喜可知也。且自此以往，考夫不舍白方，则白方必不舍考夫可知；白方不拒考夫，则考夫必不拒白方可知。考夫白方各不相舍，不相拒，其不独舍确拒确又可知。自兹相规相劝，使吾党无逾时之过焉，必自二张子始也，而确之喜又可知也。

往考夫既遗书白方，又益之以赠言，同人有传写乐诵之者。已而考夫大悔之，曰："奈何彰吾友之过！"戒同人"速毁之，勿复出吾言"。确曰：不然。使白方不听考夫之言，则考夫之言必不可留，卖己之直而昭友之违，非仁者之所用心也。白方既听考夫之言，则考夫之言必不可不留以著吾党能受善言之美，使四方之学者闻之，皆曰："言之不可以已如是夫！善言之不可不听又如是夫！"《诗》曰"孝子不匮，永锡尔类"，考夫子有焉。《易》曰"不远复，无祗悔，元吉"，白方子有焉。①

"父母在不远游"，张玘家有老母，却应友人之邀想去千里之外的广东，陈确、张履祥等友人都认为不妥。张履祥作有《赠张白方序》加以劝告，其中说："张子之母六十有五，当此干戈满地，张子宁不知定省之弗忍疏？"② 于是张玘"幡然从之"，可以说是"发乎情，止乎理义"。从上文可知，陈确特别重视"改过"，并且对特别"能言"勇于指出他人之过的张履祥特别佩服，对特别"能听"勇于改过的张玘也特别欣赏；同时陈确还指出了"二张子"相互"不拒"，"各不相舍"，"相规相劝"。关于此事是否当记载下来，也就是友人之过是否应当彰显之，陈确与张履祥有不同的看法，张履祥认为应该"速毁之，勿复出吾言"；陈确认为既然这是一个成功改过的典范，那么不可不留，因为可以"著吾党能受善言之

---

① 陈确：《志喜篇》，《陈确集》文集卷9，第217—218页。
② 张履祥：《赠张白方序》，《杨园先生全集》卷16，第470页。

美"。陈确作这篇文章，就是为了保留这个成功改过的个案，应该说这是其学习《人谱》改过之说的具体实践。

康熙元年（1662），陈确五十九岁时，与同志大会于南湖之万苍山楼，此楼为张履祥之友人何汝霖祖茔祠堂之楼，当时张履祥正在何家处馆讲学。聚会日期是四月十六日，但陈确十二日那天就已经赶至集会地点。十五日与会者聚齐，相与盘桓数日，十七日散去。其中不少是德高望重的学者，陈确、张履祥之外，还有郑弘（字休仲）、沈元（字德孚）也是刘门中人，此外还有何汝霖、张玙、蔡遵（号养吾，1607—1665）、邱上仪（字维正）、徐介（字孝先，1628—1698）、徐善（字敬可，1634—1693）等都是陈确与张履祥的友人。①

陈确在《会永安湖楼序》中说：

> 先是，楼前有堂，主人移之西偏，以荡楼胸，而甃堂基为广台以待月，登览益快。万松饶其后，两湖鉴其前，浙潮拥雪于双峰之中，越山献晴于千里之外，真壮观也！
>
> 客或放舟，或携杖，或循览大海，或遍登高岭，或不避烈日而当饭忘归，或不舍明月而子夜失寐，或老更好学，手不停书，或病益自奋，辍食苴事，或驰论不止，或恭嘿沉思。
>
> 是集也，惟主人与沈德甫先生拳拳以学之不讲为忧，其嘉惠同人甚厚。张白方则云："学固不可不讲，要以力行为贵，毋徒为口耳之学可也。"惟确与张考夫之意亦然。
>
> 盖尼山之忧讲学，非忧讲学也，正为修德计，为迁改计耳。如欲修其仁义忠信之德，则必有仁义忠信之学，故不容不讲。讲明后，便分善不善，便当迁改。要之，改不善即是徙义，即是修德，是一串事，非判然四项也可知。吾侪陶洗习气，惟改不善为日用最切实工夫。人非尧舜，安能无过！有过即知，知之即改，方为善学者。确有大过，知而不改，无如浅葬一事，此非不讲于葬学也，亦可以为戒矣。②

---

① 此会汇集了"三郡九邑之友"达三十二人之多，详见陈确《会永安湖楼序》。
② 陈确：《会永安湖楼序》，《陈确集》文集卷10，第232—233页。

第四章 蕺山学派的分化(中):陈确与形上玄远之学的没落

何汝霖与沈元二人因为当时讲学之风不盛,颇为担忧。张玙则认为关键还是在于身体力行,而不是讲学本身。这点陈确与张履祥都表示赞同。《论语·述而》:"德之不修,学之不讲,闻义不能徙,不善不能改,是吾忧也。"陈确指出讲明学术之后,就要迁善改过,特别是改过,"改不善即是徙义,即是修德"。讲学、修德、徙义、改不善,四者是一串事,"惟改不善为日用最切实工夫",由此可知陈确向来不尚空谈,惟重实行。他还联系到自己"浅葬一事",指出自己虽然讲求于"葬学",但安葬亲人之时却未能深葬,此当引以为戒。如何去做"日用最切实工夫",陈确在此文中说:

> 善乎老友恽仲升之言曰:"吾辈检身之功,惟当奉刘先生《人谱》。其讲改过之学,可谓极详。舍此,又何学之讲乎!今虽父责其子之过,尚不肯认,色然不悦,安望其改!夫寻常父兄之言,真讲学之最亲切者。岂惟父兄师友之言,推而广之,虽妻儿仆婢之违言,以至薄俗之诽言,怨家之诬言,与诸横逆无礼之言,无之而非讲学,即无之非迁改地,无之非德修地。古好学之君子如是。苟为不然,虽日聚时贤,讲诵无辍,究何益乎!"因略举市野细人之最笃实者如某某某,皆未尝有讲学之功,而孝友敦笃,甚有吾辈所不能及者,此不可不猛省也。同游皆憬然。

陈确引了同门恽日初的话,① 进一步强调改过之学,应当尊奉先师刘宗周《人谱》,讲学、修德都应该结合《人谱》去实行,方才有益。而《人谱》重视的是修道之人的内在省过,自省己过、检点身心,而不是外在的职责或督促。

从上述讨论来看,当时以陈确、张履祥为主导的浙西学人的集社活动还比较频繁,而且参加的成员也比较固定。在陈确与张履祥的倡导之下,他们组成了一个以改过之学为中心的道学群体,从而使得刘宗周的《人谱》与《证人社约》以及证人改过之学在浙西有了广泛的传播。

---

① 康熙元年(1662),陈确在《与恽仲升书》说:"二十年同门兄弟,从未识面,白首相遇,良为慨然。连日获读雄篇,聆快论,进我良多。临别又教以从事先生《人谱》,益为警切。"《陈确集》文集卷3,第125页。此书信当作于本年永安湖之会前夕。所以与会之时,谈及《人谱》之事。

第二节　陈确的素位之学与形上玄远之学的没落

陈确为了对"理学家言"加以批判，重新进行了儒家原始经典的研读，特别是对于《中庸》以及《论语》《孟子》的解读，最终寻找到了一套他称之为"素位之学"的义理系统。陈确学术应该看作是对蕺山学的继承与创新，刘宗周特别重视回归于经学，特别是对《四书》的研究，刘宗周对宋儒也保持"存疑"的态度，这些都深刻影响了陈确。当然，陈确之学的某些方面也已经离刘宗周较远，甚至越出了宋明理学的矩矱。

"素位之学"与陈确后半生的为人为学紧密结合在一起，既是他身体力行的理论指导，又是他撰写《大学辨》《性解》《葬论》等具有批判精神的学术论著的理论指导。陈确的"素位之学"讲求"居易俟命"，这也是"循理而行"的中庸之道，也是圣贤之学；他以"素位之学"统合儒家的下学工夫，将儒学变得平实可行，而且个人的修身也可以与乡村治理等经世活动结合起来。陈确提出"素位之学"，与他不喜玄远之学密切相关，所以他极力批判讲求本体、形上"理学家言"，而且他对于宋明理学的批判，基本不持门户之见，其立场只有是否有利于道德践履而已。

陈确的这些学术主张，正好说明了清初的思想界玄远之学正在趋向于没落，无论"素位之学"还是《性解》与《大学辨》都可以说是规避玄远之学的典型，此处重点讨论素位之学及其理学批判、与玄远之学没落的基本关联等问题，关于他的两种著述的讨论将在下面两节再展开。

一　"素位之学"及其特点

陈确提出"素位之学"，作为其道德践履的理论依据。除了上文所述受到刘宗周《人谱》与证人改过之学的影响外，其核心的思想资源主要来自对《中庸·素位章》主旨的发明。《中庸·素位章》说：

> 君子素其位而行，不愿乎其外。素富贵，行乎富贵；素贫贱，行乎贫贱；素夷狄，行乎夷狄；素患难，行乎患难；君子无入而不自得焉。在上位不陵下，在下位不援上，正己而不求于人则无怨。上不怨天，下不尤人，故君子居易以俟命，小人行险以徼幸。

"素"即现在,君子、贤人现在所处的情形、位置,为所当为,此即"素位而行"。君子、贤人不应当怨天尤人,而应当反求诸己,不怨不尤。对于生于明清之际的陈确来说,这样的人生态度与道德实践理念,十分受用。他还说:"弟尝欲于《素位章》更添一语,曰'素疾病行乎疾病'。此亦是道,不可忽也。"① 即便是疾病痛苦,也要安于其中。而且,"素位之学"并非消极的宿命论,因为"素位而行",也是"循理而行"的中庸之道,陈确说:

> 玩下文"正己不求人,居易俟命"等语,可见素位中自有极平常、极切实、极安稳工夫。此学不讲,便不自得,便要怨天尤人。贫可忘而不可忘,正己居易,正是不忘贫实学。到得不求人、不怨尤地位,则贫亦不期忘而自忘矣,斯真能忘贫者矣。今学者漫言"吾能忘贫",不知忘贫之久,终自有不能忘贫处也。②

陈确认为日常生活免不了处处是过失,由此日用间修养成圣,则须有知过改过之心,方为入圣之基。他说:

> 人非尧、舜,安能无过?过而能改,且改之又改,即是圣贤功夫。
> 知过改过,便是圣学。下愚不知过,知亦不改;中人不能尽知,亦不能尽改;上智则无过不知,无过不改。圣愚之分,在此而已。③

在他看来,能够知过改过的就是"圣学",上智、中人、下愚也只是知过改过的自觉程度有所不同而已。他还说:"性情各有不同,各因其不足处为救治,自知病根所在,须用一番坚忍力,痛除之,务使其旧习勿复见,然后谓之能改过入道耳。"④ 与其他思想的提出一样,陈确对于素位之学也非常笃信,这在与刘宗周之子刘汋的书信之中多次提及。顺治十四年(1657)陈确在《寄刘伯绳书》中说:

> 弟近日每乐与同人言素位之学。"素"字是《中庸》之髓。大抵

---

① 陈确:《与吴仲木书》,《陈确集》文集卷4,第142页。
② 陈确:《井田》,《陈确集》别集卷3《瞽言二》,第438页。
③ 陈确:《遗祝凤师兄弟书》《与祝凤师书》,《陈确集》文集卷3,第99、122页。
④ 陈确:《寄诸同志》,《陈确集》文集卷16,第379页。

离"素"一分,即非中庸。①

第二年,他又在《与刘伯绳书》中说:

> 今学者言道,并极精微,及考其日用,却全不照管,可谓之道乎?弟所以惓惓于素位之学者,固今日贫士救时之急务,即学者他日入道之金针也。②

在陈确看来,"素位之学"就是《中庸》一书的精髓,离开"素"就不是中庸之道了。"素"即平常、现在,陈确之所以提出素位之学,就是为了反对晚明士人的空谈心性,将圣学、道学说得极为"精微",而对日用事物却"全不照管"。正是对于晚明思潮的反思,陈确才提出了他的"素位之学",为"今日贫士"救治"急务",也为他日学者的"入道"提供度人的"金针"。

陈确在与刘汋的书信中对"素位之学"有一个较为完整的论述。其中可以看出他所说的"素位之学"有三个特点。第一,"何位非素,何素非道"。他说:

> 弟谓《中庸》学问莫精于一"素"字,此他书所未及者。尧、舜之揖让,汤、武之征诛,周公之制礼作乐,孔子之笔削,皆是素位之学。素位是戒惧君子实下手用功处。子臣弟友,字字着实,顺逆常变,处处现成,何位非素,何素非道,虽欲离之,不可得矣。所谓慎独者慎此,所谓致良知者致此。知得素位彻是明善;行得素位彻是诚身,精微细密,孰过此乎?③

在陈确那里的"素位之学"也是一种统合性的儒学工夫论。在他看来,尧、舜的禅让,成汤、周武王的征伐,周公作制礼乐,孔子编撰《春秋》

---

① 陈确:《寄刘伯绳书》,《陈确集》文集卷2,第111页。
② 陈确:《与刘伯绳书》,《陈确集》别集卷17《大学辨四》,第621页。
③ 陈确:《与刘伯绳书》,《陈确集》别集卷5《瞽言四》,第470页。

等都是"素位之学",还有刘宗周的"慎独"、王阳明的"致良知"也都属于"素位之学"。"素位之学",不再标榜某一工夫,而是强调无论戒慎恐惧,无论人伦日用,事事物物、时时处处都是儒者用工夫处,一时一刻都不能离开。而且,"素位之学"是知行合一的工夫,将知之明善、行之诚身等都结合了起来,可谓"精微细密"。第二,"素位之外,无工夫矣"。陈确说:

> 《素位章》开口说"素其位而行",已将全章之旨一语道尽,下节不过反覆申明素位之义耳。素位之外,无工夫矣。素位而行,即是正己;不愿外,即是不求人;素位而行,即是居易,不愿外,即是俟命。素位不愿外,故失即反求,非素位之外,又有所谓证己反求之功也。谓素位非工夫,又从何着落一"行"字乎?①

进一步解释"素位之学",陈确指出其实就是正己,反求诸己而不求于人,也就是居易而俟命,有一些"顺应之道"的色彩,不过在陈确所处的时世,作为遗民儒者也只能如此。"素位之外,无工夫矣",除了素位之外,或是怨天尤人,或是主静去体验本体,这都是陈确所反对的。他说:"素位中自有极平常、极切实、极安稳工夫。此学不讲,便不自得,便要怨天尤人。"② 而且,"素位之学"也不是逃离"患难"与"行险",只是在险难之中能够"守正",循于天理,故能处之泰然、安之若素。他说:"君子何尝不罹患难,然顺受其正,故处之泰然,不可谓之不居易也。小人何尝不享福禄,然处非其据,虽久而不败,不可谓之不行险也。"③ 第三,"下学工夫,只是素位耳"。他说:

> 弟则只是下学耳,下学工夫,只是素位耳。然且言而不行,况敢希上达乎,后儒材智万万不及孔子,犹曰"下学而上达"。"行远必自迩,登高必自卑",以合之诗人"切磋琢磨"之说,则学问工夫似

---

① 陈确:《与刘伯绳书》,《陈确集》别集卷5《瞽言四》,第470页。
② 陈确:《井田》,《陈确集》别集卷5《瞽言二》,第438页。
③ 陈确:《名利》,《陈确集》别集卷1《辰夏杂言》,第419页。

必由粗而精，与吾兄精可该粗、粗不可该精之旨正相反。故曰："履，德之基也。"曰："洒扫应对进退，即是上达工夫。"①

"素位之学"，只是践行于"切磋琢磨""由粗而细"的下学工夫，并不敢期希于"上达"，当然他也知道"下学而上达"只是不问"上达"如何如何，一心于将"下学"的工夫做好。日用事物之中的道德实践做好了，自然就能够对于性与天道有所体悟。所以，"素位而行"，也非有意为之。陈确说："吾鳏居食淡，于世无求，宛然一老衲，要只素位而行，非有意为之也。苟有意为之，亦即是私欲矣。"② 作为下学工夫的"素位"，只是安于其位，笃实进行道德的践履，不问"上达"，"居易"而"俟命"而已。

陈确的"素位之学"是一种具有统合性的儒家"下学"工夫，不讲"玄远"，不问"上达"，将儒学变得平实可行。"素位之学"讲求"居易俟命"，这也是"循理""守正"的中庸之道，也是圣贤之学。陈确的"素位之学"似乎只是一味地顺应时世，而实际上则还是将儒家的践履工夫做得笃实，从他的乡村经世实践来看，绝非简单的"顺应之道"，而是以"素位"的工夫将儒家的济世理想在个人的修身与乡村的治理之中落实起来了。

二 对"理学家言"的批判

陈确"素位之学"的提出，也与其对"理学家言"的批判密切相关。

陈确批判较多的主要有周敦颐与张载、朱熹。周敦颐《太极图说》："无极而太极"，"圣人定之以中正仁义而主静，自注：无欲故静。立人极焉。"陈确对于"无极""无欲""主静"之说有批判：

> 《系辞》云有极，周子偏云无极；《易》云动静不失其时，周子偏云主静；孟云寡欲，《礼》云欲不可纵，周子偏云无欲，故云禅学。③

> 虽周子之言无欲，言无极，言主静，皆禅障也。某云：无欲安可

---

① 陈确：《与刘伯绳书》，《陈确集》别集卷5《瞽言四》，第470—471页。
② 陈确：《书尔旋讲师扇头》，《陈确集》文集卷18，第407页。
③ 陈确：《答朱康流书》，《陈确集》别集卷5《瞽言四》，第474页。

作圣,可作佛耳?……而周子未之察,故曰禅障也。①

陈确对于周敦颐的批判,有回归于原始儒学的意味。以原始儒学元典来批判宋明理学,指出其涉及佛学之处,也不无道理。对于张载,陈确也有一些批评:

> 张子尝云:"学者求知人而不欲知天,求为贤人而不求为圣人,此秦汉以来学者大蔽。"不知正是张子蔽处,知人之尽即是知天,贤人之尽即是圣人,非有二也。②

陈确的"素位之学",正是从知人、学做贤人之处入手,从人伦日用的践履入手。所以他认为"知人"与"知天"、"贤人"与"圣人"其间没有隔阂。因为《孟子》中说"尽心知性知天","知人之尽即是知天,贤人之尽即是圣人"。陈确接着说:"《正蒙》大半是言天圣事,不若孔、孟之切实远矣。"陈确对于张载《正蒙》的批判,就是反对将学道说得太过玄远。此外,陈确对程颢"人生而静以上不容说,才说性便已不是性"的人性论,与朱熹的"格物致知补传"等宋儒之学都给予了较多的批判,详见下文相关的论述。

陈确对于陆、王的某些观点,偶有批评却很是含蓄。他说:

> 弟于象山之说,未许者十之三四,于阳明之说,未许者十之一二,正不敢效时贤之各护门户,是则全掩其非者。③
> 若铢称而寸较之,则象山、阳明之言亦时有偏,此或其传习之讹,然弟亦不能尽为之讳也。④

陈确不喜玄远之学,对陆九渊与王阳明都有一些"未许"之处,仔细去计较也都有偏狭。不过就他后来的《大学辨》对程朱之学的激烈批判来

---

① 陈确:《禅障》,《陈确集》别集卷4《瞽言三》,第445页。
② 陈确:《近言集》,《陈确集》别集卷2《瞽言一》,第428页。
③ 陈确:《答张考夫书》,《陈确集》别集卷16《大学辨三》,第599页。
④ 陈确:《答张考夫书》,《陈确集》别集卷16《大学辨三》,第592页。

看，对于王阳明的尊信《大学》，虽也有批判，但语气相对温和。他说：

> 至其深信古本及说《尽心章》等处，私心亦深有未安。①
>
> 阳明不直攻《大学》，而但与朱子争格致之解，虽谆谆言"知行合一"，"知行无先后"，说非不甚正，而《大学》故在也。大学纷纷言先言后，有目共见，朱子反得凭《大学》之势，而终以说胜阳明子，故其辨至今未息。呜呼，此亦阳明之过也。②
>
> 虽阳明子之所谓致良知，合之《大学》殊落落难合，然以之诠《大学》则不可，以之救俗学则无不可。非惟无不可而已，其知行合一之论，虽谓与孟子道性善同功可也。良知非他，即吾所谓本心是也。致良知非他，即吾所谓兢兢无负其本心是也。③

陈确认为王阳明提出的致良知、知行合一等思想可以救俗学，已经非常好了，完全没有必要牵扯到《大学》的诠释之中去，所以凡是一定要以己说去合《大学》的他就反对。除"深信古本"之外，陈确对王阳明还是始终心契的，他说："确然仁人君子用心，至其言词痛切处，虽弟之顽顿，亦时为之陨涕。"④"读言学书而随之以泪者，惟于阳明为然。"⑤

当然，陈确也承认，王学末流弊病滋生。他说："龙豀以下诸子，转说转幻，流而为禅者有之。"⑥"素位之学"的提出，是针对晚明以来的学风、士风，特别是对王学末流，陈确多有批判。这也是作为遗老的陈确反思明亡教训的结果。陈确说：

> 学失教衰，无人不昧其本心，无事不丧其本心，而犹覆之以义理之言，玄之以性命之旨，若可跨孔、孟而上之。言以近佛者为精，书以非圣者为经，晦蒙蔽塞，积五六百年，人安得不禽？而中国安得不夷狄乎？⑦

---

① 陈确：《与吴裒仲书》，《陈确集》别集卷 15《大学辨二》，第 579 页。
② 陈确：《翠薄山房帖》，《陈确集》别集卷 14《大学辨一》，第 565 页。
③ 陈确：《辑祝子遗书序》，《陈确集》卷 4，第 239 页。
④ 陈确：《与吴裒仲书》，《陈确集》别集卷 15《大学辨二》，第 579 页。
⑤ 陈确：《答张考夫书》，《陈确集》别集卷 16《大学辨三》，第 599 页。
⑥ 同上书，第 590 页。
⑦ 陈确：《辑祝子遗书序》，《陈确集》卷 4，第 240 页。

国家败亡，人心败坏，士大夫则又诸多的无耻之状，对此陈确多有批判。在他看来，根本的原因还是士大夫沉溺于玄远之学。陈确说：

> 学者惟不肯切实体验于日用事为之间，薄素位而高谈性命，故卤莽粗浮耳。行素以诚身者，宁有此病也！①
>
> 为仁自有方，曷为炫高奇。君子行素位，愿外非所期。……世儒惟好大，意者徒自欺。②

他特别反对离开人伦日用而高谈心性、为仁之道，好高奇、好大其实都只是自欺欺人而已。所以作为士人，在家国危亡之际，更要讲求"素位之学"。

陈确对于宋明理学的批判，基本不持门户之见，也有调停程朱、陆王的意味。他说："程、朱何尝不教人存心，王、陆何尝不教人穷理，从所言之异耳。"确实就"存心养性"与"格物穷理"这内外两方面的工夫而言，程朱重视之，陆王同样也重视之，只是各家都有各自的说法。还有关于"尊德性"与"道问学"之争，陈确说：

> 议者谓晦庵一于道问学，而疑其支离，象山一于尊德性，而疑其空寂，皆失其实者。晦庵未尝不尊德性，象山未尝不道问学，但在象山则有尊德性而道问学之意，在晦庵则有道问学而尊德性之意，此亦二贤之本末也。当时二子虽所见不同，而立身行己，已并卓然无愧，所谓不同而同也。③

朱熹与陆九渊对于"尊德性"与"道问学"的先后有不同的看法，但是他们个人的"立身行己"都是"卓然无愧"的，所以在陈确看来对于两家的分别不必过于穷究。陈确真正看重的还是"立身"本身是否在修身上有所得。他说：

---

① 陈确：《与刘伯绳书》，《陈确集》别集卷5《瞽言四》，第470页。
② 陈确：《大道》，《陈确集》诗集卷3，第667页。
③ 陈确：《答张考夫书》，《陈确集》别集卷16《大学辨三》，第591页。

> 程、朱、陆、王，皆卓然为两代大儒，至其言学，皆不能无偏。学者正可剂其同异，以求大中，则并是圣门之颜、闵矣。夫言语文学皆优登大圣之堂，况如四子之德行卓卓者，而重隔别之，若中国之与夷狄，不亦重可悲叹矣哉！……而考兄至以象山、阳明之说其流毒比之洪水猛兽，亦已过矣。①

陈确认为程朱、陆王的学术，都有其偏狭之处，为学者正好可以将两代大儒之学术相参，求同存异，最后求得大中至正。而不能如张履祥那样，走向较为极端的"尊朱辟王"之路，使得程朱、陆王形同中国与夷狄一样，重重相隔了。

此外，不喜玄远之学故陈确也辟佛。从《大学辨》《性解》二书来看，其批判主要是因为宋明理学之中有"阑入二氏"的嫌疑。他说：

> 诸儒之学未免杂禅者，非全诋其为禅学也。……今诸儒皆确然圣学。而其议论之夹杂，不能无近于禅者，亦不可诬也，虽诸儒之夹杂，实不害其为确然圣学。而后贤罔识，或反遗其确然圣学之实功，而深奉其夹杂禅学之虚论，则人心之蔽塞，圣路之榛芜，将何由而通辟哉。②

对宋儒的学术，陈确并非全部诋毁为禅学，但认为其议论夹杂禅学、近于禅学，这些都对于圣学有害无益，所以他主张去除"夹杂禅学之虚论"，彰显"确然圣学之实功"。陈确进一步指出离开"素位之学"，则往往流于禅学：

> 吾劝诸君，慎莫攻释，且反求其所以异乎释者；慎莫呵出，且反求其所以异于出者。倘名虽为儒，而于人伦事物往往脱略，是与于禅者也。……吾辈今日学问，断不外家庭日用，舍此更言格致，正是禅和子蒲团上工夫，了无用处也。③

---

① 陈确：《与吴裒仲书》，《陈确集》别集卷15《大学辨二》，第579页。
② 同上书，第580页。
③ 陈确：《柬同志》，《陈确集》文集卷16，第375页。

> 今舍素位言性命，正如佛子寻本来面目于父母未生之前，求西方极乐于此身既化之后，皆是白日说梦，转说转幻，水底捞月，愈捞愈远，则何益之有乎？①

陈确严于"儒释之辨"，对于佛学，完全不相信，有着强烈的排佛思想。一个突出的例子就是，他拒绝了妻子临终作佛事的要求，在《祭妇文》中说："子病将死，欲我请女姑于榻前念佛，既不汝从；又嘱我于死后入木作道场，五七拜忏，七断诵经，我皆不从。非我吝齐，礼所不许。"②在陈确看来，晚明那些空谈心性的士人，虽然都自认为儒学，其实却往往流于禅学。禅学所谈论的"性命"，完全离开了人伦日用，往往虚无缥缈，如梦如幻，也好比是"水底捞月"，最终也只是空捞一场而已。这里对空谈心性的批评，不只是针对王门后学，也针对朱学的"格致"之言。③

另外，陈确虽然对"理学家言"的宋明诸儒多有批评，但就宋儒"由佛归儒"的学术路径而言，比较推崇。他说："宋明诸大儒，始皆旁求诸二氏，久之无所得，然后归本六经，崇圣言而排佛老，不亦伟乎。"④在他看来，宋明诸儒即使出入佛老也回归儒学，这一点很了不起。这也是针对当时士人"禅障"而不能"归本"的一种批评。

三 从陈确看形上玄远之学的没落

陈确提出为学工夫十分平实的"素位之学"，与其不喜谈论形上本体的玄远之学有关。黄宗羲就曾指出：

> 乾初读书卓荦，不喜理学家言，尝受一编读之，心勿善也，辄弃去，遂四十年不阅。……问学于山阴，先师深痛末学之支离，见于辞色。乾初括磨旧习，一隅三反。逮先师梦奠，得其遗书而尽读之，慨

---

① 陈确：《近言集》，《陈确集》别集卷2《瞽言一》，第429页。
② 陈确：《祭妇文》，《陈确集》文集卷13，第314页。
③ 关于陈确对朱学"格致"的批评，详见下文关于《大学辨》的讨论。
④ 陈确：《禅障》，《陈确集》别集卷4《瞽言三》，第445页。

然而喻。取其四十年所不阅者重阅之，则又格格不能相入，遂见之论著。①

陈确自幼不喜"理学家言"，即使受学于刘宗周之后，再去读理学家的著述，还是"格格不能相入"，其实他对刘宗周本人的著作，也只是认真研读了《人谱》、《周易古文钞述》以及部分语录，与"本体"之论相关的也就不怎么涉及了。反过来，正是因为陈确崇尚平实的"素位之学"，所以对于宋明儒的"理学家言"多有批判。王汎森先生认为，清初思想界的一个特色，就是形上玄远之学趋于没落。这种"去形上化"的表现主要有两方面：一是他们不再静坐冥想、不再求本体；二是他们关照现实的社会人生，不再以形上玄远的追求为最高目标。② 陈确对于形上玄远之学的排斥，在清初的思想界也是非常突出的一例，这种排斥，主要表现在他的《性解》与《大学辨》两种著述之中。关于这两种书中是如何批判宋儒的"形上玄远"，其中表现出什么新的思想等，将在下面两节之中重点展开讨论。在此处则援引王汎森先生文章中的观点，将陈确两书与清初玄远之学没落的关系，作一简单阐述。

关于《性解》系列的论著，王汎森先生指出，在打破先天预成论上最有贡献的人是陈确，把"本体"抹煞掉，正是陈确思想的独特之处，也是他的同门黄宗羲感到不能认同之处。③ 宋儒论性分为天命（本然）之性与气质之性，形成了先天预成的人性论，后天的修养工夫就是要变化气质，恢复本然之性，朱子的"格物穷理"与阳明的"致良知"其实都是要求"本体"。陈确认为"本体"二字都是从佛学中来的，所以便把"本体"抹煞掉，提出性善是可以发展的，主张"扩充尽才而后见性"，重视的是后天的日用事物之中的践履，"继善成性"。

关于《大学辨》系列的论著，王汎森先生指出，当时有一种离开形上追求而返回到日用实事实行的要求，认为《大学》《中庸》所揭示的一些道德修养方法与境界，实际上是无法做到的玄远之论。在这中间，陈

---

① 黄宗羲：《陈乾初墓志铭》四稿，《黄宗羲全集》第10册，第375页。
② 王汎森：《清初思想中形上玄远之学的没落》，台湾中研院《历史语言研究所集刊》第六十九本第三份，1998年9月，第582页。
③ 同上书，第562页。

确的《大学辨》则是最石破天惊的著作之一,因为居然宣称《大学》这一部理学传统中最重要的典籍与圣道无关。① 陈确之所以大胆,是因为他对孔、孟提出的圣贤之道的笃信,对宋儒讲求本体的玄远之学的反对,特别是反对宋儒以理学诠释儒家经典,在他看来实际则是以佛老之学来诠释了孔孟之学。对此,王汎森先生看得很清楚,他说:"陈确认为问题不是出在这个理学传统,而是出在想将这个传统与儒家古典文献牵合而产生的矛盾。所以这是先秦传统与宋明理学传统的决裂;而且认为这不只是王、刘诸人的难题,也是理学家共同的难题。……所以他大胆写了《大学辨》,认为《大学》非圣人之书,并坚决主张将大学与圣学彻底分开。"② 确实如此,陈确对于宋明理学之中好谈形上本体之学的部分较为排斥,但对于其中好谈日用事物之中的践履工夫之学的部分较为欣赏,无论程、朱还是陆、王,这两系之中讲践履工夫的他都有所吸收。所以,陈确是将宋明理学传统与儒家经典传统剥离,他所认可的儒家经典只有《论语》《孟子》等少数几种,并且对《论语》《孟子》的诠释也主张回归先秦原始儒学。至于直接宣布《大学》是伪书,这就彻底解决了从程、朱一直到王阳明、高攀龙、刘宗周等等围绕《大学》来诠释理学思想所带来的困境,直接将儒学落实于最为朴素的道德践履学说之中。

总之,陈确不喜形上、玄远之学,对于宋明理学多有批判。他的"素位之学",不求本体,对诸如以散步代静坐之类的工夫主张都有反对,他关注的是现实的社会人生,以回归先秦儒学的朴素而又平实的思想学术,来实现道德践履,并且将个人的修身与乡村的治理等结合起来,也走出了自己独特的学术道路。当然就陈确学术的整体而言"破过于立",所以下面两节与第五章第四节,更多地分析他对宋儒的批判,从而来看他的学术与蕺山学派其他弟子之间的思想差异。

第三节 陈确《性解》及其对宋儒人性论的批判

陈确著有《性解》上下篇,系统阐发其人性论思想,其他论性的著

---

① 王汎森:《清初思想中形上玄远之学的没落》,台湾中研院《历史语言研究所集刊》第六十九本第三份,1998年9月,第564页。
② 同上书,第566页。

作还有被收录于《瞽言》一书中并连在一起的《知性》《气情才辨》《气禀清浊说》《性习图》《原教》《子曰性相近也二章》《无欲作圣辨》等篇，可以看作《性解》的补充与发展。本节关于《性解》的讨论包括了陈确的《性解》及其相关的篇目。陈确对于人性论的研究，也是他义理之学中最具创见的一个重要方面。陈确《性解》对宋儒人性论的三大批判，其实与他的《大学辨》对宋儒的批判同样重要，对此学界的研究并不多，所以本节将做一个较为系统的研究。①

一 《性解》的基本观点

陈确《性解》的上篇较为系统地阐述了他的人性论思想，下篇以问答论辩的形式对上篇加以补充。他在《性解上》开篇即说：

> 孔子曰"性相近"，孟子又"道性善"，论自此大定，学者可不复语性矣。荀、韩之说，未尽蠲告子之惑。至于诸儒，惝恍弥甚，故某尝云：孔子之旨，得孟圣而益明，孔、孟之心，迄诸儒而转晦，皆由未解孟子"性善"之说，与《易》"继善成性"之说故也。②

陈确认为自从孟子发展孔子"性相近"之说而成为性善论，关于人性的学说就已经确立了起来。后来的荀子、韩非子等人的学说对人性论也没有什么实质性的推进；宋明诸儒则反而使得人性论"惝恍弥甚"。其原因就是没有理解孟子的"性善"之说与《周易》的"继善成性"之说。所以，陈确的《性解》主要就是结合对于宋儒的批判来进一步阐明孟子与《周易》之人性论。

接着陈确就对孟子的"性善"之说加以阐发，他说：

---

① 关于陈确人性论的研究，较为重要的论著有：辛冠洁：《陈确三论——陈确对程朱理学的三次发难》，载《中国哲学史》，浙江人民出版社1983年版；任大援：《陈确的性理思想》，《浙江学刊》1983年第2期；蒙培元：《刘宗周、陈确、黄宗羲的心性情合一说》，载氏著《中国心性论》，台湾学生书局1991年版；詹海云：《陈确人性论发微》，载氏著《清初学术论文集》，台湾文津出版社1992年版；徐令彦：《试析陈确对"人性善"理论的修正和补充》，《河南社会科学》1999年第5期；王瑞昌《陈确评传》第7章《性论》等。

② 陈确：《性解上》，《陈确集》别集卷4《瞽言三》，第447—449页。下列引文同此出处则不再注明。

> 子言"相近",本从善边说,即孟子道性善之意。孟子更斩截言之,使自暴自弃一辈更无处躲闪,然后相近之说益为无弊,有功于孔门最大。要之,即本孔子之意言之耳。然孟子却说得有根据,非脱空杜撰者。何以知之?曰"尽其心者知其性也"之一言,是孟子道性善本旨。盖人性无不善,于扩充尽才后见之也。如五谷之性,不艺植,不耘耔,何以知其种之美耶?故尝谆谆教人存心,求放心,充无欲害人之心,无穿窬之心,有所不忍,达之于其所忍,有所不为,达之于其所为,老老幼幼,以及人之老幼,诵尧之言,行尧之行,忧之如何,如舜而已之类,不一言而足。学者果若此其尽心,则性善复何疑哉!而尧、舜之可为,又何待辨哉!故曰:非脱空杜撰者也。

从这段对于孔孟"性善"之说的发挥来看,其一,就是特别推崇孟子人性论,认为是孔子之言的发展。其二,指出孟子性善之说的本旨即"尽其心者知其性也"。对此,陈确更进一步发挥出一套"扩充尽才"之说。当然,这也源自孟子。《孟子·公孙丑上》:"凡有四端于我者,知皆扩而充之矣,若火之始然,泉之始达。苟能充之,足以保四海;苟不充之,不足以事父母。"陈确阐发"扩充才尽"说,进一步认为四端之心与性之善,都需要加以扩充之、发达之,人人都复其性善,则人人皆可为尧舜。

然后,陈确对《周易》"继善成性"之说进行了阐发。他说:

> 《易》"继善成性",皆体道之全功,正对下仁、知之偏而言,而解者深求之,几同梦说也。一阴一阳之道,天道也,《易》道也,即圣人之道也。道不离阴阳,故知不能离仁,仁不能离知,中焉而已。故曰"一阴一阳之谓道",即《中庸》中节之和,天下之达道也。继之,即须臾不离、戒惧慎独之事;成之,即中和位育之能。在孟子,则"居仁由义"、"有事勿忘"者,继之之功;"反身而诚"、"万物咸备"者,成之之候。继之者,继此一阴一阳之道也,则刚柔不偏而粹然至善矣。如曰:"恻隐之心,仁之端也。"虽然,未可以为善也。从而继之,有恻隐,随有羞恶有辞让有是非之心焉。且无念非恻隐,无念非羞恶、辞让、是非之心,而时出靡穷焉,斯善矣。成之者,成此继之之功,即《中庸》"成己仁也,成物知也,性之德也"之谓。

向非成之，则无以见天赋之全，而所性或几乎灭矣。故曰：成之谓性。故曰：言体道之全功。

《周易·系辞》说："一阴一阳之谓道，继之者善也，成之者性也。仁者见之谓之仁，智者见之谓之智，百姓日用而不知，故君子之道鲜矣。"陈确的发挥主要有两个层次。其一，"一阴一阳之谓道"。从"一阴一阳"之中"体道之全功"，从中体悟到道德修养的工夫。在他看来天道、《易》道、圣人之道，都在其中。而且修道，需要阴阳的和合，有阴，也要有阳；有仁，也要有智（知）。从而致中和，"中也者，天下之大本也；和也者，天下之达道也"。其二，"继之，即须臾不离、戒惧慎独之事；成之，即中和位育之能"。这是在前一层次的基础上，进一步阐发的。"道也者，须臾不可离也，可离非道也"，陈确认为"致中和"的关键在于对"道"的"继之""成之"。所以工夫还是如何"继之"，即在日用事物之中如何做到"戒惧慎独"；"继之"之后才能"成之"，才能"天地位，万物育""成己成物"。进一步说，在《孟子》思想之中的"居仁由义""有事勿忘"都是"继之之功"；"反身而诚""万物咸备"都是"成之之候"。"继之"，就是从孟子说的"四端"开始，从恻隐之心发端，然后有羞恶、辞让、是非之心，就是在日用事物之中将其善端扩充，从而成其善之性；"成之"，就是因为人之性本来就有向善的发展，"仁"以成己，"智"以成物，这一阴一阳之道，都是人性本来之"德"。扩充此一阴一阳之道，才可以见得性之全、才能"体道指全功"，完成"性之善"。

陈确的"扩充才尽"说，已经将孟子的"性善"说与《周易》"继善成性"说相结合起来了。在他看来，性善但并非先天具足，而是需要后天努力、不断发展，人的一生即是本性之善不断成长完善的过程。接下来，陈确指出了后儒之性说的种种弊病。他说：

> 然言《易》道而圣人之道即在其中。而从来解者俱昧此，至所谓"继善成性"，则几求之父母未生之前。呜呼！几何不胥天下而禅乎！此悃悃之愚所必欲与宋以来儒者争之，以复还孔、孟之故者。盖几自痛抑焉，而终勿能以已也。
>
> 故性一也，孟子实言之，而诸家皆虚言之。言其虚，则恍惚易

遁，彼下愚者流皆得分过于天；言其实，则亲切不诬，自大贤以下无所辞罪于己。二说之相去，关系世道人心不小，其敢久置而勿讲与！盖孔、孟之言性，本天而责人；诸家之言性，离人而尊天。离人尊天，不惟诬人，并诬天矣，盖非人而天亦无由见也。

  孟子而后，性学日淆。至于濂、洛，庶几复旦，而所谓刚柔善恶，气质义理之说，去告子所见，不甚相远。诸子言虽人人殊，要之不离二家近是，而告子独擅宗风矣。至云"才说性便已不是性"，更不解是何语。嗟乎，世流愈下，论益怪幻，我孔、孟之旨何由复明于天下哉！而吾儒之学，何以大别于二氏哉！杞忧日深，不自知其言之愈悖。知我罪我，其敬以听之矣。

陈确说"至于濂、洛，庶几复旦"，对于宋儒还是有一定的肯定的，毕竟比宋代之前"性学日淆"的状态好了一些。陈确所要批判的就是批评宋儒将"继善成性"解释成为在后天要努力恢复"天命之性"，"几求之父母未生之前"。在陈确看来，没有"天命之性"与"气质之性"之分，"故性一也"，强分为二就是"离人尊天"的表现。所以陈确说宋儒的人性论，离佛老二家近，他希望通过自己的批判使得孔孟之旨复明，相关问题下文将再作展开。

  陈确《性解》系列论著谈人性有三个要点，即"扩充才尽"说、性习辨、气情才辨。

  第一，"扩充才尽"说。陈确论性最重要的主张就是"扩充才尽"，强调后天的发展与个人的努力。他曾将性的发展比作老农收种，他说：

  今老农收种，必待受霜之后，以为非经霜则谷性不全。此物理也，可以推人理矣。君子语性，不当智出老农下也。是故资始、流形之时，性非不具也，而必于各正、葆合见生物之性之全。孩提少长之时，性非不良也，而必于仁至义尽见生人之性之全。继善成性，又何疑乎？①

陈确认为性善本具，但其"善"并不"全"，所以就必须通过"扩充尽

---

① 陈确：《性解下》，《陈确集》别集卷4《瞽言三》，第449—450页。

才",经历一番"葆合"的工夫,才现其性善之全。好比谷物,需要经历耕植、耘耨,乃至受霜之后,"谷性"也才得"全"。人之性必须到"仁至义尽",最后才见其真性所在,这也即"尽心知性知天"。与"习不肯移"一样,都强调了后天的发展、个人的努力。

陈确强调"性善",性无不善,就是为了强调后天的"扩充才尽"的必要性。因为今人只是"不肯为善"而非"不能为善",所以关键只是在于后天的努力。陈确说:

> 今人只是不肯为善,未有为善而不能者。惟其为善而无不能,此以知其性之无不善也。……今之为不善者,皆自弃其所可能,而强为其不可能,以自诬而诬天下,真可谓痛哭流涕长太息者也。①
>
> 子曰:"有能一日用其力于仁矣乎?我未见力不足者。"力非才耶?曰:"我欲仁,斯仁至矣。"此"欲"字兼才情言,其为无不善,昭然甚明。故孟子亦曰:"不为也,非不能也。"曰:"不能尽其才者也。"孔、孟之言,若合符节。而诸儒乐相违异,奚为者也!②

陈确还引孔子《论语·里仁》中的话,能够在一天里真正尽力为仁的都很少见,这就说明为仁、为善之难。真正想要为仁、为善,都还是可以实现的,孔子、孟子的话都是说明了不是"不能"而是"不为"。

陈确在《知性》一篇之中,对于什么才是"知性"作了阐发。他指出"性"不是生来就"全"的,"性善"也还有待于"扩充才尽"的工夫。陈确说:

> 今学者皆空口言性,人人自谓知性,至迁善改过工夫,全不见得力,所谓性善何在?恐自谓知性,非孟子之所谓知性者也。孟子本知性于尽心,正为时人言性终日纷争,总无着落。谓性有不善,固是极诬,即谓性无不善,亦恐未是实见,不若相忘无言,各人去尽心于善。尽心于善,自知性善,此最是反本之言,解纷息争之妙诀也。

---

① 陈确:《原教》,《陈确集》别集卷4《瞽言三》,第456—457页。
② 陈确:《气情才辨》,《陈确集》别集卷4《瞽言三》,第453页。

> 恻隐之心人皆有之，能尽恻隐之心，然后知吾性之无不仁。羞恶之心人皆有之，能尽羞恶之心，然后知吾性之无不义。辞让是非之心，莫不皆然。故所谓尽心，扩而充之是也。苟能充之，虽曰未尝知性，吾必谓之知性；苟不充之，虽自谓知性，吾岂谓之知性者哉！①

在陈确看来，"性善"就要落实于"尽心"，在日用事物之中"迁善改过"是否得力。人之性"无不仁""无不义"，人人都有恻隐、羞恶、辞让、是非这四端，这就是性善，但是性善还必须要进一步去做扩充的工夫。陈确反对的就是空口言性，口中说什么"知性"，言之凿凿，迁善改过的工夫做得不得力，那么自己说是"知性"却绝对不是真正的"知性"；反之，迁善改过的工夫十分得力，那么即便自己不说什么"知性"，不谈及心性之言，却真是"知性"了。

关于后天的"扩充才尽"，还有一种特殊情况就是"有意为善"该如何看待？一般人如陈确的同门吴蕃昌就认为为善而有"沾沾自喜之心""不忘之心"等有意为善的行为非但不是善而是过。对此陈确提出了批评：

> 仲木曰："学者过端极多，不但过是过，即善亦是过也。如某时为某善，即有沾沾自喜之心，有不忘之心，有欲求人知之心，此等过端，又随之而至矣。"确曰：甚哉，吴子之好学也！自非笃志求道者，乌能体验及此乎！然故无害，但进善不已，此病自除。如学书者初学时辄夸示某竖某画好，又学，又夸示某字某字好，此岂非病，却亦是生意也。有此兴会，方肯去学。学之不已，而字之好者已不胜指，但觉得某字某字尚未尽善而已。觉得未善，方可与言书矣。学道者亦然。进善不已，则喜不胜喜，必且欿然，反生不足之心。故曰："学然后知不足。"②

陈确以学书法作比喻，初学时只是夸某一笔画好，继续学则夸某字好，再

---

① 陈确：《知性》，《陈确集》别集卷3《瞽言二》，第443页。
② 陈确：《近言集》，《陈确集》别集卷2《瞽言一》，第426页。

继续则反而说某画、某字还不够好了。为善也是如此，即便一开始有种"有意为善"的夸耀之心，只要之后能够"进善不已"就没有什么害处。因为为善带来的心灵喜悦，也会使人奋进，使人坚持不懈去为善，然后"喜不胜喜"自然就会去除夸耀之心。还反会生出"不足之心"，检讨自己为善去恶过程中的缺陷，所以即便是"有意为善"也无大妨。

第二，性习辨。陈确的人性论，与宋儒不同的还有对于"性"与"习"的辨析，首先我们来看陈确的《性习图》：

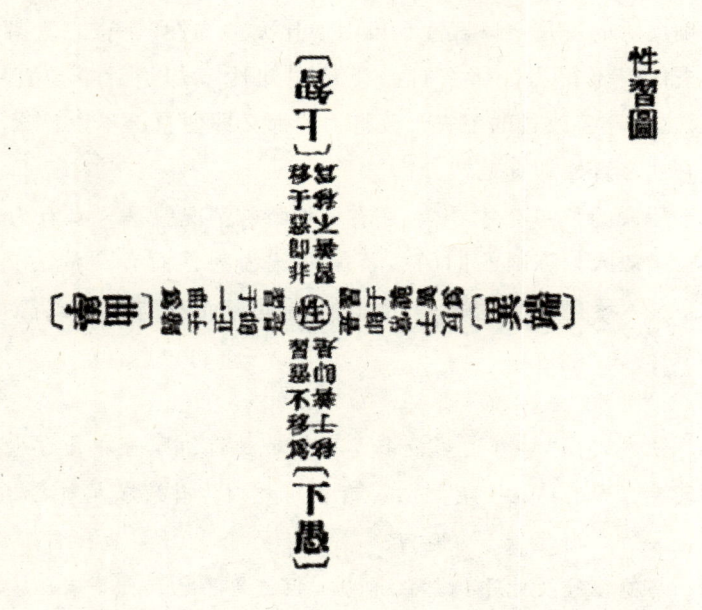

陈确《性习图》说：

> 习善不移为上智，上智移于恶即非性。习恶不移为下愚，下愚移于善即是性。习于诡异为异端，异端反于常即是性。习于一曲为曲学，曲学归于正即是性。①

在图的下方，陈确引有三句话：

---

① 陈确：《性习图》，《陈确集》别集卷5《瞽言四》，第459页。

子曰:"性相近也,习相远也。"

子曰:"唯上智与下愚不移。"

阳明子曰:"只是不肯移,非不可移。"

对上面两句,陈确有说明。"性相近也",注曰:"皆善者也。""习相远也",注曰:"始有善不善之分。""唯上智与下愚不移",注曰:"盖言习也,言相远之中,又有不移者。习善为智,习不善为愚。习善不移为上智,习恶不移为下愚。此智愚上下之所由分别也。"对于陈确《性习图》思想的分析,还有必要结合陈确另一段对"性"与"习"的分析:

> 其所以有善有不善之相远者,习也,非性也,故习不可不慎也。习相远矣,虽然,犹可移也。……若夫习成而不变者,唯上智下愚耳。上智习于善,必不移于不善;下愚习于不善,必不移于善。盖移之,则智者亦愚,愚者亦智;不移,则智者益智,愚者益愚。唯其习善而不移,故上智称焉;唯其习不善而不移,故下愚归焉。习之相远,又有若斯之甚者。故习不可不慎也,而性则未有不相近者也。①

《性习图》的主要思想有三点。其一,性善而不可移,习可以习善也可以习恶但可移。陈确发展了孟子"道性善"的思想,认为人性本善,后天表现出来的善与恶,不是先天具成的,而是后天的"习"造成的。"性"相近、本善,后天的"习",可以习于善,也可以习于恶,而且后天的"习"还可以迁移,可以移于习善或习不善。陈确也指出有两种人"习成"而不变,一是"上智",习于善而不移;一是"下愚",习于恶而不移。其二,"习"是否"可移"。陈确十分认同王阳明"只是不肯移,非不可移"的观点;反对二程的观点,"程子于'不移'字中,添一'可'字,便滞"。即便是智者,也会移于习恶;愚者也会移于习善。"上智"值得称道的就是因为习于善而不肯移,"下愚"被认为不可救药的就是因为习于恶而不肯移。其三,慎习。陈确认为后天的"习",比先天的"性"更加重要,"习"是"性"得以完成的关键。性善,但无法在性上

---

① 陈确:《子曰性相近也二章》,《陈确集》别集卷 5《瞀言四》,第 458 页。

做工夫；可以做道德实践工夫的只有"习"。陈确的"扩充才尽"说，也就是强调人性在后天的发展，人的一生都要"孳孳为善"。

于是陈确提出宋儒所说的"变化气质"，应该改为"变化习气"。他说：

> 虽张子谓"学先变化气质"亦不是。但可曰"变化习气"，不可曰"变化气质"。变化气质，是变化吾性也，是杞柳之说也。①

张载等宋儒都认为学者应该先变化气质，陈确反对义理之性与气质之性的二分，认为只有一性且性善，所以学者需要努力的就是后天的"变化习气"。"变化气质"之说在陈确看来是流于告子之学了。

陈确还作有《性习图咏》对《性习图》中的思想进一步阐发：

> 性近如一家，习远如万里。当其未分途，尧、跖本密迩，偶歧南北辕，燕、越随所诣。万里虽云遥，回身道即是，转移一念间，圣狂真忽尔。恶胡可自弃？善亦安足恃？惟上智下愚，执心坚石比。为善若勿及，为恶日无已，没身不移易，上下天渊矣。王云"不肯移"，斯言有至理。儒俗遂成讹，纷纷奚所止。千秋孔、孟心，灭没竟谁启！②

性善相近而习远，远如万里，远如燕与赵。在习善、习恶尚未分别之时，即便是"圣尧"与"盗跖"，其性也是一样的，只是后来走错了路，南辕北辙了而已。即使习之远如万里，但是转身往回走，一念之间，还是可以改变习之于善恶的。"上智"之人习于善，"下愚"之人习于恶，都是心如磐石，坚定不移。为人还是要努力改变习气，汲汲习于善，切莫习于恶，人生很短暂，善恶如天渊。王阳明说习只是"不肯移"，可惜俗儒往往将性与习的道理解错，纷纷扰扰。孔子、孟子相传的真理，竟然没有人来传承。

---

① 陈确：《气情才辨》，《陈确集》别集卷4《瞽言三》，第454页。
② 陈确：《性习图咏》，《陈确集》别集卷5《瞽言四》，第460页。

第三，气情才辨。对于"性"与气、情、才三者的关系，陈确也有一番详尽的辨析。这主要集中在《气情才辨》《气禀清浊说》二文之中。陈确说：

> 一性也，推本言之曰天命，推广言之曰气、情、才，岂有二哉！由性之流露而言谓之情，由性之运用而言谓之才，由性之充周而言谓之气，一而已矣。性之善不可见，分见于气、情、才。情、才与气，皆性之良能也。天命有善而无恶，故人性亦有善而无恶；人性有善而无恶，故气、情、才亦有善而无恶。①

在他看来，性只是一个性，没有什么天命之性与气质之性之分。性，推究其本即"天命"，推广而言即"气、情、才"。其中性的自然流露为"情"；性运用于日用事物为"才"；性在发展过程中的扩充、周转为"气"。"气、情、才"也只是一回事，都是一性的表现。性本善，但这性之"本善"却不可见，必须通过"气、情、才"的表现才可见。

陈确认为"性"是"有善无恶"的，所以"气、情、才"也是有善无恶的。关于"情"与"才"的"有善无恶"，他还引了《孟子·告子上》"若其情，则可以为善矣""若夫为不善，非才之罪也""非天降才而殊也"等加以论证。关于"气"的"有善无恶"，陈确引了《孟子·公孙丑上》"其为气也，至大至刚，直养无害，则塞乎天地"等，他说："是知气无不善，而有不善者，由不能直养而害之也。"能够直养的"浩然之气"自然应该是"有善无恶"。他还说：

> 《中庸》以喜怒哀乐明性之中和，孟子以恻隐、羞恶、辞让、是非明性之善，皆就气、情、才言之。气、情、才皆善，而性之无不善，乃可知也。孟子曰"形色天性也"，而况才、情、气质乎！②

在陈确看来《中庸》所论"喜怒哀乐"，与孟子所论四端，都是结合了"气、

---

① 陈确：《气情才辨》，《陈确集》别集卷4《瞽言三》，第451—452页。
② 同上书，第453—454页。

情、才"来说明性是"有善无恶"的。孟子说"形色"也即是"天性"的表现,所以"性"与"气、情、才"都是一回事,都是"有善无恶"。

宋儒认为气之清浊,是性之善恶的关键,二程说:

> "生之谓性",性即气,气即性,生之谓也。人生气禀,理有善恶,然不是性中元有此两物相对而生也。有自幼而善,有自幼而恶,是气禀有然也。善固性也,然恶亦不可不谓之性也。①

朱子说:

> 才说性时,便有些气质在里。若无气质,则这性亦无安顿处。所以继之者只说得善,到成之者便是性。②

> 人之性皆善。然而有生下来善底,有生下来恶底,此是气禀不同。且如天地之运,万端而无穷,其可见者,日月清明气候和正之时,人生而禀此气,则为清明浑厚之气,须做个好人;若是日月昏暗,寒暑反常,皆是天地之戾气,人若禀此气,则为不好底人,何疑!人之为学,却是要变化气禀,然极难变。③

程、朱将性二分为天命之性与气质之性,性的善、恶源自气禀的清、浊等,陈确对此都十分反对。他说:

> 程子曰"性即气,气即性",是矣。而又曰"生人气禀,理有善恶"何耶?曰"有自幼而善,有自幼不善,善固是性,恶亦不可不谓之性",将告子情事,和盘托出。解之者曰:"是盖言生之谓性,所谓气质之性也。"是固然矣。冤哉!气质何以独蒙恶声耶?吾未之前闻也。④

说性与气是一回事,陈确是认同的,气禀之说则完全反对。说人生自幼就

---

① 程颢、程颐:《端伯传师说》,《程氏遗书》卷1《二先生语一》,《二程集》,第10页。
② 朱熹:《朱子语类》卷4《性理一》,第66页。
③ 同上书,第69页。
④ 陈确:《气情才辨》,《陈确集》别集卷4《瞽言三》,第453页。

有善、不善，在他看来就是告子的观念。这里的关键还是对于气的清浊的认识。陈确对此有辨析：

> 气之清浊，诚有不同，则何乖性善之义乎？气清者无不善，气浊者亦无不善。有不善，乃是习耳。若以清浊身分善恶，不通甚矣。斯固宋人之蔽也。气清者，非聪明才智之谓乎？气浊者，非迟钝拙呐之谓乎？夷考其归：聪明材辨者，或多轻险之流；迟钝拙呐者，反多重厚之器。何善何恶，而可以此诬性哉！……清者恃慧而外驰，故常习于浮；浊者安陋而守约，故常习于朴。习于朴者日厚，习于浮者日薄。善恶之分，习使然也，于性何有哉！故无论气清气浊，习于善则善，习于恶则恶矣。故习不可不慎也。①

陈确此说，肯定了气有清、浊的差异，善、恶也与气禀有关。但是，气禀之后其"善"是一样的，气禀只是导致了受"习"影响的不同，然后导致了善恶的实际表现不同。而且清、浊的影响并不是气清者为好人、气浊者为不好的人。气清者有"聪明材辨"也容易导致"轻险之流"；气浊者"迟钝拙呐"反而多有"重厚之器"。这在陈确看来，也就是因为"习"，气清者"恃慧而外驰，故常习于浮"；气浊者"安陋而守约，故常习于朴"。

所以，气禀虽然有差异，但并不是善、恶的关键。善与恶还是在于后天如何"变化习气"，无论气清、气浊，后天的"慎习"才是最重要的。陈确就说："故践形即是复性，养气即是养性，尽心、尽才即是尽性，非有二也。"② 性不可见，通过"气、情、才"来表现出来，那么复性之善，也必须通过"气、情、才"来实现。特别是"践形"与"养气"，还是要落实于日用事物之中去。

二 对宋儒人性论三大批判

第一，"'本体'从佛氏脱胎来者"。

---

① 陈确：《气禀清浊说》，《陈确集》别集卷4《瞽言三》，第455页。
② 陈确：《气情才辨》，《陈确集》别集卷4《瞽言三》，第454页。

陈确指宋儒之学为"禅障",主要是就"无欲""无极""主静"等命题而言,这些命题又是与"求本体"密切相关。他在《禅障》一文中说:

> 宋明诸大儒,始皆旁求诸二氏,久之无所得,然后归本六经,崇圣书而排佛老,不亦伟乎!然程、朱谓二氏之说过高,弥近理,则犹是禅障也。非惟程、朱为然也。虽周子之言无欲,言无极,言主静,皆禅障也。①

陈确并不是全盘否定宋儒之学,对于宋儒"旁求诸二氏",最后能"归本六经"是有所肯定的,但是他说宋儒于"二氏"之学"久治无所得"的断语,实际上堵塞了适当借鉴"二氏"之学的合理性,具有儒学原教旨主义的色彩。他说周敦颐"无欲""无极""主静"等命题都是禅障,也有武断之嫌。陈确对"禅障"的批评,更多集中在程颐、朱熹那里,他接着说:

> 朱子谓"静"字稍偏,不若易以"敬"字,善矣。而伊川每见人静坐,辄叹其善学。门人问力行之要,曰:"且静坐。"朱子则教学者以半日静坐,半日读书。其体"静"字,较周子弥粗,去禅弥近矣。曰"察识端倪",曰"须先明一个心",曰"非全放下,终难凑泊",曰"略绰提撕",曰"在腔子里",曰"活泼泼地",曰"常惺惺",曰"颜子所乐何事",曰"观未发前气象",曰"性通极于无",曰"才说性便已不是性",曰"无善无恶",曰"妄心亦照",曰"无妄无照",曰"心有所向便是欲",曰"有所见便是妄"曰"既无所向,又无所见,便是无极而太极",如此等语,未可悉数,皆禅障也,皆尝习内典而阶之厉也。嗟乎!佛教之溺人,会何时而已哉。

对程颐、朱熹的"主敬"说,陈确多有肯定。但是程、朱也说"主静",

---

① 陈确:《禅障》,《陈确集》别集卷4《瞽言三》,第445页。

提倡"静坐"。"体静"之说,在他看来就是禅障。接着他列举了十多个宋儒之学中的重要命题,并都指为禅障,其中大多与求本体相关。"察识端倪""观未发前气象"等都是在讲"主静"以"求本体";"性通极于无""才说性便已不是性"等都涉及"天命之性",其实也是在讲"本体"。

"非工夫则本体何由见",陈确几乎完全不讲先天本体,只讲后天的工夫,他说:

> 盖孟子言性必言工夫,而宋儒必欲先求本体,不知非工夫则本体何由见?孟子即言性体,必指其切实可据者,而宋儒辄求之恍惚无何有之乡。如所云平旦之气,行道乞人之心,与夫孩少赤子之心,四端之心,是皆切实可据者。即欲求体,体莫著于斯矣。①

从原始儒学出发,陈确认为孟子即便讲"性体"也"切实可据",如"平旦之气""四端之心"等都"切实可据",所以求本体就应该落实于这些"切实可据",当下即可做工夫的地方。陈确较为集中地反对"本体"是在与刘汋的书信之中:

> 来教以弟引孟子"存心"、"求放心"等语为道性善本旨,而不言性善之体,此亦蔽于习而不思之故也。性即是体,善即是性体。既云"道性善",又云"不言性善之体",岂非骑驴觅驴乎!"本体"二字,不见经传,此宋儒从佛氏脱胎来者。……后儒口口说本体,而无一是本体;孔、孟绝口不言本体,而无言非本体。子曰"性相近",则近是性之本体;孟子"道性善"则善是性之本体。②

在陈确看来,"道性善",承认人性本善,就是说善是性之体,也就不必再去别求一个"性善之体",或者说"性善的本体"的说法本身就是荒谬的。他认为,原始儒学的经典中根本就没有"本体"之说,没有形上之

---

① 陈确:《原教》,《陈确集》别集卷5《瞽言四》,第457页。
② 陈确:《与刘伯绳书》,《陈确集》别集卷4《瞽言三》,第466—467页。

论，只有形下的"下学"工夫而已；"本体"二字，完全是宋儒从佛教那里借来的。陈确将"性相近""道性善"等孔、孟切近之言作为对于性学本体的把握，因此孔孟不谈本体却能真正把握本体，宋儒"口口说本体"却无法把握本体。他的这些说法，都是从"非工夫则本体何由见"的观念出发的。陈确还说：

> 气、情、才而云非性，则所谓性，竟是何物？非老之所谓无，即佛之所谓空矣。故张子谓"性通极于无"，程子谓"才说性便不是"，其供状也。彼自以为识得本然之性，而已流于佛、老而不自知，斯贼性之大者。今夫心之有思，耳目之有视听者，气也。思之能睿，视听之能聪明者，才也。必欲冥而思虑，黜而睿智，以求心之本体，收而视听，杜而聪明，以求耳目之本体，安得而不禅乎？故践形即是复性，养气即是养性，尽心、尽才即是尽性，非有二也，又乌所睹性之本体者乎？要识本体之性，便是蒲团上语，此宋儒之言，孔、孟未之尝言也。①

他认为张载"性通极于无"、程颢"才说性便不是"等关于"本然之性"的本体之学都是流于佛老。所以他论性，就落实于"气、情、才"等形下的工夫之学，回归于践形、养气与尽心、尽才等扩充尽才的具体的修养工夫之上。

程颢说："人生而静以上不容说，才说性，便已不是性矣。"这一命题，陈确常常举为禅障的典型，认为如此捉摸本体，完全就是凌驾于孔、孟之上，离开了儒学本来。他说：

> 甚云"人生而静以上不容说，才说性，便已不是性矣"，则所谓性竟是何物？惑世诬民，无若此之甚者。犹各侈然自以其说直驾孔、孟之上，此尤可痛哭流涕长太息者也。②

---

① 陈确：《气情才辨》，《陈确集》别集卷4《瞽言三》，第454页。
② 陈确：《原教》，《陈确集》别集卷5《瞽言四》，第457页。

关于此问题，牟宗三先生指出："至于'人生而静'以上，则'不容说'也。'不容说'是无性之名与实之可言，并非言语道断，不可思议之义也。有生以上既不容说性，则一说性时，便在有生以后，便与气禀滚在一起，便有因气禀之不齐与拘蔽而成之不同之表现，便已不是性体自己之本然而粹然者，故云：'才说性时，便已不是性也。'不是性，是说不是性之本然与粹然，并非言不是性，而成了别的。实仍是性，不过不是性生体自己之本然与粹然而已。"① 程颢的说法，其实并不是故意去捉摸"性之本体"，而是将性分为"本然之性"与"气质之性"，那么人生之后说性则都是后天的"气质之性"，这一点牟宗三先生已经作了分析，陈确显然有所误解，不过他说宋儒"求本体"与禅宗的流行有关则应当是说对了。

第二，"分气质之性与义理之性为二"。

宋儒论性"分气质之性与义理之性为二"，义理之性也就是天地之性、本体之性、本然之性、本心等等；气质之性则是后天气禀而生成。张载说："形而后有气质之性，善反之，则天地之性存焉。故气质之性，君子有弗性者焉。"② 义理之性即源于天、道的人之本然之性，与后来生成的气质之性相对；义理之性是超越的、理想状态的；气质之性是现实的，需要经过不断的道德实践"工夫"，才能越来越接近义理之性。这些讨论也都与"本体"之说相关，属于形而上的义理之学。陈确反对形上、本体之说，进而反对将"性"区分为"本体之性"与"气质之性"。

说到宋儒"性二分说"的根源，在陈确那里有两种情况。其一，认为源于告子与孟子，他说："后儒无识，罔欲调停孟、告之间，就中分出气质之性，以谢告子；分出本体之性，以谢孟子。"③ 陈确还说：

> 夫子之言性如此。抑孟子道性善，实本孔子。后儒妄生分别，谓孔子所言，气质之性也；孟子所言，本然之性也；本然之性无不善，而气质之性有善有不善：支离如此。夫有善有不善，是相远，非相近，是告子之说也。如是言性，可不复言习矣。

---

① 牟宗三：《心体与性体》中册，第141页。
② 张载：《正蒙》，《张载集》，第23页。
③ 陈确：《气情才辨》，《陈确集》别集卷4《瞽言三》，第452—453页。

> 大抵孔、孟而后，鲜不以习为性者。人岂有二性乎！二之，自宋儒始。既分本体与气质为二，又分气质之性与义理之性为二，不惟二之，且三之矣。若谓孔、孟皆见其偏，而张、程氏独见其全，尤极狂悖。彼自以调停孟、告而得其中，抑子所云"小人之中庸也，小人而无忌惮也"。①

在陈确看来，宋儒首先将孔子、孟子论性二分：孔子"性相近"为"气质之性"，有善有不善；孟子之说为"本然之性"，无不善。然而论性"有善有不善"，本来就是告子之说，所以还是告子之说在作怪。孔孟之后的儒者，往往"以习为性"，"分气质之性与义理之性为二"，甚至"三分"为"上智、中人、下愚"等，其目的则是调停孟子与告子，从而解决性与习的关系，这样就支离了。至于有的宋儒以为孔、孟论性"见其偏"，张、程论性"独见其全"则"尤极狂悖"。宋儒的"性二分说"，陈确将其归为受到告子的影响，他还有另一说法，即从荀子、告子那里继承了"气质之性"；从佛老那里继承了"本体之性"。他说："诸儒言气质之性，既本荀、告，论本体之性，全堕佛老。"②陈确还说：

> 宋儒分本体、气质以言性，何得不支离决裂乎？性即是本体，又欲于性中觅本体，那得不禅？其曰"气质之性"者，是为荀、告下注脚也；曰"本体之性"者，是为老佛传衣钵也。③

在陈确看来，"气质之性"相关说法与荀子、告子有关，然后他就强调性就是"气、情、才"的本体，本不可二分，宋儒还要在"性"中寻觅出一个"本体之性"，就是禅障，就会将性"支离决裂"了。陈确又说：

> 荀、杨语性，已是下愚不移。宋儒又强分个天地之性、气质之性，谓气、情、才皆非本性，皆有不善，另有性善之本体在"人生

---

① 陈确：《子曰性相近也二章》，《陈确集》别集卷5《瞽言四》，第458页。
② 陈确：《圣学》，《陈确集》别集卷3《瞽言二》，第442页。
③ 陈确：《与刘伯绳书》，《陈确集》别集卷17《大学辨四》，第620页。

而静"以上,冥窗西来幻指!一唱百和,学者靡然宗之,如通国皆醉,共说醉话,使醒人何处置喙其间?噫!可痛也。①

宋儒强分"天地之性"与"气质之性",然后就认为"气、情、才"都不是本性,都有不善,而后就需要去寻觅全善之"本体",这些在陈确看来都是禅学。

再看陈确对性二分说批评的理论依据,其实还是孟子的"道性善",从而推出"气、情、才"都是善的,既然都是善的,那么二分之说就有矛盾。陈确说:

> 不知离却气质,复何本体之可言耶?又曰"既发谓之情",曰"才出于气,故皆有善不善"。不知舍情才之善,又何以明性之善耶?皆矛盾之说也。②

> 所谓天命之性,即不越才、情、气质而是,而无俟深求之玄穆之乡矣。惟《中庸》言天命,仍不离乎日用伦常之间,故随继之以率性之道;尤不可忘戒惧慎独之功,故又终之以修道之教。三语一直贯下,非若《乐记》分天与人而二之也。③

《中庸》"天命之谓性,率性之谓道,修道之谓教"三句"一直贯下",本来就没有区分天、人,而且《中庸》也指出了天命、道不离日用伦常,需要戒惧慎独之功等,所以陈确得出"天命之性"也就是"才、情、气",这三者本来就是一回事。他的这种解释,凸显了《中庸》论性的形下一面,也有一定的道理,但是毕竟《中庸》论性还有形上的一面,所以如此批评宋儒并不适当。从《中庸》出发批评宋儒人性论,陈确还说:

> 兄谓"《商书》'维皇降衷'、《中庸》'天命之性'皆指本体言",此诬之甚也。皇降、天命,特推本之词,犹言人身则必本之亲

---

① 陈确:《性解下》,《陈确集》别集卷4《瞽言三》,第451页。
② 陈确:《气情才辨》,《陈确集》别集卷4《瞽言三》,第452—453页。
③ 陈确:《答朱康流书》,《陈确集》别集卷5《瞽言四》,第472页。

> 生云耳。其实孕育时，此亲生之身，而少而壮而老，亦莫非亲生之身，何尝指此为本体，而过此以往，即属气质，非本体乎？以词害意，便动成隔碍。①

伪《古文尚书·汤诰》"惟皇上帝，降衷于下民，若有恒性"在陈确看来，只是关于人身的"推本"之论。这里陈确将"推本"解释为"人身则必本之亲生"，将形而上的"推本"，与形而下的"推本"等同起来，以此来反对宋儒区分"义理之性"与"气质之性"。这样的做法就批评将人生之初定为天命之性、后天生成定为气质之性来说，也有一定的道理。但是母与子关系的推本，是形下的、具体的事例；义理之性与气质之性的关系，则是形上的、抽象的理论上的探讨，二者的类比是有问题的，混同了形上与形下还是难以说服他人。陈确关于"性二分说"的批评，还有反对张载的"性通极于无"之说。他说：

> 如"性通极于无"等语，皆指本体言，尤罔世之甚者。性岂有本体、气质之殊也？孟子明言气、情、才皆善，以证性无不善。诸子反之，昌言气情才皆有不善，而另悬静虚一境莫可名言者于形质未具之前，谓是性之本体，为孟子道性善所自本，孟子能受否？援儒入释，实自宋儒，圣学遂大泯丧，人心世道之祸，从此始不可振救也。②

"气、情、才"三者在孟子那里是否真的"皆善"，难以定论。至于"性通极于无"，陈确一见"无"字便以为佛老，更是有点过了。刘宗周说："心体浑然至善，以其气而言谓之虚，以其理而言谓之无。至虚，故能含万象，至无，故能造万有。而二氏者，虚而虚之，无而无之。是以蔽于一身之小，而不足以通天下之故；逃于出世之大，而不足以返性命之原，而谓之无善也亦宜。"③在刘宗周看来，儒家言说本体、虚无等等，与佛老

---

① 陈确：《与刘伯绳书》，《陈确集》别集卷5《瞽言四》，第466—467页。
② 陈确：《圣学》，《陈确集》别集卷3《瞽言二》，第442页。
③ 刘宗周：《学言中》，《刘宗周全集》第2册，第410页。

是不一样的，佛老说虚无目的在于一身的出世，儒家说虚无则是通天下之故、返性命之源。所以陈确的这种批判，比其老师过头了许多。

不过陈确反对宋儒的"性二分"还是有一定意义的，这主要也是承继刘宗周的思想。刘宗周说："凡言性者，皆指气质而言也。或曰'有气质之性，有义理之性'亦非也。盈天地间止有气质之性，更无义理之性。如曰气质之理即是，岂可曰义理之理乎？"①刘宗周就提出只有一个气质之性，性不可二分。陈确将之发展，并且对宋儒的"性二分"展开了较为细致的批判，对于后来的学者撇开宋儒来探索人性之生存，有一定价值。

第三，"无欲安可作圣"。

陈确对于宋儒人性论的批评，影响最大的还是天理人欲之辨。指出"无欲安可作圣"，在这一点上陈确也寻到其源头。《礼记·乐记》中说："人生而静，天之性也；感于物而动，性之欲也。物至知知，然后好恶形焉，好恶无穷于内，知诱于外不能反躬，天理灭矣。夫物之感人无穷，而人之好恶无节，则是物至而人化物也。人化物也者，灭天理而穷人欲者也。于是有悖逆诈伪之心，有淫佚作乱之事。"陈确则说：

> 《乐记》"人生而静，天之性也"二语，本是禅宗。其书大半本《荀子》，曾何足凭！不意遂为性学渊源，后之言性体者必本之，此大怪异事，正弟所欲亟辨者。②
>
> 《乐记》："人生而静，天之性也，感于物而动，性之欲也。"已将天与人判然分作两橛，非推而远之何？故程子曰："人生而静以上不容说，才说性便已不是性。"由此其误也。③

正是在《礼记·乐记》之中"人生而静，天之性也"被宋儒引为"本体之性"与"气质之性"二分的依据；而其中的天理、人欲之辨，则更是被宋儒发展为"存天理灭人欲"之说；还有《乐记》之中已经将天、人判然分作两橛等等，陈确所指明的这些人性论源流可以说基本就是事实。

---

① 刘宗周：《学言中》，《刘宗周全集》第2册，第418页。
② 陈确：《与刘伯绳书》，《陈确集》别集卷5《瞽言四》，第466—467页。
③ 陈确：《答朱康流书》，《陈确集》别集卷5《瞽言四》，第473页。

不过，他认为《乐记》"本是禅宗"或"大半本《荀子》"，这一批评依旧十分武断，说是禅宗则不符合禅宗发展的历史，说是《荀子》则也是根据不足的。

关于天理人欲之辨，真正有影响的还是在于宋儒本身。周敦颐说："无欲故静。"① 程颢说："人心莫不有知，惟蔽于人欲，则忘天理也。"② 朱熹说："人之一心，天理存，则人欲亡；人欲胜，则天理灭；未有天理人欲夹杂者。""言明明德、新民，皆当至于至善之地而不迁，盖必其有以尽夫天理之极，而无一毫人欲之私也。"③ 到了宋儒那里才将天理与人欲分为两端，并对立起来了。

陈确则反对捉摸本体，反对人性的天、人二分，最终指向就是天理与人欲之分。他十分大胆地指出："人欲正当处，即是理，无欲又何理乎？""无欲安可作圣，可作佛耳。要之，佛亦乌能无欲，能绝欲耳。"④ 故此，作有《无欲作圣辨》：

> 陈确曰：周子无欲之教，不禅而禅，吾儒只言寡欲耳。圣人之心无异常人之心，常人之所欲亦即圣人之所欲也，圣人能不纵耳。饮食男女皆义理所从出，功名富贵即道德之攸归，而佛氏一切空之，故可曰无，奈何儒者而亦云耳哉。确尝谓人心本无天理，天理正从人欲中见，人欲恰好处，即天理也。向无人欲，则亦并无天理之可言矣。他日致友人书云："绝欲非难，寡欲难；素食非难，节食难。"确每自体验，深知之。是知异端偷为其易，圣学勉为其难，邪正之分，端在于此。而周子以无立教，是将舍吾儒之所难，而从异端之所易也，虽然不禅，不可得矣。其言无极主静，亦有弊。学者只从孔、孟之言，尽有从入处，何必又寻题目，多为异端立帜乎？
>
> 又曰：欲即是人心生意，百善皆从此生，止有过不及之分，更无有无之分。流而不反，若贪愚之俗，过于欲者也。割情抑性，若老、庄之徒，不及于欲者也。贤人君子，于忠孝廉节之事，一往而深，过

---

① 周敦颐：《太极图说》，《周敦颐集》，第6页。
② 程颢：《明道先生语一》，《河南程氏遗书》卷11，《二程集》，第123页。
③ 黎靖德编：《朱子语类》卷13，第224页；朱熹：《四书章句集注》，第3页。
④ 陈确：《禅障》，《陈确集》别集卷4《瞽言三》，第445页。

于欲者也。顽懦之夫,鞭之不起,不及于欲者也。圣人只是一中,不绝欲,亦不从欲,是以难耳。无欲作圣,以作西方圣人则可,岂可以诬中国之圣人哉!山阴先生曰:"生机之自然而不容已者,欲也;而其无过不及者,理也。"斯百世不易之论也。①

在此文中,陈确还是照旧将"无欲"断为禅学,凡是说"无"都是佛老,周敦颐"无欲故静""主静立人极"都是禅学,都有大弊。然后,他指出儒学只是"寡欲"而不是"无欲","欲即是人心生意",所以只有过、中、不及之分,没有有、无之分;还说圣人之心与常人无异,因此圣人之欲也同于常人,圣人与常人的区别只是在于能够不"纵欲",即合于义理,"圣人只是一中,不绝欲,亦不从欲"。他还从亲身的体验说明,"寡欲""一中"实为难,至于"无欲"更完全不可能,"绝欲"则都是佛老之说了。至于天理与人欲的关系,他的看法更是颠覆性的:"天理正从人欲中见,人欲恰好处,即天理也。"天理、善,都在人欲之中显现,彻底打破了天理、人欲的二分。

陈确反对无欲,甚至说"真无欲者,除是死人"。即便连陈确的老师刘宗周曾写过《学戒四箴》的"人生大戒,酒色财气四者"②,陈确也认为并不需要一概摒弃。他说:

> 不为酒困是酒中之理,不淫不伤是色中之理,不辞九百之粟是财中之理,不迁怒是气中之理,虽指为道中之妙用,奚为不可?太王好色,公刘好货,文王、武王皆好勇,固是孟子曲诱时主之书,却正是近情之言。所欲与聚,推心不穷,生生之机,全恃有此。而周子以无立教,非禅而何?五伦悉是情种,佛则空之;万皆吾同爱,老则遗之。故曰无,儒者亦云尔乎?……真无欲者,除是死人。此尤吾学与异学人禽分别处,不敢不力辨也。③

---

① 陈确:《无欲作圣辨》,《陈确集》别集卷5《瞽言四》,第461页。
② 刘宗周:《学戒四箴》,《刘宗周全集》第4册,第341页。
③ 陈确:《与刘伯绳书》,《陈确集》别集卷5《瞽言四》,第468—469页。

陈确指出"酒色财气","君子则何尝一概谢绝",而且还以周朝的先王太王、公刘以及文王、武王、孟子等等的好色、好货、好勇为例,这些圣人喜好"酒色财气"等,只是所欲得乎中道。所以,"酒色财气"只要守中,即是合于理,也就是"为道中之妙用"。反过来,周敦颐的"无欲故静"之说,有禅学的嫌疑了。

关于什么是"人欲",陈确将"富贵福泽"与"忠孝节义"都定为人之所欲。他说:

> 人欲不必过为遏绝,人欲正当处,即天理也。如富贵福泽,人之所欲也;忠孝节义,独非人所欲乎?虽富贵福泽之欲,庸人欲之,圣人独不欲之乎?学者只时从人欲中体验天理,则人欲即天理矣,不必将天理人欲判然分作两件也。虽圣朝不能无小人,要使小人渐变为君子。圣人岂必无人欲,要能使人欲悉化为天理。君子小人别辨太严,使小人无站脚处,而国家之祸始烈矣,自东汉诸君子始也。天理人欲分别太严,使人欲无躲闪处,而身心之害百出矣,自有宋诸儒始也。君子中亦有小人,秉政者不可不知;天理中亦有人欲,学道者不可不知。①

在陈确看来,贤人君子往往对"忠孝节义"之欲的追求太过,譬如东汉党人,君子、小人之辨太过严苛,使得小人无处立脚,也是导致国家祸乱的根源。反之,对于"富贵福泽"之欲的遏止太过,譬如宋儒,天理、人欲之辨太过严苛,使得正常的人欲无法躲闪,也导致了种种身心之害。他认为君子、小人没有明确的界限;天理、人欲也没有明确的界限,都不能判为两件。君子与小人之分别,就在于"两欲相参",如何取舍,是否合于理。陈确说:

> 生,所欲也,义,亦所欲也,两欲相参,而后有"舍生取义"之理。富贵,所欲也,不去仁而成名,亦君子所欲也,两欲相参,而后有"非道不处"之理。推之凡事,莫不皆然。②

---

① 陈确:《近言集》,《陈确集》别集卷2《瞽言一》,第425页。
② 陈确:《与刘伯绳书》,《陈确集》别集卷5《瞽言四》,第468页。

"舍生取义"的前提是"生"与"义""两欲相参",必须要有一个取舍。《孟子·告子上》:"生,亦我所欲也,义,亦我所欲也;二者不可得兼,舍生而取义者也。"同样"富贵"与"仁"其实也是"两欲相参"要有一个取舍。《论语·里仁》:"富与贵,是人之所欲也;不以其道得之,不处也。贫与贱,是人之所恶也;不以其道得之,不去也。君子去仁,恶乎成名?"这里都是一个"所欲"的取舍问题,而不是要灭绝其中某一"所欲",因为生、义、富贵、仁都是人之"所欲",只是"不可得兼",不得不作出选择。那么选择的标准就是理、道,最后看是否合于理的欲胜过了不合于理的欲,凡事都是如此而已。陈确说:

> 欲胜理为小人,理胜欲为君子,绌欲从理,儒者克己之学也。世俗流而不反,以至于纵;二氏一切空之,以至于无。两病正相等,要是其诈耳。二氏乃多欲之甚者,却累离尘,以求清静,无欲之欲,更狡于有欲。而曰长生,曰无生,妄莫大焉,欲莫加焉。①

欲与理的胜负,也就决定了君子与小人,但是这一分辨不可过于严苛。纵欲是要反对的,同样绝欲也是要反对的,陈确认为二者都是有弊病。而且"无欲之欲",也即寻求"长生""无生"更是大妄、大欲,更是弊病。陈确反对宋儒"天理人欲之辨",对于宋儒的学说并不多作分析,所以其理解有其隔处,不过就清初的人性论发展来看,他舍去宋儒的种种分与辨,强调在"人欲正当处"求天理,当更加有利于道德的实践。

三 陈确人性论的学术史意义

陈确的人性论,具有明显的儒家原教旨主义色彩,主要包括回归原始儒学与批判宋儒两个方面。

从对原始儒学的回归来看,陈确的人性论核心思想为"扩充才尽"说,已经将孟子的"性善"说与《周易》"继善成性"说相结合了,他认为"性善"但并非先天具足,还需要后天努力、不断发展,而人的一生就是一个本性之善不断成长完善的过程。陈确的人性论著述还特别重视

---

① 陈确:《与刘伯绳书》,《陈确集》别集卷5《瞽言四》,第469页。

对性、习的分辨，他的《性习图》说明了上智、下愚、异端、曲学之间的差别就在于"习"是否"移"，所以他再三强调"慎习"。陈确还重视对"气、情、才"的分辨，这三者都是性的表现，性善故"气、情、才"皆善，然而这三者受到"习"的影响却有不同，如清浊不同的"气"都善，但受了"习"的影响就会有不同表现，所以要恢复性善，在"慎习"的同时也必须注意对"气、情、才"的修养。

从对宋儒的批判来看，总体而言陈确的批判太过绝对，《性解》系列关于人性论的考辨有失之武断之处。他不喜"形上玄远之学"，所以一谈及形上问题就以"禅障"，落入佛学为理由极力辟之。他反对"气质之性"与"天命之性"的天、人二分，认为强分为二就是"离人尊天"的表现，也是"援儒入释"的表现。宋儒谈"本体"，确实是受到佛学的影响，这一点陈确说得应该没错。再看"性二分说"，无论是否吸收了佛老元素，就解释人性的先天与后天等问题来说还是很有价值的，陈确的批评没有什么太大必要。宋明理学本来就是吸收佛、道两家的某些因素而发展起来的，但是其核心思想却还是儒学，所以也不能因为涉及佛老的语言便一概排斥。

事实上陈确反对捉摸本体，反对人性的天、人二分，最终指向的就是人欲与天理的不可分，指出"无欲安可作圣""天理正从人欲中见"。他说宋儒的人性论，离佛老二家近，希望通过自己的批判使得孔孟之旨复明。陈确的人性论，与其"素位之学"一样，都是反对空谈义理，倡导践履笃实的心性之学，注重于将心性之论落实于日用事物之中的工夫。就心性与践履的关系等方面，他的《性解》改重本体为重工夫，切实的人性工夫论对于救治晚明学术的空疏之风也有一定的作用。他重新重视《孟子》的人性论，"扩充才尽"说对"继善成性"等儒家人性论有所发展和补充，后来被黄宗羲《孟子师说》摘录，从而对清代人性论的发展有着重要的意义。

陈确其实既不是一个严格意义上的理学家，又不是一个严格意义上的考据学家，所以他在人性论上提出了一些新看法，但他的这些新看法背后那些对宋儒的批判却还是有其历史局限性的。尽管如此，陈确对宋儒人性论的批评，在中国人性论发展史上有着特殊的意义。明中叶以来，出现了一批反对宋儒"存天理灭人欲"观念的学者，在陈确之前有罗钦顺

（1465—1547）、王廷相（1474—1544）、吴廷翰（1491—1559）、李贽（1527—1602）等人，之后还有朱之瑜（1600—1682）、王夫之（1619—1692）、颜元（1635—1704）、戴震（1724—1777）等人，而陈确围绕宋儒人性论所作的较为详尽而彻底的考辨，不但在同时代的学者之中颇为少见，而且在明清之际的人性论发展史上也具有一定代表性，成为不可忽视的重要成果。陈确对宋儒人性论的考辨，通过黄宗羲与陈确的论学书、墓志铭，也应当对清代学者讨论相关问题有一定的启发。

第四节 《大学辨》之辩：以陈确与张履祥的论辩来看蕺山学派分化

陈确与张履祥二人出于对师承的不同理解，因而在学术趋向上大为不同，分别代表了蕺山学派分化的两个不同方向。陈确发展师说而趋向于陆王心学，同时又对理学持有批判态度，其学术受到另一同门黄宗羲的欣赏，他的《大学辨》以考证的方法解决义理的困境，对于清初学术从理学转向朴学影响深远。张履祥则逐渐偏离师说而趋向于程朱理学，以躬行践履著称，其尊朱黜王思想对康熙朝理学的发展影响较大。所以，他们之间围绕《大学》真伪而发生的论辩，是一个关系他们二人的学术趋向、观点乃至清初学术转型的重要问题。① 因此，本节详细考辨他们围绕《大学》真伪的论辩过程，并且对二人论辩所体现的学术趋向、观点差异及其在清初学术转型中的意义进行辨析。②

---

① 本节的部分内容曾发表于《浙江学刊》2010年第2期，第82—89页；也收录于姜广辉先生主编《中国哲学》（第26辑：经学今诠五编），辽宁教育出版社2010年版，第382—418页；拙著《张履祥与清初学术》，第185—217页。关于《大学辨》本书学界相关研究较多，较为重要的有詹海云先生《陈乾初大学辨研究》，台湾明文书局1986年版；林庆彰先生《清初的群经辨伪学》第7章《考辨大学》之二、三节，上海华东师大出版社2011年版，第369—380页（台湾文津出版社1990年版）。本节以陈确与张履祥关于《大学》真伪的论辩为视角，对陈确《大学辨》的研究作了新的拓展。

② 对于张履祥与陈确之间围绕《大学》的论辩，邓立光先生《陈乾初研究》一书中有《陈确与张履祥》一章，台湾文津出版社1992年版。其中介绍了张履祥的主要思想以及二人之间的论辩，本章对此有所参考。另外，邓著论及张履祥思想与史实之处往往有误，如第195页中说张履祥"无以知蕺山之学""张履祥深受清初程、朱学者兼大官陆陇其的赏识，故身殁而声名彰，遗著亦得以刊行"，说陆陇其壬子五月会张履祥于郡舍等等。

一 《大学辨》的撰写

对于理学之"圣经"——《大学》,陈确经历了一个由信到疑的过程。他曾对同人说:"弟于《大学》,信程朱之说者四十余年矣,信阳明之说者逾年,信己之说者逾月,而皆弃之。其所信弥深,其所弃弥速,而终以为《大学》非圣经。"① 陈确在师从刘宗周之前的四十余年中,虽不深究但信的还是朱熹改本,又在师从刘宗周后,改信阳明古本多年。随后就渐渐怀疑《大学》,并试图提出"己说",即在撰写《大学辨》之前几个月,陈确曾经提过一个新的解释:"《学》、《庸》二书,纯言经济,而世不察,谓是言道之文,真可哑然一笑。"② 不过,对自己这个已经开始转换角度的新解释,也很快就抛弃了。最后经过痛苦的思想斗争,终于在顺治十一年,他五十一岁之时写成了《大学辨》。《大学辨》本名应是《大学非圣经辨》③,《大学辨》则是此文的简称。《陈确集·别集》第十四至十七卷共收录《大学辨》一文及其与人论辩的书札,通称《大学辨》。之后,陈确就写信给张履祥说:

> 弟之粗戾,憒于前训。至于《大学》经传,尤久而愈疑,每欲著之于篇,以一正有道。聿自去秋,藏之中心,寒暑载徂,久未敢举笔,日夕危惧,不能即安,以为言之则获戾前贤、不言则久诬圣学。于顷六月之三日,竟属之稿。④

《大学》真伪之辨与不辨,对陈确来说都是一个痛苦的选择,"孔、曾五百余年之沉冤未伸,后学千万世之道术谁正!则又不敢不辨,不忍不辨者"⑤。所以他还是勇敢地选择了"辨",并且一往无前。

陈确写成《大学辨》后,还是不够安心,所以"顷日间尝誊一书,

---

① 陈确:《答吴仲木书》,《陈确集》别集卷15《大学辨二》,第570页。
② 陈确:《与吴仲木书》,《陈确集》文集卷1,第74页。
③ 陈确:《答萧山来成夫书》:"弟近有论葬诸书,并《大学非圣经辨》一篇",《陈确集》,中华书局1974年版,第612页;《寄刘伯绳》:"且欲著《大学非圣经辨》一篇",《陈确集》,第615页。
④ 陈确:《与张考夫书》,《陈确集》别集卷16《大学辨三》,第582页。
⑤ 陈确:《与张考夫书》,《陈确集》别集卷16《大学辨三》,第585页。

遍告同志，以相警发"①，努力征求刘门同学与其他友人的意见，"首呈仲木，仲木非之，继示龙山诸子，诸子忧之。或病其罔，或惧其怼，未有许之者也"②。参与《大学辨》相关论辩的除了刘门同学吴蕃昌与龙山诸子之外，其后还有沈昀、刘汋、恽日初、张履祥等同学，查石丈、吴谦牧等友人。这些人当中没有一个肯定陈确的意见，但是他始终坚持己见，并且继续要求争辩，愈辩愈勇。

在陈确的同学与友人中，除张履祥之外，都没有将论辩深入、持久地展开。其中有较为入理的辩驳还有同学沈昀。陈确后来说："拙《辨》初出时，惟奉沈朗思兄一书，略有批驳。弟以其未极明快，书求再驳。自是之后，遂断来章。"③ 沈昀的反驳，主要不赞成陈确将《大学》中的"知止"解释为"一知无复知"，陈确不从"格致"入手，在工夫论上就有"单提直指"的趋向，并且《大学辨》还有"喜新立异"的嫌疑。不过，他们之间的论辩就此而止，陈确再次去书反驳，沈昀就没有回应，与刘汋、恽日初等同人一样，他们之间一辩而止。

其他同人的论辩，如吴蕃昌等人并不涉及《大学辨》中的观点，只是对于陈确悖程朱、违师说的行为表示忧虑。对此陈确回答说：

  圣人之道，若大路然，未尝不明。所恨学者用其私智，将圣学重重遮盖着，不得出头。有作《大学》者，又有表章《大学》者，俾后学之心颠倒回惑，垂五百年，靡有夷届。予闵此，不翅如痌瘝之在身。此而漠然置之，真是无痛痒人，莫可疗治矣。诸子不此之忧，而忧《大学辨》，胡其惑也！既忧之，则胡不各以吾身吾心体察《大学》之说，而精求其是非？使吾言果误耶，相驳正之；有疑耶，相辨晰之；无疑与误耶，相扶明之。庶几夙夜以无负上天生我之意，不亦卓然大丈夫之事与，而徒为是遑遑无益之忧？此吾所以不尤甸华之驳之误，而忧诸子之悠悠岁月，无所短长者之为戾更深且大也。④

---

① 陈确：《复吴仲木书》，《陈确集》文集卷1，第92页。
② 陈确：《与张考夫书》，《陈确集》别集卷16《大学辨三》，第582页。
③ 陈确：《与吴裒仲书》，《陈确集》别集卷15《大学辨二》，第578页。
④ 陈确：《翠薄山房帖》，《陈确集》别集卷14《大学辨一》，第565页。

在陈确看来,《大学》"以其迹而言,则显然非圣经……以其理而言,则纯乎背圣经"①,为了圣人之道昭明,就应该辨其是非。但是这些同人都不为"卓然大丈夫之事"去辨明《大学辨》,而为"遑遑无益之忧",徒然去忧虑陈确的言行。所以,陈确不会埋怨有沈昀这样的辩驳,而是忧虑那些人的"悠悠岁月",因为这对学术的昭明没有任何意义。

陈确认为,辨明《大学》非"圣经",是一个关系"千秋万世学术邪正"②的重大问题,理应受到重视,他希望同人都参与到辨伪中来,如果有问题就直接辩驳。"况弟辨《大学》诸书,动逾万言、其间倍鄙无理处,宜不胜指。弟自请教以来,再易寒暑矣,犹未可以正教之耶",结果对这上万字的辨伪文章,一年多来同人们或者一辩而止,或是默不作声,"诸同人中,亦各视此事如入国之禁,入门之讳,噤不敢一齿及"③。对于同人的冷漠,陈确很不满意。他说:"余子碌碌,无所短长,视此道晦明绝续若无预我事者,直麻木不知痛痒人,亦足悲矣!为己为人本非两事,诸君只是无切实为己之心耳。苟能切实力己,于此事那肯轻轻放过耶?"④

总的来看,陈确的这些同人对于《大学辨》,论辩与否都有其各自的理由,从中也可以看出他们对于"圣学"的关注,不如陈确与张履祥那么强烈,这也就是为什么在陈、张之间论辩会持续十多年,并且有着严重冲突的原因。

二 陈确与张履祥《大学辨》之辩的过程

陈确与张履祥论辩《大学》持续多年,大致可以分为三个阶段。

在第一阶段中,张履祥对陈确进行了间接的批评。陈确《大学辨》在顺治十一年写成之时,张履祥并没有直接与陈确就《大学辨》展开辩驳,而是在与友人书信中提出了间接的批评。就在同一年,张履祥就在给他们的共同友人吴谦牧书信中表明自己的观点:

---

① 陈确:《答张考夫书》,《陈确集》别集卷16《大学辨三》,第585页。
② 陈确:《答张考夫书》,《陈确集》别集卷17《大学辨四》,第619页。
③ 陈确:《与吴裒仲书》,《陈确集》别集卷15《大学辨二》,第578页。
④ 陈确:《复吴仲木书》,《陈确集》文集卷1,第92页。

第四章　蕺山学派的分化(中)：陈确与形上玄远之学的没落　　357

> 乾兄《大学》之辨，窃以为疑非孔、曾亲授之书则可，谓非圣人之学之所传则不可。若此种议论出自他人，则亦听其自言自已，其是非直可任之天下之人矣。乾兄同学之友也，意所不然，义不可以默默，而坐视其有过言之失。宁尽所愚而无当于乾兄，不宜量其无当而先止也。但目下方有抄录先师《语录》之事，急于卒业，未有暇也。容日就稿，当呈之仁兄与仲兄，而正其得失焉。然乾兄今日之疑之深，又恶知非他日之信之深？其与世之读是书而如未读者，相去固已远矣。①

张履祥认为可以怀疑孔子、曾子亲自作书，但是不能去怀疑《大学》为"圣人之学"，这样的议论出自同门，他表示不能"坐视其有过言之失"，不过当时他有别的事情，没有时间深入论辨，而且也希望陈确自己能够幡然醒悟。在与吴蕃昌的书信中也有类似说法：

> 乾兄《大学辨》，执之方坚，似难以口舌争。吾人自审所学不及乾兄，应难得其心折，或者乾兄更历岁月，所见又将不同。大凡人之见地，各随其学之所至而迁，如登山者步步换形。信道不可不笃，自信不可过深。窃恐学者退然不敢自是，一念亦入道之基也。②

张履祥的基本观点，与同门的沈昀基本相近，亦担心陈确与王学之流一样喜新立异，他在与吴蕃昌的书信中说："乾兄尚宜敬之慎之，勿蹈后儒喜新立异之习也。"③他还说："乾初兄近来见得《大学》之辨又何如？前韫斯兄来，携得西陵沈兄《辨言》一帙，一再读之，为服膺不已，目前朋友见地及此，大不易得也。西山先生云：'天不欲斯道复明，则不使后世复有知者。既使后世复有知者，则斯道终有得明之理。'师门有人如此，真吾党之幸矣。"④ 同年他与吴谦牧也提到："甸华兄学问之纯正，已

---

① 张履祥：《与吴衷仲四》，《杨园先生全集》卷10，第286页。
② 张履祥：《与吴仲木九》，《杨园先生全集》卷3，第56页。
③ 张履祥：《与吴仲木十四》，《杨园先生全集》卷3，第64页。
④ 张履祥：《与吴仲木十五》，《杨园先生全集》卷3，第65页。

见于《大学辨》一书"①。这里西陵沈兄与甸华都是指沈昀,"《大学辨》一书"则是指沈昀对陈确《大学辨》的辩说书信。沈昀与张履祥同属刘门弟子而又偏向程朱理学,对王学有着批判的态度,他们两人都认为陈确的《大学辨》有着"单提直指"的王学而近于禅者的风气,这些批评同样表现在这一时期张履祥另外的书信中。在《与吴裒仲》中也说:

> 大抵近世学者信洛、闽不如信姚江,究而言之,信邹、鲁亦不如信姚江。非信姚江也,信其言之出入于释、老而直情径行,可以无所顾忌,高自许可,足以目无古人也。弟妄意乾兄学问,想见得力于姚江,而于洛、闽之书,盖尝读焉而未之详也,观其议论气象,实有似者。②

张履祥认为陈确为学得力于王学,所以治学方法上也不免受到王学的影响,以己见去看古人。就此学风问题,他曾反复论说,在《与朱韫斯》中说:"若只以己见读古人之书,则虽博通古今,只以养得一副自家面目,于克己工夫全无当也。宋之荆公、本朝之阳明,其病正不相远耳。近嫌乾兄学问亦大概坐此,不审仁兄以为然否?"③ 由此可见,他对于陈确《大学辨》的反对,主要就是王学趋向,但是在这一阶段并没有进行直接论辩。

第二阶段,在《大学辨》写成之后的第二、三年,张履祥有机会与陈确会面,就有了两次直接的论辩。此外,张履祥还对陈确有过多次讽喻。顺治十二年四月,陈确、张履祥、沈昀、朱天麒等同人在翠薄山房聚会。这次陈、张二人之间的论辩结果如何,没有具体的记录,之后张履祥《与吴裒仲》中说:"四月初,辱龙山诸兄援止翠薄,一旬山水之乐,可谓渥矣。至于朋友切磋之益,反诸中心,负疚多矣。"④ 就此看来,他们聚会之时有所论辩,但是陈确坚持己见,所以张履祥感觉"负疚多矣"。下一年,顺治十三年正月,张履祥在办理吴蕃昌的丧葬之后,曾拜访陈

---

① 张履祥:《与吴裒仲六》,《杨园先生全集》卷10,第290页。
② 张履祥:《与吴裒仲四》,《杨园先生全集》卷10,第287页。
③ 张履祥:《与朱韫斯》,《杨园先生全集》卷24,第665页。
④ 张履祥:《与吴裒仲九》,《杨园先生全集》卷10,第293页。

确,就《大学辨》展开激烈的论辩:"正月归途,颇与乾兄论辩《大学》,乾兄之意尚坚,弟固学非自得,语言涩钝,无足以启乾兄之听。而百余年来,言《大学》者重'诚意'而轻'格物',其弊实有以使之。乾兄固有深中其习而不自知者。"① 陈确的看法还是没有任何改变,张履祥对论辩感到失望,就他自己的理学功力与辩说能力,无法说服陈确,他认为关键还是因为陈确受了晚明一百多年来王学的影响,还是一种信奉己心的学风。但是,张履祥打算再就《大学辨》一推究竟,同年他再次提及:"乾兄已见益锢,奈何?此事亦宜与之一番究竟。当此,惟自恨学力不足,诚意不充而已。"② 还有在与陈确的书信中问道:"《大学》见解近复如何?渴思新得以慰怅望。"③ 从"新得"二字来看,张履祥还是希望陈确自己转变态度。

单刀直入的劝说没有什么结果,张履祥就采取了迂回曲折的方式,对陈确进行讽喻。他在给陈确母亲的《寿序》中说:"近世学者,于道粗知向方,遂自矜许上无古人,甚至信一人之臆见,薄尊闻为流俗,足已自贤,而无复求益之意。非圣人日进无疆、绥其福履之道也。"④ 这里的"近世学者"应该主要是指王学学者,但是意在对陈确《大学辨》有悖先儒的行为进行讽喻,希望他由"信一人之臆见""足己自贤"而迷途知返。同一年,张履祥为吴裒仲作《困勉斋记》,并且请陈确也作一篇。⑤ 在张履祥的这篇文章中说:"今之世非无好学之士也,一入其说,老死而不知悔,又将断断焉执其一偏之闻见,以为圣人复起不能吾易。"⑥ 这里说的"好学之士"也应该是指信奉王学的学者,其中就包括陈确,特别是指明"执其一偏",就应该是对陈确的一种讽喻,希望他从自己的一偏之见中出来,能够"移步换形",从疑《大学》而又转为信《大学》。

就这一阶段的论辩,还可以从陈确的一面来看,有陈确顺治十三年答

---

① 张履祥:《与吴裒仲七》,《杨园先生全集》卷10,第291页。
② 张履祥:《与吴裒仲十》,《杨园先生全集》卷10,第295页。
③ 张履祥:《与陈乾初一》,《杨园先生全集》卷2,第668页。
④ 张履祥:《陈母叶太君九裒寿序》,《杨园先生全集》卷16,第492—493页。
⑤ 陈确:《困勉斋记》:"吴子裒仲以'困勉'名斋,其友张考夫过确而谓之曰:'以裒仲之天姿明敏而尚云尔,吾辈直可谓困而勿学者矣。子盍记之,以昭吾党逊志于学之盛事乎?'"《陈确集》文集卷8,第209页。
⑥ 张履祥:《困勉斋记》,《杨园先生全集》卷17,第509页。

张履祥的两封书信保存下来。其中提到两次当面的论辩:"手书又责弟以两番叙晤不能有所发明以求教益为罪,词旨肫切,汗愧弥旬。"还有提到张履祥的《寿序》:"小人有母,辱赐赠言,过情之称,兼及孙子,恧不克当,感无能喻。至于卒章,归之讽喻,天人之说,相勉益深,敢不夙夜祗命,以祈无忝所生乎!"另外还说:"后教又以确《大学辨》比之白方之粤游,不觉失笑,而复继之以涕零。"①这是指张履祥将陈确的沉溺于《大学辨》,比作他们的共同友人张白方的沉溺于广东之游。张履祥曾经劝喻陈确的相关书信现在的《张杨园先生全集》中没有收录,但是我们可以参看张履祥同年《赠张白方序》,其中说道:"惟世之习为夸诞脱略之学,检诸躬行而无实者,听其言若圣人可立至,前古之人皆无足以为法,而实则假以济其私。及乎见利而动,毁决藩篱,为世口实,不以为惜,是则与夫色厉内荏之小人同类以讥。"② 这既是对张白方粤游的劝喻,又是对陈确《大学辨》的劝喻,张履祥还说:"张子学古之道者也,予诚不知为此行者何也?"可以看出他对于粤游与《大学辨》都十分反对,认为不合圣人之道。不过,陈确对张履祥的两次论辩和讽喻,都不以为然。他在回信说:"确生平笔札纷纭,了无足取,唯《葬论》、《大学辨》二书差有关于世教,故亟欲正之于同人。"③ 由此可见,陈确对《大学辨》自信依旧。

到了第三阶段,张履祥与陈确之间的论辩才得以全面的展开。张履祥与陈确就《大学辨》之辩,并没有因为陈确不听从劝喻而停止,还有更为全面而深入的辩论。这一次,应该还是由张履祥引发,不过没有保存相关书信,陈确有回信说:

> 忆拜季春戊辰日书,内及弟《大学辨》,云仲木已矣,道义知交,落落数人,惟甸华差少,弟与伯绳与兄,俱各逾五逾四。岁月不待人,此一大疑案,急须究竟之也。弟捧读至此,感极涕零,故敢亟驰数行请教。而来书乃云,弟前往数书,皆有挟贤挟长之心,故从未

---

① 陈确:《答张考夫书》,《陈确集》别集卷17《大学辨四》,第616—617页。
② 张履祥:《赠张白方序》,《杨园先生全集》卷16,第471页。
③ 陈确:《答张考夫书》,《陈确集》别集卷17《大学辨四》,第618页。

第四章 蕺山学派的分化(中):陈确与形上玄远之学的没落

条答一字。嗟夫！弟虽不肖，窃奉教于君子矣，何遽狂悖至此，而重为同门之贤者所摒绝乎！①

张履祥对于陈确的《大学辨》一直非常关注，所以才会说"此一大疑案，急须究竟之也"。不过等陈确写信去后，张履祥又因为感觉陈确"挟贤挟长"，而没有直接回答，这让陈确非常生气，在回信中进行了驳斥。

陈确认为："夫至理所昭，初无贤不肖长幼之分。言当于理，虽幼不肖，不能不伸于长贤；不当于理，虽长且贤，不能不绌于幼不肖。"在他看来，论辩没有什么长贤之分，只有当理不当理之分，所以张履祥说他挟贤挟长，就很生气。他接着还说：

> 至《大学辨》，实出万不得已，前数书略见苦心，非所谓挟也。而兄藐然之听，日甚一日，殊失所望。盖以弟《大学辨》为愚昧无知则可，谓当置之不足议论之列则不可。今有一人，忽无故狂呼叫号而不知止，行路见之，皆笑其痴，掉头竟去；而其父兄亲戚，则既闵其痴，又必深求所以狂呼叫号之故，冤则解之，病则为之拣方合药以疗治之，必使之平复而后已。今吾兄之藐藐，意者同路人之掉首而若未始忝一日之爱者乎？②

作为同门友人的张履祥，竟然将陈书"置之不足议论之列"，在陈确看来就如同作为疯子的父兄亲戚将亲人置之路边一样，让他"殊失所望"。他还在与吴谦牧的书信中提到此事：

> 夫道之所共，固无分于长幼贤不肖也。……惟以圣学真伪关系至大，故每谆谆向我同志痛切极言之。夫大道所关，虽君臣父子师弟之间，尚不容苟阿，况朋友乎！若必以恭顺暗默，无一异同之言而后谓之不挟，则又非弟之愚所深望于吾考兄者。不审哀仲能为弟一明此意

---

① 陈确：《答张考夫书》，《陈确集》别集卷16《大学辨三》，第589—590页。
② 同上书，第590页。

于考兄否也?①

另外，对于张履祥说话不直接，企图用讽喻来劝说陈确回心转意，对此陈确也直截了当表达自己的不满：

> 凡兄言事，皆不直捷。如兄之爱弟忧弟，发于至诚，弟心知之，亦心感之。然既知弟《大学辨》之非，则必有所以非之者，宜明明白白，条析至道，解其狂惑，乃可也。而往往含糊缴绕，旁见侧出，若托诲翼儿之类，不一而足。弟窃以吾兄之言不直，而意微伤于薄也。若弟与同学，则必就事论理，绝不敢旁溢一字。如弟为袁仲作《困勉斋记》亦及"知行合一"之说矣，不过就困勉言困勉耳。兄则大发其感愤怒詈之言，有借题骂人之意。兄之为此等言，盖已多矣。兄试自一一忆之，此弟之所谓不直而伤于薄者也。学者可以理夺，而不可以曲说回，亦已明矣。迂回泛溢之言，何济于本论，而何救于不肖弟哉！②

这里就历数了二人论辩《大学》以来，张履祥或者在与他人的书信中提出批评；或者托陈确的儿子陈翼教诲；或者在《寿序》与《困勉斋记》中讽喻等，但是一直都没有"条析至道"。陈确感觉张履祥的行为"皆不直捷"，而且"伤于薄者"，显然已经不是同学好友所应有的作为。

论辩到了这里，张履祥就只能直接就《大学辨》以及自己言事"皆不直捷"的态度问题等等，进行正面的辩驳。在顺治十四年的长信中，张履祥先就其为学态度展开论辩：

> 吾人生于学绝道晦之日，目前朋友真有朝闻夕死之志者，要无几人，大率只如朱子所言，既欲不失贤人君子之名，又欲不失安富尊荣之实耳。至于诚心向此，而又不能无学术同异之辨，此道之所以益晦，而学之往往而绝也。当此，惟有在事物则精心而察理，在古人则

---

① 陈确：《与吴裒仲书》，《陈确集》别集卷15《大学辨二》，第579页。
② 陈确：《答张考夫书》，《陈确集》别集卷16《大学辨三》，第594—595页。

笃信而敬求，在朋友则虚己以听受。然而气拘物蔽，随感而有，于道茫乎未之有当也。①

他认为在乱世之中能够志于道的没几个人，为学艰辛，为学更要诚心。在对事物精心察理之外，更要有对古人的"笃信而敬求"和对朋友的"虚己以听受"，但是在他看来陈确对于古人则有悖圣贤，对于朋友则挟贤挟长。那么，为什么说陈确"挟贤挟长"？张履祥说："前所进规'挟贤挟长'之语，亦非弟一日之见与一人之私也。平日窃效责善之义，而不足以回兄之听，疑其有是而不敢信。然则以仁兄前后笔札，出以商之同志之友，同志之友咸谓有之，故尽言而不讳也。"② 认为陈确"挟贤挟长"不是"一日之见""一人之私"，而是一批"同志之友"在其笔札论辩之中共同的体会，这些同人大多与张履祥一样，趋向于程朱理学，因而不赞成他的为学态度，这在此信中有具体的分析，主要就是认为陈确"傲然自以为是"，不信程朱而信阳明，不信规矩准绳而信诸心。

然后，张履祥就《大学辨》中的一些观点，作了"条析"。其中涉及的问题主要有陈确所谓辨迹的《大学》作者问题与所谓辨理的《大学》是否窜入禅学等问题，在此信中都展开了充分的讨论。最后提到了为什么一直没有直接就《大学辨》进行论辩的原因：

> 仁兄《大学辨》始出之时，相知论难纷纷，争之甚力。弟以为学问之事如登山者移步换形，以兄日新之功，不久当自悔之，无俟多其论难也。故虽有以辨言劝弟者，亦有以不言责弟者，而弟未尝与仁兄极论。今倏忽四五年来，朋友之论寝息矣，而仁兄信之犹深，执之弥坚。夫朋友之论寝息者，非诚降服于心也，度兄之势不可以复挽，故引"不可则止"之义以全交耳，仁兄勿谓遂能推倒一世之人也。③

张履祥到几年之后才真正与陈确直接论辩《大学》真伪问题，一是因为

---

① 张履祥：《答陈乾初一》，《杨园先生全集》卷2，第28页。
② 同上书，第29页。
③ 同上书，第31页。

希望陈确自己醒悟过来,另一是因为他与一批"同志之友"都认为陈确的固执己见已经"不可以复挽",为了保全朋友之情所以不再论辩。

对于张履祥的这封"条析至道"的书信,陈确自然十分珍惜,他说:"自奉手牍归,每晨起栉沐,闲暇无事之时,澄心定气,反复庄诵,以深惟所以启迪下愚之意,时或陨涕,不能已已。"对于张履祥在前阶段的论辩之中之所以如此表现,陈确已经有所理解:"吾兄爱弟之诚,明于皎日,殷殷然如慈母之告婴儿,严师之训童稚,鞭其傲辟,开其迷缪,惟恐其流于异学,陷于非人,此意至深且笃也。吾党之爱弟,宁复有过于仁兄者哉!"① 但是,他仍然觉得"理有未安,谊难终默",所以继续进行辩驳。首先,陈确对于朋友之间"不可则止"以全交,有不同意见,他说:

> 来教有"不可则止"以全交之语。非吾辈之所宜云也。子贡问友,子曰"忠告而善道之,不可则止",盖泛论友道宜然,亦谓平常交友不能受尽言者而云耳,寻常交友,一时有小过失,失止在一人之身,朋友之义固当尽规。亦不宜烦数,故云尔也。若过非止一人之身,如求之聚敛。获罪斯民,则告以鸣鼓而攻,岂得复引"不可则止"之义乎哉!况道义深交,尤不宜以寻常交相与例者乎!②

在这里,陈确就《论语》中"不可则止"相关的论述来具体谈应该如何论辩,朋友之间就应该尽量规劝,如有大错更应该群起攻之,绝不可沉默不语。进一步说明,这里的论辩更是关系重大:

> 今弟之所辨者学也,所争者是非真伪也。此千秋之事,而非弟与兄两人之私言也。天下之公言也,公言之而已矣。……其事理之易明者,虽片言相折可也。其理之未易明者,虽数十往复,亦无不可也。怙恶不悛,长傲饰非者,固下愚不肖之流;引嫌避疑,畏祸惧谤者,亦非贤士君子之行。辨之勿明勿措,正弟与兄今日之事。兄之不距狂

---

① 陈确:《答张考夫书》,《陈确集》别集卷16《大学辨三》,第596页。
② 同上。

言,亦犹弟之勤求良诲也。弟复何所顾虑,而不一自尽于吾兄哉?①

论辨《大学》之真伪,是"千秋大业",所以更应该"数十往复"以求其明而不必有所顾虑。

接下来,陈确就《大学》"言知不言行",朱熹"格致"补传,为什么孔子、曾子都不提"八条目"等张履祥书信中的论辩,一一作出了新的回应,进一步申明"大学非圣经"及他心中的"君子之道"。因为在他看来,"君子之道,焉可重诬!固不容自小,亦胡容自大,惟其当而已。苟当于理,虽小,大也;其未当,虽大,小也。"② 最后,陈确专门就"挟长挟贤"进行辩驳,他说:

> 即兄过督弟以挟长挟贤,敢不知罪!然是孟子责滕更之言也。孟子之道,高于当世,滕更之愚,不宜有挟,故孟子直以示不屑之教耳。今不肖弟之愚即过滕更,而吾兄之贤或犹逊孟子,乃遽以此申明不答之意,以滕更处弟,而以孟子自居,意者吾兄之挟,又有在贤长之上者乎!③

这里陈确直接点明张履祥以"滕更"来说他。《孟子·尽心上》中说:"公都子曰:'滕更之在门也,若在所礼。而不答,何也?'孟子曰:'挟贵而问,挟贤而问,挟长而问,挟有勋劳而问,挟故而问,皆所不答也。滕更有二焉。'"孟子因为滕更挟贵挟贤,故而不回答其请教。张履祥同样,因为陈确"挟长挟贤"故而不回答。陈确就说张履祥"以滕更处弟,而以孟子自居",其之挟"又有在贤长之上"。到了这里陈确的话已经说得有些过头了,二人之间不免因此而产生隔膜。

此后,他们没有继续论辩《大学》,通信与交往也日渐疏远。在此次论辩后约六年,张履祥曾再次问起。陈确回答说:"承仁兄爱我,惠问及《大学》、《中庸》所见,惟有心感而已,复何所置对乎?……兹事惟有信

---

① 陈确:《答张考夫书》,《陈确集》别集卷16《大学辨三》,第596—597页。
② 同上书,第597—598页。
③ 同上书,第601—602页。

之千秋而已,非笔舌所能争也。"① 可见陈确也对于论辩心灰意冷,不想多说了。张履祥在去世前一年,与陈确的信中说:"仁兄久病,弟不通声问竟五六载,同学之谊阙失如此,几于无复人理。"② 总的来看,"同学之谊阙失"主要是因为《大学辨》之辩。

三 《大学辨》之辩所体现的学术差异

张履祥与陈确《大学辨》之论辩,体现了二人之间不同的学术趋向。

从陈确一方来看,他认为张履祥迷信程朱理学,以程朱之门户为依傍,固执于朱子的改本;并且又受到习气影响,不能依据本心看问题,理屈又不愿承认。

对于程朱学者,陈确一直不以为然:"今学者守一程朱而废千古,诚非弟之愚所可解。"③ 当时确实有些学者过于迷信程朱,甚至还有如陈确所说"惟是世儒习气,敢于诬孔、孟,必不敢倍程、朱,时为之痛心"④,"学者读得程、朱语录数十条,金谓道已在是,一切都不须理会"⑤。他认为当时学者思想受到程朱之学的禁锢,形成一种习气:信程朱远远超过了信孔孟,几近于程朱之学的奴隶。陈确说:"大抵学者之病,只是习气用事。世俗之习气易除,学问中之习气难除,要惟无实为圣贤之志,故有此病。"⑥ "学者只为重重习气所蔽,去得一重,又染却一重,不得出头。时时提醒此良心,常作得主张,便是一日千里之学。"⑦ 这种迷信程朱的习气,使学者丧失了成圣成贤的志气,也丧失了自己的独立判断能力,所以应该提倡良知,提倡己见。

基于这样的立场,陈确对于张履祥多有批评。他回忆起二人在山中论辩时就说:"忆山中与考兄粗举《大学辨》,尚格格未入,窃自惋叹。从来学者皆为习心习见所锢,使吾心之明不能作主。"⑧ 他还说:"此事但平

---

① 陈确:《复张考夫书》,《陈确集》文集卷3,第131页。
② 张履祥:《与陈乾初四》,《杨园先生全集》卷2,第35页。
③ 陈确:《与吴裒仲书》,《陈确集》文集卷3,第117页。
④ 陈确:《与黄太冲书》,《陈确集》文集卷4,第147页。
⑤ 陈确:《与张考夫书》,《陈确集》文集卷2,第114页。
⑥ 陈确:《与沈朗思书》,《陈确集》文集卷2,第115页。
⑦ 陈确:《复吴仲木书》,《陈确集》文集卷1,第92页。
⑧ 陈确:《与吴仲木书》,《陈确集》文集卷2,第143页。

心观理，本容易明白，然俗学锢人，猝难晓悟。"① 在陈确看来，张履祥只是过分相信程朱而缺失了自己的判断，应该抛开程朱而直接以孔孟来作判断：

> 学道非情面间事，作好之与作恶，俱伤天理，惟是之从而已。凡儒先之言，一以孔孟之学正之，则是非无遁情，其互有是非者，亦是不掩非，非不掩是，夫而后古学可明也。若徒各傍门户，是此非彼，如斗蚁之归穴，莫肯认错，弟诚伤之！痛之！②

学习圣人之道，不应该盲目相信程朱，不需要因为碍于程朱的情面而不作自己的思考，一切都应该以孔孟圣学自身来进行判断，为学不能依傍门户而有成见。所以，陈确辩驳说：

> 吾兄则欲奉规矩准绳于洛、闽之书。同心断金，既如此其利，弟虽有喙三尺，复安用之！顾不审古人所云博学、审问、慎思、明辨四者之功安置何所？岂孔、孟之时，圣道独不明，程、朱而后，圣道独大明，故古人恒为其难，今人恒为其易耶？……况不惟圣人之信而惟后儒之信者乎？虽欲谓之善学，不可得矣。③

这里说得十分在理，确实程朱之后的儒者，有迷信程朱的嫌疑，特别是独立判断的缺失。不过就《大学》本身来说，是不是程朱的解释就真正偏离了孔孟之道？又是另外一个问题。

从张履祥一方来看，他认为陈确先入为主，深信王学而不信程朱，在治学方法上近于禅学。

"尊朱辟王"，是张履祥一贯的主张，梁启超就说他是"清儒中辟王学的第一个人"。所以，他对于陈确在《大学辨》中表现出的王学趋向十分痛心，在与友人的书信等许多地方都提出批评。张履祥认为陈确从辟佛

---

① 陈确：《复张考夫书》，《陈确集》文集卷3，第131页。
② 同上书，第132页。
③ 陈确：《与张考夫书》，《陈确集》文集卷2，第114页。

教的异端入手，但自己却偏执于王学良知之说，其实已经又入禅学。他说："乾初恶释氏如探汤……而一种偏僻之见，各不可返，则以皆于'良知'之说深信不疑，而于'居敬穷理'四字未尝深致其力，故自以为是，而不复有虚心求益之意也。"①"学术之际，不可不慎，始之不慎，则自谓辟异端，不知深入其中，而终身不觉者。如乾初立论辟禅，而其学的是禅学……此皆由不尊程、朱故也。"② 陈确为学从辟异端重又回到异端，在张履祥看来就是因为不信程朱，没有做"居敬穷理"的工夫。他认为对于《大学》，"乾兄尚宜敬之慎之，勿蹈后儒喜新立异之习也。即曰'信诸心者不可夺也'，然心何常之有？高者见其过，卑者见其不及。惟理不可损也，不可益也，信诸此而已"③。王学"信诸心"，但是心中其实没有真正的主宰，往往是过犹不及，所以就容易偏执。张履祥说："然则乾初主张心学，每事必信诸心，而执行在知先之见，坚不可破。虽不学禅，而不自知已入于禅。盖乾初所服膺者，良知之说，而姚江实禅学之深者也。学不虚心逊志，为害真不浅也。"④ 陈确的良知之说使得他为学偏执，不能"虚心逊志"，不知不觉中已"入于禅"，这就是《大学辨》有悖圣贤的原因所在。对陈确的直接批评，张履祥也这样说：

> 盖兄于王氏之书，读之熟而信之深，故一种傲然自以为是，前无往圣，后无来哲，目前侪辈皆可弟子视之意，有不自知其然而发见者，固非可以口舌急卒争也。仁兄于洛、闽之书，岂云不读？只是以先入者为主，而操我见以权衡之。未尝逊心抑气，而奉之以为规矩准绳，如弟子之于先师也，子弟之于父兄也，故多见其可议耳。……盖人心不能无蔽，蔽则所见皆偏，偏则于彼势重，则于此益轻。是以古之人，立规矩以为方圆，立准绳以为平直，独无此心之可信哉！以为信心之有蔽，不如规矩准绳之无失也。⑤

---

① 张履祥：《与何商隐二》，《杨园先生全集》卷5，第113页。
② 张履祥：《训门人语三》，《杨园先生全集》卷54，第1481页。
③ 张履祥：《答吴仲木十四》，《杨园先生全集》卷3，第64页。
④ 张履祥：《备忘二》，《杨园先生全集》卷40，第1091页。
⑤ 张履祥：《答陈乾初一》，《杨园先生全集》卷2，第29页。

第四章 蕺山学派的分化(中):陈确与形上玄远之学的没落

王学的弊病,就是容易养成师心自用的偏弊,傲然而以为不需要去考虑往圣与来哲,只信自己的发现。程朱之学在此心之外有规矩准绳,而王学只有此心可信,张履祥认为陈确的《大学辨》立论就是以王学为根底。他对于陈确"道理要当信之于心,未可全凭古人"这一观点极力反对,因为:"人心不同,有如其面,惟斯理,天下古今一也。……此说一倡,师心自用之学大炽。推其流极,弑父与君而无不忍。何也?吾心信得过自己无有不是处也。"① 他再三劝告陈确,一直到他们论辨结束几年后,他还在书信里指出:

> 学者凡事执一时之偶见,信一己之偏私,沾沾自得,各不肯舍者,率因无所进步,是以故步不离耳。夫亦知坚守故步一念,非即心过之莫大者乎?言者心之声,行者心之迹,无内外显微之判。未有生于心而不害于事者也。夙夜慄慄,独此为切。故不及待兄疾之瘳,而进商也。②

他对陈确在学风上的弊病,甚至比身体的疾病还要关切,所以反复说明,陈确就是因为固执于一己之偏私,坚守故步,学术上就无所进步了。

当然,对于张履祥的说法,陈确不以为然。他回答说:"弟之不足教,固亦已矣。至又罪及陆、王之学,比之洪水猛兽,此何语也?且弟之辨《大学》,于陆、王何与,而上累之耶?……弟说绝不本陆、王,而吾兄深罪之,岂非所谓'行人之得,邑人之灾'乎?何其听之不审而刑之太滥也!"③ 对于张履祥的定性,陈确非常不满,他认为自己的《大学辨》,只是在辨明孔孟之道,与陆王无关,但是张履祥将陆王比作洪水猛兽,并且认为陈确之学类似陆王,因而怪罪于陆王,实在是太过分,这简直就是"不审而刑"。在陈确看来,必须将王门后学和王学本身区别对待,不能像张履祥那样一棍子打死,他接着说:"王门言学,诚不为无罪,龙溪以下诸子,转说转幻,流而为禅者有之,要岂可以追戮阳明

---

① 张履祥:《答陈乾初一》,《杨园先生全集》卷2,第31页。
② 张履祥:《与陈乾初三》,《杨园先生全集》卷2,第34—35页。
③ 陈确:《答张考夫书》,《陈确集》别集卷16《大学辨三》,第590页。

哉!"王学的弊端不在王阳明本身,而在王门后学,当时像张履祥这样的儒者往往不将此二者区分,陈确对此极为不满:"世儒于程、朱、陆、王之学,曾未睹其万一,而纷纷然各以其私意轻相诋诽,于程、朱、陆、王奚损乎?多见其不知量耳。"① 在陈确看来,张履祥等人的批评,其实都只是门户之见,都是私意诋诽,他们并没有真正懂得程朱、陆王之间真正的学术差异之所在。

张履祥与陈确二人《大学辨》之辩,除了上面所述在学术趋向上存在着根本的差异之外,在《大学》的解释上也存在着巨大的差异。其中的主要问题有两个:一是对于《大学》的真伪问题;另一是《大学》是否禅学的问题。

第一个问题,陈确通过"辨迹"而得出"《大学》非圣经",直接将《大学》从圣学殿堂里赶了出去。对于陈确直接将《大学》视为伪书,张履祥自然不会同意。他与程朱以来的大多儒者一样,非常重视《大学》,他说:"天下古今多少道理,都向《大学》里包纳得去。言近而指远,守约而施博,吾于此见书之。"② 他认为《四书》都是:"圣学之渊源,义理之统宗"③,所以,他看到《大学辨》后痛心疾首地说:"天下后世儒者之道赖以不至晦蚀者,幸有此书之传。不图今日反以是加狱也。"④ 甚至,可以说他的"信经"与陈确的"疑经"同样固执。在论辩书信中张履祥说:

> 弟始终不为烦言以乱听,约而断之,两言而已:谓《大学》为非孔、曾亲笔之书,则固然已;谓《大学》为非孔氏之道、曾氏之学,则必不可。盖人未有外身心意知、天下国家而可以为人者,则未有能外八条目而可以为学者。今且有人于此,事事物物能明其理,意不妄发,心无私邪,视、听、言、动俱中礼而无怨尤。由是施于家,而父子、兄弟、夫妇以宜;施诸国,而君臣上下以定,施之天下,而物物能使各得其所。其得谓之圣人之徒乎?其不得谓圣人之徒乎?而

---

① 陈确:《答张考夫书》,《陈确集》别集卷16《大学辨三》,第591页。
② 张履祥:《愿学记三》,《杨园先生全集》卷28,第778页。
③ 张履祥:《示儿》,《杨园先生全集》卷14,第440页。
④ 张履祥:《与吴仲木十五》,《杨园先生全集》卷3,第65页。

尚何俟深言也？而又何禅之可以托乎？①

张履祥的"两言"早在二人《大学辨》之辩的第一阶段，与吴裒仲的书信之中就已经提出，一直到二人论辩进入白热化，他"信经"的基本观点也没有任何改变。《大学》虽然不是孔、曾亲笔，但还是属于孔、曾之学，因为从"身心意知"到"天下国家"，这是为人与为学的必然途径，而且格物穷理也是其中必然的一环，都无须怀疑，依《大学》即"谓之圣人之徒"。陈确继续辩驳：

> 即果如此，虽弟亦必谓之圣人之徒矣，非不忻然愿之，然是吾兄之设词耳，非实事也。子曰："圣人吾不得而见之矣，得见君子者斯可矣；善人吾不得而见之矣，得见有恒者斯可矣。"夫非每况愈下也，亦非卑之无甚高论也。盖欲求其实不苟循其名，则断以有恒为学本。此即曾子氏所传忠恕之实学也，而奚夸大为！不然，以孔子道化之隆，及门之盛，且《大学》既为夫子所定，则八条之说，必日与门弟子耳提而面命之，较程、朱所言，宜十分亲切。当时成就，必有如吾兄所云云者。颜、冉虽死，其余弟子且不足论；至如曾子，则向所谓亲得《大学》之传者，可谓非其人乎？而子乃以既见为不得见，何其菲薄一时之甚也！磋乎！学固不可以恢而大之也亦明矣。故曰："无而为有，虚而为盈，约而为泰，难乎有恒矣。"此正今日格致之学谓身、心、意、知、家、国、天下一齐俱到者之诞说也，而又谁欺乎？②

陈确的辨迹，这里有两点补充：一是孔子不轻易说"圣人"，只求"君子"与"有恒者"，即曾子"忠恕"之道的实学；另一是"八条目"的说法，孔门弟子之间都不见说起，所以依照《大学》"八条目"可以至圣人，显然不是孔子、曾子的思想。

对于陈确以上说法，张履祥有另一论辩可以参考：

---

① 张履祥：《答陈乾初一》，《杨园先生全集》卷2，第30页。
② 陈确：《答张考夫书》，《陈确集》别集卷16《大学辨三》，第598页。

> 《大学》之书，所以信其为曾氏之门传述者，以其学为曾子之学也。其"诚意"一章，则三省吾身，与谓子裏大勇功夫也；其"齐家、治国、平天下"，则忠恕一贯之旨也；其"正心"章，则思不出位之旨也；其"明德"、"新民"、"止至善"则仁为己任，死而后已之旨也。①

这里也应是针对陈确《大学辨》，不过在现存的论辩书信中没有提到，而是在其最重要的著作《备忘》中有论述。在张履祥看来，《大学》中的"三纲八目"与《论语》中的"三省吾身""忠恕一贯""思不出位""仁为己仁"等思想都相一致，所以《大学》是孔、曾之学。不过，这只能说是按照张履祥自己的理解去填充《大学》与《论语》之间的关系，并不能推翻陈确的结论。因此，陈确以考证的方法"辨迹"，应该比张履祥更有说服力。

第二个问题，陈确通过"辨理"，认为《大学》窜入禅学，其主要观点有"言知不及行"和"一知无复知"。就前者，张履祥在论辩中说：

> 前书谓《大学》为禅之权舆，以其言知不及行也。《大学》之书具在，自篇首至末简，何一章之不及行乎？即以知论。禅之言知，说顿、说渐，总不致知者也。今之儒名而禅实者，言致知而不及格物者也。且自诚意而往，正心、修身、齐家、治国、平天下，何一而非行之事乎？仁兄归罪于此，正如折狱者，以嫌疑杀人矣。②

陈确说《大学》"言知不及行"，在张履祥看来《大学》任何一章都包含"行"，"八目"中从诚意以下都是"行"。再说禅学中的知有顿悟与渐悟，而《大学》中的"知"则是"致知"，完全是两回事。所以陈确把《大学》归于禅学，从而全盘否定《大学》，这就像是断案时一有嫌疑就直接杀人，属于主观臆断。陈确对此在回信中继续反驳：

---

① 张履祥：《备忘一》，《杨园先生全集》卷40，第1050页。
② 张履祥：《答陈乾初一》，《杨园先生全集》卷2，第29—30页。

> 弟谓《大学》言知不言行，与圣学绝相悖者，盖就《大学》首章之旨而云。兄曰："自诚意而往，正心、修身、齐家、治国、平天下，何一而非行之事乎？"此正为《大学》所欺而不自知也。语云："痴人前不可说梦"。《大学》俱是说梦，而兄信之，习心之难悟如此，不亦痛哉！定、静、安、虑、得者，知止之效也。诚、正、修、齐、治、平者，格致之效也。《大学》只说效验，并不说工夫，弟是以恶其虚诞耳。即首节明、亲、止善，皆效验也。循览书义，旨趣了然，曾兄之明达而尚未察耶？①

在陈确看来，张履祥受依傍于程朱的习心影响，被《大学》所欺而不知，《大学》只说效验不说工夫，所以还是"言知不及行"。

另外在陈确看来，朱熹《格致补传》是《大学》为禅学的明证。张履祥说："或疑朱子'一旦豁然贯通'句，莫是近于禅家顿悟之说。此大不同。盖穷理之久，其所得自有融会透彻处，即所谓'涣然冰释'，'怡然理顺'也。禅家不去穷理，悬空想象而已。"②朱熹说的"豁然"确实与"顿悟"有相似，但只是形容一种"涣然冰释""怡然理顺"等"融会透彻"的认知经验，也不能就此而断定《大学》为禅学。陈确则认为：

> 据《大学》之意，只重知止，知止之功，只在格物，安得而不入禅悟乎！按"物格"一节文义，并格致亦是效验，非功夫。而所谓格致之功，尚需禅和子数百辈老坐蒲团，始参究得出来也。虽参究得出，终为不了公案。自程、朱至今日，五百有余年矣，曾有定论否乎？朱子曰"穷致事物之理"，阳明子曰"格其不正以归于正"，刘先生曰"格知诚意之为本"。诸子之说，益复纷纭。据三说，则蕺山、阳明之言，差有着实。然两先生之言，于学者实下手工夫则得矣，于《大学》之说终落落难合；不若元晦之说虽荡而无归，却与《大学》吻合，故行久而益信也。③

---

① 陈确：《答张考夫书》，《陈确集》别集卷16《大学辨三》，第597页。
② 张履祥：《愿学记三》，《杨园先生全集》卷28，第777页。
③ 陈确：《答张考夫书》，《陈确集》别集卷16《大学辨三》，第597页。

在陈确看来，朱熹的"格致"不是工夫而是效验，是一种参禅，而五百年来争论不休而无定论。王阳明、刘宗周之说着实于下手工夫，但与《大学》不合；朱熹之说虽与《大学》吻合却因是禅学，故荡而无归。

特别就陈确怀疑"知止"即"一知无复知"，张履祥说：

> 至所云"《大学》为窜释之首"，则最不足以服古人而信来学者也。若以"知止"二字为疑，则"绵蛮""穆穆"二节，明有疏义，禅乎非禅，不待辨而决也。……窃谓禅学于他书犹易窜入，至于《大学》，断断不可，非徒不可，实不能也。其门庭堂奥，光明严正，确实周详，无隙可乘。①

这里可以说张履祥抓住了陈确臆断的一个把柄。就"知止"，朱熹的义疏在"绵蛮""穆穆"之下有一段解说："引此而言圣人之止，无非至善。五者乃其目之大者也。学者于此，究其精微之蕴，而又推类以尽其余，则于天下之事，皆有以知其所止而无疑矣。"② 止于至善，是指君臣之间的仁和敬、父子之间的孝和慈、与人交的信，并且由"五者"类推"天下之事"，也就是说待人处事的恰到好处，就是"知止"。这样看来，就不能说是"一知无复知"的禅学境界。所以，张履祥就说《大学》一书窜入禅学"不可""不能"，《大学》"门庭堂奥，光明严正"。因此，陈确《大学辨》的"辨理"，就是有成见在先，以主观臆断而得出《大学》是禅学的结论；张履祥则是从学理本身进行推论，比陈确更为有理。

四 《大学辨》之辩与"师说"以及学术转型的关联

张履祥与陈确，都是刘宗周的重要弟子，他们对于《大学》各自所持的观点，也都与刘宗周本人的学说有一定的关系。

对于《大学》的尊信，对刘宗周来说，是其主要的方面。他说："《大学》一篇是人道全谱。"③ 对于"全谱"，他自己另有解释：

---

① 张履祥：《与吴仲木十五》，《杨园先生全集》卷3，第65页。
② 朱熹：《四书章句集注》，第5页。
③ 刘宗周：《大学杂言》，《刘宗周全集》第1册，第654页。

第四章 蕺山学派的分化(中):陈确与形上玄远之学的没落

纵言之,盈天地间无一人可废此学,无一时可废此学,无一事可废此学。自有天地,便有此道场,自有人生,当有此学问,而是篇特中天下而立,永为学问鹄,虽六经可以尽废。呜呼!人而甘为小人与异端曲学则已,如欲为大人,请从事《大学》而可。①

刘宗周将《大学》视为"特中天下而立,永为学问鹄"的评价非常之高,在他看来《大学》就是"大人之学",儒学正道依此而得以延续,无时无事可以无此学,这些思想都为张履祥所接受,从上述张履祥《大学辨》论辩中对于《大学》的评价来看,基本都是符合师说,承继了刘宗周对于《大学》的尊信态度。

不过,刘宗周对于《大学》,还有怀疑的一面。他撰写《大学古文参疑》就试图解决心中的疑虑,在《序》中说:"然则戴氏之传《大学》,早已成一疑案矣,后之人因而致疑也,故程子有更本矣,朱子又有更本矣,皆疑案也。然自朱本出,而《格致补传》之疑,更垂之千载而不决。"② 这里先指明《大学》在被收入《礼记》之时就成为疑案,而后的程、朱改本及朱熹《格致补传》都是在疑案之上更增添了新的疑案。刘宗周的"参疑"也是如此,刘宗周在绝食后的弥留之际,还特意强调《大学古文参疑》一书"过于割裂"故命门人削之,③ 对于《大学》疑案,他只能存而不论,"存此疑案",希望后人能够解决这个问题。

在刘门弟子中,陈确是一位继承刘宗周而又有所发展的学者。陈确拜师刘宗周,见面之初刘宗周就以"圣人可为"为训,在辞别西归之时,刘宗周又以"千秋大业"为勉④。之后,他经常提及"千秋大业"之嘱,顺治三年的《祭山阴先生文》中说:"究千秋之业,而时移事违,天崩地坼,执友见背,明师云殂,宇宙茫茫,向谁吐语。"⑤ 在乱世之中,内心的孤独,惟有寄托于学术。陈确认为自己《大学辨》等著作,都是对蕺

---

① 刘宗周:《大学古记约义》,《刘宗周全集》第1册,第641页。
② 刘宗周:《大学古文参疑》,《刘宗周全集》第1册,第607页。
③ 刘汋:《蕺山刘子年谱》,载《刘宗周全集》第6册,第164页。
④ 陈确:《秋游记》,《陈确集》文集卷8,第201、204页。
⑤ 陈确:《祭山阴先生文》,《陈确集》文集卷13,第307—308页。

山学的继承:"确幸闻山阴之遗教,因申明其未尽者,著于篇,至万余言。"① 如果就《大学》的疑案来看,确实陈确继续了刘宗周的怀疑,并且以他自己的方式解决了这个疑案,这应该也就是他为什么在众多同人反对之时还能够如此坚持的精神动力之所在。顺治十二年,他作《大学辨》之后,以书告祭刘宗周,其中就说:"俾是圣学,遽底廓清,若大路然,既康且平。"② 可见对于《大学辨》,他非常自信地以为承继师说,并且解决了疑案。

除了与师说有关之外,张履祥与陈确围绕《大学辨》的论辩,也与他们对于晚明学术的反思有密切的关系,其中也体现出他们对于明清之际学术转型的自觉意识。陈确就说:

> 自《大学》之教行,而学者皆舍坐下工夫,争言格致,其卑者流为训诂支离之习,高者窜于佛老虚玄之学,道术分崩,圣教衰息,五百余年于此矣。而通时达务之士,则又群相惊惧危恐,蓄缩而莫敢出一言,此弟之所为痛哭流涕长太息者也。③

晚明以来的学术训诂支离或佛老虚玄,在陈确看来都不是道术、圣教,其中关键就是不重"坐下工夫"、不去践履。他在与张履祥论辩之时也说:"吾辈幸逃世网,无所事事,意者窃欲从日用之所体验,稍扶明前圣之旨,以俟来许,或亦后死之责有宜然者。"④ 陈确重视践履,认为应该从日用中去体验孔孟等"前圣之旨"。

张履祥在明亡之后也积极反思晚明学术,重在反对空谈心性而忽视躬行实践。他说:"今人说道躬行,便有忽视之意。曾不思夫子犹以躬行君子未之有得为病,孟子称尧、舜,然必曰:'入则孝,出则弟。'君子能由是路,出入是门,如何轻易看得?"⑤ 张履祥对晚明忽视躬行的倾向也很反对,并结合孔子、孟子来强调躬行实践才是求道的必然途径。与陈确

---

① 陈确:《哭吴子裒仲文》,《陈确集》文集卷14,第332页。
② 陈确:《告山阴先生文》,《陈确集》文集卷13,第310页。
③ 陈确:《答沈朗思书》,《陈确集》别集卷15《大学辨二》,第574页。
④ 陈确:《与张考夫书》,《陈确集》文集卷2,第114页。
⑤ 张履祥:《备忘二》,《杨园先生全集》卷40,第1103页。

不同,张履祥重践履更多依据朱熹:

> 是以《大学》之教,先于致知格物,而朱子释之曰:"物,犹事也。"其注之详明,则见于《孟子》"万物皆备"之下,有云:"大则君臣父子,小则事物细微。"盖凡日用事物,皆非吾之分外,但当随其所至,而求其理以应之,使处之各得其宜,是即所谓道也。①

在他看来求道的实践,就是朱熹所说的致知格物,从君臣父子到日用事物,圣人之道不分精粗表里、内外动静,事事物物无过、不及而各得其宜就是所谓道。"吾人日用之际,密察用心,是入德之门"②,也只有日用之际才能体察圣人之道。

陈确与张履祥都是因为反对晚明理学的空疏之弊,而提出重实践的主张,重视人伦日用之中的践履。但是,他们二人对于理学思想资源却各有取舍,在学术趋向与观点上存在着重大的差异,这恰好就在围绕《大学辨》的论辩之中充分体现了出来。陈确趋向于陆王心学,却更进一步提出废置《大学》,以内在的良知作为日用体验的标准;张履祥趋向于程朱理学,则认为必须依据朱熹对《大学》的解释,以外在的天理作为日用体察的标准。所以,二人既能够成为同门之好友,又会因为《大学》而产生了如此激烈的争辩。

在当时条件下,张履祥自然很难充分理解《大学辨》的意义。姜广辉先生指出,陈确《大学辨》的意义有两个方面,消极意义是使得几百年来关于《大学》的争论画上句号,积极意义是通过争论推进了理论思维的发展。③ 再看其推进理论思维发展,主要体现在以考证的方法去解决义理。

从其消极意义来说,《大学》的疑案,从宋至清产生了上百家的解释,陈确《大学辨》可以说是釜底抽薪,为这一争论画上了句号。不过,这一解决方式比较特别,余英时说:"现在陈确则用快刀斩乱麻的手段,

---

① 张履祥:《答吴裒仲四》,《杨园先生全集》卷24,第680页。
② 张履祥:《备忘二》,《杨园先生全集》卷40,第1104页。
③ 姜广辉:《走出理学》,第160页。

干脆断定'《大学》非圣经',乃后世的伪作,把这个复杂问题简单地解决了。"① 复杂问题简单解决,让许多人不适应,所以才引起张履祥等许多同人的反对。但是,其中也有学术思想发展历史自身的原因:"学术思想走到尽头处,不得不变,尽有豪杰大力,亦无如何"②。如果从理学发展史来看,从宋代走到明代,其理论已经走到尽头,依傍已经无以开新,开新就只能走新的道路。其中也有《大学》作为一个思想文本自身的原因,牟宗三先生说:

> 阳明、蕺山是往心性处落,伊川、朱子是往存在之理处落。皆非《大学》原有之义。是则《大学》只列举出一个实践底纲领,只说一个当然,而未说出其所以然,在内圣之学之义理方向上为不确定者,究往哪里走,其自身不能决定,故人得以填彩而有三套之讲法。③

朱熹、王阳明、刘宗周、张履祥等人分别以己说填入《大学》,都不能说是其本义,同样陈确填入"《大学》即禅学"等解说也不能说是其本义,只是为自己的学说张本而已。正如黄宗羲所说"夫更改之与废置,相去亦不甚相远也"。《大学》只是说明一个方法、步骤,背后的义理文本并没有提供,所以执著于《大学》本身求义理,还不如陈确的直接否定,才真正解决了《大学》义理之争,就这一点高明之处,应该是张履祥所无法理解、无法接受的。

《大学辨》更有必要就其积极意义来说,陈确开始以考证的方法来解决理学义理的问题,推动了清初学术的转型,这也是清初学风趋向笃实的一个重要方面。可以说不管其书的成败如何,"他的是非得失是另一问题,但他这篇著作却清楚地把理学两派的争斗从义理的战场转移到考证的战场"④。陈确不再停留于程朱、陆王对于《大学》的解释谁对谁错上,而是跳出义理的困境,通过考证的方法直接对《大学》进行搁置,从而为义理的开新提供了新路,促进了理论思维的发展。而且,他的考证从

---

① 余英时:《论戴震与章学诚:清代中期学术思想史研究》,第346—347页。
② 钱穆:《中国近三百年学术史》,第56页。
③ 牟宗三:《心体与性体》,第15页。
④ 余英时:《论戴震与章学诚:清代中期学术思想史研究》,第347页。

"迹""理"两个方面入手，有作者、成书年代的考辨，也有从三纲领到八条目每一句话的考辨，深入而又系统，为以后的学者以考证的方法解决义理的困境提供了一个典范。浙东学派的黄宗羲、黄宗炎、毛奇龄考证《周易》，同样有其义理动机，而且在方法上也有可能受到陈确的影响。之后的胡渭、阎若璩都是在同一道路上继续发展。陈确是清初学术由义理转向考证，开创考证之风的代表之一。就这一意义来看，陈确对于清初学术的影响，比张履祥更为深远。

总之，张履祥与陈确二人围绕《大学辨》的论辩，其中论《大学》的真伪，陈确以考证的方法"辨迹"比张履祥更有说服力；论《大学》是否禅学，陈确以主观臆断"辨理"则说服力不强，而张履祥从学理本身进行论证则较为有理。在这一过程中，陈确能够以勇猛精进的治学精神跳出程朱、陆王义理之争，转而以考证方法解决义理问题，这种开创性的理论思维也在论辩之中得以进一步发展，并且其中体现了明清之际的学术从理学到朴学的转型。张履祥则得以将其"尊朱黜王"思想，在论辩之中淋漓尽致地展现出来，这虽不足以说服陈确但在同人中也得到了广泛地呼应，并且其中体现了明清之际由陆王心学向程朱理学的回归。总的来看，这两种不同的学术取径，又都有利于清初学术由空虚转向笃实，有利于礼教的重建与人心的淳朴，有利于刘宗周所开创的蕺山学派的发扬光大。

第五章　蕺山学派的分化(下)：黄宗羲与蕺山学的继往开来

黄宗羲(1610—1695)，字太冲，号南雷，学者称梨洲先生，浙江余姚人。梁启超认为，蕺山学属于王学自身的反动，"总算是舍空谈而趋实践，把王学中谈玄的成分减了好些。但这种反动，当然只能认为旧时代的结局，不能认为新时代的开山"；而黄宗羲则"纯是一位过渡人物，他有清代学者的精神，却不脱明代学者的面目"①。黄宗羲是一位在学术史上具有继往开来意义的大学者，在使蕺山学"如日中天"的同时又超越于师门之"藩篱"，"上宗王刘，下开二万"②，既承继于刘宗周的蕺山学派，又开新而创立清初浙东经史学派。目前学界对于其前一面的关注较少，刘、黄师弟关系还未有较为系统的研究。③ 黄宗羲的一生，以承继蕺山学为己任，对于师门的传承主要有三个方面，一是通过完成老师未竟的《孟子师说》与《明儒学案》等著述，在传承蕺山学的同时开拓创新，最终"青出于蓝而胜于蓝"；一是编撰《子刘子行状》与《子刘子学言》、

---

① 梁启超：《中国近三百年学术史》，第7—8、50页。
② 章学诚：《浙东学术》，载氏著《文史通义》，中华书局1985年版，第523页。
③ 目前关于黄宗羲与刘宗周关系的研究还不够充分，大多仅以《明儒学案》之《师说》或《孟子师说》来讨论其承继关系，相关成果详见下文说明。其他论文则重在比较哲学思想而对学术传承讨论不多，如朱义禄《黄宗羲、刘宗周思想比较初探》，《浙江学刊》1987年第2期；难波征男著、钱明译《念台学与黄宗羲的传统意识》，《浙江学刊》1992年第1期；吴光《从阳明心学到力行实学——论黄宗羲对王阳明、刘宗周哲学思想的批判继承与理论创新》，《中国哲学史》2007年第3期；杨祖汉《黄梨洲对刘蕺山思想的承继与发展》，载杨祖汉、杨自平主编《黄宗羲与明末清初学术》第2章，台湾"国立中央"大学出版中心2011年版，第21—46页。另外还有论及黄宗羲从学刘宗周一事，然就二人学术关系却讨论不多，如吴光《黄宗羲与清代浙东学派》，中国人民大学出版社2009年版，第40—44页；方祖猷《黄宗羲长传》，第二章第三节，浙江大学出版社2011年版，第20—24页。

编刊《刘子全书》，对蕺山学加以总结、整理、弘扬；一是讲学于越中、甬上两地的"证人书院"，延续老师的讲学传统并进一步发展，从"证人之会"到"讲经会"、从重"义理"的蕺山学到重"考据"的梨洲学，最终形成以经史并重、经世致用的清初浙东经史学派。黄宗羲对师门的大力护持，还表现在对恽日初编撰的《刘子节要》的批评，以及对陈确其人其书的多次论评，这也与其"一本万殊"的学术史观有关。黄宗羲实现了蕺山学的继往开来，他光大师门的努力得到了同门及其他同时代人的认可，将其与孔门之曾子、朱门之黄幹相提并论。

第一节 黄宗羲所受刘宗周学术影响及其对师门的护持

黄宗羲的思想学术，既有家学渊源与早期师友的影响，又有刘宗周的重大影响。自从受父命而从游刘宗周之后，黄宗羲就经常跟随刘宗周，听讲于越中证人书院。黄宗羲以师门传薪自许，对于师门的承继与护持，是他学术生涯的一个重要方面。为了维护刘宗周"意为心之所主"等宗旨，保存老师学术的本来面貌，黄宗羲对其他蕺山学派的同门篡改先师遗著等行为多有批评，其中体现了大学者的严谨与学术史的高度。本节则重点从黄宗羲的学术渊源、《刘子全书》的编刊以及黄宗羲对同门恽日初《刘子节要》的批评等问题来看他对师门的护持。

在讨论黄宗羲与刘宗周学术因缘之前，有必要先将其家学渊源与早期师友简单介绍一下，因为黄宗羲的学术除了继承刘宗周为主之外，还有其家学以及东林、复社师友的影响。

黄宗羲的父亲黄尊素（1584—1626），"少即博览经史，不专为科举之学"①。黄宗羲总结其父之学术说：

> 先生以开物成务为学，视天下之安危为安危，苟其人志不在弘济艰难，沾沾自顾，拣择题目以卖声名，则直鄙为硁硁之小人耳。其时朝士空疏，以《通记》为粉本，不复留心于经学。章奏中有引绕朝

---

① 黄宗羲：《黄氏家录·忠端公黄尊素》，《黄宗羲全集》第1册，第413页。

之策者，一名公指以为问，先生曰："此晋归随会事也。"凡《五经》中随举一言，先生即口诵传疏，澜倒水决，类如此。①

一方面，黄尊素重视经世致用之学，"志在弘济"；另一方面黄尊素又熟读经史，特别是史学尤为精通。他特别留意于晚明史，撰有《隆万两朝列卿纪》、《时略》与《大事记》等书。② 天启六年（1626），黄尊素被阉党所逮，临别时还嘱咐黄宗羲读《献征录》：

> 忆余十九、二十岁时，读《二十一史》，每日丹铅一本，迟明而起，鸡鸣方已，盖两年而毕。……先忠端公就逮时，途中谓某曰："汝近日心粗，不必看时文，且将架上《献征录》涉略可也。"自后三年，始读《二十一史》，因先公之言也。③

《献征录》即《国朝献征录》，共一百二十卷，焦竑（1540—1620）所撰，明万历四十四年（1616）刊刻，为明代较为完备的传记资料。黄宗羲的弟子万斯同说："惟焦氏《献征录》一书，搜採最广……可备国史之採择者，惟此而已。"④ 黄宗羲青少年时代秉承家学，在经史之学上早就奠定了深厚的基础。

黄尊素是著名的东林党人，东林讲学及政治活动，对于黄宗羲的影响也非常之深。其父与杨涟、左光斗等人曾夜论时政，之后父亲的惨死，都对黄宗羲有着深刻的影响。后来他又亲自去北京为父申冤，锥刺阉党，已经深深卷入东林运动之中了。对于东林人物，黄宗羲的评价非常之高：

> 熹宗之时，龟鼎将移，其以血肉撑拒，没虞渊而取坠日者，东林也。毅宗之变，攀龙髯而蔑蝼蚁者，属之东林乎？属之攻东林者乎？

---

① 黄宗羲：《东林学案四》，《明儒学案》卷61，第1492页。
② 钱茂伟：《明代史学编年考》，中国文联出版社2000年版，第350页。
③ 黄宗羲：《补历代史表序》，《黄宗羲全集》第10册，第81页。关于此事，全祖望说："学不可不知史事，将架上《献征录》涉略可也。"全祖望：《梨洲先生神道碑文》，《鲒埼亭集》卷11，《全祖望集汇校集注》，第214页。
④ 万斯同：《寄范笔山书》，《石园文集》卷7，《续修四库全书》第1415册，第510页。

数十年来，勇者燔妻子，弱者埋土室，忠义之盛，度越前代，犹是东林之流风余韵也。一堂师友，冷风热血，洗涤乾坤，无智之徒，窃窃然从而议之，可悲也夫！①

包括其父黄尊素在内的东林党人既讲学又议政，那种家国天下的济世情怀对于黄宗羲的学术影响深远。崇祯三年（1630）黄宗羲年二十一，应试南京，韩上桂（字孟郁）与曾听刘宗周讲学的周镳（字仲驭，？—1645）介绍其参加了被时人称为小东林的复社。揭榜后，张溥等人在南京召开复社第三次大会，史称金陵大会，黄宗羲也应邀参加，他晚年说自己"初锢之为党人"，也就是从这一年开始，复社的活动以及订交的友人影响其一生。比如张溥、张采、陈子龙等人"兴复古学"的主张，应该对黄宗羲兴复经史之学有一定的启发。

还有一批师友，对黄宗羲也有深刻的影响。特别是黄尊素的弟子徐石麒，他曾到狱中探望黄尊素，黄尊素死后他又到黄家凭吊，并指导黄宗羲治学：

> 丁卯，渡江来吊，登堂拜母。公知余家赤贫，凡可以周急者，无所不至。余读书泛滥，公训之曰："学不可杂，杂则无成。毋亦将兵、农、礼、乐以至天时、地利、人情、物理，凡可以佐庙谟、裨掌故者，随其性之所近，并当一路，以为用世张本。"此犹苏子瞻教秦太虚多著实用之书之意也。今老而无所见长，深愧其言。②

徐石麒所说的"兵、农、礼、乐以至天时、地利、人情、物理"确实也都是后来黄宗羲有所关注的，凡是"可以佐庙谟、裨掌故"经世致用的学术，黄宗羲自己都有涉猎，在后来证人书院的讲学中也是如此。

黄宗羲早年特别重要的友人有沈寿民（字眉生，号耕岩）与陆符（字文虎）。他自己经常说："余之学始于眉生，成于文虎。余之病痛，知

---

① 黄宗羲：《东林学案》序，《明儒学案》卷58，第1375页。
② 黄宗羲：《思旧录·徐石麒》，《黄宗羲全集》第1册，第351页。

无不言，即未必中，余亦不敢不受也。"① 关于陆符的学术，黄宗羲说：

> 旁涉语录释典，为沉深刻厉之文，又改而为恢博奥赜。至于其所谭《易》者，则取近代理明义精之学，用汉儒博物考古之功，加之湛思，直欲另为传注，不堕制举方域也。其古文词鹏骞海怒，意之所极，穿天心月胁而出之。苦于才多，使天假之年，自见涯涘耳。诗皆志意所寄，媚势佞生。市交游而作声色者，未尝以片语污其笔端也。胸怀洞达，热心世患，视天下事以为数著可了，断头穴胸，是吾人分内事。②

陆符不喜举业，治《易》学则汉宋兼采，作文作诗都有所寄托，没有媚俗姿态，而且更有一种以天下为己任的抱负。这些都应该对黄宗羲有一定的影响，特别是汉宋兼采的治经风格，后来在黄宗羲那里更是发扬光大了。沈寿民也留心于"佐王之学"，黄宗羲的许多友人都有济世情怀，他们相互感染，最终成就了黄宗羲博大精深的思想学术。

一 黄宗羲所受刘宗周学术影响

对于黄宗羲的学术发展影响最大的还是刘宗周。自从黄宗羲受父命从游刘宗周之后，经常跟随刘宗周。刘宗周去世之后从"刘子遗书"得其宗旨，此后黄宗羲便致力于承续刘宗周未竟的事业。无论是《明儒学案》、《孟子师说》还是《明夷待访录》，其中可以说都有刘宗周学术的影子。黄宗羲自许为师门薪传，他光大师门的努力也得到了同门及其他同时代人的认可。

天启六年，黄宗羲十七岁。其父黄尊素被阉党所逮，黄宗羲送至郡城绍兴，当时被革职在家讲学的刘宗周特地到城外的佛寺，为黄尊素饯行，

---

① 黄宗羲：《思旧录·陆符》，《黄宗羲全集》第1册，第385页。相似的话还有多处，比如："左提右挈，发明大体，击去疵杂；念终身偲偲之力，使余稍有所知者，眉生与先生二人而已。"黄宗羲：《陆文虎先生墓志铭》，《黄宗羲全集》第10册，第350页。再如："余少遭患难，辗转业者久之，庚午邂逅耕岩于南中，偲偲之力，何日忘之。"黄宗羲：《征君沈耕岩先生墓志铭》，《黄宗羲全集》第10册，第384页。
② 黄宗羲：《陆文虎先生墓志铭》，《黄宗羲全集》第10册，第349页。

第五章 蕺山学派的分化(下):黄宗羲与蕺山学的继往开来

于是黄尊素命黄宗羲师事于刘宗周。① 随后黄尊素被害,黄宗羲当时也并未留在绍兴受学。

崇祯四年,刘宗周与陶奭龄举证人社而讲学,黄宗羲就前去听讲。而且还因为讲学宗旨"证人社"出现分歧,黄宗羲等人"于是邀一时知名之士数十余人执贽先生门下,而此数十余人者,又皆文章之士,阔远于学,故能知先生之学者鲜矣。"② 黄宗羲是支持刘宗周的重要弟子之一,但是在他看来,当时的刘门弟子大多不能懂蕺山之学。其实黄宗羲自己也是如此,因为他们都还在致力于举业文章。他曾回忆说:

> 余学于子刘子,其时志在举业,不能有得,聊备蕺山门人之一数耳。天移地转,僵饿深山,尽发藏书而读之,近二十年胸中窒碍解剥,始知曩日之孤负为不可赎也。③

他这样说,有自谦的因素,但也当是实情。从别处相关的记载来看,当年的黄宗羲与其师也多有不合之处。他说:

> 先生题魏忠节公主,羲侍先生于舟中。陈几亭以《与绍守书》呈先生。先生览毕付羲。其大意谓:"天下之治乱在六部,六部之胥吏尽绍兴。胥吏在京师,其父兄子弟尽在绍兴,为太守者,苟能化其父兄子弟,则胥吏亦从之而化矣。故绍兴者,天下治乱之根本也。"羲一笑而置之,曰:"迂腐。"先生久之曰:"天下谁肯为迂腐者?"羲惕然,无以自容。④

---

① 黄炳垕:《黄宗羲年谱》,载《黄宗羲全集》第12册,第20页。
② 黄宗羲:《思旧录·刘宗周》,《黄宗羲全集》第1册,第341—342页。
③ 黄宗羲:《恽仲昇文集序》,《黄宗羲全集》第10册,第4—5页。另外,全祖望《梨洲先生神道碑文》对此的说法略有不同:"公尝自谓受业蕺山时,颇喜为气节斩斩一流,又不免牵缠科举之习,所得尚浅,患难之余,始多深造,于是胸中窒碍为之尽释,而追恨为过时之学,盖公不以少年之功自足也。"《鲒埼亭集》卷11,《全祖望集汇校集注》,第219页。
④ 黄宗羲:《蕺山学案》,《明儒学案》卷62,第1546页。此事《思旧录》也有提及略有不同。见《思旧录·陈龙正》,《黄宗羲全集》第1册,第372页。此事《黄宗羲年谱》25岁条也有记载,载《黄宗羲全集》第12册,第25页。

崇祯七年甲戌（1634），刘宗周的弟子魏学濂为其父、刘宗周的友人魏大中举行葬礼，特请刘宗周为其父题写神位，因为黄宗羲之父黄尊素也是魏大中的友人，故二人同去同回。从舟中的讨论可以看出，当时作为党人、名士的黄宗羲与已经是粹儒的刘宗周的差异，也可以从此知道黄宗羲当时于蕺山之学确实未能窥其门墙。他自己还说：

> 甲戌岁，随先师至嘉禾，陈几亭以《遗书》为馈，先师在舟中阅之，每至禅门路径，指以示弟，弟是时茫然。①

当时对于儒释之别，黄宗羲也较为茫然，后来读了刘宗周的《论学书》等著述才渐渐心中明了起来。

顺治二年（1645）六月，绍兴太守降清之后，黄宗羲与刘宗周曾有一次会面。黄宗羲从绍兴郊外赶至刘宗周绝食避难的杨塪。他后来说：

> 乙酉六月□日，先生勺水不进者已二十日。道上行人断绝，余徒步二百余里，至先生之家，而先生以降城避至村中杨塪，余遂翻峎门山支径入杨塪。先生卧匡床，手挥羽扇。余不敢哭，泪痕承睫，自序其来。先生不应，但颔之而已。时大兵将渡，人心惶惑，余亦不能久侍，复徒步而返，至今思之痛绝也。②

这最后的会面没有谈及学术，不过刘宗周的那种殉道而死的精神，应该对黄宗羲触动很大。他回家之后，就奉母避地于余姚一带的山野乡村之中。

虽然当年的黄宗羲并未真正对蕺山之学有所得，但是他还是以得闻蕺山之讲学而自豪。他在与友人的书信中说"曾侍蕺山夫子，往往得闻绪论，今亦荒落久矣"③。黄宗羲真正从事于蕺山之学的研习并有所得，然

---

① 黄宗羲：《与顾梁汾书》，《黄宗羲全集》第 10 册，第 212 页。此事在《明儒学案》中的记述为："然当《高子遗书》初出之时，羲侍先师于舟中，自禾水至省下，尽日翻阅。先师时摘其阑入释氏者以示羲。"黄宗羲：《蕺山学案》序，《明儒学案》，第 1509 页。此事黄炳垕《黄宗羲年谱》25 岁条也有记载，载《黄宗羲全集》第 12 册，第 25 页。
② 黄宗羲：《思旧录·刘宗周》，《黄宗羲全集》第 1 册，第 342 页。
③ 黄宗羲：《与顾梁汾书》，《黄宗羲全集》第 10 册，第 211—212 页。

后继承刘宗周事业,已是在老师去世之后。他说:"某幼遭家难,先师蕺山先生视某犹子,扶危定倾,日闻绪言。小子踉踉,梦奠之后,始从遗书得其宗旨。而同门之友,多归忠节。"① 他在《先师蕺山先生文集序》中也说:

> 昔者,阳明之良知与晦翁之格物相参差,学者骇之,罗整庵、霍渭崖、顾东桥龂龂如也。然一时从游者,皆振古人豪,卒能明其师说,而与晦翁并垂天壤。先师丁改革之际,其高第弟子如金伯玉、吴磊斋、祁世培、章格庵、叶润山、彭期生、王元趾、祝开美一辈,既已身殉国难,皋比凝尘。曩日之旅进者,才识多下。②

黄宗羲指出,与王阳明论辩的学者众多,如罗钦顺(字允升,号整庵,1465—1547)、霍韬(字渭先,号兀崖,1487—1540)、顾璘(字华玉,号东桥,1476—1545)等,因为师从王阳明的弟子众多,而且都能够发明师说,所以能够光大阳明之学。但是刘宗周死后,诸多取得功名、有一定影响的高第弟子如金铉、吴麟征、祁彪佳、章正宸、叶廷秀、彭期生、王毓蓍、祝渊等人都已经殉节。与阳明后学相比而言,蕺山后学确实显得特别冷清。还有,在黄宗羲看来"才识多下"的,大概是指入清之后偏向程朱之学的刘门弟子如刘汋、张履祥、吴蕃昌、沈昀。也正因为如此,黄宗羲才感到振兴师门责无旁贷。

黄宗羲入清之后的大半生,致力于学术。其中特别关键的几项则都与其师刘宗周有关,可以说也是承继了先师未竟的事业而后才能有所开拓。黄宗羲一生都对刘宗周极力推崇。他说:

> 有明学术,白沙开其端,至姚江而始大明。……逮及先师蕺山,

---

① 黄宗羲:《明儒学案序》(原本),《黄宗羲全集》第10册,第78页。
② 黄宗羲:《先师蕺山先生文集序》,《黄宗羲全集》第10册,第55页。黄宗羲关于师门冷清的记述颇多。如《答恽仲昇论子刘子节要书》:"嗟乎!阳明身后,学其学者遍天下,先师梦奠以来,未及三十年,知其学者不过一二人……"《陈乾初先生墓志铭》(二稿):"环视刘门,知其学者亦绝少。徒以牵挽于口耳积习,不能当下抉择,浅识所锢,血心充塞,大抵然矣。"分别见《黄宗羲全集》第10册,第225、362页。

> 学术流弊，救正殆尽。向无姚江，则学脉中绝；向无蕺山，则流弊充塞。凡海内之知学者，要皆东浙之所衣被也。①
>
> 制科盛而人才绌，于是当世之君子，立讲会以通其变，其兴起人才，学校反有所不逮。……逮阳明之徒，讲会且遍天下，其衰也，犹吴有东林，越有证人，古今人才，大略多出于是。②

黄宗羲指出，无论是从明代学术史的脉络，还是从明代讲会的发展来看，刘宗周都是极为重要的一个人物。对黄宗羲来说，刘宗周是其一生之中最为重要的老师，他后来所做的事业，无论著述还是讲学，都是以承继蕺山之学为己任的。因此，与黄宗羲亦师亦友关系的李邺嗣（号杲堂，1622—1680），称其为"刘门之曾子"：

> 昔者夫子之门，惟曾子为最少，而于圣人之传独得其宗。……孟子既殁，千余年而有宋诸大儒起，后三百年而有阳明子，复百余年而有子刘子。先生少侍教于刘门，得传其学。及子刘子从容尽义，先生日侍其侧，年只三十有五耳。自后晦盲风雨，先生抱蕺山之遗书，伏而不出，更二十余年，而乃与吾党二三子重论其学，而子刘子之遗书亦以次渐出，使吾道复显于世，有以待夫后之学者，是则先生之功，固亦刘门之曾子也。③

后人认为曾子传《大学》《论语》等孔门之教，黄宗羲在传承蕺山之学上所做的努力则远远超越了曾子，这个比方还是比较恰当的。黄宗羲自己在《孟子师说》的《题辞》中说：

> 先师子刘子于《大学》有《统义》，于《中庸》有《慎独义》，于《论语》有《学案》，皆其微言所寄，独《孟子》无成书。羲读《刘子遗书》，潜心有年，粗识先师宗旨所在，窃取其意，因成《孟

---

① 黄宗羲：《移史馆论不宜立理学传书》，《黄宗羲全集》第10册，第221页。
② 黄宗羲：《陈夔献墓志铭》，《黄宗羲全集》第10册，第452页。
③ 李邺嗣：《黄先生六十序》，《杲堂诗文集》，浙江古籍出版社1988年版，第434—435页。

子师说》七卷，以补所未备，或不能无所出入，以俟知先生之学者纠其谬云。刘门弟子姚江黄宗羲识。①

其中不无将自己看作是刘门的大弟子，并真正承续于蕺山之学的意味。无论《孟子师说》与其师之学说有无出入，承继先师未竟之事业的意思还是在的。全祖望也说："梨洲所解《孟子》一卷，名曰师说，以蕺山已有《大学统义》《中庸慎独义》《论语学案》，惟《孟子》无成著，故补之也。"② 黄宗羲承继先师所做的事业之中，最为重要的自然还是《明儒学案》与《宋元学案》的编撰，这些将在下文专门进行讨论。

还有黄宗羲的《明夷待访录》里，也可以找到刘宗周的影子。刘宗周的外王理想常常碰壁，这恰好是因为他对于君主专制有所思考，甚至也有一些比较强烈的批判。这些应该会对黄宗羲全面地批判君主专制以及形成更系统的外王之学，有一定的影响。此处特别选择被黄宗羲选入《子刘子行状》的刘宗周奏疏之中的言论，简要说明刘宗周对黄宗羲的影响：

> 夫天下可以一人理乎？恃一人之聪明，而使臣不得尽其忠，则陛下之耳目有时而壅矣；凭一人之英断，而使诸大夫国人不得衷其是，则陛下之意见有时而移矣。
>
> 臣闻天下大矣，而以一人理，非徒以一人理天下也，故曰"君职要，臣职详"。陛下留心治道，事事躬亲，群臣奔走受成之不暇，益相与观望，为自全之计。致一人孤立于上而莫之与，岂非知人之道，未之或讲与？仰惟陛下躬亲圣学，法尧舜之明目达聪，而推本于舍己，亟舍其聪明而归之暗。非独舍聪明，并舍喜怒、舍好恶、舍是非，至于是非可舍，而后以天下之是非为真是非，斯以天下之聪明为

---

① 黄宗羲：《孟子师说》题辞，《黄宗羲全集》第 1 册，第 48 页。关于《孟子师说》，锺彩钧先生将刘宗周关于孟子的论说与《孟子师说》进行了仔细的比勘，认为刘、黄二人对孟子的理解有相当大的差异，他说："其实《孟子师说》已经采取了与蕺山不同的研究方向……对孟子年代的考证、对故籍的考证、对历史的考证与博物之学等等，都不是蕺山学说所能范围的，而可嗅到新时代的气息。"锺彩钧：《刘蕺山与黄梨洲的孟子学》，载《刘蕺山学术思想论集》，第 408 页。

② 全祖望：《跋黄梨洲孟子解》，《鲒埼亭集》外编卷 27，《全祖望集汇校集注》，第 1280 页。

大聪明。

> 今日第一义,在皇上开诚布公。先豁疑关,公天下为好恶,合国人为用舍,慨然引为皇极主。于是进贤才以资治理,开言路以决壅闭,次第与天下更始,宗社幸甚。①

刘宗周的外王思想的本质还是传统儒家的"得君行道",核心问题在于"格君心之非",希望皇帝从事圣学、收拾人心。他也注意到君主专制的弊病,提出:天下不可一人理,应该还天下于天下;舍己,舍去自己的聪明、喜怒、好恶、是非而之于公天下;"公天下"必先"格君心"。黄宗羲《明夷待访录》则几乎彻底放弃了"得君行道",指出"为天下之大害者"正是君主专制本身。他说:

> 古者以天下为主,君为客,凡君之所毕世而经营者,为天下也;今也以君为主,天下为客,凡天下之无地而得安宁者,为君也。是以其未得之也,屠毒天下之肝脑,离散天下之子女,以博我一人之产业,曾不惨然!曰"我固为子孙创业也"。其既得之也,敲剥天下之骨髓,离散天下之子女,以奉我一人之淫乐,视为当然,曰"此我产业之花息也"。然则为天下之大害者,君而已矣。②

这些思想恐怕是刘宗周想都不敢想的,但是就"天下不能一人治""以天下之是非为真是非"等观念而言,黄宗羲与刘宗周非常相似。黄宗羲说:

> 缘夫天下之人,非一人之所能治,而分治之以群工。故我之出而仕也,为天下,非为君也;为万民,非为一姓也。……夫治天下犹曳大木然,前者唱"邪",后者唱"许",君与臣,共曳木之人也。③

关于君臣共治天下的主张,二人比较接近,不过他提出为臣当是"为天

---

① 黄宗羲:《子刘子行状》卷上,《黄宗羲全集》第1册,第216、230、236页。
② 黄宗羲:《明夷待访录·原君》,《黄宗羲全集》第1册,第2页。
③ 黄宗羲:《明夷待访录·原臣》,《黄宗羲全集》第1册,第4—5页。

下"而不是"为君",对君臣关系的认识又深了一层。在刘宗周思想的影响之下,进一步发展了的还有论学校的作用,黄宗羲说:

> 学校,所引养士也。……天子之所是未必是,天子之所非未必非,天子亦遂不敢自为非是,而公其非是于学校。①

刘宗周提出应该以天下之是非为是非,其前提是君主的"开诚布公""进贤才"。黄宗羲则提出更广阔的思路,还要公是非于学校,因为学校是培养士大夫的地方,治理天下的方略皆出于学校。关于黄宗羲政治思想与刘宗周的关系,张灏先生指出:黄宗羲继承了刘宗周的那种内化超越意识与致用精神并进一步发展,不但要落实于个人道德的实践,而且要根植于群体的政治社会生活,最终形成黄宗羲式的经世精神;黄宗羲思想中特有的高度批判意识,其结果不但是以师道与君道对抗,甚至完全突破纲常名教中所蕴涵的宇宙神话,而提出有君不如无君的观念。②

此外,刘宗周对黄宗羲的影响,还有对于人格、节操的特别坚守。黄宗羲入清之后成为遗民,从黄宗羲一直到之后的全祖望,将史书的人物列传转型而成为彰显人格、节操的仁人志士的列传,③最后形成了"讲性命之理必归究于史"的浙东史学传统,其中当有刘宗周的影响所在。④

二 《刘子全书》《刘子节要》与黄宗羲对师门的护持

刘宗周去世之后,其子刘汋整理"刘子遗书"并编撰《蕺山刘子年谱》,刘门弟子也纷纷撰写行状或选编语录。"遗书"的整理、选辑、刊刻等事项的参与者主要有刘汋、黄宗羲、董玚、姜希辙等人;为刘宗周编撰行状的主要有黄宗羲与恽日初;选编的刘宗周语录主要有张履祥的《刘子粹言》、陈确的《山阴语抄》(《蕺山先生语录》)、恽日初的《刘子

---

① 黄宗羲:《明夷待访录·学校》,《黄宗羲全集》第 1 册,第 10 页。
② 张灏:《幽暗意识与民主传统》,第 56 页。
③ 蒋年丰:《从朱子与刘蕺山的心性论分析其史学精神》,载钟彩钧主编《国际朱子学会议论文集》下册,台湾中研院文哲所 1993 年版,第 1137 页。
④ 杜维明、东方朔:《杜维明学术专题访谈录——宗周哲学之精神与儒家文化之未来》,复旦大学出版社 2001 年版,第 122 页。

节要》以及黄宗羲的《子刘子学言》与《蕺山学案》。如何来编"遗书"或选"语录",关系到一个刘宗周思想的解释权之争,同时关系到蕺山学派的分化问题。

"刘子遗书"最后整理完成,刊刻为《刘子全书》四十卷,黄宗羲是贡献最大的刘门弟子之一。他在《先师蕺山先生文集序》中说:

> 王颛庵先生视学两浙,以天下不得睹先师之大全为恨,捐俸刻之。东浙门人之在者,羲与董玚、姜希辙三人耳。于是依伯绳原本,取其家藏底草,逐一校勘,有数本不同者,必以手迹为据,不敢不慎也。①

王颛庵,即王掞(字藻儒,一作藻如,号颛庵,1644—1728),当时为浙江学政。黄宗羲原有家藏"刘子遗书"抄本,又因为其女婿刘茂林即刘汋之子、刘宗周之孙,故得到刘宗周的原稿与刘汋的整理稿,从而对《刘子全书》得以精心校勘。此处之所以黄宗羲特别指出"以手迹为据",是因为刘汋在整理过程中曾对原文有所删改。刘汋虽是"遗书"前期整理最为重要的参与者,但是黄宗羲却对他多有不满。他说:

> 当伯绳辑遗书之时,其言与洛、闽龃龉者,相与移书,请删削之,若惟恐先师失言,为后来所指摘。嗟乎!多见其不知量也。②
>
> 夫先师宗旨,在于慎独,其慎独之功,全在"意为心之主宰"一语,此先师一生辛苦体验而得之者。即濂溪之所谓"人极",即伊川所言"主宰谓之帝",其与先儒印合者在此。自"意者心之所发"之注,烂熟于经生之口耳,其与先儒抵牾者亦在此。因起学者之疑亦在此。先师《存疑杂著》,大概为此而发。其后伯绳编书,另立《学言》一门,总括先师之语,而《存疑》之目隐矣。③

---

① 黄宗羲:《先师蕺山先生文集序》,《黄宗羲全集》第10册,第55页。
② 同上。
③ 黄宗羲:《答恽仲昇论子刘子节要书》,《黄宗羲全集》第10册,第224页。

黄宗羲对刘汋整理"遗书"的批评有二,其一,刘汋对刘宗周著述之中与程朱之学有抵触的地方,曾与张履祥、吴蕃昌等同门协商,认为应该删去,以免先师失言而被后人指责;其二,刘汋擅自将刘宗周辑为《存疑杂著》的一部分语录,与其他的语录一起共同编为《学言》,这样就把刘宗周存疑而另立一册的原意给掩盖了。这两个问题的关键在于刘汋似乎并不认同刘宗周"意为心之主宰",因为这一观点与程朱之学有冲突,程朱一系都认为"意者心志所发"。无独有偶,另一刘门高弟陈确对刘汋也有同样的不满。他说:

> 年谱出绳兄手笔,自另成一书,不妨参以己见,然关系先生学术处亦自宜过慎。至于遗集言理之书,或去或留,正未易言。无论弟之浅学不敢任臆,即如绳兄之家学渊源,表里洞彻,恐亦遽难裁定。……然则道岂易言乎?然则先生之学亦岂易言乎?与我见合者留之,不合者去之,然则岂复为先生之学乎?以绳兄之明睿,万万无此虑,而弟犹不敢不鳃鳃过虑者,只见其不知量耳,而不能自已。①

陈确认为刘汋编撰《蕺山刘子年谱》代表了自己对于刘宗周思想学术的理解,所以即使掺杂自己的理解也无大妨,但编辑《刘子全书》则不能任由自己的看法而决定去留,因为刘宗周的学术不易理解,为先人整理"遗书",还是应该以存真为原则。这些看法与黄宗羲相同,也就是说,在编辑刘宗周的"遗书"这件事情上,真正与黄宗羲观点一致的,大概只有陈确一人,其他偏向程朱之学的张履祥、恽日初等刘门弟子与刘汋的观点一致,都认为"意为心之主宰"等与程朱有冲突的地方应该谨慎处理。

黄宗羲对师门的护持,除去编撰"遗书"相关的争论之外,还在与恽日初的相关论评文字之中可以看出来,这也是更为明确地看到其对于"师说"解释之重视。康熙七年黄宗羲曾为恽日初文集写序,其中说:"格物之解多先儒所未发。盖仲昇之学,务得于己,不求合于人,故其言

---

① 陈确:《寄张奠夫刘伯绳两兄书》,《陈确集》文集卷1,第77页。

与先儒或同或异，不以庸妄者之是非为是非也。"① 黄宗羲此处的观点与其对陈确评价的早期文字接近，既肯定了恽日初学术的价值，有诸多"发先儒所未发"之处，这种创见"不以庸妄者之是否为是非"，恽日初与陈确一样都有一种独立精神，不是人云亦云；也肯定了恽日初治学的"务得于己"，重视自己的践履体验。但是，从此处也可以看出来，黄宗羲并不轻易认可恽日初对于蕺山学有真正的承继，可见其师门护持之严格。

后来，恽日初完成了《刘子节要》选编。黄宗羲看到之后，无论从编撰的体例，到刘宗周语录的选择都极不赞同。② 于是，本来恽日初是要黄宗羲作序，黄宗羲非但没有作序，还写了严词切责的回信。其中说：

> 夫先师宗旨，在于慎独，其慎独之功，全在"意为心之主宰"一语，此先师一生辛苦体验而得之者。……故于先师之言意者，一概节去以救之，弟则以为不然。
>
> 《人谱》一书，专为改过而作，其下手功夫，皆有涂辙可循。今《节要》《改过》门无一语及之，视之与寻常语录泛言不异，则亦未见所节之要也。……今先师手笔粹然无疑，而老兄于删节接续之际，往往以己言代之，庸讵知不以先师之语，迁就老兄之意乎？《节要》之为言，与文粹语粹同一体式，其所节者，但当以先师著撰为首，所记语次之，碑铭行状皆归附录。今老兄以所作之状，分门节入，以刘子之《节要》而节恽子之文，宁有是体乎？③

其一，黄宗羲指出"意为心之主宰"乃师门重要宗旨，所以对恽日初删节刘宗周"言意"的语录，是坚决不能认可的。其二，黄宗羲认为《人谱》是刘宗周讲下手工夫的最重要著述，恽日初将其当作普通语录而未曾选录，也是黄宗羲所不能认可的。在黄宗羲看来，恽日初对于先师刘宗周思想的认识很有问题。还有，《刘子节要》一书的编撰体例也存在重大问

---

① 黄宗羲：《恽仲昇文集序》，《黄宗羲全集》第10册，第5页。
② 关于黄宗羲与恽日初的学术分歧，参见王汎森《清初思想趋向与〈刘子节要〉——兼论清初蕺山学派的分裂》，载氏著《晚明清初思想十论》，第249—289页。
③ 黄宗羲：《答恽仲昇论子刘子节要书》，《黄宗羲全集》第10册，第224—225页。

题：一是恽日初将他自己写的《子刘子行状》作为正文分门别类，然后节要插入刘宗周的语录；另一是他在删节接续的地方，用自己的话来代替老师的话。这些做法就有以自己的意思来组织老师本意之嫌疑，最后就会模糊了老师的思想。无论是对老师的理解正误，还是如何编撰才能正确传递老师的思想，这两个方面黄宗羲提出的批评都非常有道理。文章最后黄宗羲又说：

> 嗟乎！阳明身后，学其学者遍天下。先师梦奠以来，未及三十年，知其学者不过一二人。则所藉以为存亡者，惟此遗书耳！使此书而复失其宗旨，则老兄所谓明季大儒惟有高、刘二先生者，将何所是寄乎？且也，阳明及门之士亦多矛盾，以其学之者之众也，有离者即有合者；先师门下，使老兄而稍有不合，则无复望矣。①

对比阳明学派的发展，王门弟子论学常有矛盾，王门后学与阳明主旨有离也有合。因此，黄宗羲指出，维护师门宗旨的关键就是保存先师"遗书"传播的正确性。关于恽日初的《刘子节要》请黄宗羲写序的情况，他在《明儒学案》原序中的记述也可以作为补充：

> 岁己酉，毘陵恽仲昇来越，著《刘子节要》。仲昇，先师之高第弟子也。书成，某送之江干，仲昇执手丁宁曰："今日知先师之学者，惟吾与子两人，议论不容不归一，惟于先师言意所在，宜稍为通融。"某曰："先师所以异于诸儒者，宗旨正在于意，宁可不为发明！"仲昇欲某叙其《节要》，某终不敢。是则仲昇于殊途百虑之学，尚有成局之未化也。②

恽日初为学也有所转向于程朱点，所以对刘宗周"言意"之处不同于程朱的地方，不能认同。他就希望黄宗羲在"言意"问题上能够通融，然

---

① 黄宗羲：《答恽仲昇论子刘子节要书》，《黄宗羲全集》第10册，第225页。
② 黄宗羲：《明儒学案序》（原本），《黄宗羲全集》第10册，第78页。"恽"原作"郓"，标点有所改动。

后为其作序,黄宗羲则终究"不敢"。在恽日初看来,为了传承蕺山之学,某些问题上可以通融;而黄宗羲却认为,正是为了使蕺山学得以传承下去,所以在关键之处绝不可迁就。黄宗羲对恽日初再三批评就是因为学术宗旨是一个关键的问题,如果在这一点上出了问题,那么学术的传承也会出问题了。他还指出恽日初为学的弊病就在于过于固执,"于殊途百虑之学,尚有成局之未化也"。

从黄宗羲对刘汋、恽日初的批评来看,他为了护持师门宗旨,可谓用心良苦。这种维护还是非常有道理的,主要是两个方面:一是关于选"遗书"或编"语录",黄宗羲认为必须要以"存真"为原则,保存老师学术的原貌必须要遵循严格的学术体例;一是对于老师学术宗旨的认识,黄宗羲认为不能掺杂自己的意思,即便与先儒不合也不能轻易怀疑。从黄宗羲对师门护持的言论来看,有着大学者治学的严谨风范,达到了学术史的高度。黄宗羲后来自许为在世的刘门弟子之中唯一能够继承先师学术的弟子,这种"自许"也确实合乎事实。

作为蕺山学派最重要的传承者,黄宗羲也得到了刘门及其许多学人的认可。当时都认可他作为刘门的大弟子,比如同为曾问学于刘宗周的施邦曜就说:"余友黄太冲,蕺山之高弟子也。"① 这种看法不只是在刘门内部,在当时浙东一带的士人阶层中都有这样的看法:

> 时阮大铖以定策功骤起,思修报复,遂广揭中人姓名,造《蝗蝻录》,欲一网杀之。里中有阉党某,首纠念台先生及其三大弟子,则祁都御史世培、章给事羽侯与公也。②

崇祯十一年,阮大铖(1587—1646)在南京为阉党翻案,黄宗羲与东林子弟、太学生等一百四十人愤起贴出《南都防乱公揭》揭露其丑行。福王政权建立之后,阮大铖就以《南都防乱公揭》中的署名图谋报复。黄宗羲家乡的阉党党徒就叫嚣要先纠出刘宗周的三大弟子,即祁彪佳、章正

---

① 黄宗羲《思旧录·施邦曜》,《黄宗羲全集》第1册,第347页。
② 黄炳垕:《黄宗羲年谱》35岁条,第30页。关于此时的记载,参见黄百家《先遗献文孝公梨洲府君行略》,《黄宗羲年谱》附录,第65页;全祖望《梨洲先生神道碑文》,《全祖望集汇校集注》,第216页。

第五章 蕺山学派的分化(下):黄宗羲与蕺山学的继往开来

宸、黄宗羲,后因南京战事之起而得幸免。此事《鲁之春秋》也有记载:"大铖嗾使私人朱统鍰首纠左都御史刘宗周及金都御史祁彪佳、给事中章正宸与宗羲,时称宗周三大弟子。"①

黄宗羲光大师门的努力主要还是在清初,当时的同门陈之问(字令升,1616—1684)说:"黄子于蕺山门为晚出,独能疏通其微言,证明其大义,推离还源,以合于先圣不传之旨,然后蕺山之学如日中天。"② 这一评价可以代表入清之后的刘门弟子的看法。黄宗羲撰写《子刘子行状》等阐发先师学术的文章,确实做到了"疏通其微言,证明其大义"等等,对于蕺山之学的发扬光大有着重要的推动作用。更为详尽的评价黄宗羲对蕺山学推动的还是全祖望,他说:

> 南雷自是魁儒,其受业念台时,尚未见深造,国难后所得日进,念台之学得以发明者,皆其功也。兼通九流百家,则又轶出念台之藩,而窥漳海之室。然皆能不诡于纯儒,所谓杂而不越者是也。故以其学言之,有明三百年无此人,非夸诞也。③

从发明蕺山学的角度来说,黄宗羲确实功莫大焉。全祖望更为肯定的还是黄宗羲的"兼通九流百家",其治学规模已经超出了蕺山学派。

黄宗羲自许为师门薪传,以倡明"师说"为己任,但是其治学规模远远超过其师,无论治学的范围与方法都与刘宗周有了很大的不同。那么如何来理解他们之间的学术承继关系呢?当代学者赵园先生说:

> 黄氏本人虽以师门薪传为己任,但其学之规模、气象,非所谓"师门"所能涵盖。黄宗羲虽以倡明师说为己任,未见得即以"蕺山"为门派。他的辨明师说,也不取卫道姿态,见识明达,境界迥

---

① 李聿求:《鲁之春秋》卷10《黄宗羲》,第100页。
② 陈之问为黄宗羲所撰写的寿文,见黄宗羲《陈令升先生传》引述,《黄宗羲全集》第10册《传状类》,第600页。
③ 全祖望:《答诸生问南雷学术帖子》,《鲒埼亭集》外编卷44,《全祖望集汇校集注》,第1695—1696页。

出俗流。令后人称羡的明清之际学术气象，也应由此种人物造成。①

黄宗羲护持师门之宗旨、承继师门之学术，但是他并没有狭隘的"卫道姿态"，不为门户所局限，而是持有"一本而万殊"的学术史观。"青出于蓝而胜于蓝"，成就了梨洲之学的博大精深，以及清代浙东学派的辉煌。

第二节　黄宗羲《明儒学案》与刘宗周的承继关系

刘宗周去世之后，黄宗羲虽然还有一段时间为"游侠"，致力于反清的斗争，但是在复明无望之后，他很快就"厕身于儒林"，随后便致力于弘扬先师刘宗周之学术，除了编辑《刘子遗书》的工作之外，最为重要的事情就是编撰《明儒学案》与《宋元学案》。黄宗羲所编撰的《明儒学案》是中国历史上最为重要的学术史专著，开创了中国"学案体"史籍的新纪元。目前学界关于《明儒学案》，特别注意黄宗羲的首创之功，但对其与刘宗周的承继关系的讨论却并不多，特别是对于此书与《皇明道统录》之间的关系则讨论更少，至于此书与朱熹《名臣言行录》的关系则似乎未有论及。其实黄宗羲师从于刘宗周，最为关键的纽带就是关于明儒学术的解释，其中包括了对王阳明、王畿等明代先儒如何加以定位等问题，这些在刘宗周生前师徒二人就经常论及，其初步成果为刘宗周所编撰现已大部失传的《皇明道统录》，而其最终的成果则为黄宗羲所编撰的《明儒学案》。因此，很有必要将刘宗周对《明儒学案》的诸多影响作一完整梳理，从而将刘、黄二人之间的学术传承关系加以清晰地展现。

一　《明儒学案》的渊源

据陈祖武先生等人考证，以"学案"二字命名学术史性质的著作，最早就是万历初年刘元卿（1544—1609）的《诸儒学案》，该书依次辑录了周敦颐、程颢、程颐、张载、邵雍、谢良佐、杨时、罗从彦、李侗、朱

---

① 赵园：《刘门师弟子——关于明清之际的一组人物》，载汕头大学新国学研究中心编《新国学研究》第 1 辑，第 200—201 页。

熹、陆九渊、杨简、金履祥、许谦、薛瑄、胡居仁、陈献章、罗钦顺、王守仁、王艮、邹守益、王畿、欧阳德、罗洪先、胡直、罗汝芳等二十六家的论学语录。然而刘元卿也是受到了其老师耿定向（号天台，1524—1596）的启发，耿定向曾经将陆九渊、杨简二人的传记辑录为《陆杨学案》一篇，后收录于《耿天台先生遗书》。

刘宗周的《论语学案》，在对《论语》进行诠释之时，既有引述宋明儒的语录加以解说的，也有自己的新说，使用"学案"作名字，与《诸儒学案》相近之处就是他们都将各种"语录"录于案中。就一般"学案"的学术史性质来说，则是一个例外，至于是否对于黄宗羲后来编撰《明儒学案》等有所启发则很难说了。

黄宗羲《明儒学案发凡》说：

> 从来理学之书，前有周海门《圣学宗传》，近有孙钟元《理学宗传》，诸儒之说颇备。然陶石篑《与焦弱侯书》云："海门意谓身居山泽，见闻狭陋，尝愿博求文献，广所未备，然非敢便称定本也。"且各家自有宗旨，而海门主张禅学，扰金银铜铁为一器，是海门一人之宗旨，非各家之宗旨也。钟元杂收，不复甄别，其批注所及，未必得其要领，而其闻见亦犹之海门也。学者观羲是书，而后知两家之疏略。①

据黄炳垕《黄梨洲先生年谱》记载，孙奇逢（1584—1675）的《理学宗传》刊刻之后，曾经通过孙奇逢的弟子许三礼，在康熙十二年转送给了黄宗羲："太夫人八十寿辰，孙征君夏峰先生（原注：奇逢，时年九十矣。）寄到《理学宗传》一部，并寿诗一章。"② 后来黄宗羲在《明儒学案》卷五七《诸儒学案》，著录了《征君孙钟元先生奇逢》，其中评价《理学宗传》说："所著大者有《理学宗传》，特表周元公、程纯公、程正公、张明公、邵康节、朱文公、陆文安、薛文清、王文成、罗文恭、顾端

---

① 黄宗羲：《明儒学案发凡》，《明儒学案》卷首，第14页。
② 黄炳垕：《黄梨洲先生年谱》64岁条，载《黄宗羲全集》第12册，第44页。许三礼，曾聘请黄宗羲主持海昌的书院讲席，从康熙十五年至二十年。

文十一子为宗，以嗣孟子之后，诸儒别为考以次之，可谓别出手眼者矣。岁癸丑，作诗寄羲，勉以蕺山薪传，读而愧之。时年九十矣，又二年卒。"其后还收录了孙奇逢《岁寒集》之中论学语录十八条。①

《理学宗传》对黄宗羲后来编撰《明儒学案》《宋元学案》应该有一定的影响，不过《理学宗传》虽然以宋明理学为主，但属于与周汝登《圣学宗传》相似的儒学通史性质的学术史，而《明儒学案》《宋元学案》却是断代的学术史。《理学宗传》仅二十六卷，而《明儒学案》就已经达到了六十二卷，后来成书的《宋元学案》则有一百卷之多，其体例、详略等等差别很大，但是不能不说孙奇逢的《理学宗传》对于《明儒学案》《宋元学案》的编撰影响重大。

康熙二十年七月，孙奇逢的高足汤斌，以翰林院侍讲出任浙江乡试主考官。黄宗羲闻讯之后就派其子黄百家赶往杭州，将当时已经编撰完成的《蕺山学案》与《蕺山先生文录》二书带去请序。② 后来汤斌去信说："承命作《蕺山学案序》，自顾疏陋，何能为役？然私淑之久，不敢固辞。目下匆匆起行，不敢率尔命笔。舟中无事，勉拟一稿请教，得附名简末，遂数十年景仰之私，为幸多矣。"③ 第二年，汤斌又去信给黄宗羲，其中说：

> 去岁承乏贵乡，未得一瞻光霁。幸与长公晤对，深思静气，具见家学有本，为之一慰。《蕺山先生文录》承命作序，某学识疏陋，何能仰测高深？……某生也晚，私淑之诚，积有岁年，但识既污下，笔复庸俗，不能称述万一。惟望芟其芜秽，正其讹谬，不至大有乖误，受赐多矣。……《文录》、《学案》，何时可公海内？早惠后学，幸甚幸甚。④

由此可知，黄宗羲在编撰《明儒学案》初期，非常希望得到曾经协助孙

---

① 黄宗羲：《诸儒学案下五》，《明儒学案》卷57，第1371—1374页。
② 黄宗羲所请的两篇序言，是时汤斌应当都已完成，但现存仅《蕺山刘先生文录序》一文，见《汤斌集》第92—94页，或《刘宗周全集》第6册第716—718页。黄宗羲在《明儒学案序》中曾提及："汤潜庵曰：'《学案》宗旨杂越，苟善读之，未始非一贯也。'"见《明儒学案》第8页，此语当出自当时已完成的《蕺山学案序》一文。
③ 汤斌：《答黄太冲书》，《汤斌集》，中州古籍出版社2003年版，第187页。
④ 同上书，第188页。

奇逢编撰《理学宗传》的汤斌的意见。

从《明儒学案》的特点来看，确实对上述学术史类著作有相当多的参考，最终形成了更为系统、规范的学术史编撰理论。第一，宗旨鲜明："大凡学有宗旨，是其人之得力处，亦是学者之入门处。天下之义理无穷，苟非定以一二字，如何约之，使其在我？故讲学而无宗旨，即有嘉言，是无头绪之乱丝也。学者而不能得其人之宗旨，即读其书，亦犹张骞初至大夏，不能得月氏要领也。"① 第二，源流清晰："有所授受者，分为各案。其特起者，后之学者，不甚著者，总列诸儒之案。"第三，兼容并蓄："有一偏之见，有相反之论，学者于其不同处，正宜着眼理会，所谓一本而万殊也。"第四，选材精良："皆从全集纂要钩玄，未尝袭前人之旧本也。"

《明儒学案》体例完备，各卷由卷首总论、案主传略、学术资料选编三个部分组成。其中"传略"部分，又可以分为"行履"与"论学"两个部分，各占一半，特别是"论学"与各卷"总论"相互呼应，表达了黄宗羲承继"师说"而来的、对各家学术的看法。"选编"部分的材料分别取自案主的语录、论学书、杂著等，分别注明了书名、篇名以表征信，治学的态度十分严谨。

二　《明儒学案》与《皇明道统录》《名臣言行录》

学界一般认为《明儒学案》等学案体史籍滥觞于朱熹的《伊洛渊源录》，这虽然有一定的道理，但是就体例而言，《明儒学案》的承袭刘宗周《皇明道统录》。而《皇明道统录》的体例却主要是受到朱熹《名臣言行录》的影响，因此朱熹《名臣言行录》对于后世学案体史籍的影响不可忽视，作为《明儒学案》的雏形的刘宗周《皇明道统录》的影响也不可忽视。②

《皇明道统录》一书未被收录到《刘子全书》之中，后来亡佚。但是

---

① 黄宗羲：《明儒学案发凡》，《明儒学案》卷首，第14—15页。下文同此出处则不再注明。
② 陈祖武先生认为，对黄宗羲影响最大的，恐怕应是其师刘宗周的《皇明道统录》，《皇明道统录》与朱熹《名臣言行录》的关系也有提及，但是陈先生对此问题的讨论都较为简略，而且对《明儒学案》其他受到刘宗周影响的方面也没有提及。见陈祖武：《明儒学案杂识》，载氏著《清儒学术拾零》，第30页。关于此问题，陈祖武先生在《中国学案史》第6章之中也有讨论，见氏著《中国学案史》，东方出版中心2008年版，第124页。

在刘汋所编的年谱天启七年条之中有记述：

> 《皇明道统录》成。先生辑《道统录》七卷，仿朱子《名臣言行录》，首纪平生行履，次语录，末附断论。大儒特书，余各以类见。去取一准孔、孟，有假途异端以逞邪说、托宿乡原以取世资者，摈弗录。即所录者，褒贬俱出独见。如薛敬轩、陈白沙、罗整庵、王龙溪，世推为大儒，而先生皆有贬辞。方逊志以节义著，吴康斋人竞非毁之，而先生推许不置。通录中无间辞者，自逊志、康斋外，又有曹月川、胡敬斋、陈克庵、蔡虚斋、王阳明、吕泾野六先生。①

《皇明道统录》完稿于明天启七年（1627），共7卷。其编纂体例，以刘汋的看法，为仿照朱熹《名臣言行录》而非《伊洛渊源录》，也就是说"学案体"的起源问题，更值得关注的是《皇明道统录》与《名臣言行录》的关系。这一问题学界少有论及。

《名臣言行录》体例基本就是"平生行履、语录、断论"这样的三个部分，其中"平生行履"与"断语"两部分都为朱熹亲著，而"语录"为摘录各家所著的言行记录，并且都注明了出处，所录言行少数条目附有考证。而《伊洛渊源录》则体例差别较大，并没有"平生行履"与"断论"，而只有"语录"部分，即只有摘录各家所著言行记录，先录行状、墓志、年谱之类，再附录遗事数条。《伊洛渊源录》所录的《行状》等，在功能上类似于"平生行履""断语"但并非朱熹亲著，而《名臣言行录》之中绝大多数卷之中都有朱熹亲著的"平生行履"与"断语"，并且都非常简短、精炼。

《皇明道统录》原来的体例应该也是完整的"平生行履、语录、断论"三部分，"语录"与"平生行履"，因为《皇明道统录》已经亡佚，故不可考。只有"断论"部分，后人认为最重要故单独摘出，黄宗羲因而有机会将之以"师说"的名义列于《明儒学案》之首。《明儒学案·师说》之中，许多条目还有"按"或"愚按"字样，有的条目以"先生之学"开篇，说明这些"断语"原列于"语录"部分之后以按语形式表出。

---

① 刘汋：《蕺山刘子年谱》50岁条，载《刘宗周全集》第6册，第84页。

《明儒学案》多方面继承了《皇明道统录》，下面分四点论述。

第一，体例设计基本一致。《明儒学案》也包括了"平生行履、语录、断论"三个部分，"断论"的处理有两种：其一"断论"放在各案卷的卷首，作为整个学案的总论；其二"断论"放在"平生行履"之后，一起合为人物传记。有部分人物传记没有"断语"部分，则处理成夹叙夹议的形式了。

第二，都有明确的编撰原则。《皇明道统录》以孔孟为标准，异端邪说、乡愿媚世都不取，所选录者也都有编者的褒贬。《明儒学案》其实也是以孔孟为标准，强调儒与佛老的分辨：

> 尝谓有明文章事功，皆不及前代，独于理学，前代之所不及也，牛毛茧丝，无不辨晰，真能发先儒之所未发。程、朱之辟释氏，其说虽繁，总是只在迹上；其弥近理而乱真者，终是指他不出。明儒于毫厘之际，使无遁影。
>
> 诸先生学不一途，师门宗旨，或析之为数家，终身学术，每久之而一变。二氏之学，程、朱辟之，未必廓如，而明儒身入其中，轩豁呈露。用医家倒仓之法，二氏之葛藤，无乃为焦芽乎？诸先生不肯以矇瞳精神冒人糟粕，虽浅深详略之不同，要不可谓无见于道者也。①

这里虽然不明说，但是黄宗羲表彰明儒之理学，就是因为辟二氏之学廓如，"牛毛茧丝，无不辨晰""毫厘之际，使无遁影"，这也就是认为明儒虽然宗旨不一，但是一本而万殊，这一本就是坚持孔孟之标准。再看诸如"儒者之学，不同释氏之五宗……然其间程、朱之至何、王、金、许，数百年之后，犹用高、曾之规矩，非如释氏之附会源流而已"② 等处，都可知黄宗羲分辨儒释之严格。再如《明儒学案》不收李贽，就属于"异端邪说"。

第三，坚持了《皇明道统录》"大儒特书，余各以类见"的原则。选录有明一代的儒者，凡是学有承传的自成一家的大儒，独自成一学案，如

---

① 黄宗羲：《明儒学案发凡》《明儒学案序》，《明儒学案》卷首，第15、7—8页。
② 黄宗羲：《明儒学案发凡》，《明儒学案》卷首，第15页。

崇仁、白沙、河东、三原、姚江、甘泉、蕺山等等。而其他儒者，或编为"诸儒学案"，或分为浙中王门、江右王门、南中王门等等。

第四，对于儒者的评价，也大多继承了刘宗周的观点，如推许方孝孺为一代儒宗；特别重视吴与弼，列《崇仁学案》为卷一。整部学案之中，特别重要的《姚江学案》的"语录"部分，全部取自刘宗周编撰的《阳明传信录》，刘宗周原书的按语也全部收录。

黄宗羲对刘宗周《皇明道统录》之中的论断特别重视，故以"师说"的名义将其冠于《明儒学案》卷首，以示推崇。黄宗羲全书的编撰，也正是根据刘宗周"师说"的线索来开展的。《明儒学案》凡六十二卷，上起明初方孝孺、曹端，下讫明末刘宗周、孙奇逢，有明一代的理学中人，大体都已网罗其中。全书其实共有五个部分组成：一为卷首刘宗周原著的《师说》，可谓全书之总纲；二为学有授受传承的各个学派；三为自成一家的诸多学者的"诸儒学案"；四为东林学派；五为唯一的一个个案"蕺山学案"。后面的四部分为学案正文，在其中各个学案的案首还有总论，与《师说》恰好遥相呼应。

三 "间有发明，一本之先师"

除了上文所述《师说》与《姚江学案》的"语录"部分来自刘宗周之外，《明儒学案》一书还有许多黄宗羲自己的按语，其中透露出他对于刘宗周学术思想的重视。如论及陈真晟时说："子刘子曰：'一者诚也，主一敬也，主一即慎独之说，诚由敬入也。剩夫恐人不识慎独义，故以主一二字代之。此老学有本领，故立言谛当如此。'是故东白得真之言，亦定论也。"① 又如黄宗羲在顾宪成《小心斋札记》后所加按语："按秦、仪一段，系记者之误，故刘先生将此删去。"② 在高攀龙《论学书》后的按语："蕺山先师曰：'辛复元，儒而伪者也；马君谟，禅而伪者也。'"③

此外，在评价人物之时，还有多处引用刘宗周的话。如论吴与弼："刘先生言：'予于本朝，极服康斋先生。其弟不简，私鬻祭田，先生讼

---

① 黄宗羲：《诸儒学案上四》，《明儒学案》卷46，第1087页。
② 黄宗羲：《东林学案一》，《明儒学案》卷61，第1388页。
③ 同上书，第1418页。

之,遂因服以质,绝无矫饰之意,非名誉心净尽,曷克至此!'"论颜鲸:"先师蕺山曰:'先生于学问头脑,已窥见其大意,故所至树立磊落。'"以及论高攀龙的生死观:"子刘子谓:'先生心与道一,尽其道而生,尽其道而死,是谓无生无死。'非佛氏所谓无生死也。"①

关于王畿,在《浙中王门学案二》之中,黄宗羲主要从正面评价:

> 先生亲承阳明末命,其微言往往而在。象山之后不能无慈湖,文成之后不能无龙溪,以为学术之盛衰因之。慈湖决象山之澜,而先生疏河导源,于文成之学固多所发明也。②

但是在《泰州学案》之中却有对王畿的批评,其批评也承袭于刘宗周:

> 阳明先生之学,有泰州、龙溪而风行天下,亦因泰州、龙溪而渐失其传。泰州、龙溪,时时不满其师说,益启瞿昙之秘而归之师,盖跻阳明而为禅矣。然龙溪之后,力量无过于龙溪者,又得江右为之救正,故不至十分决裂。泰州之后,其人多能以赤手搏龙蛇,传至颜山农、何心隐一派,遂复非名教之所能羁络矣。③

如果将这些评语与《明儒学案》卷首的《师说》之中刘宗周对王畿评语加以比较,很明显可以看出其与刘宗周的承袭关系。

黄宗羲自己也多次说到此书的编撰是在继承先师的事业。他在《明儒学案》的序中说:"余于是分其宗旨,别其源流,与同门姜定庵、董无休操其大要,以著于篇,听学者从而自择。"④ 这也说明黄宗羲的编撰《明儒学案》,继承先师未竟之事业,同门之中的姜希辙与董玚也有参与。

《明儒学案》先编撰的是《蕺山学案》,也即《刘子学案》,完成于康熙十五年前后,董玚曾为之写序,认为黄宗羲"有功于师门",如朱门

---

① 以上分别见《明儒学案》,第16、1605、1402页。刘宗周对高攀龙生死观特别重视,相关的论说给了黄宗羲深刻的印象,参见本书第二章的相关讨论。
② 黄宗羲:《浙中王门学案二》,《明儒学案》卷12,第239页。
③ 黄宗羲:《泰州学案一》,《明儒学案》卷32,第703页。
④ 黄宗羲:《明儒学案》序,《明儒学案》卷首,第8页。

之有黄幹（勉斋，1152—1221）：

> 黄子既尝取其世系、爵里、出处、言论，与夫学问、道德、行业、道统之著者述之，而又撮其《遗编》，会于一旨。以此守先，以此待后，黄子之有功于师门也，盖不在勉斋下矣。世有愿学先师者，其于此考衷焉。①

黄宗羲一生以承继刘宗周学术为己任，在与董玚、姜希辙等人一起完成《刘子全书》的编刊，以及撰写《子刘子行状》与编选《子刘子学言》之后，就开始编撰《蕺山学案》。等到《明儒学案》全书完成，便以《蕺山学案》殿后。黄宗羲说："识者谓五星聚奎，濂、洛、关、闽出焉；五星聚室，阳明子之说昌；五星聚张，子刘子之道道通。岂非天哉！岂非天哉！"② 在他看来，刘宗周与蕺山学派，达到了整个明代学术发展的高峰，因此以此为全书做一总结，为有明一代之理学，乃至整个宋明理学史做一总结。对先师刘宗周，真可谓推崇备至。

《明儒学案》编撰完成之后，黄宗羲在序中说：

> 某为《明儒学案》，上下诸先生，深浅各得，醇疵互见，要皆功力所至，竭其心之万殊者，而后成家，未尝以矇瞳精神冒人糟粕。于是为之分源别派，使其宗旨历然，由是而之焉，因圣人之耳目也。间有发明，一本之先师，非敢有所增损其间。③

他对于明代学术史的梳理，以学术上有所创见为原则，"未尝以懵懂精神冒人糟粕"。在对先儒学术的"分源别派"之中，如果有所发明，则认为都是"一本之先师，非敢有所增损其间"。由此可见，黄宗羲兢兢业业编撰《明儒学案》，旨在对先师事业的承继。

---

① 董玚：《刘子全书抄述》，载《刘宗周全集》第 6 册，第 692 页。
② 黄宗羲：《蕺山学案》，《明儒学案》卷 62，第 1514—1515 页。
③ 黄宗羲：《明儒学案序》（原本），《黄宗羲全集》第 10 册，第 78 页。

第三节　黄宗羲与清初的证人书院以及讲会宗旨的转向

清康熙六年（1667）刘宗周的弟子黄宗羲、姜希辙、张应鳌、董玚等人，在越中重举证人书院，传承蕺山之学。康熙七年，黄宗羲至甬上，甬上证人书院正式创立。从"证人之会"到"讲经会"，甬上证人书院的讲会宗旨从重"义理"的蕺山学转向了重"考据"的梨洲学，最终形成了著名的清代浙东经史学派。因此，晚明到清初、从越中到甬上、从刘宗周到黄宗羲，"证人书院"讲会的变迁历史，可以作为明清学术从理学到朴学转型的一个典型个案来加以考察，从而更好地认识明清学术转型。

一　越中证人书院的重举

入清之后，刘宗周的弟子黄宗羲、姜希辙、张应鳌、董玚等人，以传承蕺山之学为己任，编刊《刘子全书》，并在越中重举证人书院。此次重举的过程较为曲折，但讲会的影响颇广，不过黄宗羲本人对于越中的讲会却多有批评。

越中证人书院的重举，黄宗羲与姜希辙、张应鳌这三位刘门弟子功劳最大，至于其发轫之初，还有不常被提及的另一刘门高弟董玚。董玚、姜希辙与黄宗羲，还在刘汋去世之后，共同编辑、出版刘宗周之遗书。他们都致力于光大师门的学术活动。其他刘门弟子也对于师门十分关注，远在江苏武进的恽日初（仲昇）听说越中重举证人书院之后，写信给董玚说："知贵郡复举学会，同人相讲，有兴起之机。……每思越中先师遗风犹在，俨然洙、泗也。又得吾董先生诸君相为激扬，必有闻风而兴者。"董玚在《刘子全书抄述》中引述恽日初的信，并注：

> 瑞生守尊闻行知之训，不与讲席。一日，履思秦氏弟饵菊承显语瑞生曰："君幸无忘先兄履思之言。"问何言？饵菊曰："昔君初侍刘子时，人皆以名推二王，金如朝式、大含谷也。先兄独曰：'将来能担荷此事者，必此人也。'"会君一刘氏与饵菊居岜山，乃寻泠然四月之会于此。莫夫张氏、璧云赵氏期必至。已与莫夫轮集友人家，梨

洲亦时至。尝与莫夫宅举"舜其大孝"章，瑞生有"性灵即舜"语，莫夫曰："向谓圣学将绝，今日方知有人。"陈汝砺曰："今日之会，即当日刘、陶二先生所言不过如此。"吴君燮曰："董子自是有主之学。"①

董玚原本不愿主持讲席，秦承显（饵菊）提醒他当年秦弘祐（履思）曾经说过的话，意识到自己也应为光大师门作出贡献。于是，与秦承显、刘世纯（君一）等开始逐步重举讲会，讲会的地点不定，具体有绍兴附近岛山的秦承显居所以及张应鳌宅等友人家等处，讨论的内容"舜其大孝"章出自《中庸》，可以说是延续当年刘宗周的讲学传统。吴调元（君燮）、陈汝砺等人也认为董玚主持的讲会，可以承续蕺山之学。另据曾师事于董玚的邵廷采说：

> 自蕺山完节后，证人之会不举者二十年。先生谓"道不可一日不明。后生生今日，不幸失先民余教，出处轻而议论薄，由学会之废也。善继述蕺山志事者，亟举学会。"复请蕺山高第弟子张莫夫、徐泽蕴、赵禹功诸前辈集古小学，敷扬程朱、王刘家法。于是余姚黄梨洲、晦木，华亭蒋大鸿，萧山毛西河皆挈其弟子，自远而至。②

董玚对于越中证人书院的重举，应该也是起到了重要的推动作用。

康熙六年九月，黄宗羲、姜希辙、张应鳌等人将会址移至绍兴城内证人书院的旧址即"古小学"，并且确定会期及主事者，恢复"证人书院"名称，越中证人书院自此算是正式完成重举。姜希辙在其中起到了关键作用，并且也曾主持过讲会活动。黄宗羲说："先生归为乡邦领袖，越中丧乱之后，人不说学。先生率二三老友读书谈道，重举证人社会，每遇三之日，先生入讲堂，释菜先师。士子之有志者，云委景从，始知场屋之外，大有事业。"③ 黄宗羲另外还说：

---

① 董玚：《刘子全书抄述》，《刘宗周全集》第6册，第690页。
② 邵廷采：《东池董无休先生传》，《思复堂文集》卷3，第173页。
③ 黄宗羲：《姜定庵先生小传》，《黄宗羲全集》第10册，第625—626页。

> 先师立证人书院，讲学于越中，至甲申而罢讲；后二十四年为丁未，余与姜定庵复讲会，修遗书，括磨斯世之耳目。①
>
> 子刘子讲学于证人书院，梦奠之后，虚其席者将三十年。丁未九月，余与姜定庵复为讲会。而余不能久住越城，念奠夫从先生游最久，因请之共主教事。奠夫距城二十里而家，每至讲期，必率先入坐书院，以俟诸学人之至，未尝以风雨寒暑衰老一日辞也，于今盖五年矣。②

由此可知，越中证人书院的重举距刘宗周去世已经二十多年了。这次重举之后又在什么时候废止，具体时间不详，从黄宗羲所说来看，一直到康熙十年仍旧存在。黄宗羲与姜希辙只是在重举之初参与讲学活动，后来因为黄宗羲不能久住越中，因而请师事刘宗周最久的同门张应鳌主事，越中证人书院之后的讲学活动几乎就是张应鳌一人在坚持。

关于越中证人书院的重举，邵廷采说：

> 自蕺山完节后，证人之会不举者二十年。……复请蕺山高第弟子张奠夫、徐泽蕴、赵禹功诸前辈集古小学，敷扬程、朱、王、刘家法。于是余姚黄梨洲、晦木，华亭蒋大鸿、萧山毛西河皆挚其弟子，自远而至。值督学使者按越下县，会者近千人，越中士习复蒸蒸起矣。③

邵廷采也指出重举证人书院，董场功不可没。后来主要的主持者除去张应鳌，还有徐泽蕴、赵甸（禹功）等人，讲会的地点就是证人书院的旧址古小学，讲会的内容为程朱之学，以及王阳明、刘宗周之学。他还与毛奇龄的书信中说："康熙七年六月初吉，望见光颜于古小学。此时蕺山高弟如张奠夫、徐泽蕴、赵禹功诸先辈咸在讲座，而先生抗言高论，出入百子，融贯诸儒。采时虽无所识知，已私心仪而目注之。"④邵廷采听讲于

---

① 黄宗羲：《董吴仲墓志铭》，《黄宗羲全集》第 10 册，第 466 页。
② 黄宗羲：《寿张奠夫八十序》，《黄宗羲全集》第 10 册，第 673—674 页。
③ 邵廷采：《东池董无休先生传》，《思复堂文集》卷 3，第 173 页。
④ 邵廷采：《谒毛西河先生书》，《思复堂文集》卷 7，第 304 页。

越中证人书院之时才二十一岁，所以说自己"无所识知"，不过他记录下了当时的盛况。在董玚编撰的《蕺山弟子籍》一文，列有《学人》一栏，记录刘宗周的再传弟子。其中绍兴"学人"，即听讲于越中证人书院的学生，有黄宗羲之子黄正谊与黄百家、姜希辙之子姜垚以及毛奇龄、邵廷采等二十三人①。

康熙七年之初，黄宗羲还曾参加越中的讲会："至郡城，仍与同门会讲于证人书院，有《证人会语》。"② 对比于后来兴起的甬上证人书院，黄宗羲对当时的越中证人书院有所不满，认为其中存在两大问题。其一，"然越中类不悦学，所见不能出于训诂场屋。而甬上闻风而兴者，一时多英伟高明之士"③，这是说书院学生大多不愿从事学术，只愿意致力于训诂章句与科举之学。其二，张应鳌的讲学过于拘谨，"奠夫守其师说，不为新奇可喜之论，宁使听之者嚼蜡无味，旅进旅退，于鼓动乎何有"④。张应鳌主持的越中证人书院以传承蕺山之学为己任，"不为新奇可喜之论"，过于恪守师说而无所发展。因此黄宗羲虽然参与了越中证人书院的重举，但是并不认同张应鳌等同门的讲会宗旨，所以后来才有甬上证人书院的开创。

二 甬上证人书院的创立以及讲会宗旨的转向

康熙七年三月，黄宗羲因甬上士人之请，从越中至甬上讲学，于是甬上证人书院正式创立。甬上的证人书院虽然也以传承蕺山之学为己任，但是其讲会宗旨却发生了变化，从"证人之会"转向了"讲经会"，从义理转向考据，这一转向造就了著名的清代浙东经史学派。关于黄宗羲到甬上的原因、证人书院讲会活动的时间与地点、组织形式、宗旨的变化及其与蕺山之学的关系等等，都有必要进行深入的研究。

黄宗羲讲学于甬上证人书院，其中有三个重要原因：其一，黄宗羲与甬上学人的渊源。早在崇祯五年（1632），黄宗羲就曾到甬上，参加由陆符（字文虎，1596—1646）、万泰（字履安，1598—1657）、董氏兄弟，

---

① 董玚：《蕺山弟子籍》，《刘宗周全集》第6册 附录，第616页。
② 黄炳垕：《黄梨洲先生年谱》，《黄宗羲全集》第12册，第42页。
③ 黄宗羲：《董吴仲墓志铭》，《黄宗羲全集》第10册，第466页。
④ 黄宗羲：《寿张奠夫八十序》，《黄宗羲全集》第10册，第675页。

慈溪的刘瑞当、冯氏兄弟等人组织的"文昌社"①，通过"文昌社"黄宗羲结识了不少甬上学人，特别是与后来受业于黄宗羲的万氏兄弟之父万泰、董氏兄弟之父董德偁等人交情深厚。其二，甬上士人的结社活动。在证人书院创立之前，甬上活跃者两个文社，一是由万泰的子孙万斯选（字公择，1629—1694）、万斯大（字充宗，1633—1683）、万斯同（字季野，号石园，1638—1702）、万言（字贞一，号管村，1637—1705）等人组成的"文业会"；一是陈赤衷（字夒献，1617—1687）、陈锡嘏（字介眉，1634—1687）、董允瑶（字在中）、董允璘（字吴仲）等人组成的"澹园会"。康熙五年，这两个文社在陈夒献等人的倡导之下合二为一，同时又接纳了慈溪郑梁（字禹梅，号寒村，1636—1713）等人，组成"策论之会"。② 其三，早就已经师事于黄宗羲的万氏兄弟叔侄的推崇。早在顺治十五年（1658），万泰去世之后，黄宗羲就去信给万泰之长子万斯年，招其兄弟受业，"梨洲先生寓札府君，招家叔及不孝辈受书。"③ 顺治十八年，黄宗羲在化安山中读书，万氏叔侄三人就前往问学，"元夕，甬上门士万允诚斯备、季野斯同、贞一言，访公山中"④。万氏叔侄从山中归来之后，就积极向"策论之会"的成员推荐黄宗羲，范光阳（字国雯）就曾说："岁甲辰，与万斯同兄弟游，每论古今事，辄曰吾师姚江黄夫子言如此。"⑤ 于是，康熙四年春，黄宗羲在黄竹浦，万氏兄弟带领策论会成员二十多人，"咸来受业，信宿南楼而返"⑥。他们回去后就开始酝酿创立甬上证人书院。

康熙七年三月，黄宗羲亲自到甬上，并正式命名为"证人之会"。"公之鄞，与诸子大会于广济桥，又会于延庆寺。亦以证人名之。"⑦ 黄宗

---

① 参见方祖猷《黄宗羲与文昌社》，载吴光主编《黄宗羲论：国际黄宗羲学术讨论会论文集》，浙江古籍出版社1987年版，第496—504页。
② 参见方祖猷《黄宗羲与甬上证人书院》，《浙江学刊》1985年第2期，第88—95页。
③ 万言：《永一府君行述》，万斯大、万经《濠梁万氏宗谱内集》卷8《世传七》，转引自陈训慈、方祖猷《万斯同年谱》，香港中文大学出版社1991年版，第58页。
④ 黄炳垕：《黄梨洲先生年谱》，《黄宗羲全集》第12册，第38页。
⑤ 范光阳：《黄师母叶夫人六十寿序》，《双云堂文稿》卷4，第21页；《四库存目丛书》集部第256册，影印康熙四十六年刊本，齐鲁书社1997年版，第660页。
⑥ 黄炳垕：《黄梨洲先生年谱》，《黄宗羲全集》第12册，第40页。
⑦ 同上书，第42页。

羲自己也说："明年，余至甬上，诸子大会于僧寺，亦遂以证人名之。"①康熙十四年，随着陈锡嘏、范光阳、仇兆鳌、万言等弟子纷纷中举而出游，甬上证人书院的讲学活动也就中止了。②

关于证人书院的地址，有必要作一个较为详细的说明。起初的地点"广济桥"，其实是指桥边的高氏祠，即高斗魁（字旦中，1623—1670）兄弟的家祠。③ 这是第一次讲会的地址所在，可能因为与会的学子众多，故而次日就迁到了延庆寺。延庆寺是宋代四明知礼大师为了中兴天台宗而建，位于宁波城南日湖岛上。后来较为固定的讲会地址有三处，其中最著名的就是白云庄，也就是通常所指的"甬上证人书院"。全祖望《甬上证人书院记》中就说：

> 证人书院一席，蕺山先生越中所开讲也。吾乡何以亦有之，盖梨洲先生以蕺山之徒，申其师说，其在吾乡，从游者日就讲，因亦以"证人"名之。书院在城西之管村，万氏之别业也。④

万言之子万承勋有诗云："忆开讲席白云庄，杖履欣然一苇航。"⑤ 白云庄原为万氏的墓庄，位于今宁波市海曙区西郊管江岸附近。另一重要地址就是黄过堂，即张士埙的西郊别业墨庄，因为黄宗羲前来讲学，而改名为黄过堂，其子张锡璜说："余家西郊别业，以先生来讲学，拟名黄过堂。"⑥

---

① 黄宗羲：《董吴仲墓志铭》，《黄宗羲全集》第10册，第466页。
② 康熙十四年（1675）甬上证人书院"讲经会"中止，后一年黄宗羲去海昌讲学。康熙十七年（1678）黄宗羲的弟子陈锡嘏曾在甬上重举讲会，但时间不长。康熙二十九年（1690）郑梁也想重举讲会但并未成功。维持时间较长的是万斯同，他在北京及休假回甬上之时都举行过讲会，他主持的讲会转而为史学，检讨明亡原因等等，可以算是黄宗羲甬上证人书院讲学宗旨的后续发展。详见王汎森：《清初的讲经会》，《台湾中研院历史语言研究所集刊》第六十八本第三分，1997年，第561—569页。
③ 万言：《怀旧诗八首为陈怡庭寿》之三有注："先生至宁，尝会讲高氏祠，宿，戒童子，歌《伐木》。"《管村诗稿》卷四，转引自陈训慈、方祖猷《万斯同年谱》，香港中文大学出版社1991年版，第86页。
④ 全祖望：《甬上证人书院记》，《鲒埼亭集》外编卷16，《全祖望集汇校集注》，第1059页。
⑤ 万承勋：《哭黄梨洲先生》，《冰雪集》卷1，转引自陈训慈、方祖猷：《万斯同年谱》，第86页。
⑥ 张锡璜：《望南雷山吊黄梨洲先生》诗下有注，《甬上张氏宗谱》卷6，转引自方祖猷：《黄宗羲与甬上证人书院》，《浙江学刊》1985年第2期，第89页。

第五章 蕺山学派的分化(下):黄宗羲与蕺山学的继往开来

第三个重要地址,就是位于西郊的陈夔献家:"丁未、戊申间甬上陈夔献为讲经会……东方为学之士,雨并笠,夜续灯,聚夔献之家……余每过必如之。"① 此外,据考还有陈自舜的云在楼等地方。因此,所谓甬上证人书院,其地址也不完全固定。

从康熙四年至七年初,黄宗羲教授弟子的还是蕺山之学。他曾多次亲往甬上,指导如何通过刘宗周的著述,体会如何为学、如何学做圣贤。黄宗羲将甬上的讲会、书院命之为"证人",也就是传承蕺山之学的意思,所以必然在讲学之中涉及蕺山之学。这也与之前一段时间黄宗羲正在研读与编辑"刘子遗书"有关。范光阳说:

> 蕺山刘忠正公之学,自吾师姚江黄梨洲先生始传于甬上。其时郡中同志之士十余人,皆起而宗之,以为学不讲则不明,于是有证人之会,月必再集。初讲《圣学宗要》,即蕺山所辑先儒粹言也。②

甬上每月二次的"证人之会",首先讲的就是《圣学宗要》。这是刘宗周选编的宋明先儒文章,收录有周敦颐《太极图》及《图说》;张载的《西铭》《东铭》;程颢的《识仁说》与《定性书》;朱熹的《中和说》;王阳明的《良知问答》《答陆元静书》《拔本塞源论》,各篇之后刘宗周都有按语。之后就是《子刘子学言》,这是黄宗羲摘编的刘宗周语录。郑梁说:

> 去年五月十三日,获见先生于鄞郊,先生手授以《子刘子学言》、《圣学宗要》诸书。梁伏而读之,始翻焉知圣贤之必可为,而学之不可以不汲汲也。③

后又传授以《人谱》、《原旨》和《证学杂解》三种"刘子遗书"。对此,

---

① 黄宗羲:《陈夔献墓志铭》,《黄宗羲全集》第10册,第453—454页。
② 范光阳:《张有斯五十寿序》,《双云堂文稿》卷3,第33页;《四库存目丛书》集部第256册,第649页。
③ 郑梁:《上黄先生书》,《寒村诗文选·寒村杂录》卷2,第28页;《四库存目丛书》集部第256册,影印清康熙刻本,第448页。

与黄宗羲亦师亦友关系的李邺嗣(原名李文胤,号杲堂)有较为详细的记述:

> 迩者子刘子之书既已大出,而黄梨洲先生更以《原旨》一编相授,得伏而读之,始若涣然释然,悦于中心,至忘寝食,因为刻之塾中,以公于吾党,使后来学人惟反求于吾心……然后天下之学,始得尽归于一矣。
>
> 后之学者,读子刘子之书,学子刘子慎独之学,先严其内省,以为观人之鉴,然后可伏而论十七史之成败,出而行进君子退小人之事矣,岂不重哉!①

从李邺嗣在《证学杂解书后》来看,当时黄宗羲虽然传授"刘子遗书",但是并没有局限于刘宗周之书、慎独之学,还有"论十七史之成败",而且要求"反求于吾心","天下之学,始得尽归于一矣"。因此,黄宗羲在甬上传授蕺山之学的时期,已将蕺山之学导向更为经世致用的经史之学了。

康熙七年之后,甬上证人书院的讲会转向了经学,"证人之会"也被称为"讲经会"。也就是说,从心学转向了经史之学。关于黄宗羲在甬上证人书院讲学的宗旨,全祖望作有很好的分析:

> 先生当日讲学颇多疑议之者,虽平湖陆清献公尚不免。不知自明中叶以后,讲学之风已为极敝,高谈性命,直入禅障,束书不观,其稍平者则为学究,皆无根之徒耳。先生始谓:学必原本于经术,而后不为蹈虚;必证明于史籍,而后足以应务。元元本本,可据可依,前此讲堂锢疾,为之一变。其论王、刘两家,谓皆因时风众势以立教。阳明当建安格物之学大坏,无以救章句训诂之支离,故以良知之说倡率一时,乃曾未百年,阳明之学亦复大坏,无以绝葱岭异端之夹杂,故蕺山证人之教出焉。阳明圣门之狂,蕺山圣门之狷。其评至允,百

---

① 李邺嗣:《原旨书后》《证学杂解书后》,李邺嗣著、张道勤校点:《杲堂诗文集》,浙江古籍出版社1988年版,第499—500页。

第五章 蕺山学派的分化(下):黄宗羲与蕺山学的继往开来 415

世不可易也。①

  公谓明人讲学,袭语录之糟粕,不以六经为根柢,束书而从事于游谈,故受业者必穷经。经术所以经世,方不为迂儒之学,故兼令读史。②

与全祖望的说法相近的,还有黄宗羲之子黄百家:"府君谓学问必以《六经》为根柢,空腹游谈,终无捞模,于是甬上有讲经会。"③ 黄宗羲讲学于甬上,陆陇其等推崇朱学的学者有"疑议",致力于举业的士人也有"疑议",当然"疑议"的原因并不只是因为其学术宗旨。不过当时浙东一带的讲学活动,诸如越中证人书院、姚江书院等还是以心性之学为主,其他就是为科举服务的场屋之学了。所以当时对于甬上证人书院所倡导的经史之学,真正认同的人并不多。黄宗羲之所以讲授《六经》,希望从中推究三代之典章制度,他说:

  其时唐说斋创为经制之学,茧丝牛毛,举三代已委之刍狗,以求文、武、周公、成、康之心,而欲推行之于当世。薛士隆、陈君举和齐斟酌之,为说不皆与唐氏合,其源流则同也。④

黄宗羲对于唐仲友(字与政,学者称说斋先生,1136—1188)、薛季宣(字士龙,号艮斋,1134—1173)、陈傅良(字君举,号止斋,1137—1203)等重视经史之学的浙东学者评价很高,可见黄宗羲之学也有承继南宋的浙东学派的因素。关于史学的重要性,万斯同曾在与万言的书信中说:

  夫吾之所为经世者,非因时补救如今所谓经济云尔也。将尽取古

---

① 全祖望:《甬上证人书院记》,《鲒埼亭集》外编卷16,《全祖望集汇校集注》,第1059页。
② 全祖望:《梨洲先生神道碑文》,《鲒埼亭集》卷第11,《全祖望集汇校集注》,第219页。
③ 黄百家:《黄氏续录·失余稿》,转引自陈训慈、方祖猷:《万斯同年谱》,第88页。
④ 黄宗羲:《学礼质疑序》,《黄宗羲全集》第10册,第25页。

今经国之大猷，而一一详究其始末、斟酌其确当，定为一代之规模，使今日坐而言者，他日可以作而行耳。……使古今之典章法制，烂然于胸中而经纬条贯，实可建万世之长策。他日用则为帝王师，不用则著书名山为后世法，始为儒者之实学，而吾亦俯仰于天地间而无愧矣。①

万斯同认为经世之学，并非平常说的经济之学，而是要"详究"于"古今经国之大猷"，从史书之中学习"典章法制"才是儒者的"实学"，或"为帝王师"或"为后世法"，这才是真正的经世之学。对于黄宗羲倡导"经世"的理念与讲授经史之学，甬上证人书院其他的弟子也有此共识，因此才有后来的"讲经会"。对此黄宗羲曾有过总结：

> 始陈子夔献与同里十余人，然约为友，俱务佐王之学。以为文章不本之经术，学王、李者为剿，学欧、曾者为鄙；理学不本之经术，非矜《集注》为祕录，则援作用为轫传。高张簧舌，大抵为原伯鲁地也。于是为讲经会，穷搜宋、元来之传注，得百数十家，分头诵习。每月二会，各取其长，以相会通，数年之间，毕《易》、《诗》、《三礼》。②

可惜的是因为甬上证人书院的弟子后来大多进入了仕途，所以"讲经会"并未将《六经》讲完，也未开始讲授史书。万言曾说："戊申后诸子，聚为讲经之会，首《易》、次《书》、次《诗》、次《礼》……未毕《春秋》，以多出游者而止。"③ 对于弟子的出仕清廷，黄宗羲虽未明确肯定，但也不反对，这也可以从他非常肯定陈夔献等弟子致力于以经世为目的"佐王之学"当中看出来。黄宗羲及其弟子认为著文章、学理学都应该本于经术，所以举为"讲经会"，他们在明亡之后，对于包括讲学在内的诸

---

① 万斯同：《与从子贞一书》，《石园文集》卷7，张氏约园民国24年刊本，第8—10页。
② 黄宗羲：《陈夔献五十寿序》，《黄宗羲全集》第10册，第680—681页。
③ 万言：《怀旧诗八首为陈怡庭寿》小注，《管村诗稿》卷4，转引自陈训慈、方祖猷：《万斯同年谱》，第117页。

多方面都进行了深刻的反思,共同探寻"佐王志学",即经世致用之学。因此他们反对汲汲于《四书》,返而求诸《六经》以及诸史,"讲经会"时期的甬上证人书院讲会的宗旨与其创立之初大不相同了,与当时越中的证人书院则差别更大。

除去讲会的宗旨与众不同之外,甬上证人书院讲会的组织形式也有其特殊之处。甬上证人书院没有"会约",李邺嗣对于当时的"讲经会"如何开展,曾有较为详细的记述:

> 于是里中诸贤倡为讲五经之会,一月再集。先期于某家,是日晨而往;抠衣登堂,各执经以次造席。先取所讲复诵毕,司讲者抗首而论,坐上各取诸家同异相辩折,务择所安。日午进食羹二器,不设酒,饭毕续讲所乙处,尽日乃罢。诸家子弟十岁以上,俱得侍听,揖让雍容,观者太息。①

讲会每月二次,会前就先集中于某家,会日清晨则同往讲会地点,各自携带经书入席。将当日所讲再朗诵一过,然后由主讲者进行发言,坐上听讲者各自取诸家之注说相与论辩,务必使得每一条义理安稳才会罢休。午饭也很简单,一菜一饭,不设酒水,饭后则继续讲会。参与甬上证人书院的各家子弟,只要十岁以上都可以前去旁听。由此可知,甬上的讲会场面就比越中更为自由、活泼。至于讲会的基本形式,其实与越中相差不多,只是将会期增加到了每月二次,可能就是将刘宗周《证人会约》中的"三日"的"会期"与"望"后的"会课"统一为"会期",这就更有利于集中讨论经书之中的问题。真正属于"讲经会"自身的特点,李邺嗣在另一文章中所说明:

> 先从黄先生所授说经诸书,各研其义,然后集讲。黄先生时至甬上,则从执经而问焉。《大易》已毕业,方及《礼经》,诸贤所讲,大略合之以三《礼》,广之以注疏,参之以黄东发、吴草庐、郝京山诸先生书,而裁以己意,必使义通。……诸贤各相诘难俱在言论,而

---

① 李邺嗣:《送范国雯北行序》,《杲堂诗文集》,第445页。

充宗独尽载之笔疏,凡诸家之说,各有所长,则分记之;吾党所说,有足补诸家所不足,则附记之。①

黄宗羲本人也对"讲经会"的特点有所记述:

丁未、戊申间,甬上陈夔献创为讲经会,搜故家经学之书,与同志讨论得失。一义未安,迭互锋起,贾、马、卢、郑,非无纯疵,必使偕害自和而后已。思至心破,往往有荒途为先儒之所未廓者。②

每讲一经,必尽搜郡中藏书之家,先儒注说数十种,参伍而观,以自然的当不可移易者为主,而又积思自悟,发先儒之所未发者,尝十之二三焉。③

甬上证人书院的"讲经会"与越中证人书院相比,有三个方面的不同:其一,讲会之前,弟子们分别去搜集甬上藏书之家相传的经书中的先儒注说数十甚至上百种,相互传看,分别诵习、探究。其二,讲会之中,弟子之间相互讨论各种注说的得失,无论是同志之间的看法,还是贾逵、马融、卢植、郑玄之类经学大家的注说,如果不能使得义理贯通,都不轻易相信。其三,讲会之后,弟子之中有专治某经如万斯大治《礼经》者,详细记录讨论的结果,精选诸家之说的长处或讲会之中提出的可以补充诸家不足之处,整理出新的经书注说本子。合而论之,"讲经会"讨论的对象是《六经》,因此,既重视搜罗汉儒注疏、宋元注说,又肯定"自悟";既重视对于前人的继承,又肯定"发先儒所未发"的创见;唯一的标准就是"自然的当不可易"。这样的讲会,就在继承刘宗周所开创的"证人会"的基础之上,又大大前进了一步。正是通过讲会的训练,虽然仅仅短短数年,甬上证人书院却培养出了一大批卓越弟子:

诸子亦散而之四方,然皆有以自见。如万季野之史学;万充宗、

---

① 李邺嗣:《送万充宗授经西陵序》,《杲堂诗文集》,第448页。
② 黄宗羲:《陈夔献墓志铭》,《黄宗羲全集》第10册,第453页。
③ 黄宗羲:《陈夔献偶刻诗文序》,《黄宗羲全集》第10册,第30页。

陈同亮之穷经；躬行则张旦复、蒋弘宪；名理则万公择、王文三；文章则郑禹梅清工，李杲堂纬泽，董巽子、董在中函雅，而万贞一、仇沧柱、陈匪园、陈介眉、范国雯，准的当时，笔削旧章，余子亦复质有其文。呜呼盛矣！"①

让黄宗羲引以为豪的有：万斯同（季野）的史学；万斯大（充宗）、陈自舜（同亮）的经学；万斯选（公择）、王之坪（文三）的理学；郑梁（禹梅）、李邺嗣（杲堂）等人的文学。黄宗羲及其得意弟子，最终形成了著名的清代浙东经史学派。②

关于甬上证人书院，还有必要特别说明的是，其教学内容虽然以经史为主，但还有其他众多的内容，特别是对于刘宗周一系心学的传承，则始终是黄宗羲所特别牵挂的。比如文学，就是甬上士子在讲经之余，特别偏爱的。黄宗羲曾亲自点选历代文钞给弟子阅读："点定西汉、唐宋及先辈大家文钞，不烦探索而坐辩千载。"③另外还选择未经先儒表彰的宋元明文章上百家，传授于弟子："讲席之暇，先生取宋、元、明以来未经表暴之文百余家，为批划以授之吾党。"④甬上证人书院还涉及天文、地理等自然科学。万斯大之子万经，少年时曾列席讲会，他说："往丁未、戊申间，先君子偕家叔与同里诸君子奉南雷先生创为讲会。……维时经学、史学以及天文、地理、六书、九章，至远西测量推步之学，争各磨砺，奋气怒生，皆卓然有以自见。"⑤甬上讲会，以经史之学为主而旁涉百家，这主要是因为黄宗羲本人的学术广博，李邺嗣就说："先生更以一身，上穷六经之源，下泛百氏之海，采二十一史之林，旁猎方技诸家之圃，使吾党共折衷于先生，足以自信，如望天枢而知北，望天梁而知南也。"⑥黄宗羲卓越学识的形成，来自明清鼎革的大时代，也来自家学与师承。甬上证

---

① 黄宗羲：《陈夔献墓志铭》，《黄宗羲全集》第10册，第453页。
② 关于甬上证人书院的弟子，参见《甬上证人书院学生考》，李国钧主编：《中国书院史》，湖南教育出版社1994年版，第844—852页。
③ 李邺嗣：《与万贞一书》，《杲堂诗文集》，第653页。
④ 万言：《郑禹梅制义序》，《管村文钞》卷1，转引自陈训慈、方祖猷：《万斯同年谱》，第88页。
⑤ 万经：《寒村七十寿序》，转引自陈训慈、方祖猷：《万斯同年谱》，第88—89页。
⑥ 李邺嗣：《黄先生六十序》，《杲堂诗文集》，第435页。

人书院讲学宗旨从"证人"转向"讲经"之后,对于刘宗周所传承的宋明理学依旧有所关注,黄门高弟也多有传承蕺山之学或上溯于阳明之学。除去上面提及的万斯选与王之坪,还有被黄宗羲称"其会心在《传习录》"的董允瑫(在中)①,自称"蕺山学者"曾作《刘子质疑》寄于黄宗羲的董允璘(吴仲)② 等等。康熙三十三年,万斯选去世,黄宗羲为其撰写墓志铭恸哭,其中说:

> 其在语水,得余所评罗念庵、王塘南二先生集读之,不以口耳从事,默坐澄心,恍然如中流之一壶,证以蕺山意为心之主宰而愈信。从此卓荦读书,不为旧说所锢,三十年如一日也。淮上之门人,如唯一、西洮皆能兴起于学,使蕺山之流风余韵北渐而不坠者,信公择之立身不苟耳。③

对万斯选将蕺山之学北传至语水、淮上特别推崇。

附论 从刘宗周到黄宗羲:越中与甬上两代证人书院之比较

明清之际的学术由理学转向了朴学,无论梁启超的"王学反动"说,还是余英时"内在理路"说,都认为学术自身的原因才是最重要的,证人书院讲会的变迁正好说明了这一点。从晚明以刘宗周为主导的越中证人书院到清初以黄宗羲为主导的甬上证人书院,虽然同为"证人书院",但是随着时间的推移,同中有异的地点、人物与讲会形式,讲学宗旨却从理学转向了朴学。证人书院讲会的变迁,可以说是明清学术转型的缩小版。

刘宗周"慎独"之学,虽然属于心学一系,但是"上承濂、洛,下贯朱、王"④,调和朱学与王学,与阳明心学相比更为缜密,更为笃实于践履。为了挽救王学流弊,端正人心,刘宗周讲学于越中。他必须接受两个事实,一是自明中叶以来王学作为圣学已经成为学术主流;一是越中讲学的士人大多与王门有关。因此,刘宗周创立证人书院,便邀请王门三传弟子陶奭龄一同主事,得到了越中士人的广泛响应。但是,不久便因为讲

---

① 李邺嗣:《黄先生六十序》,《杲堂诗文集》,第 464 页。
② 黄宗羲:《董吴仲墓志铭》,《黄宗羲全集》第 10 册,第 466 页。
③ 黄宗羲:《万公择墓志铭》,《黄宗羲全集》第 10 册,第 518 页。
④ 刘汋:《蕺山刘子年谱》序,载《刘宗周全集》第 6 册,第 51 页。

会的宗旨而产生了分歧，陶奭龄一派"白马别会"，讲学越来越接近于禅学；刘宗周一派则坚守儒门，以慎独之学诠释《论语》《易传》《大学》《中庸》等儒家经典，编撰《人谱》细化"证人"之旨。入清之后蕺山学派的刘门弟子虽有分化，但依旧繁荣，梁启超就说："明清嬗代之际，王门下唯蕺山一派独盛，学风已渐趋健实。"① 其中张履祥转向程朱理学，陈确转而批判理学，黄宗羲依旧笃信心学。但是黄宗羲在心学上发展并不多，编刊《刘子全书》、撰写《明儒学案》等主要也是对宋明理学的整理，其学术成就集中于经史之学。

黄宗羲从越中到了甬上，甬上讲会的宗旨也从"证人之会"转向了"讲经会"。甬上证人书院与越中证人书院还有一个重要的不同之处，甬上证人书院的学术领袖无疑就是黄宗羲，但是该书院的创立者、主持者却是其弟子陈夔献以及万氏、张氏兄弟等人，黄宗羲只是作为导师不时前去与会指导而已，并不主事。

晚明的越中证人书院，无论是刘宗周还是陶奭龄，讲会的宗旨虽然略有不同，但是都属于儒学之中的"内圣"之学，都重视在讲会论辩之中体证"性命"，加强身心修养。清初重举的越中证人书院，以及甬上证人书院酝酿时期所举的"证人之会"，其宗旨也如是。黄宗羲正式讲学于甬上之后，甬上证人书院的讲会宗旨才发生了重大改变，"讲经会"研讨的内容属于儒学之中的"外王"之学。

这一转向的原因有二：一是内因，与晚明时期的其他理学家相比，刘宗周本人就重视回归于经典，对《四书》和《易传》都进行了深入的研究，著有《大学古义参疑》《论语学案》《周易古文钞》等具有考据色彩的书，蕺山之学传之黄宗羲后更加注重经典本身，带领弟子们以在刘宗周那里已经萌芽的经典考据之学来重新整理《五经》及诸史。一是外因，经历明亡清兴，黄宗羲等人反思学术之后，特别反对晚明以来诸如越中证人书院的陶奭龄等人"高谈性命，直入禅障"的讲学风气，一旦有机会主导书院讲学就必然使其趋于实学、实用的经世致用之学，通过讲会的论辩疏通经典文句、寻绎典章制度之学，寻找经世济民之路。

从义理转向考据，从"内圣"之学转向"外王"之学，甬上证人书

---

① 梁启超：《中国近三百年学术史》，第44页。

院以传承蕺山之学开始,甬上也有不少弟子从事心学,但是就其学术发展而言,已经远远超越了蕺山学派的矩矱。钱穆先生说:"梨洲讲学,初不脱理学家传统之见。自负为蕺山正传,以排异端、阐正学为己任。至其晚年而论学宗旨大变……其实梨洲平日讲学精神,早已创辟新局面,非复明人讲心性理气、讲诚意慎独之旧规。苟略其场面,求其底里,则梨洲固不失为新时代学风一先驱也。"① 最终影响清代学术一百多年的,已经是以黄宗羲为代表的浙东经史学派了。

第四节　黄宗羲对陈确的学术论评及其"一本万殊"论

黄宗羲与陈确,同为刘门重要弟子,黄宗羲以严格护持"师说"发扬蕺山之学著称;陈确自以为继承刘宗周的"千秋大业",其为学却走向对宋明理学批判的方向。而且,黄、陈之间还有一定的学术交涉,梁启超先生《中国近三百年学术史》最早提出了黄宗羲先后撰写的《陈乾初先生墓志铭》的思想异同问题,其中说:"南雷文集中他的墓志铭两篇,第一篇泛叙庸德而已,第二篇才把他的学术要点摘出……梨洲服善之诚,实可敬。"② 钱穆先生的同名专著也认为黄宗羲受陈确思想影响深刻,且晚年思想有一极大转变。③ 此后涉及黄、陈学术关系的研究较为重要的有郑宗义先生的《黄宗羲与陈确的思想因缘之分析——以〈陈乾初先生墓志铭〉为中心》,该文兼顾考证与义理分析四篇墓志铭的同时涉及黄宗羲思想自身的发展与对刘宗周思想的诠释,认为墓志铭四稿只能说明黄宗羲晚年从学术分殊立场更为客观平情地看待陈确学术。④ 另一讨论比较详细的论文是蔡家和先生《黄宗羲与陈确的论辩之研究》,该文重在比较四篇墓志铭的异同,最后指出黄、陈有二种不同的义理形态,黄宗羲的前三次墓志铭的改写误以为陈确否定宋明儒学思想而为荀子、告子的后天之学的传

---

① 钱穆:《中国近三百年学术史》,第31页。
② 梁启超:《中国近三百年学术史》第12章《清初学海波澜余录》,第177页
③ 钱穆:《梨洲同时几位学者与梨洲思想之关系》,《中国近三百年学术史》,第40—50页。
④ 郑宗义:《黄宗羲与陈确的思想因缘之分析——以〈陈乾初先生墓志铭〉为中心》,《汉学研究》第14卷第2期,1996年12月,第59—74页。

统，到了第四次墓志铭改写才看出了陈确思想的力行实践义理所以不予以批评，也看出陈确思想并非蕺山学正宗而有其自己的一套光明正大义理。① 此外，更早的研究还有邓立光《陈乾初研究》认为黄宗羲对陈确学说从不满到渐渐接受、认同至于剽窃，就发展蕺山学说而言陈确论功不在黄宗羲之下。②

上述关于黄、陈学术关系研究，主要集中于黄宗羲是否受陈确思想影响这一问题，而且观点分歧较大。深入挖掘黄宗羲对陈确的众多论评材料，就会发现还有许多问题都没有讲清。因此，有必要对于黄、陈的学术关系重新考辨，力求在前辈学人研究的基础之上更为全面、深入，以黄宗羲对陈确的论评为视角，重点考察黄宗羲对于师门宗旨的护持以及学术史观的发展。

一 黄宗羲与陈确的交游

黄宗羲与陈确，虽然同在刘门之时并未有所交往，但是他们二人在会面之前，也是心仪已久。③ 顺治七年庚寅（1650），黄宗羲曾在杭州的友人陆圻（字丽京，1613—1667）处，就见过陈确所著的《女训》一书："余庚寅至杭，从陆丽京案头见女训一余家奉为玉律。"④ 黄宗羲对于陈确《女训》一书未作评说，但二人已是有点惺惺相惜了。

黄、陈二人真正的会面，也只有一次。康熙五年（1666），黄宗羲五十七岁，而陈确已经六十三岁了。黄宗羲当时在语溪吕留良家处馆讲学，他去海宁拜访陈确，是为了告知陈确刘宗周之子刘汋的死讯。关于此事，

---

① 蔡家和：《黄宗羲与陈确的论辩之研究》，《"国立"台湾大学哲学论评》第35期，2008年3月，第5—35页。
② 邓立光：《陈乾初研究》第8章《陈确与黄宗羲》，第163页。相关论文还有，何佑森：《黄梨洲晚年思想的转变》，《故宫文献》（台北）第3卷1期，1971年2月。古清美：《谈陈乾初与黄梨洲辩论的几个问题》，《幼狮学志》第17卷5期，1983年5月。王汎森：《〈中国近三百年学术史〉中的一件公案——再论黄宗羲与陈确的思想交涉》，《钱宾四先生百龄纪念会学术论文集》，《新亚学术集刊》第14期，新亚学术期刊编辑委员会、香港中文大学新亚学院，2003年。
③ 吴骞：《陈乾初先生年谱》记载，顺治三年丙戌秋，"与黄太冲晤"，《陈确集》附录，第838页。对此钱穆先生已有考证说："是时梨洲方入四明山，事败，奉母避居化安山丙舍，而乾初亦奔波避乱，两人无缘相见。丙戌乃丙午之伪。"参见《中国近三百年学术史》第2章《黄梨洲》，第41页。
④ 黄宗羲：《陈乾初先生墓志铭》（初稿），《黄宗羲全集》第10册，第360页。

黄宗羲后来在《陈乾初先生墓志铭》初稿中说：

> 丙午，余与陆冰修访之，先生已病废，剧谈终日而精神不衰。闻刘伯绳将葬，先生曰："吾不能执绋引路，有负亡友。"涕泪为之交下。时浙西有与伯绳友者，余约之渡江，其人漠然不应，余因叹曰："人情相悬固如此哉！"临别以所著《葬论》见示。先生主于族葬，痛世巫之惑人也。第深埋恐不宜于闽、越，惜未曾与先生细论耳。①

后来黄宗羲在《思旧录》中也说："余丙午至其家访之，时已病风，不能下床，信宿已返。"② 陈确虽已病重，但精神尚可，所以还能够与黄宗羲会面。当时二人"剧谈终日"，黄宗羲还在陈家住了两晚。他们的剧谈，应该主要就是围绕陈确的《大学辨》，论辩也应当是比较激烈的，估计跟陈确与张履祥等同门关于《大学辨》的论辩差不多，陈确对于自己的看法还是十分固执的。黄宗羲也不认同陈确的看法，不久之后，他在《刘伯绳先生墓志铭》之中，对于陈确《大学辨》提出了批评，详见下文。

丙午之会以后，黄、陈二人不通音讯，竟有十一年之久。黄宗羲说：

> 自丙午奉教函丈以来，不相闻问，盖十有一年矣。老兄病如故时，而弟流离迁播，即有病，亦不能安居也。况得专心于学问乎？唯先师之及门，凋谢将尽，存者既少，知其学者尤少，弟所属望者，恽仲昇与兄两人而已。此真绝续之会也。③

分析二人不通音讯的原因，其一，因为陈确的病废，不便书信往来；其二，因为黄宗羲在这段时间里在语溪、绍兴、甬上等处讲学，也颇为"流离迁播"；其三，因为黄宗羲与陈确"丙午之会"并未投缘，与《大学辨》等相关的学术论辩也未有契合之处。但是，黄宗羲心目中，能够接续蕺山之学的，除了自己也就是恽日初与陈确，所以他还是期盼再度与陈确会面。

---

① 黄宗羲：《陈乾初先生墓志铭》（初稿），《黄宗羲全集》第 10 册，第 360 页。
② 黄宗羲：《思旧录·陈确》，《黄宗羲全集》第 1 册，第 394 页。
③ 黄宗羲：《与陈乾初论学书》，《黄宗羲全集》第 10 册，第 158 页。

到了康熙十五年（1676），海昌县令许三礼（号酉山，1625—1691）邀请黄宗羲来海昌讲学。黄宗羲曾说："岁丙辰二月，余至海昌，酉山许父母以余曾主教于越中、甬上也，戒邑中之士大夫，胥会于北寺。余留者两月余，已而省觐将归，同学诸子皆眷眷然，有离别可怜之色。"① 黄宗羲重访海昌，希望与陈确再度会面。当时黄宗羲初到海昌讲学，以为将在此地讲学多年，拜访陈确的机会很多，但是"事与愿违"，在这两个多月里，陈、黄二人无缘会面。黄宗羲在与陈确的书信中说："今岁因缘得至贵地，窃谓得拜床下，剧谈数日夜，以破索居之惑，而事与愿违，尚在有待。幸从令子敬之，得见《性解》诸篇……"② 这时陈确令其子将《性解》系列论性的著述带给了黄宗羲，黄对此非常感兴趣，但并不认同陈的观点，于是在书信中对陈确论性的要旨，一一作了批评。对于黄宗羲的批评，陈确似乎兴趣并不大，也许因为疾病精力不济，在回信中没有作深度的讨论。关于黄、陈《性解》相关的讨论，也详见下文。总之，黄宗羲虽然人在海昌，却因为种种原因，还是错过了与陈确的再度会面。他后来在给陈确写的墓志铭中说：

> 丙辰至海昌，闻先生孝疾如故；私喜话旧有日，先生亦以《论学书》致余。鄙见不无异同，先生欣然往复。明年将践前约，而先生厌世矣。余之不得再见先生，宁非恨事！③

结合黄宗羲在《留别海昌同学序》来看，黄宗羲在当年留别海昌的"同学诸子"之时，也当与陈确致书相约"明年"再见，所以说"尚在有待"，可惜的是到了第二年，黄宗羲得到的却是陈确病故的消息，会面不成，徒留余恨。也正是因为黄宗羲以师门之中特别认可陈确，所以才有后来的四次为陈确撰写墓志铭，可谓情深意浓了。

二 对陈确学术的初步论评

黄宗羲对陈确的学术十分关注，但在接触到陈确的《大学辨》与

---

① 黄宗羲：《留别海昌同学序》，《黄宗羲全集》第10册，第645页。
② 黄宗羲：《与陈乾初论学书》，《黄宗羲全集》第10册，第158页。
③ 黄宗羲：《陈乾初先生墓志铭》（初稿），《黄宗羲全集》第10册，第360页。

《性解》之初,却主要还是批评的意见。

陈确撰成《大学辨》之后,张履祥等同人纷纷就此与陈确进行了论辩,当时黄宗羲并没有参与其中。不过,在黄宗羲与陈确在会面之时,应该就有关于《大学辨》的论辩。当时的黄宗羲,对于陈确《大学辨》之中的观点,也不认同。这一点可以从康熙五年黄宗羲访问陈确之后,所撰写《刘伯绳先生墓志铭》之中看出来。黄宗羲说:

> 子刘子既没,宗旨复裂。海宁陈确乾初,以《大学》有古本,有改本,有石经,言人人殊,因言《大学》非圣经也;自来学问,由正以入诚,未有由诚以入正者;孟子言求放心,夫子言志学从心,其主敬功夫,从心始不从意始。先生辨之曰:"慎独者,主敬之别名也。若在正心条下,则正心传中当言下手功夫,乃独于诚意传中详言之,而正心传中反不及者,盖一诚意而心已正,身已修,齐、治、平一以贯之。……《大学》之言心也,分意、知、物而言者也,分意、知、物而言者,非外心以言意,即心而指其最初之几曰意。盖必言意而心始有主宰,言诚而正始有实功也。"①

当时黄宗羲对陈确的批评是很明确的,认为刘宗周去世之后,蕺山学派"宗旨复裂",原因之一就是陈确撰《大学辨》。陈确的论《大学》与刘宗周不同之处就在于认为"正心"先于"诚意"。陈确曾说:

> 吾之先正于诚也,盖欲合意于心,而统诚于身焉耳。分意于心,则支甚矣;先诚于正,则舛甚矣。此《大学》之蔽也。夫诚是到头学问,而正为先端趋向,先后之势,相去远甚,何待辨乎?……此学莫先正心之一大公案也。②

他肯定"先正心"是为了"合意于心",正心是诚意的准备工夫,所以陈确对于刘宗周的"慎独"之学还是十分推崇的。在引述陈确观点之后,

---

① 黄宗羲:《刘伯绳先生墓志铭》,《黄宗羲全集》第10册,第314—315页,标点有更改。
② 陈确:《答格致诚正问》,《陈确集》别集卷14《大学辨一》,第559页。

黄宗羲大段引述了刘汋的辩驳。刘汋指出,《大学》的下手工夫只在诚意传中谈及,并且《大学》论心分在"意、知、物"三者,"诚意"为《大学》下手工夫也并未离开"心"。刘汋的批评,承继于刘宗周,所以黄宗羲应该还是颇为认同的,虽然后来黄宗羲在"一本万殊"的多元学术观之上肯定了陈确《大学辨》的价值,但是对于陈确提出的"先正于诚"等观点却一直都没有赞同。

康熙十五年,黄宗羲从陈确之子那里得到陈确《性解》等著述之后,对陈确的人性论提出了一系列的批评。黄宗羲说:

> 幸从令子敬之,得见《性解》诸篇,皆发其自得之言,绝无倚傍,绝无瞻顾,可谓理学中之别传矣。弟寻绎再三,其心之所安者,不以其异于先儒,而随声为一哄之辩;其心之所不安者,亦不敢苟为附和也。①

黄宗羲对于陈确"异于先儒"的人性论,有许多"心志所不安者",所以要进行一番论辩。他的总的看法就是:"自得之言,绝无依傍,绝无瞻顾,可谓理学中只别传矣。"也就是说,陈确的论人性与刘宗周有诸多不同之处,所以黄宗羲当时并不认为其传承了蕺山之学;陈确的人性论之中有诸多对宋明先儒人性论的批判,所以黄宗羲也不认为陈确与先儒有传承关系。

接下来,黄宗羲对陈确人性论摘引了多段,并一一进行批评。首先是陈确的"扩充尽才"说,黄宗羲说:

> 老兄云:人性无不善,于扩充尽才后见之,如五谷之性,不艺植,不耘耔,何以知其种之美?恻隐之心,仁之端也,虽然,未可以为善也,从而继之。有恻隐,随有羞恶,有辞让,有是非之心焉。且无念非恻隐,无念非羞恶、辞让、是非,而时出靡穷焉,斯善矣。
>
> 夫性之为善,合下如是,到底如是,扩充尽才,而非有所增也,即不加扩充尽才,而非有所减也。不为尧存,不为桀亡。到得牿亡之后,石火电光,未尝不露,才见其善,确不可移,故孟子以孺子入井呼尔蹴

---

① 黄宗羲:《与陈乾初论学书》,《黄宗羲全集》第10册,第158页。下列引文同此出处则不再注明。

尔明之，正为是也。若必扩充尽才，始见其善，不扩充尽才，未可为善，焉知不是荀子之性恶，全凭矫揉之力，而后至于善乎？老兄虽言"惟其为善而无不能，此以知其性之无不善也"；然亦可曰"惟其为不善而无不能，此以知其性之有不善也"。是老兄之言性善，反得半而失半矣。

对陈确发展孟子思想提出的"扩充尽才"说，黄宗羲从如何理解孟子的原意的角度提出了批评。黄宗羲认为，人性本善，那么加以"扩充尽才"也不会有所增；不加以"扩充尽才"也不会有所减。所谓"不为尧存，不为桀亡"，天道如是，性善亦如是。性善被"桎梏"之后，也未尝不会有所显露，其显露处也即是性善之全部，所以孟子以"孺子入井"作譬喻，其性善本来就是全的，人人都具有的。更进一步，黄宗羲还认为，如果性之善必须"扩充尽才"，才会见善之全，那么就有荀子"性恶"论的嫌疑了。荀子说人性本恶，所以全靠后天的"矫揉之力"才能为善。再说，陈确认为人性本善，人只要想去为善，那么没有一个不能成为善人；反过来说，人只要想去为不善，那么也没有一个不能成为不善的人。所以黄宗羲说陈确的性善之论"得半而失半"。其实黄宗羲的立论，就是强调必须有一个超越的善之性存在，此即宋儒所说的"天命之性"。

如果没有了超越的善，那么后天的道德践履找不到一个可靠的标准，后天是可以为善也可以为不善的，一定要说"扩充尽才"，也即"矫揉之力"，那么也就近似于荀子之学了。接下来，黄宗羲对陈确批评宋儒的"禅障"与"天理人欲"之辨，也提出了批评。他说：

　　老兄云：周子无欲之教，不禅而禅，吾儒只言寡欲耳。人心本无所谓天理，天理正从人欲中见。人欲恰好处，即天理也。向无人欲，则亦无天理之可言矣。

　　老兄此言，从先师"道心即人心之本心"，"义理之性即气质之本性，离气质无所谓性"而来。然以之言气质言人心则可，以之言人欲则不可。气质人心，是浑然流行之体，公共之物也。人欲是落在方所，一人之私也。天理人欲，正是相反，此盈则彼绌，彼盈则此绌。故寡之又寡，至于无欲，而后纯乎天理。若人心气质，恶可言寡耶？"枨也欲，焉得刚"，子言之谓何？"无欲故静"，孔安国注《论语》"仁者静"句,不自濂溪始也,以此而禅濂溪,濂溪不受也。必从人欲恰好处求天理,则终身扰扰,不出世情,所见为天理者,恐是人欲之改头换面耳。

陈确说周敦颐的"无欲故静"是"不禅而禅",显然是过于严苛的批评,黄宗羲以学术史上早就有主静学说来加以批评,不可如此菲薄先儒。至于天理、人欲之分,黄宗羲指出陈确的思路来自刘宗周。刘宗周"道心即人心之本心""义理之性即气质之性,离气质无所谓性"等,认为道心与人心不可两分、义理之性与气质之性也不可两分。陈确则认为天理与人欲不可两分,"天理正从人欲中见""人欲恰好处,即天理也"等提法,确实与刘宗周那两个观点的提法类似,应当是受到刘宗周的影响。但是,黄宗羲认为将刘宗周这种统合性的提法用在天理与人欲的关系是不适合的,因为道心、人心与义理、气质本来就是"浑然流行之体",是形上的;而人欲则是形下的、具体的,两者不可类推。在日常生活中,不是天理就是人欲,于是想要"从人欲恰好处求天理",就会终身困扰,甚至误将人欲的改头换面当做了天理。黄宗羲与陈确的差异,关键就是如何来理解"人欲",黄宗羲显然就是延续宋儒认为过当的欲望即"人欲",对于这种过当的欲望,就应该"寡之又寡以至于无",力求所有的欲望都能够合于天理;而陈确则将"人欲"解释为"人的欲望"。所以此处黄宗羲的批评,指出陈确的思想来源于刘宗周,以及陈确批评周敦颐的不当等都很有道理;对于陈确的天理人欲之辨的批评,则是从回归于宋儒的本来出发的,因为对"人欲"的理解有差异,陈确也很难信服。

关于黄、陈二人"天理人欲"的论辩的意义,刘述先先生有过精彩的分析:

> 至"天理人欲"之说,儒家从来不讲绝欲,故与释氏异,无欲者,无不当之人欲也,是为纯乎天理。守住这一个分限,才可以真正做修养工夫。以天理为首出,则正当的欲望自可以化而为纯乎天理。但以人欲为首出,则人欲固横流矣;虽曰寡而无纵,所根据的原则出在什么地方?如果是外来的标准,则必流于荀学;如是内在的标准,

则不可以反对宋明儒超越的心性论。①

刘先生指出了陈确误解了宋儒的"灭人欲"与"无欲作圣",也指出了陈确人性论的弊病。如果以天理为根本,那么欲望应该力求正当,力求合于天理;如果以人欲为根本,即肯定人生自然的欲望是合理的,那么欲望就会肆意横行。如陈确所言想要"寡而无纵",根据的原则是什么呢?是外在的、后天的标准,那么近似荀子的学说了,如果以内在的、超越的、先天的标准,那么就近似宋儒的天理人欲论,就不能反对宋明儒了。所以,陈确的"天理人欲之辨",也还是有一些弊病存在的。最后,黄宗羲指出了陈确"不喜言未发"而导致的问题。他说:

> 大抵老兄不喜言未发,故于宋儒所言近于未发者,一切抹去,以为禅障。独于居敬存养,不黜为非。夫既离却未发,而为居敬存养,则所从事者当在发用处矣,于本源全体不加涵养之功也。老兄《与伯绳书》,引朱子"初由察识端倪入,久之无所得,终归涵养一路",以证察识端倪之非。弟细观之,老兄之居敬存养,正是朱子之察识端倪也。无乃自相矛盾乎?则知未发中和之体不可谓之禅,而老兄之一切从事为立脚者,反是佛家作用见性之旨也。

陈确不喜形上本体之学,不谈及"未发中和之体";认为道德践履就在于"居敬存养",在于日用事物之中的工夫;认为宋明儒察识端倪这种关注未发本体的工夫,将会无所得,甚至流于禅学。黄宗羲对此很不认同,其一,凡是言及本体就是禅障,陈确的这种武断确实是非常错误的;其二,指出陈确所说的"居敬存养"与朱子所说的"察识端倪"本来就是一回事,陈确的说法也有自相矛盾之处;其三,陈确从具体的践履入手而不知本体之究竟,就有佛家"作用见性"的意味了。其实陈确的武断、矛盾是因为他对于宋明理学本来就没有特别深入的研究,他的人性论,都是源自自身的道德践履、切身的体验,所以可以不言及形上本体之学,但工夫

---

① 刘述先:《黄宗羲心学的定位》第 6 章《黄宗羲在思想史上的贡献与地位》,第 111—112 页。

所致本体自然可以体证。

最后黄宗羲在此信中说:"老兄之学,可谓安且成矣,弟之所言,未必有当,然以同门之谊,稍呈管见,当不与随声者一例拒之也。"确实黄宗羲也认可陈确的人性论已经自成一体系,"安且成矣",所以黄宗羲这些理学的学理上的批评很有价值,但对于陈确来说却没有什么意义。

总的来说,陈确的人性论是建立在日用事物之中的道德实践上,对于宋明理学本身却并不深究,也不想深究;黄宗羲却从宋明理学的学术史本身入手来批评陈确的人性论,所以两人说的是两套话语体系。所以陈确对黄宗羲的回信,没有对黄宗羲的批驳"一一作答"。他在信中说:

> 仁兄以硕德宏才,扩无类之教,唤醒群迷,吾道幸甚。弟病废十有五年,困苦万状,尚赊一死,不知何故,惟有冥心待尽而已。弟愚人也,何敢言学。惟是世儒习气,敢于诬孔、孟,必不敢倍程、朱,时为之痛心。《性解》数篇呈教,据褊见所及如此。是非一听天下之公,弟何敢强辨,重蒙驳正,感极涕零。病极,未能一一作答。惟有痛自刻责已耳。空玷山阴之门,不能设诚制行,即一二知己,未能相喻,何况其他。为学原不在多言,顾力行何如耳。即弟所答刘世兄书,极为辞费,自以通家骨肉,直抒胸臆如此,已深悔其渎矣。①

陈确指出他为什么撰写《性解》等文,是因为看到晚明的士人有许多都是迷信程朱,"敢于诬孔、孟,必不敢倍程、朱",还有高谈本体而不重践履等等。所以陈确指出,"为学原不在多言,顾力行何如耳",他自己不是学术型的儒者,不想去关心宋明理学的学术本身,而是重视力行,重视在日用事物中做工夫的儒者。上次答复刘汋的书信,无谓的论辩已经太多了,所以这次也就不想多作论辩。② 毕竟,与黄宗羲、刘汋等同门相

---

① 陈确:《与黄太冲书》,《陈确集》文集卷4,第147—148页。
② 此信后有陈敬璋的案语:"此信疑尚未完",《陈确集》文集卷四,第148页。对此笔者不认同,信中陈确想要表达的意思已经完整,本已不必多言了。蔡家和先生《黄宗羲与陈确的论辩之研究》一文中说陈确未能一一作答,"因为疾病所苦,卧病在床已十五年了,更何况能好好的写一封答书呢!",《"国立"台湾大学哲学论评》第35期,第14页。这一看法笔者不认同,即使陈确为疾病所苦,也可以口述观点,让其子作答。陈确未能一一作答,只是感觉即便答复也甚无谓,二人不是一条道上的人。

比，完全就不在一条道上，故而陈确说自己"空玷山阴之门"。陈确写完此信不久，就去世了。黄宗羲后来真正理解了陈确的治学苦心，那就是在其四撰《陈乾初先生墓志铭》的过程之中了。

三 四撰《陈乾初先生墓志铭》：对陈确学术的再论评

康熙十六年，陈确去世，其子陈翼请黄宗羲为撰写墓志铭，此为初稿；约在康熙十九年，几乎完全将该墓志铭重新撰写了一次，此为二稿，与初稿同收录于《南雷文案》；约在康熙二十七年，又对二稿进行修订，收入《南雷文定后集》卷三；四稿，也即改本，约在康熙三十一年修订，① 收入《南雷文定五集》卷三，后又辑入《南雷文约》卷二，可以看作最后定本。从黄宗羲四撰《陈乾初先生墓志铭》之中，可以看到他对于陈确学术思想的论评，有着一个变化的过程。

第一，黄宗羲四篇《陈乾初先生墓志铭》对于陈确学术评价的变化。

康熙十六年的初稿，既有对其"不肯随声附和"的治学精神的肯定，又有"未免信心太过"的固执的批评；然而说其学"无所依傍"，也就是说陈确之学还不能算是对蕺山之学的承继。此文可以分为七段②，第一段中说：

> 海昌陈乾初先生卒，其子翼件系事实，以余为先生同门友也，丐

---

① 关于四篇《陈乾初先生墓志铭》的撰写、修订时间，前辈学者的推定多有不同且未见说明。笔者对此作了重新推定，在此说明一下。初稿原本记有撰写时间，后面三稿分别收入三个不同版本的黄宗羲的文集，因为每次选刊文集之前，黄宗羲都会对其著作删改一番，故三次文集选刊的时间可以用作推定后三稿《陈乾初先生墓志铭》修订时间的重要参考。二稿的重撰时间应与刊刻《南雷文案》的时间康熙十九年（1680）相近；三稿与选刊《南雷文定后集》的时间康熙二十七年（1688）相近。《南雷文案》与《南雷文定后集》的编选刊刻时间参见吴光《黄宗羲遗著考（六）》，《黄宗羲全集》第11册，第454、458页。四稿则情况较为复杂。四稿收录于《南雷文定五集》即《病榻集》，选录的篇目都为黄宗羲晚年（八十三岁至八十六岁，康熙三十一至三十四年）所作；四稿经过大幅修订之后作为定本选入《南雷文约》，而《南雷文约》的选编也在这段时间，参见吴光《黄宗羲遗著考（六）》，《黄宗羲全集》第11册，第461—463页。另外，四稿对《大学辨》的评价与《思旧录》非常相似，而《思旧录》就作于康熙三十一至三十二年之间，参见吴光先生《黄宗羲遗著考（一）》，《黄宗羲全集》第1册，第441页。故推定四稿修订时间在康熙三十一年（1693）前后。

② 为了方便核查，本节关于四篇《陈乾初先生墓志铭》的分段都依据《黄宗羲全集》第10册。当然该书中的分段也不尽合理，特别是四稿，故本节论及四稿中摘引陈确文字有将一段分两次讨论的情况。

志其墓。嗟乎！蕺山诸生，今日凋落殆尽，浙西独有先生与恽仲昇尚无恙，又弱一个焉。余方有殄悴之叹，何敢辞。①

此处叙述了墓志铭撰写的缘由，感叹蕺山诸生的凋落殆尽，同门之中黄宗羲较为期许的就是陈确与恽日初二人。陈确去世，黄、陈二人不得践行前一年细论学术的约定，让他常常引为"恨事"。接下来的二、三、四段，都是关于陈确生平的叙述，大多来自陈翼提供的资料。在第五段中对其学术作了简要评述：

> 其学无所倚傍，无所瞻顾，凡不合于心者，虽先儒已有成说，亦不肯随声附和，遂多惊世骇俗之论。而小儒以入耳出口者，嚣然为彼此之是非。先生守之愈坚，顾未免信心太过，以视夫储胥虎落之内闭眉合眼矇眬精神者，则有间矣。夫圣贤精微要渺之传，倡一而和十，悉化为老生常谈陈腐之说，此先生之所痛也。

这里只是说了陈确为学"多惊世骇俗之论"，应该是对其《大学辨》与《性解》《葬论》等著述所体现出来的学术观点的一个总体的、客观的描述。陈确的学术与先儒大不相同，可谓"惊世骇俗"；又说其学"无所依傍"，也就应该没有肯定其对刘宗周的继承。还有对陈确的批评，说起"未免信心太过"，过于固执，这当指对于黄宗羲在论学书信中提出的批评没有"一一作答"，以及与黄宗羲、刘汋等同门的论辩所表现出来的态度。不过，黄宗羲虽然不认同陈确的学术观点，但是对他"不肯随声附和"的治学精神多有肯定。认为比那些将圣贤之传"悉化为老生常谈陈腐之说""储胥虎落之内闭眉合眼矇眬精神者"则要好得多，是值得尊敬的。

第六段，叙述黄、陈二人的交游，上文已经提及。第七段即"铭"，其中说：

---

① 黄宗羲：《陈乾初先生墓志铭》（初稿），《黄宗羲全集》第 10 册，第 358—361 页。下列引文同此出处则不再注明。

> 桑海之交，龙山渠渠。死者开美，生者乾初。死为义士，生为遗民，皆无愧为蕺山之徒。

黄宗羲在此处对陈确的学术并未评价，他将陈确与祝渊并提，因为二人同为刘门在海昌的弟子，祝渊殉节而为"义士"，陈确则不事清廷而为"遗民"，二人的学问、气节上都无愧为蕺山之徒。

第二，黄宗羲《陈乾初先生墓志铭》二、三两稿对陈确《性解》的再评价。

康熙十九年左右，黄宗羲重新撰写了《陈乾初先生墓志铭》，这就是二稿。二稿的体例近于《明儒学案》，在这之前《明儒学案》已经编撰成书。二稿中大段摘引陈确《性解》等著述的精华，并且附有一段评论，在基本肯定之后小有批评。二稿没有明确提及《大学辨》之处，或许当时黄宗羲还未注意《大学辨》的真正价值所在。二稿可以分为十一段，第一段中说：

> 先师蕺山曰："予一生读书，不无种种疑团，至此终不释然，不觉信手拈出。大抵于儒先注疏，无不一一抵牾者，诚自知获戾斯文，亦姑存此疑团，以俟后之君子。倘千载而下，有谅予心者乎？"不肖羲，蒙先师收之孤苦之中，而未之有得。环视刘门，知其学者亦绝少。徒以牵挽于口耳积习，不能当下决择，浅识所锢，血心充塞，大抵然矣。近读陈乾初所著，于先师之学十得四五，恨交臂而失之也。①

在此黄宗羲首先引述了先师刘宗周晚年为学的种种存疑，其实是在为陈确的怀疑、批判精神张本。然后从刘宗周逝世近二十年后师门的现状出发，说自己"未之有得"，这当然是客气话，接着就批评当时还健在的刘门弟子知蕺山之学者"绝少"，大多都是"牵挽于口耳积习"，毫无创见。最后开始肯定陈确对蕺山学的继承，说他"于先师之学十得之四五"，大概黄宗羲对自己的评价就是"于先师之学十得之八九"，因此对陈确也是肯

---

① 黄宗羲：《陈乾初先生墓志铭》（二稿），《黄宗羲全集》第10册，第362—368页。下列引文同此出处则不再注明。

定得特别多的。黄宗羲认为除了自己以外，陈确算唯一一位得其正传的学者，可惜就是在陈确生前并没有与之多作交流，因而有"失之交臂"的遗憾。

二稿与初稿最大不同，就在于接下来的几段，都是陈确人性论著述的摘引。第二段摘引自《性解上》，第三段摘引自《性解下》，第四段摘引自《气禀清浊说》、第五段摘引自《气情才辨》，第六段摘引自《与刘伯绳书》，第七段摘引自《无欲作圣辨》。摘引之后，在第八段中黄宗羲对陈确的人性论思想作了评论：

> 乾初之言大抵如此。其于圣学已见头脑，故深中诸儒之病者有之，或主张太过，不善会诸儒之意者亦有之。夫性之善，在孩提少长之时已弥纶天地，不待后来。后来之仁至义尽，亦只还得孩提少长分量。故后来之尽不尽，在人不在性也。乾初必欲以扩充到底言性善，此如言黄钟者，或言三寸九分，或言八十一分。夫三寸九分非少，八十一分非多，原始要终，互见相宣，皆黄钟之本色也。

总的来看，黄宗羲对陈确的人性论，大体还是肯定的，所以说起"于圣学已见头脑"，也有"深重诸儒之病者"，这就是很难得的创见，但也有偏颇之处，"主张太过"或是"不善会诸儒之意"。接着黄宗羲就陈确的"扩充尽才"说提出了批评，在他看来，性之善本来就完整，并不因为后天的扩充之"尽"与"不尽"而有所增减，这一看法与康熙十五年他在《与陈乾初论学书》中的观点基本一致。在此，黄宗羲还举了黄钟之喻，性之善好比是黄钟之色，并不因为分量的多少而其色有所变化。

第九段，开头部分与初稿相近，但文字较为简约。后面增加了关于陈确不喜读理学书以及问学蕺山等记述：

> 乾初读书卓荦，不喜理学家言，尝受一编读之，心弗善也，辄弃去，遂四十年不阅。其后与同邑祝渊读书，渊议论不守章句，乾初每镌之。已同问学于山阴，先师深痛末学之支离，见于辞色。乾初括磨旧习，一隅三反，逮先师萝莫，得其遗书而尽读之，憬然而喻。取其四十年所不阅者重阅之，则又格格不能相入，遂见之论著。同辈为之

一哄，不顾也。乾初议礼尤精，从其心之所安者，变通古礼。而于凶礼，尤痛地理惑人，为天下异一端之祸。

这里关于陈确"不喜理学家言"的记述，正好解释为什么其著述与宋明儒的路径大为不同。关于问学蕺山的记述，应是为了说明陈确对于蕺山之学的承继关系。"同辈为之一哄"当是指围绕《大学辨》的论辩，不过没有明指。最后一句当是指陈确的《葬论》，其中涉及到对于古礼的变通，对于风水地理之说的批判。

第十段，记述了陈确对于友朋的"正色相告，不为姑息"，以及陈确对社集讲会的"无益身心"、士之好名而死"遂使奸盗优倡同登节义"的批判，对于陈确这些言行，黄宗羲都十分称赞，认为"未有不补名教者"。这段最后除记述陈确的部分生平事迹之外，还说：

> 翼以志铭见属。其时未读乾初之书，但以翼所作事实，稍节成文。今详玩遗稿，方识指归，有负良友多矣。因理其绪言以忏前过。

对于墓志铭的初稿未能道出陈确思想之指归，黄宗羲表示"有负良友多矣"，重撰此稿是希望弥补之前的过失。二稿的最后一段，是经过增写的"铭"：

> 铭曰：有明学术，宗旨纷如。或泥成言，或创新渠。导水入海，而反填淤。惟我蕺山，集夫大成。诸儒之弊，削其畦町。下士闻之，以为雷霆。岂无及门，世智限心。如以太牢，饫彼书蟫。欲抹微言，与时浮沉。龙山之下，乃有杰士。从游虽晚，冥契心髓。不无张皇，而笃践履，余忝同门，自愧浅陋。昔作铭文，不能深究。今其庶几，可以传后。

黄宗羲在此处从明代学术史的发展来讲蕺山学派的地位，"惟我蕺山，集夫大成"，这与《明儒学案》中的《蕺山学案》中的说法较为相近，也可以补充说明二稿写作的大致时间。蕺山之学能够"救正"诸儒的弊病，但是"下士闻知，以为雷霆"，一般的儒者即使曾经及门，为心智所限也难以真正承继蕺山之学。这就显出黄宗羲本人以及陈确在蕺山学派中的意义,"从游虽晚,冥契心髓"这一评价显然过高了。说陈确践履的笃实则较为适合,说自己"自愧浅陋"则是自谦之词。对比初稿的"铭",初稿只是肯定陈确作为遗民的气节,二稿更多肯定了陈确的学术,而且评价非常之高。

墓志铭的三稿,与二稿,整体上相差不多,主要就是对陈确学术的评价,有一些调整。这体现在第一段与最后一段。在第一段之中,将"于先师之学十得之四五",改为"于先师之学十得之二三"。最后一段"铭"之中,将"从游虽晚",改为"北面未深"。①

这两处修改应该是相应的,体现了黄宗羲就陈确之学与蕺山之学的关系的评判。在黄宗羲看来,陈确四十多岁从游蕺山,确实比较晚,但更为关键的还是其学术只是发展了刘宗周重日用事物之中的践履这一面,无论《大学辨》还是《性解》等著述,都远离师门宗旨了。所以称其"得之二三",更为合适。②

另外,三稿从第二段到第七段关于陈确人性论思想资料的摘录,在二稿的基础上有所删节,去除了部分文字,但是删节的篇幅并不多,只有十行左右。特别重要的第八段,对陈确学术的评价则是完全照录二稿,没有任何修改。第九、十两段也没有修改。

因此,黄宗羲康熙二十七年将二稿修订而成为三稿,也是出于对师门宗旨的护持,其实在黄宗羲看来,陈确之于师门也已经偏离很多了。

第三,黄宗羲《陈乾初先生墓志铭》的定稿及其对《大学辨》的评价。

墓志铭的四稿与三稿相比,主要的变化在于中间引述、评价陈确人性论的部分,增加了对《大学辨》的评价,最后的三段基本相同,其他文字也有简化,但就对陈确学术总的看法来说,与三稿几乎没有什么大的变化。那么黄宗羲为什么要进行大幅度的修订?其主要原因,应该就是为了

---

① 黄宗羲:《陈乾初先生墓志铭》(三稿),《黄宗羲全集》第10册,第368—373页。
② 对这一修改,蔡家和先生说:"如蕺山重《大学》的诚意慎独之说,而乾初视《大学》为伪书,若如此,则不合于蕺山思想就有一半了,而剩下的一半,蕺山左批朱子,右批王学末流;蕺山反对朱子的求未发之中,故重气上实践,此乾初得之矣;然蕺山另一面,反对王学末流的见在良知说,而倡未发之中之说,乾初未有所得,故得于蕺山思想只有百分之二十五。"蔡家和先生《黄宗羲与陈确的论辩之研究》,《"国立"台湾大学哲学论评》第35期,第21页。蔡先生的论断,在笔者看来过于坐实于数字之差,不过其分析颇为全面,故摘引于此。

将此稿作为定本收入《南雷文约》，为了与其他文章的体例一致，黄宗羲此文集之中几乎没有长篇累牍摘引他人原文的文章，故此次就将大量摘引陈确原文、体例近于《明儒学案》的三稿，修订为基本以自己的话来概括他人文意的四稿。①

第一段，删去了一句话："徒以牵挽于口耳积习，不能当下决择，浅识所锢，血心充塞，大抵然矣。"② 这句话其实是对张履祥等转向程朱之学的刘门弟子的批评。黄宗羲到了人生的暮年，书生意气渐渐淡去，所以便将随意指责他人的话语都删去了，类似还有后面删去评价陈确人性论的"黄钟之喻"，都是人到暮年心气平和的表现。

再看中间二、三、四段，引述了陈确人性论中的部分文字，但在四稿中几乎全部改写了一番，在字数上比三稿少了一半多，因为其中大幅减少引用原文，换成了特别简洁的文字转述，其中也就有许多是黄宗羲对陈确思想的高度概括。文字不多，所以就以陈确原文的出处重新分段，看看黄宗羲所重视的陈确人性论的主要观点有哪些。第二段中说：

> 乾初深痛《乐记》"人生而静以上不容说，才说性、便已不是性"之语。谓从悬空卜度，至于心行路绝，自是禅门种草。宋人指《商书》"维皇降衷"《中庸》"天命之性"，为本体同一窠臼。必欲求此本体于父母未生之前，而过此以往，即属气质，则工夫俱无着落。当知学者时时存养此心，即时时本体用事，不须别求也。

此处文字概括自陈确《与刘伯绳书》，但是第一句有误，陈确原文为："宋儒惟误以此为言本体，故曰'人生而静以上不容说，才说性、便已不

---

① 关于黄宗羲《陈乾初先生墓志铭》四稿的修订，方祖猷先生在新近出版的《黄宗羲长传》中提出，黄宗羲是为了在与官方支持的程朱一派辩论中不被抓到把柄，所以将"本体""禅"等直接批评宋儒的句子或删或改，还将"宋儒"改为"宋人"；特别是其中说："二程不以汉儒不疑而不敢更定，朱子不以二程已定而不敢复改，亦各求其心志所安而已矣。"这句话既能肯定陈确，又能肯定程朱。方先生的观点似乎过于坐实，然亦可备一说。《黄宗羲长传》，浙江大学出版社 2011 年版，第 383 页。
② 黄宗羲：《陈乾初先生墓志铭》（四稿），《黄宗羲全集》第 10 册，第 373—376 页。下列引文同此出处则不再注明，少数引文标点有改动。

是性'……《乐记》'人生而静,天之性也'二语,本是禅宗。"① 前一句本是程颢所说,不过程颢的思想可以说来自《礼记·乐记》。从此处可知黄宗羲十分重视陈确反对宋儒的求"本体"与"天命之性"与"气质之性"二分的思想。这段接着说:

> "尽其心者知其性也"之一言,是孟子道性善本旨。盖人性无不善,于扩充尽才后见之。如五谷之性,不艺植,不耘籽,何以知其种之美耶?《易》"继善成性",皆体道之全功,正对仁智之偏而言。道不离阴阳,智不能离仁,仁不能离智,中焉而已。故曰"一阴一阳之为道"。继之,即"须臾不离"、"戒惧"、"慎独"之事;成之,即《中庸》"位育"之功。至是则刚柔不偏而粹然至美矣。继之,即孟子扩充尽才之功;成之,而后知性无不善也。非是原始无性,至成之而始足耳。

此处文字大多摘引陈确原文,出自陈确《性解上》。但是最后一句:"继之,即孟子扩充尽才之功;成之,而后知性无不善也。非是原始无性,至成之而始足耳。"应是黄宗羲对陈确论性主旨的概括。从此处来看,黄宗羲对于陈确的人性论的"扩充尽才"说也很重视,特别是以"继善成性"来解释"扩充尽才"说。四稿的第三段中说:

> 又云:性之善不可见,分见于气、情、才,故《中庸》以喜、怒、哀、乐,明性之中和。孟子以恻隐、羞恶、辞让、是非,明性之善,皆就气、情、才言之。彼言既发谓之情,才出于气,有善有不善者,非也。

此处文字摘引自陈确《气情才辨》,少数文字有改动。四稿第四段第一句说:

> 又云:人心本无天理,人欲恰好处即天理。其主于无欲者,非也。

---

① 陈确:《与刘伯绳书》,《陈确集》别集卷5《瞽言四》,第466页。

此处文字改写自陈确《无欲作圣辨》。黄宗羲对陈确的"天理人欲之辨"也特别重视。摘引或改写陈确人性论的文字到此结束,二、三稿都有的包括"黄钟之喻"在内的那一大段对于陈确人性论的批评文字都被删节了。

接下来,黄宗羲以一句话来评价陈确总的论学的特点:

> 乾初论学,虽不合于诸儒,顾未尝背师门之旨,先师亦谓之疑团而已。

此句在二、三稿中是这样说的:"乾初之言大抵如此。其于圣学,已见头脑,故深中诸儒之病者有之,或主张太过,不善会诸儒之意者亦有之。"对比一下,相似之处有一,即四稿之中以"不合于诸儒"概括了二、三稿中的主要意思,保留了客观公正评价。不似之处有二,其一是去掉了"主张太过""不善会诸儒之意"等字眼,锋芒减弱,显得心气更为平和;其二是将"于圣学,已见头脑",改为"未尝背师门之旨,先师亦谓之疑团而已"。由此可知黄宗羲在二、三稿中所说的"圣学"也即蕺山学,他对于陈确传承了部分的蕺山学这一点,比二、三稿更为肯定了。所以,接着他在四稿中专门增加了一大段文字,高度肯定了陈确《大学辨》的成就:

> 其论《大学》,以后来改本,牵合不归于一,并其本文而疑之。即同门之友,龂龂为难,而乾初执说愈坚,无不怪之者,此非创自乾初也。慈湖亦谓《大学》非圣经,亦有言《大学》层累,非圣人一贯之学。虽未必皆为定论,然吾人为学工夫自有得力。意见无不偏至,惟其悟入,无有不可,奚必抱此龃龉不合者,自窒其灵明乎?是书也,二程不以汉儒不疑而不敢更定,朱子不以二程已定而不敢复改,亦各求其心之所安而已矣。夫更改之与废置,相去亦不甚相远也。

这里评价陈确的《大学辨》,特别指出了《大学》及其改本本来就有种种"疑团",如张履祥等同人为难陈确其实没有必要。杨简(慈湖)对《大学》的质疑就与陈确接近;二程、朱子关于《大学》也有自己的更定、复改,他们的"更改"与陈确的"废置"其实相去不远。重要的是晚年的黄宗羲,认为学术本当"一本万殊",故强调"吾人为学工夫自有得力",即使"无不偏至",也"无有不可",为学应当"各求其心之所安"。黄宗羲更为欣赏的还是陈确这样有自己为学路径的学者,不欣赏谨守先儒矩矱的学者。

四 《孟子师说》《思旧录》与陈确

黄宗羲与陈确的关系,还有两个小问题在此也有必要提及。一是黄宗羲的《孟子师说》是否抄袭了陈确《性解》;一是黄宗羲《思旧录》中对陈确学术的评论问题。

首先,讨论一下黄宗羲《孟子师说》是否抄袭了陈确。① 我们来看黄宗羲《孟子师说》卷六《五谷者章》:

> 仁之于心,如谷种之生意流动,充满于中,然必加艺植灌溉之功,而后始成熟。《易》言"一阴一阳之道",道不离阴阳,故智不能离仁,仁不能离智,中焉而已。"继之",即戒惧慎独之事;"成之",即中和位育之能。在孟子则"居仁由义"、"有事勿忘"者,"继之"之功;"反身而诚"、"万物皆备"者,"成之"之候。"继之"者,继此"一阴一阳之道",则刚柔不偏,而粹然至善矣。如曰"恻隐之心,仁之端也"虽然,未可以为善也。从而继之,有恻隐,随有羞恶,有辞让,有是非之心焉,且无念非恻隐,无念非羞恶、辞让、是非之心,而时出靡穷焉,斯善矣。"成之"者,成此"继之"之功,即《中庸》"成己仁也,成物知也"之谓。向非成之,则无以见天降之全。到得成之,方可谓之熟,不然,苗而不秀,秀而不实,终归无用。②

对比陈确的《性解上》,可知此章几乎都是摘引、改写了陈确的文字。陈

---

① 邓立光先生指出:"依《孟子师说》的体例,凡引他人之文例必标示著者之名,示不掠美。引陈确之文而不标其名,反而在引文的首尾增添文句,变成自己的著述,如此既不符本书体例,亦有违学术良心! 然亦以此,黄宗羲成为陈确学说的代言人。"《陈乾初研究》,第156页。
② 黄宗羲:《孟子师说》卷6《黄宗羲全集》第1册,第143页。

确说:"盖人性无不善,于扩充尽才后见之也。如五谷之性,不艺植,不耘耔,何以知其种之美耶?""《易》'继善成性',皆体道指全功……一阴一阳之道,天道也,易道也,即圣人之道也。道不离阴阳,故知不能离仁,仁不能离知,中焉而已。故曰'一阴一阳之谓道',即《中庸》中节之和,天下之达道也。"① 这两段被黄宗羲摘引并改写了。接下来,从"继之即戒惧慎独之事"到"则无以见天降之全",所有的文字都是直接引用陈确的文字,唯一不同的就是略有删节,如"继之,即"后面少了"须臾不离"四字,"成物知也"后面少了"性之德也"四字。还有"则无以见天降之全",陈确原文为"则无以见天赋之全","天降"与"天赋"之差,是否为抄写所产生的讹误?最后一句:"到得成之,方可谓之熟,不然,苗而不秀,秀而不实,终归无用。"陈确原文所无,但也是对原文的发挥。

这段文字,是对《孟子·告子上》"五谷者,种之美者也,苟为不熟,不如荑稗。夫仁,亦在乎熟之而已矣"一句的阐发,五谷不熟,反而不如熟了的荑稗,所谓为善,也需要后天的扩充工夫,不可徒恃本然之善。

那么黄宗羲摘引陈确文字,是否表示他认同陈确的观点呢?我们看到黄宗羲在摘引陈确文字之时,并没有摘引与此相关却更为重要的话,比如:"'尽其心者知其性也'之一言,是孟子道性善本旨。盖人性无不善,于扩充尽才后见之也。……学者果若此其尽心,则性善复何疑哉!"陈确认为孟子性善论最关键的就是"尽其心者知其性也"一句,强调性善必须要在后天的扩充尽才后才能见到。对此上文提及黄宗羲曾有批评:"夫性之为善,合下如是,到底如是,扩充尽才,而非有所增也,即不加扩充尽才,而非有所减也。"② 黄宗羲的观点与宋明儒一般的观点一致,认为性本善,不因后天的扩充尽才而有所增减。黄宗羲在阐发孟子的话时,摘引陈确的部分文字,只是用来说明后天的扩充是必要的,但是并没有摘引陈确性善必须在"扩充尽才后见之"这一黄宗羲曾经批判过的观点。所以黄宗羲即便摘引陈确的部分文字,也不能说他认同了陈确的观点。

---

① 陈确:《性解上》,《陈确集》别集卷4《瞽言三》,第447—448页。
② 黄宗羲:《与陈乾初论学书》,《黄宗羲全集》第10册,第158—159页。

至于黄宗羲为什么摘引陈确的观点而不注明,可以说是因为古人撰述体例的问题,引用之类的不如今人那么规范。但是,更重要的还是因为黄宗羲撰写《孟子师说》,本旨就是阐发"师说",对同为蕺山门人的陈确与先师刘宗周思想相关的阐发文字加以摘引,也是很正常的,因此不能简单视为剽窃。再说,此段文字的摘引,在《陈乾初先生墓志铭》的二稿之中更为完整,三、四稿之中也有保留而略有精简,详见上文所引。所以说黄宗羲故意掠美之说,还是不能成立的。①

再看黄宗羲晚年所撰的《思旧录》中也有对陈确学术的评论,这一点关注到的学者比较少,作为黄、陈二人关系的讨论,还是有必要提及。黄宗羲说:

> 陈确,字乾初,海宁人。于先师门下,颇能有所发明。余丙午至其家,访之,时已病风,不能下床,信宿而返。
>
> 乾初以《大学》层累之学,不出于孔子,为学者所哗,不知慈湖已有是言。古人力行所至,自信其心,不须沿门乞火。即以《图》、《书》为怪妄,《大学》为别传,言之过当,亦不相妨,与剿袭成说者相去远矣。②

在此处对陈确的《大学辨》也作了较为肯定的评判,这一评判与墓志铭四稿相似,大概作于同一时期。黄宗羲更加肯定的还是为学者应该重视"力行",如果"力行"做得好,那么即便有"自信其心"或"言之过当"也没有什么问题。"自信其心"或"言之过当"的情况,黄宗羲也举了两个例子:"以《图》、《书》为怪妄",当指其弟黄宗炎的《图学辨惑》;"《大学》为别传"即是陈确的《大学辨》。

另外,黄宗羲《思旧录》中没有提及陈确的系列人性论,可能他越到晚年,越肯定陈确的《大学辨》的学术价值,但是对陈确的人性论虽不再多加批评但也不很欣赏。

---

① 郑宗义先生对此问题也有一番澄清,参见《黄宗羲与陈确的思想因缘之分析——以〈陈乾初先生墓志铭〉为中心》,《汉学研究》第 14 卷第 2 期,1996 年 12 月,第 59—74 页。
② 黄宗羲:《思旧录·陈确》,《黄宗羲全集》第 1 册,第 394 页。

从黄宗羲《孟子师说》与《思旧录》两处涉及陈确的文字来看，黄宗羲确实肯定了陈确与刘宗周之间有一定程度的承继关系。但是，他真正肯定的还是陈确敢于发表自己疑义，发扬了先师的怀疑精神；至于陈确的那些观点，只能肯定其作为一家之言的意义，即使有必要引用陈确的观点也要经过精心的选择，有助于阐发"师说"的部分才会引述。

五 "一本万殊"论

再看黄宗羲对于陈确学术的论评的变化，以及他对恽日初批评的异同，这些都与其本人的学术思想的发展有关。因为黄宗羲继承先师刘宗周未竟的事业——编撰《明儒学案》的过程之中，渐渐形成"一本万殊"论的学术史观。黄宗羲《明儒学案发凡》中说：

> 学问之道，以各人自用得着者为真。凡倚门傍户、依样葫芦者，非流俗之士，则经生之业也。此编所列，有一偏之见，有相反之论。学者于其不同处，正宜着眼理会，所谓一本而万殊也。以水济水，岂是学问。①

这一段话，与《陈乾初先生墓志铭》四稿中对陈确《大学辨》的评价极为相似。为学的目的本来就在于是否真正受用于自己的身心修养，适合于个人自己的内心体证与外在践履，所以学术本来就应该具有一定的开放性。黄宗羲重视学术之独立，"一偏之见""相反之论"，万殊而一本，最后都还是圣人之道。这种"一本万殊"学术史观的建立，应该是黄宗羲在长期阅读宋明先儒著述，特别是编撰《明儒学案》的过程之中对明代理学各家各派的深入研究的过程之中渐渐形成的。在后来为《明儒学案》所写的两篇序中，也是表达这一意思：

> 盈天地皆心也，变化不测，不能不万殊。心无本体，功力所至，即其本体，故穷理者，穷此心之万殊，非穷万物之万殊也。穷心则物莫能遁，穷物则心滞一隅。是以古之君子，宁凿五丁之间道，不假邯

---

① 黄宗羲：《明儒学案发凡》，《明儒学案》卷首，第15页。

郸之野马,故其途亦不得不殊!奈何今之君子,必欲出于一途,使美厥灵根者,化为焦芽绝港。夫先儒之语录,人人不同,只是印我心体之变动不居,若执定成局,终是受用不得。①

盈天地间皆心也,人与天地万物为一体,故穷天地万物之理,即在吾心之中。后之学者,错会前贤之意,以为此理悬空于天地万物之间,吾从而穷之,不几于义外乎?此处一差,则万殊不能归一。夫苟工夫着到,不离此心,则万殊总为一致。学术之不同,正以见道体之无尽。②

从这两篇序的引言之中来看,黄宗羲继承了"心无本体,功力所至,即其本体""盈天地间皆心也""人与天地万物为一体"等刘宗周观念,这些观念本书前面论及刘宗周统合性的思想之时已有论述。黄宗羲将刘宗周这种统合性的思想用在了学术史上,于是提出"一本万殊"的学术史论,认为万物之万殊归于一心,穷理就是穷此一心。因此工夫即便有差异,其根本却是一样的,也就是"印我只心体"以求"受用"于"修德"。一本于修德,也即一本于圣人之道,工夫之"万殊"如若"着实"边能不离此心之"一本"。

黄宗羲从"一本万殊"的学术史观出发,对于明儒既有批评,又有肯定。他说:

今讲学而不修德,又何怪其举一而废百乎?时风愈下,兔园称儒,实老生之变相;坊人诡计,借名母以行书。谁立庙庭之中正?九品参差,大类释氏之源流;五宗水火,遂使杏坛块土为一哄之市,可哀也夫!③

奈何今之君子,必欲出于一途,剿其成说,以衡量古今,稍有异

---

① 黄宗羲:《明儒学案序》(原本),《黄宗羲全集》第10册,第77页。"功力所至",一作"工夫所至",参见《明儒学案》所收录的《黄梨洲先生原序》,中华书局1985年版,第9页。
② 黄宗羲:《明儒学案序》(改本),《黄宗羲全集》第10册,第79页。
③ 黄宗羲:《明儒学案序》(原本),《黄宗羲全集》第10册,第77页。

同，即诋之为离经叛道，时风众势，不免为黄芽白苇之归耳。①

黄宗羲的批评有二，一为讲学而不修德，二为一味尊崇先儒成说而排斥他说过于严苛。黄宗羲还说："自明中叶以后，讲学之风已为极敝，高谈性命，直入禅障，束书不观，其稍平者则为学究，皆无根之徒耳。"②"有明学术，从前习熟先儒之成说，未尝反身理会，推见至隐，所谓'此亦一述朱，彼亦一述朱'耳。"③黄宗羲对于明代理学，总体而言，还是特别肯定的，他说：

> 有明事功文章，未必能越前代，至于讲学，余妄谓过之。诸先生学不一途，师门宗旨，或析之为数家，终身学术，每久之而一变。二氏之学，程、朱辟之，未必廓如，而明儒身入其中，轩豁呈露，医家倒仓之法也。诸先生不肯以矇瞳精神冒人糟粕，虽浅深详略之不同，要不可谓无见于道者也。④

这也是从其"一本万殊"的学术史观出发来看明儒，明儒在工夫论上却是提出了许多不同的主张，特别是阳明心学一系更是可谓"学不一途"，对于佛、道二氏的吸收也非常大胆，以至于晚明三教融会达到顶峰。这些在黄宗羲看来，只要在学术上有所创见，又能够体会于本心，对于修德有所助益，也就没有什么大毛病了。所以，黄宗羲反对依傍先儒而几无发展的学者，对于陈确这样勇猛精进的学者则是越来越欣赏。陈确的思想在当时传播不广，通过黄宗羲的几篇文章，从而影响清初学术的发展，这应当是陈确的学术在后世有所影响的一个重要方面。

黄宗羲"一本万殊"的学术史观，他的弟子们也多有继承，比如郑性就说：

---

① 黄宗羲：《明儒学案序》（改本），《黄宗羲全集》第10册，第79页。
② 全祖望：《梨洲先生神道碑文》，《鲒埼亭集》卷第11，《全祖望集汇校集注》，第219页。
③ 黄宗羲：《姚江学案》序，《明儒学案》卷10，第178页。
④ 黄宗羲：《明儒学案序》改本，《黄宗羲全集》第10册，第79—80页。

> 道并行而不相悖，此天地之所以为大也。三教既兴，孰能存其一，去其二。并为儒而不相容，隘矣。……宋惟周子浑融，罕露圭角，朱、陆门人，各持师说，入主出奴。明儒沿袭，而其间各有发挥开辟，精确处不可掩没，梨洲黄子，胪为《学案》而并录之。后之观者，毋师己意，毋主先人，虚心体察，孰纯孰驳，孰浅孰深，自呈自露，惟以有裨于为己之学，而合乎天地之所以为大，其于道也，斯得之矣。①

这里实际上批评了朱、陆的后人们过于严守师说，以至于毫无创见，明代初期也是如此，直到后来王阳明等大儒的开辟之功。为学只有"为己之学"，才能合乎天地、合乎道。后之学者如果认真读《明儒学案》，应该可以避免过于师心自用或剿袭成说等弊病，先儒语录只是作为自我印证的参考，最重要的还是身心践履本身。

最后，再来谈一下钱穆对黄、陈学术关系的公案，即钱穆先生对此问题的论断。钱穆先生认为："其于乾初论学宗旨，倾倒之情，亦与年俱进。"②"梨洲晚年《学案》一序，所谓'盈天地皆心，心无本体，工夫所至即是本体'云云，不得不谓是一极大转变，又不得不谓其受同时乾初之影响者甚深。"③ 回顾一下黄宗羲对陈确的论评，对比《陈乾初先生墓志铭》的前后四稿，确实黄宗羲对陈确学术思想的认识越来越深刻，对于陈确具有创见的学术有所肯定，特别是肯定其怀疑精神。但是，从上述分析来看钱先生的论断有两个问题，其一，黄宗羲关于本体与工夫的关系等说法，是否受到陈确的影响，本书讨论蕺山学的统合性之中也谈到本体与工夫的问题，与其说黄宗羲受陈确的影响，不如说黄宗羲与陈确共同受刘宗周的影响。因此，钱穆先生对于黄、陈学术关系的论点，不无偏颇之处。其二，黄宗羲对陈确的肯定并非意味着对陈确学术本身的认同，至于"倾倒之情，亦与年俱进"则更是无从说起。

总之，黄宗羲之所以对陈确的学术有所肯定，他的最终评价的得出，正是将其在《明儒学案》编撰过程中总结出来的"一本万殊"的学术史

---

① 《郑性序》，《明儒学案》卷首，第1页。
② 钱穆：《中国近三百年学术史》，第56页。
③ 同上书，第50页。

论，运用于对同时代学者之上的结果。黄宗羲的学术史观，是他能够在蕺山学派众多弟子之中唯一实现继往而又开来的一个根本保障。他的继往主要体现在与同门的论辩之中守护"师说"，以及证人书院的讲学、《刘子全书》的编辑以及《明儒学案》《孟子师说》等方面；他的开来则在于讲学而转向规模更为宏大的经史之学，开清初浙东经史学派的考据之风，以及撰写《明夷待访录》等著述更为深刻的反思明亡等方面。

此外，关于以黄宗羲为代表的刘门弟子相互之间的不肯苟同，赵园先生也有研究：

> 由后世看去，无论"同门友"间的辨难，还是陈氏的坚守，气象无不阔大光明，因而不便将刘门弟子的上述纷争视为以"师门"为中心的学术共同体的衰落。同门间不苟合，不苟同，亦不苟合、苟同于其师，倒是可以为刘门非即"门户"作证吧。……陈确辨《大学》尽管未出宋学矩矱，却无疑为明清之际疑经的空气所鼓励。黄宗羲肯定陈确的学术态度，也应与其时转移中的学术风气有关。当此学术转型、风尚转移之会，刘门弟子各自选择了自己的位置与姿态。①

确实刘门弟子之间的论辩纷纷，并非固守师门，特别是黄宗羲对"师说"的护持虽然认真，但对同门最终还是站在学术史的立场上进行客观、公正的评价的。这与当时他们对于学术转型的认识有关，无论张履祥，还是黄宗羲、陈确都有自己的学术史观，面对学术转型各自选择了自己独特的学术路程，并且都做出了卓越的成绩。

---

① 赵园《刘门师弟子——关于明清之际的一组人物》，载汕头大学新国学研究中心编《新国学研究》第 1 辑，第 195 页。

第六章　全祖望对蕺山学的承继与对蕺山学派的表彰

全祖望（1705—1755），字绍衣，号谢山，曾自署鲒埼长等，浙江鄞县人。为什么要将关于蕺山学派的讨论，最后停留在全祖望？在全祖望这里蕺山学派可以说到了"终结"的时候了。从什么层面上来这样说呢？主要有三点：其一，全祖望以私淑黄宗羲而著称，曾大力表彰黄宗羲的学行，他的治学规模也与黄宗羲特别相近，而黄宗羲则与其师刘宗周相近，但他之后的浙东学者的治学规模却与刘、黄、全都有了很大的差异。其二，全祖望曾讲学于蕺山书院，他对于刘宗周及其黄宗羲为代表的刘门诸弟子都有着追慕之情，对刘门弟子的学行有大量的表彰文字，《梨洲先生神道碑文》《子刘子祠堂配享碑》等文章从学术史上看也确实是对蕺山学派学术的最好总结。其三，全祖望补编《宋元学案》，这既是承继于黄宗羲，又是远承于刘宗周，可以说是蕺山学系统之中，从《孔孟合璧》《五子连珠》《圣学宗要》开始到《明儒学案》《宋元学案》的学术史研究事业的最后完成。

第一节　全祖望与"黄氏遗书"以及对黄宗羲的表彰

全祖望为黄宗羲的私淑弟子，这一点当时就得到了认可，黄宗羲的高足郑梁之子郑性就曾对全祖望说："先人既没，知黄氏之学者，吾子而已。"[①] 黄宗羲之孙黄千人（字证孙，1694—1771）敦请他撰写《梨洲先

---

① 全祖望：《梨洲先生神道碑文》，《鲒埼亭集》卷第 11，《全祖望集汇校集注》，第 224 页。

生神道碑文》,也就是因为当时能够较为全面传承梨洲之学的也只有全祖望了。关于梨洲门人,全祖望曾说:"南雷黄氏之讲学也,其高弟皆在吾甬上。再传以来,绪言消歇,证人书院中子弟,不复能振其旧德。"① "其子百家为之行略,以求埏道之文于门生郑高州梁,而不果作,既又属之朱检讨彝尊,亦未就,迄今四十余年无墓碑。"② 黄宗羲之子黄百家曾请郑梁、朱彝尊等人写碑文而未成,最后四十多年都没有墓碑,到了郑性与黄千人的时代,他们共推全祖望为最适合的碑文作者,可见当时全祖望在浙东已经被公认为黄宗羲学术的继承者。

全祖望的《梨洲先生神道碑文》对于黄宗羲学行的表彰,以及其余对黄宗羲学术加以论评的文章几乎被推为定论,对于黄宗羲及其学术的后世影响来说也具有重要意义。

一 全祖望与"黄氏遗书"的搜集、整理、补修

全祖望为搜集、整理、刊刻"黄氏遗书",可谓不遗余力。他在病中听说"越中富人有肯梓梨洲遗书者",就写信与万斯大之子万经(号九沙,1659—1741)商量如何来编辑"黄氏遗书"。他在《奉九沙先生论刻南雷全集书》中说:"但愚以为梨洲之集,陶汰不可不精,梨洲经史诸书,网罗不可不备。向读《梨洲文定》第四、五集,其间玉石并出,真赝杂糅,曾与史雪汀言,黄先生晚年文字其所以如此者,一则渐近崦嵫,精力不如壮时,一则多应亲朋门旧之请,以谀墓掩真色;苟非严为陶汰,必有择焉不精之叹。"③ 在全祖望看来,编辑黄宗羲的文集,要注意两个原则:一是选入文集的文章要尽量精;另一是搜集"遗书"要尽量全。他特别指出必须淘汰部分文章,指的是黄宗羲晚年因为精力不足而不够精致的或是有"谀墓"之嫌的应酬文字。这两个原则可见全祖望编辑黄宗羲文集的认真态度,更为重要的还是作为私淑弟子的一种责任感。他接着又说:

---

① 全祖望:《五岳游人穿中柱文》,《鲒埼亭集》卷第21,《全祖望集汇校集注》,第376页。
② 全祖望:《梨洲先生神道碑文》,《鲒埼亭集》卷第11,《全祖望集汇校集注》,第212页。
③ 全祖望:《奉九沙先生论刻南雷全集书》,《鲒埼亭集》外编卷44,《全祖望集汇校集注》,第1702—1704页。

> 但古人文集，原赖有力高弟为之雠定，而后当世得无间词，如李侍郎之于韩吏部，方侍读之于宋学士。亦有多历年所，始得一私淑艾以传，如虞山之于震川者。……夫茫茫大造，苍狗白云，转盼间无所不至，故以列代艺文志考之，《汉书》所载至唐而去其十九，《唐史》所载至宋而又去其十九，李长吉锦囊之祕，或至投之溷中，陆君实填海之编，只可问之劫火。所仗斯文未丧，得有心世道者出而搜拾之，庶前辈一生肝血，不与尘草同归澌没耳。

在他看来，古人的文集都依赖于弟子或私淑弟子的校雠、刊刻，而且因为随着时间的流逝，遗著的保存越来越难，作为"有心世道"的后辈责无旁贷。可惜当年一生致力于编辑、刊刻"黄氏遗书"的郑性已经去世，九沙先生万经也已年迈，不能为编辑黄宗羲的全集做太多的工作。所以作为"私淑"弟子的全祖望，亲自担负起了编辑《南雷黄子大全集》的重任。全祖望在《南雷黄子大全集序》中说："予乃从南谿家，尽取先生之草稿，一一证定，皆以手迹为据，于是义熙之文毕出，而冒附者果不出予所揣，乃补其亡，汰其伪，定为四十四卷，而庐山真面目见矣。先生之文，累有更窜，故多与旧所行世之本不同者，又皆以其晚年手迹为据，惜乎南谿下世，不得与共讨论之。"① 全祖望从郑性家中取得黄宗羲的原稿，以手迹为根据，一一校勘，反复斟酌，去伪、正讹、补遗，取出那些被后人更改或假冒窜入的文字，同时补充轶文。特别是黄宗羲晚年的文字，与"旧所行世之本"有更多不同，全祖望都以其晚年的手迹为依据来进行校勘。最后，整理为四十四卷的《南雷黄子大全集》，全祖望自信从此黄宗羲文集的庐山真面目得以呈现了。很遗憾的是，后来因为火灾等原因，这部大全集没有传世。

值得庆幸的就是经过全祖望厘定的黄宗羲诗集《南雷诗历》五卷本，后来通过郑性之子郑大节得以刊刻，流传了下来。在这部诗集之中，全祖望将他从黄门弟子、后人那里搜求而来各种版本，以及抄录遗存的手稿等

---

① 全祖望：《南雷黄子大全集序》，《鲒埼亭集》外编卷25，《全祖望集汇校集注》，第1226页。

等，一一整理，删选成为一部精良的黄宗羲诗歌选本。此外，全祖望编纂《续甬上耆旧诗》，其中特别选入黄宗羲及黄宗炎、黄宗会的诗作。他在黄宗羲的小传中说：

> 三黄诗惟先生之集尚流传，若悔木、泽望，则姚人亦不能尽见其集，故备列之。先生兄弟之诗，皆自成一格，不为庸耳俗目所喜……自庚申而后，有以门弟子之作，窃为先生代构、投赠、应酬之笔，以塞时人之请，亦遂冒列集中，是则不可不审。余故于其诗古文词，皆重为别择，更定一集，而诗则仅存二百六十余首，此真先生之诗也。①

当时黄氏兄弟的诗集流传不广，所以《续甬上耆旧诗》中特别选入黄宗羲诗三百十八首、黄宗炎诗八十一首、黄宗会诗三十六首。全祖望重新选编《南雷诗历》，删除门弟子所代作的投赠、应酬之作，存诗作二百六十余首，也就是他所谓"真先生之诗"。

当然，全祖望私淑于黄宗羲，做的最为重要的工作还是补编《宋元学案》，这一点将在下一节中重点讨论。

二 《梨洲先生神道碑文》对黄宗羲学行的表彰

《梨洲先生神道碑文》，应该是全祖望一生碑版类撰述之中最为重要的一篇。这一碑文的重要既是因为黄宗羲死后四十年，终于有了一篇够格的碑文；也是因为碑文对黄宗羲的学行，终于有了全面而公正的评价。在碑文开篇，全祖望指出了黄百家所写《先遗献文孝公梨洲府君行略》一文的不足，他说：

> 然予读行略，中固嘿嘿多未尽者，盖当时尚不免有所嫌讳也。公之理学文章，圣祖仁皇帝知之，固当炳炳百世。特是公生平事实甚繁，世之称之者，不过曰始为党锢，后为遗逸，而中间陵谷崎岖，起

---

① 全祖望：《寓公双瀑院长黄宗羲》，《续甬上耆旧诗》中册，第139—140页。

军、乞师、从亡诸大案,有为史氏所不详者。①

黄百家所撰《行略》,存在两个问题,一是关于黄宗羲的抗清诸事迹"起军、乞师、从亡"都语焉不详,因为当时还是鼎革之际,许多事情也有所忌讳;另一是关于黄宗羲的学术的评价,不够全面、到位,这与黄百家的学力修为有关了。全祖望撰写的《梨洲先生神道碑文》则较为全面地表彰了黄宗羲的学行。

先来看黄宗羲的"行",全祖望"捃摭公遗书,参以《行略》",详述黄宗羲一生的重大事件。比如入京申冤、问学蕺山、公揭阮贼等,对于黄宗羲的抗清活动则更是详之又详,比如一开始招募"世忠营",在鲁王政权中的谋划建言,之后的乞师日本,抗清失败之后隐姓埋名、迁波流离,等等,特别就乞师日本一事黄宗羲本人是否参与,在碑文之后全祖望专门附有考证说:

> 公有《日本乞师纪》,但载冯侍郎奉使始末,而于己无豫,诸家亦未有言公曾东行者。乃《避地赋》则有曰:"历长崎与萨斯玛兮,方粉饰夫隆平;招商人以书舶兮,七昱缘于东京;予既恶其汰侈兮,日者亦言帝杀夫青龙;返旆而西行兮,胡为乎泥中!"则是公尝偕冯以行,而后讳之,顾略见其事于赋。予以问公孙千人,亦愕然不知也。事经百年,始考得之。

黄宗羲自己撰写的《日本乞师纪》因为忌讳故没有提及他自己,所以当时人对其本人是否到过日本不敢明言,就连其孙黄千人也不清楚此事了。全祖望以黄宗羲的《避地赋》来考证此事,使得此事百年之后第一次得以澄清。最后又详述复明无望之后从事讲学、著述、钞书、归隐、拒仕以及助修《明史》等事迹,可谓原原本本、历历在目。

再来看黄宗羲的"学",全祖望对于梨洲之学更有极为深刻的领会,这主要从学术渊源、宗旨、著述三个方面加以概述。

---

① 全祖望:《梨洲先生神道碑文》,《鲒埼亭集》卷第11,《全祖望集汇校集注》,第212—225页。下列引文同此出处不再注明。

第一，全祖望在碑文中详述黄宗羲的学术渊源。其中说：

> 忠端公之被逮也，谓公曰："学者不可不通知史事，可读《献征录》"。公遂自《明十三朝实录》，上溯《二十一史》，靡不究心，而归宿于诸经。既治经，则旁求之九流百家，于书无所不窥者。愤科举之学锢人生平，思所以变之。既尽发家藏书读之，不足，则抄之同里世学楼钮氏、澹生堂祁氏，南中则千顷斋黄氏、吴中则绛云楼钱氏。穷年搜讨，游屐所至，遍历通衢委巷，搜剔故书，薄暮，一童肩负而返，乘夜丹铅，次日复出，率以为常。是时，山阴刘忠介公倡道蕺山，忠端公遗命，令公从之游。

全祖望十分重视黄宗羲的家学渊源，其父黄尊素（谥号忠端）嘱咐他读史，从明史到"二十一史"，再回归于经，再从经史之学而旁求九流百家，这是黄宗羲早年为学的基本脉络。全祖望也指出了黄宗羲学术成就与其酷爱读书、抄书、藏书有关，故在此也有详细说明，碑文后面还说黄宗羲"晚年益好聚书，所钞自鄞之天一阁范氏，歙之丛桂堂郑氏，禾中倦圃曹氏，最后则吴之传是楼徐氏"。全祖望还说：

> 蕺山之学专言心性，而漳浦黄忠烈公兼及象数。当是时，拟之程、邵两家。公曰："是开物成务之学也。"乃出其所穷律历诸家相疏证，亦多不谋而合。一时老宿闻公名者，竞延致之相折衷。经学则何太仆天玉，史学则钱侍郎谦益，莫不倾筐倒庋而返。因建续抄堂于南雷，思承东发之绪。阁学文文肃公尝见公行卷，曰："是当以大著作名世者。"都御史方公孩未亦曰："是真古文种子也。"

黄宗羲师事刘宗周（谥号忠介）一事，全祖望在此碑文中有三次提及，但都未讲所受影响如何，只是说"蕺山之学专言心性"。而当时黄宗羲对"开物成务"的诸如黄道周（谥号忠烈）擅长的象数之学更有兴趣。又说，在律历、经学与史学等方面与江浙各宿老"相折衷"，最终得到宿老的赞誉。可见全祖望更为看重的还是黄宗羲的经史之学，故细细道出其学术原本。他还指出黄宗羲的学术综合了诸家之长：

> 公以濂、洛之统，综合诸家：横渠之礼教；康节之数学；东莱之文献；艮斋、止斋之经制；水心之文章。莫不旁推交通，连珠合璧，自来儒林所未有也。

全祖望认为黄宗羲的学术根基在于周敦颐、二程，并以此来综合张载（字子厚，学者称横渠先生，1020—1078）、邵雍（字尧夫，谥号康节，1011—1077）、吕祖谦（字伯恭，学者称东莱先生，1137—1181）、薛季宣（字士龙，号艮斋，1134—1173）、陈傅良（字君举，号止斋，1137—1203）、叶适（字正则，学者称水心先生，1150—1223）诸家，理学、礼教、数学、文献、经制、文章等诸多学术都兼而通之，认为像黄宗羲这样的人物"自来儒林所未有"，评价非常之高。其中特别提到的是吕祖谦等四位南宋浙东学者，可见全祖望对黄宗羲传承浙东学派这一问题的重视。不过，在此碑文中没有提及朱熹、王阳明，这似乎与不怎么提及刘宗周之影响一样，都是有意回避的一个问题。

第二，对黄宗羲学术宗旨的概括。讲学活动是黄宗羲学术经历之中的一个重要方面，因此全祖望在碑文中记述了黄宗羲"复举证人书院之会于越中，以申蕺山之绪"，以及在宁波、海宁等地的讲学活动。然后指出黄宗羲讲学的宗旨，他说：

> 公谓明人讲学袭语录之糟粕，不以《六经》为根柢，束书而从事于游谈。故受业者必先穷经，经术所以经世，方不为迂儒之学，故兼令读史。又谓读书不多，无以证斯理之变化，多而不求于心，则为俗学。故凡受公三教者，不堕讲学之流弊。

黄宗羲讲学有两条要旨，一是"经术"与"史籍"并重，一是"读书多"与"求之心"并重。这样就可能扫除晚明讲学的流弊，最终造就一代经世致用的人才。黄宗羲是文章大家，所以全祖望特意标出了黄宗羲论文的观点：

> 公之论文，以为唐以前句短，唐以后句长；唐以前字华，唐以后字质；唐以前如高山深谷，唐以后如平原旷野，故自唐以后为一大

变，然而文之美恶不与焉，其所变者词而已，其所不可变者虽千古如一日也。此足以扫尽近人规模字句之陋。故公之文不名一家，晚年忽爱谢皋羽之文，以其所处之地同也。

黄宗羲指出唐以前、以后文章的异同，说得十分精辟，确实唐宋之间是文章风格变化的转型时期，也是中国的制度、文化的转型时期，黄宗羲、全祖望其实都已经察觉到了。全祖望还指出黄宗羲晚年偏好南宋遗民谢翱（字皋羽）的文章，这是因为同为遗民而心心相印。此外，全祖望也提及黄宗羲反对"异端之学"，黄宗羲之弟黄宗会"晚年亦好佛"，"公为之反复言其不可。盖公于异端之学，虽其有托而逃者，犹不肯少宽焉"。

第三，黄宗羲"年逾八十，著述不辍"，全祖望在碑文中一一列举黄宗羲的学术著述，并附之简短评述。首先说："有《明儒学案》六十二卷，有明三百年儒林之薮也。"然后分经术、史学、历学、文集、杂著、地理等分类介绍。关于经术类，全祖望说：

> 经术则《易学象数论》六卷，力辨《河洛方位图说》之非，而遍及诸家，以其依附于《易》似是而非者为《内编》，以其显背于《易》而拟作者为《外编》；《授书随笔》一卷，则淮安阎征君若璩问《尚书》而告之者；《春秋日食历》一卷，辨卫朴所言之谬；《律吕新义》二卷，公少时尝取余杭竹管肉好停匀者，断之为十二律，与四清声试之，因广其说者也；又以蕺山有《论语》、《大学》、《中庸》诸解，独少《孟子》，乃疏为《孟子师说》四卷。

全祖望特别重视黄宗羲《易学象数论》一书，指出其考辨图书象数学之是非的价值；《授书随笔》与《尚书古文疏证》的作者阎若璩的关系、《孟子师说》与刘宗周之间的关系等全祖望也都作了说明。关于史学类，全祖望说：

> 史学则公尝欲重修《宋史》而未就，仅存《丛目补遗》三卷；辑《明史案》二百四十四卷；有《弘光纪年》一卷，《隆武纪年》一卷，《永历纪年》一卷，《鲁纪年》一卷，《赣州失事纪》一卷，

《绍武争立纪》一卷,《四明山寨纪》一卷,《海外恸哭纪》一卷,《日本乞师纪》一卷,《舟山兴废》一卷,《沙定洲纪乱》一卷,《赐姓本末》一卷;又有《汰存录》一卷,纠夏考功《幸存录》者也。

黄宗羲对宋史、明史都用力甚勤,《明史案》对清廷史局编撰《明史》起到了重要的作用。黄宗羲关于晚明的史著,除《海外恸哭纪》《汰存录》之外,《赣州失事》等书与其他相关著述后来合为《行朝录》一书。后来全祖望也承继黄宗羲事业,对于晚明史也多有关注。全祖望还特别表彰了他对官修《明史》的贡献。康熙十七年,清廷特开博学鸿儒科,时任翰林院掌院学士的叶方蔼举荐黄宗羲,他坚辞不赴。次年,清廷重开明史馆,时任明史馆监修的内阁学士徐元文认为黄宗羲"非能召使就试者,然或可聘之修史",于是"诏督抚以礼敦遣",他仍以母老己病力辞。不过对于修史,黄宗羲自始至终都予以了高度的关注。这主要表现在三个方面。其一,允许官府抄录他所著有关《明史》的著述送至史局;其二,派遣其子黄百家、弟子万斯同赴京参与史局;其三,亲自厘定"史局大案"。据全祖望总结,黄宗羲对《明史》的贡献,共有七项①:

一、《本纪》则削去诚意伯撒座之说,以太祖实奉韩氏者也。

二、《历志》出于吴检讨任臣之手,总裁千里贻书,乞公审正而后定。

三、《宋史》别立《道学传》为元儒之陋,《明史》不当仍其例,时朱检讨彝尊方有此议,汤公斌出公书以示众,遂去之。

四、其于讲学诸公,辨康斋无与弟讼田之事,白沙无张盖出都之事,一洗昔人之诬。

五、党祸则谓郑鄤杖母之非真,寇祸则谓洪承畴杀贼之多诞。

六、至于死忠之籍尤多确核,如阉难则丁乾学以癙死,甲申则陈纯德以俘戮死,南中之难则张捷、杨维垣以逃窜死,史局依之,资笔削焉。

七、《地志》亦多取公《今水经》为考证。

---

① 下列序号为笔者所加。

其中特别关键的其实是三项，一是《明史》是否设道学传的争议；二是关于《本纪》《儒林》以及晚明的党祸、死忠等相关史实的考辨；三是《历志》的审核与提供《今水经》供《地志》参考。应该说黄宗羲虽未亲自参与史局，却对《明史》的纂修发挥了至关重要的作用。也正因为如此，全祖望将其比作汉代的刘向。他说：

> 盖自汉唐以来大儒，惟刘向著述强半登于《班史》，如《三统历》入《历志》，《鸿范传》入《五行志》，《七略》入《艺文志》，其所续《史记》散入诸传，《列女传》虽未录，亦为《范史》所祖述。而公于二千年后起而继之。

刘向虽然没有参与《汉书》的纂修，但是他的各种著述却对《汉书》的纂修起到了关键作用，两千年以来也只有黄宗羲可与之相比。这个例子是十分恰当的，全祖望对于黄宗羲与《明史》的关系所作的梳理与评价，也是非常到位的。关于历算类，全祖望说：

> 历学则公少有神悟，及在海岛，古松流水，布算簌簌，尝言勾股之术，乃周公、商高之遗，而后人失之，使西人得以窃其传。有《授时历故》一卷，《大统历推法》一卷，《授时历假如》一卷，《西历》、《回历假如》各一卷；外尚有《气运算法》、《勾股图说》、《开方命算》、《测圆要义》诸书，共若干卷；其后梅征君文鼎本《周髀》言历，世惊以为不传之秘，而不知公实开之。

关于历学，全祖望特别指出，黄宗羲早就已经说明勾股定律起源于中国的周代，至于后来被西洋人学去，这一说法则过于武断。同样说清初数学家梅文鼎"《周髀》言历"为黄宗羲所开启，也有武断之嫌。对于黄宗羲的诸多历学、算学之书，他也一一说明，在碑文中讲述鲁王监国处还说"作《监国鲁元年大统历》颁之浙东"。关于文集、杂著类，全祖望说：

> 文集则《南雷文案》十卷、《外集》一卷，《吾悔集》四卷，《撰杖集》四卷，《蜀山集》四卷，《子刘子行状》二卷，《诗历》四

卷,《忠端祠中神弦曲》一卷;后又分为《南雷文定》凡五集,晚年又定为《南雷文约》,今合之得四十卷。

《明夷待访录》二卷,《留书》一卷,则佐王之略,昆山先生顾炎武见而叹曰:"三代之治可复也。"《思旧录》二卷,追溯山阳旧侣,而其中多厄史之文。

全祖望对黄宗羲各种文集的来龙去脉说明得比较清晰,他特别欣赏的还是《明夷待访录》《留书》,认为"佐王之略",还特别引述顾炎武对此书的称誉。关于《思旧录》,则认为一表遗民之情,一存晚明之史。其他著述,全祖望说:

> 公又选明三百年之文为《明文案》,其后广之为《明文海》,共四百八十二卷,自言多与《十五朝国史》弹驳参正者。而别属李隐君邺嗣为《明诗案》,隐君之书未成而卒。晚年于《明儒学案》外,又辑《宋儒学案》、《元儒学案》,以志七百年来儒苑门户;于《明文案》外,又辑续《宋文鉴》、《元文抄》,以补吕、苏二家之阙,尚未成编而卒。
>
> 又以蔡正甫之书不传,作《今水经》。其余《四明山志》、《台宕纪游》、《匡庐游录》、《姚江逸诗》、《姚江文略》、《姚江琐事》、《补唐诗人传》、《病榻随笔》、《黄氏宗谱》、《黄氏丧制》及《自著年谱》诸书,共若干卷。

全祖望对从《明文案》到《明文海》的发展作了说明,还说到黄宗羲曾嘱咐李邺嗣编撰《明诗案》,这应该是与黄宗羲自己编撰的《明文案》是一个工程。后来李邺嗣编撰《甬上耆旧诗》,也可以说是《明诗案》工程的一个小部分,而全祖望之后也续编了《续甬上耆旧诗》一书。关于《宋儒学案》《元儒学案》,全祖望说是"志七百年来儒苑门户",这一工程黄宗羲也只初定规模,后来就由全祖望完成了。黄宗羲其他著述全祖望也都列举了书名,可以说对其著述都认真作了一番梳理,为后来整理"黄氏遗书"提供了方便。

此外,全祖望对于黄宗羲著述之中"多碑版之文,其于国难诸公表彰尤力",也有所论析。特别指出黄宗羲这些文字对晚明人物的公正评价,特别是从论侯方域(字朝宗,1618—1654)来看,黄宗羲"论人严,未尝不恕也"。

不过全祖望的碑文之中也有几处欠考失当,比如记载"白马别会"一事,说黄宗羲"约吴越中高材生六十余人共侍讲席",综合多种材料来看,此事并非黄宗羲首倡,也并非六十余人,详见本书第二章的考辨;再如记顺治二年(1645)六月,黄宗羲"南中归命,公踉跄归浙东,则刘公已死节",据黄宗羲所撰《思旧录》刘宗周条,黄宗羲曾到刘宗周绝食避难的杨堋会面,详见上章第一节。另外值得一提的是,全祖望本人特重经史之学,故对黄宗羲师事刘宗周一节以及传承蕺山义理学等方面较为忽视,这可以说也是此碑文的一个缺失之处。

总的来说,全祖望的碑文对黄宗羲的学术渊源、宗旨、承继的述评,彰显了黄宗羲学术的特色,再加上全祖望本人传承梨洲之学,对于清代浙东经史学派的进一步发展起到了至关重要的作用。全祖望撰写《梨洲先生神道碑文》之前,曾搜集、整理"黄氏遗书",并加以细细研读,所以碑文能够做得非常到位。比全祖望稍晚的精于明末史事、曾作《南疆逸史跋》十二篇的杨凤苞(字傅九,号秋室,1754—1816)评论此文说:"是碑以学术为脉络。梨洲大节,始也讼冤对簿,继也钩党被逮,终也起兵从亡。而其究得保完节以老,逐层铺叙,无不归于学术,若网在纲,有条不紊。"① 黄千人也认为此文"能尽其平生之志"②,故又请全祖望为其叔祖黄宗炎撰写墓表。还有郑性的友人钱际盛说:"是足以毕高州之一憾矣。"③ 因为黄家原本希望郑梁撰写碑文,但郑氏早逝,所以他们认为全祖望撰写此碑文,完成了郑梁生前的一桩憾事。可见无论后世学者还是当世亲故,都非常认可此碑文。

三 全祖望对黄宗羲的其他论评

除去《梨洲先生神道碑文》,在《鲒埼亭集》中所收全祖望论及黄宗

---

① 杨凤苞的评语,见全祖望《梨洲先生神道碑文》,《鲒埼亭集》卷第11,《全祖望集汇校集注》,第225页。
② 全祖望:《鹧鸪先生神道表》,《鲒埼亭集》卷第13,《全祖望集汇校集注》,第253页。
③ 全祖望:《钱东庐徵君墓表》,《鲒埼亭集》卷第14,《全祖望集汇校集注》,第273页。

第六章 全祖望对蕺山学的承继与对蕺山学派的表彰

羲学行的还有近二十篇文章,可见其对黄宗羲"一往深情"。从这些文章之中,可以看到全祖望全面表彰黄宗羲学术所做的工作,另外有一些对黄宗羲某些差失的指摘、商榷也特别值得注意。下面对这些文章之中的论评作一梳理,其中关于黄宗羲著述的题跋以上文先经后史再是历算、文集、杂著的顺序来展开讨论,以便与碑文的评价相互比较、参看。

全祖望对于黄宗羲的评价,除去碑文外,另还有《甬上证人书院记》《二老阁藏书记》《答诸生问南雷学术帖子》等几篇重要文章。在《甬上证人书院记》中表彰了黄宗羲讲学甬上传承蕺山之学的功绩与讲学的宗旨、影响之外,也对其学行进行了评述:

> 然先生之学极博,其于象纬图数,无所不工,以至二氏之藏,亦披抉殆尽,浅学之徒,遂有妄诋以驳杂者。不知先生格物,务极其至要,其归宿一衷以圣人之旨,醇如也。夫学必于广大之中求精微,倘以固陋之胸自夸,击尽疵类,何足道哉。平生流离颠沛,为孤子、为遗臣始终一节,一饭不忘君父,晚年名德肖然,翘车所不能致,遂为前代之完人。其为躬行,又何歉焉。①

全祖望在此文中,为黄宗羲作了辩护,他认为黄的学术并不驳杂,反而就是博而工,因为黄的学术都归宿于圣人之旨,是纯正的圣学,圣学应该就像黄宗羲那样能"于广大之中求精微"。全祖望也认为黄宗羲一生的躬行,也没有什么亏欠,作为孤子、遗臣,"平生流离颠沛"却能够保持气节,非常不容易,所以推崇为"前代之完人"。全祖望的《二老阁藏书记》,其中对黄宗羲也可谓推崇备至。他说:

> 有明以来,学术大坏,谈性命者迂疏无当,穷数学者诡诞不精,言淹雅者贻讥杂丑,攻文词者不谙古今,自先生合理义、象数、名物而一之,又合理学、气节、文章而一之,使学者晓然于九流百家之可

---

① 全祖望:《甬上证人书院记》,《鲒埼亭集》外编卷16,《全祖望集汇校集注》,第1059页。

以返于一贯。①

此处全祖望批评了晚明的学术,特别是批评了理学的空疏、象数之学的诡异等等,他认为只有到黄宗羲那里才是"理义、象数、名物"合一、"理学、气节、文章"合一、九流百家一贯,这样的评价确实非常之高。全祖望在《续甬上耆旧诗》中所作的黄宗羲小传,其中详述了黄宗羲与甬上学人的关系,这是他的其他文章所不曾论及的,其中说:

> 先生少从忠端公学于甬上,其时忠端授徒董氏,即天鉴先生家。……先生与文虎、履安尤相善,共豫蕺山证人之席。桑海之际,与跻仲为同事。丙戌而后,先生兄弟流离患难,实赖吾甬上诸公之力以免。其继陆、万诸公称死友者,为高废翁故峰、隐学李杲堂。故先生自言生平师友,皆在甬上。及风波稍息,重举证人之席,虽尝一集于会稽,再集于海昌,三集于石门,总不甚当先生之意。尝曰:"甬上多才,皆光明俊伟之士,足为吾薪火之寄。"而吾甬上当是时,经史之学蔚起,雨聚笠,霄续灯,一振前辈之坠绪者,亦以先生左提右挈之功为大。②

以全祖望的说法,黄宗羲的好友陆符(字文虎)、万泰(字履安)也曾与其一起参与过刘宗周的证人会,也曾一起致力于抗清事业。黄宗羲重举证人会,只有甬上诸弟子方才令其满意,甬上经史之学的"蔚起"也以黄宗羲"左提右挈之功为大"。该文后面还提到了黄宗羲对浙西诗人的批评,全祖望说:"近日□□皇华之徒,尤妄生訾謷,此皆不足与辨。先生尝曰:'浙西之诗,吾看他好处不出,恐不待五百年,堕野狐身者即若辈也。'"此处被挖去姓名的地方当指吕留良,全祖望就黄、吕交恶一事存有门户之见,从此也可以看出来。

当然,全祖望也有关于黄宗羲学行的商榷文章,这就是《答诸生问南雷学术帖子》。在这篇文章末尾全祖望说:"先生始末,见于予所作墓

---

① 全祖望:《二老阁藏书记》,《鲒埼亭集》外编卷17,《全祖望集汇校集注》,第1064页。
② 全祖望:《寓公双瀑院长黄宗羲》,《续甬上耆旧诗》中册,第139—140页。

碑已尽矣，惟是所以备他山之石者，则本不应见之碑文，故因明问而详及之。"也就是说此处对黄宗羲的评价不适合在碑文中说，但也可供参考，所以对这篇文章有必要详细分析一下。其中，首先论其在学术史上的地位：

> 南雷自是魁儒，其受业念台时，尚未见深造，国难后所得日进，念台之学得以发明者，皆其功也。兼通九流百家，则又轶出念台之藩，而窥漳海之室。然皆能不诡于纯儒，所谓杂而不越者是也。故以其学言之，有明三百年无此人，非夸诞也。①

在他看来，黄宗羲是"魁儒"，但他在师事刘宗周之时学术"尚未见深造"，明亡之后其学术才日进，而蕺山之学得以"发明"都是黄宗羲的功劳。但更重要的是黄宗羲的学术已经大大超越蕺山之学的规模，其实这种超越是以经史百家之学来融摄宋明理学，或者说是以经史为主兼及理学，所以全祖望称他为"有明三百年无此人"。

接着全祖望就对黄宗羲提出了批评，他说：

> 惟是先生之不免余议者，则有二：其一，则党人之习气未尽，盖少年即入社会，门户之见深入，而不可猝去，便非无我之学。其一，则文人之习气未尽，不免以正谊、明道之余技，犹留连于枝叶，亦其病也。斯二者，先生殆亦不自知，时时流露。然其实为德性心术之累不少，苟起先生而问之，亦必不以吾言为谬。过此以往，世之谤先生者，皆属妄语，否则出于仇口也。

其实黄宗羲也有许多不免被后人訾议的地方，此处全祖望指出了两个关键之处。一是"党人之习气未尽"，正是因为党人习气，所以有一定的门户之见，虽然黄宗羲晚年有"一本万殊"的学术史观，但对朱学一系多有诟病，说他们"此亦一述朱，彼亦一述朱"或"章句训诂之学"等。全

---

① 全祖望：《答诸生问南雷学术帖子》，《鲒埼亭集》外编卷44，《全祖望集汇校集注》，第1695—1697页。下列引文同此出处不再注明。

祖望还在《五岳游人穿中柱文》一文中说:"至疑南雷门户之见未化,则最足中明季诸公之病者。"另一被訾议的是"文人习气未尽",全祖望比较认同董仲舒"正其谊不谋其利,明其道不计其功"的看法,认为文章应该传道故不必太在意文字本身,文人习气过重对于德性修养是有连累的,黄宗羲过于看重文章的地方也是有的。全祖望的这两点,应该也是很有道理的,所以他说"起先生而问之,亦不以吾言为谬"。最后,全祖望还在此文为黄宗羲"风节之玷"辩护,他说:

> 若谓先生以故国遗老,不应尚与时人交接,以是为风节之玷,则又不然。先生集中,盖累及此:一见之《余若水志》,有曰:"斯人生天地之间,不能一无干涉。身非道开,难吞白石,体类王微,尝资药里。以是叹活埋土室之难也。"一见之《郑平子序》,有曰:"王炎午生祭文丞相,其风裁峻矣。然读其与姚牧庵书,殷殷求其酬答,盖士之报国,各有分限,正亦未可刻求也。"是可以知先生之所以自处,固有大不得已者。盖先生老而有母,岂得尽废甘旨之奉。但使大节无亏,固不能竞避世以为洁。及观其送万季野北行诗,戒以勿上河汾太平之策,则先生之不可夺者,又确如矣。是固论世者所当周详考核,而无容以一偏之词定之者也。

黄宗羲与仕清官员多有交往,这一点很为时人诟病。全祖望则举黄宗羲自己的话来进行辩护,人生天地之间,即便入清以后,自己要生存,老母、子孙、学生等也要生存,也就不能与后朝"一无干涉"。在他看来,能够做到大节无亏就算是对得起前朝了,所以他提出品评人物当"周详考核"而不能"以一偏之词定之"。

下面重点讨论一下全祖望为黄宗羲著述所作的题跋之中的学术观点。全祖望在《黄梨洲易学象数论书后》中,指出黄宗羲对《周易》的考辨发源于薛季宣,也就是说是对南宋浙东学派的继承。全祖望对此书评价非常高,他说:

> 姚江黄征君《易学象数论》六卷,上自《图》、《书》九十之混,《变卦》、《互卦》之异同,旁推交通,虽以纳甲、纳音、世应、

轨革之法，莫不搜其原本，抉其讹谬，可为经学中希有之书也。……此其说，可谓百世不易之论。盖尝与学者言之，皆大惊，莫能信，固难以口舌争。①

在他看来，黄宗羲对《河图》《洛书》的辨伪，在当时仍旧没有什么人相信，但全祖望非常相信，他还说黄宗羲的易学"远览千古，一洗前辈之支离"。当然全祖望对此书也并非完全没有疑义，他说："若其谈总象，予颇多以为不然者，则别见于予说《易》之书。"从这里也可以看出全祖望的易学，既承继于黄宗羲易学，又有自己的发展。

全祖望《跋黄梨洲孟子解》指出了黄宗羲《孟子师说》一书与刘宗周之关系。另外还指出黄宗羲书中可商榷的几处：

> 梨洲于书无所不通，而解经尤能辟前辈传注之讹。然亦有失之荒唐者，如指浙东之握登山、历山、姚江、姚邱，以为"舜居东夷"之注，是乃前世地志笑柄，反谓顾野王"余姚舜后支庶所封"语为妄。其解"毕郢"，则宗孙疏，以为楚地，不可解也。②

全祖望的看法是否正确此处不作评说，但从此《跋》可知他对"黄氏遗书"的用力之勤。

全祖望在《跋梨洲先生行朝录》一文中说："《行朝录》中《桂藩纪年》一卷，最多讹错，盖当时道远，不免传闻之殊也。先赠公遗书中，有同时诸公帖子，论此书者不下十纸，予取而序次之，为跋尾。"③ 他认为当时黄宗羲生活的地方离开桂王政权活动区域较远，所以难免讹误，此文后附录有八条考辨，其中有指出黄宗羲所说"丁亥三月，方以智弃妻子入山为僧"有误，当时方以智曾入天雷庙但还未为僧，为僧是在庚寅

---

① 全祖望：《黄梨洲易学象数论书后》，《鲒埼亭集》外编卷27，《全祖望集汇校集注》，第1270页。
② 全祖望：《跋黄梨洲孟子解》，《鲒埼亭集》外编卷27，《全祖望集汇校集注》，第1280页。
③ 全祖望：《跋梨洲先生行朝录》，《鲒埼亭集》外编卷29，《全祖望集汇校集注》，第1332—1335页。

年。在《再书行朝录》一文中,全祖望指出温睿临(字哂园)所著《南疆逸史》引用《行朝录》的材料,竟然不知道其中"某"即指黄宗羲本人。① 与《行朝录》相关还有《与史雪汀论行朝录书》一文,全祖望指出:

> 明末纪述,自甲申以后萤光爝火,其时著述者,捉影捕风,为失益多。兼之各家秉笔,不无所左右袒,虽正人君子,或亦有不免者,后学读之,如梦丝之不可理。夏彝仲《幸存录》出,黄梨洲著《汰存录》以订乏。以彝仲身仕历朝,耳闻日见,宁有谬妄,而不免余论,史事之难,一至于此。②

全祖望在此指出晚明史著出现差错的几种原因,一是捕风捉影,一是史家也难免有所袒护。他在此文后附录有六条对黄宗羲《行朝录》的考辨,其中有三条与《跋梨洲先生行朝录》相近而文字略有不同,另三条中有指出因为明清历法差异,关于瞿式耜遇害日期记载有误。他还说:"《行朝录》共十余种,其最疏者《滇黔纪年》,当以《所知录》、《也是录》诸书对之。"他认为可以钱澄之的《所知录》与邓凯的《也是录》两书来纠正《行朝录》中的《滇黔纪年》之中的差错。另外,全祖望在《题所知录》中说:"梨洲先生亟称《所知录》之可信,然录中多袒'五虎'。"③ 他还指出黄宗羲对夏允彝(字彝仲,1596—1645)的《幸存录》既有表彰,又有诟病,因为夏著多有差错,所以黄宗羲才著《汰存录》。

全祖望在《汰存录跋》中说:

> 黄先生指《幸存录》为"不幸存录",以其中多忠厚之言,不力诋小人也。录中于浙党、齐党有恕词,又梨洲最恨者,马士英,夏氏稍宽之。……然慈溪郑平子曰:"梨洲门户之见太重。故其人一堕门

---

① 全祖望:《再书行朝录》,《鲒埼亭集》外编卷29,《全祖望集汇校集注》,第1335页。
② 全祖望:《与史雪汀论行朝录书》,《鲒埼亭集》外编卷43,《全祖望集汇校集注》,第1673—1674页。
③ 全祖望:《题所知录》,《鲒埼亭集》外编卷29,《全祖望集汇校集注》,第1335—1336页。

户，必不肯原之，此乃其生平习气，亦未可信也。"予颇是之。①

在他看来，黄宗羲对夏允彝《幸存录》的批评有些过当，他认同黄宗羲的友人郑溱（字平子，号兰皋，1611—1696）说黄宗羲有门户之见的习气，并指出因为门户之见，所以黄宗羲才对《幸存录》有所诟病。

全祖望《残明东江丙戌历书跋》抄录了黄宗羲抗清友人王正中的上表，即进黄宗羲所编《大明监国鲁元年丙戌大统历》，全祖望还指出：

> 盖自甲申五月，世祖章皇帝入主中原而山海未靖，四王迭起，其自为正朔者尚十余年，节气、正闰、晦朔互有不同。是亦榷史者所不可略也。黄氏最精历学，会通中西，顾于沧海横流之际一小试之，以瓯越之弹丸，当山河之两戒，其亦可悲也夫！②

全祖望认为在清廷尚未平定南明诸王之时，各政权的历法不同也值得史家关注。对于黄宗羲会通中西的历算之学，全祖望也非常推崇。

全祖望《梨洲先生思旧录序》对黄宗羲《思旧录》一书非常重视，说黄宗羲"百年阅历，取精多而用物宏，于此约略见之"，另外序文还对黄宗羲的学术渊源有所评述：

> 梨洲先生产于百六之际，其生平磨蝎之宫、野葛之饷，有为世人所不堪者，而百年中阅历人物，视究公有过之而无不及，斯又一奇也。先生以忠端公为之父，以蕺山先生为之师。当髫龀时所追随称父执者，莫非膺、滂、藩、武之徒。稍长游证人书院，私淑者洛、闽之门庭，见知者杨、袁之宗派，或告以中原文献之传，或语以累朝经制之略，耳濡目染，总不入第二流品目。③

---

① 全祖望：《汰存录跋》，《鲒埼亭集》外编卷29，《全祖望集汇校集注》，第1339页。
② 全祖望：《残明东江丙戌历书跋》，《鲒埼亭集》外编卷29，《全祖望集汇校集注》，第1337页。
③ 全祖望：《梨洲先生思旧录序》，《鲒埼亭集》卷第31，《全祖望集汇校集注》，第600页。

此处"百六"即厄运,"四千六百一十七岁为一元,一百六岁曰阳九之厄"。全祖望认为黄宗羲生存于困厄之中,故闻见、阅历非生于升平之世的欧阳修(字永叔,谥文忠,追封衮国公,1007—1073)等人可比,所以《思旧录》也非一般杂史异闻可比。除去生存的时世之外,黄宗羲有东林英杰黄尊素这样的父亲,大儒刘宗周这样的老师,少年时所见的人物也是一时之选;后来又研习经史与理学,从而见知的还有甬上先贤杨简(字敬仲,学者称慈湖先生,1141—1226)、袁燮(字和叔,1144—1224)等先贤。所以说所见所闻都是一流人品、学问,"总不入第二流品目",这也就是黄宗羲《思旧录》精到的原因所在。值得一提的是,在此文中,全祖望特别指出"私淑洛、闽",上面也提及碑文中也有"公以濂、洛之统,综合诸家"之说,似乎一定要将黄宗羲归入程朱一系。

全祖望在《书明夷待访录后》中说:

> 同时顾亭林贻书,叹为王佐之才,如有用之,三代可复。……原本不止于此,以多嫌讳弗尽出,今并已刻之板亦毁于火。征君著书兼两,然散亡者十九,良可惜也。①

他引顾炎武的话来说明《明夷待访录》一书的重要性,还认为此书的原本应该还有许多篇章,因为"嫌讳"所以没有流传,也为其著述散亡而为之可惜。另外,全祖望还在此文中考证,为什么黄宗羲不足六十却在《明夷待访录》序中自称"梨洲老人"。

最后需要说明的是,全祖望修补了《宋元学案》,其实他也曾用力于《明儒学案》的修补,郑性在刊刻《明儒学案》时,曾与全祖望商量。全祖望撰有《与郑南谿论〈明儒学案〉事目》一文,其中说:"《明儒学案》间有需商榷者,愚意欲附注之元传之尾,不擅动本文也。其有须补入者,各以其学派缀之。谨先具数则如左。"② 此文共有附录十一则,可以分为三类。一是可增补黄氏学案的,有"慈湖四传弟子""镜川学案"

---

① 全祖望:《书明夷待访录后》,《鲒埼亭集》外编卷31,《全祖望集汇校集注》,第1390页。
② 全祖望:《与郑南谿论〈明儒学案〉事目》,《鲒埼亭集》外编卷44,《全祖望集汇校集注》,第1691—1695页。

"史运使桂芳集""阳明永嘉弟子""阳明山左弟子""吴霞舟学案"六条;二是对黄氏学案加以考辨指出其有不当之处的,有"河汾学案""阳明子之道昌而五星聚室子刘子之道明而五星聚张""近溪学案""忠端学案"四条;三是为黄氏辩护的,有"渭厓学案"条,王士禛(字子真,号阮亭,又号渔洋山人,1634—1711)认为《明儒学案》不当收入霍韬(字渭先,号渭崖,1487—1540),全祖望则指出霍韬的文集中"颇有讲学语";仇兆鳌(字沧柱,1638—1717)认为黄宗羲"私其乡人",全祖望则指出霍韬诋毁王阳明而学案收入,可以说明并"无私其乡人"之处。全祖望这些修订意见都非常有价值,不过郑性等人刊刻《明儒学案》并未作为按语录用。全祖望这一文章的价值,后来参与整理《宋元学案》一书的王梓材也已经注意到了,他在书中有按语说:

> 谢山《与郑南谿论〈明儒学案〉事目》云:"杨文元公之学,明初传之者尚盛。其在吾乡,桂文裕公彦良、乌先生春风、向献县朴,其著也。是为慈湖四传之世嫡,宜补入《逊志学案》之前。"盖谢山又有意修补《明儒》而未暇,每于《宋元儒》之末补而附之。①

王梓材也指出全祖望曾有意修补《明儒学案》,但是后来全祖望也应郑性之子郑大节的请求而忙于补编《宋元学案》,未能真正动手对《明儒学案》进行较为全面的修补。

第二节 全祖望补修《宋元学案》及其对刘宗周、黄宗羲的承继

从全祖望的一生来看,"转益多师"是其取得丰硕的学术成就的关键。这里的"多师"也包括了私淑对象的王应麟,以及蕺山学派的刘宗周与黄宗羲。与《明儒学案》一样,黄宗羲编纂《宋元学案》,也是其承继刘宗周学术事业的一个重要方面。全祖望的补修,也可以看作其自觉承继刘宗周与黄宗羲共同的学术事业的一个重要方面。

---

① 《静明宝峰学案》,《宋元学案》卷93,第3098页。

黄宗羲的《明儒学案》为"有明三百年儒林之薮也",他晚年又主持编纂《宋儒学案》和《元儒学案》,这也就是后来的《宋元学案》,"以志七百年来儒苑门户",可惜天不假年,"尚未完成而卒"。① 黄宗羲未完成的事业就有其子黄百家以及门人杨开沅、顾谌、张采等人承续,但仍未能成编。《宋元学案》的稿本,后来由大力搜集黄宗羲遗书的郑性藏之于二老阁中,其子郑大节力请祖望的补修《宋元学案》,此书终于得以基本完璧,成就了一部具有经典意义的宋元学术史。

一 《宋元学案》与刘宗周

上文关于刘宗周与《明儒学案》的关系已有论述,其实刘宗周的学术思想对于黄宗羲、全祖望编撰、补修《宋元学案》,也有很大的影响,关于这一点前人论述较早,故在此作一展开讨论。

第一,《宋元学案》与刘宗周《圣学宗要》之关系。

刘宗周对于宋儒的学术也有较多的关注,特别编纂了具有一定的学案体特点的《圣学宗要》,此书前面有《引》,提到他编纂此书受到了友人刘去非《宋学宗源》的启发,故而编纂《圣学宗要》,可见当时类似于"学案"的著述也比较多。《圣学宗要》与《明儒学案》等的不同点主要有二,其一,缺少了案主的"生平行履",《语录》与《断语》都已有其雏形;其二,选录的学人较少,只有四位宋代理学大家与一位明代理学大家,所以作为"学案体"学术史来说,《圣学宗要》还很不完善,只能说与后来的"学案"有些接近,可能对黄宗羲编纂完善的学案体学术史有一定的启发,特别是对《宋元学案》的编纂,应该有一定的影响。

《圣学宗要》选取的"语录"包括:周敦颐的《太极图》《图说》;张载《西铭》《东铭》;程颢《识仁说》《定性说》;朱子四篇《中和说》的节略;王阳明《良知答问》《拔本塞源论》,在这些语录之后,刘宗周都有篇幅较长且思想精深的按语,这些按语相当于"学案"中的"论断"。② 除去王阳明的之外,三位宋儒的上述"语录",在《宋元学案》

---

① 全祖望:《梨洲先生神道碑文》,《鲒埼亭集》卷第11,《全祖望集汇校集注》,第221—223页。

② 刘宗周:《圣学宗要》,《刘宗周全集》第2册《语录》,第228—260页。

之中的《濂溪学案》《明道学案》《晦翁学案》之中全都有收录，而且刘宗周的按语绝大部分也都收录其中，并标明"刘蕺山曰"字样，置于黄宗羲、黄百家等人按语的前面，也置于所摘引的顾宪成、高攀龙相关语录的前面，可见对刘宗周的按语特别看重。

除去《圣学宗要》，刘宗周在《五子连珠》《吃紧三关》《论语学案》《学言》等著述之中还有许多论及宋儒的话语，这些在《宋元学案》之中大多也有摘引，并标明"刘蕺山曰"字样，集中收录在《濂溪学案》《明道学案》《晦翁学案》，还有《伊川学案》之中。

上述收录刘宗周按语的学案，都是"黄宗羲原本、黄百家纂辑、全祖望次定"，也就是说不论是黄宗羲亲自选入，还是黄百家等人选入，都很有可能是黄宗羲本人的意思。这一做法就与《明儒学案》卷首放入来自刘宗周编纂的《皇明道统录》的"断语"为《师说》一卷，同样是体现了黄宗羲对刘宗周观点的重视。

第二，《宋元学案》中黄百家按语所引刘宗周语录考辨。

《宋元学案》的黄百家的按语之中提及刘宗周之处，共有十条，不过情况较为复杂。其一指出，黄宗羲曾以"师说"来诠释周敦颐，黄百家则将这些诠释及他自己的意见都用在按语之中：

> 百家谨案：《通书》，周子传道之书也。朱子释之详矣；月川曹端氏继之为《述解》，则朱子之义疏也。先遗献嫌其于微辞奥旨尚有未尽，曾取蕺山子刘子说笺注一过，谨条载本文下，间窃附以鄙见。《性理》首《太极图说》，兹首《通书》者，以《太极图说》后儒有尊之者，亦有议之者，不若《通书》之纯粹无疵也。说详后。①

黄宗羲对《通书》的解释除去黄百家的这些按语之外，现已不可见，所以这些按语很值得重视。据查《宋元学案》所引《通书》中黄百家的按语共有二十条，其中最后一条较长，有九百多字。这些按语应该就是来自目前已经亡佚的黄宗羲以刘宗周思想为基础而作的《通书笺注》，但是这是经过黄百家补充了的，所以不能完全代表黄宗羲或刘宗周的观点。另

---

① 《濂溪学案上》，《宋元学案》卷11，第482页。

外，在此补充一下，《宋元学案》在收录了刘宗周在《圣学宗要》之中对《太极图说》的长篇按语之后，又收录了《梨洲太极图讲义》一文。其中有："蕺山先师曰：'千古大道陆沉，总缘误解太极。道之大原出于天。此道不清楚，则无有能清楚者矣。'"① 黄宗羲此文也是在进一步发挥刘宗周的那条按语中"天地之间一气而已""循理为静"等思想。对于宋儒刘宗周最为认同的是周敦颐，刘宗周以及黄宗羲父子关于气论的思想，受到周敦颐影响很大，黄百家的按语也提示了这一信息。相关的按语还有两条，其一，周敦颐《通书》指出"在天地为元亨利贞，在人为喜怒哀乐，其为一通一复同也"，黄百家有按语说："提出喜怒哀乐以接元亨利贞，此子刘子宗旨。"② 刘宗周"喜怒哀乐以接元亨利贞"这一学说，其实就是出自周敦颐，黄百家在此作了点明。其二，《通书》屡屡津津乐道于颜子，黄百家在按语中摘引刘宗周语录："颜子死，分付后人曰法天尔。人即是天。尔法尔天，不必更寻题目了。后来周子理会得。"③ 黄百家认同刘宗周的观点，周敦颐对天人关系的理解与颜回有关系。

黄百家在按语中摘引刘宗周观点特别重要的是关于人性论的几个地方。在张载"形而后有气质之性，善反之，则天地之性存焉。故气质之性，君子有弗性者焉"④等论性语录之后，黄百家有三条长篇按语，对张载区分天命之性、气质之性与变化气质之说都进行了辩驳。其中最后一条说：

> 百家又案：气质之性与变化气质之说，先遗献辨之明矣。犹有疑："气质即性，又不须变化，然则人皆圣人、无不善之人与？"百家曰：恶！是何言也！夫所谓气质即性者，谓因气质而有天命之性，离气质无所谓性也。性既在此气质，性无二性，又安所分为义理之性、气质之性乎？然气质实有清浊厚薄之不同，而君子不以为性者，以性是就气质中之指其一定而有条不紊，乃天下古今之所同然无异者而言，故别立一性之名。不然，只云气质足矣，又何必添造，别设一

---

① 《濂溪学案下》，《宋元学案》卷12，第500页。
② 《濂溪学案上》，《宋元学案》卷11，第483页。
③ 同上书，第491页。
④ 《横渠学案上》，《宋元学案》卷17，第694页。

性之名乎？子刘子曰："气质还他是气质，如何扯着性！性是气质中指点义理者，非气质即为性也。清浊厚薄不同，是气质一定之分，为习所从出者。气质就习上看，不就性上看。以气质言性，是以习言性也。"可谓明切矣！所谓气质无待于变化者，以气质之本然即人之恒性，无可变化。若气质之杂糅偏胜者，非气质之本然矣。故曰：气质无待变化。非谓高明可无柔克，沉潜可无刚克也。①

在他看来，对于气质之性与变化气质之说，自从刘宗周辨析之后此问题方才"明切"，黄氏父子继承刘宗周的观点进一步加以阐发。刘宗周认为气质与性是两个概念，性即气质之中的理，理与气不可分，故性与气质不可分，强分性为"义理之性"与"气质之性"则把"气质"看错了，就是以"习"为"性"了。程颐讨论"性相近也，习相远也"相关语录之后，黄百家有按语引述了刘宗周《论语学案》解"性相近"章六百五十多字的全文，其中讨论的也就是气质与性的关系问题。② 从黄百家相关的按语来看，他对于刘宗周辨析此问题的意义十分重视。程颐"爱是情，仁是性，岂可专以爱为仁"等语录之后，黄百家有两条按语，后一条说：

> 百家谨案：《蕺山语录》："'恻隐之心，仁也。'又曰：'恻隐之心，仁之端也。'说者以为端绪外见耳，此中仍自不出来，与'仁也'语意稍伤。不知'人皆有不忍人之心'，只说仁的一端，因就仁推义礼智去，故曰四端，如四体判下一般，说得最分明。后人错看了，又以诬'仁也'，因以孟子诬《中庸》。'未发为性，已发为情'，虽喙长三尺，向谁说！"盖子刘子意，以仁义礼智之性，由恻隐、羞恶、辞让、是非而名，故恻隐即仁也。时位有动静，性礼无动静，非未发为性，已发为情，中、和尽属性也。情者性之情，不得与性对。此开辟以来之特解，须细心体会。③

---

① 《横渠学案上》，《宋元学案》卷17，第697页。
② 《伊川学案上》，《宋元学案》卷15，第611页。
③ 同上书，第621页。

这里涉及到刘宗周"已发未发以表里对待言,不以前后际言"①的观点。程颐区分已发、未发,从而区分情与性,但是刘宗周则认为已发、未发只是一个表里关系,"情者性之情",所以"性"不能与"情"对着看,同样"恻隐之心""爱"也不能与"仁"对着看,"恻隐之心"也就是"仁"。与此条相近的还有在胡瑗"情有正与不正,若欲有正与不正"等语录之后,黄百家在按语中说:

> 百家谨案:离情无所为性,但观此情恰好不恰好耳。存诸中而自然,发诸外而中节,气血即是义理,子刘子所谓"中和皆是性"也。若无主宰中存,肆欲妄行,则小人之无忌惮矣。凡人生有情,情之正者即性也。性从情中看出。②

"情"与"性"不可分离,"情"恰当好处也就是"正",那就是"性"的"中和"、合乎"义理"的状态。黄百家从刘宗周的观点出发,所以对胡瑗的人性论较为认同。在吕大临所记录程颐思想的《未发问答》一文后,黄百家在按语之中,摘引了刘宗周关于"未发以前气象"的三条语录,其中说:"存发总是一机,中和浑是一性。""未发以前气象,即是独中真消息。""慎独之学即中和,即位育。此千圣学脉也。"③ 可见黄百家对于刘宗周慎独之学的重视。

此外,程颐"有心而后有意"相关语录之后,黄百家有按语说:"运用处固是意,正惟以意为心之主宰,故能运用,全属不得'意为心之所发'也。即先生'有心而后有意'之言,亦不属意于已发,说甚长,详《明儒蕺山学案》。"④ 这是以刘宗周的"意为心之所存,非所发"的观点来诠释程颐的思想了,而且黄百家希望读者至此再去详细参阅《明儒学案》之中的《蕺山学案》,就心与意的关系,他也是非常认同刘宗周的。在张载"学者舍礼义,则饱食终日,无所猷为"相关语录之后,黄百家

---

① 参见黄宗羲《子刘子行状》对刘氏思想的总结,《黄宗羲全集》第1册,第250—254页。
② 《安定学案》,《宋元学案》卷1,第40页。
③ 《吕范诸儒学案》,《宋元学案》卷31,第1108页。
④ 《伊川学案上》,《宋元学案》卷15,第595页。

有按语说:"子刘子曰:'小人闲居为不善,闲居时有何不善可为?只是一种懒散精神,漫无着落处,便是万恶渊薮,正是小人无忌惮处。'可畏哉!"① 在张栻"省察所以成其持养之功者也"之后,黄百家摘引了刘宗周的语录:"省察正涵养之得力吃紧处。"②

第三,《宋元学案》中杨开沅、顾谔按语所引刘宗周语录考辨。

再看黄宗羲的弟子杨开沅、顾谔,他们在编纂《宋元学案》的时候,对于刘宗周的观点同样也十分重视。在《宋元学案》的杨开沅按语之中提及刘宗周的地方共有三条,其中前两条如下:

> 杨开沅谨案:此即意也,即独也,即良知之本然,物之当格者也。阳明、蕺山乃为道破耳。③
>
> 杨开沅谨案:纯公处处提倡慎独,不待蕺山也。④

这两条按语都与刘宗周慎独之学相关,从此可知刘宗周慎独之学对杨开沅这个蕺山再传弟子也有深刻的影响。第三条按语:

> 杨开沅谨案:蕺山云"气质就习上看",则可;若以气质为习所从出,似不尽然。胎教以前,气质由于习;既生以后,则有习由于气质者。然究竟气质由习而成者多。⑤

这里杨开沅的看法与刘宗周略有出入,他将气质与习的关系分生前与生后来分别解释了。

在《宋元学案》的顾谔按语之中,有提及刘宗周之处共有四条,其中有两条都是直接摘引了刘宗周的话语,并未有自己的发挥,一是摘引刘宗周对告子、荀子的批判:

---

① 《横渠学案上》,《宋元学案》卷17,第710页。
② 《南轩学案》,《宋元学案》卷50,第1614页。
③ 《明道学案上》,《宋元学案》卷13,第561页。
④ 同上书,第566页。
⑤ 《伊川学案上》,《宋元学案》卷15,第612页。

> 顾諟谨案：子刘子曰："告子原不识性，故曰'生之谓性'，买椟而还珠。荀子原不识诚，故曰'以诚养心'，握灯而索照。若识得，即如此说亦不妨。"①

另一是摘引了刘宗周关于"程子十二年化个喜猎心不得"的评述。② 还有两条只是文献版本相关的按语，其中之一说明《宋元学案》本所引的语录与刘宗周《吃紧三关》本的异同：

> 顾諟谨案：子刘子《吃紧三关》本，"实心未全也""全"字作"完"字，此下云："人又要得刚，太柔则入于不立。亦有人生无喜怒者，则又要得刚。刚则守得定，不回，进道勇敢。载则比他人自是勇处多。"与此不同，存考。③

另一为了说明《宋元学案》所引张载的《学大原上》一篇，朱子《小学》本、刘宗周《吃紧三关》本、《张子全书》本，这三个版本的异同：

> 顾諟谨案：《学大原上》内一节曰："古者惟国家则有有司，士庶人皆子弟执事。又古人于孩提时已教之礼，今世学不讲，男女从幼便骄惰坏了，到长益凶狠，只为未尝为子弟之事。则于其亲，已有物我，不肯屈下，病根常在。"朱子《小学》本自"世学不讲"以下，合于此节"又病随所居而长"之上，共为一节，至"则常胜"止。子刘子《吃紧三关》本从之。今据《张子全书》分为两节，而记其不同于左。④

这说明顾諟在继承黄宗羲的事业，编纂《宋元学案》的时候，将刘宗周的《吃紧三关》等著述都作为一个重要的参校版本来使用。

第四，《宋元学案》中全祖望所引刘宗周语录。

---

① 《濂溪学案下》，《宋元学案》卷12，第519页。
② 同上书，第520页。
③ 《横渠学案下》，《宋元学案》卷18，第759页。
④ 同上书，第761页。

那么，全祖望对刘宗周的观点是否重视呢？因为刘宗周论及的四位宋儒相关学案，黄氏父子已经基本编成，所以在其中无法知道全祖望的态度。但是在全祖望所撰的《序录》之中，也有摘引刘宗周的话语，这就可以说明全祖望对于刘宗周观点也同样特别重视。其一，《伊川学案序录》说：

> 大程子早卒，向微小程子，则洛学之统且中衰矣！蕺山先生尝曰："小程子大而未化，然发明有过于其兄者。"信哉！述《伊川学案》。①

其二，《静修学案序录》说：

> 静修先生亦出江汉之传，又别为一派。蕺山先生尝曰："静修颇近乎康节。"述《静修学案》。②

由此可见全祖望对于刘宗周的著述也是相当熟悉的，他在续补《宋元学案》的时候，还有许多观点也是受到了刘宗周对宋儒评述的影响。

总的来看，黄百家、杨开沅、顾諟的按语所引刘宗周的语录，或是以刘宗周的观点来辨正宋儒的人性论，或是进一步阐发刘宗周的思想。再结合《宋元学案》之中直接摘引的那些"刘蕺山曰"等综合来看，《宋元学案》对于宋儒思想的评价，受到刘宗周思想的影响十分深远。全祖望所写的《序录》虽然只是摘引了刘宗周的两条语录，但也可以看出他的续补《宋元学案》之时，也深受刘宗周学术观点的影响。

二 《宋元学案》的补修及其对黄宗羲的承继

乾隆十年（1745）仲春，全祖望前往慈溪郑氏的二老阁祭奠私淑已久的黄宗羲，于是郑性之子郑大节请其补修《宋元学案》，全祖望慨然应允。当时曾赋诗一首，其中说：

---

① 《伊川学案·序录》，《宋元学案》卷15，第588页。
② 《静修学案·序录》，《宋元学案》卷91，第3020页。

> 黄竹门墙尺五天，瓣香此日尚依然。千金兀自绵薪火，三径劳君盼渡船。酌酒消寒欣永日，挑灯讲学忆当年。宋元儒案多宗旨，肯令遗书叹失传。①

在此诗后有自注："时临之属予续成先生《宋元学案》。"此后一直至乾隆十九年，全祖望都将其主要精力用在了补修《宋元学案》之上。当年的黄宗羲"仅标举数案，未尽发凡"，到了全祖望手中进一步详加考订，才正式厘定为八十六学案、二党案、三略，共计九十一案，凡百卷。在这十年之中，无论家居讲学，或是旅途舟次，都携带此书，手不释卷，终成书稿。全祖望在《舟中编次南雷宋儒学案序目》一诗中说：

> 关洛源流在，丛残细讨论。茫茫溯薪火，渺渺见精魂。世尽原伯鲁，吾惭褚少孙。补亡虽兀兀，谁与识天根。②

全祖望效仿褚少孙补《史记》而补修《宋元学案》，细细讨论关洛濂闽之源流，用力之勤与用功之深，实在可叹。

全祖望在黄氏父子及弟子们的稿本基础之上，更为广泛地搜罗宋、元儒者文集，进一步梳理了宋、元两代的学术源流，特别注意厘清各家各派的学术宗旨与师承授受，并精心选录相关文献资料。全祖望所做的工作主要有以下三种。

其一，对全书一一加以厘定。据道光年间最终校刻《宋元学案》一书的王梓材、冯云濠记述，全祖望所做的"补修"工作，大体有包括以下四种情形：

一是修定，对黄氏父子的原本进行增删修定，共三十二卷；

二是次定，对原本重分卷次，共六卷；

三是补定，在原本的基础上重分卷次另立学案，共二十九卷；

---

① 全祖望：《仲春丁之鹳浦，陪祭梨洲先生》，《鲒埼亭诗集》卷4，《全祖望集汇校集注》，第2117页。
② 全祖望：《舟中编次南雷宋儒学案序目》，《鲒埼亭诗集》卷5，《全祖望集汇校集注》，第2151—2152页。

四是补本，补充原本所无的学案，共三十三卷。①

从上述统计来看，黄氏父子有原本较为完整，包括"修定"与"次定"两类共有三十八卷；黄氏原本有一定基础，全祖望作了大量增补又特立学案"补定"的共有二十九卷；原本所无全祖望重新搜罗资料加以续编，从而新增的又有三十三卷，占全书的三分之一。王梓材、冯云濠说："次定无所谓修补，补本无所谓原本，修定必有所由来，补定兼著其特立。""梨洲原本无多，其经谢山续补者，十居六七。"② 因此全祖望续补《宋元学案》，所完成的工作量是非常之大的。

其二，为全书各个学案补撰了《序录》，编写了《表》。宋元学术，流派各异，师承授受，纷繁错杂。《宋元学案》作为一代学术之史，也就需要对此进行提纲挈领、标宗别派，从而揭示其中的学术源流、师承关系。因此，全祖望效仿《明儒学案》，在每一学案之前都补撰有《序录》一篇，以一二百字的篇幅简要概括该学案的总体特色与学术源流以及说明立案宗旨。为了更加明晰每个学案的师承授受和分支流派，全祖望还在每个学案的案首，编了一个《学案表》，详细反映师承授受谱系且详列其传承世系。他一向都重视表的纲举目张功能，他另外还编有《读史通表》《历朝人物世表》《历朝人物亲表录》等。《序录》与《学案表》纵横交错、相辅相成，很好地总括了每个学案的主要内容，起到了指示门径的作用。《宋元学案》一书受到学界的推崇，很重要一个方面就是全祖望的《序录》与《表》，虽然其中也有推衍过分等小弊病，但是所彰显学术源流的考辨之精、脉络之明还是得到了大多学者的肯定。

其三，进一步完善和统一各个学案的体例。黄氏父子编纂《宋元学案》，在体例上延续《明儒学案》成例，基本上每个学案还是分为"平生行履、语录、断论"三个部分，但又增加了一个"附录"，"断论"也就是后来全祖望撰写的《序录》。至于"平生行履"部分，与《明儒学案》

---

① 《宋元学案》卷次的统计，根据陈金生、梁运华点校，中华书局1986年版。但此书之中卷第五十六《龙川学案》，目录括注为"全氏补定"，正文标示为"全氏修定"，笔者认为当以正文为准，目录有误。陈祖武先生的统计有出入，大概陈先生是根据卷首目录括注统计的，见《中国学案史》，第146—147页。

② 《校刊宋元学案条例》第三条，载《宋元学案》卷首，第21页。

比较，明显质量不高，大多与《宋史》《元史》等史籍中的记述相近，而且其中大多缺少对传主学术的论断总结。各个学案围绕的案主展开，以讲友、学侣、同调、家学、门人、私淑、续传等进行详细分目，从而反映出学术的传承与演变，这也符合宋元时期的学术"讲师承、重渊源"的特征。

从上述三方面来看，全祖望的续补工作，最为重要的贡献有两点：其一是使得《宋元学案》这部学术史巨著得以完璧；其二，进一步完善了学案体学术史的编纂体例。

全祖望对于《宋元学案》的补修，有三个重要的特点，一是重视全面反映宋元时期学术的流变过程；二是反对门户之见，主张朱陆和会；三是对浙东学术较为重视，特别是博采众长的王应麟（号深宁，1223—1296）与黄震（字东发，1213—1280）表彰尤加。这三点共同反映了全祖望继承黄宗羲"一本万殊"的学术观，学术是殊途同归，万殊归一的，所以他才会致力于更加全而广地去搜集材料、特立学案，以表彰各种特色的学术流派。

第一，全祖望的续补，特别重视反映宋元时期学术流变过程的整体风貌，这主要是在全祖望的"补本"之中。其一，特别增加了"濂洛未起"之前的四个学案，即《高平学案》《庐陵学案》《古陵四先生学案》《士刘诸儒学案》，以及濂洛时代的《涑水学案》《范吕诸儒学案》，或者作为理学的先驱人物，或者非理学家而有功于学术的，这些学派的全面展示，使得宋代理学发展的历史更加完整和丰富。其二，还有梳理理学发展过程的时候，注重学派衍变的复杂性，这主要体现在《元城学案》《华阳学案》《景迂学案》《兼山学案》《震泽学案》《陈邹诸儒学案》《汉上学案》《默堂学案》《赵张诸儒学案》《范许诸儒学案》《玉山学案》，等等，其中有传承二程后学的谢良佐、杨时、罗从彦等人的学案，也有传承司马光的《元城学案》与《华阳学案》；还有《玉山学案》记述的汪应辰师事于张九成、吕本中；以及独学崛起的《范许诸儒学案》，这些都体现出二程之后学术的复杂性。其三，全祖望学术视野的开阔，则特别体现在增加了理学之外的其他学派，如《荆公新学略》《苏氏蜀学略》《屏山鸣道集说略》；甚至还有反映宋代学术史上至关重要的两次党案的《元祐党案》和《庆元党案》。全祖望的续补，很明显对于宋明理学的道统观念有所突破，从而真实还原了宋元时期学术的真相，充分展示其整体风貌①。

第二，全祖望基本上门户之见不太强，特别是在朱陆之辨的问题上，主张朱陆和会。他从朱学与陆学本身来看，认为二者并没有什么截然的区分，他说：

> 予尝观朱子之学，出于龟山。其教人以穷理为始事，积集义理，久当自然有得。至其以"所闻所知，必能见诸施行，乃不为玩物丧志"，是即陆子践履之说也。陆子之学，近于上蔡。其教人以发明本心为始事，此心有主，然后可以应天地万物之变，至其戒"束书不观，游谈无根"，是即朱子讲明之说也。斯盖其从入之途，各有所重。至于圣学之全，则未尝得其一而遗其一也。是故中原文献之传聚于金华，而博杂之病，朱子尝以之戒大愚，则诋穷理为支离之末学者，陋矣！以读书为充塞仁义之阶，陆子辄咎显道之失言，则诋发明本心为顿悟之禅宗者，过矣！夫读书穷理，必其中有主宰而后不惑，固非可徒以泛滥为事。故陆子教人以明其本心，在经则本于《孟子》扩充四端之教，同时则正与南轩察端倪之说相合。心明则本立，而涵养省察之功于是有施行之地，原非若言顿悟者所云"百斤担子一齐落地"者也。②

在全祖望看来，朱学出于二程弟子杨时，而陆学近于二程弟子谢良佐，虽然"从入之途，各有所重"，但二者同出于圣学，真正的圣学"未尝得其一而遗其一"，朱子也讲明践履之重要，陆子也讲明读书之重要，所以"诋穷理为支离之末学者"与"诋发明本心为顿悟之禅宗者"都是错误的。关于南宋的学术流派纷杂，全祖望说：

> 宋乾、淳以后，学派分而为三：朱学也，吕学也，陆学也。三家

---

① 何俊先生对全祖望的补本所体现的思想史观有较为细致研究，见《宋元儒学的重建与清初思想史观——以〈宋元学案〉全氏补本为中心的考察》，《中国史研究》2006年第2期，第131—145页。

② 全祖望：《淳熙四先生祠堂碑文》节录，见《宋元学案》卷58《象山学案》，第1888—1889。全文见《鲒埼亭集》外编卷14，《全祖望集汇校集注》，第1003页。二处文字略有差异。

同时，皆不甚合。朱学以格物致知，陆学以明心，吕学则兼取其长，而又以中原文献之统润色之。门庭径路虽别，要其归宿于圣人，则一也。①

正是基于这样的观点，全祖望对于南宋后期的学术才能有客观而独特的梳理。因此，无论朱学与陆学，他真正欣赏的学术传人，都是没有门户之见的。比如他特别欣赏朱子门人之中的黄榦（号勉斋，1152—1221），他说：

> 清容尝云："朱子门人当宝庆、绍定间，不敢以师之所传为别录，以黄公勉斋在也。勉斋既没，夸多务广，《语录》、《语类》争出，而二家之矛盾始大行。"清容生平不甚知学，顾斯言不特可以定朱子门人之案，并可以定陆子门人之案。朱子之门人孰如勉斋，顾门户异同，从不出勉斋之口。抑且当勉斋之存，使人不敢竞门户，则必欲排陆以申朱者，非真有得于朱可知。推此以观陆子之门人亦然。②

袁桷（字伯长，学者称清容先生，1266—1327）对黄榦的看法，全祖望十分认同。黄榦在世之时，朱子门人不敢争门户，黄榦去世后朱门弟子就纷纷刊刻《语录》《语类》之类，朱、陆矛盾方才激化。全祖望认为袁桷的观点还可以这样来认识，真正于朱子之学有得有知者，就不应有门户之见，不能"排陆以申朱"。同样，全祖望特别欣赏的陆子门人是舒璘（字元质，学者称广平先生，1136—1199），他说：

> 舒公广平之在陆氏，犹朱子之有勉斋也，闻人有诋朱子者，广平辄戒以不可轻议，则必欲排朱以申陆者，非真有得于陆可知。③

---

① 全祖望：《同谷三先生书院记》节录，见《宋元学案》卷51《东莱学案》，第1653页。全文见《鲒埼亭集》外编卷16，《全祖望集汇校集注》，第1047页。
② 全祖望：《奉临川先生帖子一》节录，《见宋元学案》卷63《勉斋学案》附录，第2037—2038。全文见《鲒埼亭集》外编卷44，《全祖望集汇校集注》，第1682页。
③ 冯云濠按语中摘录全祖望：《奉临川先生帖子一》，见《宋元学案》卷76《广平定川学案》，第2550页。全文见《鲒埼亭集》外编卷44，《全祖望集汇校集注》，第1682页。

陆子门人舒璘，在他看来就相当于朱子门人黄榦，因为舒璘听说陆门中有人诋毁朱子就去劝他们"不可轻议"，所以"排朱以申陆"的人也不是真正于陆子之学有得有知者。

在全祖望看来，陆九渊（号象山）的学术是孟子之学的发展，而且本来就出自程门的谢良佐之后，是这一系的集大成者。他在《象山学案序录》中说：

> 象山之学，先立乎其大者，本乎孟子，足以砭末俗口耳支离之学。但象山天分高，出语惊人，或失于偏而不自知，是则其病也。程门自谢上蔡以后，王信伯、林竹轩、张无垢至于林艾轩，皆其前茅，及象山而大成，而其宗传亦最广。或因其偏而更甚之，若世之耳食雷同，固自以为能羽翼紫阳者，竟诋象山为异学，则吾未之敢信。①

至于朱门后学那些诋毁陆学的，往往只是为了争执于门户之见而已，这些人在他看来多半流于训诂，是"口耳支离之学"而已。朱门后学中人，除了攻击陆学本身之外，还为了推崇朱子，不顾事实，将张栻（1133—1180）、吕祖谦（1137—1181）等学者加以贬低，或者将刘清之等稍晚于朱子的学者纳入朱子门下。在《东莱学案》中全祖望有按语说：

> 朱、张、吕三贤，同德同业，未易轩轾。张、吕早卒，未见其止，故集大成者归朱耳。而北溪辈必欲谓张由朱而一变，吕则更由张以达朱，而尚不逮张，何尊其师之过邪！吕与叔谓横渠弃所学以从程子，程子以为几于无忌惮矣。而杨龟山必欲谓横渠无一事不求教于程子。至田诚伯则又曰："横渠先生其最也，正叔其次也。"弟子各尊其师，皆非善尊其师者也。诋陆氏亦太过。②

这里全祖望批评了陈淳（号北溪，1482—1539）、吕大临（字与叔，1040—1092）、杨时（号龟山，1053—1135）等人为了推崇朱子，不惜贬

---

① 《象山学案》，《宋元学案》卷58，第1884页。
② 《东莱学案》，《宋元学案》卷51，第1678页。

低张栻、吕祖谦,为了推崇二程,不惜贬低张载等弊病。他认为讲求门户,"弟子各尊其师",都不是真正的善于尊师的行为。全祖望说:"盖此乃作《考亭渊源录》者之失,凡系朱子同时讲学之人,行辈稍次,辄称为弟子,其意欲以夸其门墙之盛,而不知此诸儒所不受,亦朱子所不敢居也。"① 在《清江学案序录》中,全祖望就批评那些人"妄以子澄为朱门弟子","朱、张、吕三先生讲学时,最同调者,清江刘氏兄弟也"②,刘清之(字子澄)从学于其兄刘靖之(字子和),虽曾拜见过朱子,但不可算朱门弟子。当然,全祖望对朱门后学也并非一味的批评,除去黄幹之外,对于王柏(1237—1274)、金履祥(1232—1303)、饶鲁(1193—1264)、黄震(1213—1280)、史蒙卿等学者,全祖望也多有表彰,但是认为他们之所以有如此成就,原因在于宗朱而不尽同于朱子。③ 也正是因为对于朱陆和会现象的重视,所以全祖望才会特立了如卷八十二《北山四先生学案》、卷九十二《草庐学案》等几个学案。

第三,全祖望补修《宋元学案》,对于浙东学术颇为重视,这主要体现在《深宁学案》与《东发学案》之中,对这两位博采众长的学者加以表彰。此外,如《东莱学案》补入《东莱遗集》中一百二十八条材料④;分黄氏原本《永嘉学案》为《止斋学案》、《艮斋学案》与《水心学案上下》并补入大量材料;补修《说斋学案》表彰重经制之学的金华学者唐仲友(字与政,学者称说斋先生,1136—1188);在《静江学案》中补入韩氏五世讲学山阴的材料等等,都体现出他对浙东诸多流派学术的关注。

全祖望曾三笺《困学纪闻》,对王应麟的学术尤为推崇,王应麟的原传在黄氏父子原本之中附于《真西山学案》,到了全祖望才别立为《深宁学案》。在《序录》:

> 四明之学多陆氏,深宁之父,亦师史独善,以接陆学。而深宁绍其家训,又从王子文以接朱氏,从楼迂斋以接吕氏,又尝与汤东涧

---

① 王梓材按语摘引全祖望《奉临川帖子》,见《宋元学案》卷69《沧州诸儒学案上》,第2296页。全文见《鲒埼亭集》外编卷44,《全祖望集汇校集注》,第1684页。
② 《清江学案》,《宋元学案》卷59,第1939页。
③ 分别见《宋元学案》,第2733、2738、2811、2913页。
④ 见王梓材按语,《宋元学案》卷51《东莱学案》,第1674页。

游。东涧亦兼治朱、吕、陆之学者也。和齐斟酌,不名一师。《宋史》但夸其辞业之盛,予之微嫌于深宁者,正以其辞科习气未尽耳。若区区以其《玉海》之少作为足尽其底蕴,陋矣!①

其中回顾了浙东学术史上影响王应麟学术的三方面的学者,其一是陆学,王应麟之父王扔(字谦父)师从史弥巩(字南叔,号独善,1170—1249),而史弥巩师从杨简(字敬仲,号慈湖,1141—1226)从而接续陆九渊之学;其二是朱学,王应麟师从王埜(字子文,号潜斋),他是真德秀的弟子;其三是吕祖谦之学,王应麟也师从楼昉(字旸叔,号迂斋),而楼昉师从吕祖谦;另外王应麟也与汤汉(字伯纪,号东涧,谥号文清,1198—1275)交游,汤汉之学兼治朱、吕、陆,而后来的王应麟与汤汉一样,"和齐斟酌,不名一师"。王应麟《困学纪闻》在经史考证方面的成就非凡,在全祖望看来其学问根柢还是在吕祖谦的文献之学,所以他在《周谷三先生书院记》中说"王尚书深宁独得吕学之大宗……深宁论学,盖亦兼取诸家,然其综罗文献,实师法东莱"②,在《王尚书画像记》中再次阐述王应麟的学术源流,并就后人怀疑王应麟"生平大节"的问题,作了一个澄清,文中说:

> 生平大节,自拟于司空图、韩偓之间,良无所愧。顾所当发明者有二:其一,则《宋史》之书法也。先生于德祐之末,拜疏出关,此与曾渊子辈之潜窜者不同。先生既不与军师之任,国事已去,而所言不用,不去何待?必俟元师入城,亲见百官署名降表之辱乎?试观先生在两制时,晨夕所草词命,犹思挽既涣之人心,读之令人泪下,则先生非肯恝然而去者。今与渊子辈同书曰"遁",妄矣。其一,则明儒所议先生入元曾为山长一节也。先生应元人山长之请,史传、家传、志乘诸传皆无之,不知其何所出。然即令曾应之,则山长非命官,无所屈也。箕子且应武王之访,而况山长乎?予谓先生之拜疏而

---

① 《深宁学案》,《宋元学案》卷85,第2856页。
② 全祖望:《同谷三先生书院记》,《鲒埼亭集》外编卷16,《全祖望集汇校集注》,第1047页。

归，盖与马丞相碧梧同科，即为山长，亦与家政之教授同科，而先生之大节，如清天白日，不可掩也。①

全祖望为其辩白的有两个方面，一是对于《宋史》王应麟的本传说他出关为"遁"加以辨正；另一是明儒认为王应麟曾做书院山长有违名节，他认为现存史料无法证明王应麟曾任山长，而且即使为山长也不违于名节，因为"山长非命官"。这些都可以看出全祖望对于王应麟的表彰是非常尽力的。在《深宁学案》中，全祖望选入了大量资料，其中主要是从《困学纪闻》中辑录了的九十六条；从《深宁文集》中选录了九条；后面的附录有全祖望亲撰的《宋王尚书画像记》等资料。《深宁学案》中收录的还有王应麟之弟王应凤、子王良学与王昌世、孙王厚孙以及胡三省、戴表元、郑芳叔等门人。

同样，全祖望也特别推崇浙东学者黄震，对他的《黄氏日钞》非常欣赏，这是与王应麟的《困学纪闻》同样重要的经史考证著作。全祖望从黄氏原本的《四明朱门学案》特立出《东发学案》，补充了《东发讲义》三篇、《东发日钞》十三条等大量资料。他的《序录》中说：

> 祖望谨案：四明之专宗朱氏者，东发为最。《日钞》百卷，躬行自得之言也，渊源出于辅氏。晦翁生平不喜浙学，而端平以后，闽中、江右诸弟子，支离、舛戾、固陋无不有之，其能中振之者，北山师弟为一支，东发为一支，皆浙产也，其亦足以报先正惓惓浙学之意也夫！②

全作为对黄震的评价很高，认为是四明朱学中最重要的学者，特别是《日钞》百卷，是"躬行自得之书"。全祖望在补编《宋元学案》时，曾大量采用黄震《日钞》遗书对于宋代学术源流的看法，分别见于《安定学案》《百源学案》《濂溪学案》《伊川学案》《横渠学案》《元城学案》

---

① 全祖望：《宋王尚书画像记》，《鲒埼亭集》外编卷18，《全祖望集汇校集注》，第1105页。
② 《东发学案》，《宋元学案》卷86，第2884页。

《上蔡学案》《龟山学案》《和靖学案》《震泽学案》《王张诸儒学案》《横浦学案》《晦翁学案》《东莱学案》《水心学案》，几乎宋代的重要大家，全祖望都参照了黄震的意见。① 另外，全祖望曾有《东发先生史稿跋》一文，说到他搜集到的黄震《理度二朝政要》与《戊辰史稿》即真德秀、李心传等人的六篇列传，怀疑是《日钞》所缺二卷，希望重刻《日钞》者补入这两卷书。②

总之，全祖望私淑于黄宗羲，做的最为重要的事情就是补编《宋元学案》。他自己曾说："予续南雷《宋儒学案》，旁搜不遗余力。盖有六百年来儒林所不及知，而予表而出之者。"③《宋元学案》在《明儒学案》之后勒成一书，能够较为全面而客观地反映宋元时期学术的渊源与流变，并受到后世学者的认同和好评，全祖望功不可没。此外，从全祖望的《鲒埼亭集》外编卷十六之中的十六篇书院记，卷四十五《答问书院帖子》，卷五十的《讲堂策问》等文章来看，他也有志于编纂宋明的学术史与书院史。从《鲒埼亭集》内外编所收录的大量清初学者的神道碑文、墓志铭、事略、行状、传记等文章来看，他也有志于梳理清初的学术史。因此，全祖望对于宋元明清学术史所做的工作，确实是意义重大。

第三节　全祖望讲学蕺山书院以及对刘门的追慕与表彰

乾隆十三年（1748）全祖望出任蕺山书院的山长。此次讲学于蕺山，对于蕺山后学代表人物、私淑刘门高弟黄宗羲的全祖望来说，有特别重要的意义。同样，全祖望讲学蕺山书院，对于蕺山学派来说也有特别重要的意义。全祖望在山阴传承蕺山之学，搜集与校订"刘氏遗书"，寻访刘宗周的遗迹与遗物，在蕺山书院主持以刘宗周及其弟子为主的祭祀活动，撰写著名的《子刘子祠堂配享碑》等问对刘门弟子学行加以表彰，对蕺山之学的弘扬产生了重大的影响。

---

① 参见詹海云《全祖望学术思想研究》第3章《浙东学术与全祖望》，第71页。
② 全祖望：《东发先生史稿跋》，《鲒埼亭集》外编卷31，《全祖望集汇校集注》，第1375页。
③ 全祖望：《蕺山相韩旧塾记》，《鲒埼亭集》卷第30，《全祖望集汇校集注》，第580页。

一 讲学蕺山及其对刘宗周的追慕

乾隆十三年九月，全祖望应绍兴太守杜甲（号补堂）之邀，出任蕺山书院的山长。乾隆十四年十一月，他辞去蕺山书院讲席。

蕺山书院所在地，也就是原来刘宗周讲学的学舍，位于绍兴蕺山戒珠寺之后。南宋时韩琦的后裔韩冠道、韩度、韩性等五世隐居讲学于此。到了晚明，崇祯四年（1631）刘宗周在此举行讲会，取名为蕺里书院。后为优人所居，号老郎庙。一直到清康熙五十五年（1716），知府俞大猷捐俸五十金购回重修，改名蕺山书院，并置办学田，延聘良师。乾隆四十五年，知府张廷柱又加以扩建。蕺山书院后来持续近二百年，担任山长或主讲的著名学者除全祖望之外，还有蒋士铨、徐廷槐、魏晋锡、宗稷辰、李慈铭等人，光绪二十八年（1902），改建为山阴县学堂，徐锡麟在此教过书，范文澜、陈建功、许钦文等先后在此就读。在全祖望主持蕺山书院期间，杜甲在蕺山书院有题额"证人讲社"。①

全祖望出任蕺山书院的山长，这是他第一次正式从事书院的讲学活动，就其讲学的宗旨而言，可以说是在努力承继黄宗羲，再由黄宗羲上溯至刘宗周。他还在讲学之中阐明以刘宗周为中心的学术传承谱系，使得蕺山书院诸生对蕺山之学有了一个明晰的认识。

全祖望主讲蕺山书院之后，就开展讲学活动，很快就产生了较大的影响，得到了越中学子的认可。《年谱》中说：

> 初课诸生以经义，继以策问、诗、古文，条约既严，甲乙无少贷。越人始而大哗，继而帖然。一月之后，从者云集，学舍至不能容。②

全祖望的讲学与黄宗羲甬上证人书院的比较接近，以经义为主，他十分赞同黄宗羲的讲学宗旨："学必原本于经术，而后不为蹈虚；必证明于史

---

① 参见《蕺山书院的创建和历史沿革》，李国钧主编：《中国书院史》，第762页。
② 董秉纯编、何梦蛟校《全谢山先生年谱》44岁条，清同治十一年刻本，第13页。

籍，而后足以应务。"① 在他看来，读书关键在于能够经营于世务。他在
蕺山书院讲学时曾作诗说："经术经世务，方可见施行。在昔胡安定，治
事标斋名。……诸生读书贵有用，岂徒佔毕夸精能。天何以平，地何以
成，六府七政资讲明。"② 全祖望讲学以经世致用为主旨，认为读书贵在
使用，而不是口头的夸耀，这些应该说都是继承于黄宗羲甬上讲学之旨。

在蕺山书院讲学，必然会更多地关注刘宗周与刘门弟子。在与诸生的
策问之中，全祖望指出，作为蕺山书院的诸生，应该了解刘宗周及其弟子
的生平、师承。他说：

> 诸生去念台先生之世如此其近也，其肄业之地，即念台先生之旧
> 塾也，是亦易知也已。念台之学本于许敬庵，敬庵出于甘泉，甘泉出
> 于白沙，白沙出于康斋，其门户盖与阳明殊，世之混而一之者，非
> 也。然康斋之门以白沙为别派，念台最服膺康斋，而白沙则有贬词，
> 甘泉则无称焉，何欤？是其五世之泽，异同纯驳，诸生能言之欤？念
> 台之高弟，即其居近蕺山者，左顾则解吟轩有朱绵之，右顾则石家池
> 有陈敬伯，其生平颠末，亦有能言之者欤？是岂亦荒远而无稽
> 者乎？③

全祖望在此对刘宗周的学术传承作了详细考辨。在他看来，刘宗周的学术
出自许孚远（敬庵），再上溯则是湛若水（甘泉）、陈献章（白沙）、吴
与弼（康斋），所以刘宗周的学术与王阳明一系有所不同。但是当时越中
一带都将蕺山学与阳明学混同了。全祖望也指出刘宗周本人服膺于吴与
弼，对陈献章有贬词，对湛若水也没有称道，他希望诸生对此这些学术问
题都有所认识。另外全作为还希望诸生去考辨一下刘门高弟朱昌祚（字
绵之）、陈尧年（字敬伯）的生平始末。这些策问与全祖望后来撰写的
《子刘子祠堂配享碑》等都使得书院诸生对蕺山学派的学术传承有一个全

---

① 全祖望：《甬上证人书院记》，《鲒埼亭集》外编卷16《全祖望集汇校集注》，第
1059页。
② 全祖望：《故太守汤公笃斋有大功于越中，而专祀已圮，今祀于书院中，同补堂赋》，
《鲒埼亭诗集》卷8《采蕺斋集》，《全祖望集汇校集注》，第2240页。
③ 全祖望：《蕺山讲堂策问》，《鲒埼亭集》外编卷50，《全祖望集汇校集注》，第1851页。

面的认识。在碑文之后全祖望就说:

> 虽然,诸高弟之死不过六十年,而山中讲堂,其谁为诚意三关之学?则亦无有乎尔矣!诸生登其堂,能无汗出浃背也耶?①

他希望蕺山书院的诸生,明了包括刘宗周及其高弟等书院先贤的学行,之后能够承继先贤的学术,从事于"诚意三关之学",包括山长全祖望在内,都会感觉任重道远而"汗出浃背"。

全祖望也花费了大量力气搜集、校订刘宗周的遗书。他在《访购子刘子亡书奠》一诗中说:"奠夫不作无休死,试问遗书半不存。倘许凿楹无恙在,定留贞孝涕洟痕。"诗后有自注:"公子贞孝先生伯绳,山居,手辑毕生,今仅存十之五。"②"刘氏遗书"经过刘汋、董玚、黄宗羲等人的刊行得以大部分保存下来,但是时过境迁,到了全祖望的时代也很难寻访到了。于是当时的浙江巡抚方观承(字遐谷,1698—1768)准备刊刻刘宗周的遗书,请全祖望加以雠正。因此全祖望为此事做了不少努力,后一年他已经不在蕺山书院讲学,在家中也继续校订刘宗周遗书,后来将其归于了刘氏子孙。对于此事,全祖望颇有感慨,在另一诗中说:

> 当年伊洛发遗书,郑重张朱校勘余。束发有心传坠绪,白头把卷竟踟蹰。少师香火最婴情,三月俄惭辍讲行。只为白驹蕉萃甚,场苗别自费经营。③

先贤遗书往往随着时光的流逝而传世遗少,后辈学人想要传承却往往是有心而无力,免不了踟蹰一番,空余感叹。

全祖望到了山阴之后,教学之余就到处寻访刘宗周的遗迹与遗物,并

---

① 全祖望:《子刘子祠堂配享碑》,《鲒埼亭集》卷24,《全祖望集汇校集注》,第449页。
② 全祖望:《访购子刘子亡书奠》,《鲒埼亭诗集》卷8《采蕺斋集》,《全祖望集汇校集注》,第2242页。
③ 全祖望:《宜田欲开雕蕺山先生书,属予雠正,而予已辞讲席,因以书归之刘氏,并柬补堂》,《鲒埼亭诗集》卷8《采蕺斋集》,《全祖望集汇校集注》,第2249页。

第六章　全祖望对蕺山学的承继与对蕺山学派的表彰　491

且将他在讲学蕺山书院时期的诗作编集命名为《采蕺斋集》，以寄托追慕之情。他在《游大善亭寺》一诗前，作了长篇的小序说：

> 寺乃蕺山先生最初讲学之地。寺僧甚贤，先生家无米，岁从之贷，有如寄，每逾年予直，则次年之贷又积矣。如是者二十年，及累官至太仆，始有田二十亩，得免贷。予谓是僧能使先生与相缓急如是其久，非聊尔之堂头也，而惜乎其名不传，乃纪以诗。①

关于刘宗周早年向大善寺借贷之事，刘汋《年谱》也有记载，② 全祖望当是依照《年谱》一一查访刘宗周讲学的遗迹。他在此诗中说："成佛未为贵，知儒定足豪。"对于刘宗周虽在佛寺借贷却能安心于儒学十分称赞。这种感叹，也来自当时佛教的兴盛，刘宗周初次讲学的处所、朱绵之的解吟轩，后来也为僧众所占。全祖望查访之后赋诗："百年带草化茅蹊，长夜孤灯对老尼。到底寒芒犹未泯，奎文时照佛幢西。"③ 其实，在感叹之余，还是可以看到全祖望对儒学的信心。除去上述蕺山之左的解吟轩，他还考察了位于蕺山之右石家池的刘宗周讲学处，并作有长诗：

> 子刘子之砚池，至今其水清涟漪。东望采蕺斋，寒云犹栖依。当年一壶砥中流，殷勤浥注忘其疲。是谁先登谁未济，衣带之近通圣涯。漫天惊党祸，托孤之行亦殆而。敬伯真健者，古谊直与王成朱震堪并驰，矻矻服勤尤所希。幸逃宫邻厄，卒罹桑田菑。清流不救狂澜危，高弟已先哲人萎。年来春木岁岁苕，其人如存道莫跻，不若鸥凫俯仰自得游化机。④

小注说："敬伯，陈尧年字也。首事念台于讲堂，党祸时，念台托孤于尧

---

① 全祖望：《游大善亭寺》，《鲒埼亭诗集》卷8《采蕺斋集》，《全祖望集汇校集注》，第2242页。
② 《蕺山刘子年谱·附卷：刘子年谱录遗》，《刘宗周全集》第6册《附录》，第177页。
③ 全祖望：《朱绵之解吟轩当蕺山之左，念台先生主讲地也，今为比丘所居》，《鲒埼亭诗集》卷8《采蕺斋集》，《全祖望集汇校集注》，第2241页。
④ 全祖望：《石家池当蕺山之右，亦念台先生主讲地也。暇日过之，有作》，《鲒埼亭诗集》卷8《采蕺斋集》，《全祖望集汇校集注》，第2244页。

年。弟子中,以尧年与朱昌祚为最密。昌祚,即吟轩主也,皆先卒。"朱昌祚的解吟轩与石家池的陈尧年宅都是刘宗周讲学的重要地点。在石家池,全作为找到了刘宗周曾经洗砚台的池塘与采蕺山斋等地方。遥想当年刘宗周托孤于陈尧年,敬佩陈尧年的"古谊"与服侍之勤,感叹这些刘门的高弟都先于刘宗周去世,如今则只剩下那些古树,依旧在春天来临之际发芽生长。

全祖望还寻找到了刘宗周的私印"蕺山长",并赋诗记载此事。在诗中说:

> 当年灌灌蕺山长,提唱三关曾几时。正学于今成绝学,经师未易况人师。先生定叹薪将尽,后死惭称文在兹。手泽尚传私印旧,应同礼器镇山祠。①

他感叹刘宗周所传正学,渐渐竟然成了绝学,传经之师就已经不多,何况成人之师,所以薪火相传实在不容易。全祖望抚摸当年刘宗周的"蕺山长"私印,将其作为礼器存放在刘宗周的祠堂之中。他还有一首诗《敬题念台先生手书》,其中说:"一节见全体,清风识古人。尚传手泽旧,足为讲堂珍。"②将刘宗周流传下来的手书也陈列在蕺山书院讲堂之中。读其手书,想见其人,可以寄托一份高山仰止之情。

全祖望在蕺山书院,为了纪念刘宗周做的最为重要的事情还是重建了祭祀刘宗周的专祠,并且撰写《子刘子祠堂配享碑》,配享刘门弟子。

当时,刘宗周去世已逾百年,而尚无专祠。蕺山的瞻云楼树立的是观音大士的像了,全祖望曾有诗说此事:

> 东西邻比纷禅榻,又复巍然踞此床。不读佛书良寡陋,若行卿法恐荒唐。学儒自笑生天晚,御侮争传碎钵忙。安得证人昌坠绪,海门

---

① 全祖望:《偶见子刘子私印"蕺山长",摩挲久之》,《鲒埼亭诗集》卷8《采蕺斋集》,《全祖望集汇校集注》,第2241页。

② 全祖望:《敬题念台先生手书》,《鲒埼亭诗集》卷8《采蕺斋集》,《全祖望集汇校集注》,第2243页。

弟子息披猖。①

上文就曾提及，全祖望到蕺山之时，当年刘宗周讲学的许多地方都已为僧众所占据，蕺山"东西邻比"都是寺院，甚至在书院之中也有观音大士像。经过全祖望等人的争取，将观音大士请走，供上了刘宗周的小影。全祖望也有诗，其中说："已知非族得驱除，陟降英霞喜廓如。敢道登堂许私淑，修吾书更护吾车。"②去除观音大士，迎来刘宗周的小影，在书院里就可以日日瞻仰先贤遗像，寄托私淑之心情了。

接着全祖望就向浙江巡抚方观承建议，在蕺山书院重建刘宗周祠堂。祠堂落成之日，全祖望率领释奠，后来又议定配享的刘门弟子的名单，又撰写了《子刘子祠堂配享碑》。在此碑文中就说：

> 子刘子正命逾百年，有祀典而无特祠。大府方宜田苍浙以为言。时予方主蕺山讲席，谓是故子刘子学舍也，其生前尝自称"蕺山长"，则祠之莫良于此，且合乎古之祭于先师者。乃重新其堂，奉栗主焉。祠成，帅诸生行释菜礼，因议配享诸高弟子。③

刘宗周祠建成之后，全祖望还作有《释奠子刘子祠下，前此未有之礼也》一诗，其中说：

> 尚有讲堂在，依然带草滋。是谁通小学，未易谒先师。木末花开日，江头稻熟时。破荒陈俎豆，苹藻一歆之。④

蕺山书院的祭祀，除去主祭刘宗周、配享刘门高弟三十五人之外，全祖望

---

① 全祖望：《蕺山瞻云楼有大士，骇而去之》，《鲒埼亭诗集》卷8《采蕺斋集》，《全祖望集汇校集注》，第2239页。
② 全祖望：《大士既去，迎子刘子小影供之》，《鲒埼亭诗集》卷8《采蕺斋集》，《全祖望集汇校集注》，第2240页。
③ 全祖望：《子刘子祠堂配享碑》，《鲒埼亭集》卷第24，《全祖望集汇校集注》，第442页。
④ 全祖望：《释奠子刘子祠下，前此未有之礼也》，《鲒埼亭诗集》卷8《采蕺斋集》，《全祖望集汇校集注》，第2240页。

还想附上为越中学术发展作出重要贡献的汤斌①、陈子龙②等人。

为了进一步完善蕺山讲堂的学统，全祖望还将蕺山讲学的源头追溯到宋代的理学家贯道先生韩冠卿。早在全祖望前来山阴之时，他就答谢杭州的友人钱行送别的诗中说：

> 安阳世学山斋重，五百年余属起东。试向清江觅寒火，更参新会溯流风。日来帖括司儒苑，谁是真师震瞽蒙。珍重诸公尊酒别，何时兰上共诗筒。③

在此时后全祖望还有自注："韩贯道父子五世讲学山中，清江刘子澄高弟也，而近人无知者，专属之念台先生。"全祖望在此诗中表彰了久久被人遗忘的南宋韩琦（字稚圭，自号赣叟，相州安阳人，1008—1075）后裔韩冠卿（字贯道），五百年后的刘宗周（字起东，号念台）正是与宋元之际的韩氏遥相呼应，同在蕺山之下讲学。全祖望希望自己未来的讲学，以韩贯道、刘宗周这样的"真师"为榜样，传道、授业、解惑，而不是"帖括司儒"。全祖望还专门写了《蕺山相韩旧塾记》详细考证韩氏五世讲学的历史：

> 予既主蕺山讲席，诸生请为署其斋，予以"相韩旧塾"题之。诸生曰："何谓也？"曰："今蕺山之名于天下，以念台少师也。然亦尝知先河后海之义乎？是山之学统，自宋乾道间韩氏始也。"
>
> 建炎南渡，忠献之裔，散之四方，而东来者则文定公忠彦子治之后。治知阳洲，其子为两浙提刑肤胄、次直祕阁膺胄，始居越。提刑之孙曰冠卿，知饶州，所谓贯道先生者也，受业清江刘公子澄之门。清江之学于晦翁、南轩、东莱如水乳。其教贯道也，以一实字，盖即

---

① 全祖望：《故太守汤公笃斋有大功于越中，而专祀已圮，今祀于书院中，同补堂赋》，《鲒埼亭诗集》卷8《采蕺斋集》，《全祖望集汇校集注》，第2240页。
② 全祖望：《故理刑陈公卧子，有大功于吾瓯粤，而祀典未备，以嫌忌也。秋塍偶商及之，予请援太守汤公之例，祠之书院中》，《鲒埼亭诗集》卷8《采蕺斋集》，《全祖望集汇校集注》，第2246页。
③ 全祖望：《将赴蕺山讲席，杭之同社诸君集饯南香草堂，得东字》，《鲒埼亭诗集》卷8《采蕺斋集》，《全祖望集汇校集注》，第2238页。

司马公教元城以诚字之说也。饶州之子曰燮,字仲和,知滁州,能传其学。祕阁之孙曰埜卿,瑞昌令,其子曰境,字仲容,史馆秘阁,亦能传清江之学,与滁州称"二仲"。而饶州弟宜卿有子曰度,字百洪,隐居讲学,旁参慈湖之说,风节尤高,世以蕺山先生称之。当是时,韩以后族贵盛,而四先生者,力以肩正学为事。又一传而为翼甫,字恂斋,大理簿,庆源辅氏弟子,其子即庄节先生也。……予续南雷《宋儒学案》,旁搜不遗余力,盖有六百年来儒林所不及知,而予表而出之者,韩氏亦其一也。诸生虽不得见其遗书,然而苍然者乔木,森然者带草,岂可以莫之知乎?追而诉之,亦即少师以庄节配尹氏之意也。①

这里所说韩琦后裔的"四先生",即韩冠卿及其子韩燮(字仲和)、其侄韩境(仲容)与韩度(字百洪),这是韩氏"五世讲学"的前二代,其中韩度就被学者称为蕺山先生。第三代是韩度之子韩忼(字义行)与其从弟韩性(字明善,谥庄节,1266—1341);第四代是韩忼之子韩耘之;第五代是韩耘之之子韩谭。② 全祖望在《宋元学案》之中的《清江学案》《潜庵学案》也对韩氏都有所表彰。③

除去蕺山书院之外,全祖望还在其他书院表彰先贤,特别重视书院的祭祀功能,使得一地之后学,得以知道本地先贤,从而兴起孺慕之情,这对于地方文化与社会教化都有积极的影响。全祖望一生致力于书院的发展,他为之作记的有二十所左右,其中创办与重建的有十多所。

最后,简要说明一下全祖望辞去蕺山书院山长的原因。关于此事诸家的记载不一,对此作一简单的考辨。董秉纯在《年谱》中说:

> 杜守仍请主蕺山,先生固辞。盖旧冬主人微失礼也。于是,萧、

---

① 全祖望:《蕺山相韩旧塾记》,《鲒埼亭集》卷第30,《全祖望集汇校集注》,第579—580页。
② 全祖望:《清江学案》,《宋元学案》卷59,第1937—1938页。
③ 《知州韩贯道先生冠卿》附子燮、从子境、韩先生宜卿合传,《隐君韩蕺山先生度》《韩义行先生忼》附子耘之、孙谭,见《清江学案》,《宋元学案》卷59,第1946—1950页。《庄节韩先生性》,见《潜庵学案》,《宋元学案》卷64,第2061—2062页。

> 上、山、诸、余之士，争先入学舍者几满，合之山、会，共得五百余人，旅食以待。而诸生蔡绍基、沈有声、姚世治率十余辈，抵宁面请。杜守亦密恳观察使者，侯公速驾，先生终不赴。①

董秉纯还有按语说："先生自辛酉以后极贫，饔飧而至不给，冬仲尚衣袷衣，赖维扬诗社岁上庖廪。然典琴书，数券齿，日皇皇也。蕺山之俸，颇得中人之产数家，竟以避色不赴。"也就是说从乾隆六年辛酉开始全祖望一直生活在贫困之中，甚至依靠维扬诗社的庖廪生活，所以对他而言主持蕺山书院所给的薪俸相当于当时中等人家几户的收入，已经是非常高了。但是，乾隆十四年己巳，全祖望还是辞去了山长之职。之后，蕺山书院的诸生蔡绍基、沈有声、姚世治等十多人专程到鄞县全家面请，关于此事，董秉纯在按语中解说得比较详细：

> 及蔡生来宁，知先生以杜守故。请曰："今学舍中满五百人，请先生弗受太守之馈，但一过讲堂，五百人者以六镒为贽，千金可立致，岂伤先生之廉乎？"先生呵之曰："是何言欤！夫吾之不往以太守之失礼也。礼岂千金所可货乎？且譬之尔家，太守，尔祖也。祖所不能致之师友，其孙出而任之，曰：我有私财，无劳乃祖共给。为之师者，竟居之不疑，可也？不可也？"蔡生唯唯而退。纯时在坐，心服先生之言，而终忧先生之贫。

按董秉纯的说法，似乎全祖望的辞职就是因为太守杜甲的失礼，而具体失礼指什么却没有明说。诸生提出要以他们自己的执贽来请全祖望，在全祖望看来因为是"失礼"之故才不再去山阴，所以与薪俸无关，所以拒绝了诸生的请求。

关于此事蒋天枢先生在《全谢山先生年谱》中有不同的看法。他在按语中说：

> 先生去越后，尚有与杜守诗，及杜移杭，仍与简札往还。杜为胡

---

① 董秉纯编、何梦蛟校《全谢山先生年谱》45岁条，第14页。

复斋表侄，与先生又为旧识，似先生与杜守无所芥蒂。先生之不悦于方宜田，则《子刘子祠堂配享碑》中言之。先生之去越，或即以方氏故。意董氏误指，或故讳之者也。①

蒋天枢认为全祖望与杜甲之后还有书信往来，而且又是故交旧识，不应该有所芥蒂。对于巡抚方观承的不满则全祖望在《子刘子祠堂配享碑》中也有提及，所以推论辞去山长也有可能是因为方观承。

《子刘子祠堂配享碑》说："先是宜田欲予校定子刘子遗书，因并撰《蕺山讲堂小志》，至是不果。则竟因予之去，妄删其中数人者。诸生以为恨，请予志之石以存之。"② 方观承"妄删"的是什么人？王永健先生认为，很有可能就是因为有所忌讳故而将明清易代之际的"殉难义士"删去，而全祖望一生致力于表彰"殉难义士"，所以很难接受这样的篡改。③

乾隆十四年（1749）秋，蕺山书院的诸生又一次赶赴鄞县探望全祖望。《年谱》中说："诸生以旧秋所课请改定，留越三月，得文百余篇刻之。"应该是指诸生的课艺，后来刊刻为《采蕺斋课艺》，全祖望曾为之作序。④ 另外全祖望有诗记录书院诸生来访一事：

> 皋比未暖匆匆去，惭愧犹萦去后思。旧学商量无别语，莫将轻俊玷清姿。多师未必真求益，不若归求自有余。试到十年养气后，更参斯语定何如。⑤

在蕺山书院才三月。"皋比未暖"就匆匆辞去，全祖望对此表示"惭愧"。他又劝诸生莫要辜负时光，"转益多师"也未必真正有益，为学之道最为关键的还是归而求其自得。

---

① 蒋天枢：《全谢山先生年谱》45 岁条，商务印书馆 1932 年版，第 140 页。
② 全祖望：《子刘子祠堂配享碑》，《鲒埼亭集》卷第 24，《全祖望集汇校集注》，第 443 页。
③ 王永健：《全祖望评传》，第 81 页。
④ 董秉纯编、何梦蛟校《全谢山先生年谱》45 岁条，第 14 页。
⑤ 全祖望：《蕺山诸生来讯》，《鲒埼亭诗集》卷 9，《全祖望集汇校集注》，第 2272 页。

二 对刘门诸子的表彰：以《子刘子祠堂配享碑》为中心

全祖望一生致力于表彰"故国忠义"，这也许与他被传说为晚明抗清名臣钱肃乐（字希声，谥号忠介，1606—1648）的转世有一定的关系。①"予于前辈之负大节者，乐观其遗文，盖欲从其语言，以想见其生平风格"。② 因此，全祖望对于多为忠义之士的刘门弟子们，也都有着较多的关注，有许多刘门弟子及其再传、后人、友人等，全祖望都曾写有神道碑文或墓表、传记。其中最为重要的还是《子刘子祠堂配享碑》这一碑文，对于刘门弟子中的三十五人、再传弟子一人的学行作了表彰。下文以碑文为中心，附带涉及全祖望其他对刘门弟子的表彰文字，将全祖望对刘门弟子的看法作一个梳理。

关于《配享碑》所表彰的人物，全祖望有自己独特的标准，他说：

> 顾其弟子之见于遗书者甚多，盖残明讲学，即以为声气之藉，未必皆真儒，勿敢滥也。若其后人所称为弟子者，又多不审，如刘公理顺、熊公汝霖，皆非受业者而滥列之。乃谛定其学行之不愧师门者三十五人，再传弟子一人，或反不甚为世所知者。……乃仿《家语》弟子行之例，撮其大略，为文一通，存之祠中，以志见知之统。③

在他看来，刘门弟子虽多，但是因为刘宗周讲学已经是在"残明"之际，师事于刘宗周之人难免出于"声气之藉"，所以未必都是"真儒"。所以，宁缺毋滥，区分是否真儒之外，也将刘理顺、熊汝霖等曾听刘宗周讲学，

---

① 相传全祖望为明季抗清名臣钱肃乐的转生。董秉纯说："又有传先生为钱忠介公转生者，其详未之闻。又有传先生为钱忠介公转生者，其详未之闻。集中有五月十三举子诗三首，其第二首曰：释子语轮回，闻之辄加嗔。有客妄附会，谓我具宿根。琅江老督相，于我乃前身。一笑妄应之，燕说漫云云。昨闻正气堂，豫告将雏辰。在我终弗信，传之颇惊人。聊以充谈助，用语汤饼宾。按先生年三十九始得子昭德，方举，介公后人芍庭先生入贺，先生曰：何知之神也！芍庭曰：夜来寒家影堂中不知何人扬言，曰谢山得子，可喜可喜。故来讯耳。亦一奇也。"《全谢山先生年谱》，第 1 页。全祖望《五月十三举子诗三首》，见《鲒埼亭诗集》卷 2，《全祖望集汇校集注》，第 2065 页。
② 全祖望：《姜贞文先生集序》，《鲒埼亭集》卷 31，《全祖望集汇校集注》，第 597 页。
③ 全祖望：《子刘子祠堂配享碑》，《鲒埼亭集》卷第 24，《全祖望集汇校集注》，第 443—449 页。下列引文同此出处不再注明。

第六章 全祖望对蕺山学的承继与对蕺山学派的表彰 499

一般认为是刘门弟子的学者也都排除在外。最后全祖望认定"学行之不愧师门者"三十五人、再传弟子一人。他将其分成几组加以表彰,首先是与刘宗周亦师亦友的八人:

  曰海盐吴先生麟征,字磊斋,甲申殉难忠臣也,详见明史。初,磊斋未识子刘子,一夕梦中闻其诵文信公"山河破碎"之句,醒而讶之。及见子刘子讲学都门,因问业。磊斋死国,诸弟子私相语曰:妖梦得无及先生乎?盍请先生志墓以禳之。子刘子流涕曰:固应及耳,何禳之有。不一年难作。
  曰顺天金先生铉,字伯玉,甲申殉难忠臣也,详见明史。伯玉之学颇近禅宗,虽累论学,于子刘子不甚合也,而子刘子以其人雅重之。
  曰山阴祁先生彪佳,字虎子,乙酉殉难忠臣,详见明史。祁氏世为巨室,藏书甲浙中,寓山园亭之盛甲越中。虎子,少年豪士也,自从子刘子,折节心性之学。乙酉,子刘子绝食,会名王聘六遗臣,则子刘子暨虎子并豫焉。虎子死,子刘子已困不能语,闻而张目颔之。
  曰海盐彭先生期生,字观我,丙戌赣州殉难忠臣也。
  曰会稽章先生正宸,字格庵,详见明史。子刘子夫人之侄,首从学偶山。格庵崇尚气节,不甚讲学,力行者不在口说也。六遗臣之聘,格庵豫焉,逃去,起兵事败行遁为僧。
  曰润州叶先生庭秀,字润山,详见明史。子刘子长京兆时,方为推官,因问学。丙戌,官闽中,至侍郎。事败为僧,以忧死。
  曰山阴何先生宏仁,字书台,在证人讲社中最深造。予今求其书,未得见也。丙戌以后行遁如格庵,然实令终,而江右魏禧志其事,以为死节,伪也。书台以故侍御入桃源,完节而终,何必死乃足重?予别有辨。
  曰关右董先生标,冯恭定公弟子也,晚官兵马司使,始从子刘子受业。读其问答,醇如也。甲申前卒。
  以上八先生皆执弟子之礼,而子刘子则但以朋辈待之者。如蔡季通例,故有疑祁虎子、章格庵非受业者,伪也。

吴麟征、金铉、祁彪佳、彭期生，这四人也是"殉难忠臣"，与刘宗周一样都在明亡之际殉节而死。章正宸、叶廷秀、何宏仁三位相关的记载不一，全祖望认为他们都隐迹于僧，其中章正宸与叶廷秀还参与过抗清的斗争。全祖望在此提及了殉节与隐迹二者孰重孰轻的问题，强调"何必死乃足重"。对此他曾有过辨析："百年以来，诸公或死或生，不必尽同，而其趋则一。"① 这八位都对刘宗周的学行十分推崇，曾听刘宗周讲学。特别是祁彪佳，听讲时间最久，他殉节之后刘宗周"张目颔之"。全祖望也对其尤为关注，在蕺山书院讲学之时也曾与太守杜甲一起去拜祭，作有《闻补堂游寓山，因祭祁忠敏公》一诗，② 全祖望还曾为祁彪佳之子祁班孙写下《祁六公子墓碣铭》。③ 其中的董标与刘宗周有"心意之辩"，对刘宗周晚年思想的发展有重要影响。与刘宗周有亦师亦友关系的，还有全祖望此文未提及的其实还有倪元璐与刘理顺、熊汝霖等人。接下来表彰的是四位师事于刘宗周较早的弟子：

> 曰山阴陈先生尧年，字敬伯；会稽章先生明德，字晋侯；山阴朱先生昌祚，字绵之；服勤于子刘子最久者也。敬伯居石家池，在蕺山右，子刘子开讲首在其塾。党祸之烈也，子刘子子贞孝君汋尚少，托之敬伯。曰："子吾之王成也。"而明德为格庵群从，白马山房之会，陶石梁弟子多异说，明德辟之力。绵之居即在蕺山下，其解吟轩子刘子讲堂也，朝夕不离杖履，所造甚邃。今轩为比邱尼所据，予伤之，欲赎之归书院中，不果。
>
> 曰余姚王先生业洵，字士美，阳明先生之宗也。梨洲黄氏尝言："子刘子开讲，石梁之徒三及吾门，欲摇其说。左右师席者，士美、元趾与予三数人。"则士美亦证人之功臣也。
>
> 四先生皆以甲申前卒。

---

① 全祖望：《访寒崖草堂记》，《鲒埼亭集》卷第30，《全祖望集汇校集注》，第584页。
② 全祖望：《闻补堂游寓山，因祭祁忠敏公》，《鲒埼亭诗集》卷8，《全祖望集汇校集注》，第2244页。
③ 全祖望：《祁六公子墓碣铭》，《鲒埼亭集》卷13，《全祖望集汇校集注》，第255—259页。

第六章 全祖望对蕺山学的承继与对蕺山学派的表彰

陈尧年、章明德、朱昌祚三人是"服勤于子刘子最久者",陈家在蕺山之右、朱家在蕺山左,刘宗周这两位弟子家也都是刘宗周讲学之地,特别是朱家的解吟轩,是刘宗周经常讲学的地方。陈尧年,也是刘宗周天启年间遭遇党祸时托孤之人,而"白马别会"一事,陈尧年也是关键人物,关于这一点其他文献少有提及,值得重视。还有王业洵,是阳明后裔,但他也是"白马别会"的"刘氏功臣"。接下的二十三人之中,有四位是"殉难义士":

> 曰海宁祝先生渊,字开美,乙酉殉难义士也,详见明史。开美受业归即死难,赠检讨。
> 曰会稽王先生毓蓍,字元趾,乙酉殉难义士也,详见明史。赠检讨。元趾先尝学于倪文正公。
> 曰山阴潘先生集,字子翔,乙酉殉难义士也。
> 曰诸暨傅先生日炯,字中黄,丙戌殉难义士也。

祝渊、王毓蓍、潘集、傅日炯都是明朝诸生,在明亡之际殉节而死。还有四位在晚明虽不曾为官,但也参与抗清斗争:

> 曰鄞华先生夏,字吉甫;王先生家勤,字卤一。皆由敬伯来讲堂,归而筑鹤山讲舍,以昌明子刘子之教。吉甫通乐律,卤一精于礼,卓然不与先儒苟同。乙酉,起兵参江上事;戊子,二先生谋再举,不克,同死之。
> 曰慈溪张先生成义,字能信。有异材,丙戌后起兵,不克,行遁。毕生不返,莫知所终。
> 曰慈溪刘先生应期,字瑞当,子刘子称其静密。丙戌后以愤死。

华夏、王家勤与叶敦艮一样,曾致力于弘扬蕺山之学,不过时间不长即遭遇鼎革之变,然后两次参与抗清斗争,最后失败被杀。全祖望专门撰有《华氏忠烈合状》一文论及其抗清之忠义事迹。刘门弟子之中学术趋向于程朱之学的,全祖望在《配享碑》中表彰的有恽日初、叶敦艮、沈昀三人:

曰武进恽先生日初，字逊庵，尝上书申救子刘子，其风节近开美，丙戌以后，累至山阴哭祭，为之行状，几十万言。独于子刘子所言"意为心之所存"有未然者，故行状中略之，尝为梨洲黄氏诘难。晚披缁，颇以嗣法灵隐，为世所讥，然其人终属志士也。

曰西安叶先生敦艮，字静远，笃行君子也。予尝谓三衢学者，徐逸平称杨龟山大弟子，是程学；徐径畈称汤晦静大弟子，是陆学；而静远则子刘子大弟子，堪鼎足。既弃诸生，能昌子刘子之教于里塾。

曰仁和沈先生昀，字甸华，独行之士。

全祖望在文中表彰恽日初的"风节"近于祝渊，也提及在关于"意为心之所存"的观点上恽日初与刘宗周有差异，以及黄宗羲曾与之诘难。关于叶敦艮的学术，全祖望并未提观点差异，只是表彰其在衢州一带倡导蕺山之学的功绩。至于沈昀，全祖望另有一长文《沈甸华先生墓碣铭》，其中详述沈昀师事于刘宗周前后的转变及其为学宗旨、遗民风节，其中说：

> 其学以诚敬为本，刻苦清厉以自守，推而至于事物之繁，天地古今之变，则以适于世用者为主。其言无一不切于人心。力排佛老曰："其精者傍吾儒，其异者不可一日容也。"闻四方之士有贤者，即书其姓氏置夹袋中，冀得一见之，然不肯妄交。于取与尤介，授徒自给，三旬九食以为常，每连日绝粒，采阶前马兰草食之。有闻之者，馈米数斗，先生不受，其人固请则固辞。时先生饿甚，宛转辞谢，益困，遂仆于地，其人皇骇而去。先生良久始苏，笑曰："其意可感，然适以困老子耳。"尝展蕺山墓，徒步来往西陵。自是里中子弟习知先生清节，亦有好事者，极意求为继粟、继肉之举，而莫敢前，以先生必不受也。潜斋叹曰："生平于辞受一节，自谓不苟，然以视沈先生犹愧之。"以末世丧礼不讲，重辑《士丧礼说》，荟萃先儒之言定其可行者，以授弟子陆寅。又辑《四子略》、《五子要言》、《家法论》、《升降编》、《言行录》、《居求编》，疏通简要，不涉残明讲学习气。蕺山身后，弟子争其宗旨各有烦言，先生曰："道在躬行，但滕口说，非师门所望于吾曹也。"疾革，门人问曰："夫子今日之事

何如?"先生曰:"心中并无一物,惟知诚敬而已。"夜半卒,年六十三。①

全祖望的铭文关于沈昀的学术只是强调其"以诚敬为本"与"力排佛老",重点还是表彰其"辞受一节"。其中也涉及沈昀对刘门弟子关于蕺山之学的宗旨之争,对沈昀"道在躬行"而非"滕口说"的观点,全祖望非常认同,可见全祖望重践履而在学术上承继黄宗羲"一本万殊"的思想。全祖望还撰有《应潜斋先生神道碑》,表彰沈昀最重要的友人应㧑谦;撰有《姚敬恒先生事略》,表彰为沈昀入殓的应氏弟子姚宏任。② 关于刘门弟子之中入清以后特别重要的张应鳌与董玚二人,《配享碑》中说:

> 曰山阴张先生应鳌,字奠夫,服勤于子刘子最久者也。南都匆匆,宵人尚赫奕邸舍,作承平态,子刘子署独萧然,奠夫一人侍之。其人笃实自修之士也,在南都作《中兴金鉴》,欲上之,不果。丙戌后尝嗣讲山中。
>
> 曰会稽董先生玚,字无休,故倪文正公弟子也。有高行,晚披缁,然有托而逃,稍与恽逊庵不同。老寿,手辑《子刘子遗书》。

张应鳌是师事于刘宗周最久的一位弟子,曾协助刘宗周编纂《中兴金鉴录》一书。刘汋说:

> 初,先生赴召留都,皇皇中兴无象,至寝食交废。是时,张应鳌从行,请定《历代中兴录》为新君龟鉴。先生跃起曰:"是予志也。"即命应鳌具草。汉、唐、宋皆应鳌与陈毓华所辑,先生再加增定。先生又取高皇帝及二帝三王以续之。……心法、治法合为一源,名曰

---

① 全祖望:《沈甸华先生墓碣铭》,《鲒埼亭集》卷第13,《全祖望集汇校集注》,第242—243页。
② 全祖望:《应潜斋先生神道碑》,《鲒埼亭集》卷第13,《全祖望集汇校集注》,第438页;《姚敬恒先生事略》,《鲒埼亭集》卷第26,《全祖望集汇校集注》,第486页。

《中兴金鉴》，草疏欲上进，不果。①

可见张应鳌之外，还有陈毓华二人共同协助刘宗周编纂此书，希望弘光帝成为中兴之主，可惜此书编成之后没有机会上进。张应鳌也是重举越中证人书院的功臣，黄宗羲对张应鳌的讲学有详细记载，但全祖望却比较忽视，原因当是因为黄宗羲对其讲学评价不高。董玚也曾参与越中证人书院的重举，而且还是参与《刘子全书》编辑工作最为重要的功臣，但全祖望没有提及其讲学之事，关于《刘子全书》也只是简单提及。对张、董二人，全祖望都不够重视。《配享碑》中也有表彰不被关注的刘门弟子，如以下几人：

> 曰山阴戴先生易，字南枝，遗民中之奇者。其葬吴人徐枋事，最为世所称，然莫知其为子刘子门人也。予晚始知之，乃表而出之。
>
> 曰余姚张先生应煜，乙酉之夏，子刘子绝食。应煜劝以拥诸藩起兵，子刘子谢以事不可为。曰："然则是降城，亦非先生死所也。"子刘子瞿然曰："子言是也。"遽出城。予过姚江求所谓张先生后人，莫有知者。然即此一言，不愧为子刘子之徒矣。
>
> 曰会稽赵先生甸，字禹功。少极贫学觜以养亲，艺绝工，时称为赵孝子。长而游子刘子之门，得其学。丙戌后，有高节，隐于缁，时卖画以自给，世所称"壁林高士画"者也。晚讲学僻山，子刘子少读书地也。
>
> 曰萧山徐先生芳声，字徽之。通兵法，其论学则亦微于师门有转手者。

其中戴易，全祖望在山阴之时，曾去寻访遗迹，在《过戴高士南枝宅》一诗的注中说："亦尝从事念台，顷议刘祠配享弟子，偶失之，当补入。"② 张应煜的事迹也少有记载，全祖望在此表彰的是他劝刘宗周出城一事。赵甸则一是表彰其为孝子，一是表彰讲学僻山，弘扬蕺

---

① 刘汋：《蕺山刘子年谱》68岁条，载《刘宗周全集》第6册，第163页。
② 全祖望：《过戴高士南枝宅》，《鲒埼亭诗集》卷8，《全祖望集汇校集注》，第2245页。

山之学。关于徐芳声则指出"其论学微于师门有转手者",特别指出学术上的差异。关于陈确,全祖望显然也因为学术差异,并不认同。他说:

> 曰海宁陈先生确,字乾初,畸士也。说经尤谔谔,详见梨洲黄氏所作墓志。

他说陈确"说经尤谔谔",当指《大学辨》与《性解》等书中涉及经学的部分,特别指明"详见梨洲黄氏所作墓志",还是以黄宗羲之是非为是非。在刘门弟子中,有功于师门的还有周之璵少有人提及,《配享碑》也作重点表彰:

> 曰山阴周先生之璵,字敬可,世勋籍。证人之会或以敬可为右班官子弟忽之,不知其苦节过人也。子刘子殉节,敬可负其遗书,与贞孝同避兵,中途累为逻者所厄。敬可流离播迁,谓贞孝曰:"死则俱死,不负吾师以生。"而贞孝护发未剃,敬可曰:"事急矣!"诡与贞孝披缁于兴福寺。事定归家,则田宅尽为人所夺,遂无一廛。或劝讼诸官,敬可曰:"吾不忠不孝,投死他乡,何颜复构狱于官府,与恶少共对簿?"遂寄食于贞孝家以死,无子。

周之璵在师门也较久,刘宗周殉节后,他与刘汋一起保护"刘氏遗书",可谓历经艰辛,最后自家的田宅为他人夺去,因为不想与清廷有瓜葛所以不去告官,只得寄食在刘汋家。《配享碑》表彰而比较独特的还有陈洪绶:

> 曰诸暨陈先生洪绶,字章侯。其人以画名,且以酒色自晦,而其中有卓然者,子刘子深知之。蕺山弟子,元趾与章侯最为畸士,不肯帖帖就绳墨。元趾死章侯不死,然其大节则未尝有愧于元趾。故予定诸弟子中,其有负盛名而不得豫配享,而独于章侯有取焉,详见予所作传。

陈洪绶是晚明著名画家,年轻时曾从学刘宗周,与王毓蓍"最为畸士",不愿参加科举。陈洪绶虽有盛名但与蕺山学关系不大,但全祖望有取于配享,似乎出于他自己的赏识,故曾另外作传。而《配享碑》表彰的最重点,就是放在最后的"余姚三黄":

> 若余姚三黄先生宗羲、宗炎、宗会,同受业子刘子之门,其所造各殊。而长公梨洲最大,予为作墓碑甚详;次公晦木,予亦有墓表;泽望则见予所作《缩斋集序》。

黄宗羲、黄宗炎、黄宗会兄弟三人,共同师从于刘宗周,但时间都不长,所以他们的学术各有特色。全祖望都另有文章表彰他们,其中关于黄宗羲与黄宗炎的收入在现存文集之中,为黄宗会写的《缩斋集序》未曾收入,现不可考。另外在全祖望编纂《续甬上耆旧诗》之中有另一篇黄宗羲的小传,黄宗炎的小传即墓表文,而黄宗会的小传则为黄宗羲所撰的墓志铭。① 比较特别的就是此碑文竟然将万斯选作为再传弟子,"独举"进入配享之列,全祖望对此有特别说明:

> 而梨洲之徒,有曰鄞万先生斯选字公择,其父户部郎泰,故尝游子刘子之门。公择兄弟并从黄氏称私淑,其最有功于子刘子之遗书,偕梨洲而左右之者曰公择,纯笃邃密,故吾于子刘子之再传不能遍及,而独举公择者,以遗书也。

万斯选可以列入,但更加著名的黄宗羲弟子万斯大、万斯同却并未列入,全祖望提出的理由有二,一是万斯选"尝游子刘子之门","并从黄氏称私淑",也就是说万斯选曾听刘宗周讲学,并通过黄宗羲进一步钻研蕺山之学,于刘门可谓"私淑";另一则是因为万斯选曾参与《刘子全书》的编辑工作,协助黄宗羲编纂《明儒学案》等。就黄门弟子而言,万斯选是一位真正承继蕺山之学的学者,而万斯大与万斯同则学术路径与刘宗周差异较大了。

---

① 全祖望:《续甬上耆旧诗》,第139、198、219页。

附论　门户之见：关于《子刘子祠堂配享碑》的质疑

历代学者，对于全祖望的《子刘子祠堂配享碑》，也有不少争议。其中最关键的就是为什么没有将张履祥列入其中？董玚的《蕺山弟子籍》原本是收录张履祥的①。对此问题，杨凤苞与严元照都认为全祖望之所以不取张履祥，还有出于门户之见。稍后于全祖望的杨凤苞（1754—1816）说：

> 谢山之学私淑梨洲，当时与梨洲讲学不合者，皆有微词。吕晚村始极推崇梨洲，后以合购澹生堂书隙末不终，故谢山诋之尤甚。因之，与晚村还往者，不论贤否，悉置之不齿。蕺山大弟子在遗民中，莫如杨园先生。杨园之学专宗朱、程，痛斥陆、王，虽于师门为转手，然其践履敦笃，粹然无疵，固国初大儒，即起蕺山于九原，当亦所深许也。谢山定配享弟子，虽濡染竺乾大异蕺山者而亦进之，今而祖述洛、闽微异蕺山者而反遗之，何欤？良以杨园为晚村之友故耳。甚矣，门户之见未化也。而又恐人议之，则又自为斡旋曰："予卑定诸弟子中，其有负盛名而不得豫配享。"斯言也，特为杨园设也。予以杨园必当补列配享者，不然蕺山祠堂一大阙典也，岂特为谢山补过已哉！象山四大弟子，杨、袁、沈、舒，皆在甬上，谢山初又以嗣乡先生之统自任，及与穆堂交，共相主张陆学，遇程、朱者无不诋諆。杨园之不豫配享，又以是也。②

还有严元照（1773—1817）也说：

> 蕺山门下，以桐乡张杨园先生为最醇，其学以程、朱为宗，力斥陆、王之说，于蕺山之门，莫有先之者。悉力农桑，不涉世事。品诣亦高绝。与梨洲同门，而志行不甚合。谢山承梨洲之学，此文绝不道

---

① 董玚：《蕺山弟子籍》，载《刘宗周全集》第6册，第615页。
② 杨凤苞对碑文的批注，参见全祖望：《子刘子祠堂配享碑》，《鲒埼亭集》卷第24，《全祖望集汇校集注》，第448页。

及杨园，殆门户之见耳。顾此何典礼，尚可以门户之见行之哉？①

从杨凤苞与严元照二人对于全祖望的质疑，可以推测在全祖望的时代，大多学者都认为张履祥也是刘门的重要弟子，并非如后来某些学者所认为的一直要到同治年间张履祥从祀孔庙后，张履祥才被学界所知。因此，全祖望是在完全知道张履祥学行影响的情况下，故意不将其列入配享碑。也就是说全祖望早就已经将张履祥算作"有负盛名而不得豫配享""以为声气之藉，未必皆真儒"之列。

再者，配享碑列入了吴麟征（字磊斋），为什么不列入同样师事于刘宗周的吴氏之子吴蕃昌？也许是因为吴蕃昌的学术趋向与张履祥较为接近，二人也常有交游。关于这一点，前人少有论及，只有严元照说："谓磊斋是弟子，其言出自谢山。磊斋之子蕃昌，字仲木，实是蕺山门下，《静志居诗话》云然。"② 严元照这一批注，是指出了全祖望的缺漏。上文说到，吴麟征与刘宗周其实是亦师亦友的关系，被列入弟子还是出自全祖望的看法。至于吴蕃昌，则当时包括朱彝尊在内的学者都认可为刘门高弟。所以吴麟征可以不列入，但吴蕃昌则不可以不列入。全祖望列入吴麟征是为了表彰其"忠义"，至于不列入吴蕃昌，则恐怕就与不列入张履祥一样，是出于门户之见了。

还有一位就是王嗣奭，全祖望在《续甬上耆旧诗》的小传中加以表彰，却并未列入配享碑，可能是一时的疏漏。小传中说：

> 王涪州嗣奭，字右仲，一字于越，学者称为俛翁先生。都御史应鹏之从孙也。万历庚子举人，教授黄岩、宣平，知宿迁县，左降建州经历。崇祯元年知永福县。……迁知涪州，复以不善事上官得谴，置会稽，年七十矣。犹执贽于蕺山刘忠正公之门，喜曰："吾以罪失官，却以罪得学，可谓失鱼而得熊掌者也。"时陶石梁亦讲学，先生生与之往复，不甚许之。独折节于蕺山，叹曰："若知学统有在，惜

---

① 严元照对碑文的批注，参见全祖望《子刘子祠堂配享碑》，《鲒埼亭集》卷第24，《全祖望集汇校集注》，第443页。
② 同上。

不早罢官。"丙戌，年八十矣。有司迫遣登舟，朝见贝勒。先生至慈水，乘潮逃去，信宿而返，自言："人生不幸至此，但有祈死而已。予则反祈不死，或犹见中兴之日。"其倔强如此。时方注杜诗毕，曰："吾以此为薇，不畏饿也。"又三年，卒。其余见杲堂《传》，予读先生论学诸书，豪芒不杂，深有得于蕺山之传，固不当以诗人名，即以诗人言，亦亹亹忠孝之音也。①

王嗣奭的向学之心与遗民风节，都令人赞叹，全祖望也认为他"深有得于蕺山之传"。对这样的人物全祖望当全力表彰其学行，但是在配享碑中却无其名字，不知道是出于何因？即使像戴易这样并不知名的学者，全祖望都尽力搜集其事迹，讲明其与刘宗周之关系，那么王嗣奭理应同样加以表彰。

还有关于刘门再传弟子，何人可以配享，也值得再作讨论。其实，因为私淑之故，全祖望一直致力于对黄门弟子的表彰，在《续甬上耆旧诗》中就对甬上黄门弟子多有表彰，除了万斯选，还有李邺嗣、万斯大、万斯备、万斯同、董允瑫、陈锡嘏、范光阳、万言、张士培、张士埙、董允璘、陈赤衷、张汝翼、董允珂、陈自舜、王之坪、张九英、李开、张九林、钱鲁恭等人，所以全祖望《续甬上耆旧诗》一书所收诗作及小传，都可见全祖望私淑黄宗羲，可谓用心之深。此外，全祖望虽说私淑黄宗羲，其实在学术上受到万斯同的影响也特别深远，他在《万贞文先生传》中表彰了万斯同的学行，其中也提及万斯同与刘宗周的关系，他说："自先生之卒，蕺山证人之绪，不可复振，而吾乡五百余年攻媿、厚斋文献之传，亦复中绝，是则可以为太息者矣！"② 由此可知，他也认同万斯同传承蕺山之学。

总的来说，全祖望《子刘子祠堂配享碑》一文或出于门户之见，或出于一时疏漏，该列入的刘门弟子或再传弟子还有不少，所以历代学者再肯定其对于刘门弟子的表彰之功，特别是诸多弟子的学行记载翔实的同时，也提出了一些质疑。

---

① 全祖望：《续甬上耆旧诗》中册，第358页。
② 全祖望：《万贞文先生传》，《鲒埼亭集》卷第28，《全祖望集汇校集注》，第520页。

全祖望私淑于黄宗羲,从而对与黄宗羲不合的吕留良及其友人都有所诋毁。梳理全祖望相关的文字,他确实还是存有门户之见,虽然比黄宗羲等同时代大多学者要好一些,这种门户之见主要表现在离全祖望时代较近的学者的分析上,时代较远的如宋元之类的看法则较为公允了。全祖望的门户之见有二,一是以黄宗羲之是非为是非;一是对转向于程朱之学的学者较为排斥。就因为这两点,所以不将张履祥与吴蕃昌列入配享名单。

结　语

　　明清之际是中国历史上又一个社会、文化、思想、学术发生重大转型的时期，对近三百年来学术的发展产生了深远的影响。在明清学术转型的过程之中，以刘宗周为代表的蕺山学派扮演了重要的角色。因此，关于蕺山学派的研究，刘宗周及其重要弟子张履祥、陈确、黄宗羲等人的思想学术与明清之际从理学到朴学的转型之间的关系是一个重要的研究对象。下面结合本书讨论的重点，对于几个相关的问题再作陈述。

　　第一，刘宗周与弟子们在学行上的共同点。

　　刘宗周及其弟子大多学行出众，他们的道德与文章都得到同时代以及后世学人的高度推崇，分别被入祀书院、乡贤祠以及孔庙。①

　　无论是在明亡之际殉节的老师刘宗周，还是在入清以后成为遗民、处士的张履祥、陈确、黄宗羲，以及作为黄宗羲的私淑弟子、蕺山学的再传全祖望，他们在学行上的表现，有两个共同之处：其一，在人格精神上，特别重视名节观念；其二，在学术思想上，特别重视反思明亡与学术开拓。

　　明清之际的士大夫特别重视德行，在道德上做一个君子。刘宗周以及吴麟征、祁彪佳、金弦等刘门高弟在明朝都是进退有节的臣子，明亡之后都选择了为国尽忠、殉难死节。还有祝渊、王毓蓍等只是士子身份的刘门高弟，也在明亡之后选择了殉节，难能可贵。其他一些弟子则成了明之遗民，大多成为处士，隐居求志，少数也选择逃禅，也只是借此避难而已。

---

① 乾隆初年，绍兴蕺山书院设刘宗周专祠，又以受业弟子三十五人、再传弟子一人配享，弟子中有陈确与黄宗羲而无张履祥，此事曾有争议。刘宗周、张履祥、黄宗羲于清代入祀孔庙，分别在道光二年、同治十年与光绪三十四年。

无论在晚明或清初,蕺山学派的学者都表现出对于名节的重视,生或死、出或处等关涉名节的问题,也多有讨论。而且,他们还特别重视表彰名节之士,如黄宗羲及其私淑弟子全祖望,就是表彰忠烈最为突出的两位,其他如张履祥、陈确等学者也对鼎革之际的仁人志士多有颂扬。台湾东海大学的蒋年丰先生认为:"自有《史记》以来,中国史学即重视列传。但经过刘蕺山与黄梨洲之影响的列传,即强调为体道的人格列传。换句话说,经此影响,列传转型为'仁人志士的列传'。历史真理表现在仁人志士的节操之中。"① 特别重视史传价值的蕺山学派学者,将列传的写作的笔法,导向了人格精神、道德节操,可以说影响深远。

蕺山学派活跃于明清鼎革、改朝换代之际,必然要面对家国兴亡这一历史话题,作为学者也必然要对"明亡"这一人生重大的事件进行思考,而且这种思考主要体现在他们如何来选择新的学术道路之上。余英时说:"中国人以往评论历史,常在有意无意之间过高地估计了思想的作用,特别是在追究祸乱的责任的时候。因此,五胡乱华之祸要归咎于魏晋清谈,明朝之亡国则透过于'空言心性',甚至所谓'洪、杨之乱'也要汉学考证来负责。"② 这话很有道理,在晚明清初的思想家那里,往往得出"明亡于学术"或"明亡于王学"之类结论。其实这种情况的发生也有其必然性,因为对于"明亡"这一问题进行反思的主要是思想家,必然首先关注思想本身的作用。更何况蕺山学派的学者大多还是停留在理学的圈子之内,他们的思考离不开理学的发展历史本身。对于王学有部分肯定之后,还有或多或少的批判,这是从刘宗周一直到全祖望为学的一个相同之处。如何走出王学,如何选择新的学术,刘宗周死后的刘门弟子却各自走向了不同的方向。

第二,刘宗周与弟子们的学术承继关系。

虽说刘门弟子在入清以后分别有不同的学术路径,但是他们还是被归为一个学派。作为一个学派,其"宗主"自然就是刘宗周,其"附翼"则是张履祥、陈确、黄宗羲等大弟子以及万氏兄弟、全祖望等再传弟子或

---

① 蒋年丰:《从朱子与刘蕺山的心性论分析其史学精神》,载钟彩钧主编《国际朱子学会议论文集》下册,台湾中研院文哲所1993年版,第1137页。
② 余英时:《历史与思想》自序,台湾联经出版事业公司1976年版,第4页。

私淑弟子。无论是三大弟子之间，还是弟子与老师之间，其中的学术差异可以说都是很大的，为什么后人还是将他们视为一个学派？上面提及的在学行上的两点相近因素不是关键，因为与刘门师弟子学行上有相近表现的士大夫，明清之际大有人在。所以说还必须要说明其中更为关键的因素，那就是学术的承继关系。也就是说即便分化之后，他们各自的学术之中也有许多因素与蕺山学相关，看似毫无关联的学术，其实却有共同的出发点。

刘宗周创立蕺山学之后，张履祥、陈确、黄宗羲等弟子，都以承继蕺山学为己任，他们各自在平时的讲学与交游之中，都不断提及先师刘宗周，后来又都积极参与"刘子遗书"的编辑、整理，还分别选摘、抄录先师"语录"、编撰"行状"等。而且，他们都认为自己的学术是传自先师的，如果仔细去分析他们的著述，也确实或多或少可以找到承继于刘宗周的相关因子。因此，在研究蕺山学派之时，不是将刘宗周、黄宗羲、张履祥、陈确等人孤立起来，进行分章分节却又互不关联的研究，而是将这些学人及其学术作为一个整体来加以研究。黄宗羲、张履祥、陈确从他们共同的老师刘宗周那里，承继了一些共同的东西，如张履祥发展了刘宗周以朱学救正王学理路；陈确弘扬了刘宗周对宋明理学以及《大学》的质疑精神；黄宗羲承继刘宗周梳理宋明理学而编撰两大学案、倡导经学与考据等。但是他们分别在不同的时期师事于刘宗周，他们思想学术的定型又是在刘宗周去世之后，对刘宗周的著述真正开始大量研读的时候，刘宗周已经去世十多年了，所以对于老师的思想学术都有各自的取舍。黄宗羲、张履祥、陈确等人的学术可以说是"异大于同"，学界往往对他们学术之"异"更为关注，而且学术之"异"更为可贵，可以说是对师门的光大。当然指出其中之"同"，关注他们相互之间的学术交流与思想碰撞，也很有必要，认识其"同"才能更好地认识其"异"。而且，无论是学术之"异"，抑或学术之"同"，都是揭示蕺山学派在学术史上的意义不可或缺的组成部分。

还有全祖望可以作为蕺山学派再传、私淑的代表人物，他与万氏兄弟等人不同之处，也就在于对蕺山学的承继与对蕺山学派的表彰。全祖望访学于二老阁、讲学于蕺山书院，正好有了对于蕺山学派进行较为完整地总结的机会，他修补《宋元学案》是将刘宗周开始的学术史研究事业的最终完成；他撰写的《子刘子祠堂配享碑》《梨洲先生神道碑文》等碑传对蕺山学派弟子的表彰、评价，对于后世认识蕺山学派起到了关键性的作用。承继了蕺山学与梨洲学的谢山学，最后更为彻底转向于经史考据之学，恰好可以说是在一个学派系统之中从理学到朴学转型的最后完成。所以，如果更加纵深地讨论蕺山学派与明清之际的学术转型，也就很有必要将全祖望这位被公认为刘、黄系统的最后一个学者结合在一起进行讨论。

除了学术路径的问题，在笃实的学风上蕺山学派也有共同之处。梁启超就曾指出："明清嬗代之际，王门下唯蕺山一派独盛，学风已渐趋健实。"[①] 刘宗周作为晚明最后的大儒，其蕺山学虽然说还是王学一系，但是在学风上渐趋"健实"，努力以朱学来对王学进行了修正，对于王门后学的玄虚之风多有批评。张履祥就曾提到："山阴先生教屠子威曰：'着实思维，着实践履，将身心整顿起来。'思维者，致知也；践履者，力行也。"[②] "着实践履"，可以分为两个层面，其一，道德践履的笃实，刘宗周特别重视出处进退、人伦日用之中的德行，他被称为"皎皎完人"无疑为一代士大夫的道德楷模，他还有《人谱》一书，则为学者的道德践履如何求实提供了细密而又可操作的理论支持；其二，经世致用的笃实，重视在下层的乡村之中的经世，刘宗周在朝廷上很难实现其经世致用的外王理想，于是在绍兴一带的乡村治理上投入了大量精力去实现经世，如崇祯十三、十四年间浙东一带的救荒赈灾，刘宗周及其弟子祁彪佳等人担当了主要的角色[③]。"着实思维"，治学的笃实，也有两个层面，其一，对宋明儒的《语录》等著述的梳理，编撰了《五子连珠》《圣学宗要》《皇明道统录》，为黄宗羲、全祖望等人编撰两大学案提供了基础；其二，对经学文本的回归，将理学与经学结合，又将义理与考据结合研究《四书》学、《礼》学等等，可以说是清代浙东经学的先声。刘宗周理学与经学结合的治学，一扫晚明浙中王学的空疏之风，他在治学上的笃实当是晚明理学家之中特别突出的一位。

刘宗周开创的笃实学风，对于刘门弟子的道德践履、下层经世以及他

---

① 梁启超：《中国近三百年学术史》，第44页。
② 张履祥：《备忘四》，《杨园先生全集》卷42，第1167页。
③ 相关记载，参见祁彪佳《感慕录》《小求录》，《祁忠敏公日记》，《北京图书馆古籍珍本丛刊》第20册，第815—918页。

们的治学都有重大的影响。特别是刘宗周以《人谱》为代表的慎独之学、改过之学，对刘门弟子几乎都有很大的影响，特别是祝渊、陈确对《人谱》与改过之学的实践尤为突出，还有张履祥、吴蕃昌等人也十分重视《人谱》对道德践履的指导意义。下层经世在张履祥与陈确那里也有特别突出的表现，他们都在理论与实践层面将下层经世作了推进，如张履祥葬亲社的实践陈确也有参与，张履祥著《丧葬杂录》与陈确著《葬书》，等等。笃实的学风则直接影响了张履祥的"由王返朱"、陈确的"素位之学"以及黄宗羲、全祖望的经史之学。

第三，蕺山学派的分化与明清学术转型之关系。

任何时代的儒生，都会有一种"修齐治平"的情怀，蕺山学派的学者们也不例外。只是在明清之际这样一个乱世，如何将个体的修身与经世结合起来，是一个较为困难的问题。他们学术路径的选择，其实也就是为了解决这一难题。也正是因为是个难题，所以在他们的学术之中，开出了一些新的东西。

张岂之先生说："探讨明末清初的学术思潮，有一个学派是不能忽视的，它就是蕺山学派。……到了蕺山学派，才表现出一种新的思想倾向。"① 明清之际的学术开新，也就是学术的转型，其中较为主要的特点有三个：一是"由王返朱"；一是形上玄远之学的没落；一是经史考据之学的兴起。这三个特点恰好在蕺山学派分化的三个分支之中有所体现，而且都可以说是独具代表性的个案。

其一，蕺山学派分化之中"由王返朱"的思想倾向。梁启超说："王学反动，其第一步则返于程朱，自然之数也。因为几百年来好谈性理之学风，不可猝易，而王学末流之敝，又已为时代心理所厌，矫放纵之敝则尚持守，矫空疏之敝则尊博习，而程朱学派，比较的路数相近而毛病稍轻。"② 明清之际"明亡于王学"的感叹此起彼伏，如何来纠正王学的弊病则路径不一。以张履祥为代表的刘门弟子则选择了在理学内部的调整，也就是由王学返回朱学，开始尊朱而辟王，在这一方向上的还有刘宗周之

---

① 张岂之：《论理学到早期启蒙思潮过渡的理论环节——蕺山学派》，《乐此不疲集：张岂之自选集》，首都师范大学出版社2009版，第100—101页。
② 梁启超：《中国近三百年学术史》，第110页。

子刘汋,以及吴蕃昌、沈昀、叶敦艮等刘门弟子,甚至黄宗羲有所肯定的恽日初也属于这个圈子。他们在如何编辑"刘子遗书"的问题上有共同的看法,就是希望将刘宗周谈"意"的文献加以删节,这是因为刘宗周谈"意"离开程朱较远的缘故。总的来说转向程朱之学的刘门弟子人数最多,这应该就是从东林学派开始"由王返朱"的理学转向,在蕺山学派的进一步发展。刘宗周已经转向朱学较多了,到了张履祥等人则是彻底完成了这一转向。以往学界对于刘门转向朱学一系的评价不高,其实在心性修养上转向程朱之学的学者在清初非常之多,比如三大家之一的顾炎武与张履祥的好友历算学家王锡阐,不过他们的学术已经超越了理学的范围。熊十力先生说:"晚明诸子,值东胡内侵,乃奋起而致力于学术思想之改造。是期之学者,大抵反阳明,而于程朱心性学之根本精神,则确守而益加虔,以矫王学末流狂放之弊。然诸儒皆严毅而不至拘碍,广博而备极深厚,崇高而不失恺弟,是其矫枉而无或过正,所以为美。"① 虽然说像张履祥这样的学者,返回程朱之学走理学的旧路,在学术上的创新不多,但是他们对于明清学术转型,对于风俗人心的端正等都还是有着积极的意义。

其二,蕺山学派分化之中"形上玄远之学没落"的倾向。王汎森先生说:"明末清初思想界出现两种趋势,第一,心性之学的衰微;第二,形上玄远之学的没落。这两者几乎同时发生,它们动摇了宋明以来思想传统的两大支柱。"② 在蕺山学派之中,陈确所选择的学术路径可以说是王先生所说的这两种趋势最好的体现。一方面,陈确对于宋儒之学多有批评,特别是他的《大学辨》与《性解》这两个系列论著,可以说是清人走出理学的时代先声,特别是《大学辨》之中的"辨迹"已经具有后来的考据之学的意味。另一方面,陈确素来不喜"理学家言",他所提出的"素位之学"统合了儒家的下学工夫,使得儒家的道德践履变得更为平实,而且个人的修身也可以与乡村治理等下层经世结合起来,这种对儒学的革新也值得关注。这两方面其实也是一回事,比如陈确的人性论之中对

---

① 熊十力:《读经示要》卷二,中国人民大学出版社2006年版,第196页。
② 王汎森:《清初思想中形上玄远之学的没落》,《台湾中研院历史语言研究所集刊》第六十九本第三分,1998年,第558页。

宋儒的批判主要有三点："'本体'从佛氏脱胎来者""分气质之性与义理之性为二""无欲安可作圣"。这些批判说明了"心性之学的衰微"与"形上玄远之学的没落"。也正因为如此陈确才提出了践履笃实的"素位之学"。而且,"践履笃实"的特点,关心乡村治理等下层经世实践,以及不喜谈论"本体"之类的"形上玄远之学的没落"的特点,其实在张履祥、吴蕃昌、沈昀、叶敦艮等刘门弟子身上也都有所表现,虽然他们并不称之为"素位之学"。更进一步说,这一倾向在刘宗周那里就已经开始了,他将本体与工夫作统合看,指出为学只有从工夫处下手,"学者只有工夫可说,其本体处直是着不得一语"①等,也都可以看作"形上玄远之学没落"的一个征兆。还有黄宗羲也曾说:"形而上者谓之道,形而下者谓之器,器在斯道在,离器而道不可见。"②对"器"的重视其实与对"工夫"的重视一样,都是将玄远转为平实,不过黄宗羲在学术路径上则走上了与其他同门差异更大的路子。

其三,蕺山学派分化之中"经史考据之学兴起"的倾向。钱穆先生说:"梨洲讲学,初不脱理学家传统之见。自负为蕺山正传,以排异端、阐正学为己任。至其晚年而论学宗旨大变,备见于其所为《明儒学案序》。然此特就其争门面、争字句处看则然耳。其实梨洲平日讲学精神,早已创辟新局面,非复明人讲心性理气、讲诚意慎独之旧规。苟略其场面,求其底里,则梨洲固不失为新时代学风一先驱也。"③钱先生对于黄宗羲学术路径的概括,既说明了其一生为学的变化,也说明了其学术在明清之际的地位,应该说黄宗羲从党人、游侠转而"厕身于儒林"之后,他的为学有多个重点,其中较为核心的有两个方面,一是继往,承继蕺山学,研习与整理"刘子遗书",护持师门;一是开来,结合甬上证人书院的讲学,开创了清代浙东经史学派。黄宗羲的为学是从义理之学转向了经史考据之学,但是在他的后期并没有完全放弃义理之学,而且他的经史考据之学中也有为了对义理之学加以整理而编撰《明儒学案》《宋元学案》等。另外,他的讲学活动虽然以经史考据为特色,培养了万斯大、万斯同

---

① 刘宗周:《答履思二》,《刘宗周全集》第3册,第309页。
② 黄宗羲:《先师蕺山先生文集序》,《黄宗羲全集》第10册,第54页。
③ 钱穆:《中国近三百年学术史》第2章《黄梨洲》,第30—31页。

等一大批经史学家；但是也有重义理、讲解刘宗周慎独之学时期，他的弟子之中也有以义理之学著称的万斯选、王之坪、董允瑫、董允璘等人。因此，黄宗羲在蕺山学乃至浙东学术、明清学术转型之中的继往开来、承上启下作用，显得尤为重要，即使在当时的刘门弟子当中与黄宗羲持相同学术意见的人并不很多。重经史与重考据，在张履祥与陈确身上只是偶有显露而已，张、陈等人不失为一代名家，最后只有黄宗羲蔚然而成大家，就因为他到了晚年真正从宋学传统之中脱离出来，找到了"新时代的学风"。

总之，以蕺山学派为个案考察明清学术转型，从理学到朴学的过程，学术自身发展理路的内因起到了主导性的作用，明清社会变迁则可以看作外因，而且外因的作用较为复杂，当是一个重要的契机从而加大、加速了学术的转型。姜广辉先生说："学术思想有其自身的发展脉络与理路，明清之间的朝代划分，并不能将学术思想史的绵延与联系一刀分开。具体地说，理学思潮与经典考据学思潮之间实际呈现一种相互交错的发展关系，理学思潮在清代虽呈颓势，但仍传承不绝。而经典考据学思潮则一直可以上溯至明代中期的杨慎、梅鷟之时。"[①] 只有认识到理学思潮在清初的绵延与考据学思潮在晚明的孕育，才能将蕺山学派的学术解释清楚；同样，将蕺山学派的学术问题解释清楚，也就能够更好地认识明清学术转型的内因与外因。

宋明理学发展到了晚明的刘宗周那里，已经到了再次进行学术调整的时候，很有必要重新梳理理学的历史，乃至包括经学在内的儒学的历史，然后再加以调整，这种调整在刘宗周那里并没有全部完成，他的事业由张履祥、陈确、黄宗羲等弟子分别进行，最后在黄宗羲的弟子万氏兄弟以及私淑弟子全祖望等人那里得以基本完成。刘宗周的学术已经有了多种取径，其中的考据因素可以看作清代考据学思潮的孕育。三大弟子各自都有成就与贡献，他们学术取径的不同说明转型本是复杂的、多变的，不可简单化处理。其中的陈确对理学的批评、黄宗羲与全祖望对理学史的整理、张履祥对程朱一系工夫论的再发展等，都可以看作明代理学思潮的绵延。

[①] 姜广辉：《解构与重构：走向近代的经典诠释》，《中国经学思想史》第4卷上，中国社会科学出版社2010年版，第5—6页。

而且，转向朱子学与转向考据学，二者也没有绝对的新旧、高下之分，这二者在此之后都有后继、有发展，都对社会、学术有所助益。明清鼎革之变，社会的变迁对蕺山学派学者们的人生与学术产生了重大的影响，这种影响却不能将他们的学术"一刀分开"，使得他们在明、清两朝的治学绝然不同，而是加速了他们治学的调整与分化。"天崩地坼"，使得他们的人生多元化的同时，学术也更为多元化。他们因而不得不思想更多，因而从不同的角度去开拓创新，最终以博大精深、多姿多彩的学术，换来了明清之际蕺山学派的"独盛"。

嵇文甫先生说晚明清初"是一个动荡时代，是一个斑驳陆离的过渡时代"①，那么这一时代的蕺山学派，无疑当是"许多道光彩纷披的明霞"之中，最为绚烂的一道。

---

① 嵇文甫：《晚明思想史论》，河南大学出版社 2008 年版，第 1 页。

参考文献

[1] 刘宗周著，吴光主编：《刘宗周全集》，杭州：浙江古籍出版社 2007 年版。

[2] 张履祥：《杨园先生全集》，北京：中华书局 2002 年版。

[3] 陈确：《陈确集》，北京：中华书局 1979 年版。

[4] 黄宗羲著，沈善洪主编，吴光执行主编：《黄宗羲全集》，杭州：浙江古籍出版社 2005 年版。

[5] 黄宗羲：《明儒学案》，北京：中华书局 2008 年版。

[6] 黄宗羲原著，全祖望补修：《宋元学案》，北京：中华书局 1986 年版。

[7] 全祖望著，朱铸禹汇校集注：《全祖望集汇校集注》，上海：上海古籍出版社 2000 年版。

[8] 全祖望：《续甬上耆旧诗》，杭州：杭州出版社 2003 年版。

[9] 陈龙正：《几亭全书》，康熙三年云书阁藏版本。

[10] 祁彪佳：《祁忠敏公日记》（《北京图书馆古籍珍本丛刊》第 20 册，影印明末祁氏远山堂抄本），北京：书目文献出版社 2000 年版。

[11] 祝渊：《祝月隐先生遗集》，《适园丛书》本。

[12] 吴蕃昌：《祗欠庵集》，《适园丛书》本。

[13] 邵廷采：《思复堂文集》，杭州：浙江古籍出版社 2010 年版。

[14] 吕留良著，王士杰主编，徐正执行主编：《吕留良诗文集》，杭州：浙江古籍出版社 2011 年版。

[15] 吕留良：《吕晚村先生四书讲义》（《四库禁毁丛刊》经部第 1 册，影印清康熙金陵玉堂刻本），北京：书目文献出版社 1997 年版。

[16] 陆陇其：《三鱼堂日记》（《陆子全书》），浙江书局同治七年至九年

刻本。

[17] 陆陇其：《松阳钞存》（《陆子全书》），浙江书局同治七年至九年刻本。

[18] 李邺嗣：《杲堂诗文集》，杭州：浙江古籍出版社1988年版。

[19] 万斯同：《石园文集》（《四明丛书》），张氏约园民国24年刊本。

[20] 范光阳：《双云堂文稿》（《四库存目丛书》集部25册，影印康熙四十六年刊本），济南：齐鲁书社1997年版。

[21] 郑梁：《寒村诗文选》（《四库存目丛书》集部第256册，影印清康熙刻本），济南：齐鲁书社1997年版。

[22] 赵晔：《吴越春秋》，南京：江苏古籍出版社1986年版。

[23] 周敦颐：《周敦颐集》，北京：中华书局1990年版。

[24] 张载：《张载集》，北京：中华书局1978年版。

[25] 程颢、程颐：《二程集》，北京：中华书局1981年版。

[26] 朱熹：《朱子语类》，北京：中华书局1986年版。

[27] 朱熹：《四书章句集注》，北京：中华书局1987年版。

[28] 朱熹撰，朱杰人等主编：《朱子全书》，上海：上海古籍出版社、合肥：安徽教育出版社2002年版。

[29] 陆九渊：《陆九渊集》，北京：中华书局1980年版。

[30] 陈献章：《陈献章集》，北京：中华书局1987年版。

[31] 王守仁著，吴光等主编：《王阳明全集》，上海：上海古籍出版社1992年版。

[32] 许孚远：《大学述》，万历二十一年刻本。

[33] 高攀龙：《高子遗书高子未刻稿》（《无锡文库》第四辑，影印清刻本、抄本），南京：凤凰出版社2011年版。

[34] 高攀龙：《高忠宪公诗集等》（《无锡文库》第四辑，影印清刻本），南京：凤凰出版社2012年版。

[35] 刘永澄：《刘练江先生集》，乾隆兴让堂刊本。

[36] 金声：《金忠节公文集》，光绪戊子黟邑李氏重刊本。

[37] 孙奇逢：《夏峰先生集》，北京：中华书局2004年版。

[38] 王夫之：《船山全书》，长沙：岳麓书社1996年版。

[39] 魏禧：《魏叔子文集》，道光二十五年刻本。

［40］汤斌：《汤斌集》，郑州：中州古籍出版社 2003 年版。
［41］吴之振等：《宋诗钞》，北京：中华书局 1986 年版。
［42］李塨：《讼过则例》（《丛书集成三编》第 18 册，影印四存学会本），台北：新文丰出版公司，1996 年版。
［43］王馀佑：《五公山人集》，清康熙乙亥刻本。
［44］戴名世：《戴名世集》，北京：中华书局 1986 年版。
［45］章学诚：《文史通义》，北京：中华书局 1985 年版。
［46］唐鉴：《清学案小识》，上海：商务印书馆 1935 年版。
［47］左宗棠：《左宗棠全集》，长沙：岳麓书社 1987 年版。
［48］张廷玉等：《明史》，北京：中华书局 1986 年版。
［49］赵尔巽等：《清史稿》，北京：中华书局 1977 年版。
［50］徐芳烈：《浙东纪略》（《台湾文献史料丛刊》第六辑），台北：大通书局 1987 年版。
［51］李聿求：《鲁之春秋》，杭州：浙江古籍出版社 1984 年版。
［52］查继佐：《罪惟录》，杭州：浙江古籍出版社 1986 年版。
［53］李元度：《国朝先正事略》，长沙：岳麓书社 2008 年版。
［54］沈冰壶：《国朝名人小传》，浙江图书馆馆藏抄本。
［55］钱仪吉：《碑传集》，北京：中华书局 1993 年版。
［56］江藩：《国朝汉学师承记》（附《国朝宋学渊源记》），北京：中华书局 1983 年版。
［57］永瑢等：《四库全书总目》，北京：中华书局 1965 年版。
［58］沈德潜选编：《明诗别裁集》，石家庄：河北人民出版社 1997 年版。
［59］董秉纯辑，何梦蛟校：《全谢山先生年谱》，清同治十一年刻本。
［60］金鹤冲：《钱牧斋先生年谱》，民国 30 年铅印本。
［61］蒋天枢：《全谢山先生年谱》，上海：商务印书馆 1932 年版。
［62］冯辰、刘调赞：《李塨年谱》，北京：中华书局 1988 年版。
［63］吴光酉、郭麟、周梁：《陆陇其年谱》，北京：中华书局 1993 年版。
［64］刘颖：《刘职方公年谱》（《北京图书馆藏珍本年谱丛刊》第 57 册，影印清刻本），北京：北京图书馆出版社 1999 年版。
［65］王思任：《祁忠敏公年谱》（《北京图书馆藏珍本年谱丛刊》第 63 册，影印民国 26 年铅印本），北京：北京图书馆出版社 1999 年版。

[66] 凌锡祺：《尊道先生年谱》（《北京图书馆藏珍本年谱丛刊》第69册，影印清光绪刊本），北京：北京图书馆出版社1999年版。

[67] 卞僧慧：《吕留良年谱长编》，北京：中华书局2003年版。

[68] 严辰：《桐乡县志》（《中国方志丛书》华中地方第77号，影印光绪十三年刻本），台北：成文出版社1970年版。

[69] 姚宝煃等：《西安县志》（《中国方志丛书》华中地方第66号，影印民国6年重刊本），台北：成文出版社1970年版。

[70] 许傅霈等：《海宁州志稿》（《中国方志丛书》华中地方第562号，影印民国11年排印本），台北：成文出版社1983年版。

[71] 赵所生主编：《中国历代书院志》，南京：江苏教育出版社1995年版。

[72] 衷尔钜：《蕺山学派哲学思想》，济南：山东教育出版社1993年版。

[73] 东方朔：《刘蕺山哲学研究》，上海：上海人民出版社1997年版。

[74] 东方朔：《刘宗周评传》，南京：南京大学出版社1998年版。

[75] 钟彩钧主编：《刘蕺山学术思想论集》，台北：中研院中国文哲研究所筹备处1998年版。

[76] 李振纲：《证人之境——刘宗周哲学的宗旨》，北京：人民出版社2000年版。

[77] 牟宗三：《从陆象山到刘蕺山》，上海：上海古籍出版社2001年版。

[78] 杜维明、东方朔：《杜维明学术专题访谈录——宗周哲学之精神与儒家文化之未来》，上海：复旦大学出版社2001年版。

[79] 黄敏浩：《刘宗周及其慎独哲学》，台北：学生书局2001年版。

[80] 陈永革：《儒学名臣——刘宗周传》，杭州：浙江人民出版社2005年版。

[81] 廖俊裕：《道德实践与历史性——关于蕺山学的讨论》，台北：花木兰文化出版社2008年版。

[82] 何俊、尹晓宁：《刘宗周与蕺山学派》，北京：中国人民大学出版社2009年版。

[83] 何明颖：《晚明张杨园先生学术思想研究》，台北：花木兰文化出版社2009年版。

[84] 张天杰：《张履祥与清初学术》，杭州：浙江古籍出版社2011年版。

[85] 陈海红：《乱世君子：理学大家张履祥评传》，北京：中国民主法制出版社 2012 年版。

[86] 程宝华：《理学真儒——张履祥学术思想研究》，北京：中国市场出版社 2013 年版。

[87] 詹海云：《陈乾初〈大学辨〉研究》，台北：明文书局 1986 年版。

[88] 邓立光：《陈乾初研究》，台北：文津出版社 1992 年版。

[89] 王瑞昌：《陈确评传》，南京：南京大学出版社 2002 年版。

[90] 汤建荣：《陈乾初哲学研究：以工夫实践为视阈》，昆明：云南大学出版社 2010 年版。

[91] 申淑华：《素位之学：陈乾初哲学思想研究》，北京：中国社会科学出版社 2012 年版。

[92] 古清美：《黄梨洲之生平及其学术思想》，台北：国立台湾大学文学院 1978 年版。

[93] 吴光主编：《黄宗羲论》，杭州：浙江古籍出版社 1987 年版。

[94] 吴光：《黄宗羲著作汇考》，台北：学生书局 1990 年版。

[95] 吴光主编：《黄梨洲三百年祭》，北京：当代中国出版社 1997 年版。

[96] 吴光主编：《黄宗羲与明清思想》，上海：上海古籍出版社 2006 年版。

[97] 吴光：《黄宗羲与清代浙东学派》，北京：中国人民大学出版社 2009 年版。

[98] 张高评：《黄梨洲及其史学》，台北：文津出版社 1989 年版。

[99] 季学原、章亦平：《黄宗羲研究资料索引》，杭州：浙江古籍出版社 1993 年版。

[100] 李明友：《一本万殊——黄宗羲的哲学与哲学史观》，北京：人民出版社 1994 年版。

[101] 徐定宝：《黄宗羲评传》，南京：南京大学出版社 2002 年版。

[102] 徐定宝：《黄宗羲与浙东学术》，北京：海洋出版社 2010 年版。

[103] 程志华：《困境与转折——黄宗羲哲学文本的一种解读》，北京：人民出版社 2005 年版。

[104] 刘述先：《黄宗羲心学的定位》，杭州：浙江古籍出版社 2006 年版。

[105] 韩学宏：《黄宗羲〈明儒学案〉之研究》，台北：花木兰文化出版社 2007 年版。

[106] 葛昌伦：《〈宋元学案〉成书与编纂研究》，台北：花木兰文化出版社 2007 年版。

[107] 吴海兰：《黄宗羲的经学与史学》，厦门：厦门大学出版社 2010 年版。

[108] 方祖猷：《黄宗羲长传》，杭州：浙江大学出版社 2011 年版。

[109] 张嘉俊主编：《越魂史笔——全祖望诞辰三百周年纪念文集》，宁波：宁波出版社 2005 年版。

[110] 张嘉俊主编：《史心文韵——全祖望诞辰三百周年纪念文集续编》，宁波：宁波出版社 2007 年版。

[111] 王永健：《全祖望评传》，南京：南京大学出版社 2009 年版。

[112] 梁启超：《中国近三百年学术史》，天津：天津古籍出版社 2003 年版。

[113] 钱穆：《国史大纲》，北京：商务印书馆 1996 年版。

[114] 钱穆：《中国近三百年学术史》，北京：商务印书馆 1997 年版。

[115] 钱穆：《中国学术思想史论丛》，北京：九州出版社 2011 年版。

[116] 萧一山：《清代通史》，北京：中华书局 1985 年版。

[117] 熊十力：《读经示要》，北京：中国人民大学出版社 2006 年版。

[118] 侯外庐：《中国早期启蒙思想史》，北京：人民出版社 1956 年版。

[119] 侯外庐、邱汉生、张岂之主编：《宋明理学史》，北京：人民出版社 1984 年版。

[120] 张岂之：《乐此不疲集：张岂之自选集》，北京：首都师范大学出版社 2009 年版。

[121] 吴康：《学庸论文集篇》，台北：黎明文化事业股份有限公司 1981 年版。

[122] 邓之诚：《清诗纪事初编》，上海：上海古籍出版社 1984 年版。

[123] 容肇祖：《容肇祖集》，济南：齐鲁书社 1989 年版。

[124] 蒙培元：《中国心性论》，台北：学生书局 1991 年版。

[125] 陈寅恪：《金明馆丛稿二编》，北京：生活·读书·新知三联书店 2001 年版。

[126] 陈寅恪：《柳如是别传》，北京：生活·读书·新知三联书店 2001 年版。

[127] 陈祖武：《清初学术思辨录》，北京：中国社会科学出版社 1992 年版。

[128] 陈祖武：《清初学术拾零》，长沙：湖南人民出版社 2002 年版。

[129] 陈祖武：《中国学案史》，上海：东方出版中心 2008 年版。

[130] 王凤贤、丁国顺：《浙东学派研究》，杭州：浙江人民出版社 1993 年版。

[131] 管敏义主编：《浙东学术史》，上海：华东师范大学出版社 1993 年版。

[132] 李国钧主编：《中国书院史》，长沙：湖南教育出版社 1994 年版。

[133] 李泽厚：《中国古代思想史论》，合肥：安徽文艺出版社 1994 年版。

[134] 萧萐父、许苏民：《明清启蒙学术流变》，沈阳：辽宁教育出版社 1995 年版。

[135] 方祖猷、滕复主编：《论浙东学术》，北京：中国社会科学出版社 1995 年版。

[136] 方祖猷：《清初浙东学派论丛》，台北：万卷楼图书有限公司 1996 年版。

[137] 张祥浩：《王守仁评传》，南京：南京大学出版社 1997 年版。

[138] 姜广辉：《走出理学》，沈阳：辽宁教育出版社 1997 年版。

[139] 姜广辉主编：《中国哲学》（第 26 辑），沈阳：辽宁教育出版社 2010 年版。

[140] 姜广辉：《中国经学思想史》（第三卷），北京：中国社会科学出版社 2010 年版。

[141] 黄裳：《黄裳文集》（第四册），上海：上海书店出版社 1998 年版。

[142] 何兆武：《苇草集》，北京：生活·读书·新知三联书店 1999 年版。

[143] 赵园：《明清之际士大夫研究》，北京：北京大学出版社 1999 年版。

[144] 赵园：《想象与叙述》，北京：人民文学出版社 2009 年版。

[145] 葛兆光：《中国思想史》（第二卷），上海：复旦大学出版社 2000 年版。

[146] 张学智：《明代哲学史》，北京：北京大学出版社 2000 年版。

[147] 钱茂伟：《明代史学编年考》，北京：中国文联出版社 2000 年版。

[148] 钱茂伟：《姚江书院派研究》，北京：中国社会科学出版社 2005 年版。

[149] 葛荣晋：《中国实学文化导论》，北京：中共中央党校出版社 2003 年版。

[150] 林国标：《清初朱子学研究》，长沙：湖南人民出版社 2004 年版。

[151] 杨国荣：《王学通论》，上海：华东师范大学出版社 2004 年版。

[152] 陈来：《宋明理学》，上海：华东师范大学出版社 2004 年版。

[153] 董平：《浙江思想学术史：从王充到王国维》，北京：中国社会科学出版社 2005 年版。

[154] 方同义、陈新来、李包庚：《浙东学术精神研究》，宁波：宁波出版社 2006 年版。

[155] 史革新：《清代理学史》（上册），广州：广东教育出版社 2007 年版。

[156] 余英时：《历史与思想》，台北：联经出版事业公司 1976 年版。

[157] 余英时：《论戴震与章学诚：清代中期学术思想史研究》，北京：生活·读书·新知三联书店 2000 年版。

[158] 余英时：《朱熹的历史世界》，北京：生活·读书·新知三联书店 2004 年版。

[159] 何冠彪：《明末清初学术思想研究》，台北：学生书局 1991 年版。

[160] 何冠彪：《明清人物与著述》，香港：香港教育图书公司 1996 年版。

[161] 何冠彪：《生与死——明季士大夫的抉择》，台北：联经出版事业股份有限公司 1997 年版。

[162] 詹海云：《清初学术论文集》，台北：文津出版社 1992 年版。

[163] 牟宗三：《心体与性体》，上海：上海古籍出版社 1999 年版。

[164] 郑宗义：《明清儒学转型探析——从刘蕺山到戴东原》，香港：香港中文大学出版社 2000 年版。

[165] 张寿安：《以礼代理：凌廷堪与清中叶儒学思想之转变》，石家庄：河北教育出版社 2001 年版。

[166] 王汎森：《中国近代思想中的传统因素》，石家庄：河北教育出版社 2001 年版。

[167] 王汎森：《晚明清初思想十论》，上海：复旦大学出版社 2004 年版。

[168] 劳思光：《新编中国哲学史》，桂林：广西师范大学出版社 2005 年版。

[169] 张灏：《幽暗意识与民主传统》，北京：新星出版社 2006 年版。

[170] 小野和子：《明季党社考》，上海：上海古籍出版社 2006 年版。

[171] 包筠雅著：《功过格——明清社会的道德秩序》，杜正贞、张林译，赵世瑜校，杭州：浙江人民出版社 1999 年版。

[172] 林庆彰：《清初的群经辨伪学》，上海：华东师范大学出版社 2011 年版。

[173] 艾尔曼著：《从理学到朴学：中华帝国晚期思想与社会变化面面观》，赵刚译，南京：江苏人民出版社 2012 年版。

[174] 王瑞昌：《刘蕺山理学思想研究》，北京大学博士学位论文，1997 年。

[175] 吴幸姬：《刘蕺山的气论思想——从本体宇宙论之进路谈起》，台湾中正大学博士学位论文，2001 年。

[176] 陈立骧：《刘蕺山哲学思想研究》，台湾"中央"大学博士学位论文，2003 年。

[177] 陈美玲：《刘蕺山道德抉择论研究》，台湾辅仁大学博士学位论文，2004 年。

[178] 陈畅：《刘宗周性学思想研究》，中山大学博士学位论文，2007 年。

[179] 雷静：《刘蕺山政治思想研究》，中山大学博士学位论文，2007 年。

[180] 林于盛：《黄梨洲思想旨归研究》，台湾中山大学博士学位论文，2006 年。

[181] 詹海云：《全祖望学术思想研究》，台湾师范大学博士学位论文，

2000 年。

[182] 杜保瑞：《刘蕺山的功夫理论与形上思想》，台湾大学硕士学位论文，1989 年。

[183] 孙中曾：《刘宗周的道德世界》，台湾"清华大学"硕士学位论文，1990 年。

[184] 陈佳铭：《刘蕺山的诚意慎独之学与阳明致良知教之比论》，台湾"国立中央"大学硕士学位论文，2000 年。

[185] 张岂之：《蕺山学派思想的若干问题》，《西北大学学报》1980 年第 4 期。

[186] 洪波：《论蕺山学派对王学的师承与嬗变》，《浙江学刊》1995 年第 4 期。

[187] 姚才刚：《论刘蕺山对王学的修正》，《武汉大学学报》2000 年第 6 期。

[188] 任大援：《陈确的性理思想》，《浙江学刊》1983 年第 2 期。

[189] 徐令彦：《试析陈确对"人性善"理论的修正和补充》，《河南社会科学》1999 年第 5 期。

[190] 陈立胜：《儒学经传的怀疑与否定中的论说方式——以王阳明、陈确的〈大学〉辨正为例》，《中国哲学史》2002 年第 2 期。

[191] 阳征：《陈确研究综述》，《船山学刊》2003 年第 4 期。

[192] 何佑森：《黄梨洲晚年思想的转变》，《故宫文献》（台北）1971 年第 2 期。

[193] 古清美：《谈陈乾初与黄梨洲辩论的几个问题》，《幼狮学志》1983 年第 3 期。

[194] 方祖猷：《黄宗羲与甬上证人书院》，《浙江学刊》1985 年第 2 期。

[195] 郑宗义：《黄宗羲与陈确的思想因缘之分析——以〈陈乾初先生墓志铭〉为中心》，《汉学研究》1996 年第 12 期。

[196] 蔡家和：《黄宗羲与陈确的论辩之研究》，《"国立"台湾大学哲学论评》2008 年第 35 期。

[197] 陈其泰：《全祖望与清代学术》，《中国社会科学院研究生院学报》1992 年第 2 期。

[198] 俞樟华、潘德宝：《百年全祖望研究综述》，《古籍整理研究学刊》

2008 年第 5 期。

[199] 卢钟锋：《论〈宋元学案〉的编纂、体例特点和历史地位》，《史学史研究》1986 年第 2 期。

[200] 陈祖武：《〈宋元学案〉纂修拾遗》，《中国史研究》1994 年第 4 期。

[201] 吴光：《〈宋元学案〉成书经过、编纂人员与版本存佚考》，《杭州师范学院学报》2008 年第 1 期。

[202] 何俊：《宋元儒学的重建与清初思想史观——以〈宋元学案〉全氏补本为中心的考察》，《中国史研究》2006 年第 2 期。

[203] 王建龙：《试论经世之学向考据学演变的内在原因》，《山西大学学报》2000 年第 1 期。

[204] 李海生：《清初学术的两次转变及其思想史意义》，《学术月刊》2003 年第 4 期。

[205] 孔定芳：《清初的经世致用思潮与明遗民的诉求》，《人文杂志》2004 年第 5 期。

[206] 魏长宝：《明清之际的学术话语转型与儒学的转折》，《江汉论坛》2005 年第 10 期。

[207] 褚洪深：《"炁"字杂议》，《中国道教》2001 年第 3 期。

[208] 王汎森：《清初思想中形上玄远之学的没落》，《台湾"中央"研究院历史语言研究所集刊》1998 年。

[209] 王汎森：《清初的讲经会》，《台湾"中央"研究院历史语言研究所集刊》1997 年。

[210] 吴震：《"证人社"与明季江南士绅的思想动向》，《中华文史论丛》2008 年第 1 期。

[211] 李纪祥：《清初浙东刘门的分化及刘学的解释权之争》，《第二届国际华学研究会论文集》，台北：中国文化大学 1992 年版。

[212] 蒋年丰：《从朱子与刘蕺山的心性论分析其史学精神》，《国际朱子学会议论文集》，台北：台湾中研院文哲所 1993 年版。

[213] 王汎森：《〈中国近三百年学术史〉中的一件公案——再论黄宗羲与陈确的思想交涉》，《钱宾四先生百龄纪念会学术论文集》，《新亚学术集刊》第 14 期，香港：香港中文大学新亚学院 2003 年版。

[214] 赵园：《刘门师弟子——关于明清之际的一组人物》，《新国学研究》（第1辑），北京：人民文学出版社2005年版。

[215] 陈永革：《从宋明儒学之论衡看蕺山之学的思想建构》，《哲学门》（总第17期），北京：北京大学出版社2008年版。

[216] 陈永革：《开物成务与经史统观：论蕺山学派的经世特质及其效应》，《继往开来论儒学：浙江省儒学学会成立大会纪念特集》，杭州：浙江古籍出版社 2008年版。

后　　记

  羁麟绝笔，尼父此悃。哀麟沛笔，小子此悃。前叩名山，后礼其人。得枝挂角，渡河留馨。

——木心《素履之往·舍车而徒》

  本书是我博士论文的修订版。再次校读，方才猛然惊觉那逝者如斯，再回首已在多年之后、千里之外。此际，终于可以将书稿放下，写此后记了。窗外，隐隐传来山林间布谷鸟的声音："哥哥苦也，哥哥苦也！"叫得人心更是五味杂陈。毕业已经两年了，湘江两岸金黄的油菜花，早已变换成了钱塘江上滔滔的白浪；看到西子湖畔杂花生树、群莺乱飞，却又想起了岳麓山下的桃子湖。这两年里，我还是停不下奔忙的脚步，只能在奔忙的间隙，对博士论文作了部分的修订。如今，面对这即将出版的五百多页书稿，依旧有太多的地方不尽人意，也难以做到无愧初心。恳请专家、学者批评指正，不吝赐教！

  八年前的一个秋天，我来到岳麓书院攻读硕士。记得当年，许多朋友都不理解，为什么年过而立还要开始一段前途渺茫的旅程？两年之后，我又获得了攻读博士学位的机会，于是这段旅程变得更加扑朔迷离了。岳麓山下的岁月，只剩下日记里偶然记下的屐痕点点。翻看那些年的日记，不经意间又见我的导师肖永明先生的话："好事多磨，珍惜机会！"六年磨剑，冷暖自知。在这看似一帆风顺的求学生涯之中，也有着太多的曲折。内在、外在，学术的、非学术的，种种压力常常使我身心疲倦，难以自拔。午夜的梦魇，枕边的清泪，更与何人说！从某种意义上来说，这一路走来也是不可复制的，如果一切都可以重来，早已不敢再去如此这般走一遭了。那一路终于坚持了下来，则是因为一方好山水，山水之间一所宁静的庭院；还有师友的帮助与家人的支持。

　　岳麓山的水间林下，或是一个人在暮色之中漫步，或是三两学侣相与谈论心性，那是十分美好的时光。记得有哲人说："回返过千百回的林中路，足以唤起诗意的栖居。"过于耽爱的林中路，伴随我这个温情的过客，度过了那些诗意的瞬间。

　　书院的老师们，有着难得的温情，也许是因为千年书院的传统犹在吧，亦师亦友，坐而论道的气氛，总让人特别留恋。感谢我的导师肖永明先生，这么多年来，无论是学习还是生活都给了我太多的关爱。学术与人生，都不能少了名师的指点，在攻硕、读博的路途上最值得庆幸的就是遇到一位好导师。也许可以套用不太合适的这一句："金风玉露一相逢，便胜却人间无数。"君臣之遇难得，师生之遇同样难得，至少在我而言便是如此。太多太多的感谢，不知如何从头说起，那就只说一句话，导师将我从驳杂无序的读书状态之中拉了出来，渐渐摸着学术的门径，走入学术的殿堂。朱汉民老师一直都对我非常关心，讲堂内外的教诲以及多次关键时刻的帮助，都让我永生难忘；姜广辉老师常常给予鼓励，还就刘宗周、陈确等研究提出不少精彩的建议；章启辉老师研究清代理学，与我的选题关系密切，给予许多重要的点拨；钱永生老师，多年以前就为我的求学之路操心，进入书院之后也给了许多学术上的指引，都让我受益匪浅。陈成国、邓洪波、陈先初、李清良、吴仰湘、吴龙辉、杨代春、胡吉勋等老师都曾给我许多指导。对这些老师，都要表达我诚挚的谢意！

　　书院的同学之间，也有着难得的温情。"有缘千里来相会"，在这几年里，与许多同学都成了好朋友。感谢我的"黄金搭档"王胜军，不知道有多少个日子，曾经一起穿行在岳麓山的石径与溪流之间，聊着共同关心的学术问题，碰出许多的思想火花；下山之后，我们还一起组织读书会，编辑《吾往》读书月刊，以及相互交换修订大小论文。"上铺兄弟"谭凯，这几年来一起买书读书、游山玩水，与他一起生活就多了几多色彩。要感谢的同学还有：一起爬山、吃酒的徐雷；一壶新茶，畅聊道、学、政的周之翔；一起为理气心性的解析而犯愁的阮春晖；为我解决了许多生活困难的刘觅知与李强；陪我度过了无数个难眠之夜的室友肖江南；陪我在月下江上栀子花间徘徊的对门室友蔡岱松。谢孝明、殷慧、谢庆芬、戴书宏、郭蔚、闻利强、朱纯等同门，或是帮助搜集资料，或是帮助校稿，感谢大家！

  杭州师范大学的何俊、范立舟两位老师，从本书的选题之初开始就给予关注，何老师还在百忙之中慨然赐序，为本书画龙点睛。杭师范大学哲学系的朱晓鹏、汤剑波等老师，为我修订此书提供了许多支持。浙江大学的董平老师，曾就如何着手此选题给予指点，他的《浙江思想学术史》给我很多启发。浙江社会科学院的吴光老师，曾就刘宗周与黄宗羲研究的拓展提出了宝贵意见。浙江桐乡文联、名人研究会的王士杰、褚万根、徐玲芬、徐正、徐金松、张森生等老师，多年以来为我的学术研究提供了许多支持。复旦大学的吴震老师，为我研究证人书院相关问题，以及进一步深化明清学术研究提供了重要指引。给我提供帮助的还有美国达慕思大学的邢文、台湾辅仁大学的胡文丰、香港科技大学的黄敏浩、中国社会科学院的陈祖武、首都经贸大学的王瑞昌、渤海大学的申淑华等老师。帮助翻译或校对文献的则有喻志、方旭燕、郁震宏、王振中等友人。还有中国社会科学出版社的罗莉老师，为本书的出版不辞辛劳的工作。在此对各位的帮助，谨表谢忱！

  本书部分章节曾在《中国哲学史》《中国史研究》《伦理学研究》《浙江学刊》《福建论坛》《中山大学学报》《西北大学学报》等期刊发表。本书还得到了岳麓书院国学研究与传播中心的出版资助；得到教育部的人文社会科学青年基金项目、教育部首届博士研究生学术新人奖的资助；还曾获得了湖南省优秀博士学位论文等奖项。在此感谢各位编辑与评审专家！

  感谢我的父母，多年以来他们都在默默地支持我、鼓励我，看着父母头上新添的白发，和越来越显老迈的步履，却只能依旧心存愧疚。感谢我恩爱的妻，感谢她对我的学术事业的理解与支持，在我不在家的岁月里为我们的家庭付出了太多的汗水与泪水。还有宝贝儿子开元，我读博士一年级的时候他正好读小学一年级，如今他已长成与我差不多高的小伙子了，这么多年来我一直专心于自己的所谓"名山大业"，对儿子的关心太少太少，好在儿子越来越懂事，越来越进步，我要感谢他的勤奋与坚强！

  想要感谢的还有许许多多，但是无法一一提及，那就依旧对不及言说者，保持沉默吧！曾经有诗人说："美好的都已经美好过了。"感恩之余，默念那一切的一切，萧然，去远……

2014 年 10 月于杭州城西之日出东门楼